온톨로지 과학자를 위한 지식그래프

Semantic Web for the Working Ontologist: Linked Data, RDFS, and OWL Third Edition

온톨로지 과학자를 위한 지식그래프

초판발행 2021년 10월 29일
2쇄발행 2026년 1월 5일

지은이 Dean Allemang, James Hendler, Fabien Gandon / **옮긴이** 김학래 / **펴낸이** 전태호
펴낸곳 한빛아카데미(주) / **주소** 서울시 서대문구 연희로2길 62 한빛아카데미(주) 2층
전화 02-336-7112 / **팩스** 02-336-7199
등록 2013년 1월 14일 제 2017-000063호 / **ISBN** 979-11-5664-559-7 93000

총괄 박현진 / **기획** 이재욱 / **편집** 박정수 / **진행** 정지윤
디자인 표지 박정우 내지 윤혜원 / **전산편집** 김미경 / **제작** 박성우, 김정우
영업 김성삼, 이정훈, 임현기, 이성훈, 김주성, 심지연

이 책에 대한 의견이나 오탈자 및 잘못된 내용에 대한 수정 정보는 아래 이메일로 알려주십시오.
잘못된 책은 구입하신 서점에서 교환해 드립니다. 책값은 뒤표지에 표시되어 있습니다.
홈페이지 www.hanbit.co.kr / 이메일 question@hanbit.co.kr

SEMANTIC WEB FOR THE WORKING ONTOLOGIST: Effective Modeling for Linked Data, RDFS, and OWL 3rd edition

온톨로지 과학자를 위한 지식그래프

Semantic Web for the Working Ontologist:
Linked Data, RDFS, and OWL Third Edition

Dean Allemang, James Hendler, Fabien Gandon 지음
김학래 옮김

한빛아카데미
Hanbit Academy, Inc.

지은이 딘 알레망(Dean Allemang)

금융, 미디어, 정부, 제약 등 다양한 산업 분야에서 시맨틱 웹 배포를 전문으로 하는 컨설턴트입니다. EDM(Enterprise Data Management) 위원회의 온톨로지 과학자로 일하며 주로 FIBO(금융 산업 비즈니스 온톨로지)를 개발하고 있습니다. 미국 최초의 시맨틱 웹 회사인 탑쿼드란트의 수석 과학자였고, data.world의 자문 위원회 위원을 지냈습니다.

지은이 제임스 핸들러(James Hendler)

데이터 탐사와 응용 연구소의 소장이며, 미국 뉴욕 렌셀러 폴리테크닉 연구소(Rensselaer Polytechnic Institute)의 컴퓨터, 웹, 인지 과학 분야의 테더리스 월드 교수입니다. 또한 RPI-IBM 인공지능 연구 협력(RPI-IBM Artificial Intelligence Research Collaboration)의 이사이며, 영국의 자선 웹 사이언스 트러스트 이사회와 timbr.ai의 자문 이사직을 맡고 있습니다.

지은이 파비엔 갠던(Fabien Gandon)

프랑스 Inria의 연구 이사이자 선임 연구원입니다. 2002년에 출판된 박사 학위 논문은 웹 아키텍처 기반의 다양한 데이터 소스와 사용자 관리를 위한 분산 인공지능(AI) 및 시맨틱 웹의 공동 사용에 대한 새로운 이정표를 제시했습니다.

옮긴이 김학래 haklaekim@gmail.com

중앙대학교 문헌정보학과 교수로 재직하고 있습니다. 아일랜드 DERI(Digital Enterprise Research Institute)와 삼성전자에서 대규모 지식그래프에 대한 연구를 진행하였고 데이터 기반 인공지능의 미래에 깊은 관심을 갖고 있습니다. 공공 데이터 전략 위원회, 데이터 기반 행정 활성화 위원회, 데이터 얼라이언스 전략 위원회 등 정부의 주요 데이터 정책에 자문 위원으로 참여하고 있습니다.

데이터의 중요성이 강조되고 있습니다. 정부나 기업 차원에서 데이터 기반 의사결정이 강조되고, 인류의 모든 활동이 온라인 공간에서 데이터로 생성되고 있습니다. 이 데이터가 만들어지고 소비되는 공간이 웹입니다. 팀 버너스리(Tim Berners-Lee)가 창안한 월드와이드웹은 인류의 생활 방식을 혁신적으로 변화시킨 코페르니쿠스적 전환의 산물이었고, 이후로 월드와이드웹은 기술적 · 사회적 진화를 거듭하고 있습니다.

20년 전, 시맨틱 웹은 요즘의 인공지능이나 딥러닝만큼 새로운 기술로 인식되었습니다. 컴퓨터공학부터 의료, 문헌정보에 이르기까지 시맨틱 웹과 온톨로지에 대한 관심은 매우 컸습니다. 시맨틱 웹의 목표는 웹에 있는 모든 자원에 대한 의미(meaning)를 기계가 읽고 처리하게 만드는 것입니다.

2000년 초 · 중반까지 시맨틱 웹에 대한 연구는 논리학 중심의 지식 표현과 추론이 주류였습니다. W3C 컨소시엄을 중심으로 RDF, OWL과 같은 웹 표준이 만들어지고 링크드 데이터 기술을 통해 시맨틱 데이터를 연계하는 시도가 활발하게 진행되었습니다. 그러나 연구 영역을 넘어, 현실 세계의 문제 해결과 킬러 애플리케이션에 대한 기대와 비판도 공존했습니다.

국내에서는 응용 분야에 대한 연구가 활발하게 진행되었습니다. 추론이나 지능형 서비스 등 시대를 앞선 사례가 있었지만, 온톨로지와 링크드 데이터를 단편적으로 적용하여 기술적 지속성을 찾아내는 데 어려움이 있었습니다.

20년이 흐른 지금, 시맨틱 웹과 링크드 데이터 기술은 유행이 지났거나 실용적이지 않은 분야로 인식되는 경향이 있습니다. 개인적으로, 관련 연구가 활발하게 진행되지 않고 커뮤니티의 성장도 정체되어 있다고 생각합니다. 반면, 구글은 2010년에 프리베이스(Freebase)를 개발한 메타웹(Metaweb)을 인수하며, 3년 후 자사의 검색 방식을 문자열이 아닌 의미를 이해하는 방식(things, not strings)으로 전환해 지식그래프(Knowledge graph) 서비스를 시작했습니다.

시맨틱 웹 커뮤니티의 경험과 노력을 접목한 구글의 지식그래프는 검색 서비스뿐만 아니라 음성 비서를 포함한 자사의 지능형 서비스의 핵심 데이터로 자리매김하고 있습니다. 비슷한 시기에 구글, 마이크로소프트, 야후, 얀덱스는 웹 자원을 기술하기 위한 Schema.org를 공동으로 개발해 적용했고 아마존, 페이스북, 지멘스 등 다양한 기업들이 지식그래프 기술을 자사의 데이터 서비스에 본격적으로 적용하고 있습니다.

팀 버너스리가 제안한 〈Information Management: A Proposal〉은 시맨틱 웹에 대한 아이디어를 포함하고 있습니다. 최근 기업들이 적용하는 그래프 기술은 웹 기술과 인프라를 적용함으로써 과거의 시맨틱 웹과 차별화되고 있습니다. 연구 영역을 넘어 현실 세계의 문제를 해결하는 데 그래프 기술을 접목하고 있습니다.

이 책에서 소개하는 Schema.org는 월드와이드웹 환경에서 기계가 의미를 처리하는 새로운 방식이고 페이스북의 OGP는 엔터프라이즈 환경에서 그래프 기술을 이해할 수 있는 사례입니다. 최근 지식그래프 분야에서 속성 그래프와 RDF 그래프의 연계에 대해 활발한 논의가 이루어지고 있고 SPARQL, Cyper 등 그래프 질의 언어를 통합하기 위해 GraphQL, GQL(Graph Query Language) 개발이 진행되고 있습니다.

시맨틱 웹은 월드와이드웹의 인프라를 진화시키기 위한 노력이자 비전입니다. 다만, 커뮤니티에서 사용하는 용어는 조금씩 변화하고 있습니다. 온톨로지는 시맨틱 웹 데이터를 표현하기 위한 핵심이고, 링크드 데이터는 대규모 데이터를 의미적으로 연결하고 검색할 수 있는 기반이 되었습니다. 지식그래프는 시맨틱 웹, 링크드 데이터와 개념적인 차이가 없지만, 데이터와 웹 기술을 접목하여 현실 세계의 문제를 해결하는 주요 기술로 자리매김하고 있습니다.

이런 변화를 반영하기 위해 책 제목을 《온톨로지 과학자를 위한 지식그래프》로 수정했습니다. 국내에 시맨틱 웹과 지식그래프를 다룬 서적이 충분하지 않은 상황에서 본서는 이론과 실제 사례를 함께 살펴보는 데 도움이 될 수 있습니다. 지식그래프 프로그래밍과 같이 조금 더 실용적인 주제를 포함하지 못해 아쉽지만, 시맨틱 웹과 지식그래프를 이해하는 데 도움이 되길 바랍니다.

끝으로 이 책을 출간하는 데 도움을 주신 모든 분에게 고마움을 전합니다. 책을 번역하는 과정은 자신의 글을 쓰는 것과 너무나 큰 차이가 있다는 것을 새삼 배우게 되었습니다. 책을 번역할 수 있는 기회를 주신 한빛출판네트워크의 박태웅님과 모든 임직원들께 감사합니다. 특히, 책임편집과 기획을 맡아준 유경희님과 이재욱님의 살아있는 코칭은 서투른 번역자의 완주를 가능하게 만든 원동력이었습니다. 낯선 연구 주제를 공부하기에도 바쁜 시기에 꼼꼼하게 번역을 도와준 HIKE 연구실의 김현지, 박하람, 송채은, 최승원 연구원에게 감사의 마음을 전합니다. 시맨틱 웹이란 주제를 처음 접할 수 있는 기회를 주시고 한결같이 지적 호기심을 자극해주신 김홍기 교수님께 진심으로 감사드립니다. 무엇보다 항상 믿고 응원해준 아내와 가족에게 감사와 사랑을 바칩니다.

김학래

김학래 교수와 함께 국내에 시맨틱 웹을 소개한 지 20여 년의 세월이 흘렀습니다. 그 당시 팀 버너스리를 비롯한 시맨틱 웹의 선구자들도 이 기술에 대해 합일된 그림을 그릴 수 없었습니다. 웹에 존재하는 모든 정보의 의미를 컴퓨터가 이해하고 조작할 수 있게 한다는 시맨틱 웹의 비전은 웹을 통째로 거대한 인공지능 기계로 만드는 것처럼 여겨졌습니다. 또한 시맨틱 웹의 핵심 구성 요소인 온톨로지는 과학과 산업의 지식체계를 디지털 세계의 바벨탑에 차곡차곡 쌓을 수 있게 하는 거대한 학문의 물결이 되리라는 기대도 있었습니다. 그러다 온톨로지보다 데이터 관점으로 접근하는 공감대를 기반으로 시맨틱 웹은 다양한 기관과 분야에서 생산된 서로 다른 데이터를 연결하는 링크드 데이터란 이름으로 불리는 거대한 데이터의 웹이 되었습니다.

몇 년 전 구글이 자사의 지식베이스를 지식그래프로 명명한 이후, 시맨틱 웹 커뮤니티에서도 지식그래프란 용어를 사용하고 있습니다. 그래프 기반의 웹 데이터베이스 기술과 온톨로지 기반의 지식 표현 기술이 결합하는 시맨틱 웹의 진화 과정에서 지식그래프라는 이름이 자연스럽게 붙게 된 것입니다. 이제 지식그래프는 대규모 정부 데이터의 연계, 엔터프라이즈 환경에서 데이터를 통합하기 위한 기술의 핵심으로 인식되고 있습니다. 딥러닝처럼 학습하는 인공지능은 "왜?"라는 것을 설명할 수 없기 때문에 설명 가능한 인공지능으로 진화하기 위해 지식그래프 기술의 도움이 필요하다는 견해도 있습니다.

이 책은 시맨틱 웹의 기본 개념, 표준 기술, 작동 방식을 자세히 안내할 뿐만 아니라 실무에서 쉽게 활용할 수 있도록 실용 사례를 소개하고 있습니다. 지식그래프 구축을 위한 스키마 생태환경을 제공하는 Schema.org는 범용적인 온톨로지의 개발을 넘어 웹 환경에서 시맨틱 웹 기술이 적용된 성공적인 사례입니다. 위키 데이터와 세계 각국 정부의 오픈 데이터는 데이터 관점에서 시맨틱 웹 기술의 중요성을 이해할 수 있습니다.

딘 알레망으로부터 이 책의 초판을 직접 소개받고 수업 교재로 여러 번 사용해 왔는데 이제 최신판까지 번역되어 활용될 수 있게 되어 매우 기쁩니다. 이 책은 시맨틱 웹의 기초부터 대규모 온톨로지를 설계하고 인공지능 서비스를 기획하는 모든 이들에게 좋은 안내서가 될 것입니다.

서울대 의생명지식공학연구실 **김홍기**

《Semantic Web for the Working Ontologist(실무 온톨로지 과학자를 위한 시맨틱 웹)》의 2판이 나온 지 10여 년이 지난 시점에서 3판을 발표할 수 있어 기쁩니다. 12년 전에 출판된 기술 관련 서적을 오랜 시간이 지났음에도 불구하고 여전히 찾아주는 독자들이 있어 기쁘게 생각합니다. 3판이 나오기까지 오랜 시간이 걸린 이유가 있습니다.

종종 3판에 대한 질문을 받았지만, 관련 표준이 3판에 담을 만큼 충분히 발전하지 않았다고 생각했습니다. 그러나 RDF에 대한 SHACL(Shapes Constraint Language)이 제정되고, Schema.org가 출시되었으며, 웹에서 데이터 공유를 위한 프로토콜(Linked Data Protocol)이 정착되면서 생각이 바뀌었습니다. 우리(초판의 저자인 딘과 제임스)는 서로 다른 프로젝트를 진행하고 있었기 때문에 새로운 자료를 업데이트하는 데 크게 흥미를 느끼지 못했습니다.

어느 날 파비엔 갠던이 책에 대해 물었습니다. 제임스는 자신과 딘이 1판과 2판에 심혈을 기울였기에 새로운 관점과 에너지를 갖고 있는 제3의 저자가 필요하다고 말했습니다. 제임스는 파비엔을 설득하여 세 번째 저자로 참여하도록 이끌었습니다. 파비엔의 에너지와 이니셔티브가 없었다면, 3판을 만들기 위한 프로젝트는 시작되지 않았을 것입니다.

우리는 3판을 쓰면서 정부와 산업체에서 진행되는 실세 프로젝트와 대규모 학술 네트워크에서 얻은 긍정적이거나 그렇지 않은 경험을 공유하는 것이 더 성숙한 이해를 발전시키는 데 도움이 된다고 생각했습니다. 시맨틱 웹 스택은 훨씬 더 큰 규모의 프로젝트에서 실제로 작동할 수 있습니다. 웹에서 의미론의 역할은 확장되었고 인공지능, 대규모 전자 상거래, 지식그래프 시스템의 광범위한 확산을 통해 웹 생태계에서 그 중요성이 더욱 커졌습니다. 3판에서 논의하는 새로운 사례와 모델링 기술은 우리가 그동안 참여한 다양한 프로젝트를 통해 동기부여가 되었습니다. 이런 프로젝트는 많은 이종의 데이터 세트를 통합하거나 구조화되지 않은 텍스트의 방대한 웹에서 추출한 정보에 구조를 제공했습니다.

3판에는 많은 변화가 담겨 있습니다. 가장 큰 추가 사항은 파비엔이 작성한 링크드 데이터에 대한 장으로 시맨틱 웹의 기반인 웹 아키텍처에 중점을 두고 있습니다. 3판을 준비하며 우리는 모든 사례를 다시 살펴보았고, 필요한 경우 최신 정보로 업데이트했습니다. CHEBI와 QUDT

의 새로운 버전은 2판 이후에 제정되었고, Good Relations 온톨로지는 Schema.org에 흡수되었습니다(14장).

data.gov에 대한 예제는 데이터가 게시되는 방식과 기술이 변경되어 관련 내용으로 업데이트했습니다. RDF에 게시된 일부 데이터 세트는 더 이상 적용되지 않으며, 1판과 2판에서 설명한 표 형식 데이터를 RDF로 가져오는 방법은 현재 웹 서비스로 사용할 수 있으므로 더 이상 데이터 게시자가 RDF 변환을 직접 수행할 필요가 없습니다.

우리는 시맨틱 웹과 온톨로지 분야의 실무 개발 경험과 파비엔의 새로운 통찰력을 바탕으로 모델링 방법론을 업데이트했습니다(15, 16장). 링크드 데이터 원칙을 생명과학에 간단히 적용한 BridgeDB에 대한 소규모 섹션을 추가했고, 2판 이후 AGROVOC 어휘의 변경 사항을 반영하기 위해 11장을 업데이트했습니다.

2판이 출판된 후 가장 많이 받은 질문은 책에서 설명한 예제에 대한 데이터 요청이었습니다. 누구나 다운로드할 수 있도록 깃허브(GitHub)를 통한 호스팅 요청이 있었지만 이런 책에서 예제 데이터를 배포하는 것은 그렇게 흥미로운 방법이 아니라고 생각했습니다. 데이터를 다운로드하려면 독자가 책의 질의를 실행하기 위해 자체 트리플 스토어를 설치해야 합니다.

3판의 경우 모든 데이터 세트를 workingontologist.org 웹 사이트에서 다운로드할 수 있고 모든 질의를 실행 가능한 형태로 사용할 수 있습니다. 즉, 책에 실린 모든 질의를 조회하고 데이터에 대해 실행할 수 있으며 책에서 보는 것과 동일한 답변을 얻을 수 있습니다. 또한 질의 사본을 직접 만들고 변경해 작동 방식을 확인할 수 있습니다. 이 책의 모든 예제를 직접 확인할 수 있습니다.

3판에서 데이터를 가져와 자신의 것으로 만드는 독자들의 커뮤니티를 구축할 수 있기를 바랍니다. 새로운 질의, 새로운 아이디어, 심지어 새로운 데이터를 추가하여 책에 있는 예제가 새로운 세대의 시맨틱 웹을 학습하고 적용하는 사람들에게 영감을 주는 새로운 씨앗이 되길 희망합니다.

2판과 3판 사이에 시맨틱 웹 스택을 산업적으로 적용하는 예가 많았고, 이러한 사례들은 자료 처리에 대한 정보를 제공했습니다. 업계에서 기술을 채택한 것은 3판을 출시하는 중요한 동기가 되었습니다.

QUDT에 대한 예제를 업데이트하면서 책에 있는 예제와 함께 2판에 기술했던 QUDT의 사례를 조정하기 위해 스티브 레이(Steve Ray)에게 많은 도움을 받았습니다. 그의 도움이 없었다면 책이 출판되자마자 우리가 제공한 예는 구식이 되었을 것입니다. 이 책에서 설명하는 시맨틱 웹과 링크드 데이터의 원칙, Schema.org의 동기를 맞추는 데 도움을 준 애릭 프란존(Eric Franzon)에게 감사드립니다. FIBO 사례를 제공해준 기업 데이터 관리(EDM) 이사회, AGROVOC에 대한 UN 식량 농업 기구(FAO)와 GODAN(Global Open Data for Agriculture and Nutrition)의 노력에 감사드립니다.

3판에 담긴 모든 그림은 data.world용 플러그인을 사용하여 오픈 소스 Cytoscape 플랫폼으로 구축되었습니다. 이 책의 필요에 맞게 Cytoscape 연결을 조정하는 데 쏟은 모든 작업에 대해 data.world의 브라이언 제이콥(Bryon Jacob)에게 감사드립니다. 또한 이 책의 모든 데이터와 질의를 호스팅해준 data.world에 감사드립니다. 덕분에 모든 답변이 올바른지 확인할 수 있었습니다.

출판사에 원고를 전달하기 전에 해당 원고를 검수해준 팀 비어스(Tim Beers)에게 감사드립니다. 자신의 글을 검수하기는 불가능하므로 새로운 눈을 갖는 것이 매우 중요했습니다. 또한 짐(James Hendler)이 이 판에서 작업하는 동안 중요한 물류 및 관리 지원을 제공한 RPI의 미셸 머레이(Michele Murray)와 재키 칼리(Jacky Carley)에게도 감사드립니다.

마지막으로 지난 수십 년 동안 우리를 격려해주신 모든 학생과 독자들에게 감사의 인사를 드립니다. 프로그래머에게 이 책을 읽도록 격려한 프로젝트 관리자, 정오표를 지적해준 독자, 이전 판을 읽고 감사하다고 말한 모든 분들의 격려 덕분에 3판이 출간될 수 있었습니다.

CONTENTS

CONTENTS

CONTENTS

CHAPTER 9 RDFS-Plus

CONTENTS

CONTENTS

CONTENTS

CHAPTER 1

시맨틱 웹이란?

이 책의 원서 제목인 시맨틱 웹은 이름에서 추측할 수 있듯이 월드와이드웹WorldWideWeb, 의미론Semantics과 관련이 있다. 의미론은 말이나 글의 의미를 연구하는 분야다. 의미론이라는 단어에도 다양한 의미가 들어 있는데, 웹에 어떻게 적용할 수 있을까?

이 책은 온톨로지 과학자ontologist를 대상으로 한다. 온톨로지 과학자 또는 온톨로지 엔지니어는 엔터프라이즈 지식그래프, 데이터 레이크, 범세계적인 링크드 데이터, 그래프 데이터처럼 의미 기반으로 데이터를 결합하는 것이 더 강력하다는 생각을 공유하고 관련 기술을 활용하여 일할 수 있다. 이 책의 목표는 시맨틱 웹으로 작업하는 데 필요한 도구를 제공하는 것이다. 사실 W3CWorld Wide Web Consortium에서 추상 구문abstract syntax, 모델 기반 의미론model-based semantics, 참조 구현reference implementations, 테스트 케이스test cases 등 시맨틱 웹 언어에 대한 권고안Recommendations을 제공하고 있다. 이 도구들 역시 다른 도구처럼 기본 도구와 훨씬 더 전문화된 도구로 나눌 수 있다. 그러나 어떤 도구를 사용하든 비전문가는 서툴러서 거칠고 기능성이 떨어지는 결과물을 만들지만, 숙련된 장인은 유용하고 아름답고 내구성이 있는 작품을 만들 수 있다.

이 책은 기본 도구를 사용해 시맨틱 웹 시스템을 구축하는 기술을 설명한다. 이를 통해 이해하기 쉽고 유용하고 내구성이 있고 아름다운 시맨틱 모델(온톨로지 또는 어휘)을 어떻게 만드는지 보여줄 것이다.

1.1 웹이란?

웹 아키텍처는 선구자들의 경험과 지혜로 만들어졌다. 1945년 바네바 부시Vannevar Bush는 방대한 문서 모음과 문서 간 연결을 관리하는 데 문제가 있음을 발견했고, 이와 관련한 내용을 〈The Atlantic〉 매거진[Bush and Wang, 1945]에 기고했다. 부시는 이 문제를 과학적 문제로 간주하고, 문서에 있는 연관 링크의 저장과 관리를 외부화·자동화하자는 아이디어를 제안했다. 그는 'Memex(메모리 확장)'라는 가상의 장치를 사용하여 자신의 아이디어를 설명했다. 이 장치는 작업 문서들과 문서 간의 연관 링크를 연구하고 연결하고 기억하는 데 도움이 된다. 그로부터 20년 후, 테드 넬슨Ted Nelson은 부시의 기고문인 'As We May Think'를 인용하여 컴퓨터를 사용해서 이 아이디어를 구현하자고 제안했다. 그는 하이퍼텍스트와 하이퍼미디어 구조를 사용하여 문서의 일부를 연결하는 방법을 제안했다. 1960년대 후반, 더글라스 엥겔바트Douglas Engelbart는 증강Augment 프로젝트를 통해 마우스와 새로운 상호작용 도구를 개발하여 하이퍼텍스트를 편집하고 탐색하는 데 적용하였다. 그리고 1970년대 초반에 빈튼 서프Vinton Cerf의 연구는 전 세계 컴퓨터를 연결하는 인터넷의 출현을 이끌었다.

1980년대 말에 팀 버너스리Tim Berners-Lee는 인터넷에 하이퍼미디어를 배포하기 위한 새로운 아키텍처, 즉 WWW를 제안했다. 이 위대한 업적으로 그는 위인의 반열에 서게 되었다. 웹은 동일한 시스템에 없는 문서를 연결하기 위한 목적으로 탄생하였다. 이를 구현하기 위해 인터넷을 통해 문서를 연결시키는 하이퍼텍스트 인프라를 제공한다. 웹 아키텍처는 웹 브라우저로 대표되는 웹 클라이언트와 클라이언트에게 문서와 데이터를 제공하는 웹 서버로 구성된다. 웹 아키텍처가 동작하려면 다음과 같은 세 가지 필수 구성 요소가 있어야 한다. 첫째, 웹에 있는 문서를 식별하고 찾을 수 있는 주소가 있어야 한다. 둘째, 클라이언트가 서버에 연결하고 요청을 보낸 후 응답을 수신할 수 있는 통신 프로토콜이 있어야 한다. 셋째, 웹 페이지의 내용과 전송할 문서를 기술하는 표현 언어가 있어야 한다. 이 세 가지 구성 요소는 Jacobs와 Walsh의 논문[2004]에 기술된 기본적인 웹 아키텍처로 구성되고, 이 책의 후반부에서 설명할 시맨틱 웹 표준은 시맨틱 데이터를 배포하기 위해 확장된다.

정보의 웹web of information이라는 개념은 고도로 훈련된 IT 관리자, 사서, 정보 설계자 같은 정보 전문가만 접근할 수 있는 기술적 아이디어였다. 그러나 WWW가 널리 퍼진 이후로 정보의 웹은 전 세계적으로 공유되어 일반인들에게 친숙해졌다. 어떤 출처든 웹을 구축하는 데 기여할 수 있고, 우리가 생각할 수 있는 모든 주제가 웹에 포함될 수 있다.

웹의 핵심 개념은 개방형 커뮤니티에 대한 아이디어에 있다. 누구나 자신의 아이디어를 웹 커뮤니티에 표현할 수 있다. 웹이 엄청나게 포괄적인 주제를 다룰 수 있는 것은 이러한 개방성 덕분이다. 정보의 웹은 커뮤니티의 관심과 에너지로 성장하는 유기체다. 웹 페이지에는 사람들의 관심사를 반영하는 다양한 주제와 그에 대한 다양한 분석, 요약한 정보 등이 뒤섞여 있지만, 매우 유용하다. 웹은 매우 광활하기 때문에, 인내심과 요령이 있는 사람이라면 누구나 관심 있는 질문에 대한 답을 찾을 수 있다. 그러나 때로는 웹이 매우 얕다고 느낄 수도 있다. 조금 더 통합되고 일관되며 심도 있는 웹을 구축하려면 어떻게 해야 할까?

1.2 데이터로 소통하기(커뮤니케이션하기)

여러분이 코피어스Copious라는 식당에 가려고 자동화된 개인 비서에게 "코피어스의 영업 시간은 어떻게 되지?"라고 질문했다고 가정해보자. 그런데 개인 비서는 코피어스의 영업 시간에 대한 정보가 없다고 대답한다. 그래서 웹 페이지를 찾아보니, 코피어스의 주소와 일일 특별 메뉴가 나와 있고 바로 옆에는 영업 시간에 대한 정보가 있다. 코피어스의 웹 마스터는 어떻게 해야 여러분의 개인 비서에게 웹 페이지에 있는 정보를 알려줄 수 있을까? 영업 시간뿐 아니라 일일 특별 메뉴도 함께 알려주면 좋을 것이다.

어떤 웹 페이지에서 주요 국립공원과 그 주변에 지점을 둔 호텔 목록을 찾는다고 가정하자. 선호하는 호텔인 몽고텔Mongotel은 해당 웹 페이지에 존재하지 않는다. 몽고텔 웹 사이트에서 제공하는 호텔 위치와 목록을 보면, 국립공원 주변에도 지점이 있다. 국립공원 웹 페이지는 왜 이 정보를 몰랐을까? 몽고텔을 국립공원의 웹 사이트에서 찾을 수 있게 하려면 어떻게 해야 할까?

한 단계 더 나아가, 공원에서 가장 가까운 호텔 위치를 파악하려고 한다. 여러분은 공원 주소와 호텔 주소 목록을 가지고 있다. 먼저 여러분은 웹에 있는 매핑 서비스를 이용해서 공원과 근처에 있는 일부 호텔을 찾을 수 있지만, 매핑 서비스가 몽고텔의 위치를 제공하지 않을 수 있다. 이런 경우, 몽고텔 웹 페이지에 있는 주소를 복사하여 지도에 붙여 넣고, 공원 정보에 대해서도 동일한 작업을 수행하면 원하는 결과를 얻을 수 있다. 그런데 '몽고텔 정보나 공원 정보를 왜 내가 일일이 매핑 서비스에 복사해야 할까?', '최신 정보를 관리하는 담당자는 누가 되어야 할까?'라는 생각이 들 수 있다. 물론 몽고텔 담당자는 매핑 페이지에 있는 정보가 최신 정보라면 만족할 것이다. 이렇게 유지하려면 무엇을 해야 할까?

여러분이 아마추어 천문학 정보와 태양계 관련 섹션을 관리하고 있다고 가정해보자. 여러분은 별, 행성, 달, 소행성, 혜성과 같은 태양계의 구성 요소에 대한 정보와 뉴스를 구성하고 있다. 각 구성 요소별로 사진, 필수 정보(질량, 알베도, 태양과의 거리, 모양, 크기, 공전하는 개체, 공전 기간, 공전 주기), 최근에 발견한 행성과 관측에 대한 뉴스가 포함된 웹 페이지가 있다. 또한 다양한 출처에서 정보를 얻을 수 있는데, 참조 데이터는 IAU International Astronomical Union에서 제공되고, 뉴스는 여러 피드로부터 제공된다.

어느 날, 여러분이 신문에서 IAU가 2006년까지 행성이었던 명왕성을 '왜행성dwarf planet'으로 결정한다는 기사를 읽었다. 그렇다면 여러분이 관리하는 웹 페이지를 수정해야 한다. 행성, 달, 소행성에 대한 웹 페이지와 더불어 '왜행성'을 소개하는 새로운 페이지가 필요하다. 그러나 행성 관련 페이지를 업데이트하려면 IAU에서 새로운 정보를 얻어야 한다. 여러분이 직접 기존 정보를 재구성하지 않아도 웹 페이지에 8개 행성이 정확하게 나열되도록 IAU가 할 수 있는 방법이 있을까?

한 치과 의사와 진료 약속을 하고 그의 병원을 찾아보려고 한다. 병원 위치가 East Long Street 근처이고 치과 의사의 이름은 기억하지만 병원명은 기억하지 못한다. Long Street에서 치과 의사를 찾아보아도 정확히 일치되는 의사가 없다. 웹 페이지에서 확인해보니, 치과 의사가 아닌 '구강 외과 의사'로 표시되어 있다. 치과 의사에 대한 정보를 제대로 리스트업하는 것은 누가 해야 할 일인가?

여러분이 신진대사 과정을 잘 아는 과학자이고, 현재 특정 의학 상태를 연구한다고 가정해보자. 여러분은 연구 과정에서 중요한 역할을 하는 화합물을 많이 알게 된다. 전 세계 연구자들은 인간의 신진대사와 관련된 유기 화합물에 대한 실험 결과를 발표한다. 여러분이 관심을 둔 화합물에 대한 실험은 했는지, 무엇을 측정했는지에 대한 데이터를 찾을 수 있도록, 과학자들은 연구 데이터를 어떻게 제공할 수 있을까?

타이거뱅크Tigerbank와 마코뱅크Makobank는 주택 소유자에게 주택 담보 대출을 해준다. 대출 상품에 적용되는 이자율에는 고정 이자율과 변동 이자율이 있다. 똑똑한 금융 공학자가 타이거뱅크의 고정 대출 상환금 중 하나를 마코뱅크의 유동 대출 상환금으로 거래하는 계약을 체결하였다. 이와 같은 계약은 대출의 위험성을 줄이고 싶은 사람들에게 적합할 수 있다. 이것은 좋은 거래일까, 아닐까? 적절하게 판단하려면 타이거뱅크와 마코뱅크의 대출 조건을 비교해야 한다. 은행은 고객이 상품을 비교하는 데 사용할 수 있는 용어를 어떻게 제공하고 있을까?

위에 소개한 사례의 공통점은 무엇일까? 각각의 사례에서 누군가는 공유하고 싶은 대상에 대한 지식을 가지고 있다. 이러한 지식은 비즈니스(시간, 일일 특별 메뉴, 위치, 비즈니스 카테고리), 과학 데이터(화합물에 대한 실험 데이터, 행성 분류) 또는 복잡한 금융 상품에 대한 정보일 수 있다. 가능한 소비자 커뮤니티에 데이터를 홍보하고, 웹 페이지뿐 아니라 검색 엔진, 개인 비서, 매시업, 리뷰 사이트, 지도 등 많은 채널에서 해당 데이터를 사용할 수 있도록 한다면 데이터 소유자에게는 최선의 이익이 될 것이다. 그러나 데이터가 너무 특이하거나 상세하거나 복잡하기 때문에 단순히 설명을 작성하여 공개하기 어렵다. 사실, 이런 데이터를 얻는 것이 그들의 관심사이기 때문에, 데이터가 필요한 적절한 사람을 찾고 어떻게 사용할 수 있는지를 파악하기 위해 노력한다.

소셜 데이터

소셜 네트워킹은 데이터를 공유하려는 열정을 보여주는 특별한 사례다. 수십 억 명의 사용자가 개인 생활이나 직업 등 자신의 삶에 대한 데이터를 소셜 웹 사이트에 공유한다. 사람들은 새로운 친구를 찾고, 오랜 친구와 연락을 유지하고, 비즈니스 관계를 찾는 데 데이터를 사용한다. 이 밖에도 다양한 장점을 얻을 수 있기 때문에 시간을 들여 데이터를 공유한다.

소셜 또는 전문가 네트워킹은 비분산 방식으로 운영된다. 페이스북, 링크드인, 인스타그램, 위챗과 같이 최근에 유행하는 소셜 네트워크 서비스가 여기에 해당한다. 물론 이미 많은 서비스가 사라지기도 했고, 새로운 서비스들이 출현할 것이다. 전문적인 정보나 개인 정보를 공유하고 싶은 사람은 웹 서비스에 가입하고, 자신이 관리할 수 있는 계정을 만들어야 한다. 개인 활동은 일별로 업데이트될 수 있는데, 사진, 방문한 장소, 함께 있었던 사람에 대한 태그, 시작하거나 완료한 프로젝트, 수행한 작업 등 다양한 형식을 포함한다. 이런 데이터는 친구와 동료, 때로는 낯선 사람이 검색하고 볼 수 있도록 웹 서비스에 게시된다.

소셜 웹 서비스는 가입한 회원들의 데이터를 소유하고 다양한 목적으로 데이터를 사용할 수 있다. 대부분의 사용자는 소셜 네트워크에서 무엇인가 언급했는데 그다음 날 관련 광고가 표시되는 으스스한 경험을 해봤을 것이다.

광고는 수익성이 높으면서도 소셜 데이터를 악의 없이 사용한다. 2018년 연구[Meredith, 2018]에 따르면, 페이스북 사용자 중 수백만 명에 해당하는 데이터가 2016년 미국 대통령 선거, 영국의 브렉시트 국민 투표와 같이 세계적으로 중요한 여러 선거에 영향을 미치는 데 사용되었다고 한다. 많은 사람들이 이런 일이 일어날 수 있다는 사실에 놀랐지만, 사용자들은 이미 자신이 통제할 수 없는 중앙 집중식 저장소에 데이터를 공유하고 있다.

소개한 데이터의 예는 통제의 균형이 필요함을 보여준다. 개인이 자신의 데이터를 특정한 사람들에게 공유하고 싶을 수도 있고, 다른 사람들에게 공유하지 않고 싶을 수도 있다. 두 가지 상반되는 희망 사항을 어떻게 관리할 수 있을까? 이것이 분산 데이터의 문제다. 개인이 스스로 데이터를 통제하고 싶다면, 데이터를 자신이 갖고 있어야 한다. 데이터를 웹에 게시하는 것은 전 세계의 데이터와 연결된다는 것을 의미한다.

데이터에서 배우기

데이터 과학은 비즈니스 예측을 수행하는 가장 생산적인 방법 중 하나가 되었다. 데이터 과학은 마케팅, 수요, 위험 평가, 사람의 행동 방식 또는 일부 제품의 성능을 예측하기 위한 다양한 산업에서 사용되고 있다.

은행의 대출 사업을 예로 들어보자. 은행은 주택, 자동차에 대한 대출과 중소기업을 위한 대출 등 다양한 사업을 하고 있다. 대출 신청 과정에서 은행은 차용인에 대해 많은 정보를 알게 된다. 대부분의 은행이 수십 년 동안 대출 업무를 했고, 대출 심사에서 최종 결정에 필요한 많은 데이터를 갖고 있다(예: 채무 불이행 여부, 조기 상환 여부, 재융자 여부). 은행은 기계 학습 기술을 사용해 대규모 데이터를 수집하고 분석하여 대출을 위한 최종 결정을 예측할 수 있다. 이런 정보를 바탕으로 은행은 더욱 선택적으로 대출 여부를 결정하여 시장에 효과적으로 대응할 수 있다.

이러한 기본적인 접근 방식은 다양한 분야에 적용되고 있다. 마케팅(판매를 이끄는 제품 식별), 제품 개발(가장 잘 판매되는 기능 식별), 고객 유지(심각 단계로 넘어가기 전에 문제 식별), 의약품 개발(이미지와 혈액 검사를 통한 패턴 기반의 질병 식별), 비행기에 가장 적합한 경로 찾기와 계획, 스포츠(선수 활용 시점 결정) 등이 그 예가 될 수 있다.

이러한 모든 예에서 성공 여부는 의미 있는 데이터의 가용성에 따라 결정된다. 마케팅, 판매, 제조 분야의 데이터는 단일 출처, 즉 단일 회사 고객에 대한 판매 형태에서 나온다. 스포츠 분야는 해당 스포츠의 통계 자료가 수 세대 동안 정규화되어 관련 데이터가 단일 표현으로 이미 정렬되어 있다. 이는 기계 학습 알고리즘이 데이터를 일반화할 수 있도록 만드는 중요한 단계다.

위 목록에서 데이터가 배포되는 유일한 예는 전 세계의 병원과 클리닉에서 진단이 내려지는 의학 분야다. 의학의 경우, 여러 출처의 데이터를 정렬하기 위해 수십 년에 걸쳐 질병과 치료 코드를 제정하기 위해 노력하고 있다.

의학 분야에서 성공한 기계 학습의 사례를 확장하고, 엔터프라이즈 차원에서 다른 산업에 적용할 수 있을까? 이를 위해 산업 전반에 걸쳐 분산된 데이터를 연결하는 방법이 필요하다.

1.3 분산 데이터

앞서 식당 예에서 사람이 읽을 수 있도록 데이터(영업 시간, 일일 특별 행사, 휴일 휴무)를 게시했지만 자동화된 개인 비서는 데이터를 읽을 수 없었다. 한 가지 해결 방안은 웹 페이지를 읽고 해당 내용을 이용해 영업 시간을 파악하는 정교한 알고리즘을 개발하는 것이다. 물론 식당 주인은 영업 시간을 이미 알고 있고 게시했기 때문에 고객이 해당 시간을 잘 찾고, 영업 시간에 대한 정보가 정확하길 바란다. 그런데 식당 주인이 고객과 원활하게 커뮤니케이션하기 위해서는 왜 제3자에게 의존해야 할까?

실험 결과를 기술한 과학 논문의 경우 매우 특별한 독자가 있다. 이 독자는 실험에 활용된 화합물과 특정한 상황에서 반응한 결과를 이해할 수 있는 다른 연구자들이다. 연구 결과는 저자와 독자가 함께 이해할 수 있어야 한다. 하지만 저자는 다른 사람에게 의존하여 자신의 연구 결과를 전달하고 싶어 하지는 않는다.

이런 상황은 모든 수준에서 반복된다. 은행은 명확하고 모호하지 않은 방식으로 파트너, 고객 또는 규제 기관에 조건을 전달할 수 있다면, 자체 금융 상품을 더욱 잘 통제할 수 있다. IAU 헌장의 기본 정신은 관측과 분류의 발전에 대해 천문학 커뮤니티에 정보를 지속적으로 제공하는 것이다. 치과 의사는 환자가 자신의 병원을 찾을 수 있기를 바란다.

지금까지 소개한 사례에 나타난 공통 주제는 인간의 해석이 필요하고 특정 청중을 위한 정보 표현에서 기계 사이의 데이터 교환으로 이동하는 것이다. 즉, 데이터를 해석할 때 인간의 직관에 의존하지 않고 데이터 공급자가 데이터를 더욱 쉽게 사용하도록 하는 것이다. 이때, 데이터를 더 쉽게 소비할 수 있도록 데이터를 공유하려는 욕구를 이용할 수 있다.

각 데이터 출처는 한 사람에게 하나의 사물을 전달하는 단일 지점이 아닌 상호 연결된 데이터 네트워크라는 복합적 의미를 갖는다. 데이터를 활용하고자 하는 사용자와 컴퓨터 애플리케이션은 데이터를 공유하는 것이 이익이라는 사실을 이용하여 데이터 공급자와 협업한다.

분산된 데이터 웹

시맨틱 웹은 분산 데이터에 대한 아이디어를 웹 전체에 적용하여 한 단계 더 발전시킨다. 우리에게 익숙한 웹 아키텍처는 URLUniform Resource Locators이라는 전역global 링크로, 서로를 참조할 수 있는 하이퍼텍스트 페이지의 분산 네트워크를 지원한다. 웹 아키텍처는 이 개념을 URIUniform Resource Identifier로 일반화하여 하이퍼텍스트 웹 이외의 맥락context에서 사용할 수 있도록 한다.

시맨틱 웹의 주요 개념은 표현presentation 수준이 아닌 데이터 수준에서 분산 웹을 지원하는 것이다. 하나의 웹 페이지가 다른 웹 페이지를 가리키도록 하는 대신, 하나의 데이터 항목은 웹이 사용하는 것과 동일한 전역 참조 메커니즘을 사용하여 다른 항목을 가리킬 수 있다(즉, URIs). 몽고텔이 호텔과 그 위치에 대한 정보를 게시하거나 코피어스가 영업 시간을 게시할 때, 이 정보를 단지 사람이 읽을 수 있는 표현이 아닌 분산적이고 기계가 읽을 수 있는 데이터로 기술하여 게시한다.

시맨틱 웹은 분산 데이터 문제에 직면해 있다. 하이퍼텍스트 웹이 문서의 가용성에 대한 생각을 바꾸었듯이, 시맨틱 웹은 데이터에 대한 근본적인 사고방식을 바꾸고 있다. 처음 보면 분산 데이터는 쉬울 수 있다. 데이터베이스를 웹에 게시하면 된다. 그러나 분산된 데이터 웹으로서 제 역할을 하도록 하려면 다양한 세계에 걸쳐 여러 이해 관계자들 간에 데이터를 공유하는 역학 관계를 이해해야 한다. 서로 다른 출처에서 동의하거나 동의하지 않을 수 있으며, 여러 출처의 데이터를 결합하여 단일 주제에 대한 더 많은 통찰력을 얻을 수 있다.

한 회사 내에서도 데이터는 분산화된 자원으로 간주할 수 있다. 서로 다른 사업부 또는 합병이나 기업 인수를 통해 인수한 사업 부분의 여러 데이터베이스는 웹에 있는 자원만큼 다를 수 있다. 분산 데이터는 다양한 이해 관계자들에게서 제공된다는 것을 의미한다. 따라서 데이터를 의미 있는 방식으로 결합하는 방법을 이해해야 한다.

일반적으로 데이터는 어떤 방식을 통해 한 대상과 다른 대상을 연관시키는 문장(진술문, statement[1])을 만든다. 코피어스(한 가지 사물)는 오후 5시(값을 갖는 다른 사물)에 영업을 시작한다(다른 것과 관련된 방법). 코피어스는 치킨과 와플(요리)을 제공하는데(무언가와 관련 있는 다른 방법), 이것은 그 자체가 다른 것들(치킨, 와플과 같은 요리 이름에는 없는 다른 것으로, 예를 들면 메이플 시럽)로 구성되어 있다. 이러한 모든 것은 분산 데이터 웹의 모든 출처에서 표현될 수 있다. 시맨틱 웹이 분산 데이터 웹을 나타내기 위해 사용하는 데이터 모델을 RDF Resource Description Framework라고 하는데, 이에 대해서는 3장에서 설명한다.

시맨틱 웹의 특징

WWW는 정보 공유에 대한 근본적이면서도 새로운 사고방식의 결과다. 웹 자체가 보편화됨에 따라 정보 공유에 대한 개념은 이제 많이 익숙해진 것 같다. 웹에 대한 사고방식은 시맨틱 웹과 같은 데이터 웹에 적용될 때 훨씬 더 심오한 결과를 가져온다. 정보 공유는 시맨틱 웹 표준 설계를 주도했고 양질의 시맨틱 웹 애플리케이션을 구축하는 기술에 큰 영향을 주고 있다.

목소리를 들려줘…

WWW에서 게시는 대체로 콘텐츠 제작자에 의존한다. 제작자는 자신만의 웹 페이지를 만들고, 하고 싶은 말을 할 수 있다. 특정 주제에 대한 다양한 의견을 찾고, 어떤 것을 믿을지 결정하는 것은 독자의 몫이다. 웹은 라틴어 caveat emptor가 의미하는 '구매자가 주의하세요'에 해당하는 주의사항의 대표적인 예다. 웹에서 이 기능은 매우 중요한 역할을 하므로 누구나 모든 주제에 대해 무엇이든 말할 수 있다는 AAA Anyone can say Anything about Any topic 슬로건을 붙인다.

하이퍼텍스트 웹에서 AAA 슬로건은 누구나 원하는 대로 페이지를 작성하여 웹 인프라에 게시할 수 있다는 의미다. 시맨틱 웹의 AAA 슬로건은 웹 아키텍처가 어떤 개인이 다른 출처의 데이터와 결합할 수 있는 방식으로 특정한 개체에 대한 데이터를 표현할 수 있음을 의미한다. 이 요구 사항은 RDF 설계의 일부 기초를 설정한다.

---

1 역자주: 진술문은 참이거나 거짓인 문장(sentence) 또는 사실(fact)에 대한 문장이다. 만약 문장이 어떤 것에 대한 의견(opinion)이거나 사실인지 아닌지 판단하는 것이 불가능할 정도로 불분명하거나 명령을 표현하거나 지시를 내린다면 진술문이 아니다.

한편, 웹은 귀중한 보물들로 가득하지만 지나치게 커져서 서로 얽혀 있는 데이터 광야와 같다. 찾을 수 있는 귀중한 데이터조차도 야생의 일부분으로 조정되어 다양한 형태를 취할 수 있다. 한 명의 데이터베이스 관리자가 데이터베이스에 대한 추가·수정 작업을 직접 처리하는 대규모 기업 데이터 센터의 상황과 달리 웹에는 정보 통제자gatekeeper가 없다. 웹에서는 무엇이든 생겨날 수 있다. 분산된 데이터 웹은 모든 출처에서 데이터가 제공되는 유기적인 시스템이다. 물론 이런 방식은 웹상의 정보를 이해하려는 사람들을 화나게 할 수도 있다. 그러나 웹에서 표현의 자유는 상향식 풀뿌리 현상으로 도약하게 하는 밑거름이 된다.

… 내가 말할게!

하이퍼텍스트 웹 초기에 회의론자들은 하이퍼링크 페이지로 가득 찬 전 세계 분산 웹의 실현 가능성을 낮게 보고 다음과 같이 물었다. "누가 그 모든 콘텐츠를 만들 것인가? 누군가는 웹 페이지를 작성해야만 한다!"

회의론자뿐 아니라 수많은 지지자들조차 놀랄 만한 답변이 나왔다. 바로 모든 사람이 콘텐츠를 제공해야 한다는 것이었다. 누구나 모든 주제에 대해 무엇이든 말할 수 있는 웹 인프라가 만들어지자 사람들이 참여하기 시작했다. 공식적이든 비공식적이든 모든 주제에 대한 웹 페이지가 만들어졌다. 많은 사람들이 저마다 말하고 싶은 주제가 있었고, 그 말을 하기 위해 기꺼이 노력을 기울였다. 이러한 추세가 계속됨에 따라, 위키백과와 인터넷 영화 데이터베이스IMDB와 같은 '크라우드소싱' 자원들이 생성되었다. 이는 광범위한 유틸리티를 사용하여 공동으로 편집하는 정보 출처다. 이러한 효과로 매일 10억 명의 사람들이 기여(데이터 제공)하는 소셜 네트워크가 만들어졌고, 이들의 기여가 모여 그 자체로 상당한 가치를 지닌 거대한 데이터 출처로 거듭나고 있다.

하이퍼텍스트 웹은 네트워크 효과로 불리는 선순환 덕분에 성장했다. 웹과 같은 기여자 네트워크에서 누구나 게시할 수 있는 인프라는 존재하지만, 정보를 게시하는 게 바람직한 이유는 무엇일까? 웹 브라우저가 낯선 시기에 '웹'이라는 공간에 새로운 페이지를 게시할 동기는 많지 않았다. 누가 그것을 읽을 것인가? 그들과 소통하고 싶은 이유는 무엇인가? 팩스 기계를 가지고 있는 첫 번째 어린이가 되는 것이 별로 유용하지 않듯이(누구와 팩스를 교환하나?), 웹 서버를 사용하는 첫 번째 어린이가 되는 것도 별로 흥미롭지 않았다.

하지만 소수의 사람들만 웹 서버를 갖고 있었고, 그보다 더 많은 사람들이 웹 브라우저만 갖고 있었기 때문에, 웹 페이지와 웹 브라우저를 모두 갖고 있는 것이 더 매력적이었다. 콘텐츠 공급자는 자신의 작업에 관심 있는 청중을 찾았고, 콘텐츠 소비자는 더 많은 콘텐츠를 탐색했다. 이런 추세가 이어지면서 웹은 점점 더 매력적으로 변했고, 양쪽에서 더 많은 사람들이 참여했다. 이것이 네트워크 효과의 기초다. 지금 활동하는 사람들이 많을수록 새로운 사람들이 활동을 시작하는 데 더 매력적이다. 웹의 진화를 만든 또 다른 특징은 자동 문서화auto documented다. 웹 구축, 사용과 기여에 대한 문서가 웹 자체에 있고, 시맨틱 웹과 같은 진화가 있을 때 그것 또한 네트워크 효과를 지원하기 위해 웹에 문서화할 수도 있다.

시맨틱 웹을 채우는 많은 정보는 하이퍼텍스트 웹에서 시작되었다. 때로는 테이블, 스프레드시트, 데이터베이스의 형태로, 때로는 위키피디아와 같은 조직화된 그룹 활동으로 시작되기도 했다. 분산 액세스를 위해 이 데이터를 RDF로 변환하는 작업을 누가 하고 있는가? 시맨틱 웹 초기에는 데이터를 변환할 동기가 크지 않아 주로 시맨틱 웹 기술 자체에 관심이 있는 사람들이 직접 수행했다. 그러다 점점 더 많은 데이터를 RDF 형식으로 사용할 수 있게 됨에 따라 분산 데이터를 활용하는 애플리케이션을 개발할 필요성이 커졌다.

디비피디아dbpedia라는 위키백과의 RDF 버전, 대규모 정부 데이터 세트를 포함하여 몇 개의 공개 데이터 소스가 RDF 형식으로 존재한다. 소규모 소매 업체는 Schema.org(10.1절)라는 공유 기술 프레임워크를 사용하여 RDFa라는 시맨틱 웹 형식으로 제품에 대한 정보를 게시한다. 페이스북은 콘텐츠 관리자가 RDFa와 개방형 그래프 프로토콜Open Graph Protocol이라는 형식을 사용하여 구조화된 데이터를 제공할 수 있다. 이런 종류의 데이터 소스가 존재하면 시맨틱 웹을 위해 링크된 형태로 데이터를 생성하는 것이 더 유용해진다. 시맨틱 웹 설계는 하이퍼텍스트 웹을 구동했던 것과 동일하게 네트워크 효과에 따른 이익을 얻을 수 있게 한다.

링크드 오픈 데이터 클라우드Linked Open Data Cloud는 이러한 방향을 따르는 노력의 예다. 2007년부터 아일랜드 국립 대학교의 연구진은 다양한 주제에 대한 연결된 데이터 세트를 조합하는 프로젝트를 시작했다. [그림 1-1]은 2007년부터 2017년까지 네트워크 효과에 따른 링크드 오픈 데이터 클라우드의 성장을 보여준다. 프로젝트 초기에는 데이터 세트를 클라우드에 포함시키려는 동기가 거의 없었지만 더 많은 데이터 세트가 연결되면서(위키피디아 포함) 새로운 데이터 세트를 포함시키는 것이 더 쉽고 가치 있게 되었다. 링크드 오픈 데이터 클라우드에는 몇 가지 공통 참조를 공유하는 데이터 세트가 포함되어 있다. 물론 데이터 웹 자체는 훨씬 더 크다. 링크드 오픈 데이터 클라우드에는 지리, 정부, 생명과학, 언어학, 미디어, 출판물을 비롯한 다양한 분야의 데이터 세트가 포함되어 있다.

이와 같은 표준에 기반한 또 다른 노력을 지식그래프knowledge graph라고 한다. 이 이름은 광범위한 정보 공유 접근 방식을 의미하지만, 2012년경 구글이 지식그래프라는 것을 사용하여 검색을 더욱 지능적으로 만든다고 발표하면서 이 용어가 인기를 얻었다. 구글은 시맨틱 웹이라는 난해한 용어 대신 지식그래프라는 이름을 사용하면 사람들이 기본 개념을 더 쉽게 이해할 수 있을 것이라고 생각했다. 즉 '의미의 웹'이 아니라 '지식의 그래프'로 부르는 것을 더 선호할 것이라 생각했다. 지식그래프라는 이름은 이제 널리 알려졌으며, 현재 산업 환경에서 시맨틱 웹 기술과 엔터프라이즈 수준의 접근 방식을 지칭하는 데 사용되고 있다. 하지만 기술의 기본 원리는 동일하다. 이 책에서 소개하는 표준은 시맨틱 웹, 링크드 데이터, 지식그래프에 동일하게 적용된다.

지구는 둥글다?

네트워크 효과는 WWW와 같은 거대한 정보 네트워크를 만드는 데 필요한 노력을 모으는 효과적이고 강력한 방법임이 입증되었다. 사실 그러한 구조를 만드는 데 성공한 유일한 방법이다. AAA 슬로건은 웹의 급속한 성장을 견인한 네트워크 효과를 가져왔다. 그렇다면 개방형 시스템의 파급 효과는 무엇일까? AAA 슬로건은 유기적으로 성장한 웹 콘텐츠에 어떤 의미일까?

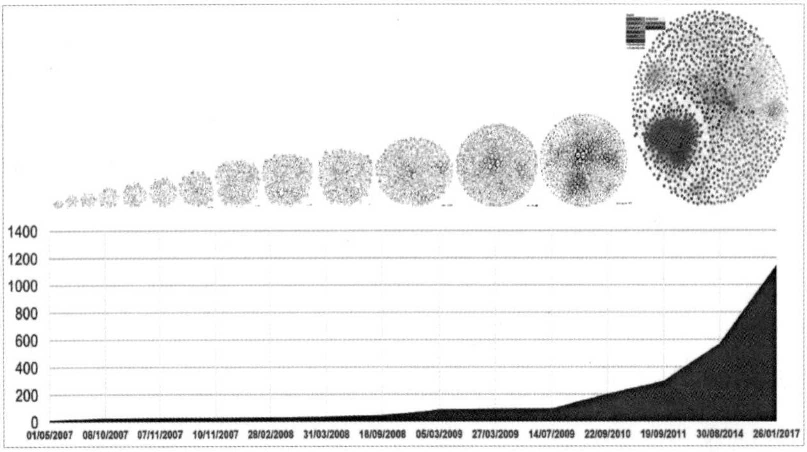

그림 1-1 링크드 오픈 데이터 클라우드의 웹에서 연결된 오픈 데이터 세트의 수(lod-cloud.net에 있는 링크드 오픈 데이터 클라우드)

네트워크 효과가 유지되려면 웹상의 다양한 정보 변화에 대응할 수 있어야 한다. 때때로 정보의 차이는 합의된 영역에서 사소한 세부 사항일 수 있지만, 다른 차원에서 사회의 정치적·문화적 담론을 주도하는 본질적인 불일치가 될 수 있다. 이 현상은 하이퍼텍스트 웹에서 도드라지게 나타난다. 어떤 주제에 대해 매우 다른 의견을 표현하는 웹 페이지를 찾을 수 있다. 다양한 수준에서 반대하는 능력은 인간 담론의 필수적인 부분이며 웹을 성공시키는 중요한 측면이다. 어떤 사람들은 어떤 주제에 대해 아주 이상한 의견을 주장하고 싶을 수 있다. 어떤 사람들은 세상이 둥글다고 가정하지만, 어떤 사람들은 지구가 평평하다고 주장할 수도 있다. 웹 인프라는 상충되는 의견이 모두 동일한 가용성과 접근 권한을 갖도록 허용해야 한다.

웹에서 어떤 이의 의견에 대해 동의하지 않는 방법은 다양하다. 행성으로서 명왕성의 지위에 관한 예를 통해 각각을 설명해보겠다.

- 일부 주제에 대해 근본적으로 의견이 다를 수 있다. IAU는 명왕성을 포함하지 않는 내용으로 행성의 정의를 변경했지만, 모든 천문학 커뮤니티나 국가 기관이 반드시 이 분류에 동의하는 것은 아니다. 특히 명왕성을 행성으로 간주함으로써 기득권을 누려온 많은 점성가들은 여전히 명왕성을 행성으로 본다. 이런 경우, 다른 출처들은 단순히 동의하지 않을 것이다.
- 누군가가 의도적으로 속일 수 있다. 9개의 행성을 묘사한 포스터, 모델 또는 기타 작품을 판매하는 사람은 IAU의 결과에 동의하지 않고, 심지어 상황에 대한 불확실성을 퍼뜨릴 수 있다.
- 누군가는 단순히 착각할 수 있다. 웹 사이트는 사람에 의해 구축되고 관리되기 때문에 실수가 발생할 수 있다. 일부 웹 사이트는 명왕성을 행성으로 잘못 기재하거나, 심지어 8개의 '비왜행성' 중 하나를 빠뜨릴 수도 있다.
- 일부는 최신 정보가 아닐 수 있다. 전 세계적으로 태양계의 축적 모델을 전시하는 전시장이 많은데, 행성들의 지위는 문자 그대로 돌에 새겨져 있다. 아홉 번째 대상에 대한 새로운 설명을 새기는 데 필요한 예산이 확보될 때까지, 명왕성은 행성으로 계속 기재되어 있을 것이다. 물론 웹 사이트는 돌로 새긴 게 아니지만, 업데이트를 하려면 노력이 들어가야 한다. 모든 사람이 다 정보 업데이트를 서두르는 건 아니다.

의견이 일치하지 않는 이유 중 일부는 동의할 수 없지만 기술적 관점에서 서로 다른 의견을 구분할 방법이 없다. 웹 인프라는 정보가 때로 일치하지 않을 수 있고 이것이 일시적인 현상이 아니라는 사실에 대처할 수 있어야 한다. 다양성과 불일치가 존재하는 것이 바로 웹의 본질이다.

시맨틱 웹은 종종 모든 사람이 단일 온톨로지, 즉 모든 사람이 단일한 용어 집합에 동의하도록 하기 위한 노력으로 오해되기도 한다. 그러나 웹의 작동 방식으로 보면 이는 단순한 오해일 뿐이다. 시맨틱 웹은 모든 사람이 동의하도록 하는 것이 아니라, 모든 사람이 동의하지 않는 세상을 가정하고 어느 정도의 상호운용성을 달성하는 것이다. 데이터 자체에서도 의견 차이를 발견할 수 있다. 예를 들어, 분쟁에서 발생한 사상자의 규모는 관련 당사자들과 매우 다른 값의 데이터로 웹에 게시될 수 있다. 어떤 주제에 대해 항상 여러 개의 웹 페이지가 있는 것처럼, 항상 여러 개의 온톨로지와 여러 개의 진술문이 생성된다. 웹을 성공으로 이끌고 웹 이전의 어떤 것과도 다르게 만든 핵심은 다양한 관점이 공존할 수 있도록 했다는 점이다.

각자의 몫으로

웹 아키텍처는 의견의 다양성을 어떻게 지원할 수 있을까? 즉, 두 사람이 같은 주제에 대해 어떻게 다른 말을 할 수 있을까? 이 문제에 대한 두 가지 접근 방식이 있다. 먼저 웹 환경에서 어떤 진술을 할 수 있는지 조금 더 살펴봐야 한다.

IAU는 명왕성에 대해 "명왕성은 왜행성이다"라고 말할 수 있지만, 이 문장은 자연어에 내재된 모호성과 문맥 의존성으로 가득 차 있다. '명왕성'의 의미를 안다고 가정할 수 있으나 '왜행성'도 동일한 의미로 알고 있을까? '왜행성'이 무엇인지에 대해 동의하지 않을 가능성이 있을까? 이런 경우, 어떻게 논의할 수 있을까?

웹에서 진술을 작성하기 위한 첫 번째 요구 사항은 개체 식별을 위한 전역 방식을 확보하는 것이다. 만약 IAU와 미국 점성가 연맹이라는 두 기관이 언급하고 있다면, 'IAU가 사용하는 명왕성의 개념'과 '미국 점성가 연맹이 사용하는 명왕성의 개념'을 참조할 수 있어야 한다.

명왕성 외에 또 다른 천체도 '왜행성'으로 분류되었다. 이 천체는 UB313 또는 Xena라는 이름으로 알려져 있다. IAU에 UB313으로 알려진 천체가 발견자인 마이클 브라운Michael Brown이 'Xena'로 부르는 천체와 동일하다는 것을 어떻게 말할 수 있을까?

한 가지 방법은 명칭과 관련한 글로벌 중재자arbiter가 개체를 참조하는 방법을 결정하는 것이다. 브라운과 IAU는 둘 다 그 '공식적인' 이름을 참조하고, 개별적으로 '별명'을 사용할 수 있다. 물론 IAU는 중재를 위해 적합한 후보지만, 개체 이름을 지정하는 데 2년이 넘게 걸렸다. 합의하여 좋은 전역 이름을 만드는 것이 항상 쉬운 일은 아니다.

웹에서는 URI로 이름을 지정한다. URI 표준은 우리 주변의 모든 것에 대한 식별자를 발행하는 규칙을 제공한다. 가장 일반적인 형식의 URI는 웹에서 특정 자원을 찾는 주소로 통용되는

URL(예: http://www.inria.fr/)이다. 합의가 없을 경우, 서로 다른 웹 작성자가 동일한 자원에 서로 다른 URI를 선택한다. 브라운의 Xena는 IAU의 UB313이다. 서로 다른 출처의 정보가 분산 네트워크에서 통합될 때, 웹 인프라에서 동일한 개체로 처리할 수 있는 방법이 없다. 반면, 2개의 URI가 구분된다고 해서 별개의 자원이라고 가정할 수도 없다. 이것을 시맨틱 웹의 고유하지 않은 명명 가정Nonunique Naming Assumption[2]이라고 한다. 즉, 일부 웹 자원이 다른 사람에 의해 다른 이름으로 참조될 수 있다고 가정해야 한다. 고유한 이름이 있으면 좋겠지만 그런 이름을 쓰는 게 불가능할 수도 있다. 예를 들어 IAU 이외의 다른 기관들은 새로운 명명법을 받아들이지 않을 수 있다.

항상 하나 더

원칙적으로, 정보의 분산 네트워크에서 네트워크에 있는 모든 정보를 보았거나 하나의 주제에 대해 모든 것을 알고 있다고 가정할 수 없다. 이것은 명왕성과 UB313의 이야기를 통해 분명히 알 수 있다. 수년 동안, 행성은 '태양을 공전하는 특정한 크기의 물체'로 정의되었다. 그 기간 동안 이용할 수 있는 정보를 감안할 때, 태양 주위에 9개의 행성이 있다고 쉽게 말할 수 있었다. 그러나 UB313에 대한 새로운 정보는 행성의 개념을 변화시켰다. 만약 행성이 태양을 공전하는 특정한 크기의 어떤 물체라고 정의된다면, UB313도 행성으로 간주되어야 했다. 물론, 20세기 후반의 신중한 연구자들은 다른 행성이 있을 수 있다고 생각하며 의심할 만한 정황을 바탕으로 '알려진' 행성에 대해 언급한 바 있다. 이른바 Planet X로 불리며 수년 동안 의심의 대상이 되고 있는 행성이 있다.

시맨틱 웹도 마찬가지다. 태양계 천문학의 경우처럼 새로운 정보를 발견할 수도 있고 웹의 네트워크 특성으로 인해 특정 정보를 보유한 어떤 서버를 사용하지 못할 수도 있다. 이러한 이유로, 시맨틱 웹에서는 새로운 정보가 나타날 수 있기 때문에 "9개의 행성이 있다"와 같은 결론을 내릴 수 없다.

이러한 특징은 우리가 가지고 있는 정보에서 결론을 도출하는 방법에 미묘하지만 깊은 영향을

2 역자주: 고유하지 않은 명명 가정은 여러 식별자가 동일한 자원을 참조할 수 있다고 가정하는 것을 의미한다. 달리 명시하지 않은 한, 서로 다른 URI에 의해 식별되는 자원이 다르다고 가정할 수 없다. 즉, 명시적으로 URI를 기술하지 않는다면 1개 이상의 자원이 존재할 수 있다. 반대로 고유한 명명 가정(Unique Naming Assumption)이란 다르게 식별되는 자원은 항상 모델에서 다른 자원을 나타낸다는 가정이다. 고유한 명명 가정은 대부분의 모델 기반 도구에서 일반적으로 허용되는 가정이다.

준다. 웹은 열린 세계로 간주되고 열린 세계 가정Open World Assumption[3]을 사용하도록 권고한다. 열린 세계는 새로운 정보가 언제든지 밝혀질 수 있다고 가정하는 곳으로, 어느 한 시점에서 사용할 수 있는 정보가 모두 사용 가능한 정보라고 결론 내릴 수 없다.

많은 응용 분야에서, 열린 세계 가정은 아무런 차이가 없다. 보스턴에 있는 모든 몽고텔의 지도를 그리면, 그 시점에서 우리가 알고 있는 모든 몽고텔의 지도를 얻을 수 있다. 몽고텔이 보스턴에 더 많은 호텔을 보유할 수 있다는 사실(또는 새 호텔을 열 수도 있다는 사실)이 몽고텔이 이미 등록한 호텔이 있다는 사실을 무효화하지는 않는다. 다른 웹 페이지와 마찬가지로, 많은 시맨틱 웹 애플리케이션은 열린 세계 가정을 무시하고 한 번에 접근할 수 있는 정보에 대해 보고한다.

웹의 개방성은 분산 데이터를 기반으로 결론을 도출하고자 할 때에만 문제가 된다. 만약 몽고텔이 서비스하지 않는 도시 목록에 보스턴을 포함시키고 싶다면(예를 들어, 몽고텔을 목표로 하는 새로운 장소에 대한 시장 연구의 일환으로), 단지 보스턴에서 몽고텔 목록을 찾지 못했기 때문에 그런 호텔이 존재하지 않는다고 가정할 수 없다.

다음 장에서 살펴보겠지만, 시맨틱 웹에는 실제 세계에서 본 열린 세계와 함께 작업하는 모든 방법에 해당하는 기능이 포함되어 있다. 일부 목록이 모든 몽고텔의 포괄적인 목록이라고 말하면 누락된 몽고텔에 대한 결론을 도출할 수 있다. 알려지지 않았지만 예상되는 개체를 위해 익명의 'Planet X'를 가질 수 있다. 이러한 기술을 통해 인류 지식에 관한 열린 세계와 마찬가지로, 시맨틱 웹에서 열린 세계 가정에 대처할 수 있다.

열린 세계 가정과 대조적으로, 대부분의 데이터 시스템은 닫힌 세계 가정Closed World Assumption(즉, 문서나 기록에 일부 데이터가 없어 해당 데이터를 사용할 수 없는 경우)에서 작동한다. 예를 들어, 특정 데이터베이스 스키마를 준수하는 문서 또는 기록을 설정한 문서를 평가할 때와 같은 많은 상황에서 닫힌 세계 가정이 적절하다. 시맨틱 웹 표준에는 적절한 상황에서 닫힌 세계 가정과 함께 작업하기 위한 조항이 있다.

---

3 역자주: 열린 세계 가정(Open World Assumption: OWA)은 사실이 아닌 것은 단순히 알려지지 않은 것이라는 가정이다. 반대로 닫힌 세계 가정(Closed World Assumption: CWA)은 참으로 알려져 있지 않은 것은 거짓이라는 가정이다. 예를 들어, "철수는 한국의 시민이다"라는 진술문이 있다고 하자. 만약 "철수는 미국 시민인가?"라고 물어본다면? CWA의 대답은 "아니요"다. 반면에 OWA의 대답은 "모른다"다. CWA는 대부분의 데이터베이스 애플리케이션과 같이 시스템에 완전한 정보가 있을 때 적용된다. 예를 들어 항공편 예약을 위한 데이터베이스 애플리케이션에서 인천과 뉴욕 사이의 직항편을 찾고 있는데 해당 노선이 데이터베이스에 존재하지 않는다면, "있다" 또는 "없다"의 결과가 정답이다. 반면, OWA는 새로운 정보나 지식을 발견하는 경우와 같이 시스템에 불완전한 정보가 있을 때 적용된다. 예를 들어 웹에서 밀가루, 운동과 관련된 알레르기 정보를 검색한 결과가 존재하지 않는다고 해도 결과가 없다고 판단할 수 없으며, 단순히 찾지 못했다고 판단하는 것이 적절하다.

시맨틱 웹의 고유하지 않은 이름

웹과 시맨틱 웹에서 링크드 데이터를 처음 접하면, 웹의 진화를 다른 이름으로 표시하고 서로 조금씩 다른 아키텍처를 주장하는 문제를 보게 될 것이다.

시맨틱 웹은 다른 여러 이름으로 알려져 있다. '데이터 웹'이라는 이름은 개인 호텔 목록과 같이 작은 데이터 세트에서 방대한 천문학 데이터베이스에 이르기까지 모든 규모의 데이터 사일로silo를 웹을 통해 개방하고, 필요에 따라 데이터를 교환·연결·결합하는 기회를 사용할 수 있음을 의미한다. '링크드 데이터linked data'는 하이퍼텍스트 웹에서 웹 페이지를 참조하고 연결하는 방식으로 웹 주소 지정과 연결 기능을 사용하여 웹에서 데이터 세트 내부와 데이터 세트 사이의 데이터 조각을 연결할 수 있다는 사실을 의미한다. 구조화된 데이터를 다루고 있다면, 애플리케이션은 링크드 데이터를 처리하고 링크를 따라 더 자동화된 방법으로 새로운 데이터를 발견할 수 있다. '링크드 오픈 데이터Linked Open Data'는 애플리케이션에서 웹의 오픈 데이터를 활용할 수 있는 기회를 제공하며, 서로 다른 출처의 주장을 결합하기 위해 URI를 사용하고 재사용하는 데 있어 높은 이점을 제공한다는 점에 초점을 맞춘 이름이다. 그러나 이 이름에서 링크된 데이터가 반드시 개방된 데이터를 의미하지는 않으며, 이 책에서 소개하는 모든 기술도 개인 공간(인트라넷, 엑스트라넷 등)에서 사용될 수 있다. 기업에서 주로 언급하는 '지식 그래프'는 특정 기업에만 해당되지만 기업이 추적해야 하는 정보(기업과 거래하는 다른 기업에 대한 정보 포함)를 포함할 수 있다. '시맨틱 웹'은 데이터 세트 외에도 데이터 모델, 스키마, 어휘, 관련 의미론을 교환하는 기능을 강조한다. 자동 처리의 범위 등 자세한 내용은 7장에서 소개한다.

1.4 이 장을 마치며

웹의 특징(AAA 슬로건, 네트워크 효과, 고유하지 않은 명명과 열린 세계 가정)은 이미 하이퍼텍스트 웹에 적용되고 있다. 현재의 웹은 다양한 출처·조직·정보 스타일로 인해 통제하기 어려운 공간이다. 효과적이고 창의적으로 검색 엔진을 활용하는 것은 일종의 기술이다. 통계적 상관관계, 퍼지 유사성 일치와 같은 자동화된 방법에 대한 소셜 북마크, 커뮤니티 백과사전과 같은 노력이 검색의 우선순위를 만드는 데 활용될 수 있다.

데이터에 대한 개별 진술의 세밀한 수준에서 작동하는 시맨틱 웹은 훨씬 더 거칠고 어려운 공간이다. 사람이 개입하면 하이퍼텍스트 웹의 모순과 불일치는 사람의 관찰과 상식의 적용 과정에 의해 처리될 수 있다. 정보를 결합하는 기계는 어떻게 혼란에서 질서를 가져올 수 있을까? 여러 출처에서 통합한 정보에 대해 어떻게 확신을 가질 수 있을까? 하이퍼텍스트 웹이 다루기 힘든 환경이라면 시맨틱 웹은 로드맵, 색인, 지침 없이 상호 연결된 풍부한 정보로 구성된 정글jungle이다.

무질서하게 널려 있는 정보가 어떻게 유용한 것이 될 수 있을까? 이것이 현업에서 일하는 온톨로지 과학자가 직면한 도전이다. 온톨로지 과학자의 매체는 분산된 데이터 웹이고, 이들이 쓰는 도구는 시맨틱 웹 언어인 RDF, RDF 스키마RDFS, SPARQL, SKOS, SHACL, 웹 온톨로지 언어OWL다. 온톨로지 과학자의 기술은 이런 도구를 이용하여 합리적이고 사용 가능하며 내구성 있는 정보 자원을 만드는 것이다. 이것이 이 책의 핵심인 공예craft 모델링이다.

모델이 없으면 데이터 덩어리가 구별되지 않는다. 어떤 데이터가 다른 데이터와 상호작용할 수 있는지, 혹은 상호작용해야 하는지 알 수 없다. 모델 자체는 그것을 설명하는 데이터가 없으면 의미가 없다. 그러나 이 둘을 합치면 데이터가 원칙적이고 체계적인 방식으로 한 지점에서 다른 지점으로 흐르는 동적 정보의 웹이 만들어진다. 이것이 시맨틱 웹의 비전이며, 정보가 부드럽게 질서 있는 방식으로 한 장소에서 다른 장소로 이동하는 조직화된 전 세계적 시스템이다.

주요 개념

- **AAA 슬로건** – 누구나 모든 주제에 대해 무엇이든 말할 수 있다. 일반적으로 웹, 특히 시맨틱 웹의 기본 원칙이다.
- **열린 세계/닫힌 세계** – AAA 슬로건의 결과는 항상 누군가가 말할 새로운 것이 있을 수 있다는 것이다. 이것은 알 수 있는 더 많은 정보가 항상 있다고 가정하는 것을 의미한다.
- **고유하지 않은 명명** – 웹상의 화자들이 어떤 개체에 대해 명명할 때 반드시 조정 과정을 거치는 것은 아니기 때문에 동일한 개체에 둘 이상의 이름이 붙어 있을 수 있다.
- **네트워크 효과** – 유기적으로 성장하는 웹의 속성. 참여하는 사람의 수에 따라 참여의 가치가 높아져 참여의 선순환이 이루어진다.
- **데이터 광야** – 웹에 있는 대부분의 데이터 상태를 이른다. 귀중한 정보가 포함되어 있지만 질서 정연하거나 쉽게 이해할 수 있다는 보장은 없다.

CHAPTER 2

시맨틱 모델링

많은 사람이 자신의 의견을 표현할 수 있는 세계가 있다. 하지만 누가 유용한 것을 말하는지 알 수 없고, 새로운 사람이 언제라도 나타나서 예상하지 못한 기여를 할 수 있다. 모든 사람이 협력해 그룹의 지식 수준을 개선하려는 동일한 목표가 있지만, 이를 달성하는 방법에 대한 공통된 합의는 만들어지지 않았다. 이런 세상을 무엇이라고 할까?

"월드와이드웹이나 시맨틱 웹 같다"라고 답한다면, 정답이다. "복잡한 현상을 이해하려는 커다란 그룹 같다"라고 답한다면 훨씬 더 정확하다. 시맨틱 웹이라는 정글은 새로운 것이 아니다. 시맨틱 웹의 본질에 대한 혼란은 인류가 주변 세계를 이해하려고 했을 때부터 존재했다.

인류는 어떤 지적 도구intellectual tools를 사용해 이러한 문제를 해결해 왔을까? 수년 동안 여러 가지 도구가 개발되었고, 이 도구들에는 한 가지 공통점이 있다. 대부분의 지적 도구는 특정 부분을 집중적으로 조명하기 위해 다른 부분을 추상적으로 기술abstract description함으로써 사람들이 세계를 이해하도록 돕는다. 이러한 추상화를 모델model이라고 하며, 이미 다양한 형태가 존재한다.

사람들이 지식을 수집하는 데 모델은 어떤 도움을 줄까? 모델은 다음 세 가지를 지원한다.

1 모델은 사람의 의사소통을 돕는다. 모델은 다른 사람이 이해할 수 있는 특정한 방식으로 상황을 기술한다.

2 모델은 설명하고 예측한다. 모델은 기본 현상에 대해 먼저 서로 간의 관계를 정의하고, 더 복잡한 현상과 연관시켜 세계에 대한 설명과 예측을 가능하게 한다.

3 모델은 여러 개의 관점을 중재한다. 두 사람이 하나의 현상을 이해할 때 완전히 동의하는 경우는 없다. 모델은 두 사람이 각자의 차이점을 파악하도록 하고, 동시에 그들의 공통점을 표현해준다.

시맨틱 웹 표준은 사람들이 정보를 공유하고 모델을 통해 협업할 수 있는 수단으로 만들어졌다. 모델은 사람들이 공유하는 정보를 조직하고, 지식의 공통 집합을 발전시키는 데 사용할 수 있다.

어떻게 모델은 혼란이 가득한 공간인 웹에서 사람들이 길을 찾도록 도울 수 있을까? 모델이 지원하는 세 가지 특징이 어떻게 도움을 될까? 첫 번째 특징인 사람 간 커뮤니케이션human communication은 사람들이 서로 협력하여 이해에 이를 수 있게 한다. 어떤 사람이 직면한 문제가 다른 사람이 이미 경험한 것과 같다면, 아마도 그들의 경험에서 배우고 문제에 적용할 수 있을 것이다. 웹에는 사람들이 질문하고 답변을 얻을 수 있는 뉴스 그룹, 메일링 리스트, 포럼, 소셜 미디어, 위키와 같은 다양한 사례가 있다. 일반적으로, 정보에 대한 요구 사항이 어느 정도 일정하게 나타나면 커뮤니티나 회사는 '자주 묻는 질문(FAQs)'을 만들어 질문에 대한 적절한 지식을 제공한다. 하지만 질문이 늘어나고 관리하기 어려워지면 주제별, 태스크별로 하위 시스템을 만들어 질문을 그룹화하는 것이 일반적이다. 공유 목적으로 정보를 조직하는 활동은 복잡한 지식 집합을 분류하기 위해 사람들이 공동으로 협력하도록 도와주는 가장 단순하고 일반적인 모델링의 유형이다.

두 번째 특징인 설명explanation과 예측prediction은 개인이 받은 정보를 바탕으로 스스로 판단할 수 있게 도와준다. FAQ는 일부 기기나 서비스에 대한 기술 지원과 같이 질문에 대해 명확한 답변을 제공하는 단일 기관이 있을 때 유용하다. 그러나 좀 더 해석적인interpretative 상황이라면, 어떤 사람은 스스로 결론을 내리기를 원하거나 결론을 도출할 필요가 있다. 이러한 상황에서 FAQ로 제공된 간단한 답변은 충분하지 않다. 정치는 일상 생활에서 흔히 볼 수 있는 예다. 토론장에서 정치인들은 사람들에게 투표 방법을 말하지 않지만 어떤 식으로든 투표하도록 사람들을 설득하려고 한다. 이러한 설득은 정치인들이 그들의 입장을 직접 표현하거나, 개인이 세상에 대한 자신의 신념을 바탕으로 정치인의 설명이 옳은지 판단하는 방식으로 이루어진다. 정치인들은 사람들이 이러한 행동 방침을 따르면 특정한 결과가 뒤따를 것이라고 예측한다. 물론 논증보다는 정치적 설득이 대다수이지만, 설명과 예측은 설득적 논증[1]의 핵심 요소가 된다.

---

1 역자주: 논리학(logic)에서 논증(argument)은 단순히 일련의 진술 또는 문장으로 결론의 진실(truth) 정도를 결정하기 위해 전제(premises or premisses)하는 것으로 일련의 명제다. 각 문장은 어떤 것에 대한 사실을 주장하는 참 또는 거짓이다.

세 번째 특징인 여러 관점의 중재mediation of multiple viewpoints는 웹 환경에서 이해를 높이는 데 필수적이다. 의견과 사실로 구성된 웹이 성장함에 따라, 많은 사람들이 다른 사람의 의견에 사소한 차이를 언급하거나 완전히 모순되게 표현할 수 있다. 이 문제를 해결하고 싶은 사람은 서로 다른 의견을 분류할 수 있어야 하고, 의견 사이의 공통점과 차이점을 표현할 수 있어야 한다.

점성가들과 IAUInternational Astronomical Union는 수성, 금성, 지구, 화성, 목성, 토성, 천왕성, 해왕성이 행성이라는 데 동의한다. IAU는 명왕성이 행성이라는 점에서 점성가들의 의견에 동의하지만, 왜행성으로 부르는 데에는 의견의 일치를 보지 못했다. 점성가(또는 고전 천문학자)는 왜행성의 개념을 받아들이지 않기 때문에 명왕성, UB313, 세레스를 분류하는 IAU와 의견이 일치하지 않는다[Woolfolk, 2012]. 시맨틱 웹을 위한 모델은 이러한 종류의 차이, 그리고 이보다 훨씬 더 큰 차이를 의미 있게 관리할 수 있는 방법으로 조직화할 수 있어야 한다.

2.1 사람 간 커뮤니케이션을 위한 모델링

사람 사이의 커뮤니케이션에 사용되는 모델은 컴퓨터를 위한 모델보다 큰 장점이 있다. 사람을 위한 모델은 인간의 능력을 이용하여 기호를 해석하고 의미를 부여할 수 있다. 즉, 커뮤니케이션 모델은 일반 언어 또는 임시 이미지를 포함하여 다양한 방식으로 작성할 수 있다. 모델은 한 사람이 설명하고, 다른 사람이 수정하고, 또 다른 사람이 해석할 수 있다. 자연어로 쓰여진 모델은 과학, 종교, 정부, 수학을 포함한 모든 형태의 지직 생활에 사용되어 왔다.

그러나 이 장점은 양날의 검이다. 사람에게 모델의 의미를 해석하게 하면, 의도에 관계없이 남용할 가능성이 발생할 수 있다. 법률은 이에 대한 좋은 예다. 의회나 입법부와 같은 관리 기구는 다양한 당사자 사이의 권리와 책임을 중재하기 위한 법률을 제정한다. 일반적으로 법률은 다음과 같은 상황에 대해 다양한 모델을 설정할 것이다. 돈(예: 이자 상한, 세금), 접근권(예: 어떤 정보를 볼 수 있는지, 어떻게 합법적으로 보호받을 수 있는지), 개인의 자유(예: 국경을 넘어 얼마나 자유롭게 여행할 수 있는지, 정부가 개인의 이동을 제한할 권리는 언제 발생하는지), 정부 자체의 구조(예: 누가 투표할 수 있고, 어떻게 개표되는지, 어떻게 공무원을 해임할 수 있는지). 이러한 모델은 자연어로 정성 들여 작성되고, 자연어로 모델링되는 정교한 프로세스를 통해 합의된다.

바람직한 법률을 제정하는 것은 쉽지 않다. 정치에 조금이라도 관심 있다면, 법률이나 법령을 만들기 위해 세심하게 단어를 선택하는 것이 매우 중요하다는 것을 이해할 수 있을 것이다. 자연어 모델을 유연하게 만드는 해석의 유연성을 법률 제정에 적용하면 향후 법률의 해석 방식을 통제하기 어려워진다. 사람들이 텍스트를 읽을 때, 각 개인이 처한 배경과 흥미는 특정한 모델을 해석하는 데 영향을 줄 수 있다. 바로 앞 문단을 읽은 독자는 본문이 전혀 바뀌지 않았음에도 불구하고 10년 전의 초판을 읽은 독자와 다르게 해석했을 것이다. 이 현상은 매우 널리 퍼져 있기 때문에, 정부 시스템은 법률의 해석이나 적용 가능성에 대한 논쟁을 해결할 수 있는 절차(일반적으로 법원의 판사와 시민위원회)를 포함하고 있다.

법률의 예와 같이, 모델이 의미 해석을 위해 독자의 세부 맥락에 의존할 때 이 모델을 비형식적informal이라고 한다. 즉, 모델에 있는 용어의 의미를 고유하게 정의할 수 있는 형식성formalism[2]이 존재하지 않는다.

하이퍼텍스트 웹에는 사람들이 정보 구성에 대해 의사소통하는 데 도움이 되는 비형식적인 모델이 있다. 쇼핑몰 사이트에서는 '웹캠', '옥스포드 셔츠', '그래놀라Granola'와 같은 카테고리 이름을 사용하여 카탈로그에 상품을 구성하는 것이 일반적이다. 이런 경우, 의사소통 방식은 대개 한 가지다. 카탈로그 설계자는 구매자가 구매하려는 제품을 찾는 데 도움이 되는 정보를 구매자에게 전달하려고 한다. 이 단어에 대한 해석은 구매자 몫이다. 이러한 모델의 효과는 제품을 성공적으로 찾은 정도에 따라 측정된다. 만약 구매자가 카탈로그 설계자의 의도와 유사하게 카탈로그를 해석한다면, 구매자는 원하는 제품을 찾게 될 것이다. "왜 해당 항목이 웹캠으로 등재되지 않았지?" 또는 "그건 그래놀라가 아니라 그냥 평범한 시리얼이야!"와 같은 불일치가 있을 수 있다. 하지만 해석이 충분하게 비슷하다면, 모델은 성공적이라고 해석한다.

보다 협업적인 문서 모델링 스타일은 커뮤니티 태그 지정의 형태로 제공된다. 많은 웹 사이트가 사용자에게 콘텐츠에 대한 의미 있는 상징적 설명을 태그 형식으로 제공함으로써 성공할 수 있었다. 태그는 콘텐츠의 일부 측면을 설명하는 하나의 단어 또는 짧은 문구다. 사진용 플릭커Flickr와 웹 북마크용 딜리셔스del.icio.us는 태깅 시스템의 초기 사례다. 보다 현대적인 시스템

2 역자주: 형식성(formalism)은 수학을 일련의 규칙으로 구성된 도구로 인식하고 현실 세계의 문제를 해결하는 데 도움을 주는 철학이다. 형식주의자는 수학을 단지 진술문을 나타내는 기호들의 집합으로 해석한다. 수학의 수리 논리학은 자연 언어에 나타나는 복잡성과 모호성을 제거하고 논리학에서 사용하는 명제를 수학적인 기호로 표시하는 학문이다. 수리 논리학은 기호를 많이 쓰기 때문에 기호 논리학(symbolic logic)이라고 하며, 형식 체계의 표현력과 증명 체계를 다루는 형식 논리를 연구 주제로 포함한다. 수학에서 형식 체계(formal system)는 공리(axiom)로부터 추론 규칙(reasoning rules)을 통해 정리를 이끌어내는 논리적 체계를 의미한다. 이 책에서 'formalism'은 모델이 갖는 형식적 또는 논리적 특성을 표현하고 있어 '형식성'이라고 번역했다.

인 트위터Twitter, 링크드인LinkedIn, 페이스북Facebook과 같은 소셜 미디어에서 제공하는 '해시 태그'도 비슷한 역할을 한다. 프레젠테이션용 슬라이드쉐어Slideshare, 비디오용 유튜브YouTube와 같은 콘텐츠 구성 서비스의 사용자는 태그를 사용하여 다른 사용자가 콘텐츠를 찾고 검색할 수 있게 한다. 커뮤니티 태그 지정의 개념은 콘텐츠를 제공하는 각 개인이 자신이 선택한 태그를 사용하여 설명한다는 것이다. 두 사람이 동일한 태그를 사용한다면, 이 태그는 공통 조직 개체가 된다. 콘텐츠를 검색하는 모든 사람은 해당 태그 아래에 있는 두 기고자의 정보에 접근할 수 있다. 태깅 인프라는 많은 사람들이 어떤 태그를 사용했는지 보여준다. 태깅 인프라를 통해 브라우저는 검색에 사용할 태그를 결정할 수 있고, 콘텐츠 제공 업체는 새로운 콘텐츠를 설명하기 위해 사용할 태그를 찾을 수 있다. 따라서 태깅 시스템은 자기조직화된 특성을 갖게 되며, 인기 있는 태그는 더욱 인기를 얻는 반면, 인기 없는 태그는 인기 없는 상태로 유지된다. 마치 태그에 대한 인위적인 선택에 의한 진화라고 볼 수 있다. 태그와 그 관계의 결과 모음을 폭소노미Folksonomy라고 하며, 이것은 군중에 의한 분류라는 사실을 반영한다.

이러한 유형의 태깅 시스템은 이질적인 정보의 많은 부분에 비형식적인 조직을 제공한다. 태그를 해석할 때 정보 소비자의 맥락에서 사람의 개입을 요구한다는 점에서 조직은 비형식적이다. 인기 있는 태그라도 모든 사람이 같은 방식으로 사용하지 않는다. 실제로 커뮤니티에서는 호환 여부에 관계없이 다양한 방식으로 태그를 선택한다. 더 많은 사람들이 콘텐츠를 제공하고 인기 있는 태그를 다양한 콘텐츠에 부여함에 따라 콘텐츠를 검색하고 식별하는 데 해당 태그의 유용함은 점점 감소한다. 이런 문제는 정보 모델링 시스템에 내재되어 있다. 기호의 제공자와 소비자의 맥락을 벗어나는 기호의 의미에 대한 객관적인 기술objective description이 없기 때문에, 해당 기호가 점점 더 많은 맥락에 사용됨으로써 커뮤니케이션 능력은 감소한다.

태그가 비호환적으로 사용되면 사람과 기계 모두 그 의미를 구별하기 어렵다. 예를 들어, 트위터 해시 태그 '#rpi'는 현재 미국 대학, 영국 통화 개념, 사망한 사람을 나타내는 스페인어 용어, 라즈베리 파이Raspberry Pi 컴퓨터의 줄임말로 사용되고 있다. 검색 엔진이나 소셜 네트워크와 같은 기술과 결합하면 매우 다르게 보일 수 있지만 이 용어는 차별화하기가 어렵다. '#rpi is up'과 같은 트윗은 스포츠 이벤트를 주도하는 대학을 지칭하거나, 영국 경제가 잘되고 있거나, 작은 컴퓨터를 뒷마당에 있는 나무에 달아놓은 사람을 지칭할 수 있다. 엉뚱하다고 생각할 수 있지만, 실제로 자신의 Raspberry Pi를 나무집에 넣었다고 트윗을 한 사람이 있었다.

모델의 형식성은 흑백 논리가 아니며, 다만 형식의 정도degree가 있을 수 있다. 이러한 사실은 법률 시스템에서 명확해 보인다. 법 체계에는 여러 단계의 법률이 존재하며, 각 단계는 다음 단계에 대한 객관적인 맥락을 제공한다. 두 당사자 사이의 계약은 일반적으로 계약 조건에 대한 표준 정의를 제공하는 일부 지역 법률의 적용을 받는다. 지역법은 해당 조건에 대한 제약과 정의를 제공하는 국내법의 적용을 받는다. 국내법은 헌법이나 판례법이 새로운 결정과 입법의 틀을 제공하는 자체 구조를 가지고 있다. 이러한 모든 모델이 자연어로 표현되고 장기적으로 인간의 해석에 의존하더라도, 합의 당사자의 해석에 전적으로 의존하는 사적인 합의보다는 더 형식적formal이다.

비형식 모델의 계층화는 때로 탈무드식Talmudic 학문을 연상시키는 모델링 스타일로 귀결된다. 탈무드의 내용은 원본 경전scripture과 경전에 대한 권위자(전통적인 랍비)의 해석적인 주석으로 구성되어 있다. 랍비의 주석은 원본 경전과 함께 출판될 만큼 존중받고 있으며, 이후의 랍비들이 다시 주석 처리하고, 추가된 주석은 다시 지적인 전통의 한 부분이 된다. 모든 권위 있는 주석과 함께 원본 경전을 총칭하여 탈무드라고 하며, 오늘날까지 고전적인 유대인 교육의 기초가 되고 있다.

비형식 모델에서도 비슷한 효과가 발생한다. 초기 모델은 어떤 맥락에서는 적절할 수 있다. 그러나 사용 범위가 맥락을 넘어 확장되면, 공유된 의미를 설명하기 위해 공통 맥락을 제공하기 위한 추가 모델이 필요하다. 만약 이러한 추가 설명이 비형식적이라면, 그 의미가 명확하지 않을 위험이 있으므로 명확하게 정의하기 위한 추가 모델링이 필요할 수 있다. 이런 경우 용어의 의미가 항상 추가 해석의 대상이 되는 고도로 계층화된 모델이 생성된다. 모호함의 정도가 더 이상의 수준이 필요하지 않을 정도로 '충분'할 때까지 다음 단계의 주석을 필요로 하는 것은 각각의 수준에서 자연어가 갖고 있는 본질적인 모호성이다. 연상적이고 상당한 수준의 동의를 얻은 단어를 선택하면 해석 과정은 빠르게 수렴될 수 있다.

모델링의 목표인 사람 사이의 커뮤니케이션은 인간의 지식을 지속적으로 수집하는 과정에서 중요한 역할을 한다. 다른 정보를 해석하는 데 사용되는 정보 수집을 포함하여, 커뮤니케이션 수준은 매우 정교할 수 있다. 이러한 의미에서, 사람 사이의 커뮤니케이션은 시맨틱 웹을 구축하기 위한 기본적인 요구 조건이 된다. 사람 사이의 커뮤니케이션은 사용자가 지식 체계에 정보를 제공하게 하거나 기존의 지식 체계로부터 정보를 얻을 수 있도록 한다. 그러나 커뮤니케이션만으로는 충분하지 않다. 사람의 지식으로 구성되는 웹을 강화하려면, 모델의 정보가 다양한 정보 소비자에게 유용할 수 있는 방식으로 구성되어야 한다.

2.2 설명과 예측

모델은 설명의 형태로 인간의 사고를 조직화하는 데 사용된다. 현상이 다른 기본 원칙에서 어떻게 유도되는지 이해하면 많은 이점을 얻을 수 있다. 특히 이해했다는 자신감은 매우 중요하다. 사람들은 종종 아이디어를 이해했을 때, 아이디어를 "확실히 잡았다have a grasp on" 또는 "머리에 확실히 집어넣었다have their head around"라고 주장한다. 설명은 이런 종류의 이해를 위해 중요한 역할을 한다. 설명은 무언가를 기억하는 데에도 도움을 준다. 불이 타는 데 공기가 필요하다는 설명을 알고 있다면, 불타는 냄비에 뚜껑을 덮어 불을 끌 수 있다는 사실을 기억해 내는 것이 더욱 쉽다. 시맨틱 웹의 맥락에서 가장 중요한 설명은 모델의 전체 또는 일부를 재사용하기 쉽게 만든다. 설명은 더 기본적인 원칙에 대한 결론으로 연결된다. 냄비 뚜껑의 불을 끄는 방법을 이해하면 촛불을 끄는 도구candle snuffer의 동작 원리를 이해하는 데 도움이 될 수 있다. 해석 가능성과 설명은 모델에 대한 신뢰를 구축하고 의사 결정을 효과적으로 지원하는 데 필수적이다. 그 모델이 적절한 이유를 이해할 수 있도록 해석과 설명을 제공하면 모델을 신뢰할 가능성은 커진다. 해석 가능성과 설명은 모델을 적용할 수 있거나 그럴 수 없는 상황을 이해하는 핵심이다.

모델의 설명적 측면과 밀접하게 관련되어 있는 것이 예측의 개념이다. 모델이 현상에 대한 적절한 설명을 제공한다면 그 모델을 예측하는 데 사용할 수 있다. 모델에 의한 예측 조작은 조사 방법론의 기초를 형성하는 과학적 방법의 핵심 요소가 된다.

일반적으로 설명과 예측은 사람 사이의 커뮤니케이션에 필요한 것보다 더 많은 형식성을 가진 모델을 요구한다. 설명은 어떤 현상을 제1원칙first principle과 관련시키고, 원칙과 규칙은 소비자의 해석에 의존하지 않고 커뮤니케이션의 외부에 있는 객관적인 형식으로 존재한다. 이러한 객관적인 형식과 그 형식이 동작하는 방식을 규정한 규칙을 형식성formalism이라고 한다.

형식 모델은 수학적 모델링과 필수 관계bread and butter에 있다. 수학적 모델링에서는 계산과 기호 조작manipulation에 대한 구체적인 규칙들이 수학적 모델의 구조를 제어하고, 한 항목이 다른 항목을 참조할 수 있는 유효한 방법을 결정한다. 설명은 증명의 형태를 띠며, 전제(어떤 형식화의 형태로 진술)로부터 결론에 이르는 각 단계들은 형식화를 위한 엄격한 변환 규칙에 따라 만들어진다. 형식 모델은 정확성과 객관성이 요구되는, 인간의 모든 지적 노력에 사용된다.

형식성은 예측에도 사용할 수 있다. 일부 형식화에서 상황에 대한 기술이 제공되면, 증명에서 변환을 제어하는 동일한 규칙을 사용하여 예측할 수 있다. 힘, 중력, 속도, 질량의 형식 모델을 사용하여 창 밖으로 던져진 물체의 궤적을 설명할 수 있으며, 던져진 물체의 초기 조건을 감안하여 궤적을 계산하고 예측할 수도 있다.

형식화된 예측과 설명을 통해 모델이 적용 가능한지 평가할 수 있다. 한편, 형식화에 따른 평가는 개개인의 주관적 의견과 구분되어 독립적으로 이루어진다. 2, 4, +, =의 의미를 질문함으로써 2 + 2 = 4라는 결과에 대해 이의를 제기할 수 있다. 그러나 사람들이 기호의 의미에 동의하면, 그 식이 옳았다는 것에 이성적으로 논쟁할 여지가 없다.

따라서 형식적 모델링은 비형식적 모델링보다 매우 다양한 사회적 역동성social dynamics을 갖는다. 모델(형식화)에 대한 객관적인 참조(형식주의)가 있기 때문에 탈무드식 모델링에서 보이는 여러 해석 계층은 필요하지 않다. 해석의 연속적인 계층을 두는 대신 모든 책임을 형식화에 맡기고 있다.

앞으로 살펴보겠지만 시맨틱 웹 표준은 다양한 모델링 형식화를 포함한다. 표준은 형식성이 있기 때문에 시맨틱 웹에서 모델링은 연속적인 해석에 대한 계층화를 위한 과정이 필요하지 않다. 또한 같은 이유로 시맨틱 웹에서 증명의 형태로 설명을 표현할 수 있고 증명 메커니즘을 사용하여 예측을 만들어낼 수 있다. 시맨틱 웹 모델의 이러한 측면은 추론inference이라는 이름으로 통용되며, 7장에서 자세히 설명할 것이다.

2.3 가변성의 중재

모든 웹 환경에서 가변성variability은 예측되고 수용되어야 한다. 네트워크 효과의 역동성은 다양한 의견을 표현할 수 있는 능력을 요구한다. 좋은 모델은 공통된 의견을 표현해야 할 뿐만 아니라 구별되는 의견도 함께 표현해야 한다.

명왕성의 예에서 보듯이, 천문학자와 점성가는 1930년부터 2006년까지 명왕성을 행성으로 간주했다. 2006년 IAU에 의해 행성이 재정의된 후, IAU와 IAU의 권위를 인정하는 천문학자들은 명왕성을 더 이상 행성이 아닌 왜행성으로 간주했다[Zielinski and Kumar, 2006]. 그러나 점성가들은 IAU 조약을 채택하지 않고, 계속 명왕성을 행성으로 간주하고 있다. 일부 아마추어 천문학자들은 향수를 불러일으킨다는 이유로 명왕성을 행성으로 간주하고 있다. 웹에서 이러한 다양한 의견을 어떻게 수용할 수 있을까?

웹에서 다양한 의견을 수용하는 한 가지 방법은 '선호'에 따라 결정하고 오직 한쪽 입장만 지원하도록 웹을 통제하는 것이다. 이 방법은 기업의 데이터 센터에서 가장 일반적으로 사용되는 솔루션으로, 소규모 그룹이나 한 사람이 데이터베이스 관리자 역할을 하고 회사 데이터베이스에 보관할 수 있는 데이터를 결정한다. 그러나 이 방식은 네트워크 효과로 이어지는 AAA 슬로건을 허용하지 않기 때문에 웹에 적합하지 않다.

웹에서 다양한 관점을 수용하는 또 다른 방법은 서로를 전혀 참조하지 않고 각각의 관점을 개별적으로 표현하는 것이다. 다양한 의견이 서로 어떻게 관련되는지 이해하고 적절한 연결을 만드는 것은 정보 소비자의 책임이다. 이 방식은 비형식적 접근의 기초이며, 실제 현재의 하이퍼텍스트 웹 상태를 설명한다. 명왕성을 웹 검색하면 행성(예: 점성술 또는 업데이트되지 않은 천문학 기사)으로 표시한 다양한 기사와 함께 왜행성(IAU 공식 웹 사이트)으로 표시한 일부 기사가 올라온다. 그중 일부는 여전히 이 문제에 대해 논쟁하고 있을 것이다. 독자가 행성, 태양계 또는 명왕성 자체에 대한 개념과 이 사이에서 공통점을 찾고 이해할 수 있는 유일한 방법은 각자의 해석을 통해서다.

모델이 행성에 대한 다양한 의견을 분류하는 데 어떤 도움이 될까? 모델이 행성의 점성학적 개념, 20세기 행성의 천문학적 개념, 2006년 이후 행성의 개념에 대한 공통점을 어떻게 기술할 수 있을까? 모델은 이름 지정과 기술을 구분하는 식별 메커니즘(예: URIUniform Resource Identifier)을 포함하고, 서로 다른 관점이 표현될 수 있도록 해야 한다.

변형과 클래스

변형과 클래스에 대한 문제는 새로운 것이 아니다. 특히, 소프트웨어 엔지니어링에서 잘 알려진 문제다. 소프트웨어의 구성 요소를 설계할 때, 컴포넌트는 런타임에서 주어지는 정보에 따라 결정되는 특정한 기능을 제공해야 한다. 이러한 설계에는 절충안trade-off이 있다. 컴포넌트는 매우 다양한 환경에서 동작하도록 만들 수 있지만, 특정 시간에 동작하는 방법을 기술하기 위해 복잡한 입력이 요구된다. 한편, 시스템이 매우 단순한 입력으로 작동되게 설계할 수 있지만, 이런 경우 매우 특정한 상황에서만 활용할 수 있다. 소프트웨어 컴포넌트를 설계할 때는 컴포넌트가 사용될 것으로 예상되는 환경에서 공통성commonality과 가변성variability의 모델을 내재적으로 포함한다. 이러한 문제에 대응하기 위해 소프트웨어 방법론은 컴포넌트의 공통성과 가변성을 구성하는 수단으로(객체 지향 프로그래밍 또는 OOP의 맥락에서) 객체 모델링 기술을 개발했다.

OOP의 주요 구성 도구 중 하나는 클래스와 하위 클래스의 계층 구조에 대한 개념이다. 계층 구조의 상위에 있는 클래스는 수많은 컴포넌트의 공통 기능을 표현하고, 하위에 있는 클래스는 보다 구체적인 기능을 표현한다. 일련의 소프트웨어 컴포넌트들의 기능에서 공통성과 가변성은 클래스 계층 구조로 표현된다.

시맨틱 웹 표준은 공통성과 가변성을 나타내는 클래스 계층 개념을 사용한다. 시맨틱 웹은 OOP와 달리 소프트웨어 표현에 중점을 두지 않기 때문에 클래스는 함수의 동작 측면에서 정의되지 않는다. 그러나 클래스와 하위 클래스의 개념은 그대로 남아 있으며 거의 동일한 역할을 수행한다. 상위 수준의 클래스는 다양한 개체 사이의 공통성을 나타내지만, 하위 계층의 클래스는 소규모의 특정 사물 사이의 공통성을 표현한다.

명왕성을 생각해보자. 2006년에 IAU가 발표한 명왕성에 대한 정의는 매우 구체적인데, IAU는 우주의 물체가 행성이 되기 위한 세 가지 조건을 정의한다.

1 태양 주위를 공전하는 궤도를 갖는다.

2 천체의 모양을 구형으로 유지하는 질량을 가진다.

3 궤도 주변의 다른 천체를 배제한다.

IAU는 왜행성이 1번과 2번을 만족(3번은 아님)하는 천체라고 주장한다. 1번만 만족하는 천체는 소형 태양계 천체SSSB, a Small Solar System Body다. 이 세 가지 정의는 여러 가지를 명확하게 한다. SSSB, 왜행성, 행성은 모두 상호 배타적이다. 어떤 천체도 동시에 두 클래스의 멤버가 되지 않는다. 그러나 세 형태 모두 태양 주위를 공전하고 있다는 공통점이 있다[Zielinski and Kumar, 2006].

20세기의 천문학과 점성학은 이 정도로 조직화되어 있지 않았다. 행성planet이라는 단어에 대한 엄격한 정의가 존재하지 않았다. 그렇다면 행성에 대한 21세기의 개념을 20세기의 개념과 어떻게 연관시킬 수 있을까?

먼저 IAU, 점성학, 20세기의 천문학에서 사용하는 행성이라는 단어의 다양성을 표현할 방식이 필요하다. 간단한 요구 사항처럼 보이지만, 이 요구 사항이 충족되기 전까지 각 용어 사이의 관계는 논의할 수 없다. 이에 대한 시맨틱 웹 솔루션을 3장에서 자세히 다루겠지만, 지금은 각 용어에 해당 출처의 짧은 약어를 접두사로 붙일 것이다. 예를 들어, IAU가 사용하는 행성이라는 단어는 IAU:Planet, 점성학에서 쓰는 행성은 horo:Planet, 20세기 천문학의 행성은 astro:Planet이라고 쓴다.

행성의 세 가지 개념이 갖고 있는 공통점을 파악하는 것이 해결의 시작점이다. 세 가지 개념의 공통점은 태양계의 궤도에 있는 천체라는 점이다. 따라서 태양계 궤도에 있는 천체들의 클래스를 정의할 수 있고, 태양계 천체 또는 SSB Solar System Body라고 줄여서 표현할 수 있다. [그림 2-1]에서 보듯이, 세 가지 개념은 SSB의 하위 클래스다.

IAU:Planets는 8개만 존재하고 각 행성은 horo:Planet이자 astro:Planet이므로 이 모델링은 더 개선할 수 있다. 즉, [그림 2-2]에서 보듯이 IAU:Planet은 horo:Planet과 astro:Planet의 하위 클래스가 된다. 이와 같은 방식으로 지금까지 언급한 모든 개념들(IAU:DwarfPlanet과 IAU:SSSB)의 관계를 기술할 수 있다. 계층 구조의 하위로 내려갈수록, 각 클래스는 좀 더 제한된 개체 집합을 참조한다. 이러한 방법으로 상위 계층에서 개체 간의 공통성, 하위 계층에서 개체들의 가변성을 모델링할 수 있다.

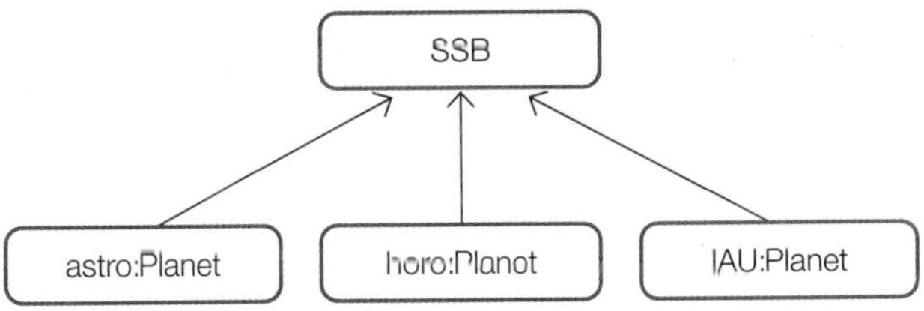

그림 2-1 서로 다른 행성의 개념에 대한 하위 클래스 다이어그램

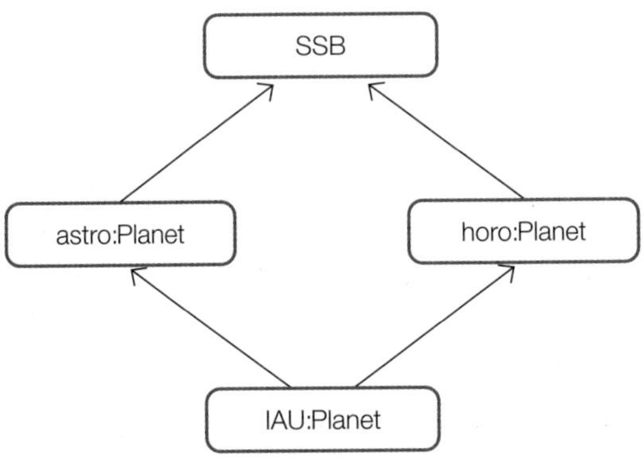

그림 2-2 행성에 대한 다양한 개념 사이의 상세 관계

변형과 계층

모델링된 개체 사이에는 단순하면서도 알려진 관계가 있고, 이 관계를 설명하는 클래스의 명확한 순서를 결정할 수 있을 때, 클래스와 하위 클래스는 변형variation을 다루기 좋은 방법이다. 그러나 웹 환경에서 일반적인 상황은 아니다. 개별적인 콘텐트 제공자들은 다양한 방법으로 이전 문장들과 일치하는 새로운 주장을 할 수 있다. 만약 그들이 기술하고 있는 개체들을 클래스 모델로 구조화할 수 없다면, 다양한 정보원들의 변형을 어떻게 수용할 수 있을까?

시맨틱 웹은 이 문제에 대해 우아한 해결책을 제공한다. 기본 아이디어는 다양한 출처의 기여로부터 모든 모델을 구축할 수 있다는 것이다. 그 한 가지 방법은 모델을 계층으로 기술하는 것이다. 각각의 계층은 서로 다른 출처에서 제공되고, 모든 계층이 결합되어 하나로 통합된 전체 모델이 구성된다.

명왕성의 사례는 어떻게 동작하는지 살펴보자. [그림 2-3]은 여러 커뮤니티가 명왕성에 대해 다양한 정보를 주장할 수 있는 방법을 보여준다. (a)에서는 점성가들 사이에서 흔히 볼 수 있는 명왕성에 대한 정보를 볼 수 있다. 즉, 명왕성은 재탄생Rebirth과 재생성Regeneration을 의미하며, 명왕성에 대한 참조 기호로 glyph(상형문자)를 선호한다[Woolfolk, 2012]. (b)는 천문학자와 관련된 정보로서, 명왕성 천체의 구성과 천문학자들이 선호하는 기호에 대한 정보를 보여준다. 정보 웹에서 이러한 변형을 어떻게 수용할 수 있을까? 가장 간단한 방법은 (c)에 표시된 것처럼 각 모델의 모든 정보를 포함하는 단일 모델로 통합하는 것이다.

이러한 방식으로 모델을 통합하는 것은 개념적으로 간단하지만, 가변성에는 어떻게 대처해야 할까? 우선, 가능한 가장 간단한 방식으로 대응한다. 점성가들과 천문학자 모두 명왕성에 대해 의견을 표현할 수 있다(AAA 슬로건을 기억하자). 이 두 가지 모두에 관심이 있는 모든 집단(아마도 이 요소에 대한 영적 중요성을 찾고 있는 사람?)에게 정보는 하나의 통합된 전체로 보일 수 있다.

그러나 이러한 방식으로 모델을 통합하는 데 단점이 있다. [그림 2-3]의 (c)에는 명왕성에 대한 '선호되는preferred' 기호라고 주장하는 2개의 뚜렷한 glyph가 있다. 이것은 관점의 일관성에 대한 문제를 야기한다. 이름에서 볼 때, SSB에 정확히 하나의 '선호되는' 기호prefSymbol를 기대하기 때문에 일관성이 없는 것처럼 보인다. 하지만 기계가 그것을 어떻게 알 수 있을까? 컴퓨터의 경우 prefSymbol이라는 이름은 다른 레이블(예: madeOf 또는 signifies)과 다르게 처리될 수 없다. 이런 맥락에서, 어떻게 이것이 불일치라고 말할 수 있을까? 사실, 사람들은 명왕성이 하나 이상의 화학 화합물로 구성될 수 있거나 하나 이상의 영적 주제를 나타낼 수 있다는 것이 서로 모순이라고 생각하지 않는다. 이것을 모델에 대한 자연어 주석으로 설명해야 할까?

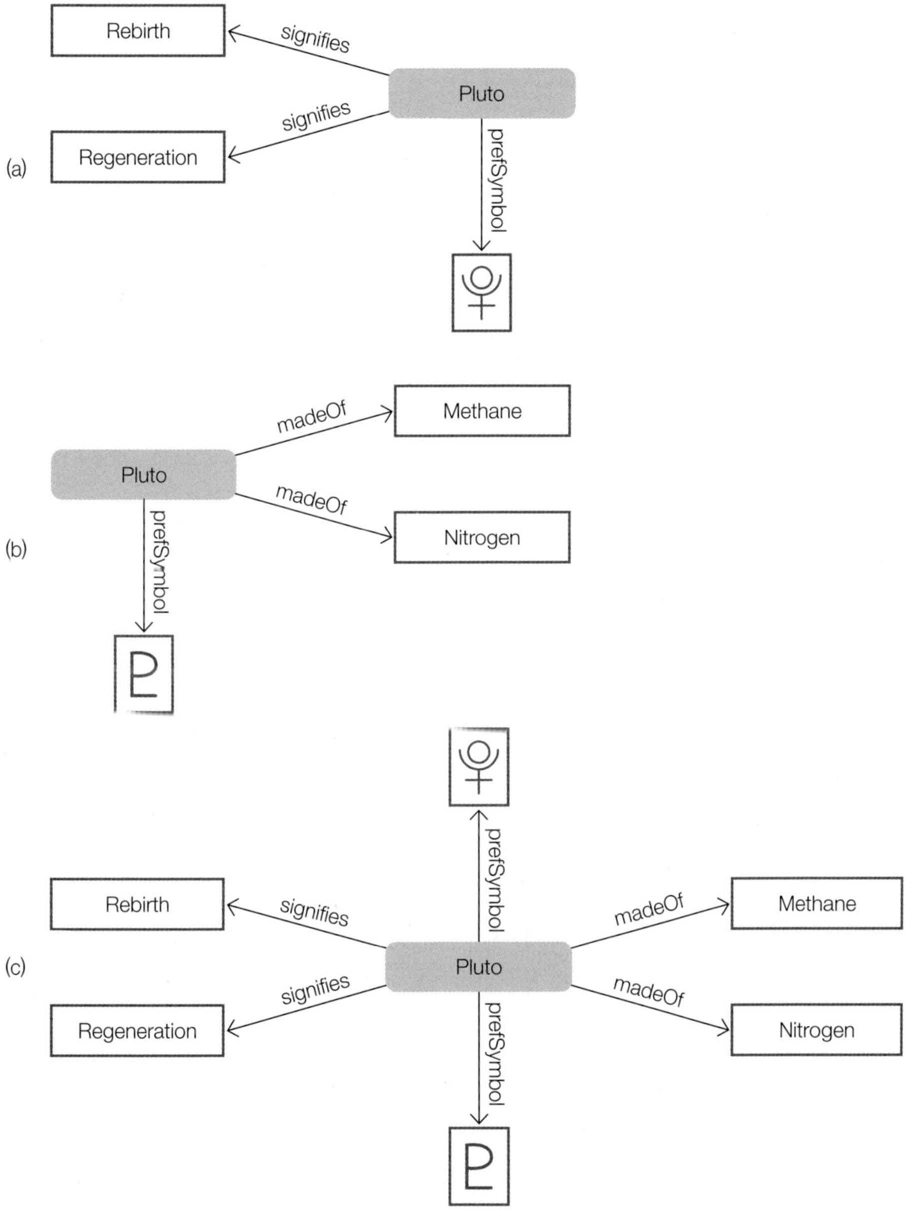

그림 2-3 명왕성에 대한 모델 정보의 계층

이와 같은 질문에 대한 자세한 답변이 시맨틱 웹에 모델을 게시해야 하는 이유다. 지식의 거미줄에 2개 이상의 관점이 모이면 일반적으로 시너지, 협력, 협업이 이루어지기 전에 중복, 불일치, 혼란이 발생한다. 웹 인프라가 정보 공유의 거친 단계를 거쳐 길을 찾는 데 도움이 되는 것이라면 사물이 어떻게 결합되는지 또는 어떻게 결합되어야 하는지에 대한 비형식적 개념으로는 충분하지 않을 것이다. prefSymbol에 대해 madeOf 또는 signifies와 다른 특별한 것이 있음을 나타내는 직감이 있다고 말하기는 쉽다. 충분히 형식적인 방법으로 이러한 구분에 대해 인프라에 알릴 수 있다면, 이 같은 종류의 불일치를 감지하고 경우에 따라 해결할 수도 있다.

이것이 시맨틱 웹에서 다루는 모델링의 본질이다. 누구나 모든 주제에 대해 어떤 것이든 말할 수 있는 인프라를 제공할 뿐만 아니라 그로 인한 혼란을 극복할 수 있도록 인프라가 커뮤니티 작업을 통해 도울 수 있다. 모델은 알려진 시점의 공통성과 가변성을 표현하고 구성하기 위해 클래스와 하위 클래스와 같은 프레임워크를 제공할 수 있다. 그러나 이 같은 조직화에 앞서 모델은 어떤 것을 설명하는 프레임워크를 제공할 수 있다. 명왕성의 상징에 동의하지 않을 수도 있지만, 선호하는 상징이 하나만 있어야 한다는 데 동의할 수도 있다.

2.4 모델링의 표현력

모델링에는 절충안이 포함된다. 누구나 어떤 주제에 대해 말할 수 있지만, 모든 사람이 특정한 것을 말하고 싶어 하는 것은 아니다. 명왕성에 대한 선호 상징이나 명왕성이 의미하는 삶의 주제와 같이 개별 개체에 대한 세부 사항을 말하는 데 관심 있는 사람들이 있다. IAU와 같이 어떤 사람들은 범주와 특정 범주에 속하는 항목과 차이점을 구분하는 방법에 대해 관심이 있다. 어휘 편집자, 정보 설계자, 사서와 같은 사람들은 특정 개체에 대해 하나 이상의 레이블이 있는지 여부와 같은 정보를 규정하는 규칙들에 대해 이야기하고 싶어 한다. 모든 사람이 지식의 웹에 기여하고 있지만, 사람마다 기여의 종류가 매우 다르며 서로 다른 도구를 필요로 한다. 이러한 차이를 표현력의 단계level of expressivity라고 한다.

협력적인 인간 지식의 역사에서 서로 다른 단계의 표현력에 대한 아이디어는 모델링 그 자체만큼이나 잘 알려져 있다. [그림 2-4]에서 물 분자 모델의 발전 과정에 대한 예를 살펴보자. (a)는 분자를 구성하는 원소들과 각 원자의 개수, 즉 2개의 수소와 1개의 산소 원자의 측면에서 물 분자 모델을 표현한다. 이 모델은 분자에 대한 중요한 정보를 표현하며, 분자의 질량 계산

(구성 원자의 질량이 주어진 경우), 구성 성분으로부터 물을 만들어내는 데 필요한 구성원 등 물에 대한 여러 기본 질문에 답하는 데 사용할 수 있다.

[그림 2-4]의 (b)는 표현력이 더욱 뛰어난 모델을 보여준다. 이 모델은 물의 성분과 그 비율을 식별하고 분자의 화학적 구조로 구성 요소의 연결 방법을 보여준다. 산소 분자는 각 수소 분자와 연결되는데, 이때 수소 분자들끼리는 직접 서로 연결되지 않는다. 이 모델은 (a)보다 표현력이 뛰어나다. 이 모델은 분자에 대한 추가 질문에 답할 수 있다. 물 분자가 더 작은 분자로 분해될 때, 하나의 수소 원자(H) 또는 산소-수소 이온(OH)으로 분해될 수 있지만, 최초 분해 이후에 구성 요소의 재결합 없이 2개의 수소 원자(H2)로 나누어지지 않는다.

마지막으로, [그림 2-4]의 (c)에 표시된 모델은 분자의 화학적 구조뿐만 아니라 물리적 구조도 보여준다는 점에서 표현력이 더욱 뛰어나다. 이 모델에는 산소 원자가 수소 원자보다 다소 크다는 사실이 나타나 있다. 산소 원자에 결합된 두 수소 원자 사이의 각도도 표시되어 있다. 예를 들어, 이러한 정보는 얼음의 결정 구조에서 물 분자 조합의 기하학적 구조를 풀어내는 데 유용하다.

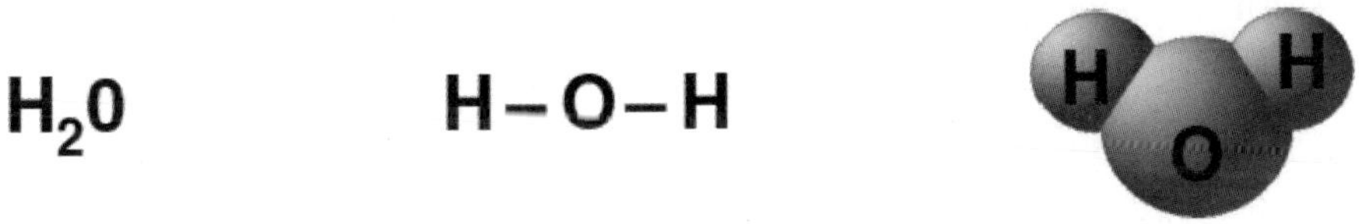

(a) (b) (c)

그림 2-4 물 문사 모델에 대한 서로 다른 표현력

한 모델이 다른 모델보다 표현력이 높다고 해서 그 모델이 더 뛰어난 것은 아니다. 서로 다른 표현력을 가진 모델링 프레임워크는 서로 다른 목적을 지닌 도구다. 물에 대한 화학 공식은 표현력이 높지만 더 복잡한 모델보다 결정하기가 더 간단하고, 화학과 관련된 다양한 질문을 해결하는 데 유용하다. 사실 교과 과정이 더 발전된 주제 분야를 다루기 전까지 대부분의 화학 교과서에서는 더 많이 구조화된 모델의 도움 없이 한동안 화학식만 사용했다.

시맨틱 웹은 표현 수준이 다른 여러 가지 모델링 언어를 제공한다. 즉 서로 다른 사람들이 서로 다른 종류의 정보를 표현할 수 있도록 서로 다른 도구를 조합할 수 있다. 이 책의 나머지 부분에서는 이러한 모델링 언어를 자세히 다룰 것이다. 시맨틱 웹 표준은 각 언어의 단계level가 이전의 언어 단계 위에 구축되도록 언어 자체가 계층화되어 있다. 다음은 시맨틱 웹 언어로, 표현력이 가장 낮은 것부터 가장 높은 것까지 제시하였다.

■ **RDF(자원 기술 프레임워크)**

시맨틱 웹의 기반이 되는 기본 프레임워크다. RDF는 누구나 어떤 것에 대해 기본적인 기술을 할 수 있는 메커니즘과 이러한 기술을 계층화하는 방법을 제공한다. [그림 2-3]은 RDF에서 모델을 통합하는 기본 기능을 보여준다. RDF 작업은 1997년에 시작되었으며 1999년부터 W3C World Wide Web Consortium의 권고안이 발표되었고, 2004년에 업데이트되었다. 이어서 2014년에 RDF 1.1로 업데이트되었다.

■ **SHACL(Shapes Constraint 언어)**

SHACL은 데이터가 특정 형태 또는 어떤 형태로 있을 것이라고 예상하는 직관에 기반한 언어다. SHACL을 사용하면 모델러가 데이터 기술에 대한 예상 모양을 표현할 수 있다. 이러한 모형은 데이터의 유효성을 검사하거나 사용자에게 양식을 제공하여 데이터를 제공하는 데 사용할 수 있다. 열린 세계 가정을 기반으로 설계된 다른 시맨틱 웹 모델링 언어와 달리 SHACL은 닫힌 세계 가정을 기반으로 작동한다. 따라서 기술에 포함되지 않은 데이터는 누락된 것으로 간주한다. SHACL은 시맨틱 웹 표준 스택의 최신 모델링 언어 중 하나이며 2017년에 W3C의 권고안으로 채택되었다.

■ **RDFS(RDF 스키마 언어)**

RDFS는 객체 언어와 기타 클래스 시스템(클래스, 하위 클래스와 속성)에서 익숙한 공통성과 가변성의 기본 개념을 설명하는 표현력 있는 언어다. [그림 2-1]과 [그림 2-2]는 RDFS의 표현력을 보여준다. RDFS는 1999년에 초안이 작성되었으며 2004년에 W3C 권고안으로 채택되었다.

■ **RDFS-Plus**

RDFS-Plus는 RDFS보다 표현력이 뛰어난 OWL의 하위 집합이지만, OWL의 복잡성을 가지고 있지 않다. RDFS-Plus에 대해 진행 중인 표준 활동은 없지만, RDFS와 OWL 간에 산업적으로 연결될 필요가 있다는 인식이 증가하고 있다. RDFS-Plus는 OWL의 기능을 점진적으로 표시하기 위해 OWL 기능의 특정 하위 집합을 선택한 것이다. 이 언어에는 특정 속성을 사용하는 방법과 속성들이 서로 연결되는 방식에 대해 기술할 만큼 충분한 표현력이 포함되어 있다. RDFS-Plus는 RDFS가 다룰 수 없는 특정 구성자의 유용성을 보여주기에 충분하지만, 초보자들이 OWL을 익힐 때 어려워하는 복잡성은 덜하다. 선호하는 기호의 유일성 문제는 RDFS-Plus의 표현력에 대한 한 가지 예가 된다.

■ **OWL(웹 온톨로지 언어)**

OWL은 시맨틱 웹에 논리[3]적 표현력을 제공한다. 모델러는 세부적인 클래스, 개체, 속성들 사이의 제약조건을 표현할 수 있다. OWL은 2004년 W3C의 권고안으로 채택되었으며, 두 번째 버전은 2009년에 채택되었다.

W3C는 증명, 서비스, 데이터 카탈로그, 온라인 분석 처리OLAP, 기타 다양한 사항을 관리하기 위해 표준 스택에 구축된 여러 표준을 제공한다. 이 중 상당수 내용을 앞으로 다룰 것이다. 그러나 무엇보다도 앞에서 설명한 언어들은 다른 언어를 구축할 때 사용하는 기본 모델링 언어로 이 책의 주요 주제에 해당한다.

2.5 이 장을 마치며

하이퍼텍스트 웹처럼 시맨틱 웹은 정보 공유와 관련한 몇 가지 급진적인 개념에 기초한다. AAA 슬로건, 열린 세계 가정, 고유하지 않은 명명과 같은 아이디어는 정보 공유의 활성화와 지식 시너지의 네트워크 효과가 가능한 환경을 제공한다. 그러나 이러한 정보 수집 스타일은 혼란, 불일치, 충돌을 만든다고 생각할 수 있다. 웹의 기반 구조는 이러한 혼돈의 상태에서 정보 공유, 협력과 협업의 상태로 발전할 수 있도록 어떻게 지원하는가?

이 질문에 대한 답은 모델링에 있다. 모델링은 커뮤니티를 사용하기 위해 정보를 조직화하는 과정이다. 모델링은 다음과 같이 세 가지 방식으로 지원한다. 모델은 사람 간 커뮤니케이션을 위한 프레임워크를 제공하고, 결론을 설명하는 수단을 제공하며, 다양한 관점을 관리하기 위한 구조를 제공한다. 시맨틱 웹의 맥락에서, 모델링은 계속 진행 중인 프로세스다. 어떤 시점이 되면 일부 지식은 잘 구조화되고 이해될 것이며, 이러한 구조는 시맨틱 웹 모델링 언어로 표현될 수 있다. 동시에 다른 지식들은 여전히 모든 사람이 저마다 다르게 표현하고 있어 혼란스럽고 불일치한 단계에 있을 것이다. 일반적으로, 사람들은 어떤 주제에 대해 자신의 의견을 제공하기 때문에, 웹은 같은 주제에 대한 체계적인 지식과 비체계적인 지식을 동시에 포함한다. 모델링은 혼재된 정보에서 공동의 지식을 정제하는 활동이다. 이것은 명왕성의 예에서 구체적으로 설명하였다.

---

3 역자주: 논리는 수학자와 철학자가 사물을 증명하거나 반증하는 방법에 대한 규칙을 설정하기 위해 발명한 형식 체계다(formal system). 형식 논리의 목적은 유효한 논증(또는 증명)을 구성하고 다른 사람의 논증(또는 증명)이 유효한지 판단하도록 돕는 것이다.

이어서 몇 개 장에 걸쳐 시맨틱 웹의 각 모델링 언어를 소개하고 시맨틱 웹 맥락에서 모델링의 과제에 어떻게 접근하는지 설명한다. 각 모델링 언어(RDF, RDFS, OWL)에서 사용 중인 표준에 대해 '현장의' 구체적인 예제와 함께 언어의 작동 방식에 대한 기술적 세부 사항을 설명한다.

주요 개념

- **모델링** – 조직화되지 않은 정보에 대한 이해를 의미한다.
- **형식성/비형식성** – 모델링 언어의 의미가 특정 발언자나 청중의 의견에 대해 독립적으로 주어지는 정도를 말한다.
- **공통성과 가변성** – 사물을 설명할 때, 어떤 설명에는 공통점(공통성)이 있고 어떤 설명에는 중요한 차이점(가변성)이 있다. 공통성과 가변성을 관리하는 것은 일반적으로 모델링, 특히 시맨틱 웹 모델의 기본 특성이다.
- **표현력** – 세계의 특정 측면을 설명하는 모델링 언어의 능력. 표현력이 높은 모델링 언어는 모델에 대한 다양한 진술을 표현할 수 있다. 시맨틱 웹(RDF, RDFS, OWL)의 모델링 언어는 표현 수준이 서로 다르다.

CHAPTER 3

시맨틱 웹의 기초

RDFResource Description Framework, RDFSResource Description Framework Schema, OWLWeb Ontology Language은 시맨틱 웹의 기본 표현 언어이며, RDF를 기반으로 한다. RDF는 시맨틱 웹의 핵심 이슈 중 하나인 분산 데이터 관리를 다룬다. RDF는 기존 웹 인프라에서 검증된 다양한 기능을 사용하며, 이를 확장하여 데이터의 분산 네트워크를 위한 기반을 제공한다. 링크드 데이터에 대한 패러다임은 5장에서 자세히 설명한다.

월드와이드웹은 서로 연결된 하이퍼텍스트 문서로 구성되어 있다. 문서와 문서가 가리키는 사물 사이의 연결은 문서를 읽는 사람에 의해 판단된다. 셰익스피어에 관한 문서에서 스트래트포드Stratford-upon-Avon[1] 문서로 연결되는 링크가 있을 수 있지만, 셰익스피어가 개체이거나 스트래트포드가 이 개체에 연결되는 개념은 존재하지 않는다.

시맨틱 웹에서는 세상의 모든 사물을 자원Resource이라고 한다. 자원은 누군가가 말하고 싶어하는 어떤 것이든 될 수 있다. 셰익스피어, 스트래트포드, X의 가치, 텍사스의 모든 소 등은 모두 누군가가 이야기할 수 있는 사물의 예이며, 시맨틱 웹의 자원이 될 수 있다. 여기에 '자원'이라는 단어를 쓰는 게 꽤 생경할 것이다. '개체'나 '사물'이란 단어가 더욱 정확한 표현일 수 있지만, 나름의 문제를 갖고 있다. 어쨌든 자원은 시맨틱 웹 표준에서 사용되는 단어다. 사실, 시맨틱 웹(RDF)의 기초 기술을 나타내는 이름에 '자원Resource'이라는 단어가 필수로 들어가 있다. RDF는 Resource Description Framework의 줄임말이다.

1 역자주: 스트래트포드어폰에이번은 잉글랜드 워릭셔주 남부에 위치한 도시로 에이번 강과 접해 있다. 윌리엄 셰익스피어의 출생지로 유명하다. 일반적으로 스트래트포드라고 한다.

정보 웹에서 누구든지 어떤 자원에 대해서든 지식을 제공할 수 있다. 웹이 전례 없이 빠르게 성장할 수 있었던 것은 바로 이런 측면 때문이다. 시맨틱 웹을 구현하려면 정보를 웹에 배포할 수 있는 데이터 모델이 필요하다.

3.1 웹으로 데이터 분산하기

일반적으로 데이터는 테이블 형식으로 표현되며 테이블에서 각 행row은 기술하는 일부 항목을, 각 열column은 해당 항목에 대한 속성을 나타낸다. 테이블에 있는 셀cell은 해당 속성에 대한 특정 값을 나타낸다. [표 3-1]은 셰익스피어 시대에 완성된 작품들에 대한 몇 가지 데이터 사례를 보여준다.

이러한 데이터를 웹에 배포하는 다양한 전략을 생각해보자. 모든 전략에서 데이터는 하나의 컴퓨터가 아닌 서로 다른 컴퓨터에 표현되고 존재할 수 있다. [그림 3-1]은 여러 시스템에 정보를 분산시키는 한 가지 전략을 보여준다. 각각의 네트워크로 연결된 컴퓨터는 테이블에 있는 하나 또는 여러 개의 행을 관리하고 있다. 어떤 개체에 대한 질의는 그 개체와 일치하는 행을 저장하고 있는 컴퓨터로부터 답을 얻을 수 있다. 어떤 컴퓨터는 'Sonnet 78'과 'Edward II'에 대한 정보를 갖고 있고, 또 다른 컴퓨터는 'As You Like It'에 대한 정보를 관리한다.

이 분산 솔루션은 기계가 여러 개체의 정보를 표현하는 데 드는 부하를 공유하는 데 상당한 유연성을 제공한다. 그러나 분산 솔루션은 데이터를 분산시켜 표현하기 때문에 서버 사이의 조정이 필요하다. 특히 각 서버는 열에 대한 정보를 공유해야 한다. 한 서버의 두 번째 열이 다른 서버의 두 번째 열과 일치하는가? 이것은 극복할 수 없는 문제가 아니라 데이터 분산의 기본 문제이며, 서버 간에 협의된 조정이 필요한 사항이다. 이 예에서 서버들은 전역적인 방식으로 각 열이 부합하는 속성을 가리킬 수 있어야 한다.

[그림 3-2]는 다른 방식을 보여준다. 각 서버는 원래 테이블에서 하나 또는 그 이상의 열이 갖고 있는 모든 데이터를 관리한다. 첫 번째 서버는 출판 연도와 매체medium에 대한 데이터를, 두 번째 서버는 저자명, 세 번째 서버는 제목을 갖고 있다. [그림 3-1]의 방식과 비교해보면, 이 솔루션에는 다른 방식의 유연함이 있다. [그림 3-2]의 솔루션을 사용하면 각 기계가 한 가지 종류의 정보를 갖게 된다. 출판 연도에 관심 없다면, 해당 서버의 정보를 고려할 필요가 없

다. 만약 해당 개체에 대해 새로운 정보를 지정한다면(예: 원본의 페이지 수), 다른 서버들을 혼란스럽게 하지 않고 해당 정보를 새로운 서버에 추가할 수 있다.

이 솔루션은 서버들 사이에 조정이 필요하다는 점에서 [그림 3-1]의 솔루션과 비슷하다. 이 경우 기술되는 개체들의 동일성identity에 관한 조정이 필요하다. 한 서버의 세 번째 행이 다른 서버의 세 번째 행과 같은 개체를 참조하는지 어떻게 알 수 있을까? 이 솔루션은 기술하는 개체들에 대한 전역 식별자global identifier가 필요하다.

표 3-1 엘리자베스 시대의 문학작품과 음악에 대한 테이블 형식의 데이터

ID	제목	저자	매체	연도
1	As You Like It	Shakespeare	Play	1599
2	Hamlet	Shakespeare	Play	1604
3	Othello	Shakespeare	Play	1603
4	Sonnet 78	Shakespeare	Poem	1609
5	Astrophil and Stella	Sir Phillip Sidney	Poem	1590
6	Edward II	Christopher Marlowe	Play	1592
7	Hero and Leander	Christopher Marlowe	Poem	1593
8	Greensleeves	Henry VIII	Song	1525

1	As You Like It	Shakespeare	Play	1599

공통 스키마 필요: 각 열이 가리키는 것은?

4	Sonnet 78	Shakespeare	Poem	1609
6	Edward II	Christopher Marlowe	Play	1592

7	Hero and Leander	Christopher Marlowe	Poem	1593
3	Othello	Shakespeare	Play	1603

그림 3-1 행 단위로 웹에 분산된 데이터

연도	매체	저자	제목
1599	Play	Shakespeare	As You Like It
1604	Play	Shakespeare	Hamlet
1603	Play	Shakespeare	Othello
1609	Poem	Shakespeare	Sonnet 78
1590	Poem	Sir Phillip Sidney	Astrophil and Stella
1592	Play	Christopher Marlowe	Edward II
1593	Poem	Christopher Marlowe	Hero and Leander
1525	Song	Henry VIII	Greensleeves

참조 개체 필요: 어떤 사물을 참조하는가?

그림 3-2 열 단위로 웹에 분산된 데이터

[그림 3-3]에 소개한 전략은 앞에 나온 두 전략을 조합한 것이다. 정보가 행 단위row by row 또는 열 단위column by column로 분산되어 있지 않고 셀 단위로 분산되어 있다. 즉, 이 시스템은 앞에 나온 전략의 유연성을 결합한 것이다. 두 서버는 하나의 개체에 대한 기술을 공유할 수 있다. 그림을 보면 Hamlet의 출판 연도와 제목이 독립적으로 저장되어 있다. 또한 6행Row6과 7행Row7의 매체가 각각 다른 서버에서 표현되었듯이, 특정 속성을 사용하여 공유할 수 있다.

스키마와 개체 모두 참조 필요

	매체
Row 7	Poem

	제목
Row 2	Hamlet

	저자
Row 4	Shakespeare

	연도
Row 2	1604

	매체
6행	Play

그림 3-3 셀 단위로 웹에 분산된 데이터

이러한 유연성은 데이터 분산 시스템이 AAA 슬로건(누구나 모든 주제에 대해 무엇이든 말할 수 있다)을 실제로 지원하도록 만드는 데 필수적이다. AAA 슬로건을 진지하게 고려한다면, 모든 서버가 개체에 대해 진술할 수 있어야 하고([그림 3-2]의 예), 개체의 속성을 함께 명시할 수 있어야 한다([그림 3-1]의 예). [그림 3-3]의 시스템은 이 두 가지 장점을 모두 갖고 있다.

그러나 이 솔루션은 앞의 두 전략을 합한 비용을 부담해야 한다. 이 솔루션은 열 제목과 행에 대한 범용적인 참조가 필요하다. 즉 개별 셀은 행에 대한 전역 참조, 열에 대한 전역 참조, 셀 자체의 값 등 세 가지 값으로 표시되어야 한다.

세 번째 전략은 RDF에서 사용한다. 이 장의 후반부에서 RDF가 전역 참조 문제를 해결하는 방법을 살펴볼 것이다. 여기서는 테이블 집합이 RDF에서 어떻게 표현되고 관리되는지 자세히 살펴보자.

셀은 3개의 값으로 표시되므로 RDF의 기본 구성 요소를 트리플[2]이라고 한다. 이때 행에 대한 식별자를 트리플의 주어subject라고 한다. 기본 문법에서 주어는 문장이 서술하는 사물을 뜻한다. 열의 식별자는 트리플의 술어predicate라고 한다. 열은 행에 있는 개체의 속성을 지정한다. 셀 값은 트리플의 목적어object라고 한다. [표 3-2]는 [그림 3-3]의 트리플을 주어, 술어, 목적어로 나타낸다.

표 3-2 샘플 트리플

주어	술어	목적어
Row 7	Medium	Poem
Row 2	Title	Hamlet
Row 2	Year	1604
Row 4	Author	Shakespeare
Row 6	Medium	Play

[표 3-3]과 같이 트리플은 하나 이상의 트리플이 같은 개체를 참조할 때 더욱 흥미로워진다. 하나 이상의 트리플이 같은 개체를 참조하면, 이 트리플을 방향성이 있는 그래프directed graph

2 역자주: 시맨틱 트리플 또는 RDF 트리플을 간단히 트리플이라 한다. 이름에서 알 수 있듯이 트리플은 subject-predicate-object의 세 가지 개체를 사용하여 의미를 표현한다. 트리플은 사람이 읽고 이해하기 쉽도록 노드와 간선으로 이루어진 그래프로 표현할 수 있고 기계가 처리할 수 있도록 RDF/XML, Turtle 방식으로 직렬화할 수 있다. subject-predicate-object는 간단히 앞 글자만 이용해서 SPO라고 부를 수 있으며, 영어의 주어-동사-목적어와 동일한 구조를 갖고 있다. 다만, '동사'는 '술어' 또는 '속성'으로 사용되는 것이 일반적이다.

로 이해하는 것이 좋다. 각 트리플에는 주어에서 목적어로 향하는 간선edge이 있고, 이 간선은 레이블로 표시하는 술어predicate를 갖는다. [그림 3-4]는 [표 3-3]과 동일한 정보를 표현하지만 셰익스피어에 대해 알고 있는 모든 정보(주어 또는 목적어)가 단일 노드에 표시되어 있다.

표 3-3 샘플 트리플

주어	술어	목적어
Shakespeare	wrote	King Lear
Shakespeare	wrote	Macbeth
Anne Hathaway	married	Shakespeare
Shakespeare	livedIn	Stratford
Stratford	isIn	England
Macbeth	setIn	Scotland
England	partOf	UK
Scotland	partOf	UK

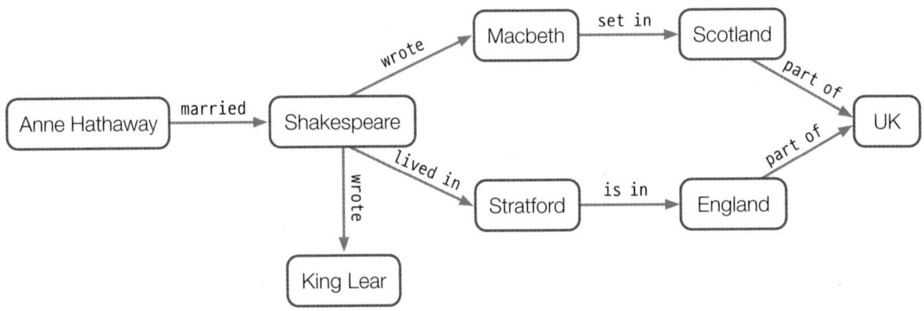

그림 3-4 [표 3-3]의 트리플에 대한 그래프 표현: 8개의 트리플을 8개의 레이블이 있는 간선으로 나타냄

3.2 여러 데이터 출처의 데이터 통합

앞서 여러 출처로 데이터를 분산시키는 한 가지 방법으로 RDF를 설명했다. 그러나 데이터를 사용하다 보면 이런 출처들을 다시 하나로 통합할 필요가 있다. 트리플 표현의 가치는 이런 종류의 통합을 쉽게 만들 수 있다는 점이다. 정보가 트리플로 간단히 표현되기 때문에, 두 그래프로부터 통합된 정보는 단순히 개별 그래프의 모든 트리플을 합한 하나의 그래프로 구성된다. RDF에서 이 과정이 수행되는 방법을 살펴보자.

[표 3-3]과 관련된 새로운 정보로 셰익스피어가 쓴 희곡 목록이나 영국UK의 각 지역에 대한 목록이 있다고 가정해보자. 이 목록은 [표 3-4], [표 3-5]와 같은 트리플로 표현될 수 있다. [그림 3-5]와 같이, 각 트리플은 원래 테이블의 정보를 변경하지 않고 하나의 그래프로 나타낼 수 있다.

표 3-4 UK의 각 지역에 대한 트리플

주어	술어	목적어
Scotland	part Of	The UK
England	part Of	The UK
Wales	part Of	The UK
Northern Ireland	part Of	The UK
Channel Islands	part Of	The UK
Isle of Man	part Of	The UK

표 3-5 셰익스피어의 희곡 트리플

주어	술어	목적어
Shakespeare	wrote	As You Like It
Shakespeare	wrote	Henry V
Shakespeare	wrote	Love's Labour's Lost
Shakespeare	wrote	Measure for Measure
Shakespeare	wrote	Twelfth Night
Shakespeare	wrote	The Winter's Tale
Shakespeare	wrote	Hamlet
Shakespeare	wrote	Othello

이 세 가지 출처의 정보를 통합하면 어떻게 될까? [그림 3-4]와 [그림 3-5]에 표시된 모든 트리플의 그래프를 간단히 얻을 수 있다. [그림 3-4]와 [그림 3-5]를 통합하여 [그림 3-6]과 같은 그래프를 만드는 과정은 간단하다. 단, 각 그래프에서 어떤 노드가 서로 일치하는지 알 수 있을 때만 가능하다.

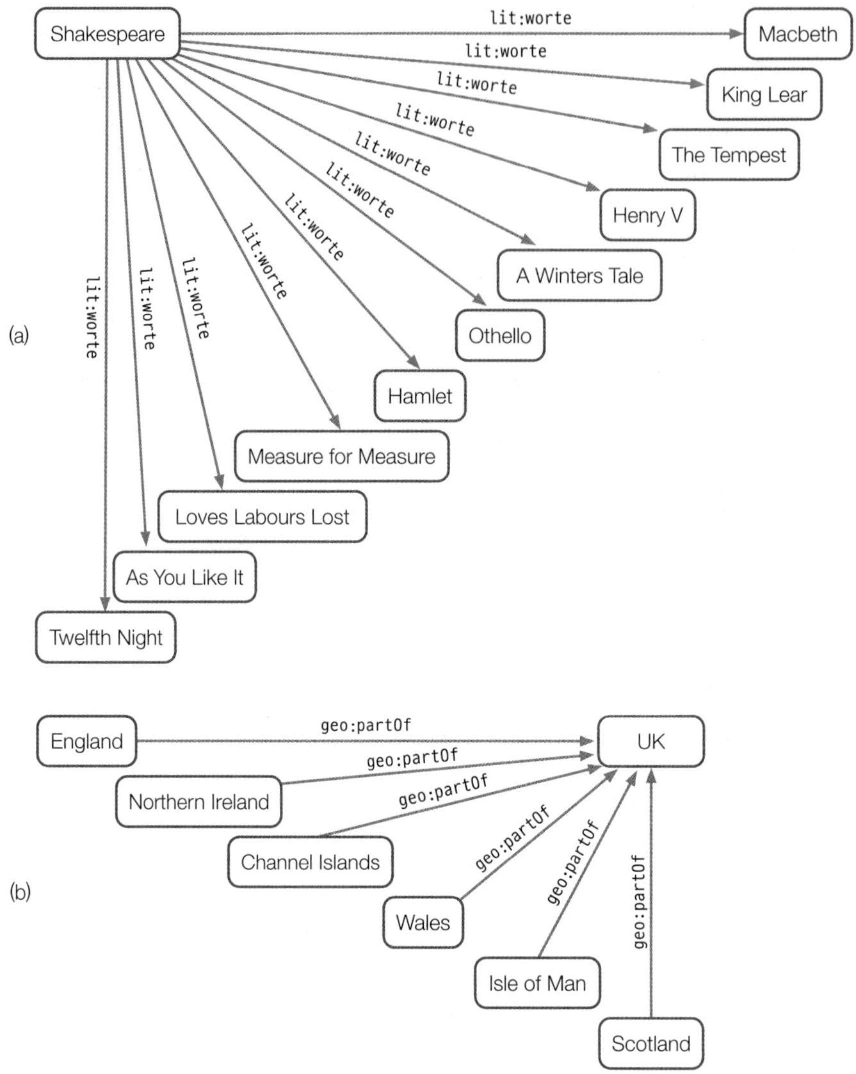

그림 3-5 Shakespeare의 희곡(a)과 영국의 지역(b)을 기술하는 트리플의 그래프 표현

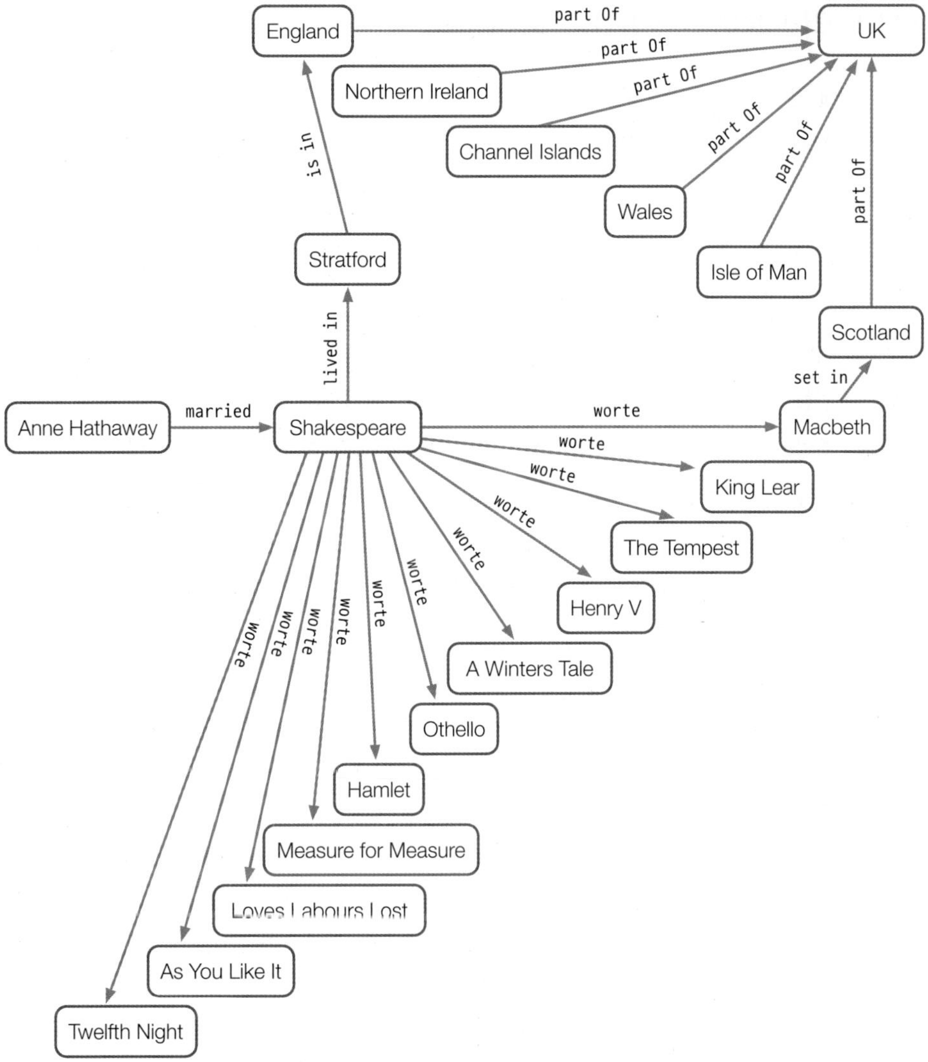

그림 3-6 Shakespeare와 UK에 대한 트리플이 모두 결합된 그래프

3.3 네임스페이스, URIs, 아이덴티티

통합 프로세스의 핵심은 '한 그래프의 노드가 다른 그래프의 노드와 동일한 노드'임을 밝히는 것이다. RDF에서 이 문제는 URIUniform Resource Identifier를 사용해서 해결할 수 있다.

지금까지 보았듯이, 셰익스피어 또는 웨일즈와 같은 간단한 이름으로 그래프의 노드와 간선에 레이블을 지정했다. 그러나 시맨틱 웹에서 이런 방식으로 두 노드가 실제로 동일한지 판별하는 것만으로는 충분하지 않다. 충분하지 않은 이유는 무엇일까? 우주에서 모두가 동의하는 셰익스피어가 단 한가지일 수 있을까? 웹에서 합의를 언급할 때는 '모두'라고 단정하면 안 된다. 어떤 사람들은 역사적 인물로서의 셰익스피어가 아니라, 장편 영화 〈셰익스피어 인 러브Shakespeare in Love〉에 나오는 주인공(역사적 실존 인물과 다른 캐릭터)을 셰익스피어로 생각할 수 있다. 한편, '셰익스피어'는 웹에 나타나는 안정적인 개념 중 하나다. '워싱턴' 또는 '보르도'와 같은 이름이 나타내는 범위를 생각해보자. 시맨틱 웹 환경에서 그래프를 통합하려면 이름의 범위가 더욱 구체적이어야 한다. 어떤 의미로 셰익스피어라는 단어를 사용하고 있는가?

RDF는 개체 이름을 식별하기 위해 기본적인 웹 기술, 특히 URI 개념을 차용하고 있다. URI의 기본 구문과 형식에는 특별함이 있지만, 일반적으로 웹 사용자에게 URL(예: http://www.workingontologist.org/Examples/Chapter3/Shakespeare#)로 알려져 있다. 따라서 웹 자원에 대한 전역 식별자로서 URI의 중요성을 간과하기 쉽다. URI는 웹에서 공통 자원에 대한 전역 식별을 제공하는 월드와이드웹의 일반적 규정이며 시맨틱 웹의 특별한 제약 사항이 아니다. 전역 이름 지정은 웹 환경에서 포괄적인 네트워크 효과를 만든다. 물론 웹이라는 정글에서 셰익스피어를 참조하는 모든 데이터 소스가 동일한 URI를 사용할 것이라고 기대할 수는 없다. 5장에서 동일한 개체에 대해 서로 다른 URI를 사용하는 시점과 그 이유 그리고 이를 관리하기 위해 시맨틱 웹이 제공하는 기능을 살펴볼 것이다.

URI와 URL은 동일해 보이지만, URL은 URI의 특별한 사례일 뿐이다. 웹에 두 가지 개념이 모두 필요한 이유는 무엇인가? 조금 단순화하면 URI는 전역(즉, 'World Wide Web'에서 'World Wide') 범위를 가진 식별자다. 2개의 웹 애플리케이션은 동일한 URI로 동일한 개체를 참조할 수 있다. 그러나 URI 구문을 사용하면 역참조dereference[3]가 가능해진다. 즉, URI의

---

3 역자주: 정보 자원(information resources)은 URI로 식별되는 자원이며 필수 특성을 메시지로 전달할 수 있다. 웹 사용자에게 친숙한 페이지와 문서는 정보 자원이다. 정보 자원에는 일반적으로 HTTP를 사용하여 접근할 수 있는 하나 이상의 표현(representation)이 있다. URI로 식별되는 자원에 접근하고 검색하는 작업을 "역참조한다"라고 한다. 역참조는 여러 단계로 수행되고, 검색을 수행하는 데 사용되는 프로토콜에 따라 자원과 다른 자원의 관계에 대한 추가 정보가 제공될 수 있다.

모든 정보(서버 이름, 프로토콜, 포트 번호, 파일 이름 등)를 사용하여 웹에서 파일 또는 파일의 위치를 찾을 수 있다.[4] 역참조는 모든 부분이 정상적으로 작동할 때 성공할 수 있다. 프로토콜은 지정된 포트에서 실행 중인 지정된 서버를 찾는다. 이때, URI는 단순한 형식의 URI가 아니라 역참조를 가능하게 하는 효과적인 HTTP URI가 된다. 모델링 관점에서 URI와 URL의 차이는 크게 중요하지 않을 수 있다. 그러나 시맨틱 웹의 모델 관점으로 볼 때, URI에 잠재적인 역참조 기능이 있으면 전면적으로 웹 인프라에 참여할 수 있다. 이에 대해서는 5장에서 자세히 살펴본다.

URI는 Internationalized Resource Identifier^IRI^로 더 일반화될 수 있다. IRI는 웹 언어에 대한 모든 문자 표현을 사용하는 URI의 일반화된 형식이다. IRI에는 악센트가 있는 문자 또는 표준 웹 인코딩이 있는 모든 언어의 문자가 포함될 수 있다.

RDF는 그래프의 통합 과정에서 발생하는 ID 문제를 해결하기 위해 URI의 개념을 적용한다. 한 그래프의 노드가 다른 노드와 동일한 URI를 갖고 있으면 간단히 통합할 수 있다. 다른 표준에 의존하여 노드의 정체성 문제를 '해결'하는 것처럼 보일 수도 있지만, 동일성^identity^ 문제는 시맨틱 웹뿐만 아니라 웹 전반에 나타나기 때문에 동일한 전략으로 문제를 해결하는 것이 당연하다.

URI를 문자로 표현하기

URI는 월드와이드웹에서 식별자를 표현하는 데 매우 효과적이다. 그러나 모델을 표현할 때, 특히 문자 형식으로 자세히 표기하려면 어려운 측면이 있다. 따라서 이 책의 예는 URI 약어 체계를 단순화한 CURIE(Compact URI의 약자)를 사용한다. CURIE로 표현된 URI는 네임스페이스(이름 공간)와 식별자의 두 부분으로 구성되고, 네임스페이스와 식별자는 콜론으로 연결된다. 따라서 geo 네임스페이스에서 England 식별자에 대한 CURIE 표현은 단순하게 geo:England가 된다. RDF 표준 구문은 프로그래머가 네임스페이스를 다른 URI 표현(예: 친숙한 http://표기법)에 매핑할 수 있는 정교한 규칙을 포함하고 있다. 이 책에서 모든 URI는 간단한 CURIE 형식을 사용한다. 그러나 CURIE는 웹에서 사용하는 전역 식별자는 아니며, 정규화된 URI(예: http://www.workingontologist.org/Examples/Chapter3/Shakespeare#Shakespeare)만 글로벌 웹 이름이라는 점에 유의해야 한다. 원칙적으로

4 저자주: 여기서는 주로 파일에 대해 논의하지만 URI는 다른 리소스를 참조할 수 있다. URI에 대한 Wikipedia 기사에는 URI에서 참조할 수 있는 50개 이상의 다양한 리소스 유형이 포함되어 있다(http://en.wikipedia.org/wiki/URI_scheme 참조).

CURIE의 모든 표현은 네임스페이스 대응에 대한 선언을 함께 해야 한다.

웹에 있는 URI는 공백을 포함하지 않는 것이 일반적이다. 예를 들어, 식별자 'part of'는 웹에서 사용되지 않는다. 대신 InterCap 규칙(CamelCase라고도 함)에 따라, 여러 단어로 구성된 이름이 있으면 각 단어를 대문자로 표시해 공백 없는 식별자로 변환한다. 따라서 'part of'는 partOf, 'Great Britain'은 GreatBritain, 'Measure for Measure'는 MeasureForMeasure가 된다.

단일 데이터 출처나 트리플에서 여러 개의 네임스페이스를 자유롭게 사용할 수 있다. 데이터 모델과 표준에 대해 네임스페이스를 선택하는 데 전혀 제한이 없다. 그러나 하나의 네임스페이스에서 관련 식별자를 참조하는 것이 일반적이다. 예를 들어, [표 3-4]나 [표 3-5]에 있는 모든 문학적·지리적 정보는 테이블당 하나의 네임스페이스에 할당되고, 각각의 이름(예: lit 또는 geo)을 암시적으로 사용한다. 엄격히 말하면, 이러한 이름은 정규화된 URI에 해당한다. 예를 들어, lit와 geo는 각각 http://www.workingontologist.org/Examples/Chapter3/Shakespeare#와 http://www.workingontologist.org/Examples/Chapter3/geography#를 나타낸다.

시맨틱 웹의 모델링을 설명할 때, CURIE 뒤에 있는 자세한 URI는 중요하지 않으므로 지금부터 이런 바인딩은 생략할 것이다. 많은 예제에서 CURIE를 한 단계 발전시켜 사용할 것이다. 하나의 예제에서 단일 네임스페이스를 사용하는 경우 :Shakespeare, :JamesDean, :Researcher와 같이 콜론(:)으로 시작하는 기호명으로 URI를 참조하는 기본 네임스페이스 선언이 있다고 가정한다.

[표 3-6], [표 3-7]과 같이 CURIE를 사용하여 트리플 집합을 표현할 수 있다. [표 3-6]을 [표 3-5]와 비교하고 [표 3-7]을 [표 3-4]와 비교해보자. 하지만 항상 이렇게 간단하지는 않다. 일부 트리플은 [표 3-3]에서 가져온 [표 3-8]의 예처럼 네임스페이스가 다른 식별자를 사용해야 한다.

[표 3-8]에서는 해당하는 실제 URI를 지정하지 않고, 새로운 네임스페이스 bio:를 도입했다. 이 모델이 웹에 포함되려면 URI 정보를 반드시 기입해야 한다. 그러나 모델링 관점에서 이 세부 사항은 중요하지 않다. 이 책의 나머지 부분에서는 비록 그 정의가 명시적으로 기술되어 있지 않더라도 모든 CURIE의 접두사가 정의되어 있다고 가정한다.

표 3-6 CURIEs로 표기된 셰익스피어의 희극에 대한 정보

주어	술어	목적어
lit:Shakespeare	lit:wrote	lit:As You Like It
lit:Shakespeare	lit:wrote	lit:Henry V
lit:Shakespeare	lit:wrote	lit:Love's Labour's Lost
lit:Shakespeare	lit:wrote	lit:Measure for Measure
lit:Shakespeare	lit:wrote	lit:Twelfth Night
lit:Shakespeare	lit:wrote	lit:The Winter's Tale
lit:Shakespeare	lit:wrote	lit:Hamlet
lit:Shakespeare	lit:wrote	lit:Othello

표 3-7 CURIEs로 표기된 지역에 대한 이름

주어	술어	목적어
geo:Scotland	geo:partOf	geo:UK
geo:England	geo:partOf	geo:UK
geo:Wales	geo:partOf	geo:UK
geo:NorthernIreland	geo:partOf	geo:UK
geo:ChannelIslands	geo:partOf	geo:UK
geo:IsleofMan	geo:partOf	geo:UK

표 3-8 다양한 네임스페이스의 URI를 참조하는 트리플들

주어	술어	목적어
lit:Shakespeare	Lit:wrote	Lit:KingLear
lit:Shakespeare	Lit:wrote	Lit:Macbeth
bio:AnneHathaway	bio:married	lit:Shakespeare
bio:AnneHathaway	bio:livedWith	lit:Shakespeare
lit:Shakespeare	bio:livedIn	geo:Stratford
geo:Stratford	geo:isIn	geo:England
geo:England	geo:partOf	geo:UK
geo:Scotland	geo:partOf	geo:UK

표준 네임스페이스

URI를 전역 식별자의 표준으로 사용하면, 모든 기호에 대한 글로벌 참조가 가능해진다. 즉, 누구든 세계 어느 장소에서나 같은 사물을 참조할 수 있다.

표준 기구(예: World Wide Web Consortium[W3C])는 특정 용어의 의미를 기술하는 간단한 방법으로 URI 속성을 기술할 수 있도록 표준을 제정하고 있다. 다음 장에서 보겠지만, W3C 표준은 type, subClassOf, Class, inverseOf 등과 같은 용어의 정의를 제공한다. 그러나 표준은 시맨틱 웹 전반에 걸쳐 적용할 수 있도록 설계되었기 때문에, 시맨틱 웹에 표현된 다른 자원을 URI로 참조하는 것과 동일한 방식으로 표준에 정의된 예약어를 참조할 수 있다.

W3C는 XML 스키마 정의인 xsd:, XML 네임스페이스인 xmlns: 등 웹 기술에 사용할 수 있는 다양한 표준 네임스페이스를 정의하고 있다. 시맨틱 웹은 표준의 주요 계층에 네임스페이스 정의를 사용하여 유사한 방식으로 동작한다. W3C의 표준 실무 지침에 따라, 다음과 같은 표준 네임스페이스의 정의와 이 용어들을 참조하는 CURIEs를 사용할 것이다.

- rdf: RDF에서 사용되는 식별자를 나타낸다. 표준에 정의된 식별자 집합은 많지 않으며, RDF의 유형과 속성을 정의하는 데 사용된다. rdf 네임스페이스의 전역 URI는 http://www.w3.org/1999/02/22-rdf-syntax-ns#이다.
- rdfs: RDFS에 사용되는 식별자를 나타낸다. 네임스페이스에 있는 기호의 범위와 의미는 앞으로 자세하게 소개할 주제다. rdfs 네임스페이스의 전역 URI는 http://www.w3.org/2000/01/rdf-schema#이다.
- skos: 웹에서 어휘의 분산 관리를 위한 스키마인 SKOS Simple Knowledge Organization System에 사용되는 식별자를 나타낸다. 11장에서 SKOS의 개념과 사용법에 대해 자세히 설명한다. SKOS의 전역 URI는 http://www.w3.org/2004/02/skos/core#이다.
- owl: OWL에 사용되는 식별자를 나타낸다. 네임스페이스에 있는 기호의 범위와 의미는 앞으로 논의할 주제다. OWL 네임스페이스의 전역 URI는 http://www.w3.org/2002/07/owl#이다.

표준 네임스페이스 URI는 URI와 URL 사이의 상호작용에 대한 좋은 예를 제공한다. 모델링 목적으로 보면, 네임스페이스(예: http://www.w3.org/2000/01/rdf-schema#subClassOf 또는 줄여서 rdfs:subClassOf) 중 하나에 있는 URI는 W3C가 RDFS 표준에서 언급한 특별한 용어를 참조한다. 한편, 이 용어는 역참조될 수도 있다. 즉, www.w3.org 서버를 보면 이 자원에 대한 추가 정보를 제공하는 subClassOf에 대한 항목이 있는 위치 2000/01/rdf-schema에 페이지가 존재한다. 모델링 관점에서 이 URI를 역참조해야 하는 것은 아니지만, 웹의 통합 관점에서 매우 중요하다. 이와 같이 링크드 데이터의 웹을 만드는 기본 표준과 원칙은 5장에서 자세히 설명한다.

3.4 RDF 네임스페이스의 식별자

RDF 데이터 모델은 트리플의 개념과 트리플 집합을 통합하는 개념을 구체화한다. 네임스페이스가 도입됨에 따라, RDF는 웹 인프라를 사용하여 특정 개체를 참조하는 방법에 대한 합의를 나타낼 수 있게 되었다. RDF 표준 자체는 네임스페이스 인프라를 활용하여 표준에 정의된 네임스페이스(즉, rdf)에 소수의 표준 식별자를 정의한다.

rdf:type은 RDF에서 기본 타입 시스템을 제공하는 속성이다. 예를 들어 [표 3-9]와 같이 유형 정보를 사용하여 여러 극작가 사이의 관계를 표현할 수 있다. 이 트리플에서 rdf:type의 주어는 모든 식별자가 될 수 있고 목적어는 유형type으로 이해할 수 있다. rdf:type을 이용할 때 type에 대한 제한은 없다. [표 3-10]에서 보듯이 유형은 무한대로 지정할 수 있다. 하나의 트리플을 (소리 내어) 읽을 때, 이해하기 쉽게 (영어에서는) 주어/술어/목적어의 순서로 읽는다. 즉, [표 3-9]의 첫 번째 트리플은 "Shakespeare type Playwright"라고 읽는다. 이 문장은 상당히 분절되어 있기 때문에, "Shakespeare has type Playwright" 또는 "The type of Shakespeare is Playwright"로 읽어야 훨씬 편하다.

이 문제는 실제로 rdf:type 자원의 이름 선택과 관련이 있다. 만약 rdf:isInstanceOf라고 정의했다면, 읽는 데 훨씬 수월했을 것이다. 그러나 다른 기관(이 경우 W3C)이 이름을 선택하는 방법을 제어할 수 없기 때문에 이 같은 이름을 변경할 수 없다. 하지만 읽을 때 연결 단어를 추가할 자유 정도는 있다. 이 트리플은 "Shakespeare [has] type Playwright"로 읽을 수 있다. 즉 'has'(또는 'is'라는 단어를 쓰면 더 잘 작동함)를 추가하여 문장을 꽤 정확한 영어로 만들 수 있다. 이 장의 후반부에서 RDF 작성을 위한 Turtle 구문에 대해 살펴볼 것이다. 여기서 이 특정 사례를 볼 수 있다. rdf:type 대신 키워드 'a'를 사용하면 "Shakespeare [is] a Playwright"로 쉽게 읽을 수 있다.

rdf:Property는 다른 식별자를 주어나 목적어가 아닌 술어로 사용할 수 있도록 RDF에서 유형으로 사용되는 식별자다. [표 3-11]과 같이 이 장에서 지금까지 술어로 사용한 모든 식별자를 선언할 수 있다.

표 3-9 극작가를 기술하기 위한 rdf:type의 사용

주어	술어	목적어
lit:Shakespeare	rdf:type	lit:Playwright
lit:Ibsen	rdf:type	lit:Playwright
lit:Simon	rdf:type	lit:Playwright
lit:Miller	rdf:type	lit:Playwright
lit:Marlowe	rdf:type	lit:Playwright
lit:Playwright	rdf:type	lit:Playwright
lit:Wilder	rdf:type	lit:Playwright
lit:Playwright	rdf:type	lit:Playwright

표 3-10 이름의 유형 정의

주어	술어	목적어
lit:Playwright	rdf:type	bus:Profession
bus:Profession	rdf:type	hr:Compensation

표 3-11 [표 3-5]~[표 3-8]의 rdf:Property 기술

주어	술어	목적어
lit:wrote	rdf:type	rdf:Property
geo:partOf	rdf:type	rdf:Property
bio:married	rdf:type	rdf:Property
bio:livedIn	rdf:type	rdf:Property
bio:livedWith	rdf:type	rdf:Property
geo:isIn	rdf:type	rdf:Property

3.5 도전과제: RDF와 테이블

이 장은 웹에서 데이터를 분산시키기 위한 방법으로 RDF를 설명하고 있다. 이제 RDF의 모든 세부 메커니즘(네임스페이스와 트리플 포함)을 이용해 테이블 데이터를 다시 살펴보고, RDF에서 일관성 있게 표현하는 방법을 소개한다.

도전과제 3-1

제품, 공급업체, 재고 정보([표 3-12] 참조)를 갖고 있는 관계형 데이터베이스의 테이블이 있다. 정보의 본래 의도는 유지하지만, RDF 질의 통합과 같은 RDF 작업에 사용할 수 있게 RDF 그래프를 생성한다.

▶ 솔루션

테이블의 각 행은 모두 같은 유형type을 가진 하나의 개체를 기술하고 있다. 유형은 테이블 자체의 이름인 제품Product으로 지정된다. 모델 번호, 부서 등과 같은 테이블의 열과 각 항목에 대한 특정 정보를 RDF로 표현하려고 한다.

각 행에는 고유한 개체를 나타내는 고유한 URI가 있다. 고유 식별자에 대한 필요성은 시맨틱 웹에서와 마찬가지로 데이터베이스에도 존재하므로 (로컬) 고유 식별자인 기본 테이블 키, 이 예제에서는 ID라는 열이 있다. 시맨틱 웹의 경우 전역적으로 고유한 식별자가 필요하다. 이러한 식별자를 만드는 가장 간단한 방법은 데이터베이스 자체에 대해 단일 URI를 사용하는 것이다(데이터베이스가 웹에 있는 경우 URL일 수도 있음). 이 URI를 데이터베이스의 모든 식별자에 대한 네임스페이스로 사용한다. 5장에서 URI의 생성에 대해 더 자세히 논의할 것이다. 이 예는 제조 회사를 위한 데이터베이스이므로 네임스페이스를 mfg:라고 하자. 그런 다음 테이블 이름 'Product'를 고유 키와 연결하고 이 식별자를 mfg: 네임스페이스에 표현하여 각 행에 대한 식별자를 만들 수 있다. 그러면 식별자 mfg:Product1, mfg:Product2 등이 생성된다.

테이블의 각 행에는 해당 항목에 대한 몇 가지 정보, 즉 모델 번호, 부서 등이 표현되어 있다. RDF에서 이 정보는 제품을 설명하는 속성이 된다. 그러나 행에 대한 고유 식별자의 경우와 마찬가지로 속성에 대한 전역 고유 식별자가 있어야 한다.

개체와 같은 방식으로 네임스페이스를 사용할 수 있지만 두 테이블이 동일한 열 이름을 가질 수 있기 때문에(동일한 속성은 아니다!) 테이블 이름과 열 이름을 결합해야 한다. 그러면 mfg:Product_ModelNo, mfg:Product_Division 등과 같은 속성이 생성된다.

표 3-12 트리플을 위한 샘플 테이블 데이터

ID	모델 번호	부서	제품 라인	제조사 위치	SKU	가용 여부
1	ZX-3	Manufacturing support	Paper machine	Sacramento	FB3524	23
2	ZX-3P	Manufacturing support	Paper machine	Sacramento	KD5243	4

3	ZX-3S	Manufacturing support	Paper machine	Sacramento	IL4028	34
4	B-1430	Control engineering	Feedback line	Elizabeth	KS4520	23
5	B-1430X	Control engineering	Feedback line	Elizabeth	CL5934	14
6	B-1431	Control engineering	Active sensor	Seoul	KK3945	0
7	DBB-12	Accessories	Monitor	Hong Kong	ND5520	100
8	SP-1234	Safety	Safety valve	Cleveland	HI4554	4
9	SPX-1234	Safety	Safety valve	Cleveland	OP5333	14

이러한 규칙을 적용해 테이블의 모든 정보를 트리플로 표현할 수 있다. 그러면 테이블의 셀마다 트리플이 하나씩 있게 된다. 즉, 행 n개와 열 c개에 대해 n × c개의 트리플이 있다. [표 3-12]에 표시된 데이터에는 열 7개와 행 9개가 있으므로 [표 3-13]에 표시된 것처럼 63개의 트리플이 있다.

[표 3-13]에 있는 테이블의 트리플은 지금까지 본 트리플과 약간 다르다. 트리플의 주어와 술어는 RDF 자원(CURIE 네임스페이스로 완료!)이지만 목적어는 자원이 아니라 리터럴 데이터(문자열, 정수 등)다. RDF는 데이터 표현 시스템이기 때문에 이런 표현이 놀랍지는 않을 것이다. RDF는 트리플의 목적어에 대한 리터럴 데이터의 허용값을 표현하기 위해 XML을 이용한다. 이 경우 모든 데이터 유형은 문자열 또는 정수가 된다.

표 3-13 트리플로 표현된 [표 3-12]의 일부 데이터

주어	술어	목적어
mfg:Product1	mfg:Product_ID	1
mfg:Product1	mfg:Product_ModelNo	ZX-3
mfg:Product1	mfg:Product_Division	Manufacturing support
mfg:Product1	mfg:Product_Product_Line	Paper machine
mfg:Product1	mfg:Product_Manufacture_Location	Sacramento
mfg:Product1	mfg:Product_SKU	FB3524
mfg:Product1	mfg:Product_Available	23
mfg:Product2	mfg:Product_ID	2
mfg:Product2	mfg:Product_ModelNo	ZX-3P
mfg:Product2	mfg:Product_Division	Manufacturing support
mfg:Product2	mfg:Product_Product_Line	Paper machine
mfg:Product2	mfg:Product_Manufacture_Location	Sacramento
mfg:Product2	mfg:Product_SKU	KD5243

테이블에 대한 일반적인 해석은 테이블의 각 행이 하나의 개체이고, 이 개체의 유형이 테이블의 이름이 된다는 것이다. [표 3-12]에서 각 행은 제품에 해당한다. [표 3-14]에 표시된 것처럼 각 행에 설명된 개체의 유형을 지정하는 행마다 트리플을 하나씩 추가하여 RDF를 만들 수 있다.

표 3-14 [표 3-12]에서 정보의 유형을 나타내는 트리플

주어	술어	목적어
mfg:Product1	rdf:type	mfg:Product
mfg:Product2	rdf:type	mfg:Product
mfg:Product3	rdf:type	mfg:Product
mfg:Product4	rdf:type	mfg:Product
mfg:Product5	rdf:type	mfg:Product
mfg:Product6	rdf:type	mfg:Product
mfg:Product7	rdf:type	mfg:Product
mfg:Product8	rdf:type	mfg:Product
mfg:Product9	rdf:type	mfg:Product

[표 3-12]의 정보를 트리플로 변환한 것이 [그림 3-7]이다. 유형(술어가 rdf:type이고 객체가 mfg:Product 클래스인 경우)은 그래프에서 링크로 표시된다. 목적어가 리터럴인 트리플은 그림을 간결하게 하기 위해 공통 주어로 레이블이 지정된 사각형 내에 표시된다.

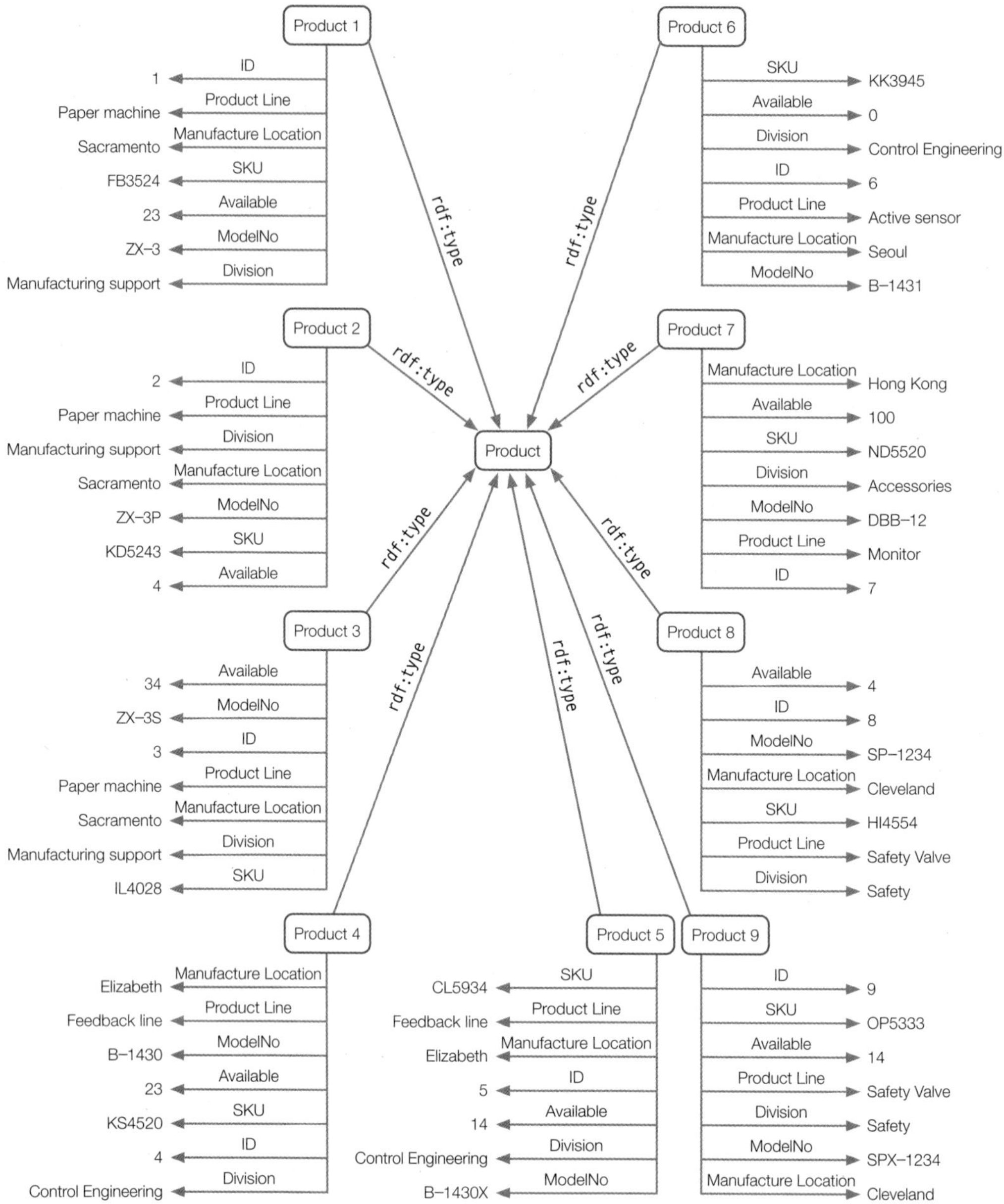

그림 3-7 [표 3-12]의 테이블 데이터에 대한 그래프 버전

3.6 고차 관계(High-Order Relationships)

RDF 모델을 처음 구축한다면, 주어/술어/목적어 형식의 RDF 트리플이 단순하기 때문에 사용하는 데 제한을 받는다고 느낄 수 있다.

"셰익스피어가 햄릿을 썼다Shakespeare wrote Hamlet"가 아니라 "셰익스피어가 1604년에 햄릿을 썼다Shakespeare wrote Hamlet in 1604"라고 표현하거나 "위키피디아는 셰익스피어가 1604년에 햄릿을 썼다고 기술한다Wikipedia states that Shakespeare wrote Hamlet in 1604"와 같이 조금 더 구체적으로 표현하고 싶을 수 있다. 일반적으로 이런 예는 어떤 문장에 대해 또 다른 문장을 만드는 것이 바람직할 수 있다. 이 과정을 구체화reification라고 한다. 구체화는 시맨틱 웹 모델링에만 국한된 문제는 아니다. 관계형 데이터베이스와 객체 시스템 같은 다른 데이터 모델링 맥락에서 동일한 문제가 발생한다. 사실, 시맨틱 웹에서 구체화에 대한 한 가지 접근 방식은 관계형 데이터베이스 스키마에서 일반적으로 사용되는 표준 솔루션을 차용하는 것이다. [도전과제 3-1]에서 소개했듯이, 이 솔루션은 관계형 테이블을 RDF로 매핑하는 데 사용되었다. 관계형 데이터베이스 테이블에서 트리플에 대한 부가적인 정보를 추가하기 위해 여러 개의 열을 포함하는 테이블을 간단하게 생성할 수 있다. 따라서 [표 3-1]에서와 같이, "셰익스피어가 햄릿을 썼다"라는 문장은 작품의 저자와 제목에 대한 열을 가진 테이블에서 하나의 행으로 표현된다. [도전과제 3-1]의 예처럼 RDF로 변환될 때 데이터베이스의 열은 하나의 트리플로, 행은 여러 개의 트리플로 표현된다. 이때 트리플의 주어는 모두 동일하며, 하나의 자원이 테이블의 한 행과 대응된다.

[표 3-13]에서 보듯이, 여러 개의 트리플이 동일한 주어를 가지며, 테이블의 각 열에 대한 하나의 트리플 조각을 갖는다. 이와 같은 구체화 방식은 관계형 모델링의 전통을 이어받은 것이고, 다양한 모델링 애플리케이션에서 정상적으로 동작한다. 한편, 테이블 형식에서 데이터를 가져오지 않는 경우에도 RDF에 적용할 수 있다. 즉, "셰익스피어가 1601년에 햄릿을 썼다"([표 3-2]의 진술과 반대)라는 문장은 다음 세 가지 트리플로 표현할 수 있다.

주어	술어	목적어
bio:n1	bio:author	lit:Shakespeare
bio:n1	bio:title	"Hamlet"
bio:n1	bio:publicationDate	1601

이 방식은 "셰익스피어가 1601년에 햄릿을 썼다Shakespeare wrote Hamlet in 1601"와 같이 어떤 이벤트나 문장에 대한 더 많은 정보를 표현하려고 할 때 더욱 잘 작동한다. 그러나 이 방식은 "위키피디아는 셰익스피어가 햄릿을 썼다고 한다Wikipedia says Shakespeare wrote Hamlet"와 같이 문장 자체(셰익스피어가 햄릿을 썼다)에 대한 정보를 표현한다면 제대로 동작하지 않을 수 있다.

문장에 대한 이런 종류의 메타데이터는 종종 출처(문장의 출처에 대한 정보), 추정 가능성('셰익스피어가 햄릿을 1601년에 썼을 가능성이 90%'와 같은 양적인 형식의 표현), 맥락('Kenneth Branagh가 영화에서 Hamlet 역을 맡았다'와 같이 문장에 내재된 설정 환경에 대한 특수한 정보), 시간 프레임(햄릿은 1월 11일부터 3월 12일까지 브로드웨이 무대에 오른다)의 형식으로 나타난다. 이와 같은 사례는 하나의 진술문statement에 대한 진술문을 명시적으로 기술하는 데 효과적이다. 명시적 구체화explicit reification라고 부르는 이 과정은 W3C RDF 표준에서 rdf:subject, rdf:predicate, rdf:object라는 세 가지 자원으로 표현할 수 있다.

"위키피디아는 셰익스피어가 햄릿을 썼다고 한다Wikipedia says Shakespeare wrote Hamlet"는 RDF 표준을 사용해 다음과 같은 트리플로 표현할 수 있다.

주어	술어	목적어
q:n1	rdf:subject	lit:Shakespeare
q:n1	rdf:predicate	lit:wrote
q:n1	rdf:object	lit:Hamlet

이 문장의 주어(q:n1)와 위키피디아의 관계는 다음과 같이 표현할 수 있다.

주어	술어	목적어
Web:Wikipedia	m:says	q:nl

q:n1에 대한 구체화된 트리플을 단언했기 때문에, 이 트리플 자체를 다시 기술할 필요는 없다.

주어	술어	목적어
lit:Shakespeare	lit:wrote	lit:Hamlet

애플리케이션이 위키피디아의 정보를 신뢰하지 않는다면, 그 트리플이 명시되어 있는 것처럼 작동해서는 안 된다. 그러나 위키피디아를 신뢰하는 애플리케이션은 트리플에 명시된 것처럼 동작하려고 할 것이다.

3.7 RDF 그래프 이름 지정

지금까지 표시 목적 또는 질의를 위해 트리플 집합을 그래프로 변환하는 방법을 살펴보았다(6장에서 자세히 설명함). 그러나 그래프가 정확히 무엇을 의미하는지에 대해 구체적으로 설명하지 않았다.

일반적으로 보면, 그래프는 노드와 간선이 있는 다이어그램이다. RDF에서 그래프는 트리플 집합과 일치한다. 동일한 URI가 많이 존재하는 트리플이 있다면(예: [그림 3-7]),그래프는 밀접하게 연결되어 표현된다.

공식적 관점에서 RDF의 그래프는 단순히 트리플 집합이다. 서로 밀접하게 연결되어 있을 수도 있고 전혀 상관없을 수도 있다. 그래프는 트리플의 집합일 뿐이다.

지금까지 소개한 모든 예제처럼, 데이터 세트를 관리할 때 데이터의 모든 트리플을 참조할 수 있다. 대부분의 상황에서 문제가 되지 않는다. 그러나 특정한 트리플의 집합(즉, 그래프)만 선택해서 별도의 이름을 부여할 수도 있다. 웹 환경에서 이 이름은 URI 형식이며, RDF 표준은 명명된 그래프named graph라는 방법을 제공한다. 명명된 그래프는 그 자체가 URI이며, 고유의 이름이 있는 트리플 집합을 의미한다.

그래프에 이름을 지정하는 이유는 무엇일까? 다음은 몇 가지 기본적인 사용 사례다.

- **하나의 파일, 하나의 그래프**: 지금까지 스프레드시트에서 RDF 데이터를 추출하는 방법을 살펴보았다. 다른 소스에서도 RDF 데이터를 추출할 수 있으며, 원래 RDF로 데이터를 생성할 수 있다. 다음 절에서는 RDF 데이터를 일반 텍스트 파일에 기록하는 방법을 살펴볼 것이다. 이 데이터를 RDF 데이터 저장소에 로드할 때 서로 다른 소스의 데이터를 별도로 보관할 수 있다. 이 작업을 수행하는 편리한 방법은 하나의 소스에서 모든 데이터를 하나의 명명된 그래프에 넣는 것이다. 그래프의 이름(URI 형식)은 해당 소스를 찾을 수 있는 위치에 대한 정보도 제공할 수 있다.

- **구체화**: 3.6절에서 구체화된 문장을 고차원 관계로 표현해야 할 필요성을 확인했다. 명명된 그래프는 이를 수행하는 또 다른 방법을 제공한다. 원하는 몇 개의 문장을 트리플 집합으로 만들어 명명된 그래프에 넣고, 그래프에 대한 문장을 별도로 기술한다.
- **컨텍스트**: 때로는 트리플 집합을 어떤 맥락에서 고려하고 싶을 수 있다. 예를 들어, Kenneth Brannagh가 영화에서 Hamlet을 연기했다는 예제의 경우, 영화(영화에서 특별히 언급하는 https://www.imdb.com/title/tt0116477/)에서 Kenneth Brannagh가 Hamlet을 연기했다고 주장하는 맥락을 표현한다.

명명된 그래프를 사용한 구체화의 예를 다시 살펴보자. "위키피디아는 셰익스피어가 햄릿을 썼다고 말했다." 이 사실을 기술한 트리플을 가정해보자.

주어	술어	목적어
lit:Shakespeare	lit:wrote	lit:Hamlet

이 테이블에 열을 추가하여 이 트리플이 어떤 명명된 그래프에 있는지 지정한다. 또한 위키피디아의 URI로 https://www.wikipedia.org/를 사용한다(Wikipedia 자체의 URL)는 사실을 다음과 같이 표현한다.

주어	술어	목적어	그래프
lit:Shakespeare	lit:wrote	lit:Hamlet	https://www.wikipedia.org/

단일 트리플만 포함하고 있어 이 예제는 명명된 그래프의 본질을 보여주는 데 한계가 있다. 그러나 그래프를 작게 만들지 않을 이유는 없다. 물론 위키피디아 그래프에는 더 많은 사실 정보가 있다. 실제로 웹에 있는 디비피디아dbpedia는 위키피디아의 모든 데이터를 RDF 데이터로 제공한다. 이에 대해서는 5장에서 자세히 설명할 것이다.

명명된 그래프는 RDF 형식에 대한 단순한 확장이고 실제로는 기본 사항을 변경하지 않는다. RDF는 여전히 하나의 명명된 자원을 다른 자원에 연결하며, 여기서 각 이름은 전역적 범위(웹)를 갖는다. 명명된 그래프를 사용하면 이러한 링크 집합을 관리하고 이름도 지정할 수 있다. 때로 명명된 그래프를 사용할 때, 트리플 대신 쿼드quads를 참조하기도 한다. 이것은 트리플과 그 그래프를 4개의 튜플로 표현할 수 있기 때문이다(앞의 표 참조). 쿼드에 있는 네 번째 항목의 이름을 일반적으로 그래프라고 하지만 맥락이라고도 하며 명명된 그래프의 특정 용도를 예상할 수 있다.

3.8 직렬화의 대안

지금까지 RDF 트리플을 주어/술어/목적어의 표 형식 또는 사각형과 화살표의 그래프로 표현했다. 이런 표현 방식은 트리플을 표시하기 위한 간단하고 명백한 형식이지만, 개체 사이의 관계를 확인하는 데 필요한 가장 간결한 형식이거나 사람에게 친화적인 방식은 아니다.

RDF를 텍스트로 표현하는 문제는 RDF에 관한 책과 문서에서뿐만 아니라 웹에 RDF 데이터를 게시할 때도 발생한다. 이 때문에 RDF를 텍스트 형식으로 표현하는 방법은 여러 가지가 있다.

RDF를 표현하는 방법이 왜 이렇게 다양하며, 방법에 따라 어떤 차이가 있을까? 동일한 언어를 다르게 작성하는 사례를 생각해볼 수 있다. 영어나 기타 유럽 언어를 쓸 때 동일한 문장을 필기체로 인쇄하거나 작성할 수 있다. 특정 상황에서 필기체는 동일하게 보이지 않을 수 있기 때문에 한 가지 방법을 선택할 수 있다. 그러나 내용 손실 없이 필기체에서 인쇄체로 메시지를 복사할 수 있다. RDF의 직렬화도 같은 맥락이다. 취향, 편의성, 도구 가용성에 따라 동일한 트리플을 다양한 직렬화 방식으로 표현할 수 있다.

N-Triples

가장 간단한 형식은 N-Triples라고 하며 원시 RDF 트리플에 가장 직접적으로 대응한다. 완전히 축약되지 않은 URI를 사용하는 자원을 참조한다. 각 URI는 〈 〉 안에 작성된다. 3개의 자원은 주어/술어/목적어 순서로 표현되고 맨 마지막에 마침표(.)를 찍는다. 예를 들어, 네임스페이스 mfg가 http://www.workingontologist.org/Examples/Chapter3/Manufacture#라면 [표 3-14]의 첫 번째 트리플은 다음과 같이 N-Triples로 작성된다.

```
<http://www.workingontologist.org/Examples/Chapter3/Manufacture#Product1>
<http://www.w3.org/1999/02/22-rdf-syntax-ns#type>
<http://www.workingontologist.org/Examples/Chapter3/Manufacture#Product>.
```

인쇄된 책의 한 페이지에 N-Triples를 인쇄하기는 어렵다. (여기서 페이지에 맞추기 위해 수행해야 했던 것처럼) 직렬화는 트리플 내에서 새로운 행을 허용하지 않는다. 실제 ntriple 파일에는 한 행에 전체 트리플이 있다. N-Triples의 장점은 파일 분석하여 읽기, 가져오기와 내보내기를 위해 파일에 쓰기가 쉽다는 것이다.

Turtle/N3

이 책에서는 RDF의 간결한 직렬화를 위해 N3의 하위 집합인 Turtle 방식을 사용한다. Turtle은 N-Triples에 트리플의 명백한 표현과 CURIE의 간결함을 결합했다. 이 절에서 Turtle을 간단히 소개하고 예제에 필요한 하위 집합만 설명한다. 이후 예제에서 필요에 따라 더 많은 언어를 설명할 것이다. Turtle에 대한 자세한 설명은 W3C 권고안[Carothers and Prud'hommeaux 2014]을 참조하기 바란다.

Turtle은 CURIE를 사용하기 때문에 (로컬) CURIE와 (글로벌) URI 사이에 바인딩이 있어야 한다. 따라서 Turtle은 이러한 바인딩이 정의된 서문preamble으로 시작된다. 예를 들어, 다음 서문을 사용하여 도전과제에 필요한 CURIE를 정의할 수 있다.

```
@prefix mfg: <http://www.workingontologist.org/Examples/Chapter3/Manufacturing#>
@prefix rdf: <http://www.w3.org/1999/02/22-rdf-syntax-ns>
```

로컬 CURIE가 정의되면 Turtle은 CURIE 약어를 사용하여 3개의 자원을 주어/술어/목적어 순서로 나열하고 그 뒤에 마침표를 연결해서 트리플을 표현한다.

```
mfg:Product1 rdf:type mfg:Product .
```

마지막에 있는 마침표는 개체의 자원 바로 뒤에 붙일 수 있지만, 종종 그 앞에 공간을 두어 시각적으로 구분되게 할 수 있다. 이 공간은 선택 사항이다.

여러 개의 트리플이 공통의 주어를 공유하는 것은 매우 일반적이다(테이블 형식의 데이터를 가져온 후라면 더욱 그렇다). Turtle은 이러한 데이터의 간결한 표현 방식을 제공한다. 이전과 같이 주어/술어/목적어 순서의 첫 번째 트리플로 시작한다. 그러나 마침표 대신 세미콜론(;)을 사용하여 동일한 주어를 가진 또 다른 트리플이 뒤따른다는 것을 나타낸다. 해당 트리플의 경우, 주어가 같으므로 술어predicate와 목적어object만 지정하면 된다. Product1과 Product2에 대한 [표 3-13]과 [표 3-14]의 정보는 Turtle에 다음과 같이 나타낸다.

```
mfg:Product1 rdf:type mfg:Product;
             mfg:Product_Division "Manufacturing support";
             mfg:Product_ID "1";
             mfg:Product_Manufacture_Location "Sacramento";
             mfg:Product_ModelNo "ZX-3";
             mfg:Product_Product_Line "Paper Machine";
             mfg:Product_SKU "FB3524";
             mfg:Product_Available "23" .
```

```
mfg:Product2 rdf:type mfg:Product;
             mfg:Product_Division "Manufacturing support";
             mfg:Product_ID "2";
             mfg:Product_Manufacture_Location "Sacramento";
             mfg:Product_ModelNo "ZX-3P";
             mfg:Product_Product_Line "Paper Machine";
             mfg:Product_SKU "KD5243";
             mfg:Product_Available "4" .
```

주어와 술어를 모두 공유하는 트리플이 여러 개인 경우, Turtle은 주어와 술어도 반복하지 않게 기술할 수 있다. Turtle은 쉼표(,)를 사용하여 개체를 구분한다. 따라서 셰익스피어에게 Susanna, Judith, Hamnet이라는 세 자녀가 있다는 사실은 다음과 같이 표현할 수 있다.

```
lit:Shakespeare b:hasChild b:Susanna, b:Judith, b:Hamnet .
```

즉, 3개의 트리플이 있다.

```
lit:Shakespeare b:hasChild b:Susanna .
lit:Shakespeare b:hasChild b:Judith .
lit:Shakespeare b:hasChild b:Hamnet .
```

Turtle은 간결함과 가독성을 향상하기 위해 몇 가지 약어를 제공한다. 이 책에서는 이 중 몇 가지만 사용한다. 가장 널리 사용되는 약어 중 하나는 rdf:type을 의미하는 단어 a를 사용하는 것이다. 그 이유는 일반적인 대화에서 트리플에 대해 "제품 1은 제품이다Product 1 is a Product" 또는 "셰익스피어는 극작가다Shakespeare is a playwright"라고 말할 가능성이 높기 때문이다.

```
mfg:Product1 rdf:type mfg:Product .
lit:Shakespeare rdf:type lit:Playwright .
```

따라서 아래와 같이 기술할 수 있다.

```
mfg:Product1 a mfg:Product .
lit:Shakespeare a lit:Playwright .
```

RDF/XML

Turtle은 사람이 사용하기 편리하고 인쇄된 페이지보다 간결하지만, 대부분의 웹 인프라에서 정보는 HTML이나 XML로 표현된다. 이러한 이유로 W3C는 RDF/XML이라고 하는 RDF의 XML 직렬화 사용을 처음부터 권장하였다. 위에서 표현한 Product1, Product2에 대한 정보는 RDF/ XML에서 다음과 같다.

이 예에서 주어(Product1과 Product2)는 XML 속성 rdf:about을 사용하여 참조된다. Product1과 Product2의 개별 정보는 하위 요소로 표시된다. RDF/XML 구문의 전체 세부 사항은 W3C 권고안 [Schreiber and Gandon 2014]에서 찾을 수 있다.

```
<rdf:RDF"
  xmlns:mfg=http://www.workingontologist.org/Examples/Chapter3/Manufacturing#"
  xmlns:rdf=http://www.w3.org/1999/02/22-rdf-syntax-ns#">
<mfg:Product rdf:about="http://www.workingontologist.org/Examples/Chapter3/
    Manufacturing#Product1">
  <mfg:Available>23</mfg:Available>
  <mfg:Division>Manufacturing support</mfg:Division>
  <mfg:ProductLine>Paper machine</mfg:ProductLine>
```

```
    <mfg:SKU>FB3524</mfg:SKU>
    <mfg:ModelNo>ZX-3</mfg:ModelNo>
    <mfg:ManufactureLocation>Sacramento</mfg:ManufactureLocation>
  </mfg:Product>
  <mfg:Product rdf:about="http://www.workingontologist.org/Examples/Chapter3/
      Manufacturing#Product2">
    <mfg:SKU>KD5243</mfg:SKU>
    <mfg:Division>Manufacturing support</mfg:Division>
    <mfg:ManufactureLocation>Sacramento</mfg:ManufactureLocation>
    <mfg:Available>4</mfg:Available>
    <mfg:ModelNo>ZX-3P</mfg:ModelNo>
    <mfg:ProductLine>Paper machine</mfg:ProductLine>
  </mfg:Product>
  </rdf:RDF>
```

mfg:, rdf:에 대한 CURIE 선언을 포함하여 Turtle에 표현된 정보와 동일한 정보가 RDF/XML 양식에 포함된다. RDF/XML에는 RDF/XML 문서에 언급된 자원의 정규화된 URI를 결정하기 위한 여러 규칙이 포함되어 있다. 그러나 이 책의 예제에서는 이러한 세부 사항을 사용하지 않는다.

JSON-LD

웹 애플리케이션에서 한 구성 요소에서 다른 구성 요소로 데이터를 전달하는 보다 현대적인 방법은 JSONJavascript Object Notation citebray2014javascript을 사용하는 것이다. JSON을 사용하는 애플리케이션에서 RDF의 링크드 데이터를 더 풍부하게 사용할 수 있도록 W3C는 JSON-LD(링크드 데이터를 위한 JSON)를 권고안으로 제공하고 있다[Kellogg et al. 2014]. JSON-LD와 RDF 트리플 간에는 직접적인 대응이 있으므로 JSON-LD를 RDF의 또 다른 직렬화 형식으로 만들 수 있다.

RDF에 대한 JSON 기반 직렬화를 사용하는 이유는 JSON에 익숙하지만 그래프 데이터 또는 분산 데이터에 익숙하지 않은 개발자가 링크드 데이터와 호환되는 JSON으로만 애플리케이션을 빌드할 수 있다는 점 때문이다.

Product1과 Product2에 대한 정보는 JSON-LD에서 다음과 같다.

```
{
  "@graph" : [ {
    "@id" : "mfg:Product1",
    "@type" : "mfg:Product",
    "mfg:Available" : "23",
    "mfg:Division" : "Manufacturing support",
    "mfg:ManufactureLocation" : "Sacramento",
    "mfg:ModelNo" : "ZX-3",
    "mfg:ProductLine" : "Paper machine",
    "mfg:SKU" : "FB3524"
}, {
    "@id" : "mfg:Product2",
    "@type" : "mfg:Product",
    "mfg:Available" : "4",
    "mfg:Division" : "Manufacturing support",
    "mfg:ManufactureLocation" : "Sacramento",
    "mfg:ModelNo" : "ZX-3P",
    "mfg:ProductLine" : "Paper machine",
    "mfg:SKU" : "KD5243"
} ],
"@context" : {
  "rdf" : "http://www.w3.org/1999/02/22-rdf-syntax-ns#",
  "mfg" : http://www.workingontologist.org/Examples/Chapter3/Manufacturing#
 }
}
```

문서는 @graph와 @context로 구성된다. 컨텍스트는 네임스페이스 약어와 확장을 정의한다는 점에서 Turtle의 접두사 선언과 같다. 그래프 섹션은 데이터를 설명하여 가능한 하나의 개체 구조로 구성된다. 각 개체에는 자원의 URI를 정의하는 @id가 있다(트리플 용어로 각 트리플의 주어). 나머지 개체 구조는 조건자에 해당하는 필드와 개체에 해당하는 값이 있는 JSON 개체와 동일한 형식이다.

각 개체는 트리플의 rdf:type 조건자에 해당하는 @type 선언을 선택적으로 가질 수 있다. 이 경우 값은 다른 자원이 될 수 있고 그 자체로 해석될 수 있다.

JSON-LD에는 @id로 참조된 개체의 ID를 지정하는 JSON 개체 구문을 사용하여 다른 개체도 참조할 수 있는 조항이 있다. 따라서 Product1이 Product2의 일부라고 하면 다음과 같이 표현할 수 있다.

```
{
   "@graph" : [ {
      @id" : "mfg:Product1",
      "mfg:partOf" : { "@id" : "mfg:Product2" }
} ]
}
```

JSON-LD는 기존의 자바스크립트Javascript 환경을 완전히 유지하면서 한 애플리케이션에서 다른 애플리케이션으로 그래프 데이터를 교환하는 방법을 제공한다. RDF와 일관성을 유지한 덕분에 이러한 애플리케이션은 분산 데이터 웹에 원활하게 통합될 수 있다.

3.9 공백 노드(Blank Nodes)

이제까지 RDF가 트리플의 집합으로 표현되는 방법을 설명했다. 트리플에서 각 주어, 술어, 목적어는 자원이거나 (트리플에서 목적어인 경우) 리터럴 데이터 값이다. 각 자원은 식별자를 위한 웹 표준, 즉 URI에 따라 식별자가 정해진다. 한편, RDF는 웹 식별자가 없는 자원도 허용한다. 웹에서 식별자가 없는 자원을 나타내는 이유는 무엇일까?

우리는 때로 무언가가 존재한다는 것을 알고 있고 이에 대한 몇 가지 사실도 알고 있지만, 그것의 정체를 모르는 경우가 있다. 예를 들어, 셰익스피어에게 연인mistress이 있었고, 그녀의 정체가 알려져 있지 않다는 사실을 표현하고 싶다고 가정해보자. 그녀에 대해 몇 가지 사실은 알고 있다. 그녀는 여성이고, 영국에 살았으며 'Sonnet 78'의 영감을 주었다.

이러한 문장을 RDF로 표현하는 것은 간단하지만, 그 연인에 대한 식별자가 필요하다. Turtle에서는 다음과 같이 표현할 수 있다.

```
lit:Mistress1 rdf:type bio:Woman;
bio:LivedIn geo:England .
lit:Sonnet78 lit:hasInspiration lit:Mistress1 .
```

만약 이 연인이 식별자를 갖지 않는다면 어떻게 해야 할까? RDF는 이러한 상황에서 빈 노드 또는 간단히 bnode를 허용한다. bnode를 ?로 표시하면 트리플은 다음과 같다.

```
? rdf:type bio:Woman;
  bio:livedIn geo:England .
lit:Sonnet78 lit:hasInspiration ?.
```

RDF에서 bnode를 사용하면 본질적으로 '존재한다'라는 논리적 상태로 해석될 수 있다. 즉, 이 문장은 "Sonnet78의 영감이 된 영국에 살았던 여성이 있다"로 해석된다.

그러나 (유효한 Turtle 표현식을 구성하지 않은) 이 표기법에는 문제가 있다. 공백 노드가 2개 이상인 경우 어떤 노드가 무엇인지 어떻게 알 수 있을까? 어떤 노드를 참조해야 할까? 이 때문에 Turtle은 공백 노드를 설명하기 위한 간결하고 명확한 표기법을 제공한다. 공백 노드는 대괄호([ ]) 안에 주어가 되는 모든 트리플을 넣는 것으로 표시된다.

```
[ rdf:type bio:Woman;
  bio:livedIn geo:England ]
```

시작 괄호 다음에는 이 트리플에 대한 주어가 있다는 것을 나타내기 위해 공백을 두는 것이 일반적이다.

다른 트리플 안에서 괄호로 묶은 공백 노드를 포함하여 이 공백 노드가 참조될 수 있다. 특히, rdf:type의 약어인 a가 이러한 맥락에서 유용하다. 따라서 'Sonnet 78'에 영감을 준 연인에 대한 문장은 Turtle에서 다음과 같이 표현할 수 있다.

```
lit:Sonnet78 lit:hasInspiration [ a :Woman;
                 bio:livedIn geo:England ] .
```

이러한 RDF 표현은 거의 평범한 문장처럼 읽을 수 있다. 즉, "Sonnet78 has [as] inspiration a Woman [who] lived in England(Sonnet78은 영국에 살았던 한 여성에게서 영감을 받은 것이다)". 이 여성에 대한 식별자는 결정되지 않은 채로 남아 있다. 공백 노드에 대한 대괄호 표기법은 웹 온톨로지 언어인 OWL을 설명할 때 특히 중요하다. 이는 bnode를 매우 특수하게 사용하기 때문이다. RDF는 OWL에서 공백 노드를 특수하게 사용할 때를 제외하면 많은 상황에서 공백 노드를 사용할 수 있지만 일반적으로는 사용하지 않는 것이 좋다.

RDF의 순서 정보

셰익스피어의 자녀들은 인쇄된 페이지에 특정한 순서로 나타나지만 RDF의 관점에서 보면 전혀 순서가 없다. 3개의 트리플이 있는데, 하나는 셰익스피어와 그의 자녀들 사이의 관계를 설명한다. 이들의 순서를 RDF에서 어떻게 기술할까?

RDF는 리스트의 형식으로 요소를 정렬하는 기능을 제공한다. 순서가 매겨진 리스트는 Turtle에서 다음과 같이 매우 쉽게 표현할 수 있다.

```
lit:Shakespeare b:hasChild (b:Susanna b:Judith b:Hamnet) .
```

이것은 다음과 같은 트리플로 변환된다. 여기서 _:a, _:b, _:c는 bnode이고 순서는 rdf:first, rdf:rest라는 RDF의 두 예약 속성을 사용하여 표시된다. 리스트는 사원 rdf:nil에 대한 참조로 종료된다.

```
lit:Shakespeare b:hasChild _:a.
   _:a rdf:first b:Susanna.
   _:a rdf:rest _:b.
   _:b rdf:first b:Judith.
   _:b rdf:rest _:c.
   _:c rdf:rest rdf:nil.
   _:c rdf:first b:Hamnet.
```

이 표현은 목적어의 순서를 나타내지만 표현의 복잡성을 증가시킨다. 다행히 Turtle 표현은 매우 간결해서, 대개 그 뒤에 있는 RDF 트리플의 세부 사항을 기억할 필요가 없다.

N-Quads

지금까지 트리플을 직렬화하는 방법에 대해 소개했다. 그러나 하나 이상의 명명된 그래프의 맥락에서 트리플을 직렬화하려면 어떻게 해야 할까? W3C는 명명된 그래프와 함께 사용할 수 있도록 트리플에 대한 직렬화의 간단한 확장을 제공한다. 가장 간단한 방법은 N-Quads(쿼드)다.

N-Triples(N-트리플)과 마찬가지로 N-Quads는 CURIE와 접두사를 사용하지 않는다. 트리플은 쿼드 형태, 즉 주어, 술어, 목적어, 그래프 순서로 작성된다. 따라서 N-Triples에서 예제를 확장하여, Product1이 그래프 http://www.workingontologist.org/Examples/Chapter3/Manufacture에서 제품이라는 사실은 다음과 같이 표현한다.

```
<http://www.workingontologist.org/Examples/Chapter3/Manufacture#Product1>
<http://www.w3.org/1999/02/22-rdf-syntax-ns#type>
<http://www.workingontologist.org/Examples/Chapter3/Manufacture#Product>
<http://www.workingontologist.org/Examples/Chapter3/Manufacture> .
```

이 표현은 실제로는 매우 길게 나타난다(N-Triples보다 훨씬 길어짐). 따라서 책에는 잘 나타나지 않지만, 구문 분석을 작성하는 것은 간단하다(바로가기와 접두사가 없고, 주어, 술어, 목적어, 그래프, 마침표만 존재함).

TriG

TriG는 3.8절의 Turtle 형식을 확장한 것이다. 여기에는 Turtle처럼 세미콜론과 쉼표가 있는 네임스페이스에 대한 모든 약어가 포함된다. 주요 차이점은 파일의 모든 트리플에 대한 그래프의 URI를 지정할 수 있다는 것이다. 그래프의 모든 트리플을 중괄호({ }) 안에 넣은 다음 그래프의 이름을 접두사로 지정하면 된다.

제품 제조에 대한 3.8절의 예를 〈http://www.workingontologist.org/Examples/Chapter3/Manufacture〉라는 이름의 그래프에 넣으면 다음과 같이 TriG로 표현할 수 있다.

```
<http://www.workingontologist.org/Examples/Chapter3/Manufacture>
   { mfg:Product1 rdf:type mfg:Product;
              mfg:Product_Division "Manufacturing support";
              mfg:Product_ID "1";
              mfg:Product_Manufacture_Location "Sacramento";
              mfg:Product_ModelNo "ZX-3";
              mfg:Product_Product_Line "Paper Machine";
              mfg:Product_SKU "FB3524";
              mfg:Product_Available "23" .

     mfg:Product2 rdf:type mfg:Product;
              mfg:Product_Division "Manufacturing support";
              mfg:Product_ID "2";
              mfg:Product_Manufacture_Location "Sacramento";
              mfg:Product_ModelNo "ZX-3P";
              mfg:Product_Product_Line "Paper Machine";
              mfg:Product_SKU "KD5243";
              mfg:Product_Available "4" .
   }
```

이런 식으로 하나의 파일에 여러 그래프를 표현할 수 있다.

3.10 이 장을 마치며

RDF는 웹에서 분산 데이터를 모델링하는 간단한 표준이다. 데이터를 분산 방식으로 모델링하려면 RDF를 사용하거나 새로운 방식을 개발하는 것 중에서 선택해야 한다. RDF의 기본 개념은 분산 환경에서 참조하는 모든 항목에 대해 전역 식별자가 필요하다는 것이다. 만약 자원을 다른 것에 연결하려면 이름이 필요하고 모든 이름은 모두 전역적이어야 한다.

하이퍼텍스트 웹은 이미 전역 식별자를 제공하고 있다. 웹 인프라에서 전역 식별자를 처리하는 방법에 대한 세부 정보를 확인할 수 있고 이런 방법은 시맨틱 웹이 아닌 우리가 매일 사용하는 웹의 일부에 이미 포함되어 있다. RDF는 분산 ID 문제를 직접 해결하지 못하지만, 웹에서 해결한 방식을 재사용한다.

분산 ID의 해결 방식을 고려하면, 웹에서 데이터의 분산 표현에 필요한 최솟값은 하나의 웹 식별자(URI)를 URI로 명명된 링크를 사용하여 다른 웹 식별자에 연결하는 것이다. 이것이 RDF 트리플의 기초이고, 다른 특징들은 전부 RDF를 연결하는 배관 파이프와 같은 역할을 한다. 데이터를 배포하려면 저장하기 위한 방법(직렬화), 테이블과 같은 분산되지 않은 형식의 데이터를 분산화시키기 위한 변환 방법이 필요하다. RDF는 단순히 분산된 정보를 표현하는 가장 간단한 방법을 처리하는 인프라를 제공한다.

데이터 모델로서 RDF는 여러 출처의 정보를 통합하기 위해 수행하는 작업에 대한 명확한 사양을 제공한다. 그러나 이러한 프로세스를 구현하기 위한 알고리즘이나 기술을 제공하지 않는다. 이러한 기술에 대해서는 다음 장에서 소개한다.

주요 개념

- **RDF**Resource Description Framework – 웹에서 데이터를 배포한다.
- **Triple** – RDF의 기본 데이터 구조. 트리플은 주어, 술어, 목적어로 구성된다.
- **그래프** – RDF 데이터의 노드 및 링크 구조를 시각화한 것이다.
- **통합** – 두 그래프를 마치 하나인 것처럼 처리하는 프로세스다.
- **URI**Uniform Resource Indicator – 웹상의 전역 이름인 URLUniform Resource Locator의 일반화다.
- **네임스페이스** – 단일 기관에 속한 이름 집합. 네임스페이스를 사용하면 서로 다른 에이전트가 서로 다른 방식으로 동일한 단어를 사용할 수 있다.
- **CURIE** – URI의 축약된 버전으로 이름 공간 식별자와 이름으로 구성되며 콜론으로 구분된다.
- **rdf:type** – 인스턴스와 해당 유형 간의 관계다.
- **rdf:Property** – RDF의 속성 유형이다.
- **구체화** – 어떤 진술에 대해 구체화된 진술을 하는 것이다. RDF에서 rdf:subject, rdf:predicate, rdf:object를 사용해 표현한다.
- **N – Triples, Turtle, RDF/XML** – RDF의 직렬화 구문이다.
- **공백 노드** – URI가 없어 전역적으로 참조할 수 없는 RDF 노드. 익명의 개체를 대표하는 데 사용된다.

CHAPTER 4

시맨틱 웹 애플리케이션 아키텍처

지금까지 RDF Resource Description Framework가 웹을 통해 분산된 방식으로 데이터를 표현하는 방법을 살펴보았다. 누구든지 어떤 주제든 말할 수 있는 데이터 웹은 시맨틱 웹의 기초가 된다. 이 책은 시맨틱 웹 모델링에 대해 소개하고, 모델이 분산된 데이터를 유용하고 의미 있는 방식으로 결합하는 방식을 중점적으로 설명한다. 시스템 아키텍처는 애플리케이션에서 사용할 수 있는 컴퓨터 시스템의 일부이지만, 모델링을 다루는 책에서는 일반적으로 언급되지 않는다. 그러나 이 책은 모델을 사용하는 온톨로지 과학자ontologist에게 필요한 시스템 아키텍처를 나룬다.

시맨틱 웹 모델은 무엇을 위해 사용되는가? 모델은 웹에 배포된 정보를 활용하는 일부 애플리케이션을 만드는 데 사용되기 때문에, 시맨틱 웹을 작동시키려면 이해하기 쉬운 수준으로 시맨틱 웹 애플리케이션의 구조를 설명할 필요가 있다. 예컨대, 시맨틱 웹 애플리케이션이 포함하는 구성 요소가 RDF를 활용하는 방법과 다른 애플리케이션의 아키텍처와 비교되는 차이점을 설명해야 한다.

시맨틱 웹 애플리케이션의 구성 요소에는 전문 기업에서 지원하는 제품과 무료 라이선스로 제공하는 소프트웨어가 있다. 연구자 그룹뿐 아니라 전문 기업들에서 새로운 소프트웨어를 지속적으로 개발하고 있다. 이 장에서는 특정 회사의 제품이 아닌 일반적인 특징을 중심으로 시맨틱 웹 배포에 사용할 수 있는 구성 요소와 활용 방법을 소개한다. 월드와이드웹 컨소시엄[W3C]은 개발 도구를 요약한 위키 페이지를 제공하고 있다[W3C 2017].

- **RDF 구문 분석/직렬화 도구**: 3장에서 RDF 직렬화[1]에 대해 소개했다. RDF 구문 분석기parser는 다양한 형식의 텍스트를 읽고 RDF 데이터 모델을 트리플로 해석할 수 있다. RDF 직렬 변환기serializer는 트리플 집합을 읽은 뒤 직렬화 형식 중 하나로 해당 내용을 표현하는 파일을 만든다.
- **RDF 저장소**: RDF 데이터를 트리플 형태로 배포할 수 있다. RDF 저장소(종종 트리플 스토어로 불림)는 데이터를 트리플 형태로 저장하고 검색하도록 최적화한 데이터베이스다. RDF 저장소는 데이터베이스의 익숙한 기능 외에도 RDF 표준에 정의된 여러 데이터 원본의 정보를 통합하는 기능을 갖고 있다.
- **RDF 질의 엔진**: RDF 질의 엔진은 RDF 저장소와 밀접한 관련이 있다. 질의 엔진은 구조화된 질의에 따라 RDF 저장소에서 정보를 검색하는 기능을 제공한다.
- **애플리케이션**: 애플리케이션은 분석, 사용자 상호작용, 보관과 같은 데이터 처리 작업 기능을 포함한다. 이런 작업은 일부 프로그래밍 언어로 질의하여 RDF 저장소에 접근함으로써 수행되며, RDF 질의 엔진으로 처리된다.
- **추론 엔진**: 추론이나 추론 엔진은 RDF 저장소 또는 질의 엔진과 밀접하게 관련되어 있으며, RDF 데이터와 스키마에서 논리적 결과를 추론하는 기능을 제공한다.

이러한 구성 요소의 대부분은 관계형 데이터 백업 애플리케이션과 유사하다. 관계형 데이터베이스와 같이 RDF 저장소는 데이터를 저장한다. 데이터베이스는 데이터에 접근하기 위한 질의 엔진과 질의 언어를 포함하고 있다. 이 두 가지 애플리케이션은 범용 프로그래밍 언어를 사용하여 질의를 만들고 결과를 처리한다. 표준 관점에서 보면, 구문 분석기/직렬 변환기는 관계형 데이터 지원 시스템과 비교해 유사한 기능을 찾을 수 없다. 의미론을 변경하지 않고, 서로 다른 관계형 데이터베이스 시스템 사이에서 데이터를 직렬화할 수 있는 표준은 없다. 반면, RDF 저장소의 장점은 서로 다른 데이터를 표준 기반으로 직렬화할 수 있다는 점이다.

다음 절에서는 개별 기능을 자세히 살펴본다. 기능에 따라 새로운 제품이 지속적으로 개발되고 있기 때문에, 특정 제품을 언급하지 않고 일반적인 특징만 설명한다.

---

1 역자주: 데이터를 파일로 저장하거나 데이터 통신에 사용하기 위한 형식으로 변환하는 것을 말한다. 직렬화를 위한 도구를 직렬 변환기 또는 시리얼라이저(serializer)라고 한다.

4.1 RDF 구문 분석기/직렬 변환기

RDF 기반 시스템을 구축하려면 어떻게 시작해야 할까? 트리플은 어디에서 만들 수 있을까? 다양한 답변이 나올 수 있지만, 웹에서 직접 찾는 것이 가장 간단하다.

구글에서 '.rdf'라는 확장자로 검색하면, 수백만 개의 파일이 검색된다. 검색 결과에 나온 모든 파일은 RDF 애플리케이션의 데이터로 사용할 수 있다. RDF 구문 분석기는 RDF 형식으로 표현된 파일을 읽을 수 있다. 대부분의 구문 분석기는 3장에서 설명한 모든 표준 RDF 형식을 지원한다. RDF 구문 분석기는 RDF 파일을 입력받아 내부적으로 처리하기 위한 표현 방식으로 변환한다. 한편, 모든 트리플은 트리플 스토어에 저장되어 해당 스토어의 모든 작업에 사용될 수 있다.

트리플은 동일한 형식 또는 다른 텍스트 형식으로 다시 직렬화될 수 있다. 이 작업은 구문 분석기의 역방향으로 동작하는 직렬 변환기를 통해 수행된다. 구문 분석기와 직렬 변환기를 사용해 트리플을 '읽고 쓰는round-trip' 작업을 할 수 있다. 만약 트리플 집합을 직렬화한 후, 해당 문자열을 구문 분석기(예: Turtle 직렬화를 위한 Turtle 구문 분석기)로 처리하면, 그 결과는 프로세스가 시작할 때 사용한 트리플 집합과 동일해진다. 다만, 여러 개의 트리플을 표현하는 텍스트 파일이 반드시 일치하지는 않는다. 하나의 형식에서도 같은 트리플 집합을 표현하는 여러 개의 파일이 있을 수 있다. 일반적으로, RDF 파일을 읽어 다시 내보낸 결과 파일이 입력 파일과 글자 하나까지 동일한지 확인하기는 불가능하다.

RDF의 표준 표현을 지원하는 구문 분석기와 직렬 변환기는 RDF에서 데이터를 체계적으로 처리하고 저장하는 데 유용하다. RDF 형식으로 표현된 상당한 규모의 데이터가 있지만, 여전히 많은 데이터가 RDF 형식이 아닌 다른 표현 방식으로 제공되고 있다. 다행스럽게도 일반적인 데이터 형식(예: 테이블 형식의 데이터)을 RDF 트리플로 변환하는 일은 매우 간단하다.

기타 데이터 소스: 관계형 데이터베이스

[도전과제 3-1]에서 보았듯이, 관계형 데이터베이스에서 RDF로 테이블을 변환하는 일은 매우 간단하다. 첫 번째 열과 테이블 이름을 사용하여 모든 트리플의 주어에 대한 URIUniform Resource Identifier를 생성했고, 열과 테이블 이름을 사용하여 속성의 URI를 만들었다.

그러나 이 변환은 테이블에 대해 많은 가정을 전제하고 있다. 첫 번째 열의 ID가 트리플의 주어로 적합하고, 열 이름이 적절한 속성명(술어)이라고 가정했다. 이런 가정은 대부분의 상황에서 적용될 수 있지만, 100% 다 적용되는 건 아니다. 다른 맥락을 갖고 있는 테이블은 RDF에 어떻게 매핑해야 할까?

다음 테이블을 살펴보자.

ID	NUM	ttl
87	2616	Hypertext Transfer Protocol - HTTP/1.1
88	2396	Uniform Resource Identifiers (URI): Generic Syntax

첫 번째 열의 ID는 각 행에 대한 URI 식별자의 일부로 이해할 수 있다. 두 번째 열의 NUM은 IETFInternet Engineering Task Force의 일부 표준을 참조한 것으로, 개체를 고유하게 식별하는 표준 번호를 나타낸다. 첫 번째 열은 데이터베이스 시스템에서 자동으로 생성하는 테이블의 인덱스 값이다. 인덱스는 다른 데이터를 연결할 수 있지만, 그 자체에 특별한 의미는 없다. 일반적으로 인덱스를 식별자로 사용하는 것은 불편하고 잘못된 방식이다. 따라서 ID가 아닌 NUM이 이 레코드의 적절한 식별자가 된다.

마지막 열의 ttl은 시맨틱 웹의 특정 표현 형식Turtle이 아닌 '제목title'의 줄임말이다. 이런 경우, 서지 표준인 더블린코어Dublin Core, dc[2]를 사용해 저자, 제목과 같은 출판물의 메타데이터를 기술할 수 있다. ttl이라는 새로운 속성을 만드는 것보다 더블린코어 속성을 사용하는 것이 더 합리적이다.

W3C는 R2RMLRelational To RDF Markup Language[Sundara et al. 2012]과 직접 매핑Direct Mapping[Bertails et al. 2012]이라는 권고안recommendation을 제공한다. R2RML은 RDF와 데이터베이스의 테이블을 연계하는 데 충분한 정보를 제공하고 있다.

위의 예는 R2RML을 이용해 다음과 같이 매핑 관계를 표현할 수 있다.

---

2 역자주: ISO 15836으로 표준화된 메타데이터 요소 집합이다. 더블린코어 메타데이터 요소 집합은 15개의 메타데이터 요소로 이루어져 있다. 동영상, 소리, 이미지, 웹 페이지 등 디지털 매체를 기술하는 데 널리 사용되고, 일반적으로 XML과 RDF로 표현된다.

```
:My_Table rdf:type rr:TriplesMap ;
      rr:subjectMap [ rr:template "https://www.ietf.org/rfc/rfc{NUM}.txt" ] ;
      rr:predicateObjectMap [
         rr:predicateMap [ rr:predicate dc:title ];
         rr:objectMap [ rr:column "ttl" ]
      ] .
```

이 규칙이 테이블에 적용되는 과정을 살펴보자. 먼저 rr:subjectMap에 주어의 URI에 대한 템플릿을 지정한다. URI는 조직(IETF)과 테이블에 대한 정보(댓글 요청 또는 RFC)로 구성된다. 이 템플릿은 두 번째 열(NUM)을 이용해 식별자를 표현한다.

rr:predicateObjectMap은 열 이름과 술어를 지정한다. 데이터베이스에서 열은 [아직] URI 형식이 아니기 때문에 문자열로 표현된다. 테이블로부터 특정 열의 값은 특정 술어의 값으로 출력된다.

따라서 전체 매핑의 결과 2개의 트리플이 만들어진다.

```
ietf:rfc2616.txt dc:title "Hypertext Transfer Protocol-HTTP / 1.1" .
ietf:rfc2396.txt dc:title "Uniform Resource Identifiers(URI): Generic Syntax" .
```

관계형 데이터베이스에 외래 키가 있으면, 트리플의 목적어를 URI로 지정해야 하기 때문에 조금 상황이 복잡해질 수 있다. 그렇지만 접근 방식은 동일하다. R2RML은 원본 테이블 데이터를 특정 트리플로 변환하기 위해 매핑하는 템플릿을 정의하는 언어다.

모든 관계형 데이터베이스는 R2RML 매핑을 사용해 RDF 형식으로 변환된다. 일부 자동화된 변환 방식을 사용해 관계형 데이터베이스에서 동작하는 SPARQL 질의를 작성할 수 있고, 웹에서 링크드 데이터로 동작할 수 있다. 시맨틱 웹 기반 데이터 처리 도구에는 데이터베이스와 연동하는 기능이 들어 있어 관계형 데이터베이스를 시맨틱 웹 데이터로 효과적으로 전환시킬 수 있다.

기타 데이터 소스: 웹 페이지

시맨틱 웹을 위한 또 다른 풍부한 데이터는 기존 웹 페이지, 즉 HTML 페이지에서 찾을 수 있다. HTML 페이지에는 연락처 정보, 이벤트 설명, 제품 설명, 간행물, 영업 시간, 가격 등 구조화된 정보가 들어 있다. 이 정보는 사람이 이해하기 쉽지만, 특정한 마크업이 페이지에 포함되어 있지 않으면 링크드 데이터로 추출하기 어렵다. 10장에서 페이스북의 오픈 그래프 프로토콜과 구글, 마이크로소프트, 야후, 얀덱스Yandex가 만든 Schema.org 등 웹 페이지에 내장된 데이터를 사용하는 시스템을 소개할 것이다. 구조화된 데이터를 HTML에 표시하고 추출하려면 별도의 변환기가 필요하다.

리치 스니펫rich snippets은 웹 페이지에 구조화된 데이터를 삽입하는 기능이다. 즉, 검색 결과에 구조화된 데이터를 포함시켜 표시한다. [그림 4-1]은 두 가지 검색 결과의 예를 나타낸다. (a)는 리치 스니펫이고 (b)는 일반 스니펫이다. 다양한 방식으로 리치 스니펫이 표시될 수 있지만, 검색 결과에서 사용하는 것이 가장 일반적이다. 인터넷 사용자들은 온라인 쇼핑을 하는 동안 데이터가 관리되는 방법을 신경 쓰지 않겠지만, 아마도 수백 개의 리치 스니펫을 보았을 것이다.

Buffalo Wild Tie
http://www.example.com/products/Buffalo_tie
★ ★ ★ ★ ★ Rating: 5 $39.95 In Stock
Four color plaid background in an extra skinny Buffalo style makes this tie stand out in a cr....

(a) 리치 스니펫 포함

Blue tie made in USA
http://www.example.com/products/solid_turquoise_tie
While I call this my solid turquoise tie, the fabric has a sheen to it that makes the colors...

(b) 리치 스니펫 미포함

그림 4-1 2개의 검색 결과

[그림 4-1]에서 (a)의 리치 스니펫은 해당 웹 페이지에 인코딩된 데이터를 사용하여 생성된다. 예를 들어, 웹 페이지에 있는 제품의 CURIECompact URI bnb:Buffalo로 제공되면, 해당 항목의 "재고 있음In Stock"을 표현하기 위해 하나의 트리플만 있으면 된다.

```
bnb:Buffalo :availability :InStock .
```

10장에서 Schema.org 어휘의 세부 사항을 소개하고 :availability와 :InStock과 같은 자원이 어떻게 사용되는지 구체적으로 소개할 것이다.

RDF 데이터를 HTML 웹 페이지에 넣는 방법은 다양하다. 3.8절에서 보았듯이, 가장 보편적인 방법으로 마이크로데이터(Microdata, Schema.org에서 개발), RDFa(W3C에서 표준화), JSON-LD가 있다. 마이크로데이터와 RDFa는 비슷한 원리로 동작한다. RDF 변환기는 의미 있는 새로운 요소를 HTML 페이지에 추가할 수 있다. 그러나 웹 브라우저에서 마이크로데이터와 RDFa의 새로운 요소는 무시되기 때문에 웹 페이지를 정기적으로 방문하는 방문자는 새로운 변경 사항을 찾을 수 없다. 그러나 적절한 변환기를 사용하여 페이지를 읽을 수 있는 애플리케이션은 RDF 데이터를 사용하여 검색 기능을 보강하거나 리치 스니펫을 제공하여 구조화된 제품 데이터를 사용하는 다른 사례에 적용할 수 있다. 14장에서 이런 종류의 데이터를 사용하여 쇼핑 비교 애플리케이션을 지원하는 방법을 살펴볼 것이다.

3.8절에서 살펴보았듯이, JSON-LD는 RDF의 직렬화 형식이므로 임의의 트리플을 JSON-LD로 인코딩할 수 있다. 그러나 JSON-LD는 웹 친화적인 언어로 웹 페이지에 그대로 쓸 수 있기 때문에 웹 페이지 작성자는 자신의 페이지에 임의로 복잡한 데이터를 포함시킬 수 있다. 웹 페이지 작성자가 이 작업을 수행하는 장점은 검색 엔진과 같은 다운스트림[3] 애플리케이션이 광고하는 상품에 대해 정확한 그림을 얻을 수 있다는 것이다. 애플리케이션 개발자에게 표준 형식은 전체 웹을 탐색하고 웹 경험의 품질을 향상시키는 데이터 기반 애플리케이션(예: 리치 스니펫)을 만들 수 있는 장점을 제공한다.

위에 소개한 모든 방법은 RDF 트리플을 생성하므로 서로 연결할 수 있는 데이터 조각을 제공하기 위해 함께 또는 개별적으로 사용할 수 있다.

4.2 RDF 저장소

데이터베이스는 미래에 사용할 수 있도록 데이터를 저장하는 프로그램이다. RDF 데이터 스토리지 솔루션도 다르지 않다. RDF 데이터는 RDF 저장소라는 시스템에 보관된다. RDF 데이터

3 역자주: 서버에서 로컬 기기로 전송되는 데이터의 흐름을 말한다.

저장소에는 데이터를 저장하고 게시하기 위한 구문 분석기와 직렬 변환기가 함께 제공된다. 기존(예: 관계형) 데이터 저장소와 마찬가지로 RDF 저장소에는 질의 엔진이 포함될 수 있다. 일반적으로 데이터 저장소는 저장할 수 있는 데이터의 규모, 데이터에 접근하거나 업데이트할 수 있는 속도, 질의 엔진에서 지원하는 다양한 질의 언어 등 다양한 성능에 따라 차별화된다. 이러한 기능은 RDF 저장소에도 동일하게 적용된다.

관계형 데이터 저장소와 달리 RDF 저장소는 2개의 데이터 세트를 통합하는 기본 기능을 갖고 있다. RDF 데이터 모델의 유연한 특성 때문에 이러한 통합 작업merge operation의 사양specification이 명확하게 정의된다. 각 데이터 저장소는 RDF 트리플 집합을 표현한다. 2개 이상인 데이터 세트의 통합은 원본 데이터 세트의 트리플만 모두 포함하는 하나의 데이터 세트를 만든다. 원본 데이터 출처에 관계없이 동일한 URI를 가진 모든 자원은 통합된 데이터 세트에서 동일한 개체가 된다. 따라서 데이터 저장소를 평가하는 일반적인 방법에 통합 프로세스의 효율성을 포함하여 RDF 저장소를 평가할 수 있다.

RDF 저장소는 맞춤형으로 개발된 솔루션부터 전문적인 공급 업체가 제공하는 제품까지 다양하다. 개념적으로 보면, 관계형 솔루션에서 트리플의 주어, 술어, 목적어는 3개의 열을 가진 하나의 테이블로 트리플 저장소를 간단히 구현할 수 있다. [표 4-1] 은 이런 방식으로 구성된 로스앤젤레스 지하철역에 대한 일부 데이터를 보여준다.

이 표현은 3장에서 소개한 테이블을 RDF 트리플로 표현하는 방법과 동일하다. 이 방식은 관계형 데이터베이스 표현에 적합하기 때문에 SQL과 같은 기존의 관계형 데이터베이스 도구를 사용하여 접근할 수 있다. 숙련된 SQL 프로그래머는 "테이블에 있는 모든 metro:Metro 인스턴스의 dc:title을 나열하시오"와 같은 질문에 답하는 질의를 작성하는 데 어려움이 없을 것이다. 그러나 트리플을 테이블로 구현하려면 첫 번째 열의 중복, URI와 같은 문자열 값을 둘러싼 색인의 구축과 같은 문제들을 고려해야 한다.

표 4-1 로스앤젤레스 지하철역의 이름과 주소

주어	술어	목적어
metro:item0	rdf:type	metro:Metro
metro:item0	dc:title	"Allen Station"
metro:item0	simile:address	"395 N. Allen Av., Pasadena 91106"
metro:item1	rdf:type	metro:Metro

주어	술어	목적어
metro:item1	dc:title	"Chinatown Station"
metro:item1	simile:address	"901 N. Spring St., Los Angeles 90012-1862"
metro:item2	rdf:type	metro:Metro
metro:item2	dc:title	"Del Mar Station"
metro:item2	simile:address	"230 S. Raymond Av., Pasadena 91105-2014"

여기서 RDF 저장소의 최적화 문제를 논하려는 것은 아니다. 상용 RDF 저장소 제공 업체는 최적화와 관련된 세부 사항에 대해 특정한(주로 특허가 있는) 솔루션을 제공하고 있다. 특히, URI에 대한 인덱스 구축 문제는 잘 알려진 데이터 구성 알고리즘으로 해결할 수 있다. RDF 저장소 공급 업체는 색인 솔루션의 확장성과 효율성을 통해 제품을 차별화할 수 있다.

RDF 데이터 표준과 RDF 저장소의 상호 운용성

RDF 저장소는 관계형 데이터 저장소와 유사하게 품질을 평가한다. 차이점은 RDF 저장소가 RDF 데이터 모델과 RDF/XML 직렬화 구문을 표준화된 결과로 저장한다는 것이다. 관계형 데이터 저장소의 공급 업체는 수십 년 동안 시장을 지배하고, 관계형 내수라는 동일한 기본 아이디어를 기반으로 데이터를 표현하는 제품을 제공한다. 그러나 어떤 시스템에 있는 데이터베이스 전체를 다른 시스템으로 전송하는 것은 어려운 프로세스다. 다시 말해, 서로 다른 제품 솔루션 사이에서 데이터를 자동으로 가져오기 위해 데이터베이스를 표준 언어로 표현하는 방법이 없다. 일반적으로 이런 작업을 진행하려면 데이터베이스 프로그래머는 소스 데이터베이스의 세부 사항을 추적하여 대상 시스템에서 표현할 수 있도록 만들어줘야 한다.

RDF에 대한 표준화 노력은 RDF 저장소의 기능적 차이를 만들어준다. RDF 저장소도 관계형 저장소처럼 다양한 업체가 개발하고 있다. 그러나 관계형 데이터베이스와 달리 기본 RDF 데이터 모델은 모든 제품에서 공유되기 때문에 표준 형식(RDF/XML, Turtle, JSON-LD, N3 등)으로 데이터를 가져오고 내보낼 수 있다. 따라서 RDF 데이터를 한 RDF 저장소에서 다른 RDF 저장소로 전송하는 것은 매우 일반적인 작업이다. 이러한 특징은 RDF 개발 초기에 진행된 적극적인 표준화 노력에 따른 결과다. 이 기능은 시스템의 요구에 따라 다른 시스템에 통합될 수 있도록 지식을 보호하면서 RDF 저장소로 작업하는 것을 더욱 쉽게 만든다. 또한 다양한 제품에서 가져온 다양한 출처의 데이터를 통합하는 문제를 단순화한다.

RDF 질의 엔진

RDF 저장소는 관계형 데이터베이스 또는 XML 저장소와 같이 질의 언어를 사용하여 접근한다. RDF의 개발 초기에 등장한 RDF 제품이나 오픈 소스 프로젝트는 다양한 질의 언어를 사용해왔다. W3C는 다양한 질의 언어의 공통 특징을 반영하여 RDF 질의 언어의 표준을 개발했는데, 이를 SPARQL이라고 한다. 6장에서 SPARQL 질의 언어에 대한 자세한 내용을 다룬다.

RDF 질의 엔진은 RDF 저장소와 밀접하게 연결되어 있다. 질의 엔진은 RDF 저장소의 인덱스와 내부 표현에 의존하며, 저장소가 질의 엔진에 맞게 조정될수록 성능이 향상된다. 대규모 애플리케이션에서 규모가 큰 데이터 세트를 갖고 있다면, 성능 유지를 위해 RDF 저장소와 질의 엔진을 사용하는 것이 바람직하다. 소규모 애플리케이션에서는 다른 기능(예: 비용, 설치 용이성, 플랫폼, 오픈 소스 상태, 다른 엔터프라이즈 시스템과의 내장 통합)이 중요할 수 있다.

SPARQL 질의 언어에는 질의 엔진이 웹 서비스로 작동할 수 있도록 질의와 결과를 전달하는 프로토콜이 들어 있다. SPARQL 질의 언어는 시맨틱 웹을 위한 또 다른 데이터 소스를 제공한다. 즉, SPARQL 엔드포인트는 대규모의 구조화된 RDF 데이터에 접근할 수 있는 기능을 제공한다. 트리플 저장소가 아닌 데이터베이스에 SPARQL 접근을 제공하여 SPARQL 질의를 기본 저장소의 질의 언어로 효과적으로 변환할 수도 있다. 최근 W3C는 관계형 저장소를 위해 SPARQL에서 SQL로 변환하는 표준을 개발하고 있다.

관계형 질의와 비교

여러 측면에서 RDF 질의 엔진은 관계형 데이터 저장소의 질의 엔진과 매우 유사하다. 질의 엔진은 데이터에 대한 표준 인터페이스를 제공하고 데이터를 보는 형식을 정의한다. 관계형 질의 언어는 조인join과 외래 키 참조의 관계형 대수를 기반으로 한다. RDF 질의 언어는 술어 해석에서 사용하는 문장과 비슷하다. 통합 변수unification variable는 패턴 사이의 제약을 표현하는 데 사용된다.

관계형 질의는 둘 이상의 소스 테이블을 결합하여 만든 새로운 데이터 테이블을 설명한다. RDF 질의는 소스 RDF 그래프의 하위 집합을 기술하기 위해 만든 새로운 그래프를 설명한다. 이 그래프는 다른 여러 그래프를 통합한 결과일 수 있다. 그래프의 본질적인 재귀적 특성은 테이블 기반 질의에서 발생하는 여러 세부 문제를 단순화한다. 예를 들어, SPARQL에서 하위 질의 구성이 거의 필요하지 않다. 대부분의 경우 하나의 질의로 동일한 효과를 얻을 수 있다. 마찬가지로 SPARQL에서 SQL 'self-join'의 특별한 사례에 해당하는 것은 없다.

RDF 저장소가 관계형 데이터베이스에서 하나의 테이블로 구현되는 특수한 상황이라면, 일치하는 모든 그래프 패턴은 해당 테이블에 대한 셀프 조인self-join을 구성할 수 있다. SQL 환경에 익숙한 개발자는 이런 방식으로 작업할 수 있다. 또 다른 접근 방법으로, 오라클Oracle은 그래프 질의에 최적화된 SQL 버전에 자체 SPARQL 확장을 제공하여 SQL 프로그래머가 RDF 질의에 접근할 수 있도록 한다. SPARQL 엔진은 SQL 스크립팅 언어의 테이블/조인 구조와 부드럽게 통합된다.

4.3 애플리케이션 코드

데이터베이스 애플리케이션은 데이터베이스, 질의 엔진, 애플리케이션 코드로 구성되어 있다. 애플리케이션 코드는 데이터베이스에 대한 일부 분석을 수행하거나 일부 정보를 표시하는 데 사용된다. 애플리케이션은 [그림 4-2]와 같이 질의 인터페이스를 통해서만 데이터베이스에 접근할 수 있다.

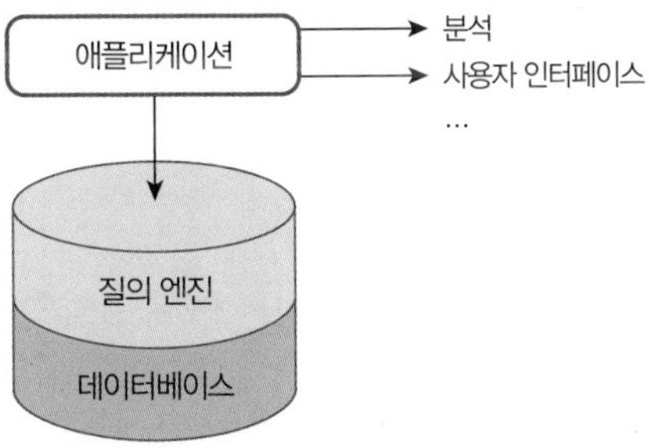

그림 4-2 데이터베이스 애플리케이션을 위한 애플리케이션 아키텍처

RDF 애플리케이션에도 비슷한 아키텍처가 있지만 여기에는 RDF 구문 분석기와 직렬 변환기, 변환기, RDF 통합 기능, RDF 질의 엔진이 포함된다. [그림 4-3]과 같이 이러한 기능은 애플리케이션 자체 및 RDF 저장소와 상호작용한다.

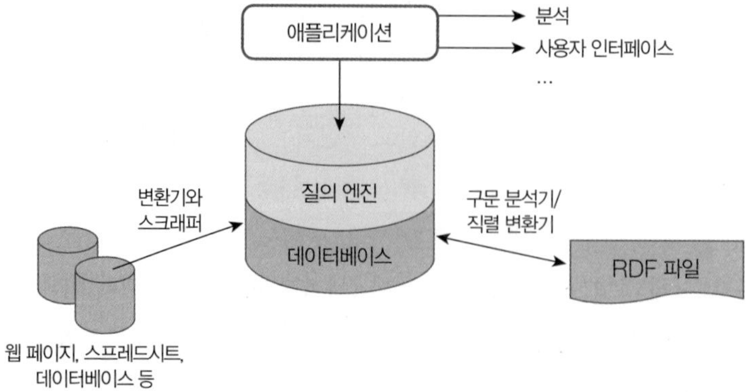

그림 4-3 RDF 애플리케이션을 위한 애플리케이션 아키텍처

애플리케이션 자체는 여러 가지 형식을 취할 수 있고, 전통적인 프로그래밍 언어로 작성하는 것이 일반적이다(Java, C, Python, Perl이 주로 쓰임). 이 경우 RDF 기능은 해당 언어를 위한 API Application Programming Interface 바인딩으로 제공된다. 한편, RDF 저장소가 질의 시스템의 일부로 스크립팅 언어를 제공하는 것이 일반적이다. 이를 통해 SQL의 방언 dialect이 관계형 데이터베이스 애플리케이션을 위해 스크립트 기능을 제공하는 방식으로 위의 기능들에 프로그래밍 언어로 접근할 수 있다.

RDF 저장소가 어떤 방법으로 이 기능을 애플리케이션에서 사용할 수 있도록 만드는지에 관계없이, 해당 기능을 사용하는 것은 애플리케이션의 몫이다. 다음은 일반적인 RDF 응용 프로그램의 몇 가지 예다.

- **캘린더 통합**: 다양한 사람들, 팀들과 한 약속을 하나의 달력에 보여준다.
- **지도 통합**: 다양한 웹 사이트, 스프레드시트, 데이터베이스에서 수집된 관심 있는 장소를 모두 하나의 지도로 보여준다.
- **주석**: 다른 사용자가 문의할 수 있도록, 사용자 커뮤니티가 정보(태깅)에 키워드(URI 포함)를 적용할 수 있다.
- **콘텐츠 관리**: 여러 콘텐츠 저장소에서 사용할 수 있는 정보 리소스(문서, 웹 페이지, 데이터베이스 등)의 단일 인덱스를 만든다.

애플리케이션은 어떤 정보 소스(예: XML의 다이어리 항목, 웹 페이지의 주소 목록, 콘텐츠 서버의 디렉터리 목록)를 스크랩하거나 변환해야 하는지 결정할 것이다.

데이터의 휘발성volatility 여부에 따라 일부 프로세스는 오프라인에서도 발생할 수 있다. 예를 들어, 뉴욕의 지하철역 위치, Sears 카탈로그 항목, 일반적인 화학 구조 분석 등은 아주 빠르게 변경되지 않는다. 이런 종류의 데이터는 완전히 애플리케이션 맥락 외부에서 RDF로 가져올 수 있다. 반면, 팀 구성원의 캘린더 데이터, 거래와 판매 데이터, 실험 결과 데이터 등은 정기적으로 업데이트되어야 한다. 팀에 대한 개인 정보, 주문 정보, 특허 받은 화학 공식과 같은 데이터는 RDF 저장소에 남아 있을 수 있다. 한편, 교육 시간표, 카탈로그 스페셜, 특정 화학 물질에 대한 FDA 결과와 같은 데이터는 다른 애플리케이션에서 사용할 수 있도록 RDF 형식으로 게시될 수 있다.

원하는 모든 정보 소스가 변환, 패치 또는 파싱되면 애플리케이션은 RDF 저장소의 통합 기능을 사용하여 모든 데이터를 통합한다. 통합된 모든 데이터를 하나의 연합federated 그래프로 만들 수 있고, 애플리케이션은 모든 질의에 연합 그래프를 사용한다. 질의 자체가 데이터의 연계에 대한 방법이나 일정을 고려할 필요는 없다. 데이터의 연합은 RDF 통합이 수행되었을 때 처리된다.

이 시점부터 애플리케이션은 다른 데이터베이스 애플리케이션과 매우 유사하게 작동한다. 팀원의 약속을 표시하는 웹 페이지에는 해당 정보에 대한 질의가 포함된다. 약속 정보가 다른 정보 소스로부터 왔고 여전히 다른 정보 출처의 팀 구성원에 대한 정보가 있더라도 연합된 정보 그래프를 대상으로 질의가 수행된다.

RDF 백엔드 웹 포털

애플리케이션의 프런트엔드가 웹 서버라면, 아키텍처([그림 4-2] 참조)는 데이터베이스 백엔드 웹 포털이 된다. 웹 페이지는 데이터베이스에 대한 질의 결과를 웹 페이지로 구성하는 다양한 기술(예: CGI, ASP, JSP, React, Angular)을 적용해 만든다. 웹 초창기에 웹 페이지는 정적인 파일 시스템에 파일로 저장되는 것이 일반적이었다. 그러다가 데이터베이스 백엔드 포털로 진화하면서 웹 사이트가 관계형 데이터베이스에 있는 복잡하게 상호 관련된 데이터 구조를 반영하는 것이 가능해졌다.

[그림 4-3]에 요약된 시스템 아키텍처는 시맨틱 웹 포털을 구현하는 데 동일한 방식으로 사용될 수 있다. RDF 저장소는 데이터베이스가 지원하는 포털에서 데이터베이스가 수행하는 것과 동일한 역할을 한다. [그림 4-2]와 [그림 4-3]에서 둘 다 표현 계층이 분리되어 있기 때문에,

시맨틱 웹 포털에서 웹 페이지를 구성할 때 데이터베이스 백엔드 포털에서 사용하는 기술을 동일하게 모두 사용할 수 있다는 것이 중요하다. 그러나 기존 데이터 기반 웹 포털과 달리 시맨틱 웹 포털을 지원하는 RDF 저장소의 분산된 특성으로 인해 단일 RDF 기반 웹 페이지의 정보는 일반적으로 여러 정보 소스에서 제공된다. RDF 저장소의 통합 기능은 웹 포털 인프라의 일부로 이러한 종류의 정보 배포를 지원한다. 포털이 RDF를 기반으로 할 때, 분산 웹 포털은 모든 정보가 로컬에 있는 포털을 구축하는 것과 차이가 없다. RDF를 사용하면 연합된 웹 포털은 고립된siloed 포털만큼 쉽게 만들 수 있다.

4.4 데이터 연합

RDF 데이터 모델은 처음부터 데이터 연합을 염두에 두고 설계되었다. 스프레드시트, XML, 데이터베이스 테이블, 웹 페이지와 같은 모든 종류의 데이터 연합이 단일 메커니즘으로 수행되어 트리플 세트로 변환된다. [그림 4-3]에서 보듯이, 연합 전략은 여러 정보 소스의 정보를 하나의 형식으로 변환하고, 한 저장소에 모든 정보를 결합한다. 이런 방식은 애플리케이션이 특정한 포맷에 맞는 메소드를 사용하여 각 정보 소스에 질의하는 연합 전략과 상반된다. RDF는 데이터 인코딩을 위한 파일 형식, 특정 언어가 아닌 정보를 트리플로 표현하는 데이터 모델을 의미한다. 이러한 방식으로 데이터를 연합하는 것이 RDF의 특징이다. 이러한 정보를 통합하는 메커니즘과 RDF 데이터 모델의 세부 사항들이 애플리케이션을 위한 하나의 빌딩 블록으로 사용되도록 소프트웨어(RDF 저장소)의 한 부분으로 묶일 수 있다.

먼저 정보를 연합하고 연합된 정보 저장소를 질의하는 전략은 데이터 연합의 문제와 애플리케이션의 운영 문제를 분리시킨다. 애플리케이션에서 작성된 질의는 특정한 트리플이 어디에서 왔는지 알 필요가 없다. 이를 통해, 질의 작성자가 세부적으로 계획할 필요 없이 하나의 질의로 여러 데이터 정보원에 대해 원활하게 작동할 수 있다. 이는 추가적인 데이터 정보원을 연합하기 위한 애플리케이션 변경 사항이 애플리케이션 자체의 질의에 영향을 미치지 않음을 의미하기도 한다.

RDF 애플리케이션의 기능은 다음 논의 사항에 대한 열쇠를 제공한다. RDFSRDF Schema와 OWLWeb Ontology Language에 대한 논의에서 애플리케이션에 필요한 어떤 연합이 이미 일어났다고 가정할 것이다. 즉, 모든 질의와 추론이 연합 그래프에서 발생할 것이다. 연합 그래프는 애플리케이션 질의가 실행될 모든 연합된 데이터 정보원의 정보를 포함하는 단순한 그래프다.

4.5 이 장을 마치며

이 장에서 설명한 구성 요소(RDF 구문 분석기, 직렬 변환기, 저장소, 질의 엔진)는 그 자체가 시맨틱 모델은 아니지만 시맨틱 모델을 포함하는 시스템의 구성 요소다. RDF에 표현된 정보조차도 시맨틱 모델은 아니다. 이러한 도구는 시맨틱 모델을 만들고 사용하기 위한 구성 요소들이며, 이렇게 만들어진 모델은 확실히 RDF로 표현될 것이다. 앞으로 살펴보겠지만 W3C의 시맨틱 모델 언어인 RDFS와 OWL은 RDF로 만들어졌고, 다른 RDF 데이터와 마찬가지로 연합될 수 있다.

시맨틱 모델은 [그림 4-3]의 애플리케이션 아키텍처에 적합한가? RDF로 표현된 데이터는 다른 모든 데이터와 함께 RDF 저장소에 보관된다. 그러나 시맨틱 모델은 셰익스피어가 쓴 희곡 목록이나 초지기paper machine가 보관되는 장소와 같이 질의 응답을 위한 데이터 이상의 의미를 갖는다. 시맨틱 모델은 다른 데이터를 구성하는 데 도움이 되는 데이터인 메타데이터도 포함한다. 여러 정보 소스의 정보를 연합할 때, RDF 데이터 모델을 사용하면 모든 데이터를 하나의 규일한 방식으로 표현할 수 있다. 그러나 정보 소스 간의 의미 충돌을 해결하는 것은 아니다. 2개의 주states에서 '결혼'에 대한 정의가 동일한가? '희곡 쓰기'와 '노래 쓰기'에서 두 쓰기writing의 개념은 동일한가? 이러한 질문에 대한 답을 제공하는 것이 시맨틱 모델이다. 시맨틱 모델은 서로 다른 연합된 데이터 정보 소스를 연결하는 일종의 접착제 역할을 하므로 이들이 어떻게 결합되는지 설명할 수 있다.

모든 사람이 모든 주제에 대해 무엇이든 말할 수 있는 것처럼, 누구나 모델에 대해 무엇이든 말할 수 있다. 즉, 누구나 정보 소스 간의 정의와 매핑에 기여할 수 있다. 이러한 방식으로 연합된 RDF 기반 시맨틱 애플리케이션은 여러 정보 소스에서 정보를 얻을 수 있다. 뿐만 아니라 여러 정보 소스에서 정보를 결합하는 방법에 대한 지침도 얻을 수 있다. 이와 같이 시맨틱 웹은 실제로 웹상의 정보가 의미하는 것을 설명하는 여러 정보 소스가 있는 의미의 웹이다.

주요 개념

- **RDF 구문 분석기/직렬 변환기** – 여러 파일 형식 중 하나로 RDF를 읽고 쓰기 위한 시스템 구성 요소다.
- **RDF 저장소** – RDF에서 작동하는 데이터베이스. 주 작업 중 하나는 RDF 그래프 통합이다.
- **RDF 질의 엔진** – SQL 엔진이 관계형 저장소에 접근하는 방식과 같이 RDF 저장소에 대한 접근을 제공한다.
- **SPARQL** – RDF를 위한 W3C 표준 질의 언어다.
- **SPARQL 엔드포인트** – SPARQL 질의에 응답할 수 있는 애플리케이션. 정보의 기본 인코딩이 RDF에 없는 경우도 포함한다.
- **애플리케이션 인터페이스** – 일부 사용자와 상호작용할 때 RDF 저장소의 내용을 사용하는 애플리케이션의 일부다.
- **변환기** – 일부 형식(예: 테이블)의 데이터를 RDF로 변환하는 도구다.
- **RDFa** – HTML 페이지에서 RDF 메타데이터를 인코딩하고 검색하기 위한 표준이다.

CHAPTER 5

링크드 데이터

5.1 데이터 웹 짜기

월드와이드웹WWW의 설계자들은 웹이 세계적인 규모로 성장할 수 있도록 설계 과정에서 몇 가지 중요한 선택을 했다. 웹은 개방형 표준에 따라 아키텍처의 구성 요소를 지정하여, 서로 다른 소프트웨어와 하드웨어가 독립적으로 구현되고 도메인에 의존하지 않도록 한다. 데이터의 웹을 지원하기 위해 웹 인프라를 최대한 활용할 수 있다. 월드와이드웹 아키텍처를 재사용함으로써, 데이터 웹은 하이퍼텍스트 웹과 호환되고 진화되어 모든 측면의 결합이 가능해진다. 데이터 웹은 전 세계적world-wide 수준에서 구조화된 데이터를 공유하기 위해 웹 아키텍처를 적용하고 있다. 한편, 데이터 웹은 분산화, 확장성, 개방성을 위한 아키텍처 수준의 지원을 유지하고 있다.

데이터 웹이 자원을 설명하고 데이터를 게시하려면 하이퍼텍스트 웹은 어떻게 변경해야 할까? [그림 5-1]과 같이 두 단계가 필요하다. 첫째, HTML과 기타 문서의 교환 형식을 확장하여 데이터 교환을 위한 RDFResource Description Framework와 직렬화를 지원해야 한다. 둘째, 사물을 식별하고 기술하기 위해 URL은 URIUniform Resource Identifier나 IRIInternationalized Resource Identifier로 일반화되어야 한다.

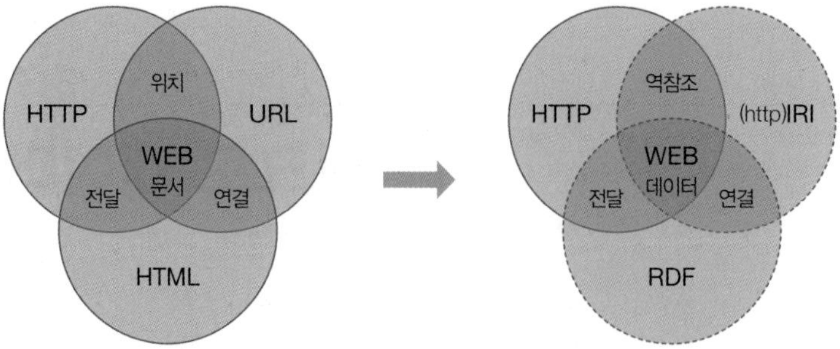

그림 5-1 웹 아키텍처에 기반한 링크드 데이터 게시

데이터의 웹 vs. 웹의 데이터

웹 페이지에서 스프레드시트나 PDF를 사용하는 것도 데이터를 웹에 올리는 예에 해당한다. 데이터의 웹Web of data은 전 세계 데이터가 서로 연결되어 검색, 탐색, 크롤링, 통합이 가능한 환경이다. 데이터의 웹에서 핵심 아이디어는 링크드 데이터linked data이며, 웹 페이지, 웹 사이트, 고정된 텍스트가 웹에서 연결되는 것과 동일한 방식으로 월드와이드웹을 통해 연결된 데이터 세트다. 하이퍼텍스트 웹은 HTML에서 다른 페이지를 링크로 연결하지만, 데이터의 웹은 다른 데이터에 대해 설명하는 링크 정보를 RDF로 기술한다.

팀 버너스리Tim Berners-Lee는 '링크드 데이터의 설계 이슈Linked Data Design Issues'[2006]에서 링크드 데이터의 모범 사례와 아키텍처 원칙을 설명하고 링크드 데이터 기술의 배경을 설명하였다. Heath와 Bizer[2011]는 링크드 데이터에 대한 아이디어를 확장하고 구체적으로 정리했다. 데이터 웹을 짜기 위해 데이터를 게시하는 과정에서 다음 세 가지 규칙이 필요하다. 이 장에서는 이 규칙들에 대해 자세히 설명한다.

1 **모든 이름에 대해 HTTP URI 사용**: 웹에서 자원의 주소를 지정하고 찾기 위해 URL이 도입된 것처럼 데이터 웹은 URI의 이름을 지정하여 자원을 설명한다. HTTP URI를 사용하여 기술description 정보를 얻기 위한 기본 메커니즘을 제공할 수 있다. HTTP URI는 조회(HTTP 접근)를 지원하는 이름(URI)이며, 이를 통해 식별된 항목의 이름을 조회할 수 있다.[1]

2 에이전트가 HTTP URI에 접근할 때, 서버는 웹 표준 언어를 이용하여 반드시 해당 URI로 식별

1 저자주: 보안 강화를 위해 대부분의 웹 사이트는 HTTPS라는 보다 안전한 HTTP 프로토콜 버전을 사용한다. 이 책에서 언급하는 'HTTP URI'는 HTTP 프로토콜을 사용하는 URI를 포함한다.

된 자원에 대해 기술 정보(RDF와 해당 구문)를 제공해야 한다.

3 서버는 제공된 기술 정보에 대해 웹 클라이언트가 접근할 수 있는 기능을 제공해야 한다. 새로운 HTTP URI를 자유롭게 재귀적으로 검색하고 발견할 수 있도록 다른 사물의 HTTP URI에 대한 링크를 제공해야 한다.

이러한 단순한 규칙은 하이퍼텍스트 웹이 작동하는 방식을 자연스럽게 확장한 것이다. 웹에서 하이퍼텍스트 페이지를 만들 때 HTTP URI(URL)를 사용하여 참조하고, 에이전트가 해당 HTTP URI에 접근하면 서버가 페이지 자체를 제공해준다. 이러한 규칙을 웹에 적용함으로써 동일한 방식으로 상호 연결된다.

데이터 요소(규칙 1)에 HTTP URI를 사용하면 웹 환경에서 모든 사용자가 참조할 수 있다. 누군가가 HTTP URI 중 하나를 (재)사용하면 해당 데이터 세트와 상호 연결된다. 데이터가 다른 데이터 세트의 링크(규칙 3)와 데이터 세트에 대한 설명(규칙 2)을 포함하면, 상호 연결된 데이터는 검색될 수 있다.

고양이를 http://cat으로 부르기

하이퍼텍스트 웹을 데이터 웹으로 확장하기 위해, 웹(http://my-site.fr)에 존재하는 것을 URL이 아닌 URI로 식별함으로써 일반적으로 존재하는 사물을 표현할 수 있다(예: 파비앙의 고양이 Mytsie에 대한 http://animals.org/cat#mytsie). 데이터 웹에 IRI를 적용하면, 어떤 언어든 관계없이 존재하는 것을 식별할 수 있다(예: http://동물사이트/#mytsie).

웹에 있는 사물을 식별하는 것과 존재하는 사물을 웹에서 식별하는 것은 말장난처럼 단순하지 않다. 웹에서 자신의 콘텐츠에 대한 데이터를 교환할 수 있지만 페이지, 사람, 자동차, 고양이, 아이디어, 국가, 제품, 서비스, 정책, 관계 등 우리 주변의 모든 것에 대한 데이터를 교환할 수도 있다.

약어인 URL, URI, IRI에서 'R'은 '자원resource'를 나타낸다. 웹 아키텍처에서 자원은 식별할 수 있는 모든 것이다. 실제로 URI는 현재 매우 다양한 사물에 이름을 붙이는 데 사용되고 있다. 다음은 이에 대한 몇 가지 예다.

- **Dbpedia에서 파리에 대한 URI**: http://dbpedia.org/resource/Paris

- UniProt에서 MUC18 단백질 URI: http://www.uniprot.org/uniprot/P43121
- 의회 도서관에 있는 빈센트 반 고흐(Vincent van Gogh)의 이름에 대한 URI: http://id.loc.gov/authorities/classification/cf94124062
- Wikidata의 Xavier Dolan URI: http://www.wikidata.org/entity/Q551861
- Inria의 Fabien Gandon URI: http://ns.inria.fr/fabien.gandon#me
- '2016년 12월 31일 뉴욕 23:00'에 대한 URI: https://www.timeanddate.com/worldclock/meetingdetails.html?year=2017&month=1&day=1&hour=4&min=0&sec=0&p1=179

이와 같은 다양한 데이터 출처가 데이터 웹에서 중요한 역할을 한다. 자세한 내용은 나중에 살펴볼 것이다.

URI에 대한 의존성은 분산 데이터, 웹 기반 아키텍처, 다양한 출처에서 제공되고 다양한 방법으로 생성되는 데이터 세트의 통합에 핵심적인 역할을 한다. URI는 기술 용어와 주제에 대한 글로벌 식별 메커니즘을 제공하여 어휘와 자원 식별을 명확하게 한다. 또한 URI는 추가 정보를 제공하는 위치를 찾기 위해 역참조 메커니즘을 갖고 있다. 애플리케이션은 이 범용 식별 메커니즘을 사용하여 데이터를 올바른 방식으로 처리하는지 확인하고, 역참조 메커니즘을 사용하여 데이터 요청 시 더 많은 데이터를 제공한다.

RDF 그래프와 데이터 세트에서 URI를 (재)사용할 때, 출처provenance에 관계없이 데이터 세트를 통합할 수 있는 연결 지점을 제공하여 잠재적으로 거대한 글로벌 그래프를 만들 수 있다. 이러한 RDF 그래프의 확장 가능한 특성은 전 세계 수준의 데이터 웹을 엮을 수 있는 방법을 제공한다.

사물, 표현, 식별자

사물에 대한 URI와 웹 자원에 대한 URL을 함께 사용하면 데이터 세트를 혼동할 수 있다. 예를 들어, 고양이와 고양이에 대한 문서에 대해 동일한 URI를 사용한다면, 해당 URI에 기술 정보를 추가하고 동시에 참조 대상도 정확히 알아야 한다. 해당 URI에 '크기'에 대한 속성 정보를 추가한다면, 고양이의 크기인지 고양이에 대한 문서의 크기인지 반드시 구분해야 한다. 이런 이유 때문에, 서로 다른 자원은 다른 URI를 사용하여 식별하는 것이 바람직하다. 즉, 고양이와 고양이에 대한 문서(또는 해당 고양이의 사진)가 동일하지 않다는 것을 인식시켜야 한다. 그렇게 하면, 웹 아키텍처의 표준 메커니즘을 바탕으로 서로 다른 URI와 해당 링크의 자세한 정보를 살펴볼 수 있다. 예를 들어 해당 고양이를 식별하는 URI에서 고양이에 대한 문서의 URL을 얻을 수 있다([그림 5-2] 참조).

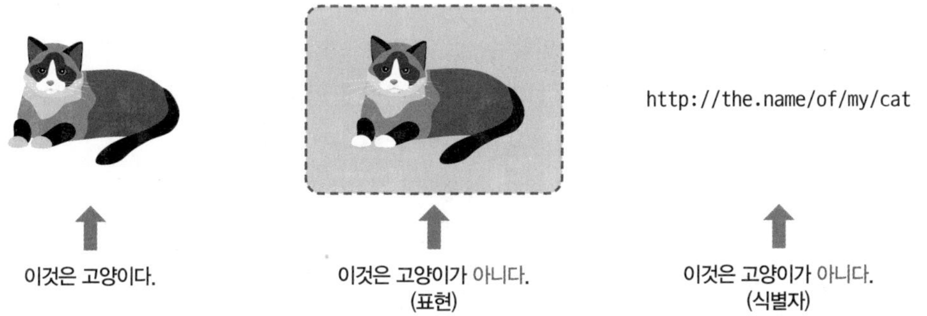

그림 5-2 고양이, 고양이 사진, 고양이 식별자의 차이: 링크드 데이터에서 그림을 찾기 위해 식별자를 사용하는 것이 바람직하다.

HTTP URI 역참조

HTTP URI는 HTTP를 역참조 메커니즘dereference mechanism으로 사용하는 모든 항목을 기술할 수 있다. 사용자나 소프트웨어 에이전트(예: 웹 크롤러)가 URI를 발견하면 제공된 주소를 HTTP로 호출하여 URI의 자원을 쉽게 확인할 수 있다. HTTP URI의 역참조는 하이퍼텍스트 웹의 기초이며, 웹 초창기부터 동작하는 방식이다. HTTP URI는 식별된 자원에 대한 설명을 확인하고 검색하기 위한 확실한 방법으로 HTTP 프로토콜을 제공한다. 다른 URI 스킴(예: Uniform Resource Name[URN], Digital Object Identifier[DOI] 등)에는 역참조를 위해 별도의 서비스가 필요하다.

링크드 데이터의 식별자는 URL이라는 용어를 사용하지 않는다. 표현되는 대상이 해당 주소에 있지 않거나 웹에 전혀 존재하지 않을 수 있기 때문이다. 예를 들어, Mytsie라는 고양이에 대한 HTTP URI를 지정할 수 있다. 어떤 노력에도 불구하고 Mytsie 자신은 웹에 있을 수 없기 때문에, Mytsie에 URL을 제공할 수 없다. 그러나 이 사랑스러운 고양이는 HTTP URI로 웹에서 식별될 수 있다. 웹에서 URI 주소로 이동하면, 해당 URI(Mytsie)로 표현된 자원에 대한 기술description을 확인할 수 있다.

Follow Your Nose[Dodds and Davis 2012]에 요약된 웹 디자인 패턴에 따르면, 링크드 데이터는 HTTP URI를 식별자로 사용하고, 해당 URI에 기반한 역참조를 통해 추가 정보를 제공하는 방식이다. HTTP URI가 웹 자원에 대해 실제로 적절한 정보를 제공하는지 확인하는 일은 데이터 게시자의 몫이다. 그리스 신화에서 아리아드네가 테세우스에게 미궁에서 벗어나는 길을 찾을 수 있도록 실을 제공했던 것처럼, 웹 게시자는 데이터 소비자가 데이터 출처로 돌아가는 방법을 찾고 더 많은 정보를 확인할 수 있는 HTTP URI를 제공해야 한다. 데이터 소비자와 애플리케이션의 세부 사항(성능, 신뢰, 확장성, 품질 등의 문제 포함)에 따라, 임의의 특정 시간에 이러한 링크를 따를지 여부를 판단해야 한다.

HTTP URI 생성

설명하고 싶은 사물을 표현하기 위한 URI는 어떻게 선택할까? 구조 또는 명명 스키마naming schema는 무엇이 되어야 할까? 컬렉션과 애플리케이션용 URI를 생성하는 방법을 선택할 때 기준은 무엇일까? 여기에 함정이 있을까? URI는 게시하자마자 재사용되고 참조되기 때문에 이러한 질문들은 종속성을 도입하거나 레거시 시스템을 생성하는 데 적합한 질문이다.

URI의 일반적인 형식은 표준 문서에 설명되어 있다(URI는 Internet Engineering Task Force[IETF]의 RFCRequest for Comments에서 표준화됨: RFC 3986[Masinter et al. 2005]). 아래 코드에서 대괄호 사이의 값은 URI를 만드는 데 사용할 수 있는 선택적 요소다(예: 서버의 포트(:port) 표시).

```
scheme:[//[user:password@]host[:port]][/]path[?query][#fragment]
```

예를 들어,이 패턴에 따른 유효한 URI는 다음과 같다.

```
urn:animals.org\#mycat
```

'사물, 표현, 식별자' 항목에서 살펴보았듯이, 다른 프로토콜과 달리 HTTP URI는 웹에서 선호되는 옵션이다. HTTP URI의 형식은 다음과 같다.

```
http://host[:port]][/]path[?query][#fragment]
```

다음 HTTP URI는 모두 유효하다.

```
http://animals.org#mycat
http://animals.org/cats/mine
http://animals.org/cats/?owner=fabien
...
```

데이터 웹에서 HTTP URI를 식별자로 사용하면, 하이퍼텍스트 웹을 동작시키는 전체 인프라에 참여한다는 장점이 있다. [그림 5-3]은 해당 인프라의 세 가지 기본 메커니즘을 보여준다.

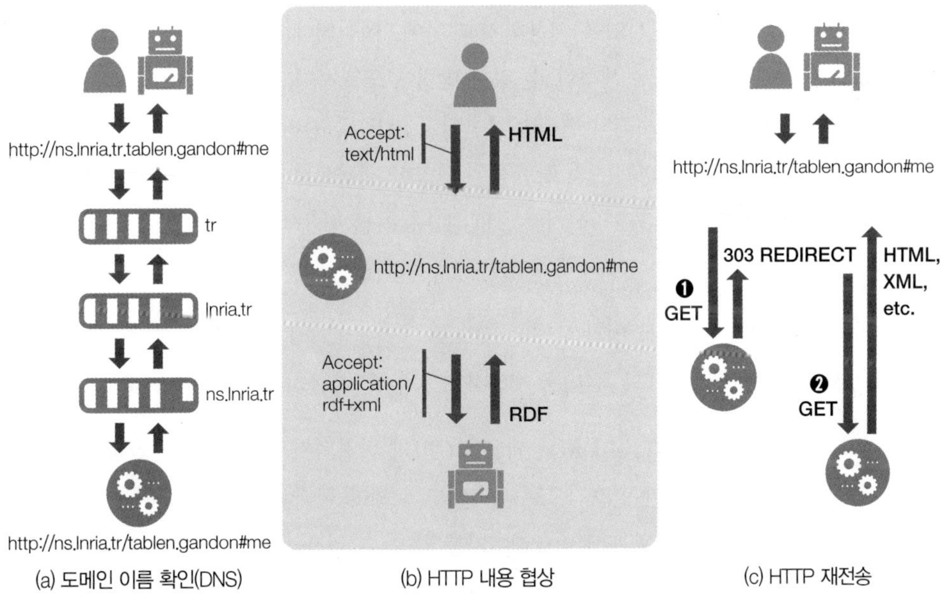

그림 5-3 웹 데이터 게시와 접근에 사용되는 세 가지 표준 메커니즘

- **DNS**Domain Name System: 웹의 도메인 이름을 웹 서버의 인터넷 주소와 연결한다.
- **HTTP 내용 협상**content negotiation: 웹 서버가 동일한 HTTP URI에 대해 서로 다른 콘텐츠를 다른 클라이언트에 제공할 수 있게 한다.

• **HTTP 재전송**redirection: 서버가 참조를 다른 주소로 전송할 수 있다.

HTTP URI의 호스트 부분(예제에서 animals.org)은 DNS에 의해 관리된다([그림 5-3]의 (a)). 하이퍼텍스트 페이지, 데이터에 관계없이 웹에 무엇인가를 게시하려면 DNS에 도메인 이름(예: animals.org)을 등록해야 한다. 등록을 완료하면 호스트 필드에서 해당 도메인을 사용하는 모든 HTTP URI에 대한 접근을 만들고 제어할 수 있다.

HTTP URI의 경로 부분은 서로 다른 길이를 갖고 있고, URL을 생성하는 사람에 따라 완전히 다르게 만들 수 있다. 데이터 게시자가 웹에서 설명하는 항목의 이름을 지정하는데 있어 URI 패턴에 대한 실질적인 제한은 없다.

URI를 작성하는 방법

모든 데이터 요소가 HTTP URI를 사용하기 때문에, 데이터에서 설명하고 싶은 모든 항목에 대해 고유 URI를 충분하게 생성할 수 있는 방법이 필요하다. 대규모 데이터 세트에서 적절한 식별자를 찾는 문제는 시맨틱 웹에만 국한되지 않으며, 완벽한 답이 존재하는 것도 아니다. 시맨틱 웹을 위한 HTTP URI의 장단점은 다양한 관점으로 논의되었다[Cyganiak and Sauermann 2008, W3C 2012]. 여기서는 HTTP URI를 만들 때 고려해야 할 사항 몇 가지를 간단히 살펴보자.

팀 버너스리의 기사 제목에서 영감을 받은 것으로 알려진 Cool URIs don't change[W3C 2008]는 시맨틱 웹에서 사용하는 URI를 제안하고 있는데, 간단히 Cool URIs라고 한다.

팀 버너스리가 제안했듯이, Cool URI의 핵심은 URI가 변경되지 않는 것이다. 안정된 URI 패턴을 선택하여 URI가 최대한 안정적으로 유지되도록 해야 한다. 안정적인 URI를 갖는 것이 왜 중요할까? 하이퍼텍스트 웹에서 '404페이지를 찾을 수 없음page not found' 오류가 발생하면 단지 실망하는 수준에서 그칠 수 있지만, 데이터 세트 사이의 연결점이 URI인 데이터의 웹에서 이 오류는 치명적일 수 있다. 연결이 끊기면 전체 데이터 세트에 대한 접근 권한이 손실될 수 있다.

Cool URIS 제안에는 URI를 안정적으로 만드는 방법에 대한 몇 가지 조언이 담겨 있다.

• 가능한 적은 구현 세부 사항을 참조하여 URI를 설계해야 한다. 특히, 언어 종속적 확장자

(.PHP, .json, .rdf), 특정 서버 이름(desktop8.inria.fr), 특정 소프트웨어(…/wordpress/…), 서버 포트 번호는 피해야 한다.

- 웹 서버는 웹 클라이언트의 정보를 기반으로 내용을 협상할 수 있다. 이 기능을 사용하여, URI에서 구현 세부 사항을 피해야 한다.
- 안정된 URI는 버전 정보를 제외한다. 시맨틱 웹 표준은 URI를 변경하지 않고 데이터나 메타데이터 세트의 버전을 지정하는 방법을 제공한다.
- 대부분 원본 데이터 소스에는 이미 식별자(기본 키 또는 계정 번호 등)가 있다. 이러한 정보를 사용하여 URI가 올바른 데이터 요소에 해당하는지 확인할 수 있다.

[표 5-1]은 애완동물의 예방접종 기록에 대한 정보를 제공하는 테이블(예: CSV 파일)이다.

애완동물의 이름과 백신의 유통기한에 대한 데이터는 특이하다고 볼 수 없다(이 짧은 샘플에 Fido라는 이름의 개가 두 마리 있다). 이 데이터에 URI를 부여하는 방법 하나는 [표 5-2]에 표시된 각 URI 안에 모든 데이터를 포함하는 것이다.

이 방법은 데이터의 고유성을 보장하지만 URI가 매우 길어 데이터가 변경되면 오해의 소지가 생길 수 있다. 새로운 URI를 만들거나 오래된 데이터를 반영하기 위해 재사용이 필요할 수도 있다.

표 5-1 애완동물의 백신 기록에 대한 샘플 데이터

ID	종	이름	유통기한
366863	dog	Fido	2020
851903	dog	Bastian	2021
775304	cat	Mytsie	2019
898202	cat	Corvus	2021
847823	cat	Fenris	2019
399378	dog	Maddie	2022
911236	cat	Twinkie	2016
897991	dog	Champ	2019
032579	dog	Zeke	2020
31450	cat	Lila	2019
87580	dog	Fido	2021

표 5-2 모든 데이터를 반복하여 URI 결합하기

URI
http://www.example.com/vac/366863/dog/Fido/2020
http://www.example.com/vac/851903/dog/Bastian/2021
http://www.example.com/vac/775304/cat/Mytsie/2019
http://www.example.com/vac/898202/cat/Corvus/2021
http://www.example.com/vac/847823/cat/Fenris/2019
http://www.example.com/vac/399378/dog/Maddie/2022
http://www.example.com/vac/911236/cat/Twinkie/2016
http://www.example.com/vac/897991/dog/Champ/2019
http://www.example.com/vac/032579/dog/Zeke/2020
http://www.example.com/vac/31450/cat/Lila/2019
http://www.example.com/vac/87580/dog/Fido/2021

원본 데이터에는 ID 필드가 있어 백신 접종을 고유하게 식별할 수 있으므로 [표 5-3]과 같이 이 ID를 URI에 사용할 수 있다. 이 방법이 정상적으로 작동하려면 사용하는 열이 고유한 식별자여야만 한다. 예를 들어, 이름을 사용하여 URI를 만들 수 있지만 이 때 두 가지 문제가 발생한다.

- http://www.example.com/vac/Fido는 값이 2개이므로 고유한 URI가 아니다.
- 데이터에 중복된 이름이 없어도 동물 중 하나(예: Mytsie)가 선택되어 새 이름(Missy)이 부여될 수 있다. 이 경우, 새로운 URI를 만들거나 http://example.com/vac/Mytsie에 'Missy'라는 이름을 부여해서 URI를 만들어야 한다.

3장에서 네임스페이스와 CURIE[Compact URIs]를 사용하여 URI를 축약하는 방법을 살펴보았다. 접두사 vac를 네임스페이스 www.example.org/vac/로 정의하면, Mytsie의 예방접종에 대한 CURIE는 vac:775304이 된다. 그러나 CURIE에서 접두사와 연결되는 이름은 숫자(1, 2, 3,…) 또는 기본 결합 문자(예: 쉼표)로 시작할 수 없다는 제약이 있다[Bray et al. 2008]. 그러므로 제안된 CURIE vac:775304는 유효하지 않다. 따라서 식별자의 시작 부분에 알파벳 문자를 추가해 URI를 만드는 것이 좋다. [표 5-4]는 [표 5-3]의 URI 문제를 해결한 결과를 보여준다.

표 5-3 ID 필드를 사용하여 URI 연결하기

URI
http://www.example.com/vac/366863
http://www.example.com/vac/851903
http://www.example.com/vac/775304
http://www.example.com/vac/898202
http://www.example.com/vac/847823
http://www.example.com/vac/399378
http://www.example.com/vac/911236
http://www.example.com/vac/897991
http://www.example.com/vac/032579
http://www.example.com/vac/31450
http://www.example.com/vac/87580

표 5-4 ID 필드를 사용하여 각 숫자 ID 앞에 알파벳 문자(V)를 붙이고 URI 연결하기

URI	CURIE
http://www.example.com/vac/V366863	vac:V366863
http://www.example.com/vac/V851903	vac:V851903
http://www.example.com/vac/V775304	vac:V775304
http://www.example.com/vac/V898202	vac:V898202
http://www.example.com/vac/V847823	vac:V847823
http://www.example.com/vac/V399378	vac:V399378
http://www.example.com/vac/V911236	vac:V911236
http://www.example.com/vac/V897991	vac:V897991
http://www.example.com/vac/V032579	vac:V032579
http://www.example.com/vac/V31450	vac:V31450
http://www.example.com/vac/V87580	vac:V87580

황무지에서 URI 만들기

URI를 만드는 두 가지 실례로, IETF RFC와 DOI를 소개한다.

IETF의 URI

IETF는 인터넷 표준을 개발하고 홍보를 담당하는 개방형 표준 조직이다. URI는 IETF가 만든 표준 중 하나다. IETF는 DNS 등록과 URI 형식을 관리한다. IETF의 공식 게시물을 RFC라고 한다. 예를 들어 URI에 대한 표준 사양을 제공하는 최신 RFC는 Uniform Resource Identifier[URI]: Generic Syntax라는 제목이 달린 RFC 3986이다. RFC를 게시하고 표준에 대한 안정적인 참조를 지원하기 위해 IETF는 다수의 URI 생성 체계를 채택했다. 예를 들어 RFC의 HTML 버전에 대한 기본 URL은 도메인 주소 https://tools.ietf.org/html/rfc와 RFC 번호를 연결하여 얻을 수 있다. 즉, RFC 3986의 경우 다음과 같다.

```
https://tools.ietf.org/html/rfc3986
```

유사한 발행 체계를 적용하여 일반 텍스트와 PDF로 동일한 RFC의 다른 버전에 접근할 수 있다.

```
RFC 3986의 텍스트 버전:
https://tools.ietf.org/rfc/rfc3986

RFC 3986의 PDF 버전 :
https://tools.ietf.org/pdf/rfc3986
```

이러한 체계는 안정적이라는 장점이 있다. 새 버전이 게시되더라도 최신 RFC 버전의 HTML 코드에 동일한 URI를 사용할 수 있다. 그러나 RFC 3968 자체는 참조할 수 없고 이에 관련된 특정 문서만 참조할 수 있다는 단점이 있다. 이것은 URI에 문서의 구현 정보를 포함해선 안 된다는 가이드라인을 위반한다. 이 장의 후반부에서 내용 협상을 사용하여 이 문제를 해결하는 방법을 살펴보겠다.

이러한 체계는 URI의 마지막 부분이 알파벳 문자(이 경우 항상 'r')로 시작한다는 CURIE 제안을 따르지만, 공통 접두사를 공유하지 않기 때문에 각각 접두사가 다르다는 단점이 있다. 만약 CURIE로 만들려면 https://tools.ietf.org/rfc/, https://tools.ietf.org/pdf/, https://tools.ietf.org/txt/를 위한 별도의 접두사가 필요하다.

ISO DOI용 URI

ISOInternational Organization for Standardization에 의해 표준화된 식별자 제품군(ISO 26324)은 책, 기사, 데이터 세트, 비디오 등을 포함한 개체를 고유하게 식별하는 데 적용할 수 있다. 이 식별자 제품군을 DOI라 하고, 지속 가능한 방식으로 디지털 자원을 식별하고 참조하는 데 사용한다. 예를 들어 스프링거Springer가 발행한 "분산된 기업 지식 관리를 위한 분산 인공 지능"이라는 기사에 할당된 ISO의 DOI는 다음과 같다.

```
doi:10.1007/3-540-45741-0_18
```

ISO는 DOI를 조회하고, 해당 HTTP URI를 제공하는 온라인 서비스를 제공한다. 예를 들어 이 서비스(https://www.doi.org/에서 사용 가능)는 DOI를 HTTP URI로 변환한다.

```
http://doi.org/10.1007/3-540-45741-0_18
```

해당 HTTP URI는 DOI로 식별된 개체에 대한 기술을 통해 재전송된다. 이러한 URI의 장점은 안정적이라는 것이다. ISO는 특정 리소스의 경우 DOI가 변경되지 않도록 보장한다. 그러나 최종 구성 요소는 숫자로 시작하기 때문에 CURIE로 구성될 수 없다는 단점이 있다.

5.2 HTTP와 웹 아키텍처

[그림 5-3]은 웹 아키텍처의 기본을 DNS, 내용 협상, 재전송의 세 가지 요소로 보여준다. 이제 이 아키텍처가 데이터 게시자와 소비자가 데이터 웹과 상호작용하는 방식에 어떤 영향을 미치는지 자세히 살펴보자.

내 도메인의 통치자

DNS부터 시작해보자([그림 5-3]).

HTTP URI를 확인하는 첫 번째 단계는 URI로 식별된 자원에 대한 데이터를 얻기 위해 질의할 인터넷의 호스트(시스템)를 확인하는 것이다. 이를 위해 HTTP URI는 DNSDomain Name System를 사용한다. DNS는 인터넷에 연결된 장치와 서비스를 식별하기 위한 분산된 계층적 명명 시스템이다. DNS는 도메인 이름(예: ns.inria.fr)을 컴퓨터의 인터넷 주소(IP 주소, 예: 128.93.162.87)로 변환하는 서비스를 제공하기 때문에 웹을 검색하는 모든 사람은 매일 DNS를 사용한다.

호스트 시스템이 IP 주소를 사용해 직접 HTTP URI에서 식별될 수 있지만(예: http://128.93.162.87/는 유효한 HTTP URI), IP 주소 대신 이름 서비스를 사용하여 도메인 이름을 제공하면 두 가지 장점이 있다. 첫째, 인간은 읽어서 기억하기 쉬운 도메인 이름을 선호한다(예: http://ns.inria.fr). 둘째는 더 중요한 장점으로, 도메인 이름을 사용하면 안정적인 URI를 제공하므로 데이터 공급자가 서버에서 호스팅되는 데이터의 URI를 변경하지 않고도 서버 주소를 변경할 수 있다.

역참조가 가능한 HTTP URI의 맥락에서, DNS는 전 세계에 있는 누군가가 특정 HTTP URI를 식별하면, 그들 모두가 동일한 위치에 도달하도록 한다. 이러한 방식으로 전역적인 참조 메커니즘을 제공한다. 고양이 Mytsie에 대해 동일하게 표현하고 싶지 않을 수 있다(예를 들어, 어떤 게시자는 Mytsie를 calico로 표현하고 싶을 수도 있고, 다른 정보원은 매주 고양이의 체중을 기록하고 싶을 수 있다). 다른 정보원이 이에 대해 동의하지 않을 수도 있다. 어떤 사람은 고양이를 calico가 아닌 tortoishell이라고 주장할 수 있다. 전 세계적으로 분산된 데이터 웹에서 모든 사람이 Mytsie에 대한 진술에 동의를 기대할 수 없지만, DNS는 우리가 동의하지 않는 것에 동의할 수 있도록 방법을 제공한다.

이제 DNS의 작동 방식과 HTTP URI에서 DNS의 중요성을 이해했을 것이다. 데이터에 대한 URI를 선택한다는 것은 무엇을 의미할까? URI 조회는 도메인의 이름을 확인하는 것으로 시작된다. 따라서 도메인 이름에 대한 DNS 등록을 제어할 수 있는 사용자는 DNS가 URI를 매핑할 서버를 지정하도록 해당 도메인 이름으로 작성된 HTTP URI에 대한 접근을 제어한다. 따라서 도메인 이름에 대한 제어권을 상실하면 HTTP URI가 역참조되어 접근할 때, 제공되는 응답을 더 이상 제어할 수 없다. 즉, 해당 URI에서 해당 도메인을 사용하여 링크드 데이터를 제어할 수 없게 된다.

따라서 링크드 데이터를 게시할 경우, 식별자로 사용하는 URI 패턴의 호스트 부분에 대한 도메인 이름을 선택할 때 주의해야 한다. 역참조가 가능한 URI의 지속성과 제어권을 보장하는 것은 중요하다. 3장에서 rdf:, rdfs:, owl:에 대한 네임스페이스를 정의하기 위해 W3C World Wide Web Consortium 자체에서 정의한 네임스페이스를 살펴보았다. 이제 네임스페이스에 대해 더 깊이 이해할 수 있을 것이다. 네임스페이스 중에서 하나의 자원, 예를 들어 rdf:type(http://www.w3.org/1999/02/22-rdf-syntax-ns#type의 축약형)을 찾고 싶다면 해당 URI를 확인하면 된다(웹 브라우저에서 시도해보자!). W3C는 w3.org의 도메인을 소유하므로 그 결과는 W3C에 의해 제어된다.

앞에서 W3C에서 정의한 몇 가지 표준 네임스페이스를 살펴보았고, 다음 장에서 더 많은 사례를 소개할 것이다. 각각의 경우 W3C는 해당 네임스페이스의 자원에 대한 정보와 함께 네임스페이스를 게시한다. 모든 네임스페이스에는 도메인 w3.org를 호스트로 사용하는 HTTP URI가 있으므로 누구나 검색할 때 W3C가 제공하는 응답을 받을 수 있다. 이 서비스에 대한 개별 접근에 따라 사용자는 맞춤형 답변을 제공받기 위해 협상할 수 있다. 바로 이어서 웹 협상에 대해 살펴보자.

웹 협상

[그림 5-3]에 표시된 웹 아키텍처의 두 번째 요소는 내용 협상이다.

지금까지 주로 데이터 웹 Web of Data에 대해 이야기했다. 그러나 데이터, 하이퍼텍스트, 스키마, 서비스 등 서로 다른 모든 인터페이스가 상호 연결된 웹은 사실상 하나다. 웹은 자연 지능과 계산 지능의 복합적 커뮤니티를 위한 공유 공간으로 기계와 인간이 동시에 사용할 수 있게 고안되었다. 따라서 사람이나 소프트웨어 에이전트는 모두 웹에 기술된 특정 자원에 대한 설명을 가장 적합한 형식(예: 사람이 읽을 수 있는 HTML 웹 페이지와 웹 로봇을 위한 RDF/XML 기술)으로 얻을 수 있어야 한다. 더 나아가, 사람에 따라 언어에 대한 선호도(예: 영어, 중국어, 프랑스어)가 다르고, 소프트웨어라면 애플리케이션이 더 선호하는 형식(예: JSON-LD 대 CSV의 데이터)이 있을 수 있다.

HTTP 프로토콜[Leach et al. 1999]을 사용하여 웹 클라이언트는 HTTP URI 검색에 대한 응답 내용을 협상할 수 있다. 애플리케이션은 사용자에게 직접 결과를 표시하거나 웹 데이터를 함께 제공할 수 있다. 사용자가 하이퍼텍스트 웹 또는 데이터 패킷에 관심이 있는지 여부와 관계없이, 웹 클라이언트는 HTTP 내용 협상 메커니즘을 통해 가장 적합한 콘텐츠 형식을 저장할 수 있다.

conneg라는 내용 협상 메커니즘은 HTTP 표준의 일부다. HTTP 프로토콜을 사용하면, 특히 웹 클라이언트가 형식 측면에서 기본 설정을 지정하기 위해 보내는 요청에 헤더를 설정할 수 있다. 헤더는 형식(미디어 유형 또는 MIME 유형[Klensin et al. 2013]), 자연어(ISO 언어 코드[ISO Central Secretary 2016]) 등을 지정할 수 있는 몇 가지 표준을 사용한다.

기본 설정을 사용하여 서버는 응답을 조정하거나 요청을 다시 라우팅하여 클라이언트를 가장 잘 지원하도록 결정할 수 있다. 클라이언트의 기본 설정과 사용 가능한 옵션을 일치시키고 클라이언트에 가장 적합한 응답을 선택하는 것이 서버의 역할이다. 결과적으로 [그림 5-3]의 (b)에 표시된 것처럼 동일한 URI에 2개의 다른 클라이언트가 접근할 수 있다. 사용자가 사용하는 클라이언트(예: 웹 브라우저)는 HTML 설명을 검색하지만, 소프트웨어 응용 프로그램은 동일한 HTTP URI에서 RDF 기술을 협상할 수 있다.

더불어, 링크드 데이터 애플리케이션에서 선호하는 RDF 구문(예: XML, Turtle, JSON-LD, 3장 참조)이나 인터페이스에 대한 대체 표현(예: HTML, 텍스트, 이미지)을 협상하는 데 HTTP 내용 협상을 사용할 수 있다.

이번에는 위키피디아에서 추출한 RDF 데이터를 제공하는 DBpedia 사이트의 예를 들어보겠다. 파리는 다음과 같은 URI로 식별된다.

```
http://dbpedia.org/resource/Paris
```

사용자(사람)가 웹 브라우저에서 해당 URI를 검색하면, 내용 협상은 사용자(사람)를 위한 웹 페이지로 재전송한다.

```
http://dbpedia.org/page/Paris
```

그러나 애플리케이션이라면, 데이터를 협상하고 다음 주소로 이동시킨다.

```
http://dbpedia.org/data/Paris
```

결과는 기본적으로 RDF/XML에서 RDF로 표현된 데이터 세트다.

이러한 방식으로 conneg는 HTTP URI 사용에 있어 약간의 유연성을 허용한다. 하이퍼텍스트 웹과 데이터 웹(결국 동일한 웹)에 대해 동일한 URI를 사용할 수 있지만 요청하는 대상에 따라 다른 응답을 제공한다. 물론 응답의 내용이 형식에 관계없이 동일한지 확인하는 것은 서버의 책임이다.

요청에 대한 경로 변경

[그림 5-3]에 제시한 마지막 요소는 HTTP 재전송이다.

웹을 검색해본 사람이라면 누구나 URL이 더 이상 존재하지 않거나(예: 페이지가 삭제됨) 존재한 적이 없어(예: URL의 철자를 잘못 입력함) 끊어진 링크에 접근할 때 브라우저에서 '404 찾을 수 없음404 Not Found' 오류를 경험한 적이 있을 것이다. 코드 404는 사용자가 가장 흔히 경험하는 HTTP의 오류 코드 중 하나다. 반면 '200 OK'와 같은 코드는 HTTP 요청이 성공적이었고 요청했던 내용이나 결과를 응답으로 제공하기 때문에 사용자에게 보이지 않는다. HTTP 재전송 메커니즘의 일반적인 방식은 연결이 끊어지지 않게 하는 것이다. 즉 페이지 이동, 웹 애플리케이션 재설계, 웹 사이트 새배치 시, 웹 서버에 HTTP 재전송을 설정하여 콘텐츠 또는 서비스가 이동한 새 주소로 웹 클라이언트를 재전송한다. 웹을 탐색할 때 항상 이런 일이 발생하는데, 웹 브라우저의 주소 표시 줄에 있는 변경 사항에 주의를 기울이지 않으면 눈치채기가 어렵다. 재전송은 모두 숫자 3으로 시작하고, 재전송 유형을 나타내는 여러 코드를 사용할 수 있다. 예를 들어, 코드 301은 요청한 자원에 대한 응답으로 새롭고 영구적인 URI를 할당 받았음을 의미하며, 코드 302는 응답으로 제공된 다른 URI 아래에 일시적으로 위치해 있음을 의미한다.

HTTP URI를 사용하여 웹 자체에 없는 자원(예: 고양이, 자동차, 법률, 사람)을 식별하는 경우, 확인된 자원은 웹을 통해 접근할 수 없기 때문에 '200 OK'로 응답하는 것은 적절하지 않다. '404 Not Found'를 사용하는 것도 URI가 인식되지 않기 때문에 오해의 소지가 있다.

한 가지 가능성은 응답을 찾을 수 있는 다른 주소로 요청을 다시 라우팅하는 방법인 HTTP 코드 '303 See Other'를 사용하는 것이다. 303 응답은 다음과 같으며 헤더의 위치Location에 조회할 다른 주소를 지정한다.

```
HTTP/1.1 303 See Other
Location: http://animals.org/page/cat/1278
```

HTTP URI에 303으로 응답한다는 것은 DNS가 URI를 참조한 서비스의 대상 자원에 대한 표현을 제공할 수 없다는 것을 의미한다. 대신 요청자requester를 다른 자원으로 참조시킬 수 있고, 대상 자원에 대한 설명을 통해 HTTP를 전송할 수 있다. 303 코드는 웹에 존재하지 않는 것을 식별하는 URI 요청에 대응하는 웹 호환 방식을 제공한다. 요청자가 재전송하는 설명에는 대상 자원에 대한 정보가 포함되어야 한다. 협상된 내용이 웹 페이지라면 해당 페이지의 일부 내용은 대상 자원에 대한 내용이어야 한다. 협상된 내용이 RDF이면, 응답에서 일부 트리플은 대상 자원의 URI를 사용해야 한다.

5.3 해시 또는 슬래시

URI의 마지막 부분(경로, 쿼리, 조각)에도 URI를 역참조할 때 성능에 영향을 미치는 새로운 선택 항목이 있다. 특히 역참조가 가능한 HTTP URI를 지원하려면 웹에 없는 항목을 식별하기 위한 이름을 지정하는 방식을 검토해야 한다. '해시 URI'와 '슬래시 URI'는 이름을 지정하는 데 고려할 수 있는 주요 설계 패턴이다. 독자가 《걸리버 여행기》라는 책과 그 책이 컴퓨터 과학에 미친 영향에 대해 잘 알고 있다면, 처음에는 이러한 구별이 리틀 엔디언과 빅 엔디언의 논쟁처럼 들릴 수 있다.[2] 그러나 이것은 HTTP 의미론을 존중하고 사물과 기술에 대해 서로 다른 URI를 유지하는 식별된 사물에 대한 기술 제공을 지원하는 두 가지 주요 방법이다. 두 가지 방법 모두 내용 협상과 결합하여 가장 적절한 형식을 제공할 수 있다. 이제 각 옵션과 장단점을

---

2 역자주: 엔디언(endian)은 조너선 스위프트의 《걸리버 여행기》에 등장하는 단어다. 소인국 릴리퍼트 이야기에서 달걀을 깰 때 뭉툭한 끝(big-end)을 먼저 깨는 사람들(빅 엔디언)과 뾰족한 끝(little-end)을 먼저 깨는 사람들(리틀 엔디언) 사이에 벌어진 격론에서 유래한다. 두 가지 방법 중 어떤 방법을 선택할지는 상황에 따라 다르지만, 종종 논의의 대상을 언급할 때 사용한다. 컴퓨터 분야에서 빅 엔디언은 큰 단위의 바이트가 앞에 오는 방법이고, 리틀 엔디언은 반대로 작은 단위의 바이트가 앞에 오는 방법이다.

자세히 살펴보자.

'hash URIs'라는 옵션에서 URI는 해시 문자(#)를 포함하는데, 이는 URI 내부에 있는 조각 식별자의 기술적 표시다. 조각 식별자는 #와 그 뒤에 오는 문자열이다. URL에서는 전통적으로 웹 페이지의 일부를 나타내는 데 사용된다. 예를 들면 다음과 같다.

```
http://fabien.info/publications.html#navothers
```

이 URL은 'publications.html' 페이지의 'navothers' 섹션을 나타낼 수 있다. 해시(#)가 조회할 URI에서 조각을 분리할 때, 역참조는 해당 조각을 제거하고, 조각에 앞서 URI에서 조회를 수행하여 소스에 접근할 수 있다. 예제에 따르면 웹 브라우저는 다음 항목에만 접근한다.

```
http://fabien.info/publications.html
```

그런 다음, 웹 브라우저는 검색된 표현을 활용해 제공된 조각을 다시 사용하여 문서에서 식별되는 섹셔으로 자동으로 스크롤할 수 있다. 이 예제를 일반화하면 URI에 해시(#)가 포함될 때마다 URI의 조각을 나타낸다.

```
http://my.domain.name/my/path#the-fragment
```

HTTP 표준은 웹 클라이언트가 요청을 하기 전에 조각을 제거하도록 요구하기 때문에 이 URI에 대해 HTTP 호출을 하면 클라이언트가 실제로 다음 주소에서 이를 수행한다.

```
http://my.domain.name/my/path
```

HTTP URI에서 일부 조각fragment을 사용하면 사물의 URI(조각 포함)와 설명의 URI(조각 제외)는 서로 다른 2개의 식별자가 된다.

조각을 사용하면 다음과 같은 두 가지 장점이 있다.

1 재전송을 수행하지 않고도 설명하는 이름과 설명된 자원 이름을 구분한다.

2 클라이언트가 캐시할 수 있는 단일 자원에서 여러 설명을 그룹화함으로써 서로 다르게 연결된 자원을 검색하기 위한 여러 호출을 방지할 수 있다.

예를 들어, 다음 주소를 살펴보자.

```
http://workingontologist.org/fabien/objects/cars
```

이 주소 하나로 몇 가지를 설명할 수 있다.

```
http://workingontologist.org/fabien/objects/cars#bmw1
http://workingontologist.org/fabien/objects/cars#smart1
http://workingontologist.org/fabien/objects/cars#tesla1
…
```

그러나 해시 URI의 장점이 때로 단점이 될 수 있다. 주소에 접근할 때마다 전체 설명 소스가 검색되기 때문에 단일 자원에 대한 설명을 얻을 수 없다. 그러므로 설명된 자원 집합이 큰 경우 네트워크 트래픽, 메모리, 처리 측면에서 비용이 많이 들 수 있다.

이러한 문제에 대한 대안은 슬래시 URI(/ 기호)만 사용하여 다음과 같이 식별자를 생성하는 것이다.

```
http://workingontologist.org/fabien/objects/cars/bmw1
```

이는 '303 URIs', 'slash URIs', '303 redirect'로 불리는 두 번째 옵션이다. 이 옵션은 '303 See Other' HTTP 응답을 사용하여 사물의 HTTP URI에 대한 접근을 해당 사물에 대한 설명을 찾을 수 있는 URL로 재전송한다.

HTTP 슬래시 URI의 역참조는 다음과 같이 4단계 프로세스를 따른다.

1 클라이언트는 HTTP 슬래시 URI에 첫 번째 연결(HTTP GET)을 시도한다.

2 서버는 '303 See Other' HTTP 코드로 응답하고 설명을 얻을 수 있는 URL을 제공한다.

3 클라이언트는 제공된 URL에 대한 두 번째 호출(HTTP GET)을 수행한다.

4 서버는 요청받은 설명을 제공한다(200 OK).

모든 URI Resolution[3]과 마찬가지로 이 프로세스는 내용 협상과 결합되어 웹 서버에서 제공하는 결과가 클라이언트의 기본 설정에 최대한 가깝게 일치하도록 할 수 있다. 슬래시 URI 대안을 사용하면 설명의 저장과 전송에서 훨씬 더 모듈화 할 수 있다. 따라서 웹 클라이언트는 관심 있는 설명만 검색할 수 있다.

슬래시 방식의 단점은 HTTP 호출(초기 접근과 재전송 후 두 번째)이 2배가 되고, 컬렉션을 검색하려고 할 때 여러 개의 호출로 데이터가 조각화될 수 있다는 점이다.

요약하면, 해시를 이용한 조각은 그룹화가 가능한 소규모 데이터 세트(콘텐츠 통합, 링크, 동일한 수명주기)에 사용할 수 있다. 이렇게 조각을 사용할 수 있는 예로 어휘, 스키마, 온톨로지가 있다. 이 옵션은 웹 서버에서 파일을 호스팅하여 구현할 수 있기 때문에 더 간단하다. HTTP 303에 의한 재전송은 더 기술적이지만 제공되는 데이터를 더 잘 제어할 수 있다.

마지막으로, 동일한 데이터 세트에서 두 옵션을 사용하고 혼합하는 데 제약이 없다. 이런 경우, 인위적인 조각(예: #me, #this)을 추가하여 슬래시 URI의 모듈화와 해시 URI의 단순성을 결합할 수 있다. 예를 들어, 식별자를 생성하는 슬래시가 있는 전체 경로를 사용하여 설명에 대한 저장과 전송을 모듈화할 수 있고, 인위적인 조각(#this)을 추가하여 조각이 있는 사물의 URI와 조각이 제외된 설명의 URI가 2개의 서로 다른 식별자로 정의되어 재전송을 피할 수 있다. 이처럼 해시와 슬래시 URI 방식으로 내용 협상을 쉽게 구현할 수 있다.

```
http://workingontologist.org/fabien/objects/cars/tesla1#this
```

---

3 역자주: URI Resolution에 대한 한국어 번역어는 적절한 사례를 찾기 어렵다(적어도 책을 번역하는 시점에서). 'Resolution'의 사전적 의미는 해결, 결정, 확인, 분해를 포함하고 있다. RFC3986의 5.2절에 따르면, URI Resolution은 기본적으로 HTTP GET 요청을 식별된 관련 개체로 재전송하는 것이며, 기본(base) URI를 참조하여 상대(relative) URI를 확인하기 위해 여러 단계가 포함된다. 다시 말해, URI Resolution은 URI를 역참조하는 데 필요한 접근 매커니즘과 적절한 매개변수를 결정하는 프로세스다. 참고 자료: https://datatracker.ietf.org/doc/html/rfc3986

5.4 직접 확인해보기

이제 웹에서 직접 가져온 사례로 링크드 데이터가 어떻게 작동하는지 설명하려고 한다. 이 책을 쓰는 시점을 기준으로, 여기에 소개하는 사례는 대부분 온라인에서 쉽게 접근할 수 있다. 그러나 웹에서는 모든 것이 빠르게 변하기 때문에, 미래에도 다 그대로 작동할 것이라는 보장은 없다. 적어도 그중 일부는 당분간 유지된다는 가정하에 여러 가지 예를 제공할 것이다. 이를 통해 웹에서 링크드 데이터의 광범위한 사용을 보여줄 수 있다는 추가적인 장점이 있다.

DBLP의 참고문헌

DBLP는 전 세계 컴퓨터 과학 출판물의 서지 정보를 관리하는 서비스다[Ley 2002]. DBLP에 문서화된 각 출판물은 RDF의 데이터로도 사용할 수 있다. 여러 형식의 RDF 데이터에 접근할 수 있는 링크가 각 페이지에 있다. 이 책의 설명 방식에 따라, RDF 데이터는 DBLP에서 직접 사용할 수 있는 다운로드 형식이 아니더라도 Turtle 형식으로 보여줄 것이다.

예를 들어, 《Semantic Web for the Working Ontologist》의 2판은 DBLP로 인덱싱되며 식별 지수 번호 0028543이 부여된다. 출판물에 대한 정보로는 [그림 5-4]에서 보듯이 사람이 읽을 수 있는 HTML 형식의 URL(https://dblp.org/rec/html/books/daglib/0028543)과 기계가 읽을 수 있는 RDF 형식의 URL(https://dblp.org/rec/rdf/books/daglib/0028543)이 있다. [그림 5-5]는 Turtle 형식으로 데이터 세트에 대한 트리플을 제공하고 있다.

```
http://www.bbc.co.uk/nature/life/Great_white_shark.rdf
```

DBLP는 동일한 데이터가 다양한 용도와 형태로 제공된다는 것을 보여주는 간단한 예다. 사람이 읽을 수 있는 HTML은 조판과 스타일링 때문에 기계가 읽기 어렵고, RDF 트리플은 상호 참조와 고유 식별자로 인해 사람보다는 기계가 처리하는 것이 수월하다.

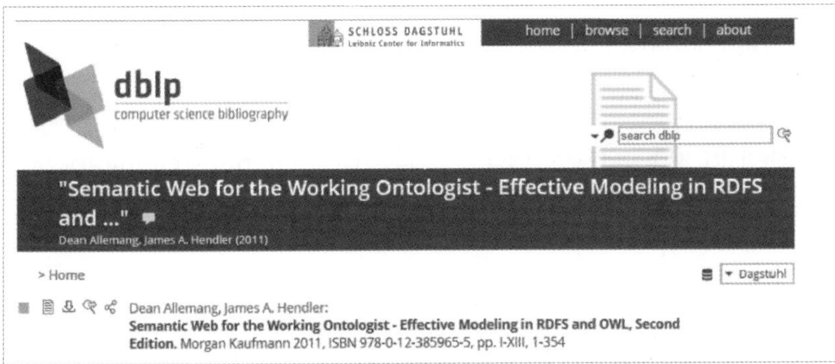

그림 5-4 dblp.org에서 제공하는 《Semantic Web for the Working Ontologist》 2판 참고문헌의 사람을 위한 HTML 렌더링

```
<https://dblp.org/rec/books/daglib/0028543>
    rdf:type dblp:Publication ;
    owl:sameAs <urn:isbn:978-0-12-385965-5> ;
    dblp:title "Semantic Web for the Working Ontologist - Effective Modeling in RDFS and OWL,
        Second Edition." ;
    dblp:bibtexType bibtex:Book ;
    dblp:publicationType dblp:Book ;
    dblp:authoredBy <https://dblp.org/pers/a/Allemang:Dean> ;
    dblp:authoredBy <https://dblp.org/pers/h/Hendler:James_A=> ;
    dblp:primaryElectronicEdition <http://www.elsevierdirect.com/product.jsp?isbn=9780123859655> ;
    dblp:pageNumbers "I-XIII, 1-354" ;
    dblp:yearOfPublication "2011" ;
    dblp:publishedBy "Morgan Kaufmann" ;
    dblp:isbn13 "978-0-12-385965-5" .
```

그림 5-5 dblp.org에서 제공하는 《Semantic Web for the Working Ontologist》 2판의 기계 판독 가능 버전

단백질 서열 게시

Universal Protein Resource^UniProt^는 단백질 서열과 기능 정보에 대한 포괄적이고 고품질이며 자유롭게 접근할 수 있는 자원을 과학 커뮤니티에 제공하는 서비스다[The UniProt Consortium 2018]. UniProt은 단백질 서열과 기능에 대한 RDF 설명을 제공한다. 여러분이 '세포 표면당 존재하는 단백질 MUC18'에 관심이 있는 생물학자라고 가정하고, 다음 URI를 살펴보자.

```
http://purl.uniprot.org/uniprot/P43121
```

UniProt의 서비스는 URI 재전송의 좋은 예다. 영구적인 URI는 http://purl.uniprot.org/uniprot/P43121이다. 사용자의 웹 브라우저가 이 HTTP URI에 접근하면 응답은 다음 항목으로 재전송된다.

```
https://www.uniprot.org/uniprot/P43121
```

브라우저에 표시하는 데 적합한 HTML 페이지로 해석되지만([그림 5-6] 참조), 시스템에서 동일한 HTTP URI에 접근하면 응답은 해당 설명의 RDF 버전으로 재전송된다.

```
https://www.uniprot.org/uniprot/P43121.ttl
```

재전송된 URI는 RDF 문서로 확인되며, 그중 일부를 [그림 5-7]에서 볼 수 있다.

그림 5-6 UnitProt의 세포 표면당 존재하는 단백질 MUC18: 사람을 위한 HTML 렌더링의 추출물(uniprot.org에서 컬러용으로만 편집되었으며 CCBY 4.0 https:// www.uniprot.org/help/license으로 라이선스 부여)

```
:P43121 rdf:type up:Protein ;
    up:reviewed true ;
    up:created "1995-11-01" ;
    up:modified "2019-05-08: ;
    up:version 173 ;
    up:mnemonic "MUC18_HUMAN" ;
    up:oldMnemonic "MUC18-HUMAN" ;
    up:replaces <095812>, <Q59E86>, <Q6PHR3>, <Q6ZTR2> ;
    up:citation citation:2602381 .
```

그림 5-7 UnitProt의 세포 표면당 존재하는 단백질 MUC18: 자동 사용을 위한 Turtle 버전의 추출물(uniprot.org에서 편집되지 않고 CCBY 4.0 https://www.uniprot.org/help/license로 라이선스 부여)

데이터로서의 위키백과: 디비피디아

디비피디아는 위키미디어 프로젝트에서 생성된 정보에서 구조화된 콘텐츠를 추출하기 위한 크라우드 소싱 커뮤니티 활동이다[Auer et al. 2007]. 디비피디아는 위키피디아를 기반으로 구축되었다. 디비피디아 이니셔티브는 위키피디아와 위키미디어 프로젝트 페이지에서 구조화된 데이터를 추출하고 게시하므로 다양한 도메인과 주제를 포함한다. 이 장의 다른 예와 같이 디비피디아는 정보를 게시할 때 RDF와 링크드 데이터 원칙을 사용한다. 따라서 모든 주제에는 재전송과 연결을 사용하여 모든 설명이 HTML이나 RDF로 제공되는 HTTP URI가 있다. 다음 식별자는 '에펠 탑' 개념을 식별하는 예다.

```
http://dbpedia.org/resource/Eiffel_Tower
```

브라우저를 사용하여 해당 HTTP URI에 접근하면 다음 URL로 재전송된다.

```
http://dbpedia.org/page/Eiffel_Tower
```

이 URL은 해당 주제에 대해 추출된 모든 데이터를 렌더링하고, 링크드 데이터로 웹에서 공개적으로 사용할 수 있는 HTML 페이지를 표시한다([그림 5-8] 참조). 동일한 HTTP URI에서 Turtle/N3 구문을 사용하는 RDF 등 다른 여러 형식을 협상할 수 있다. 그러면 다음과 같은 다른 URL로 재전송된다([그림 5-9] 참조).

```
http://dbpedia.org/data/Eiffel_Tower.n3
```

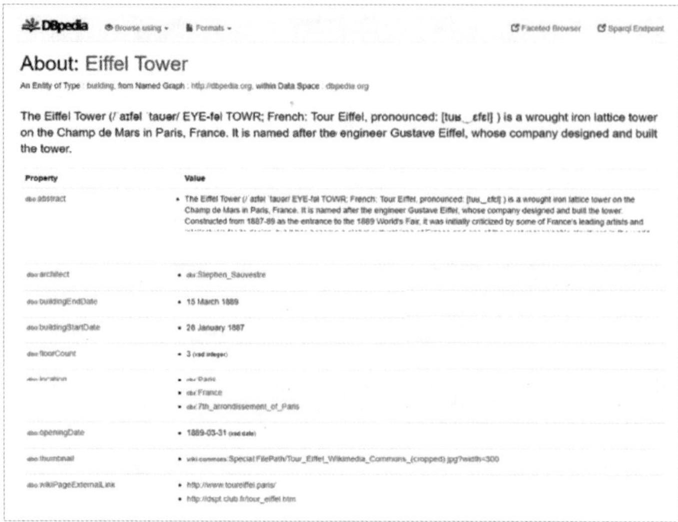

그림 5-8 DBpedia의 에펠탑: 사람을 위한 HTML 렌더링의 추출물(dbpedia.org에서 컬러 전용으로 편집됨. CC BYSA https://creativecommons.org/licenses/by-sa/3.0/us/)

```
@prefix dbo:  <http://dbpedia.org/ontology/> .
@prefix dbr:  <http://dbpedia.orf/resource/> .
@prefix rdf:  <http://www.w3.org/1999/02/22-rdf-syntax-ns#> .
@prefix umbel-rc:  <http://umbel.org/umbel/rc/> .
@prefix dbp:  <http://dbpedia.org/property/>
@prefix wikidata:  <http://www.wikidata.org/enity/> .
dbr:Eiffel_Tower   rdf:type  umbel-rc:Skyscraper, wikidata:Q41176,
                             umbel-rc:Building, dbo:Location, dbo:Place, dbo:Builing ;
                   dbo:buildingStartDate "28 January 1887" ;
                   dbp:years  1889 ;
                   dbo:floorCount "3"^^xsd:positiveInteger ;
                   dbp:mainContractordbr:Gustave_Eiffel ;
                   dbo:location dbr:Paris ,
                       <http://dbpedia.org/resource/7th_arrondissement_of_paris>, dbr:France ;
                   dbp:latd  48 ;
                   dbp:latm  51 ;
                   dbp:longd  2 ;
```

```
17                  dbp:longew "E"^^rdf:langString ;
18                  dbp:longm 17 ;
19                  dbp:elevantorCount 8;
20                  dbp:height 300 .
```

그림 5-9 DBpedia의 에펠탑: 기계가 처리할 수 있는 RDF/Turtle 버전의 추출물(dbpedia.org에서 형식에 맞게 편집됨. CC BYSA https://creativecommons.org/licenses/by-sa/3.0/us/)

이제 링크드 데이터 게임을 한번 해보자. [그림 5-9]에서 에펠탑이 위키데이터 유형이라고 기술한 트리플(8행)을 발견할 수 있다. Q41176은 네임스페이스 접두사 wikidata:를 사용하는 CURIE이며, 6행에 정의되어 있다. 이 단계에서 CURIE(즉, 접두사를 정의된 네임스페이스로 교체)를 확장하여 접근할 수 있는 HTTP URI를 얻을 수 있다.

```
http://www.wikidata.org/entity/Q41176
```

브라우저를 사용하여 해당 HTTP URI에 접근하면 다음 URL로 재전송된다.

```
https://www.wikidata.org/wiki/Q41176
```

이 URL은 이 자원에 대한 모든 데이터를 표시하는 HTML 페이지를 보여준다([그림 5-10] 참조). 이 페이지는 데이터 웹의 또 다른 중요한 데이터 출처인 위키데이터의 일부분이다. 위키미디어 재단은 위키피디아, 위키보이지Wikivoyage 등 재단 내 여러 프로젝트에서 사용되는 구조화된 데이터를 위한 중앙 저장소를 제공하고 있으며, 위키데이터는 이 재단의 또 다른 이니셔티브다. 위키미디어 재단의 많은 이니셔티브와 마찬가지로 이 지식베이스는 웹에 공개되어 있으며 누구나 읽고 편집할 수 있다.

그림 5-10 Wikidata의 'Building': 사람을 위한 HTML 렌더링 발췌(wikidata.org에서 CC-BY-SA 라이선스 부여)

다른 예에서 보았듯이 애플리케이션은 RDF N-Triples(3.8절 참조)와 같이 동일한 데이터([그림 5-11] 참조)에 대해 다른 형식을 선호하도록 지정할 수 있다.

```
<http://www.wikidata.org/entity/Q41176> rdgs:label "building:@en .
<http://www.wikidata.org/entity/Q41176> skos:prefLabel "building"@en .
<http://www.wikidata.org/entity/Q41176> <http://schema.org/name> "building"@en .
<http://www.wikidata.org/entity/Q41176> rdfs:label "Bilding"@pih .
<http://www.wikidata.org/entity/Q41176> skos:prefLabel :Bilding"@pih .
<http://www.wikidata.org/entity/Q41176> <http://schema.org/name> "Bilding"@pih .
<http://www.wikidata.org/entity/Q41176> rdfs:label "budova"sk .
<http://www.wikidata.org/entity/Q41176> skos:prefLabel "budova"@sk .
```

그림 5-11 Wikidata 의 'Building': 기계가 처리할 수 있는 RDF N-Triple 버전 발췌(wikidata.org에서 CC-BY-SA 라이선스 부여)

모든 조각을 종합해보면, 디비피디아에 나열된 에펠탑 유형 중에서 발견된 wikidata:Q41176이라는 신비한 자원이 위키데이터에 표시된 건물 범주를 나타내는 것을 볼 수 있다. 건물이라는 사실을 포함해 에펠탑에 대한 큰 그림을 얻기 위해 디비피디아와 위키데이터의 두 데이터 세트의 정보를 결합한다. 이런 식으로 데이터 웹에서 두 데이터 출처에 걸친 링크를 확인할 수 있다.

RDF 데이터 연결

링크드 데이터를 웹에 게시하는 데 권장되는 형식은 RDF이며, 3장에서 살펴본 것처럼 다양한 직렬화 형식(XML, Turtle, JSON-LD, RDFa 등)이 있다. 이러한 형식은 HTTP URI를 역참조할 때, 내용 협상의 일부로 지정할 수 있다. 그러나 직렬화에 관계없이 콘텐츠는 트리플 집합(3.1절)으로 제공되며 각각의 트리플의 구성 요소는 HTTP URI다.

RDF는 모든 것을 식별하기 위해 URI에 의존하기 때문에 웹에서 설명을 게시, 교환, 확장하는 데 탁월한 데이터 모델이 된다. HTTP URI를 사용하면 식별자에 대한 데이터를 얻고 확장하는 표준 방법을 제공받을 수 있다. 실제로 RDF 트리플에는 최대 3개의 HTTP URI(주어, 술어, 목적어)가 포함되어 있으며 각 URI를 사용하여 데이터를 추적하고 새로운 데이터를 검색할 수 있다. RDF 데이터 세트에 사용된 모든 HTTP URI에서 추가 정보를 검색할 수 있다.

이러한 의미에서, RDF 트리플은 한 자원과 다른 자원 간의 링크이기 때문에 모든 RDF 데이터 세트에는 이미 링크가 포함되어 있다. 그러나 이러한 연결만으로 데이터 웹을 구성하기에 충분하지 않다. 각 데이터 원본이 자체 도메인의 URI만 사용한다면 해당 원본 데이터는 고립되고 데이터 웹은 생성될 수 없을 것이다. 링크드 데이터에서 웹을 짜려면 데이터 세트에 대한 링크가 필요하다. 즉, 한 데이터 세트에 있는 트리플의 주어 또는 목적어가 다른 데이터 세트의 URI를 재사용해야 한다. 이러한 링크는 많을수록 더욱 좋다. 왜냐하면 데이터 웹이 더 촘촘하게 상호 연결될수록 향상된 검색·크롤링·통합·탐색·집계 등을 지원할 수 있기 때문이다.

외부 링크는 다양한 방법으로 설정할 수 있다.

1 새로운 데이터 세트는 공통 항목에 대한 자체 URI를 만들 수 있다. 이것은 데이터 웹의 일부가 될 것이라는 기대 없이 자체적으로 생성된 데이터 세트에 대해 가장 가능성 있는 시나리오다. 이 경우 나중에 새로운 데이터 세트의 일부 URI가 다른 데이터 세트에 이미 URI가 있는 개체를 실제로 참조한다는 사실을 식별하여 링크가 설정된다.

2 새로운 데이터 세트의 설계자는 기존 데이터 세트에서 이미 설정한 URI를 재사용하기 위해 노력할 수 있다. 이 방법은 새로운 데이터 세트의 설계자가 설명하는 내용에 해당하는 URI를 결정해야 하기 때문에 좀 더 많은 노력이 필요하다. 두 개체가 실제로 동일한 것을 참조하도록 의도되었는지 여부를 따로 설정할 필요가 없기 때문에 이 선행 작업은 장기적으로 성과를 거둘 수 있다. 이때 데이터 설계자는 URI 재사용에 대해 명확히 정의해야 한다.

3 대부분의 표준은 이미 일부 개체에 사용할 수 있지만 링크드 데이터로 게시되지 않았다. 예를 들어, ISO는 전 세계 국가에 대해 짧은 코드(최대 3자)를 게시한다. 위 2번의 변형은 해당 표준을 사용하여 URI를 생성하는 것이다. OMG[Object Management Group]는 이 전략을 사용하여 LCC(언어, 국가, 코드)를 게시한다. 예를 들어 영국의 ISO 코드 URI는 다음과 같다.

```
http://www.omg.org/spec/LCC/Countries/ISO3166-1-CountryCodes/GB
```

OMG에서 이것을 찾아볼 필요는 없다. 영국의 ISO 두 자리 코드가 GB임을 알았다면, ISO 두 자리 국가 코드를 추가하여 직접 슬래시 URI를 만들 수 있다.

```
http://www.omg.org/spec/LCC/Countries/ISO3166-1-CountryCodes/
```

4 위 2번의 또 다른 변형은 데이터 세트를 스키마에 연결하는 것이다. 8장(RDFS), 9장(RDFS-Plus), 11장(SKOS), 12장(OWL)에서 RDF에 대한 스키마 언어를 소개한다. 스키마 언어는 일반적으로 데이터를 정렬하는 데 사용할 수 있는 클래스와 속성 같은 메타데이터 항목을 정의한다. 이러한 클래스와 속성 자체는 HTTP URI로 식별된다.

URI와 관련하여 4번을 자세히 보면 2번과 동일하다는 것을 알 수 있다. 그러나 4번에서 URI는 클래스 이름과 속성 이름(데이터가 원래 관계형 데이터스토어에 있는 경우 테이블 이름과 필드 이름에 해당될 수 있음)을 참조한다. 둘 이상의 데이터 세트가 동일한 스키마를 재사용하는 경우 데이터 세트를 연합하는 것이 더욱 쉽다. 예를 들어, FIBO[Financial Industry Business Ontology][EDM Council 2018]는 금융 상품에 대한 스키마 정보를 제공한다. 특히 금융 전문가가 아닌 사람들을 위해 자동차 대출이나 주택 담보 대출과 같이 조금씩 상환하는 대출 유형인 LoanDrawdown이라는 클래스를 제공한다. FIBO는 이러한 종류의 대출에 차용자, 대출자, 만기 시간, 잔액 등이 있다고 기술하고 있다. 예를 들어, 두 데이터 세트가 스키마 정보를 FIBO에 연결하면, 두 소스의 데이터를 쉽게 통합하여 특정 차용인에 대한 모든 대출과 잔액을 찾을 수 있다.

FIBO는 링크드 데이터로 게시된 여러 스키마 중 하나에 불과하다. 데이터가 적용되는 도메인에 따라 데이터 웹에 게시된 스키마는 수백 개가 될 수 있다. 웹상의 다른 것들과 마찬가지로 최상의 스키마를 찾을 수 있도록, 디렉터리와 검색 엔진 기능을 제공하는 웹 응용 프로그램이 있다. 그중 하나는 LOV Linked Open Vocabularies[4] [Vandenbussche et al. 2017]로, 가장 잘 알려진 어휘와 링크를 찾을 수 있다([그림 5-12] 참조).

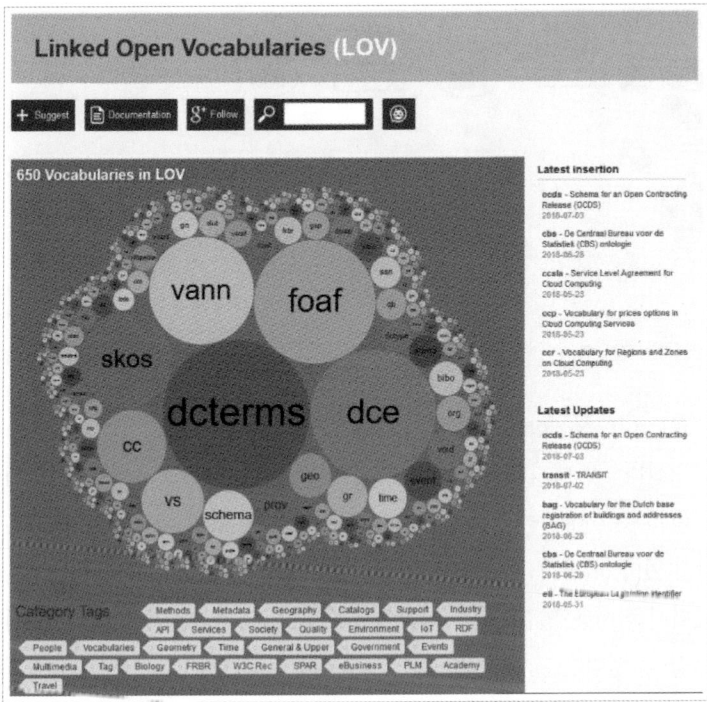

그림 5-12 OKFN의 LOV(https://lov.linkeddata.es/에서 컬러용으로 편집됨. https://creativecommons.org/licenses/by/4.0/ 라이선스 부여)

링크드 데이터의 웹 요리: Datatouille 은유

웹에서 링크드 데이터를 생성하고 소비하는 전체 프로세스는 [그림 5-13]과 같이 라따뚜이 레시피 비법을 사용하여 설명할 수도 있다. 프랑스 남부식의 완벽한 라따뚜이 요리를 얻기 위한 비결 중 하나는 각각의 야채를 따로 요리하는 것이다(1단계). 각각의 재료가 적절하게 조리되면 요리사가 이를 섞어 라따뚜이를 한 접시로 조리한다(2단계). 라따뚜이는 다양하게 활용할 수 있는 요리로, 다른 요리의 재료로 쓸 수 있다(3단계).

4 출처: https://lov.linkeddata.es/dataset/lov/

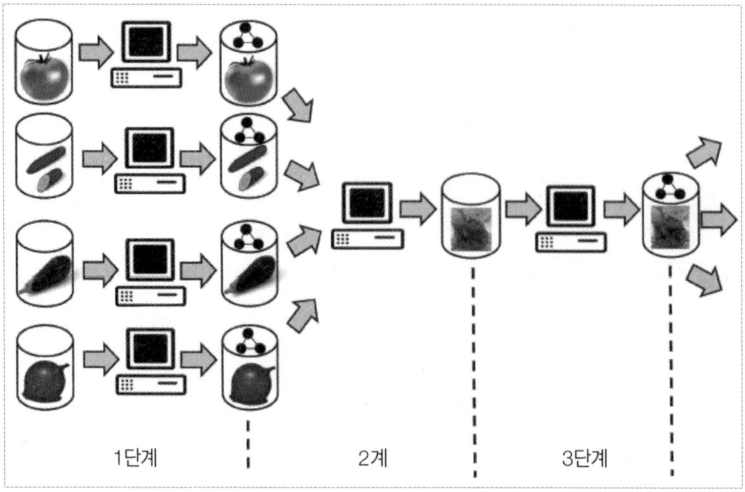

그림 5-13 링크드 데이터를 생성하는 세 단계

링크드 데이터를 준비, 게시, (재)사용하는 것은 이 프로세스와 공통점이 많다. 각 데이터 소스는 소유자가 별도로 준비한다. 각 데이터 제공 업체는 데이터 선택(민감도, 익명성 등), 데이터 세트의 기능(속도, 볼륨 등), 데이터 인프라(레거시 소프트웨어, 유지 관리 비용 등) 측면에서 고유한 제약을 갖고 있다. 따라서 각 소스는 링크드 데이터를 별도로 요리한다(1단계). 그러면 누구나 게시된 데이터를 사용·연결하고 처리하여 집계 데이터, 통계/마이닝/추론 결과 등 새로운 데이터를 생성할 수 있다(2단계). 결과적으로 새롭게 만들어진 데이터는 소유자가 웹에 링크드 데이터로 게시할 수 있는 소스가 된다(3단계).

머그잔의 링크드 데이터 원칙

W3C는 링크드 데이터 원칙을 요약해서 설명하기 위해 팀 버너스리Tim Berners-Lee가 제안한 링크드 데이터에 대한 별점 5 배포 계획을 머그잔에 인쇄했다. 이 체계는 웹 데이터를 별 1개에서 별 5개로 표시하는 규칙이다. 별표를 얻기 위한 각 추가 규칙은 데이터가 이전 규칙을 모두 충족한다고 가정한다. [그림 5-14]에서 이 규칙을 구체적으로 확인할 수 있다. 즉, 개방형 W3C 표준을 사용하고 다른 데이터에 링크된 비독점의 구조화된 형식으로 웹에서 데이터를 사용하도록 권장한다.

★ 데이터는 어떤 형식으로든 웹에서 사용할 수 있다.

★★ 기계가 읽을 수 있는 구조화된 데이터로 사용할 수 있다(예: 스캔된 이미지가 아님).

★★★ 비독점 형식(예: Microsoft Excel이 아닌 CSV)으로 제공된다.

★★★★ W3C(RDF 및 SPARQL)의 개방형 표준을 사용하여 게시된다.

★★★★★ 위의 모든 내용과 다른 링크드 오픈 데이터에 대한 링크.

그림 5-14 W3C의 링크드 데이터 원칙

웹을 위한 또 다른 클라우드

'Linked Open Data Cloud' 또는 'LOD Cloud'라는 용어[Abele et al. 2017]는 컴퓨터 과학의 클라우드 패러다임이 아니라 링크드 데이터 원칙을 적용하여 얻은 링크드 데이터 세트의 패러다임을 가리킨다. 이 클라우드는 오픈 데이터 세트와 에지를 나타내는 노드에 의해 형성된 그래프다. 두 데이터 세트의 데이터가 동일한 자원(예: 사람, 장소)을 식별하기 위해 다른 데이터 세트의 식별자를 재사용하면 서로 연결된다. 이 클라우드는 https://old.datahub.io/organization/lodcloud의 Linked Open Data Hub 웹 사이트에 등록된 데이터 웹의 일부로 구성된다. 데이터 웹은 데이터 세트로 이루어져 있으며, 데이터 세트는 [그림 5-15]와 같이 해당 설명을 수집하고 정제한 후 Linking Open Data Cloud 다이어그램으로 컴파일한다.

그림에 표시된 다이어그램의 2017년 에디션은 거의 3,000개의 데이터 세트에서 1,500억 개의 트리플을 집계한 LOD 클라우드를 보여준다. 각 노드(원)는 데이터 세트를 나타내며 일부 노드는 자체적으로 규모가 매우 크다. 색상은 응용 영역(예: 생명 과학, 출판, 정부, 지리)을 나타낸다.

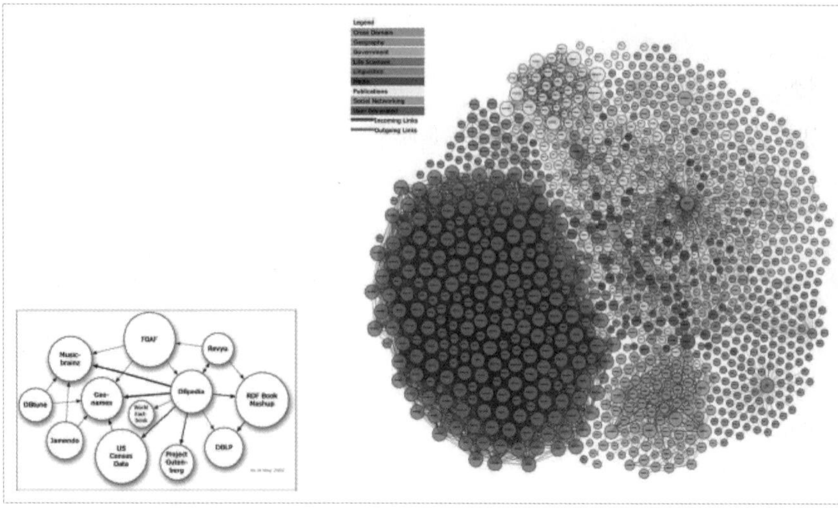

그림 5-15 오픈 데이터 클라우드 다이어그램 연결[Abele et al. 2017]. 왼쪽은 2007년, 오른쪽은 2017년으로 10년 차이가 남(lod-cloud.net의 Linked Open Data Cloud에서 컬러용으로 편집. https://creativecommons.org/licenses/by/2.0/에 라이선스 부여)

이 클라우드에 포함된 일부 소스는 링크드 데이터의 핵심이거나 역사적 관점에서 중요한 의미를 갖는다. 일부는 이미 소개되었다.

- **디비피디아**: 'Wikipedia as data: DBpedia' 섹션에서 설명하고 있으며, 링크드 오픈 데이터 클라우드에서 신뢰할 수 있는 최초의 데이터이고 식별자를 제공하는 오픈소스다. 링크드 데이터의 초창기에 개발되어 선구적인 역할을 했던 프로젝트이며, 백과사전적 특성으로 인해 다른 데이터 세트에서 참조하는 데 적합하다.
- **위키데이터**: 역시 'Wikipedia as data: DBpedia' 섹션에서 설명하고 있으며, 디비피디아와 가까운 친척이다. 디비피디아는 위키피디아에서 데이터를 추출하는 반면, 위키데이터는 위키 방식으로 구조화된 데이터를 직접 편집하고 선별한다는 차이점이 있다. 위키데이터의 구조화된 데이터를 질의하여 다른 사이트의 테이블 또는 정보 상자infobox와 같은 콘텐트를 생성할 수 있다.
- **지오네임스**Geonames: 모든 국가를 포괄하는 무료 버전의 지리 데이터베이스다. 이 글을 쓰는 시점을 기준으로 현재 1,100만 개 이상의 장소 설명(국가, 도시, 지역 등)과 통화, 인구, 언어, 지역, 지역, 지리적 좌표 등을 포함한 이름과 정보를 포함하고 있다.
- **UniProt**Universal Protein Resource: 단백질 서열과 주석의 포괄적인 데이터 세트를 구축하고 게시하기 위한 국제적 이니셔티브다.

링크드 데이터 플랫폼 아키텍처

웹이 애플리케이션 아키텍처로 발전하는 과정에서 웹상에 서비스를 조직하고 알리는 방법에 관한 일련의 권고 사항인 REST(대표적 상태 전송) 사양은 크게 발전했다. REST는 그 자체로 책의 주제가 될 만큼 방대하다. REST의 기본 구조는 작고 균일하며 미리 정의된 일련의 작업(특히 표준 HTTP 방법인 GET, PUT, PATCH, POST, DELETE)을 통해 자원의 표현에 접근하고 조작하는 것을 기반으로 웹을 통한 서비스 상호운용성을 보장한다는 것이다. REST 원칙을 준수하는 서비스를 RESTFul이라고 한다.

REST가 성공하면서 W3C는 Linked Data Platform[LDP][Speicher et al. 2015], 즉 웹 애플리케이션이 HTTP 프로토콜을 사용하여 데이터 자원을 게시, 편집, 삭제할 수 있는 방법을 지정해왔다. LDP는 링크드 데이터에 REST가 접근하는 표준 방법을 규정하고 있으며, 링크드 데이터 자원을 생성하고 처리하는 클라이언트와 서버를 구축하는 방법을 설명한다.

실제 응용 프로그램은 다양한 파일과 데이터 형식을 관리해야 하기 때문에 LDP는 RDF 표현이 있는 자원(RDF 설명)과 다른 형식(예: HTML 파일, 이미지, 이진 파일)을 사용하는 자원의 두 종류 자원을 구분한다.

웹에서 자원을 추가하거나 제거하려면 이러한 자원을 읽고 쓸 수 있는 일종의 데이터 공간이 있어야 한다. 이런 이유로 LDP는 자원을 그룹화하고 관리하는 자원 모음으로 컨테이너 개념을 도입했다. 종종 컨테이너의 구성원은 동질적이다(예: 사용자 프로필 모음, 책 설명 카탈로그, 자동차 재고 목록). LDP는 컨테이너의 자원 관리 자동화를 다양한 수준에서 지원하고 있는데, 크게 세 종류의 컨테이너로 구분하여 지원한다.

- **기본 컨테이너**: 간단한 포함 용어와 접근 메커니즘을 제공한다.
- **직접 컨테이너**: 도메인별로 멤버십 주장을 사용하는 것에 대해 지원한다(예를 들어, 책 모음의 모든 자원과 저자를 나타내는 자원 간에 '저자'라는 관계를 주장함).
- **간접 컨테이너**: 사용자가 생성하는 도메인별 구성원 자원의 URI를 보다 정확하게 제어한다.

자원 형식	방법	결과
컨테이너	GET	컨테이너의 모든 멤버 열거
	POST	컨테이너의 새 멤버 생성
	PUT	컨테이너 설명 업데이트
	PATCH	컨테이너 설명의 부분 업데이트
	DELETE	컨테이너 삭제
다른 자원 형식	GET	자원의 표현 검색
	PUT	자원 설명 업데이트
	PATCH	자원 설명의 부분 업데이트
	DELETE	자원의 설명 삭제
컨테이너 또는 자원	OPTIONS	자원에 대해 허용된 작업 검색
	HEAD	자원에 대한 메타 정보만 검색

그림 5-16 LDP에 지정된 HTTP 동사의 효과

```
POST /fabien/ HTTP/1.1
Host: inria.fr
Link: <http://www.w3.org/ns/ldp#Resource>; rel="type"
Content-Type: text/turtle
Slug: foaf

@prefix foaf: <http://xmlns.com/foaf/0.1/> .
@prefix dc: <http://purl.org/dc/terms/> .
<> a foaf:PersonalProfileDocument ;
foaf:primaryTopic <#me> ;
dc:title 'Fabien's FOAF profile' .
<#me> a foaf:Person;
foaf:name 'Fabien Gandon' .



HTTP/1.1 201 Created
Location: http://inria.fr/fabien/foaf
Link: <http://www.w3.org/ns/ldp#Resource>; rel="type"
Content-Length: 0
```

그림 5-17 LDP 컨테이너에 대한 POST 요청 및 그 결과의 예

LDP는 각 HTTP 동사가 자원과 컨테이너에 미치는 영향을 지정한다. [그림 5-16]은 각 사례를 요약하고 표준 HTTP 동사를 사용하여 LDP 호환 플랫폼에서 자원과 컨테이너를 원격으로 관리하는 방법을 보여준다. [그림 5-17]은 웹 서버(inria.fr, 2행)의 LDP 플랫폼에 있는 컨테이너(/fabien/, 1행)로 전송된 HTTP 요청(1~13행)의 내용을 보여준다. 요청할 때는 동사 POST(1행)를 사용한다.

[그림 5-16]에서 보듯이 컨테이너에 POST 동사를 사용하면 해당 컨테이너의 새로운 구성원이 생성된다. 요청은 Turtle의 RDF 자원에 대한 설명을 제공하며(4행에 직렬화 지정) 새로운 자원에 대한 데이터를 직접 포함한다(7~13행). 서버에서 돌아오는 응답(15~18행)은 서버가 요청을 수락하고(16행) 자원이 생성되었으며(이것도 16행) 새로 생성된 설명의 URI가 반환되었음을 보여준다(17행).

5.5 이 장을 마치며

링크드 데이터의 웹을 짜려면 (1) HTTP URI를 사용하여 모든 이름을 지정하고 (2) 접근할 때마다 URI로 식별되는 자원에 대한 기술 정보를 적절한 형식으로 제공하고 (3) 다른 항목의 HTTP URI 링크를 기술하는 정보를 포함해야 한다.

이번 장은 URI를 생성하는 방법과 URI의 재참조 과정에서 HTTP로 최상의 답변을 얻기 위해 협상하는 방법을 검토했다. 웹에서 서비스되고 있는 링크드 데이터의 사례와 링크드 데이터 클라우드에 대해서도 설명했다. 마지막으로 데이터 웹에서 자원과 자원 기술을 읽고 쓰기 위해, LDP라는 표준화된 서비스 아키텍처와 HTTP 동사verb를 기반으로 하는 오퍼레이션 집합을 제공하는 방법을 살펴보았다.

주요 개념

- **HTTP URI** – HTTP 프로토콜을 사용하지 않는 이름을 지정하기 위해 생성된 URI다.
- **역참조** – 참조하는 자원에 대한 정보를 찾기 위해 HTTP URI를 확인하는 프로세스다.
- **내용 협상** – 클라이언트 콘텐츠 사양에 따라 동일한 HTTP URI를 확인할 때 HTTP 서버가 다른 형식으로 콘텐츠를 제공하는 프로세스다.
- **링크드 데이터 플랫폼**LDP – 웹 응용 프로그램이 HTTP 프로토콜을 사용하여 자원을 게시, 편집, 삭제하는 방법에 대한 권장 사항 집합이다.

CHAPTER 6

시맨틱 웹 질의하기: SPARQL

RDFResource Description Framework는 분산된 데이터를 나타내는 간단한 방법을 제공한다. 트리플은 두 개의 사물things을 고유한 이름으로 연결하는 가장 간단한 표현 방법이다. 그러나 데이터에 접근할 수 있는 수단이 없으면 데이터 표현은 쓸모없다. RDF 데이터에 접근하는 표준 방법은 SPARQL이라는 질의 언어를 사용하는 것이다. SPARQL(스파클)은 재귀적으로 만들어진 약어로, SPARQL 프로토콜과 RDF 질의 언어를 의미한다. SPARQL 질의 언어는 RDF 자체의 구조와 밀접하게 연결되어 동작하며, SPARQL 질의 패턴은 Turtle의 변형으로 표현된다(이 책 전체에서 RDF를 표현하기 위해 사용하는 것과 동일한 언어). 질의된 RDF 그래프는 하나의 데이터에서 만들거나 여러 종류의 데이터를 병합하여 만들 수 있고, SPARQL로 데이터를 조회할 수 있다.

이 장에서는 SPARQL 질의 언어를 여러 가지 예로 설명한다. 대부분의 예제는 2008년에 발표된 표준 버전 1.0을 기반으로 한다. 최신 버전인 SPARQL 1.1은 더 많은 고급 기능을 포함하고 있다. SPARQL 1.1은 SPARQL 1.0과 역호환되므로 두 버전 모두에서 기본 기능을 사용할 수 있다[Harris and Seaborne 2013].

SPARQL은 질의 언어이며 XQUERY와 SQL 같은 다른 질의 언어와 많은 기능을 공유한다. 그러나 SPARQL 질의 언어는 여러 측면에서 다른 특징을 갖고 있다. 특정 질의 언어에 대한 배경 지식이 없다는 가정 아래, 데이터 질의에 대해 간단하고 기본적인 정보 검색 시스템으로 시작해보자. 이 시스템을 Tell-and-Ask 시스템이라고 한다.

6.1 Tell-and-Ask 시스템

Tell-and-Ask 시스템은 사용자가 몇 가지 사실을 말하면 그 내용을 바탕으로 질문에 답하는 간단한 시스템이다. 다음 예를 살펴보자.

Tell: 제임스 딘은 영화 '자이언트Giant'에서 연기했다.

이제 몇 가지 질문을 할 수 있다.

Ask: '자이언트'에서 연기한 사람은?
Answer: 제임스 딘
Ask: 제임스 딘은 어디서 연기를 했나?
Answer: 자이언트

다음과 같이 몇 가지 사실을 추가할 수 있다.

Tell : 제임스 딘은 '에덴의 동쪽East of Eden'에서 연기했다.
Tell : 제임스 딘은 '이유 없는 반항Rebel Without a Cause'에서 연기했다.

그런 다음, 질문을 다시 할 수 있다.

Ask : 제임스 딘은 어디서 연기를 했나?
Answer: 자이언트, 에덴의 동쪽, 이유 없는 반항.

이제, 단순화된 언어를 사용하는 대신 자연어를 이해하는 질문에 응답하는 정교한 Tell-and-Ask 시스템을 상상할 수 있다.

Ask : 제임스 딘은 어떤 영화에 출연했나?
Answer: 자이언트, 에덴의 동쪽, 이유 없는 반항.

대부분의 실제 Tell-and-Ask 시스템은 자연어 처리에 전혀 도움이 되지 않는다. 좀 더 복잡한 질의 응답 시스템에서 사용자가 실제로 묻고 싶은 것을 아주 구체적으로 말하는 것이 상당히 어려울 수 있다. 이런 시스템은 매우 정확하고 기술적인 언어를 사용하는 것이 일반적이다. 표면상으로 Tell-and-Ask 시스템이 그다지 흥미롭지 않아 보일 수도 있다. 직접 말하지 않은 것은 아무것도 알아내지 못하고, 계산이나 분석도 하지 않는다. 하지만 이런 판단은 조금 성급할 수 있다. 사실, 매우 간단한 Tell–and–Ask 시스템일지라도 꽤 유용하다. 간단한 주소록 하나를 살펴보자.

주소록을 사용해본 적이 있을 것이다. 수첩의 주소록조차도 무언가를 말하는 과정(주소를 적는 것)과 무언가를 묻는 과정(주소를 찾는 것)에 사람의 노력이 많이 들어간다. 그렇다면 주소록 역할을 하는 컴퓨터 프로그램은 어떻게 작동할까?

종이 주소록처럼 이름, 주소, 전화번호, 이메일 주소 또는 기타 정보를 알려줄 수 있다. 제임스 딘과 영화의 예에서 설명한 Tell–and–Ask 시스템과 달리, 문장 형태로 주소록에 말을 하진 않을 것이다. 일반적으로, 새로운 정보는 이름과 주소 필드가 있는 양식에 작성한다. 즉, 양식을 기입하여 주소를 '말한다.'

질문은 어떻게 할까? 누군가의 주소를 알고 싶다면, 처음에 정보를 말하기 위해 입력한 것과 매우 유사하지만 조금 다른 형태로 이름을 입력한다. 이름을 입력하면 주소가 표시된다. 주소록은 처음에 알려준 것만 돌려준다. 어떤 계산도 하지 않고 결론도 내리지 않는다. 이런 프로그램이 어떻게 흥미로운 시스템이 될 수 있었을까? 계산할 능력이 없어도 주소록은 유용한 시스템이다. 주소록은 어떤 종류의 유용한 정보를 정리하고, 그 정보가 필요할 때 찾을 수 있도록 도와준다. 즉, 주소록은 간단한 Tell–and–Ask 시스템으로, 무언가를 말하고 나서 질문할 수 있다.

사실 주소록조차 가장 단순한 Tell–and–Ask 시스템보다는 좀 더 발전된 시스템이다. 주소록에서 주소를 검색할 때 일반적으로 주소 외에 더 많은 정보를 얻는다. 마치 다음과 같은 질문을 던지는 것과 같다.

Ask: 매기 스미스의 주소는 무엇인가?
Ask: 매기 스미스의 전화번호는 무엇인가?
Ask: 매기 스미스의 이메일 주소는 무엇인가?

주소록 시스템을 좀 더 유용하게 만들 수 있는 방법은 무엇일까? 여러 가지 방법으로 동작을 향상시킬 수 있고, 실제 주소록 응용 프로그램에서 사용할 수 있다. 주소록을 '스마트'하게 만드는 한 가지 방법은 질문하는 사용자의 요구를 줄이는 것이다. 예를 들어 주소를 찾을 때 '매기 스미스'를 입력하는 대신 시스템에서 '매기Maggie'를 입력하고 수취인 이름에 '매기'라는 단어가 포함된 주소를 찾을 수 있다. 이것은 다음과 같이 묻는 것과 비슷하다.

Ask: 이름에 '매기'가 포함된 모든 사람의 주소는 무엇인가?

이렇게 하면 더 많은 답변을 얻을 수 있다. 예를 들어 매기 킹Maggie King의 주소가 있으면, 질문에 대한 응답으로 두 주소를 모두 받게 된다.

더 나아가 다른 정보를 바탕으로 질문할 수도 있다. 주소 필드에 정보를 입력하여 이름 대신 주소에 대해 질문할 수 있다.

Ask: 'Downing'이 포함된 주소에 사는 사람은 누구인가?

공통 Tell-and-Ask 인프라: 스프레드시트

주소록은 특정한 목적을 지닌 Tell-and-Ask 시스템의 한 예다. 주소록은 단일 작업을 목표로 하며 사용자가 말하고 질문할 수 있는 정보에 대해 고정된 구조를 갖고 있다. 스프레드시트는 구성하기 용이하며 많은 상황에 적용할 수 있는 Tell-and-Ask 시스템 중 하나다. 스프레드시트는 종종 가장 성공적인 '킬러 애플리케이션'으로 언급되기 때문에 강력한 기술을 익힐 필요 없이 지능적인 사람들의 손에 데이터 관리를 맡길 수 있다. 스프레드시트는 데이터의 시각적 표현인 데이터 관리에 WYSIWYGWhat You See Is What You Get 개념을 적용하고 있다.

스프레드시트에 정보를 전달하고 스프레드시트의 정보를 요청하는 '언어'는 시각적이다. 정보는 특정 행과 열에 입력되고, 이런 정보들은 테이블을 시각적으로 확인하면서 검색할 수 있다.

스프레드시트는 주로 데이터를 시각적으로 표현하기 때문에, 사용자는 특정 언어(자연어)로 스프레드시트와 의사소통하지 않는다. 스프레드시트에 "매기가 어디에 살고 있나?"라고 쓰지 않고, '이름' 열에서 매기를 검색한 뒤 '주소' 열을 탐색해서 질문에 답한다.

데이터가 단일 테이블에 표시되지 않으면 스프레드시트가 더 복잡해진다. 아마도 테이블에 맞지 않는 데이터에 대한 가장 간단한 예는 여러 값일 것이다. 매기 스미스의 이메일 주소가 2개 있다면, 어떻게 처리하면 될까? 다음과 같이 이메일 열을 2개로 만들면 된다.

이름	이메일1	이메일2
Maggie Smith	MSmith@acme.com	maggie@gmail.com

이 솔루션은 이메일 주소가 3개인 사람이 아무도 없다면 제대로 동작한다. 또 다른 솔루션은 각각의 이메일 주소에 대해 매기에 대한 새로운 행을 만드는 것이다.

이름	이메일
Maggie Smith	MSmith@acme.com
Maggie Smith	maggie@gmail.com

그러나 이 솔루션은 '매기 스미스'라는 이름의 연락처가 2개의 이메일을 가지고 있는지, 아니면 각각의 이메일 주소를 가지고 있는 이름이 같은 2명의 연락처가 있는지 명확하지 않다.

스프레드시트에서 응용 프로그램이 상호 연결된 데이터가 필요하면, 데이터는 분리된다. 회사와 직원에 대한 정보가 들어 있는 연락처 목록을 생각해보자. 이 목록은 청구 정보, 계약 담당자 등 회사에 대한 별도의 정보를 저장할 수 있다. 이 정보를 단일 테이블에 넣으면 아래 표와 같이 해당 회사에서 근무하는 각 직원에 대해 회사와 관련된 정보가 중복된다.

이름	이메일	회사	계약 담당자	본사
Maggie Smith	MSmith@acme.com	ACME Product Inc.	Cynthia Wiley	Pittsburgh
Maggie King	MKing@acme.com	ACME Product Inc.	Cynthia Wiley	Pittsburgh

두 명의 매기는 ACME에서 근무하고, 계약 담당자는 신시아Cynthia이며, 본사는 피츠버그에 있다. 이런 방식으로 정보를 중복하면 오류 발생 가능성이 높다. 예를 들어, ACME가 새로운 계약 담당자를 영입한다면, ACME에서 일하는 사람들의 모든 연락처 정보를 변경해야 한다.

이 문제에 대한 일반적인 해결 방법은 회사 정보를 연락처 정보에서 분리하여 2개의 테이블로 만드는 것이다.

이름	이메일	회사
Maggie Smith	MSmith@acme.com	ACME Product Inc.
Maggie King	MKing@acme.com	ACME Product Inc.

회사	계약 담당자	본사
Acme Product Inc.	Cynthia Wiley	Pittsburgh

이런 해결 방법은 최신 스프레드시트 소프트웨어에서 작동한다. 그러나 이 방법을 사용하면 스프레드시트의 주요 장점을 저하시킬 수 있고 더 이상 시각화를 사용하여 질문에 답할 수 없다. 이런 구조는 스프레드시트에서 쉽게 볼 수 없는 상호 참조에 의존하고 있다. 사실 이런 해결 방법은 스프레드시트보다는 구조화된 형태인 관계형 데이터베이스의 Tell-and-Ask 시스템에 적합하다.

고급 Tell-and-Ask 인프라: 관계형 데이터베이스

관계형 데이터베이스는 대개 대규모 Tell-and-Ask 시스템의 기반이 된다. 스프레드시트와 데이터의 테이블 표현 형식을 공유하고 있지만, 테이블을 함께 연결하는 체계적인 방법을 제공하는 강력한 형식 시스템('관계형 대수'라는 수학적 형식)을 포함한다. 이 기능은 잘 정의된 방법론을 지원하는 것과 동시에 관계형 데이터베이스가 고도로 구조화된 데이터를 표현하고 매우 상세하며 구조화된 질문에 응답할 수 있도록 한다.

Tell: 매기 킹은 ACME Product Inc.에서 일한다.

Tell: ACME Product Inc.의 계약 담당자는 신시아 윌리Cynthia Wiley다.

Tell: 신시아 윌리의 이메일 주소는 CJWiley@acme.com이다.

Ask: 매기 킹이 근무하는 회사의 계약 담당자의 이메일 주소는 무엇인가?

Answer: CJWiley@acme.com

이 시스템은 질문 과정이 매우 상세하기 때문에 전문적인 질의 언어가 포함되어야 한다. 관계형 데이터베이스의 질의 언어에서 한 테이블에서 다른 테이블로 가는 링크는 상호 참조를 통해 수행된다. 관계형 데이터베이스의 질의 언어로 위에 소개한 질문을 다음과 같이 처리할 수 있다.

Ask: 이름이 '매기 킹'인 사람의 'works for' 참조와 일치하는 회사의 '계약 담당자' 참조에 해당하는 사람의 이메일 주소는 무엇인가?

Answer: CJWiley@acme.com

위 질문은 장황해서 불필요해 보일 수 있지만, 복잡한 데이터베이스 구조에서 정보를 복구할 수 있을 만큼 정확하게 질문하는 방법이다.

6.2 Tell-and-Ask 시스템으로서의 RDF

RDF는 Tell-and-Ask 시스템이다. 관계형 데이터베이스와 마찬가지로 RDF는 복잡하게 구조화된 데이터를 나타낼 수 있고, 질문을 구체화하려면 정확한 질의 언어가 필요하다. 하지만 관계형 데이터베이스와 달리 상호 참조는 최종 사용자에게 표시되지 않고 질의 언어는 명시적으로 나타낼 필요가 없다.

이전 장에서 설명했듯이 RDF에서 관계는 트리플로 표시된다. 트리플을 기술한다는 것은 트리플 스토어에 사실을 말해주는Tell 것이다.

Tell: 제임스 딘은 영화 '자이언트'에서 연기했다.

이 트리플에 어떻게 질문해야 할까? 트리플은 하나지만 몇 가지 질문을 할 수 있다.

Ask: 제임스 딘은 무엇을 연기했나?

Ask: 누가 자이언트에서 연기했나?

Ask: 제임스 딘은 자이언트에서 무엇을 했나?

이런 질문은 SPARQL에서 간단하게 질문할 수 있다. 트리플의 일부를 Who, What, Where 등과 같은 질의 단어로 대체하면 된다. SPARQL은 실제로 질의 단어를 구분하지 않으므로 영어로 의미 있는 단어를 선택할 수 있다. SPARQL에서 질의 단어는 시작 부분에 물음표와 함께 작성된다(예: ?who, ?where, ?when).

Ask: James Dean played in ?what

Answer: Giant

Ask: ?who played in Giant

Answer: James Dean

Ask: James Dean ?what Giant

Answer: played in

이것이 SPARQL의 기본 아이디어다. 데이터와 매우 유사한 질문을 작성하고 알고 싶은 질문에 대한 단어를 입력할 수 있다. 관계형 데이터베이스와 스프레드시트에 대한 질의 언어와 마찬가지로 SPARQL은 자연어 구문을 모방하지 않는다. 질문이 진술문(문장)처럼 보일 수 있지만, 질문하고 싶은 내용을 질의 단어로 사용한다.

6.3 SPARQL: RDF용 질의 언어

SPARQL의 구문은 사실상 Turtle처럼 보인다. 이 예제는 실제로 다음과 같다.

Tell: :JamesDean :playedIn :Giant .

Ask: :JamesDean :playedIn ?what .

Answer: :Giant

Ask: ?who :playedIn :Giant .

Answer: :JamesDean

Ask: :JamesDean ?what :Giant .

Answer: :playedIn

계속 진행하기 전에 SPARQL 질의 구문에 대해 조금 더 살펴보자. 간단한 형식인 SELECT 질의로 시작한다. SQL에 익숙한 독자는 SPARQL 구문(예: SELECT 및 WHERE와 같은 키워드)과 겹치는 부분이 많다는 것을 알 수 있다. SPARQL은 SQL 사용자가 쉽게 배울 수 있도록 설계되었다.

SPARQL의 SELECT 질의는 질의 단어 세트와 질문 패턴이라는 두 부분으로 구성된다. WHERE 키워드는 중괄호로 작성되는 선택 패턴을 나타낸다.

앞에서 몇 가지 질문 패턴을 살펴보았다. 예를 들면 다음과 같다.

```
WHERE :JamesDean :playedIn ?what .
WHERE ?who :playedIn :Giant .
WHERE :JamesDean ?what :Giant .
```

질의는 SELECT라는 키워드로 시작하고 이어서 질의 단어 목록이 나온다. 따라서 위의 질문에 대한 질의는 다음과 같다.

```
SELECT ?what WHERE { :JamesDean ?playedIn ?what . }
SELECT ?who WHERE { ?who :playedIn :Giant . }
SELECT ?what WHERE { :JamesDean ?what :Giant . }
```

SELECT 부분에 질의 단어를 나열하는 것은 중복되는 것처럼 보일 수 있다. SELECT에 포함하는 단어는 패턴으로 나타나기 때문에, 모든 질의 단어가 SELECT에 있을 필요는 없다. SELECT에 언급된 단어만 실제 결과로 제공된다. 이 목록을 수정하는 방안에 대해서는 나중에 살펴볼 것이다.

RDF와 SPARQL은 다중값을 효과적으로 다룰 수 있다. 제임스 딘이 여러 영화에서 연기한 것을 시스템에 말해주면Tell, 표현을 고려하지 않고 작업을 수행할 수 있다.

```
Tell::JamesDean :playedIn :Giant .
     :JamesDean :playedIn :EastOfEden .
     :JamesDean :playedIn :RebelWithoutaCause .
```

이제 SPARQL로 질문해보자.

질의 6-1 제임스 딘이 출연했다(James Dean Played In)

```
Ask: SELECT ?what WHERE { :JamesDean :playedIn ?what }
Answer: :Giant, :EastOfEden, :RebelWithoutaCause .
```

SPARQL 질의의 WHERE 절은 그래프 패턴, 즉 데이터 그래프와 일치하는 패턴으로 볼 수 있다. 이 경우, 패턴에는 :JamesDean을 주어로, : playedIn을 술어로, 질의 단어를 목적어로 갖는 단 하나의 트리플이 있다. 질의 엔진의 작업은 데이터에서 패턴에 대해 일치하는 모든 항목을 찾고 질의 단어가 일치하는 모든 값을 반환하는 것이다.

[그림 6-1]은 제임스 딘James Dean 데이터를 그래프 형태로, WHERE 절을 그래프 패턴으로 보여준다. 그래프는 이 패턴에 대한 세 가지 일치 항목이 있는데, 각 항목은 패턴에 있는 자원과 정확히 일치해야 한다. 그러나 어떤 항목이든 질의 단어와 일치할 수 있다.

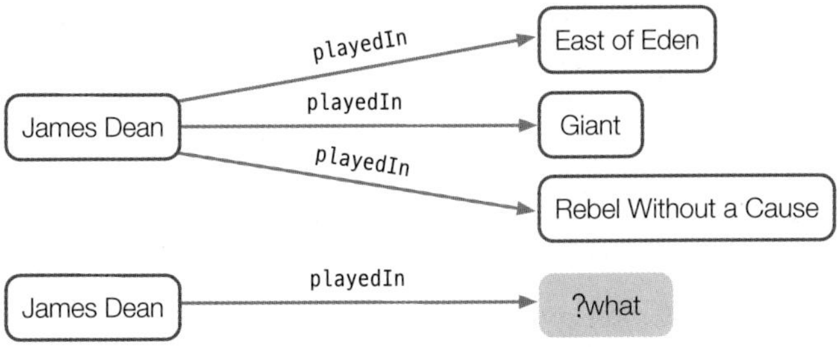

그림 6-1 James Dean 데이터와 이를 가져오기 위한 질의

데이터를 조금 자세히 살펴보면, 이 영화는 각각 누군가가 감독한다. 그중 일부는 [그림 6-2]에 표시된 것처럼 한 명 이상이 감독할 수 있다. 제임스 딘이 함께 작업한 감독은 누구인가?

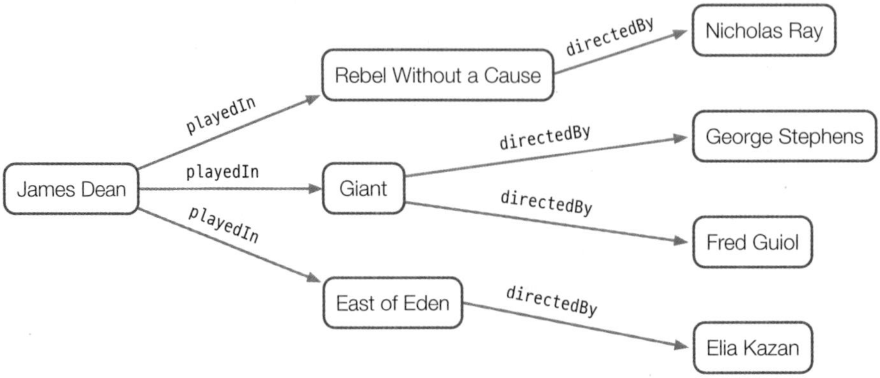

그림 6-2 제임스 딘의 영화와 감독

제임스 딘이 연기한 영화의 감독을 질문하여 질의할 수 있다. 이 질의의 그래프 패턴에는 2개의 트리플이 있다.

```
:JamesDean :playedIn ?what .
?what :directedBy ?who .
```

변수 ?what은 두 트리플에 모두 있기 때문에 그래프 패턴은 그 지점에서 결합된다. 그래프를 그리는 것과 같은 방식으로 그래프 패턴을 그릴 수 있다. [그림 6-3]은 2개의 트리플이 있는 그래프 패턴을 보여준다.

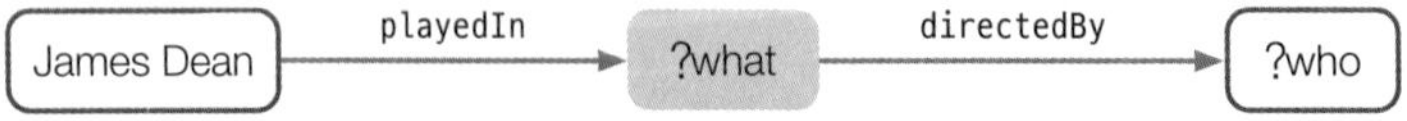

그림 6-3 제임스 딘의 감독을 찾기 위한 질의의 그래픽 버전

이 그래프 패턴에는 2개의 질의 단어가 있으므로 질의 엔진은 패턴과 일치하는 모든 항목을 찾는다. 두 질의 단어는 모든 자원과 일치하므로 몇 개의 일치 결과를 얻을 수 있다.

?what=:Giant	?who=:GeorgeStevens
?what=:Giant	?who=:FredGuiol
?what=:EastOfEden	?who=:EliaKazan
?what=:RebelWithoutaCause	?who=:NicholasRay

질의 단어가 2개 이상 있을 때 실제로 그중 하나만 관심이 있을 수 있다. 이 예는 제임스 딘이 어떤 감독과 함께 일했는지 묻는다. 그가 출연한 영화는 질문에 답을 얻기 위한 수단일 뿐이다. 여기서 SELECT 절의 세부 정보가 제공되고 관심 있는 질의 단어를 지정할 수 있다. 따라서 제임스 딘의 감독을 찾는 전체 질의는 다음과 같다.

질의 6-2 누가 제임스 딘을 감독했나?(Who directed James Dean?)

```
SELECT ?who
WHERE {:JamesDean :playedIn ?what .
       ?what :directedBy ?who . }
Answer: :GeorgeStevens, :EliaKazan, :NicholasRay, :FredGuiol
```

SPARQL의 질의는 여러 개의 질의 단어와 답변을 가질 수 있기 때문에 각 질의 단어에 대해 하나의 열과 각 답변에 대해 하나의 행이 있는 테이블에 답변을 표시하는 것이 편리하다.

?who
:GeorgeStevens
:EliaKazan
:NicholasRay
:FredGuiol

SELECT에 두 질의 단어를 모두 유지하면 테이블에 더 많은 열이 표시된다.

질의 6-3 누가 제임스 딘 영화를 감독했나?(Who directed James Dean movies?)

```
SELECT ?what ?who
WHERE {:JamesDean :playedIn ?what .
       ?what :directedBy ?who .}
```

?what	?who
:Giant	:GeorgeStevens
:Giant	:FredGuiol
:EastOfEden	:EliaKazan
:RebelWithoutaCause	:NicholasRay

SPARQL에서 질의 단어 이름 지정하기

영어에는 누가who, 무엇을what, 어디서where와 같은 질의용 단어가 있다. 다른 단어를 사용하면 질문은 의미가 없다. SPARQL에서 질의 단어는 ? 표시로 시작하고, 어떤 단어와 연결해도 제대로 동작한다. 위에 제시한 출력 테이블을 살펴보면 ?who와 ?what은 테이블을 설명하는 데 별로 도움이 되지 않는다. 그러나 해당 질문의 의미를 이해하는 데 도움이 된다(?what은 영화이고, ?who는 감독이다). 그러나 설명적인 질의 단어를 선택하여 테이블을 더 이해하기 쉽게 만들 수 있다. SPARQL은 질의 단어의 의도를 읽을 수 있는 사람에게 전달하는 것이 일반적이다. 예를 들어 이 질의를 다음과 같이 작성할 수 있다.

```
Ask:SELECT ?movie ?director
WHERE {:JamesDean :playedIn ?movie .
        ?movie :directedBy ?director .}
```

Answer:

?movie	?director
:Giant	:GeorgeStevens
:Giant	:FredGuiol
:EastOfEden	:EliaKazan
:RebelWithoutaCause	:NicholasRay

[그림 6-3]의 그래프 패턴은 단순한 체인으로, 제임스 딘이 누군가 감독한 영화에서 연기한 것을 찾는다. SPARQL의 그래프 패턴은 일치하는 그래프만큼 정교해질 수 있다. 예를 들어, 제임스 딘 영화에 대해 보다 완벽한 정보가 있다면, 제임스 딘과 함께 출연한 여배우를 찾을 수 있다.

질의 6-4 제임스 딘과 함께 연기한 여배우(Actresses who worked with James Dean)

```
SELECT ?actress ?movie
WHERE {:JamesDean :playedIn ?movie .
        ?actress :playedIn ?movie .
        ?actress rdf:type :Woman }
```

Answer:

?actress
:AnnDoran
:ElizabethTaylor
:CarrollBaker
:JoVanFleet
:JulieHarris
:MercedesMcCambridge
:NatalieWood

[그림 6-4]는 데이터 그래프의 일부와 그래프 패턴을 보여주며, 질의 단어 ?actress에 대한 결과는 그림의 세 번째 '열'에 표시된다. 록 허드슨Rock Hudson은 자이언트Giant에 출연했지만 세 번째 트리플에 일치하지 않는다.

```
:RockHudson rdf:type :man.
```

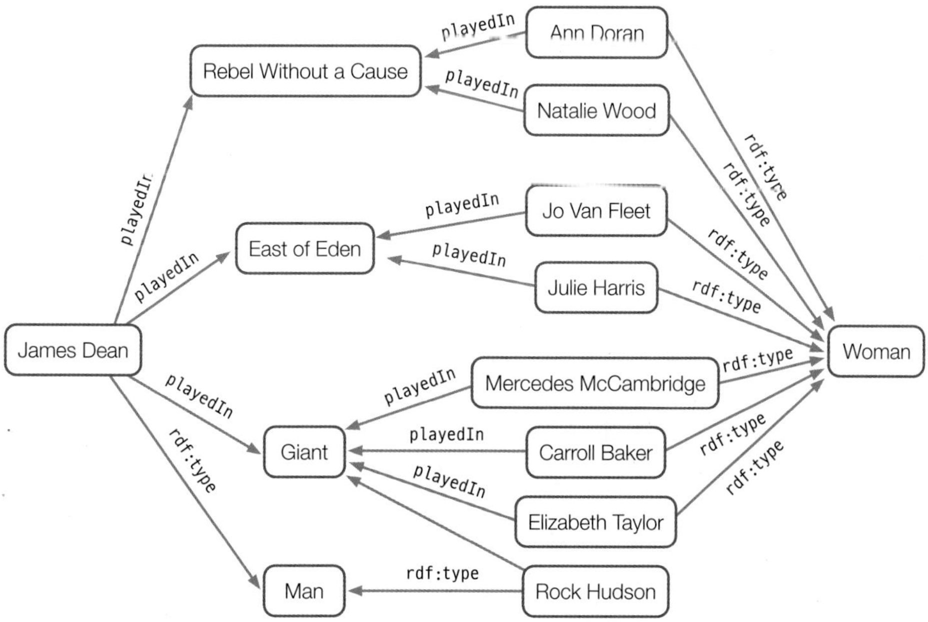

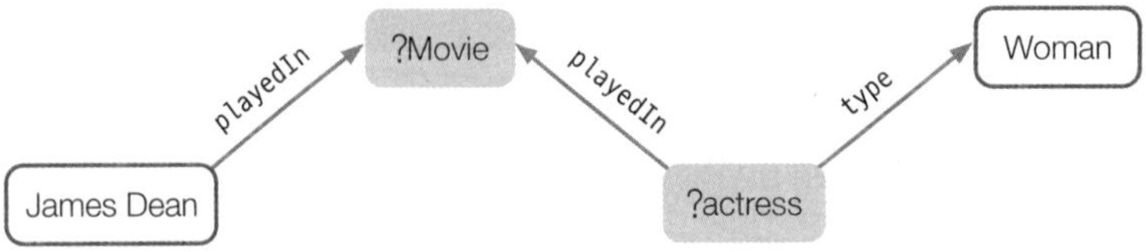

그림 6-4 제임스 딘의 동료 출연자에 대한 정보와 일부 정보를 갖고 오는 질의

?actress는 ?who와 같은 질의 단어로 더 읽기 쉽게 이름만 변경된 것이다. ?actress가 :Rock Hudson과 일치하지 않는 유일한 이유는 데이터 사이의 일치를 지원하지 않기 때문이다. 즉, ?actress의 의미는 이름이 아니라 그래프 패턴의 구조에 의해 제공되는 것이다.

이런 지식을 바탕으로 ?movie가 영화를 만든다는 사실을 어떻게 알 수 있을까? 실제로 고려해볼 필요가 있는 질문이지만, 제임스 딘이 연기한 유일한 대상은 영화이므로 사실 이 예에서는 문제가 되지 않는다. 그러나 시맨틱 웹에서 제임스 딘이 연기한 작품에 대해 더 많은 정보를 얻을 수 있다. 따라서 질의 단어 ?movie의 값을 영화 클래스의 멤버로 제한해야 한다. 이를 위해 패턴에 트리플을 하나 더 추가하면 된다.

질의 6-5 제임스 딘과 함께 연기한 여자 영화배우(Movie actresses who worked with James Dean)

```
SELECT ?actress
WHERE {:JamesDean :playedIn ?movie .
       ?movie rdf:type :Movie .
       ?actress :playedIn ?movie .
       ?actress rdf:type :Woman }
```

이 질의 패턴은 [그림 6-5]에 다이어그램으로 표시되어 있다.

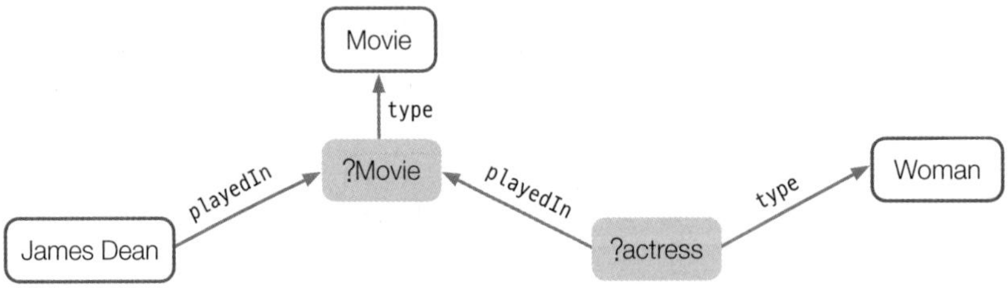

그림 6-5 ?movie에 Movie 유형이 있다는 사실을 포함하는 확장된 질의 패턴

```
?movie rdf:type :Movie .
```

이 트리플은 영화movie라는 단어를 두 번 사용하기 때문에 처음에 약간 혼란을 줄 수 있다. 그러나 ?movie는 테이블에 결과를 나타내기 위한 일반적인 질의 단어이므로 이 트리플은 ?movie의 실제 대상이 갖는 의미를 SPARQL에 표현하는 방법임을 알 수 있다. 즉, ?movie는 이름 자체에 담긴 의미가 없으므로 트리플에 포함시킬 수 있다.

어떤 모델에서는 속성이 가리키는 개체 클래스와 동일한 이름을 속성에 부여한다. 따라서 이 예제에서는 :directedBy라는 속성을 단순히 :director라고 부를 수 있다. 이 경우, 제임스 딘 영화를 감독한 사람을 찾기 위한 질의는 다음과 같다.

질의 6-6 제임스 딘의 감독은 누구였나?(Who was a director for James Dean?)

```
SELECT ?director
WHERE{:JamesDean :playedIn ?movie.
      ?movie :director ?director.}
```

이것은 다소 어려워 보일 수 있다. ?director 와 :director의 차이점은 무엇인가? 이미 살펴본 것처럼 :director는 기본 네임스페이스를 이용해 특정 리소스를 참소한나(':'의 의미). 반면 ?director는 질의 단어다. ?foo 나 ?bar를 쓸 수도 있지만, 질의 맥락에서 볼 때 영화 감독을 연상할 수 있도록 ?director를 선택한다. 속성 이름을 지정하는 모델을 작성하거나 읽을 때, ? 마크는 질의 단어를 표시한다는 점을 기억하면 된다. '?director라는 이름은 ?director가 무엇을 의미하는지 사용자(질의를 읽는 사람)에게 알려주는 것이다. 고유한 모델을 생성하는 경우 모델을 사용하여 데이터를 질의하는 사용자가 혼란을 겪지 않도록 :director 대신 :directedBy와 같은 속성 이름을 사용하는 것이 좋다.

질의 구조 vs. 데이터 구조

[그림 6-4]에서 질의에 대한 그래프 패턴이 이와 관련된 데이터 그래프와 매우 유사했다. 일반적으로 대다수 그래프 패턴에 해당되는 내용이다. SPARQL로 지정할 수 있는 질문의 복잡성은 데이터의 복잡성에 의해서만 제한된다. 예를 들어, 존 포드John Ford가 감독한 영화에 제임스 딘과 함께 출연한 여배우에 대해 질문할 수 있다.

질의 6-7 존 포드가 감독한 제임스 딘의 동료 출연 여배우(James Dean co-stars directed by John Ford)

```
SELECT ?actress ?movie
WHERE {:JamesDean :playedIn ?movie .
       ?actress :playedIn ?movie .
       ?actress a :Woman .
       ?actress :playedIn ?anotherMovie .
       ?anotherMovie :directedBy :JohnFord .}
```

Answer:

?actress	?movie
CarrollBaker	Giant
NatalieWood	RebelWithoutaCause

[그림 6-6]은 이 질의를 그래프로 보여준다. 질의의 텍스트 버전에서, 종종 같은 질의 단어가 여러 트리플에 표시되고, 일부는 심지어 같은 종류의 개체를 참조한다(?movie, ?anotherMovie). 그래프 버전을 보면, 2개의 트리플이 같은 것을 참조한다는 것을 알 수 있다. 예를 들어, James Dean과 ?actress가 같은 영화에서 연기했다는 사실은 두 트리플 모두 해당 영화에 대해 같은 질의 단어(?movie)를 사용하기 때문에 알 수 있다. 마찬가지로 ?actress는 ?anotherMovie에서 연기한 사람과 같다. 왜냐하면 두 트리플에 같은 질의 단어 ?actress가 나타나기 때문이다. 이러한 모든 관계는 [그림 6-6]에서 명확하게 알 수 있다. 여기서 ?movie는 James Dean과 ?actress 간의 연결, ?actress는 ?movie와 ?anotherMovie 간의 연결이고, ?anotherMovie는 ?actress와 John Ford 간의 연결이 된다.

'Natalie Wood'라는 답을 뒷받침하는 정보를 살펴보면 데이터 그래프가 그래프 패턴과 같다는 것을 알 수 있다. 패턴이 작동하는 방식이기 때문에 질의를 작성할 때 이 기능을 편리하게 사용할 수 있다. [그림 6-6]과 같은 복잡한 질의를 작성하는 한 가지 방법은 대답하려는 질문을 살펴보고 전체 질의를 얻을 때까지 트리플을 작성해보는 것이다. 또 다른 방법은 데이터로 시작하는 것이다. 예를 들어, 나탈리 우드Natalie Wood가 존 포드John Ford가 감독한 수색자The Searchers에서 연기했다는 정보를 알고 있다고 가정하자. 그러면 그래프와 패턴 간의 근접 일치를 사용한 예제에서 패턴을 구성하는 방법을 확인할 수 있다.

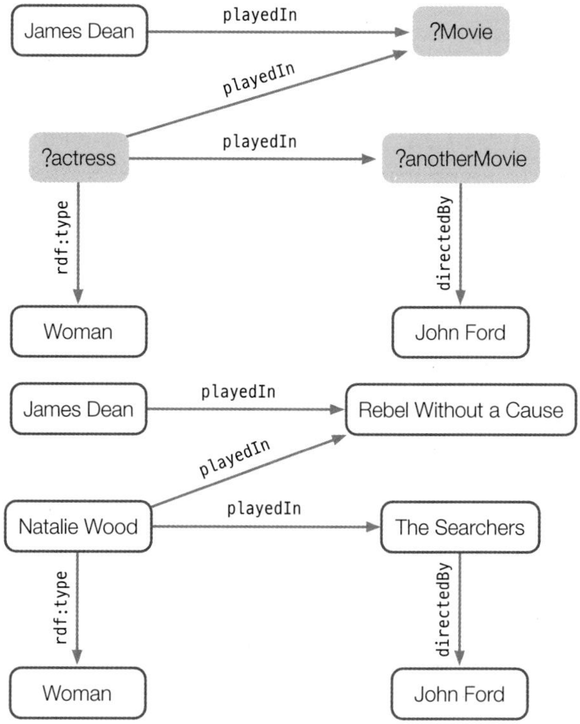

그림 6-6 James Dean과 Natalie Wood에 대한 데이터와 해당 데이터를 가져오는 질의

데이터 그래프의 예는 트리플에 대한 그래프 패턴 트리플과 일치하므로, 생성하려는 그래프 패턴에 대해 우리는 이미 많이 알고 있다. 다만, 패턴에서 리터럴 값으로 유지하려는 예제 값과 질의 단어로 대체할 값을 지정해야 한다. [그림 6-7]의 (a)에서 특정 리소스(James Dean, John Ford, Woman)의 상자에 표시된 ✓는 그대로 유지될 자원을 나타낸다. 다른 모든 자원(Natalie Wood, The Searchers, Rebel Without a Cause)은 질의 단어로 대체된다. 이제 어떤 질의 단어를 사용할지 결정해야 한다. 많은 질문이 있을 수 있다. SPARQL 질의 엔진에서 질의 단어의 이름은 중요하지 않으므로 동일한 값이 필요하면 동일한 질의 단어를 선택할 수 있다. 이 예에서는 ?q1, ?q2 등으로 이름을 지정한다. [그림 6-7]의 (b)는 질의 패턴을 그림으로 보여준다.

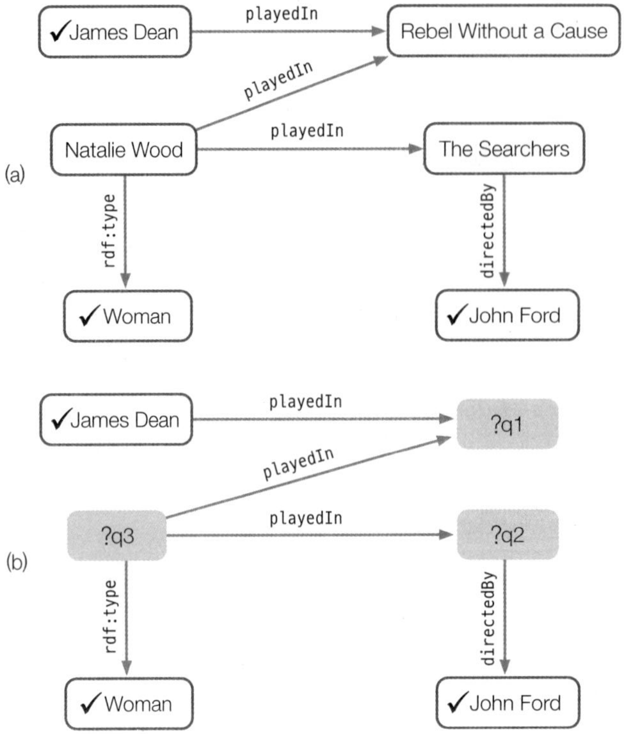

그림 6-7 데이터 그래프에서 그래프 패턴 만들기: ✓로 표시된 자원은 질의에서 그 자체로 표시된다.

이제 Turtle에서 그래프 패턴을 복사하여 SPARQL 질의를 만들 수 있다. 그래프의 각 화살표는 트리플이 된다. 특정 개체(리터럴 자원 또는 질의 단어)가 그래프에서 하나 이상의 트리플에 참여하면 패턴의 Turtle 렌더링에서 한 번 이상 나타난다. [그림 6-7]의 (b)에 있는 그래프 다이어그램에는 5개의 연결 화살표가 있고, 해당 질의에는 동일한 개수의 트리플이 있다.

```
{ :JamesDean :playedIn ?q1 .
  ?q3 :playedIn ?q1 .
  ?q3 rdf:type :Woman .
  ?q3 :playedIn ?q2 .
  ?q2 :directedBy :JohnFord .}
```

질의를 완료하려면 처리할 질의 단어를 선택하고 의미 있는 이름을 지정하면 된다. 이렇게 하면 원래 질의(선택되지 않은 질의 단어의 이름만 다름)와 매우 유사한 질의로 돌아간다. 하지만 이번에는 데이터의 패턴으로부터 생성되었다.

질의 6-8 제임스 딘과 존 포드와 함께 연기한 여성에 대해 생성된 질의

```
SELECT ?actress
WHERE {:JamesDean :playedIn ?q1 .
       ?actress :playedIn ?q1 .
       ?actress rdf:type :Woman .
       ?actress :playedIn ?q2 .
       ?q2 :directedBy :JohnFord . }
```

이미 앞에서 보았듯이, 샘플 데이터에는 나탈리 우드와 캐롤 베이커Carroll Baker라는 두 가지 일치 항목이 있다. 캐롤 베이커는 나탈리 우드와 여러 면에서 비슷하다. 그녀는 여성이고, 영화에서 제임스 딘과 함께 연기했으며, 존 포드가 감독하기도 했다. 그녀는 질의에 명시된 특징에서 나탈리 우드와 유사하다.

질의를 만드는 이 방법은 일종의 '이와 같은' 기능으로 볼 수 있다. 일단 관심 있는 것에 대한 한 가지 예가 있으면, '이와 같은 것을 더' 요청할 수 있다. 여기서 '이와 같은 것'의 개념은 [그림 6-7]에 특정 트리플을 포함함으로써 구체화되고 그래프 패턴에 포함된다. 예를 들어, [질의 6-8]에서 제임스 딘 영화에서 연기하고 존 포드 감독의 영화에서도 연기한 여배우들을 찾아낸 질의를 작성했다. 결과가 여배우에게만 한정된다는 것을 어떻게 알 수 있을까? 이 예에서 나탈리 우드는 여배우다. 하지만 그녀는 질의 단어로 대체한 자원 중 하나다. 패턴이 일치하는 모든 것들이 여배우이기도 하다는 것을 어떻게 알 수 있을까? 이 예제에는 아래의 트리플이 있어 여배우에 한정되는 것을 알 수 있다.

```
?q3 rdf:type :Woman.
```

만약 이 트리플을 제외하면 어떻게 될까? 물론 나탈리 우드는 데이터 그래프에서 여전히 여성이지만 그 사실을 포함하지 않는다. 따라서 그 사실은 질의에 복사되지 않는다. 새로운 질의는 다음과 같다.

질의 6-9 제임스 딘과 존 포드가 함께 작업한 배우(Actors who worked with James Dean and John Ford)

```
SELECT ?q3
WHERE { :JamesDean :playedIn ?q1 .
        ?q3 :playedIn ?q1 .
        ?q3 :playedIn ?q2 .
        ?q2 :directedBy :JohnFord . }
```

이전 질의보다 트리플이 하나 적다. 데이터에 대해 이 질의를 실행하면 어떤 차이가 있을까? ('에덴의 동쪽'에서도 연기한) 레이몬드 머시Raymond Massey라는 또 다른 답을 얻는다. 이 상황에서 질의 단어 ?actress를 명명하는 것은 오해의 소지가 있지만, SPARQL 질의 언어 관점에서 보면 완벽하게 정상이다. 여성도 관례에 따라 배우로 명명할 수 있으므로 ?actor라고 부르고 싶을 수 있다. 만약 이런 관례가 마음에 들지 않는다면, 의미 없는 이름으로 ?q3을 유지할 수 있다.

그래서 나탈리 우드의 예에서 '이와 같은 것을 더' 일치시키고 싶을 때, 첫 번째는 '영화에서 제임스 딘과 함께 연기했고, 존 포드가 감독한 영화에서 연기한 여성'을 의미했다. 두 번째는 '어떤 영화에서 제임스 딘과 함께 연기하고 존 포드가 감독한 영화에서 연기한 모든 사람(심지어 모든 것)'을 요청했다. 차이점을 어떻게 지정했을까? 나탈리 우드가 여성이라고 주장하는 트리플을 포함(또는 제외)시켜 지정한다. 이 트리플을 포함할 때, '이와 같은 것을 더'에는 결과가 여성이어야 한다는 사실이 포함된다. 이 트리플을 제외하면 '이와 같은 것을 더'에는 결과가 여성이어야 한다는 규정이 포함되지 않는다.

SPARQL 질의에서 트리플 순서

앞에서 그래픽 형식으로 표현된 그래프 패턴을 Turtle에 복사했다. 프로세스는 간단히 그래프의 각 트리플(예: 각 화살표)에 대해 Turtle에 트리플을 하나씩 작성하는 것이다. 그러나 이 과정은 한 가지 변형, 즉 트리플을 어떤 순서로 기록하는가에 대한 내용이 생략되어 있다.

RDF 데이터 모델의 장점 중 하나는 그 의미가 그래프에 의해 지정된다는 것이다. 트리플이 기록되는 순서는 RDF 데이터 그래프에 어떤 차이도 만들지 않는다. 그래프 패턴의 경우에도 마찬가지다. 구체적으로 말하면, 한 순서로 작성된 그래프 패턴은 다른 순서로 작성된 모든 동일한 트리플을 사용하여, 동일한 데이터 그래프와 일치할 때 다른 그래프 패턴과 동일한 결과를 생성한다. 이것은 패턴 일치에 관한 한 트리플이 작성되는 순서에 차이가 없음을 의미한다. 그래프 패턴은 어느 쪽이든 동일하다.

속성과 스키마 질의

지금까지 진행한 모든 예제에서 패턴의 각 트리플을 한 줄에 하나씩 작성했다. 그러나

SPARQL은 Turtle(3장)과 동일한 구문을 기반으로 한다. 트리플을 작성할 때 세미콜론과 쉼표를 바로 가기로 사용할 수 있다. 지금부터 바로 가기 사용을 설명한다. 바로 가기 사용은 질의를 더 짧게 만들고 읽기 수월하게 만든다.

지금까지 진행한 예제에서 트리플의 주어subject와 목적어object에 대해서만 질의 단어를 사용했다. 그러나 SPARQL 패턴 일치 패러다임은 술어predicate도 일치시킬 수 있다.

이에 대한 간단한 예는 "제임스 딘에 대해 무엇을 알고 있는가?"라는 질문에 답하는 것이다. 이 작업은 단일 트리플의 그래프 패턴으로 수행할 수 있다.

질의 6-10 제임스 딘에 관한 모든 것(All about James Dean)

```
SELECT ?property ?value
WHERE { :JamesDean ?property ?value }
```

Answer:

?property	?value
bornOn	1931-02-
diedOn	1955-09-30
playedIn	RebelWithoutaCause
playedIn	EastOfEden
playedIn	Giant
rdf:type	Man
rdfs:label	JamesDean

이 기능은 익숙하지 않은 데이터 세트를 탐색하는 강력한 기능이며, 시맨틱 웹을 다룰 때 자주 일어난다. 제임스 딘에 대해 정의된 속성을 모를 수 있는데, 이 질의는 해당 속성을 찾아 값을 표시한다.

값을 요청할 필요는 없고 속성만 요청할 수 있다. 이렇게 하면 모든 세부 정보를 보고하지 않고 어떤 종류의 정보를 사용할 수 있는지 알려준다.

질의 6-11 제임스 딘은?(What about James Dean?)

```
SELECT ?property
WHERE { :JamesDean ?property ?value }
```

Answer:

?property
bornOn
diedOn
playedIn
playedIn
playedIn
rdf:type
rdfs:label

이 질의는 제임스 딘에 대한 메타데이터를 효과적으로 요청한다. "이 데이터 세트가 제임스 딘에 대해 알고 있는 것은 무엇인가?"라는 질문이다. 결과를 보면 :playedIn이 답변에 세 번 나타나는데, 이는 데이터 그래프의 그래프 패턴에 대해 세 가지 다른 일치 항목이 있기 때문이다. SPARQL은 중복 결과를 필터링하기 위해 키워드 DISTINCT를 포함한다.

질의 6-12 제임스 딘은 어떤가?(Just what about James Dean?)

```
SELECT DISTINCT ?property
WHERE { :JamesDean ?property ?value }
```

Answer:

?property
bornOn
diedOn
playedIn
rdf:type
rdfs:label

데이터에 사용된 속성을 질의하는 이 기능 때문에 SPARQL은 다른 질의 언어들과 구별된다. 무엇보다도 이 기능을 통해 데이터 자체에서 스키마 정보를 역공학할 수 있다. 예를 들어, 제임스 딘을 설명하는 데 사용되는 속성에 대한 질의를 변경하여 배우를 설명하는 데 사용되는 모든 속성을 찾을 수 있다.

질의 6-13 배우는 어떤가?(What about any actor?)

```
SELECT DISTINCT ?property
WHERE {?q0 a :Actor .
       ?q0 ?property ?object .}
```

Answer:

?property
bornOn
diedOn
playedIn
rdf:type
rdfs:label
produced
sang
wrote

만약 클래스 :Actor에 대해 모른다면 다음과 같이 질의할 수 있다.

```
Ask: SELECT DISTINCT ?class
WHERE { ?class rdfs:subClassOf :Person }
```

Answer:

?class
:Actor
:Actress
:Man
:Woman
:Politician
:Producer

데이터에 대해 전혀 모르는 경우 데이터에 사용된 클래스를 찾을 수 있다.

질의 6-14 데이터에서 모든 클래스 찾기(Find all classes in the data)

```
SELECT DISTINCT ?class
WHERE { ?q0 a ?class }
```

또는 데이터에서 사용된 모든 속성을 찾을 수 있다.

질의 6-15 데이터에서 모든 속성 찾기(Find all properties in the data)

```
SELECT DISTINCT ?property
WHERE { ?q0 ?property ?q1 }
```

이러한 종류의 질의는 RDF의 여러 고유 기능을 활용한다. 첫째, 데이터의 모든 부분(주어, 술어, 목적어)을 질의 단어와 일치시킬 수 있다. 둘째, RDF(8장)의 스키마 언어인 RDFS[RDF Schema]도 RDF로 표현된다. RDF/SPARQL의 두 가지 기능은 대부분의 표현 언어를 뛰어넘는 방식으로 RDF를 자기 기술적[self-describing]으로 만든다.

변수, 바인딩, 필터

앞에서 DISTINCT를 사용하여 결과 집합에서 일부 행을 제거하는 방법을 보여주었다. 이 아이디어를 사용한 SPARQL을 사용해 더 자세한 질문을 제기할 수 있다.

제임스 딘과 그의 동료 출연자들 중 많은 사람이 어린 나이에 세상을 떠났지만 그 외의 출연자들은 장수를 누렸고 경력을 쌓았다. '자이언트[Giant]'에서 연기한 배우 중 영화가 제작된 후 5년 이상 생존했던 배우를 찾고 싶다면? 다음 질의를 사용하여 '자이언트'에서 모든 배우의 사망 날짜를 찾을 수 있다.

질의 6-16 자이언츠는 언제 사망했나?(When did Giants die?)

```
SELECT ?actor ?deathdate
WHERE { ?actor :playedIn :Giant ;
               :diedOn ?deathdate .}
```

Answer:

Actor	deathdate
RockHudson	1985-10-02
JamesDean	1955-10-30

이것은 유용한 정보로, 답이 표에 제시되어 있다. 그러나 이 질의는 앞서 나온 질문에 답하지 않았다. 1961년 11월 24일(Giant 제작일로부터 5년 후)에 누가 생존했었나?

FILTER 키워드를 사용하여 결과에서 행이 제외되는 고유한 조건을 정의할 수 있다. FILTER의 개념은 해당 행이 결과에 포함되는지 여부를 결정하는 부울 테스트Boolean test를 정의할 수 있다는 것이다. 다음과 같이 질의에 FILTER를 추가하여 생존했던 배우의 이름을 필터링할 수 있다.

질의 6-17 5년 이상 생존한 자이언츠(Giants who lived five years more)

```
SELECT ?actor
WHERE { ?actor :playedIn :Giant ;
               :diedOn ?deathdate .
        FILTER (?deathdate > "1961 11-24"^^xsd:date) }
```

Answer:

Actor
RockHudson
...

지금까지 ?property, ?q0, ?deathdate 등과 같은 것들을 '질의 단어'라고 불렀는데, 이는 영어에서 누가who, 무엇을what, 어디서where 등의 단어를 사용하는 것과 비슷하다. SPARQL에서는 이러한 단어들을 변수라고 한다. 지금부터 이를 변수라고 부른다. FILTER는 질의에 있는 하나 이상의 변수에 대해 결과에서 유지하거나 삭제할 행을 결정하는 부울 조건을 정의한다. 이 예제에서 테스트는 변수 ?deathdate를 1961년 11월 24일이라는 특정 날짜와 비교한다. 이 조건이 참인 행(예: Rock Hudson)은 유지되고, 다른 행(예: James Dean)은 제외된다.

Note 구문에 대한 참고 사항

FILTER는 그래프 패턴이 아니라 부울 테스트이므로 중괄호로 묶인 그래프 패턴처럼 작성되지 않는다. 대신 괄호 안에 기록된다. FILTER 절에서 사용할 수 있는 테스트는 XQuery에서 사용할 수 있는 유사한 테스트에서 가져왔으며 SPARQL 표준[Harris and Seaborne 2013]에 자세히 설명되어 있다. 일반적으로 모든 XML 데이터 유형(정수, 부동 소수점, 문자열, 날짜 등)에 대한 산술과 비교는 허용되며, REGEX(문자열에 대한 정규식)와 같은 XPATH 표준의 함수, AND, OR, NOT(느낌표 '!'로 표시됨)에 대한 부울 함수도 허용된다.

앞서, 변수가 이름이 아닌 그래프 패턴의 트리플에서 의미를 얻는다는 점을 지적했다. 변수를 ?actress로 부른다고 해서 여성에게만 해당한다는 뜻은 아니다. 따라서 :Woman과 관련된 트리플을 포함해야 한다. SPARQL을 처음 사용하는 사용자들 사이에서 흔히 발생하는 오류는 FILTER에서 의미 있는 이름을 가진 변수를 사용하는 것이다. 예를 들어, 1930년 이후에 태어났고 '에덴의 동쪽East of Eden'에서 연기한 배우를 찾기 위해 다음과 같이 작성할 수 있다.

```
SELECT ?actor
WHERE { ?actor :playedIn :EastOfEden .
        FILTER (?birthday > "1930-01-01"^^xsd:date) }

Answer: (없음)
```

변수 ?birthday는 그래프 패턴의 어느 곳에서도 언급되지 않고 값이 전혀 없기 때문에 결과가 없다. 변수는 의미 없는 질의 단어라는 점을 기억하면, 다음 질의는 위의 질의와 동등하다.

```
SELECT ?actor
WHERE { ?actor :playedIn :EastOfEden .
        FILTER (?q0 > "1930-01-01"^^xsd:date) }
```

여기서 의미 있는 변수 ?birthday는 ?q0라는 의미 없지만 동등한 기능의 변수로 대체되었다.이 그래프 패턴에는 ?q0이 의미 하는 바를 나타내는 것이 없다. 원래 질의에는 ?birthday가 무엇을 의미하는지 나타내는 것이 없다. 이 질의를 작성하는 올바른 방법은 다음과 같다.

질의 6-18 '에덴의 동쪽'에서 연기한 가장 젊은 배우(Youngsters East of Eden)

```
SELECT ?actor
WHERE { ?actor :playedIn :EastOfEden ;
               :bornOn ?birthday .
        FILTER (?birthday > "1930-01-01"^^xsd:date) }
```

이제 변수 ?birthday에 의미를 제공하는 패턴에 트리플이 있으며 변수에는 1930년 1월 1일 날짜와 비교할 수 있는 값이 있다. 이 질의는 1930년 이후에 태어났고 '에덴의 동쪽East of Eden'에 출연한 배우를 찾는다. FILTER 구문은 이런 종류의 잘못된 변수 사용을 금지하지 않는다. 경험상 그래프 패턴에서 참조되지 않은 FILTER의 변수는 참조할 수 없다.

질의는 하나 이상의 FILTER 절이 있을 수 있다. 1960년대에 태어난 사람을 찾기 위해 다음과 같이 질의할 수 있다.

질의 6-19 1960년대의 아이들(Children of the sixties)

```
SELECT ?person
WHERE { ?person a :Person ;
                :bornOn ?birthday .
        FILTER (?birthday > "Jan 1, 1960"^^xsd:date)
        FILTER (?birthday < "Dec 31, 1969"^^xsd:date) }
```

다중 필터의 의미는 결과 집합으로 만들기 위한 바인딩에 대해 모든 테스트가 참이어야 한다는 것이다. 또는 부울 연산자를 사용하여 필터에서 여러 제약조건을 결합할 수 있다.

질의 6-20 1960년대의 아이들(Children of the sixties (alt))

```
SELECT ?person
WHERE { ?person a :Person ;
                :bornOn ?birthday .
        FILTER(?birthday < "Jan 1, 1960"^^xsd:date &&
               ?birthday > "Dec 31, 1969"^^xsd:date)}
```

?person이 :Person이라는 사실은 변수 이름 ?person에 의한 것이 아니라 첫 번째 트리플(?person a :Person .)에 의해 적용된 것이다.

선택적 일치

지금까지 단일 그래프 패턴에 대해 이야기했다. 일치가 성공하려면 그래프 패턴의 모든 트리플이 데이터 세트에서 일치해야 한다. 트리플이 일치하지 않으면 결과 집합에 행이 전혀 나타나지 않는다. 예를 들어, 앞에서 사망 날짜에 대해 살펴본 질의로 살펴보자.

```
SELECT ?actor ?deathdate
WHERE { ?actor :playedIn :Giant ;
               :diedOn ?deathdate . }
```

Answer:

Actor	deathdate
RockHudson	1985-10-02
JamesDean	1955-10-30
...	

캐롤 베이커Carroll Baker는 사망하지 않았기 때문에 이 목록에 나타나지 않는다. 따라서 :diedOn에 대한 항목이 없다. 할당되지 않은 값에 대해 일부 예약된 null 값이 있는 것은 아니다. 다음 형식의 데이터 세트에는 해당되는 트리플이 없다.

```
:CarrollBaker :diedOn ?x .
```

전체 그래프 패턴이 일치하지 않기 때문에 패턴의 변수에 대해 일치하는 항목이 없고, Carroll Baker의 행은 결과 집합에 표시되지 않는다.

결과 집합의 행에는 선택한 각 변수에 대한 값이 포함된다(여기서는 ?actor와 ?deathdate). 이 값을 해당 행에 있는 변수의 바인딩이라고 하며, 특정 행에서 변수가 해당 값에 바인딩된다고 한다. 따라서 이 결과 집합의 첫 번째 행에서 ?actor는 RockHudson에 바인딩되고, ?deathdate는 1985-10-02에 바인딩된다. Carroll Baker의 경우, 패턴의 트리플에서 그녀의 경우와 일치하지 않기 때문에 변수 ?actor의 바인딩이 없다고 말한다.

그러나 "에덴의 동쪽에서 누가 연기하고, 언제 사망했는가(해당되는 경우)?"라는 질문은 합리적인 질문이다. SPARQL은 키워드 OPTIONAL을 제공하는데, 전체 일치가 성공하기 위해 이 키워드를 써서 일치할 필요가 없는 다른 그래프 패턴을 지정할 수 있다. 즉, OPTIONAL (하위) 패턴은 일치할 때 변수를 바인딩할 수 있지만 일치하지 않는 경우 일치를 무효화하지 않는다.

질의 6-21 자이언츠의 전기(biographics of the Giants)

```
SELECT ?actor ?deathdate
WHERE { ?actor :playedIn :Giant .
        OPTIONAL { ?actor :diedOn ?deathdate. } }
```

Answer:

Actor	deathdate
RockHudson	1985-10-02
JamesDean	1955-10-30
Carroll Baker	(no binding)
...	

이 질문의 결과를 테이블 형식으로 표현하기는 어렵다. 테이블에서 Carroll Baker의 이름 옆에 설사 공백이라도 어떤 정보든 넣어야 하기 때문이다. 실제로 SPARQL 결과 집합에는 이 일치에 대한 변수 ?deathdate에 대한 특정 값이 없으며, 단순히 바인딩이 전혀 없다. 따라서 대답에 '(no binding)'으로 표시하도록 선택한다.

부정(SPARQL 1.1)

그래프 패턴이 데이터 그래프에서 원하는 결과를 설명하기 위해 유연한 방법을 어떻게 제공하는지 이미 살펴보았다. 그러나 때로는 데이터 세트에 없는 특정 트리플이 있음을 지정하는 것이 편리하다.

앞서 'Giant'에서 연기한 배우의 사망 날짜를 찾았다. 이 테이블을 살펴보면 ?deathdate 열에서 '(no binding)'을 찾아 어떤 배우가 생존하고 있는지 알 수 있다. 그러나 "Giant에서 연기한 배우들 중 누가 아직 생존해 있는가?"라고 질문하는 게 합리적이다.

SPARQL은 이를 수행하기 위해 두 가지 방법을 제공하는데, 하나는 새로운 키워드인 MINUS를 사용하는 것이고 다른 하나는 이미 조사한 FILTER 구조를 사용하는 것이다. 두 방법은 작동 방식에 미묘한 차이가 있지만 이에 대한 논의는 이 책의 범위를 벗어난다. 여기서는 FILTER 구성자를 사용한다.

SPARQL은 그래프 패턴({}로 묶임)을 취하고 부울로 사용할 수 있는 키워드인 EXISTS를 포함한다. 즉, EXISTS의 값은 그래프 패턴에 대한 일치 항목이 있는지 여부에 따라 True 또는 False이며, FILTER 표현식의 일부로 사용할 수 있다. 예를 들면, 다음과 같이 사용할 수 있다.

```
FILTER EXISTS {:JamesDean a :Man}
```

해당 트리플이 데이터에 있는 경우에만 일치에 성공한다. EXISTS 키워드를 사용하지 않으면 정확히 SPARQL의 동작이다. 트리플 패턴이 있으면 정확하게 일치에 성공한다.

부울 표현식에서 EXISTS 키워드를 사용할 때, 특히 부울 연산자 NOT을 사용하여 부정할 때 EXISTS 키워드의 유용성을 볼 수 있다. 만약 지정된 하위 패턴이 일치하지 않는다면 그 결과는 정확히 일치하는 질의가 된다. 다음 질의에서 확인할 수 있다.

질의 6-22 자이언트 생존자(Giant survivors)

```
SELECT ?actor
WHERE { ?actor :playedIn :Giant .
        FILTER NOT EXISTS { ?actor :diedOn ?deathdate . } }
```

이 질의는 '에덴의 동쪽'에서 연기했던 모든 살아 있는 배우, 즉 데이터에 기록된 사망일이 없는 모든 배우를 찾는다.

FILTER NOT EXISTS는 집합 차이를 질의하는 데 사용할 수 있다. 예를 들어, 어떤 배우는 제작자이기도 한데 :Producer 클래스의 구성원이 아닌 배우에만 관심이 있을 수 있다. FILTER NOT EXISTS를 사용하면 이 질의를 쉽게 수행할 수 있다.

질의 6-23 제작자가 아닌 배우(Actors who are not producers)

```
SELECT ?actor
WHERE { ?actor a :Actor .
        FILTER NOT EXISTS { ?actor a :Producer } }
```

FILTER NOT EXISTS를 부정으로 해석하면 닫힌 세계 가정이 된다. 실제로 제작자가 아닌 배우를 찾지 못했다. 이 데이터 세트에서 그들이 제작자라고 말하는 데이터가 없는 배우를 찾았다. 이것이 시맨틱 웹이고, 모든 주제에 대해 누구나 말할 수 있기 때문에 누군가가 제작자라는 사실을 알게 될지도 모르지만, 그 전에는 알 수 없다. 따라서 "NOT EXISTS"라고 말하면 전체 웹이 아니라 질의가 현재 작업 중인 데이터만 참조한다는 점을 기억하는 것이 중요하다. NOT EXISTS 키워드는 SPARQL 1.1에서만 사용할 수 있다.

예/아니요 질의

SPARQL의 SELECT 질의(질의 구문의 'select' 키워드)는 변수에 대한 바인딩을 선택한다. 예/아니요 그래프에 대해 질문할 수도 있다. 예를 들어 "엘리자베스 테일러Elizabeth Taylor가 아직 살아 있는가? (슬픈 일이지만, 아니요)" 또는 "자이언트에서 연기한 배우가 1950년 이후에 태어났다면? (아니요)"이라고 물어볼 수 있다. 이러한 종류의 질문은 보고용 소프트웨어에서 보고서에 특정 섹션을 포함할지 여부를 결정하거나 의사 결정 지원 소프트웨어에서 권장 사항을 만드는 데 사용할 수 있다.

SPARQL에는 이러한 종류의 질문에 대한 키워드인 ASK가 포함되어 있다. 이 키워드는 SELECT라는 단어 대신 질의의 맨 처음에 나타난다. 다음 예를 살펴보자.

질의 6-24 엘리자베스 테일러가 사망했나?(Is Elizabeth Taylor dead?)

```
ASK WHERE { :ElizabethTaylor :diedOn ?any }
```

ASK 질의는 WHERE 절이 일치 항목을 찾는지 여부에 따라 True 또는 False 값을 반환한다. 이 질의는 그래프 패턴에 일치하는 항목이 있으면(즉, 엘리자베스 테일러가 사망한 날짜가 있다면), 참True을 답으로 생성한다. 이 데이터 세트에서 결과는 참이다. FILTER NOT EXISTS와 ASK를 결합하여 [질의 6-25]와 같이 '엘리자베스 테일러가 살아 있는가?'라는 질의를 만들 수 있다.

질의 6-25 엘리자베스 테일러가 살아 있는가?(Is Elizabeth Taylor alive?)

```
ASK WHERE {FILTER NOT EXISTS {:ElizabethTaylor :diedOn ?any } }
```

안타깝게도 이에 대한 대답은 거짓False이다.

더 복잡한 그래프 패턴에 대해서도 다음과 같이 쉽게 질문할 수 있다. '자이언트'에서 연기한 어떤 배우가 1950년 이후에 태어났는가?

질의 6-26 1950년 이후에 태어난 자이언츠(Giants born after 1950)

```
ASK WHERE {?any :playedIn :Giant ;
                :bornOn ?birthday .
           FILTER (?birthday > "1950-01-01"^^xsd:date ) }
```

'자이언트'는 1956년에 제작되었으므로 이 질의에 대한 응답 결과가 거짓False으로 나오는 건 당연하다.

6.4 SPARQL의 CONSTRUCT 질의

지금까지 SPARQL의 질문에 대한 답변이 테이블 또는 단일 비트(예/아니요 질문의 경우 참/거짓) 형식을 취할 수 있음을 확인했다. 그러나 RDF 세계에서 질의에 대한 답변은 보다 유연한 형식, 즉 RDF 그래프의 형식을 취할 수 있다. 이것이 CONSTRUCT의 개념이다. 질의에 대한 일치 패턴뿐만 아니라 질의에 대한 답변에서도 RDF의 표현력을 사용한다.

데이터 세트에서 모든 영화 감독을 찾고 싶다면, 영화를 감독한 모든 사람을 검색하는 질의를 작성하면 된다.

```
Ask: SELECT ?director
WHERE { ?m :directedBy ?director }
```

Answer:

?director
:EliaKazan
:FredGuiol
:GeorgeCukor
:GeorgeStevens
:NicholasRay
etc.

결과는 테이블로 반환된다. 우리는 변수를 그 이름으로 선택했기 때문에 결과가 '감독'을 참조한다는 것을 알고 있다. 이 정보는 스프레드시트나 관계형 데이터베이스에 붙여 넣기에 적합하다. 그러나 이 질문에 대한 답을 보다 완전한 방식으로 전달하고 싶다고 가정해보자. 이 사람들이 감독이라는 사실과 '감독'이 갖는 매우 구체적인 의미로 특정 Uniform Resource Identifier^URI^가 'Director'임을 전달하고 싶다. 그리고 그들에 대한 더 많은 정보를 전달하고 싶을 수 있다. 아마도 그들 이름의 문자열 표현(즉 :EliaKazan 대신 "Elia Kazan")이 될 것이다. 이 모든 정보를 간결하고 표준적인 방식으로 어떻게 전달할 수 있을까? RDF는 이를 수행하는 방법으로 다음 형식의 트리플을 사용한다. 즉, 각각의 자원은 감독이 된다.

```
:EliaKazan rdf:type :Director .
```

이 자원에 대해 출력되는 이름을 다음 형식의 트리플로 제공할 수 있다.

```
:EliaKazan rdfs:label "Elia Kazan" .
```

CONSTRUCT 키워드를 사용하여 SPARQL 질의에서 트리플을 지정할 수 있다. WHERE 절은 이전과 똑같이 작동하여 데이터에 대한 트리플 패턴을 일치시킨다. 그러나 일부 변수를 선택하는 대신 CONSTRUCT 키워드는 이전 데이터 그래프의 결과를 기반으로 새로운 그래프를 구성할 때 템플릿으로 사용할 그래프 패턴을 도입한다. 감독 예의 경우 [질의 6-27]과 같은 질의를 사용할 수 있다.

질의 6-27 감독은 영화를 감독하는 사람들이다(Directors are people who direct movies)

```
CONSTRUCT {?d rdf:type :Director .
           ?d rdfs:label ?name . }
WHERE {?any :directedBy ?d .
       ?d rdfs:label ?name . }
```

[그림 6-8]의 (a)는 일부 데이터 트리플을 보여주고, (b)는 이 질의에 의해 구성될 트리플을 보여준다. 데이터에는 여러 사람과 그들이 감독한 영화가 포함되어 있다. 질의는 이들 각각과 rdfs:label(표시되지 않음)에 대해 일치한다. 각 감독에 대해 CONSTRUCT는 2개의 트리플을 지정한다. 하나는 rdf:type 트리플이고 다른 하나는 rdfs:label 트리플이다. 6명의 감독에 대해 12개의 트리플이 제작되었다. 이 10개의 트리플은 (b)에 나타나 있다.

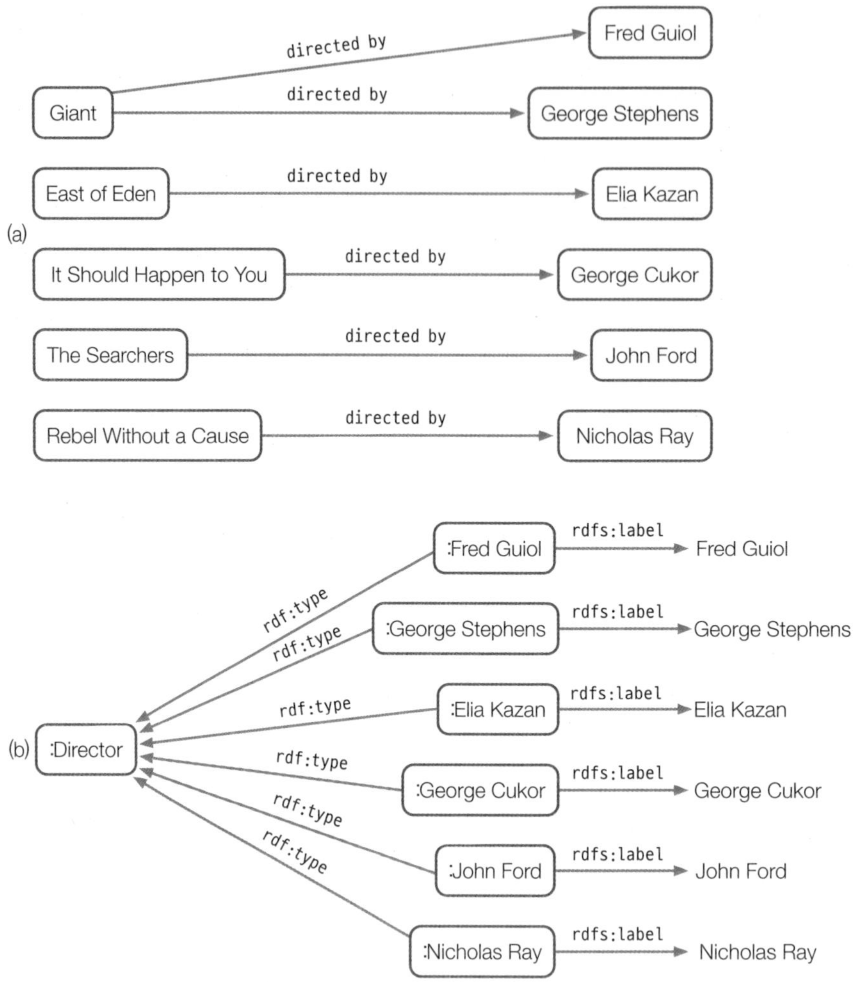

그림 6-8 영화에 대한 질의에서 감독에 대한 모델 구성

6.5 CONSTRUCT 질의 결과 사용하기

질의 언어는 질문하는 방법을 제공한다. 질의를 처리하고 답변으로 응답하는 시스템에 질문이 제기된다. 이러한 답변은 예/아니요(ASK), 테이블(SELECT) 또는 방금 본 것처럼 트리플 집합(CONSTRUCT) 등 다양한 형태로 제공된다. 이 정보가 어디로 가는지 궁금해하는 것은 당연하다. 예/아니요 답변 또는 테이블의 경우, 어떤 형태로든 정보를 표시하는 웹 페이지와 같은 사용자 인터페이스를 쉽게 상상할 수 있다. 그러나 엑셀에 테이블을 넣거나 데이터베이스에 삽입하는 등 다른 애플리케이션에 정보를 통합할 수도 있다.

어떤 의미에서, 이것을 지정하는 것은 질의 언어가 할 일이 아니다. 질의 언어는 질의의 의미를 설명하는 형식을 제공한다. 즉, 특정 질의가 데이터를 제공할 때 반환할 응답을 지정한다. 대부분의 질의 언어는 (종종 독점적인) 스크립팅 언어와 함께 제공된다. 스크립팅 언어는 질의 결과에 어떤 일이 발생하는지 지정하는 방법을 제공하는 언어다. 정교한 RDF 질의 시스템은 다음과 같이 구성된 트리플로 수행할 작업에 대한 다양한 옵션을 사용자에게 제공하는 워크벤치를 제공한다.

- 생성된 트리플을 질의가 실행된 원래 데이터 소스에 다시 삽입한다.
- 추가 트리플을 처리하기 위해 구성된 트리플을 별도의 그래프로 저장한다.
- 게시하기 위해, 생성된 트리플을 새로운 데이터 세트(다른 데이터베이스)에 저장한다.
- 결과를 표준 형식으로 직렬화하고 파일에 저장한다.

데이터에 대한 사용자의 향후 계획에 따라 이러한 옵션 중 하나를 적절히 쓸 수 있다. 이러한 옵션은 다른 질의 시스템에서 사용할 수 있는 정보 저장 옵션과 유사하다.

웹 서비스 컨텍스트에는 구성된 트리플로 수행할 작업에 대한 또 다른 옵션이 있다. SPARQL의 'P'는 '프로토콜'을 의미한다. SPARQL은 웹용 질의 언어로 설계되었으므로 질의 결과를 웹에 게시하기 위한 프로토콜이 포함되어 있다. 프로토콜은 이진 결과(예/아니요 ASK 질의), 테이블 형식 결과(SELECT 질의), 트리플(CONSTRUCT 질의)을 처리할 수 있다. 이는 SPARQL 질의의 출력이 웹에서 다른 질의의 입력으로 사용될 수 있다는 의미다. SPARQL 질의는 트리플 집합에서 정보를 검색하고 CONSTRUCT는 트리플 집합을 제공하기 때문이다. SPARQL 프로토콜용 서버를 SPARQL 엔드포인트라고 하는데, SPARQL 질의를 수락하고 프로토콜의 세부 사항에 따라 결과를 반환하는 서비스다.

현재 다양한 주제에 대한 정보를 제공하는 많은 SPARQL 엔드포인트를 사용할 수 있다. SPARQL 엔드포인트는 RDF 데이터에 대한 접근을 제공하는 가장 웹 친화적인 방법이다. 엔드포인트는 URL로 식별되며 데이터 세트에 대한 유연한 접근을 제공한다. SPARQL 엔드포인트를 사용하여 일부 데이터 세트를 '포장'하는 것이 일반적이다. 즉, SPARQL 프로토콜에 응답하고 해당 데이터 세트에 대한 접근을 제공하는 서비스를 제공한다.

6.6 SPARQL 규칙: SPARQL을 규칙 언어로 사용하기

SPARQL CONSTRUCT를 사용하면 오래된 정보에서 발견된 패턴을 기반으로 새로운 정보 템플릿을 지정할 수 있다. 이러한 종류의 사양은 '이것을 볼 때마다 이러이러한 결론을 내린다'와 같은 것을 지정하는 방법을 제공하므로 규칙Rule이라고 한다. 규칙의 예로는 데이터 완전성 규칙data completeness rules(John의 아버지가 Joe이면 Joe의 아들이 John이다), 논리적 규칙logical rules(소크라테스가 인간이고 모든 인간이 죽는다면 소크라테스는 죽는다), 정의definitions(Ted의 누나가 Maria의 어머니라면 Ted는 Maria의 삼촌이다), 비즈니스 규칙business rules(당사와 5,000달러 이상의 거래를 한 고객이 선호 고객이다) 등이 있다. 몇 가지 세부 사항이 있기는 하지만, 유용한 규칙은 종종 SPARQL로 간단히 표현될 수 있다.

다음 데이터를 살펴보자.

```
:John a :Man .
:Joe a :Man .
:Eunice a :Woman .
:Maria a :Woman .
:Caroline a :Woman .
:Ted a :Man .
:Socrates a :Man .
:Caroline :hasFather :John .
:Ted :hasBrother :John .
:John :hasFather :Joe .
:Maria :hasMother :Eunice .
:Maria :hasFather :Sargent .
:Ted :hasSister :Eunice .
```

아버지와 아들을 연관시키는 규칙을 다음과 같이 작성할 수 있다.

```
CONSTRUCT { ?q1 :hasSon : q2 . }
WHERE { ?q2 :hasFather ?q1 }
```

그러나 이 질의는 원하는 방식으로 작동하지 않기 때문에, 다음과 같은 질의를 구성할 수 있다.

```
:Joe :hasSon :John .
```

'아들son'에 대한 일반적인 해석이 아닌 다음과 같은 결론을 내릴 수 있다.

```
:Sargent :hasSon :Maria .
```

따라서 규칙을 약간 제한하여 남성에게만 적용되도록 해야한다.

질의 6-28 한 남자는 그의 아버지의 아들이다(A man is his father's son)

```
CONSTRUCT { ?q1 :hasSon ?q2 .}
WHERE { ?q2 a :Man .
        ?q2 :hasFather ?q1 }
```

SPARQL을 사용하면 규칙을 작성할 때 원하는 대로 구체적인 지정을 할 수 있다. 소크라테스에 관한 규칙은 이미 남성에게만 제한되어 있다.

```
CONSTRUCT { ?q1 a :Mortal }
WHERE { ?q1 a :Man }
```

그래서 소크라테스뿐 아니라 Ted, John, Joe, Sargent도 죽는다는 결론을 내릴 것이다. 하지만, Maria와 Eunice는 범위를 벗어났다. 그들에 대해 결론을 내리지 않을 것이다.

'삼촌'에 대한 정의는 SPARQL에서 쉽게 할 수 있지만 몇 가지 주의해야 할 사항이 있다. 예를 들어 다음과 같이 정의하고 싶을 수 있다.

```
CONSTRUCT { ?q1 :hasUncle ?q2 }
WHERE { ?q2 :hasSister ?s .
        ?q1 :hasMother ?s . }
```

이 작업은 다음과 같은 결론을 내는 데 효과적이다.

```
:Maria :hasUncle :Ted
```

왜냐하면, 다음 규칙이 데이터 세트에 모두 존재하기 때문이다.

```
:Ted :hasSister :Eunice .
:Maria :hasMother :Eunice .
```

그러나 이것은 너무 관대하고 너무 제한적이다. 예를 들어, 다음 규칙이 사실임에도 불구하고 결론을 내리지 않고, 데이터와 가족 관계의 일반적인 상태를 따른다.

```
:Caroline :hasUncle :Ted .
```

이를 처리하는 한 가지 방법은 규칙 체계를 작성하는 것이다. [질의 6-29]의 일부는 어머니, 아버지, 자매, 형제와 같은 개념의 완전성을 다루고, 다른 일부는 삼촌을 위한 것이다.

질의 6-29 가족 관계에 대한 규칙(Rules about family relations)

```
CONSTRUCT {?q1 :hasSibling ?q2 } WHERE {?q1 :hasBrother ?q2 }
CONSTRUCT {?q1 :hasSibling ?q2 } WHERE {?q1 :hasSister ?q2 }
CONSTRUCT {?q1 :hasParent ?q2 } WHERE {?q1 :hasFather ?q2 }
CONSTRUCT {?q1 :hasParent ?q2 } WHERE {?q1 :hasMother ?q2 }
```

이제 형제자매와 부모의 관점에서 삼촌을 정의할 수 있다.

질의 6-30 삼촌은 누구입니까?(Who's your uncle?)

```
CONSTRUCT { ?q1 :hasUncle ?q2 }
WHERE { ?q2 :hasSibling ?parent .
        ?q2 a :Man .
        ?q1 :hasParent ?parent }
```

다음 두 관계를 모두 결론 내릴 수 있다.

```
:Caroline :hasUncle :Ted .
:Maria :hasUncle :Ted .
```

가족 관계의 완전한 모델은 형제자매와 부모에 대한 데이터 완전성 규칙을 포함한다. 7.1절에서는 일련의 규칙을 구성하는 보다 체계적인 방법을 살펴볼 것이다.

고객이 회사와 얼마나 많은 비즈니스를 했는지 안다면 SPARQL에서 비즈니스 규칙을 작성하여 선호하는 고객을 분류할 수 있다.

```
:ACME :totalBusiness 5253.00 .
:PRIME :totalBusiness 12453.00 .
:ABC :totalBusiness 1545.00 .
```

질의 6-31 선호 고객(Preferred customers)

```
CONSTRUCT { ?c a :PreferredCustomer }
WHERE {?c :totalBusiness ?tb .
       FILTER (?tb > 5000) }
```

[질의 6-31]은 모든 선호 고객을 진술한다.

```
:ACME a :PreferredCustomer .
:PRIME a :PreferredCustomer .
```

이 절의 뒷부분에서 집계와 하위 질의를 사용하여 다양한 비즈니스 트랜잭션에 대한 정보에서 전체 비즈니스와 같은 것을 계산하는 방법을 살펴본다.

이러한 질의의 대부분에서 질의의 적용을 특정 개인 집합으로 제한하는 것이 중요하다. 예를 들어, 삼촌과 아들은 남성만 될 수 있다는 것은 일반적인 종류의 제한이다. 규칙은 특정 클래스에만 적용된다. 7장에서는 SPARQL 규칙을 다시 살펴보고, RDFS 클래스 구조를 사용하여 상호작용하는 SPARQL 규칙 집합을 구성하는 방법에 대해 살펴본다.

도전과제 6-1 SPARQL을 사용하여 계층적 데이터 변환하기(Using SPARQL to transform hierarchical data)

데이터 광야에서 정보는 다양한 형태로 제공된다. 이러한 다양성 중 일부는 스프레드시트, XML, 관계형 데이터베이스, 심지어 텍스트 문서까지 데이터를 표현하는 데 사용하는 모든 시스템과 구문에서 비롯된다. RDF는 데이터를 표현하는 일반적인 방법으로, 다양한 데이터 형식과 관련한 많은 표면적인 문제를 해결한다. 그러나 단일 시스템 내에서도 동일한 정보를 표현하는 다양한 방법이 있다. 광야에서 가져온 데이터를 처리하려면 더 쉽게 사용할 수 있도록 데이터를 변환해야 하는 경우가 많다.

이전 예에서 몇 가지가 추가된 일부 가계도 데이터로 시작해보자.

```
:Caroline :hasFather :John .
:John :hasFather :Joe .
:Eunice :hasFather :Joe .
:Maria :hasMother :Eunice .
:Maria :hasFather :Sargent .
:Joe :hasSon :Robert .
:Joe :hasSon :Ted .
:Ted :hasSon :Patrick .
```

일부 가족 관계는 자녀를 부모에 연결하고 다른 가족 관계는 부모를 자녀에 연결하였다. 즉, 데이터 세트가 일관성이 없는 상태다. 데이터는 원래 여러 소스에서 가져왔거나 여러 시스템을 사용하여 입력했거나 다른 방법을 따르는 사람들이 입력했을 수 있다. 그러나 데이터가 어떻게 발생했든 간에, 데이터 광야에서 일반적인 상황이다. 발견한 데이터는 일관성 없는 방식으로 구성되어 있다.

이제 [그림 6-9]와 같은 가계도를 구축해보자. 이 그림에서는 성별에 관계없이 자녀와 손자를 모두 표현하고 있다. 트리는 균일한 방식으로 정의된다. Eunice에게는 아버지 Joe가 있고 Maria에게는 어머니 Eunice와 아버지 Sargent가 있으며 Caroline의 아버지는 John이다.

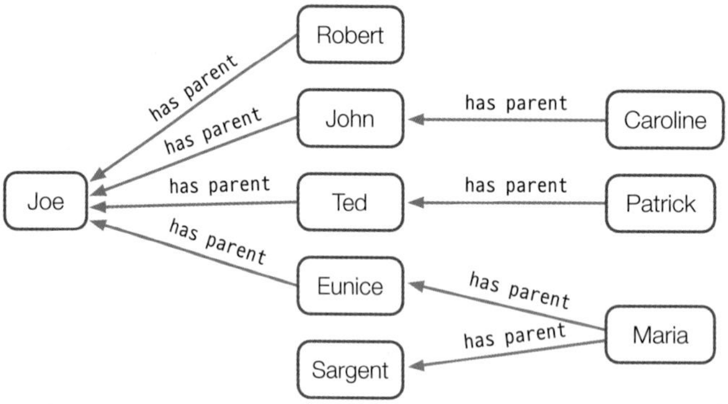

그림 6-9 일관된 방식으로 표시된 가족 관계도

이 모든 정보는 성별 단어(예: 아들, 딸, 어머니, 아버지)에서 추상화하고 일부 트리플을 다시 정렬하는 경우(hasSon을 hasParent로 바꾸는 경우) 데이터 세트에서 사용할 수 있다. SPARQL을 사용해 이 작업을 수행하려면 어떻게 해야 할까?

SPARQL 구성자로 몇 가지 규칙을 지정하여 이러한 것들을 원하는 형식으로 매핑함으로써 이 작업을 수행할 수 있다.

질의 6-32 부모 관계 일반화(Generalizing the parent relation)

```
CONSTRUCT {?s :hasParent ?o} WHERE {?s :hasMother ?o}
CONSTRUCT {?s :hasParent ?o} WHERE {?s :hasFather ?o}
CONSTRUCT {?s :hasParent ?o} WHERE {?o :hasSon ?s}
CONSTRUCT {?s :hasParent ?o} WHERE {?o :hasDaughter ?s}
```

이러한 질의는 모든 다양한 형태의 hasSon, hasDaughter, hasMother, hasFather와 일치하고 hasParent를 사용하여 모두 적절한 트리플로 매핑한다. 결과 트리플은 다음과 같다.

```
:Caroline :hasParent :John .
:Eunice :hasParent :Joe .
:John :hasParent :Joe .
:Maria :hasParent :Sargent .
:Maria :hasParent :Eunice .
:Patrick :hasParent :Ted .
:Robert :hasParent :Joe .
:Ted :hasParent :Joe .
```

이는 가족 관계도의 일관된 표현을 제공하며 [그림 6-9]와 같이 생성할 수 있다. 이 예제를 확장하여 각 질의에 또 다른 트리플을 추가하여 가족 구성원의 성별을 계산할 수 있다.

질의 6-33 성별과 부모 관계 일반화(Generalizing the parent relation with gender)

```
CONSTRUCT {?s :hasParent ?o .
           ?o a :Woman .}
WHERE {?s :hasMother ?o}
CONSTRUCT {?s :hasParent ?o .
           ?o a :Man .}
WHERE {?s :hasFather ?o}
CONSTRUCT {?s :hasParent ?o .
           ?s a :Man .}
WHERE {?o :hasSon ?s}
CONSTRUCT {?s :hasParent ?o .
           ?s a :Woman .}
WHERE {?o :hasDaughter ?s}
```

6.7 추이적 질의(SPARQL 1.1)

계층적 데이터는 질의와 관련하여 매우 특별한 문제를 일으킬 수 있다. [그림 6-9]의 가계도 예를 사용하여 이를 확인할 수 있다. Joe의 모든 가족 구성원을 질의한다고 가정한다. 간단한 그래프 패턴으로 그의 자녀를 질의할 수 있다.

질의 6-34 조의 자녀들(Joe's children)

```
SELECT ?member
WHERE { ?member :hasParent :Joe }
```

Answer:

?member
Eunice
John
Robert
Ted

Joe의 손자를 알고 싶다면, 조금 더 복잡한 질의를 작성해야 한다.

질의 6-35 조의 손자들(Joe's grandchildren)

```
SELECT ?member
WHERE {?int :hasParent :Joe .
       ?member :hasParent ?int . }
```

Answer:

?member
Maria
Caroline
Patrick

Joe의 증손자를 알고 싶다면 또 다른 질의를 작성하면 된다. 하지만 몇 세대가 되든 상관없이 그의 가족 모두를 알고 싶다면 어떻게 해야 할까? SPARQL 1.1에는 이러한 목적을 이루기 위

한 추이성transitivity 연산자가 포함되어 있다. 속성 이름 뒤에 *를 붙이면 트리플은 동일한 속성의 모든 연결 항목과 일치한다.

질의 6-36 조와 그의 후손들(Joe and his descendants)

```
SELECT ?member
WHERE {?member :hasParent* :Joe . }
```

Answer:

?member
Joe
Eunice
Maria
John
Caroline
Robert
Ted
Patrick

위 질의에서 Joe 자신이 일치된다는 점에 주의해야 한다. 트리플이 0인 체인도 일치한다. 체인에 트리플(Joe자신을 포함하지 않는 Joe의 자손)이 하나 이상 있다고 주장하려면 대신 +를 사용할 수 있다.

질의 6-37 조와 그의 후손들(Joe's descendants)

```
SELECT ?member
WHERE {?member :hasParent+ :Joe . }
```

Answer:

?member
Eunice
Maria
John

Caroline
Robert
Ted
Patrick

(SPARQL 1.1에는 여기서 다루는 내용 말고도 이 주제에 대한 다양한 변형이 포함되어 있다. 자세한 내용은 SPARQL 1.1 표준에서 살펴보기 바란다.)

도전과제 6-2 SPARQL을 사용하여 LinkedMDB에서 동일성 기록하기

여러 소스의 정보를 병합할 때 동일한 개체가 다른 식별자를 사용하여 각 데이터 소스에 나타나는 것이 일반적이다. 단일 데이터 소스인 경우에도 동일한 항목이 매번 다른 식별자를 사용하여 여러 번 나타나는 것은 드문 일이 아니다. 데이터 소스가 관계형 데이터베이스로 구현될 때 특히 일반적이다. 이때 개체가 애플리케이션에서 수행하는 역할에 따라 정보를 분리하는 것은 일반적인 관행이다.

Linked Movie 데이터베이스[LinkedMDB], [Hassanzadeh and Consens 2009]는 영화에 대한 데이터가 들어 있는 오픈 데이터 소스다. LinkedMDB는 원래 영화, 배우, 감독 등에 대한 정보가 들어 있는 관계형 데이터베이스를 기반으로 한다. 기본 데이터베이스에는 영화 감독이 만든 영화와 배우가 연기한 영화에 대한 정보가 포함되어 있다. 이 정보는 감독 테이블과 배우 테이블이라는 2개의 개별 테이블로 표시된다. 트리플로 변환할 때 이 데이터베이스 구조는 게시된 RDF 데이터 세트에서 감독과 배우라는 해당 이름을 가진 2개의 클래스를 생성한다.

LinkedMDB의 클래스 멤버에는 숫자 URI가 제공된다. 다음은 해당 데이터 세트에서 발췌한 아주 작은 데이터다.

```
actor:15256
   rdf:type film:actor ;
   film:actor_name "Clint Eastwood" .

film:37379
   rdf:type film:film ;
   dcterms:title "Unforgiven" ;
   film:actor actor:15256 ;
   film:director director:4614 .

director:4614
   film:director_name "ClintEastwood" ;
   rdf:type film:director ;
   foaf:made film:37379 .
```

이 조각에는 dcterms:title이 "Unforgiven"이고, 이름이 "Clint Eastwood"인 배우(15256번)가 출연하고, 이름이 "Clint Eastwood"인 감독(번호 4614)이 감독한 영화가 있다. 이 두 사람의 이름이 'Clint Eastwood'라는 사실만

으로 그들이 동일 인물이라고 결론 내릴 수 있을까? (dcterms 네임스페이스는 제목, 저자, 출판 날짜 등에 대한 표준 용어를 포함하는 메타데이터 표준인 'DCMI 메타데이터 용어'를 의미한다. 전 세계 수많은 도서관에서 이 DCMI 메타데이터 용어를 사용한다.)

다행히도 LinkedMBD 데이터 세트에는 이러한 각 자원에 대해 또 다른 트리플이 있다.

```
actor:15256 foaf:page <http://www.freebase.com/view/topic/en/clint_eastwood>.
director:4614 foaf:page <http://www.freebase.com/view/topic/en/clint_eastwood>.
```

프리베이스Freebase는 웹상의 자원에 대한 ID 서비스를 제공하는 링크드 데이터 자원이다. 프리베이스에 새로운 항목이 추가되지 않더라도(더 큰 구글 지식 그래프에 통합됨), 프리베이스 참조는 여전히 웹상의 많은 자원에 대한 고유한 식별자를 제공한다. 웹에 있는 모든 데이터 소스는 자체 리소스를 명확하게 식별하기 위해 Freebase URI를 참조할 수 있다. 프리베이스만 이런 서비스를 하는 게 아니다. 생명과학 분야에는 단백질, 유전자, 기타 생물학적 개체에 대해 유사한 식별 서비스가 다수 있으며, 여러 영역에 이런 서비스가 존재한다. 좀 더 일반적인 예를 들자면, 디비피디아는 위키백과에 언급된 모든 것에 대한 고유 식별자의 소스 역할을 한다. 이런 정보를 이용하여 'Clint Eastwood'라는 이름의 두 사람이 실제로 동일한 사람인지 확인할 수 있다. LinkedMDB가 둘 다 동일한 프리베이스 자원에 연결하므로 동일 인물일 수밖에 없다. 하지만 그 정보로 무엇을 할 수 있을까? SPARQL을 사용하여 이런 종류의 신원을 감지하고 새로운 트리플로 기록할 수 있다.

질의 6-38 감독과 배우 일치시키기(Matching directors and actors)

```
CONSTRUCT {?a skos:exactMatch ?b }
WHERE {?a foaf:page ?page .
       ?b foaf:page ?page . }
```

foaf:page, skos:exactMatch와 같은 자원에 대해 아무것도 몰라도 이 질의를 이해할 수 있다(foaf:page, skos:exactMatch는 10.3절과 11장에서 설명할 예정임). 이 질의는 단순히 foaf:page가 동일한 두 자원이 서로 skos:exactMatch임을 나타낸다. 이 데이터 세트에서 다음 트리플을 얻을 수 있다.

```
actor:15256 skos:exactMatch director:4614 .
director:4614 skos:exactMatch actor:15256 .
actor:15256 skos:exactMatch actor:15256 .
director:4614 skos:exactMatch director:4614 .
```

이 트리플은 실제로 관찰한 아이덴티티 일치를 인코딩한다. 'Unforgiven'의 감독도 그 영화에 출연했다. exactMatch는 두 번 나타나는데, 처음에는 배우를 감독과 연관시키고, 그다음엔 감독을 배우와 연관시킨다. 게다가, 두 가지 다소 사소한 결과를 얻게 되는데, 모든 배우와 감독이 자신과 정확히 일치한다는 것이다. 이러한 추가 결과는 SPARQL이 데이터에서 그래프 패턴에 대한 모든 일치 항목을 찾기 때문에 나타난다. director:4614와 actor:15256에 대한 ?a와 ?b의 네 가지 바인딩은 모두 패턴을 충족한다(:page에 대해 동일한 값을 가짐). 이 여분의 트리플은 실제로 어떤 해도 끼치지 않다. 결국, 어떤 것이 그 자체와 정확히 일치한다고 말하는 것이 옳은 것처럼 보이지만 동시에 다소 불필요한 말이기도 하다. 이전 예제에서는 SPARQL에서 DISTINCT 키워드를 사용하여 중복 항목을 삭제할 수 있었다. 이 경우에는 이 네 가지 트리플이 모두 이미 구별되었기 때문에 다른 것이 필요하다(즉, 주어, 술어, 목적어의 세 위치 모두에 대해 같은 값을 가지는 2개가 존재하지 않는다).

FILTER 절을 사용하여 많은 가짜 값을 제거할 수 있다. 배우가 자신과 정확히 일치한다고 말하는 진술문에는 관심이 없기 때문에 동일한 값을 일치시키는 필터를 사용하여 이러한 값을 제거할 수 있다.

질의 6-39 감독 대 배우 일치시키기 (Matching directors vs. actors)

```
CONSTRUCT { ?a skos:exactMatch ?b }
WHERE { ?a foaf:page ?page .
        ?b foaf:page ?page .
        FILTER (?a != ?b) }
```

필터에서 비교 !=는 '같지 않음'을 나타낸다. ?a 와 ?b 가 동일하지 않은 경우에만 '참'으로 평가된다. 결과적으로 다음 트리플이 생성된다.

```
actor:15256 skos:exactMatch director:4614 .
director:4614 skos:exactMatch actor:15256 .
```

이것은 개선된 사항이다. 만약 skos:exactMatch가 대칭적 속성임을 몰랐다면(11장 참조), 이 시점에서 모든 가짜 트리플을 걸러냈다는 것에 만족할 것이다.

한 단계 더 나아가려면 각 쌍의 첫 번째 트리플만 유지되도록 이 트리플을 정렬할 수 있다. SPARQL의 FILTER 절에는 XML에서 차용한 데이터 유형을 관리하는 기능이 포함되어 있으므로 값을 비교할 수 있는 여러 방법이 있다. URI를 XML로 변환한 다음 문자열을 비교할 수 있다. 이렇게 결과를 단일 트리플로 줄일 수 있다.

질의 6-40 감독과 배우를 1-1로 일치시키기(Matching directors to actors 1-1)

```
CONSTRUCT{?a skos:exactMatch ?b}
WHERE{?a foaf:page ?page.
      ?b foaf:page ?page.
      FILTER (xsd:string(?a) > xsd:string(?b)) }
```

이 질의는 주어가 알파벳 순서로 개체 뒤에 올 때만 트리플을 유지한다. 이전 결과의 두 트리플 중 두 번째 트리플만 유지되는 것을 의미한다.

```
director:4614 skos:exactMatch actor:15256 .
```

일반적으로 두 자원이 실제로 동일한 것을 참조하는지 확인하는 여러 가지 방법이 있다. 프리베이스Freebase 또는 디비피디아와 같은 참조 시스템을 갖는 것이 가장 쉬운 방법이다. 참조 시스템에 대한 필요성은 시맨틱 웹에서 시작된 것이 아니라 수세기 동안 존재해왔다. 시맨틱 웹은 단순히 참조 시스템을 웹에 게시하고 참조하는 수단을 제공한다. 프리베이스와 같은 참조 시스템이 없는 경우 개체를 식별하는 더 복잡한 수단을 사용할 수 있다. SPARQL CONSTRUCT를 사용하는 동일한 전략을 사용하여 일치 여부를 결정하고 skos:exactMatch를 사용하여 기록할 수 있다 . 예를 들어 데이터 세트에 생년월일과 출생지에 대한 정보가 포함되어 있다고 가정한다. 동일한 이름, 장소, 생년월일을 공유하는 두 사람이 실제로 동일한 사람이라고 데이터 세트에서 가정하는 것이 합리적이면 다음 질의는 자원 사이의 일치를 주장하는 트리플을 구성한다.

질의 6-41 출생지, 날짜, 이름 일치시키기(Match on birthplace, date, and name)

```
CONSTRUCT {?a skos:exactMatch ?b }
WHERE {?a :name ?name ;
          :birthplace ?bplace ;
          :birthdate ?date .
       ?b :name ?name ;
          :birthplace ?bplace ;
          :birthdate ?date .
       FILTER (xsd:string(?a) > xsd:string(?b))}
```

시맨틱 웹은 하나의 자원이 다른 자원과 동일한 개인을 참조한다고 결정하는 특정 메커니즘을 제공하지 않는다. 시맨틱 웹은 참조의 결과를 기록하고 웹에 게시하는 수단을 제공한다.

이제 'Clint Eastwood'라는 이름의 두 사람이 실제로 같은 사람이라는 것을 알았으므로 '어떤 감독이 자기가 만든 영화에서 연기했는가?'라는 질문에 답할 수 있는 위치에 있다. 다음 질의로 대답할 수 있다.

질의 6-42 자기 영화의 감독이자 배우(Self-directing actors)

```
SELECT DISTINCT ?director
WHERE { ?dir foaf:made ?m ;
            linkedmdb:director_name ?director ;
            skos:exactMatch ?player .
        ?m linkedmdb:actor ?player .
      }
```

Answer:

?director
"Clint Eastwood"

물론 전체 LinkedMDB 데이터 세트에는 이 조건을 충족하는 다른 답변이 많이 있다. 단순하게 기술하기 위해 여기서는 출력을 하나로 제한했다.

도전과제 6-3 SPARQL을 사용하여 데이터베이스 발췌본 복사하기

RDF 데이터 세트는 종종 매우 많은 수의 트리플로 구성된다. 이러한 데이터 세트의 작은 발췌본을 생성하려는 데는 여러 가지 이유가 있다.

1 데이터 세트는 연결이 일관되지 않은 네트워크 지원으로만 사용할 수 있다. 가장 많이 사용되는 정보에 대해 더욱 강력한 사본을 만들어 보관할 수 있다.
2 데이터 세트는 매우 커서 질의가 복잡하면 질의 시간이 느려질 수 있다. 빠른 질의를 위해 데이터베이스의 작은 관련 부분에 대한 캐시를 유지할 수 있다.
3 데이터 세트에는 특정 청중에게 공개하면 안 되는 민감한 정보가 포함될 수 있다. 공개적인 접근을 위해 덜 민감한 정보의 사본을 만들 수 있다.

어쨌든 별도 저장을 위해 데이터 세트의 일부를 선택하는 것이 유용할 수 있다. 이것은 SPARQL CONSTRUCT 질의로 수행할 수 있다. 이전 예제에 이어 영화 'Unforgiven'에 대한 정보가 포함된 데이터 세트를 만들고 싶다고 가정하자. 여기에 출연한 배우, 이 영화의 감독, 제작자, 기타 정보를 포함하고 싶다. LinkedMDB에는 'Unforgiven'은 film:37379라는 자원 이름이 지정된다. LinkedMDB에서 'Unforgiven'에 대한 모든 정보를 어떻게 선택할 수 있을까? '모든' 정보가 의미하는 바에 따라 간단한 질의로 시작할 수 있다.

질의 6-43 'Unforgiven'(주어) 기반의 부분집합(Subset based on 'Unforgiven'(Subject))

```
CONSTRUCT { film:37379 ?p ?o . }
WHERE { film:37379 ?p ?o . }
```

이 질의는 film:37379를 주어로 하는 데이터 세트에서 모든 트리플을 선택한다. 전체 LinkedMDB에서 트리플을 포함하여 수십 개의 결과를 반환한다.

```
film:37379
   rdf:type film:film ;
   dcterms:title "Unforgiven" ;
   film:actor actor:25769 ;
   film:actor actor:17281 ;
   film:director director:4614 ;
   film:writer writer:8240 .
```

'Unforgiven'에 대한 '모든' 정보를 얻기 위한 좋은 시작으로 배우와 감독에 대한 정보가 포함되어 있다. Clint Eastwood가 감독하고 주연한 영화 중 하나라는 것을 알아야 한다. 하지만 이 영화와 관련된 데이터 세트에 더 많은 정보가 있을 수 있다. 다음 트리플을 보자.

```
director:4614 foaf:made film:37379 .
```

이 트리플은 질의 결과에 나타나지 않는다. 이 경우 film:37379는 주어가 아니라 트리플의 목적어이기 때문이다. 매우 유사한 질의를 사용하여 이러한 트리플을 가져올 수 있다.

질의 6-44 하위 'Unforgiven'(목적어)의 부분집합(Subset based on 'Unforgiven'(Object))

```
CONSTRUCT { ?s ?p film:37379. } WHERE { ?s ?p film:37379 . }
```

위의 foaf:made 트리플을 포함하여 'Unforgiven'이 목적어로 나타나는 모든 트리플을 가져온다. 이것은 특정 자원에 대한 '모든' 정보를 가져오는 것이 무엇을 의미할 수 있는지에 대한 보다 포괄적인 개념이다.

그러나 이러한 트리플조차 'Unforgiven'에 대해 모두 말해줄 만큼 충분하지는 않은 것 같다. 예를 들어 actor:25769는 누구인가? 영화 자체에 대한 정보 외에도 관련 항목에 대한 정보를 식별할 수도 있다. 보다 정교한 그래프 패턴도 이 작업을 수행할 수 있다.

질의 6-45 'Unforgiven'에 기반한 더 큰 부분집합(Larger subset based on Unforgiven)

```
CONSTRUCT { ?s ?p ?o }
WHERE { film:37379 ?p1 ?s .
        ?s ?p ?o . }
```

패턴 '?s ?p ?o'은 지금까지의 바인딩에 따라 데이터 세트의 모든 트리플과 일치한다. 이 경우, ?s는 이미 첫 번째 트리플 패턴에서 'Unforgiven'과 어떤 식으로든 관련된 모든 것에 바인딩되어 있다. 따라서 이 경우 이 패턴은 주어가 Unforgiven과 관련된 모든 트리플을 복사한다.

```
film:37379 linkedmdb:actor actor:25769 .
```

예를 들어, 위의 트리플은 데이터 세트에 있기 때문에, 이 질의는 다음 트리플을 포함하는 actor:25769로 시작하는 모든 트리플을 찾는다.

```
actor:25769 film:actor_name "Richard Harris" .
```

이러한 모든 질의의 결과를 통합하면 'Unforgiven'에 관한 모든 정보의 포괄적인 캐시를 만들 수 있다. 이 방법은 이 장의 예제에 대한 많은 샘플 파일을 만드는 데 사용되었다.

6.8 SPARQL의 고급 기능: 제한 및 주문

제임스 딘이 출연한 영화와 개봉 날짜를 알고 싶다고 가정하자.

질의 6-46 제임스 딘과 그의 영화가 개봉된 날짜(James Dean and the dates his movies were released)

```
SELECT ?movie ?date
WHERE { :JamesDean :playedIn ?m .
        ?m rdfs:label ?movie .
        ?m dc:date ?date . }
```

Answer:

?movie	?date
Giant	1956
EastOfEden	1955
RebelWithoutaCause	1955

이러한 답변은 특별한 순서 없이 반환된다. 서로 다른 SPARQL 구현(심지어 다른 시간에 동일한 구현이라도)은 원하는 순서로 결과를 자유롭게 생성할 수 있다.

ORDER BY 지시문을 사용하여 결과에 대한 질의에서 순서를 지정할 수 있다. ORDER BY 지시문은 그래프 패턴 뒤에 나오며 결과가 반환되는 순서를 결정하는 데 사용할 하나 이상의 변수를 지정한다. 다음 두 예는 각각 ?date와 ?movie(title) 순서로 작동 방식을 보여준다.

질의 6-47 개봉 순서에 따른 제임스 딘 영화(James Dean movies in release order)

```
SELECT ?title ?date
WHERE { :JamesDean :playedIn ?movie.
        ?movie rdfs:label ?title .
        ?movie dc:date ?date . }
ORDER BY ?date
```

Answer:

?title	?date
EastOfEden	1955
RebelWithoutaCause	1955
Giant	1956

질의 6-48 알파벳 순서에 따른 제임스 딘 영화(James Dean movies in alphabetical order)

```
SELECT ?title ?date
WHERE { :JamesDean :playedIn ?movie .
        ?movie rdfs:label ?title .
        ?movie dc:date ?date . }
ORDER BY ?title
```

Answer:

?title	?date
EastOfEden	1955
Giant	1956
RebelWithoutaCause	1955

SPARQL은 각각의 값 유형에 대해 간단한 순서 개념을 사용한다. 번호순인 숫자, 알파벳 순서로 된 문자열 등이 그 예다. 사용자 인터페이스의 경우 한 번에 표시할 항목 수를 제한할 수도 있다. 또는 가장 높은 값인 '톱 10' 결과에 대한 보고서를 제공하고자 할 수도 있다. 이러한 종류의 요청을 수용하기 위해 SPARQL에는 가져올 최대 결과 수를 질의로 지정할 수 있는 LIMIT 지시문이 포함되어 있다. LIMIT는 ORDER BY와 함께 작동하여 반환할 항목을 결정한다. ORDER BY 없이 LIMIT을 사용할 경우 SPARQL 구현은 지정된 한계까지 일치하는 결과를 가져올 수 있다. 따라서 가장 오래된 제임스 딘 영화를 찾기 위해 ORDER BY ?date와 LIMIT를 1로 지정할 수 있다.

질의 6-49 제임스 딘의 첫 번째 영화(James Dean's first movie)

```
SELECT ?title
WHERE { :JamesDean :playedIn ?m .
        ?m rdfs:label ?title .
        ?m dc:date ?date . }
ORDER BY ?date
LIMIT 1
```

Answer:

?title
East Of Eden

'이유 없는 반항Rebel Without a Cause'의 세 스타(James Dean, Natalie Wood, Sal Mineo)는 모두 비극적인 상황에서 젊은 나이에 사망했다. 가장 먼저 사망한 사람은 누구인가?

질의 6-50 비극적 반항아인 배우들(첫번째)(Tragic Rebel actors (first))

```
SELECT ?first
WHERE { ?who :playedIn :RebelWithoutaCause .
        ?who rdfs:label ?first .
        ?who :diedOn ?date . }
ORDER BY ?date
LIMIT 1
```

Answer:

?first
James Dean

기본적으로 SPARQL 순서는 오름차순이다. 순서를 바꾸고 DESC(내림차순)라는 키워드로 가장 오래 산 사람을 찾을 수 있다.

질의 6-51 비극적 반항아인 배우들(마지막)(Tragic Rebel actors (last))

```
SELECT ?last
WHERE { ?who :playedIn :RebelWithoutaCause ;
             rdfs:label ?last ;
             :diedOn ?date .}
ORDER BY DESC (?date)
LIMIT 1
```

Answer:

?last
Sal Mineo

집계 및 그룹화(SPARQL 1.1)

SPARQL 1.1에는 데이터의 집계 함수를 지정하는 기능이 들어 있다. 특히 집계 함수 COUNT, MIN, MAX, AVG, SUM을 제공한다. 이러한 집계는 모든 그래프 패턴과 함께 사용할 수 있으며 패턴에 대한 모든 일치 결과를 계산한다.

예를 들어 제임스 딘이 몇 편의 영화에 출연했는지 확인할 수 있다.

질의 6-52 제임스 딘 영화는 몇 개인가?(How many James Dean movies?)

```
SELECT ( COUNT(?movie) AS ?howmany )
WHERE { :JamesDean ?playedIn ?movie . }
```

SPARQL 집계 구문은 SELECT 절에 나타난다. 집계 표현식은 괄호 안에 표시되는데 집계 단어로 시작하고 다시 괄호 안에 집계할 변수를 넣는다. 이어서 AS 키워드를 넣고, 새로운 변수로 집계된 값에 바인딩된다. 이 경우 질의 결과는 ?howmany에 대한 단일 바인딩이다.

?howmany
3

합계는 거의 동일한 방식으로 작동한다. 매년 다양한 고객과 수행한 비즈니스 금액을 합산하고 매출에 대한 데이터를 확보하고 있다면, 구매한 회사, 구매 금액, 구매 연도에 대한 데이터가 제공될 수 있다. 데이터는 다음의 표에 있다.

회사	금액	연도
ACME	$1250	2010
PRIME	$3000	2009
ABC	$2500	2009
ABC	$2800	2010
PRIME	$1950	2010
ACME	$2500	2009
ACME	$3100	2010
ABC	$1500	2009
ACME	$1250	2009
PRIME	$2350	2009
PRIME	$1850	2010

각 행은 행에 대한 임의의 URI와 함께 4개의 트리플로 표시된다. 각 행은 단일 클래스 :Sale의 구성원이다. 따라서 첫 번째 행은 트리플처럼 보인다.

질의 6-53 판매 레코드(Sales records)

```
:row1 a :Sale ;
       :company :ACME ;
       :amount 1250 ;
       :year 2010 .
```

이 표현을 트리플로 사용하면 SUM을 사용하여 총 매출을 찾을 수 있다.

질의 6-54 총 판매액(Total sales amounts)

```
SELECT (SUM(?val) AS ?total)
WHERE { ?s a :Sale ;
           :amount ?val }
```

Answer:

?total
24050.00

이러한 종류의 데이터를 사용하여, 다양한 방식으로 이 답을 분류하는데 관심이 있다. 개별 고객과 얼마나 많은 거래를 했는가? 한 해 동안 얼마나 많은 비즈니스를 수행했는가? SPARQL을 사용하면 GROUP BY 개념을 사용하여 이러한 방식으로 질의를 구성할 수 있다. 예를 들어, 연도별로 그룹화하여 매년 비즈니스 규모를 파악할 수 있다.

질의 6-55 연도별 총 판매액(Total sales amounts by year)

```
SELECT ?year (SUM(?val) AS ?total)
WHERE { ?s a :Sale ;
           :amount ?val ;
           :year ?year }
GROUP BY ?year
```

Answer:

?year	?total
2009	13100.00
2010	10950.00

GROUP BY 키워드는 그래프 패턴 뒤에 나오며 합계를 그룹화하는 방법을 집계 게이트에 알려준다. 모든 결과를 합산하는 대신 지정된 변수로 그룹화된 결과를 합산한다. 이 경우 합계는 ?year별로 그룹화된다. GROUP BY 변수는 이미 그래프 패턴에 바인딩되어 있어야 한다. 이러한 값은 집계 결과를 정렬하는 데 사용된다. GROUP BY 절에 언급된 변수는 특정 합계에 대한 모든 합계에 대해 동일한 값을 가지므로 (원한다면) SELECT 절에 포함하는 것이 좋다. 다른 변수(예: ?s와 ?val)는 각 합계에 대해 다른 값을 가지므로 합계에 대해 정의된 단일 값을 갖지 않는다. 이러한 변수는 SELECT 절에 포함할 수 없다.

한 번에 둘 이상의 변수를 기준으로 정렬할 수 있다.

질의 6-56 회사별 연간 총 판매액(Total sales amounts by company per year)

```
SELECT ?year ?company (SUM(?val) AS ?total)
WHERE { ?s a :Sale ;
          :amount ?val ;
          :year ?year ;
          :company ?company . }
GROUP BY ?year ?company
```

Answer:

?year	?company	?total
2009	ACME	3750.00
2009	ABC	4000.00
2009	PRIME	5350.00
2010	ACME	4350.00
2010	PRIME	3800.00
2010	ABC	2800.00

이 결과는 특정 연도에 각 고객과 얼마나 많은 비즈니스를 수행했는지 알려준다. 특정 결과를 선택하기 위해 HAVING 키워드를 사용하여 다음과 같이 결과 중 일부만 표시할 수 있다.

질의 6-57 매출액별 상위 기업(Top companies by sales amounts)

```
SELECT ?year ?company (SUM(?val) AS ?total)
WHERE { ?s a :Sale ;
          :amount ?val ;
          :year ?year ;
          :company ?company . }
GROUP BY ?year ?company
HAVING (?total > 5000)
```

Answer:

?year	?company	?total
2009	PRIME	5350.00

PRIME은 2009년에 이 기준을 만족한 유일한 고객이다. HAVING과 FILTER 키워드는 매우 유사하다. 둘 다 결과에 의해 충족되는 조건을 도입한다. FILTER는 특정 그래프 패턴 내에 바인딩된 변수를 참조하므로 FILTER 키워드는 항상 패턴({} 사이)에 나타난다. 반면 HAVING은 SELECT 절의 집계에 의해 정의된 변수를 참조하므로 항상 그래프 패턴의 외부에 나타난다.

하위 질의(SPARQL 1.1)

하위 질의는 질의 안에 있는 질의다. SPARQL 그래프 패턴은 변수와 자원 식별자 간 임의의 연결을 포함할 수 있으므로 다른 질의 언어에서처럼 하위 질의를 가질 필요가 없다. 사실, 기본 SPARQL(즉, 제한 또는 집계 함수 없음)의 경우 하위 질의가 전혀 필요하지 않다.

그러나 하위 질의는 제한limit과 집계aggregate를 다른 그래프 패턴과 결합할 때 유용할 수 있다. SPARQL에서 하위 질의를 요구하려면 질문이 매우 복잡해야 한다. 하위 질의는 집계aggregators, 순서 지정orderings, 제한limits과 같은 항목의 범위를 질의의 일부로만 제한한다. 앞에 제시한 고객 판매 예에서 일부 회사는 2009년부터 2010년까지 매출이 증가한 반면 어떤 회사는 매출이 감소했다. 하위 질의를 사용하여 해당 기간 동안 판매가 증가한 항목을 찾을 수 있다.

질의 6-58 연간 매출 비교(Comparative sales year to year)

```
SELECT ?company
WHERE {
  {SELECT ?company ((SUM(?val)) AS ?total09)
  WHERE {
    ?s a :Sale ;
      :amount ?val ;
      :company ?company ;
      :year 2009 . }
  GROUP BY ?company }
  { SELECT ?company ((SUM(?val)) AS ?total10)
  WHERE {
    ?s a :Sale ;
      :amount ?val ;
      :company ?company ;
      :year 2010 . }
  GROUP BY ?company }
  FILTER (?total10 > ?total09) .
}
```

Answer:

?company
ACME

이 예제에서 두 하위 질의는 각각 2009년과 2010년의 총 매출을 계산한다. FILTER는 2010년 합계가 2009년 합계를 초과하는 고객, 즉 2009년보다 2010년에 더 많은 비즈니스를 수행한 고객만 보유하고 있다. 각 하위 질의(끝에 GROUP BY 등 포함)는 중괄호로 묶여 있다. 하위 질의 내에서 변수에는 고유한 범위가 있다. 즉, 각 하위 질의 안에 있는 변수 ?val은 각각 완전히 다른 값과 일치한다(첫 번째 하위 질의에서는 2009 값과 일치하고 두 번째 하위 질의에서는 2010 값과 일치함). 이러한 종류의 계산에는 비교할 데이터의 독립적인 부분집합이 포함되기 때문에 하위 질의가 필요하다.

하위 질의에 대한 또 다른 응용은 집계(SELECT 질의에서만 사용 가능) 기능을 다른 SPARQL 질의 구문(예: ASK 및 CONSTRUCT)으로 가져오는 것이다.

앞서 1년 동안 5,000달러 이상의 사업을 수행한 회사를 선택하는 질의를 보았다. 이 결과를 CONSTRUCT 질의의 일부로 사용하고 싶다고 가정하면, 집계 사양을 어디에 넣어야 할까? 다음 예제와 같이 하위 질의를 사용하여 균일하게 처리할 수 있다.

질의 6-59 선호 고객(Preferred customers)

```
CONSTRUCT { ?company a :PreferredCustomer.
            ?company :totalSales ?total . }
WHERE { SELECT ?year ?company (SUM(?val) as ?total)
        WHERE { ?s a :Sale;
                   :amount ?val ;
                   :year ?year ;
                   :company ?company . }
        GROUP BY ?year ?company
        HAVING (?total > 5000)
      }
```

결과적으로 다음과 같이 2개의 트리플이 생성된다.

```
:PRIME a :PreferredCustomer .
:PRIME :totalSales 5350.00 .
```

하위 질의는 앞에서 본 것과 동일한 질의로, 어느 회사가 1년에 5,000달러 이상의 사업을 수행했는지 확인한다. CONSTRUCT 질의는 선호 고객에 대한 정보(:PreferredCustomer 클래스의 멤버 자격으로 선호 상태)와 숫자 값인 총 판매량에 대한 정보만으로 그래프를 생성한다.

합집합

그래프 패턴은 여러 트리플로 구성되며 패턴이 일치하려면 모든 트리플이 일치해야 한다. 논리적으로 보면 트리플 사이에 암묵적인 'and' 연산이 있음을 의미한다. 따라서 그래프 패턴을 읽을 때 "첫 번째 트리플 매치 AND 두 번째 트리플 매치 AND 세 번째 트리플 매치"와 같이 읽는 것이 정확하다. 그러나 "트리플 매치 OR 트리플 매치"라고 말하고 싶을 때도 있다. 그럴 때 SPARQL은 UNION을 제공한다.

UNION은 2개의 그래프 패턴을 결합하여 각 패턴에서 만든 모든 바인딩의 집합 결합을 만든다. 각 패턴의 변수는 하위 질의와 마찬가지로 독립적으로 값을 취하지만 그 결과는 결합된다.

간단한 예로, '이유 없는 반항' 또는 '자이언트'에서 연기한 모든 배우를 찾을 수 있다. 이들 각각은 간단한 질의다. 두 질의의 UNION을 만들어 모든 답을 얻을 수 있다.

질의 6-60 '이유 없는 반항' 또는 '자이언트'에서 연기한 배우(Actors in 'Rebel' or 'Giant')

```
SELECT ?actor
WHERE {
        {?actor :playedIn :Giant .}
        UNION
        {?actor :playedIn :RebelWithoutaCause . }
    }
```

Answer:

?actor
Ann Doran
Carroll Baker
Elizabeth Taylor
James Dean
James Dean
Jim Backus
Mercedes McCambridge
Natalie Wood
Rock Hudson
Sal Mineo
Sal Mineo

배우가 두 영화에 출연한 경우 일부 이름은 두 번 나타난다. 이 반복은 DISTINCT 키워드를 사용하여 제거할 수 있다.

UNION은 CONSTRUCT의 컨텍스트에서도 사용할 수 있다. 이 장의 앞부분에서 SPARQL을 사용하여 여러 관련 관계(어머니, 아버지, 아들, 딸)를 단일 계층(부모)으로 매핑함으로써 계층적 정보를 변환했다. 그에 대한 결과 트리플은 [그림 6-9]에 나와 있다. 여기에는 4개의

CONSTRUCT 질의가 포함되었으며 각 질의의 결과로 생성된 모든 트리플이 병합된다는 암시적 이해가 포함되어 있다. 질의가 실제로 모든 결과를 결합하는 프로그램의 컨텍스트에서 실행되는 경우(예를 들어 모든 트리플을 동일한 트리플 저장소에 추가함으로써)가 완벽하게 좋은 가정이다. 그러나 UNION을 사용하면 트리플이 결합되도록 명시적으로 지정할 수 있다. 각 트리플에 대한 그래프 패턴을 가져와서 UNION 연산자로 모두 결합할 수 있다.

질의 6-61 부모 유형 결합하기(Combining types of parenthood)

```
CONSTRUCT {?s :hasParent ?o}
WHERE{ {?s :hasMother ?o}
        UNION
        {?s :hasFather ?o}
        UNION
        {?o :hasSon ?s}
        UNION
        {?o :hasDaughter ?s}
    }
```

이 질의의 결과는 도전과제에 있는 질의의 결합 결과, 즉 [그림 6-9]에 표시된 hasParent 관계 집합과 동일하다.

할당(SPARQL 1.1)

《Semantic Web for the Working Ontologist》를 쓴 저자의 전체 이름을 질의한다고 가정하자. 이름과 성을 쉽게 찾을 수 있지만 전체 이름은 어떻게 얻을 수 있을까? 이 문제는 아주 간단히 계산할 수 있다. 공백을 포함하여 성과 이름을 함께 연결하면 된다. 그러나 "James Hendler"라는 문자열은 데이터 세트에서 찾을 수 없다. 어떻게 만들 수 있을까?

Tell-and-Ask 시스템은 일반적으로 전달된 정보를 기반으로 하여 답하는 것으로 스프레드시트, 노트북, 데이터베이스, RDF 저장소가 이런 시스템에 해당한다. 그러나 많은 Tell-and-Ask 시스템은 이를 넘어서 시스템에 (직접) 말하지 않은 정보를 지정할 수 있는 방법을 제공하다. 이미 SPARQL의 집합aggregator을 사용하여 이를 수행할 수 있는 방법을 살펴보았다. SUM, AVERAGE, COUNT 등은 시스템에 직접 전달되지 않았지만 이미 있는 정보에서 계산된 정보다.

그러나 때로 ASK 프로세스의 일부로 특수 목적을 위한 계산을 지정하고 싶다. 스프레드시트에는 데이터가 변경되거나 입력될 때마다 계산과 업데이트될 임의의 공식을 사용자가 지정할 수 있는 기능이 있는데, 이 기능이 매우 탁월하다. 데이터베이스에는 데이터베이스의 정보를 기반으로 임의의 코드를 실행하는 저장 프로시저가 있다. SPARQL은 질의 시간 할당을 통해 유사한 기능을 제공한다. 할당을 사용하면 질의가 데이터의 일부 값과 일치하는 대신 해당 변수에 값을 '할당'하는 계산을 통해 변수 값을 구체적으로 쓸 수 있다.

할당은 SPARQL 1.0 표준에서 지원되지 않지만 1.1 표준에서는 지원된다. 할당은 다음과 같이 키워드 BIND로 표현된다.

```
BIND ( expression (...) AS ?var)
```

표현식은 산술 공식(일반 연산자 +, -, *, / 등 사용) 또는 일련의 함수 호출과 이미 일치하거나 바인딩된 다른 변수에 대한 참조가 포함될 수 있다. 관계형 데이터베이스의 저장 프로시저와 마찬가지로 함수 호출에는 다양한 프로그래밍 언어로 된 임의의 프로그램이 포함될 수 있다. 이 책의 예에서는 XML용 XPATH 사양의 일부 표준 함수로 제한한다.

다음 데이터를 포함하여 책과 저자에 대한 데이터가 있다고 가정한다.

```
:DeanAllemang  rdf:type :Person ;
               :firstName "Dean" ;
               :lastName "Allemang" .

:JimHendler rdf:type :Person ;
            :firstName "James" ;
            :lastName "Hendler" .

:FabienGandon rdf:type :Person ;
              :firstName "Fabien" ;
              :lastName "Gandon" .

:WorkingOntologist rdf:type :Book ;
                   rdfs:label "Semantic Web for the Working Ontologist" ;
                   dc:creator :DeanAllemang, :JimHendler, :FabienGandon .
```

이것이 할당이 있는 위치다. 이름과 성을 일치시킬 수 있지만 전체 이름을 얻으려면 계산을 해야 한다. SPARQL에는 CONCAT라는 연결 함수가 있다. 이 함수를 사용하여 전체 이름을 계산할 수 있다.

질의 6-62 저자의 전체 이름(Full names of authors)

```
SELECT ?fullname
WHERE { :WorkingOntologist dc:creator ?author .
        ?author :firstName ?first .
        ?author :lastName ?last .
        BIND (CONCAT(?first, " ", ?last) AS ?fullname)}
```

Answer:

?fullname
James Hendler
Dean Allemang
Fabien Gandon

할당은 이미 요청한 다른 사항을 기반으로 정보를 계산하는 편리한 방법이다. 그러나 중간 계산에 사용될 때 실제로 그 힘을 보여주므로 할당 결과를 사용하여 진행 중인 검색에 대한 매개변수를 지정할 수 있다.

예를 들어 이 책에 대한 정보를 영화 데이터베이스와 병합하는 것을 고려한다면, 이 책의 저자와 같은 이름을 가진 배우가 있는지 궁금할 것이다. 아마도 그 이름은 책 저자들의 이름으로 구성되어 있을 것이다. 해당 이름을 충분히 쉽게 가져올 수 있다.

질의 6-63 결합된 저자 이름(Combined first names of authors)

```
SELECT ?n1 ?n2
WHERE { authors:WorkingOntologist dc:creator ?a1 .
        authors:WorkingOntologist dc:creator ?a2 .
        ?a1 authors:firstName ?n1 .
        ?a2 authors:firstName ?n2 . }
```

Answer:

?n1	?n2
Dean	Dean
Dean	James
Dean	Fabien
James	Dean
James	Fabien
James	James
Fabien	Dean
Fabien	James
Fabien	Fabien

이제, 앞의 예에서와 같은 XPATH의 기능을 사용하여 2개의 이름을 하나로 연결해 전체 이름을 만들어보겠다. 동시에 두 변수가 동일한 이름과 일치하는 상황을 필터링하여 제거한다. 이제 다음과 같은 결과를 얻을 수 있다.

질의 6-64 검색 프로브로 결합된 이름(Combined first names as a search probe)

```
SELECT ?probe
WHERE { authors:WorkingOntologist dc:creator ?a1 .
        authors:WorkingOntologist dc:creator ?a2 .
        ?a1 authors:firstName ?n1 .
        ?a2 authors:firstName ?n2 .
        FILTER (?a1 != ?a2)
        BIND (CONCAT (?n1, " ", ?n2) AS ?probe)
      }
```

Answer:

?probe
"Dean James"
"Dean Fabien"
"James Dean"
"James Fabien"
"Fabien Dean"
"Fabien James"

이제 영화 데이터베이스에 계산된 결과를 질의하는 방법으로 사용해보겠다. 이 중 하나를 이름으로 가진 배우를 찾고 싶다. 배우를 영화에서 연기하는 사람으로 본다면, :playedIn 술어에 트리플을 일치시켜 해당 배우를 찾을 수 있다.

질의 6-65 저자와 같은 이름을 가진 배우(Actors with names like the authors)

```
SELECT DISTINCT ?who
WHERE {
        authors:WorkingOntologist dc:creator ?a1 .
        authors:WorkingOntologist dc:creator ?a2 .
        ?a1 authors:firstName ?n1 .
        ?a2 authors:firstName ?n2 .
        FILTER (?a1 != ?a2)
        BIND (CONCAT (?n1, " ", ?n2) AS ?probe)
        ?who movies:playedIn ?any .
        ?who rdfs:label ?probe .
    }
```

Answer:

?who
movies:JamesDean

실제로 데이터베이스에는 이 책 저자의 이름을 연결하여 전체 이름을 구성하는 배우가 있다.

질의의 데이터

일반적으로 질의는 데이터 소스에서 데이터를 가져올 것으로 예상할 것이다. 때로 질의 자체에 작은 데이터 비트를 포함시키는 것이 편리하다. 예를 들어, 앞에서 소개한 이 책의 저자 이름이 포함된 작은 데이터 세트를 가질 수 있거나, 데이터가 많지 않고 쉽게 나열할 수 있다면 이러한 이름을 질의 자체의 일부로 나열할 수도 있다.

질의 6-66 질의에 저자 이름 포함하기(Including author names in the query)

```
SELECT *
WHERE {
   VALUES (?firstname ?lastname) {("James" "Hendler")
   ("Dean" "Allemang")
   ("Fabien" "Gandon")}
   BIND (CONCAT (?firstname, " ", ?lastname) AS ?fullname)
}
```

Answer:

?firstname	?lastname	?fullname
James	Hendler	James Hendler
Dean	Allemang	Dean Allemang
Fabien	Gandon	Fabien Gandon

SPARQL 질의 연합

앞의 예에서 책과 저자에 대한 모든 트리플과 영화에 대한 트리플이 단일 그래프에서 사용 가능하다고 가정했다. 질의를 실행하기 위해 여러 그래프를 단일 그래프로 병합하는 것이 개념적으로 간단한 문제이기 때문에 아주 현실성이 떨어지는 가정은 아니다. 그러나 이것이 사실일 것이라는 보장은 없다. 데이터 세트가 매우 큰 경우 질의하기 전에 병합하는 것이 비현실적일 수 있다. 데이터 세트는 웹에서만 사용할 수 있으며 접근이 제한될 수 있다.

따라서 둘 이상의 데이터 소스에서 질의를 연합하는 것이 바람직하다. 이런 관점에서 '연합Federate'은 질의의 데이터 소스를 가상으로 결합하는 동시에 각 구성 요소를 고유한 ID로 유지하는 것을 의미한다. 여러 데이터 소스를 다양한 방법으로 사용할 수 있다. 웹의 데이터 소스는 SPARQL 엔드포인트로 원격 접근을 위해 게시할 수 있다. 그러나 단일 데이터 소스 내에서도 트리플 세트에 명명된 그래프로 이름을 지정할 수 있다. 엔드포인트와 명명된 그래프 모두 연합 SPARQL 질의에 참여할 수 있다.

각 데이터 세트가 SPARQL 엔드포인트를 통해 게시되어 SPARQL을 사용하면 하위 질의를 다른 엔드포인트로 전달할 수 있다. 하위 질의의 엔드포인트는 그래프 패턴 앞에 SPARQL 엔드포인트에 대한 URL 다음에 SERVICE 키워드를 넣어 지정한다. 이는 유사한 구문이 명명된 그래프에 사용되지만 GRAPH 키워드와 명명된 그래프를 나타내는 URL을 사용한다. 예를 들어 디비피디아의 SPARQL 엔드포인트(http://dbpedia.org/sparql)에서 제임스 딘이 출연한 영화에 대해 알고 있는 내용을 찾을 수 있다. 간단한 질의로 디비피디아에 다음과 같은 항목이 있는지 확인할 수 있다. 영화 '자이언트'에서 연기한 배우의 이름과 일치하는 레이블이 디비피디아에 있다.

질의 6-67 dbpedia.org와 연합하기(Federating with dbpedia.org)

```
SELECT ?entry
WHERE{?actor :playedIn :Giant.
      ?actor rdfs:label ?name.
      SERVICE <http://dbpedia.org/sparql>
        {?entry rdfs:label ?name . }
      }
```

Answer:

?entry
http://dbpedia.org/resource/Carroll_Baker
http://dbpedia.org/resource/Elizabeth_Taylor
http://dbpedia.org/resource/James_Dean
http://dbpedia.org/resource/Mercedes_McCambridge
http://dbpedia.org/resource/Rock_Hudson
http://dbpedia.org/resource/Sal_Mineo

두 번째 트리플에서 정의된 변수 ?name은 하위 질의에서 다시 사용된다. 실제로 로컬 데이터 세트의 값이 변수에서 사전 정의된 바인딩으로 원격 데이터 세트(dbpedia)에 제공되었다. 디비피디아 엔드포인트 관점에서 볼 때 ?name은 더 이상 변수가 아니다. 이미 질의 외부의 일부 값("Giant","Rebel Without a Cause", "East of Eden")에 바인딩되어 있다. 하위 질의의 ?entry에 대해 찾은 값은 전체 질의의 결과로 사용할 수 있다.

이 예에서 디비피디아 서비스에 대한 질의는 그다지 흥미롭지 않았다. 이미 알고 있는 무언가(누군가)에 대한 디비피디아 참조를 찾았다. 디비피디아에 배우들의 출생명과 같이 아직 모르는 것을 말해 달라고 요청하면 더 흥미로울 것이다.

질의 6-68 '자이언트'에 출연한 배우들의 출생명(Birth names of actors in 'Giant')

```
SELECT DISTINCT ?name ?realname
WHERE {?actor :playedIn :Giant .
       ?actor rdfs:label ?name .
       SERVICE
          <http://dbpedia.org/sqarql>
          { ?entry rdfs:label ?name .
             ?entry dbpedia:birthname ?realname }
       }
```

Answer:

?name	?realname
Elizabeth Taylor	Elizabeth Rosemond Taylor
Rock Hudson	Roy Harold Scherer, Jr.
Sal Mineo	Salvatore Mineo, Jr.

이 질의의 단점은 rdfs:label이 디비피디아에서 자원을 식별하는 데 적합한 속성이라고 가정한다는 것이다. 그러나 디비피디아에는 사람, 영화, 장소, 국가 등 수백만 가지의 정보와 위키피디아 항목이 보유하고 있는 거의 모든 것이 포함된다. 따라서 둘은 동일한 rdfs:label을 가질 수 있다. 디비피디아에서 자원을 식별하는 더 좋은 방법은 디비피디아 URL을 직접 참조하는 것이다. 이것은 질의에서 할 수 있는 일이 아니다. 데이터 소스는 자원과 디비피디아 사이의 링크를 포함해야 한다. 예를 들어 데이터 소스에 다음 트리플이 포함되어 있다면,

```
:ElizabethTaylor skos:exactMatch dbpedia:Elizabeth_Taylor .
:RockHudson skos:exactMatch dbpedia:Rock_Hudson .
:SalMineo skos:exactMatch dbpedia:Sal_Mineo .
```

질의를 다음과 같이 변경할 수 있다.

질의 6-69 자이언트에 출연한 배우들의 출생명(정확한 일치)(Birth names of actors in Giant(exact match))

```
SELECT DISTINCT ?name ?realname
WHERE {?actor :playedIn :Giant .
       ?actor skos:exactMatch ?db .
       SERVICE <http://dbpedia.org/sparql>
            { ?db dbpedia:birthname ?realname }
       }
```

이 질의는 더 짧고 오류 가능성도 적다. "Sal Mineo" 또는 "Elizabeth Taylor"와 같은 이름을 가진 다른 사람이 있더라도 데이터 세트에 정확히 일치하는 항목을 포함하면 디비피디아 질의에서 올바른 자원이 사용될 수 있다. 이러한 exactMatch 사용은 5장에서 권장한 관행의 한 예로, 데이터 세트 간에 데이터를 연결하여 데이터의 웹을 짤 수 있다. 게시된 데이터 세트의 모호성을 해결하기 위해 디비피디아와 같은 데이터 소스에 대한 이러한 종류의 링크를 포함하는 것은 매우 흔한 일이 되었다. 디비피디아에는 사실상 유명 인사, 장소, 예술 작품 등 위키피디아에 언급된 모든 것에 대한 이름들이 등록되어 있다.

SPARQL 질의에는 여러 개의 SERVICE 스펙이 허용되므로 여러 데이터 소스에 대해 연합된 질의를 자성할 수 있다.

6.9 이 장을 마치며

SPARQL 질의 언어는 RDF 데이터 그래프에서 정보를 질의하는 수단을 제공한다. 질의의 핵심 요소는 데이터 그래프와 일치하는 자원과 변수를 모두 포함하는 작은 그래프인 그래프 패턴이다. 그래프 패턴은 그래프에서 가져올 정보를 지정하고, 변수와 일치하는 항목이 서로 관련되는 방식을 지정한다.

SPARQL 질의는 정보(예: SQL 질의)를 가져오거나 그래프를 새로운 형식(예: 규칙)으로 변환하는 데 사용할 수 있다. 두 형식 모두 원하는 정보를 지정하기 위해 동일한 그래프 패턴 개념을 사용한다.

주요 개념

- **그래프 패턴** – 원하는 결과를 지정하기 위해 데이터 그래프와 비교하는 데 사용되는 와일드 카드가 있는 그래프다.
- **변수 (질문)** – 그래프 패턴의 와일드 카드. 모든 리소스와 일치할 수 있다.
- **SELECT 질의** – 그래프에서 변수에 대한 바인딩을 가져오는 질의 양식이다.
- **CONSTRUCT 질의** – 그래프 템플릿과 함께 데이터 그래프의 일치 항목을 기반으로 새로운 그래프를 작성하는 질의 양식이다.
- **질의를 규칙으로** – CONSTRUCT 질의를 사용하여 규칙을 지정한다.
- **연합 질의** – 단일 질의로 여러 데이터 소스를 질의한다.

CHAPTER 7

RDF 확장: RDFS와 SCHACL

RDF Resource Description Framework를 사용하면 데이터를 그래프로 표현할 수 있다. 5장에서 살펴본 것처럼 RDF의 식별자로 HTTP URI Uniform Resource Identifier를 사용하면 전 세계적 규모의 데이터 웹을 만들 수 있다. 수십억 개의 트리플이 데이터 웹에 이미 존재한다. 시맨틱 웹 표준은 RDF를 기반으로 데이터 웹을 위한 풍부한 모델링 기능을 제공하는데, 여기에는 두 가지 핵심 아이디어가 있다.

- **추론** inference: 이미 알고 있는 데이터를 기반으로 결론을 도출한다. 추론은 기존 데이터에서 새 데이터를 만드는 방법이다. 가장 간단한 RDF의 확장인 RDFS RDF Schema는 설계자가 추론을 관리할 수 있다.
- **기대** Expectation: 아직 본 적 없는 데이터에 대한 예측을 생성한다. 기대는 사용자로부터 데이터를 추출하거나 새로운 데이터 정보원에서 데이터를 검증할 때 유용하다. SHACL Shapes Constraint Language은 설계자가 기대치를 관리할 수 있게 하는 RDFS 확장이다.

7.1 RDFS를 사용한 RDF의 추론

온라인 의류 소매업체의 웹 페이지에서 '셔츠 Shirts' 카테고리의 '섀미 가죽 chamois'을 검색한다고 가정해보자. 그런데 검색해보니 결과가 없다. 우편으로 배달된 카탈로그에서 샤모아헨리 chamois Henley를 이미 보았기 때문에 당황할 수 있다. 카탈로그에서 상품 번호를 찾아서 다시 검색하면 샤모아 헨리가 나타난다. 게다가 카탈로그에는 'Henleys'가 일종의 'Shirts'로 표시되어 있다. 'Henleys'로 구분되었으면 'Shirts' 아래에 있는 게 당연한데, '뭐가 문제지?'라고 생각할 수 있다.

이런 검색에서 어떤 결과가 나올까? 'Shirts'를 참조하는 데이터에 대한 검색, 질의 또는 다른 접근을 원하는 경우에 'Henleys'도 살펴볼 수 있다. 'Shirts'와 'Henleys'의 관계에서 특별한 점은 무엇인가?

이것이 "Henleys는 일종의 Shirts다"라고 말할 때 의미하는 것이다. 어떻게 이 의미를 일관되고 유지 가능한 방식으로 표현할 수 있을까?

RDFS는 RDF Schema의 약자이며 RDF의 스키마 언어다. RDFS의 자원은 별개의 네임스페이스에 있고 rdfs:로 축약된다. Henleys와 Shirts의 관계는 매우 구체적이며 RDFS에서 이 특별한 관계는 rdfs:subClassOf를 이용해 다음과 같이 표현한다.

```
:Henley rdfs:subClassOf :Shirt .
```

rdfs:subClassOf의 구체적 의미는 질의를 통해 확인할 수 있다. 기존 데이터베이스 응용 프로그램에는 데이터 요소 간 관계를 상세히 설명할 수 있는 질의가 있다. 모든 셔츠를 검색하는 질의는 SPARQL에 있는 추이transitive 기능을 사용하여(6장) rdfs:subClassOf의 의미를 표현할 수 있다.

```
SELECT ?item
WHERE {?class rdfs:subClassOf :Shirts .
      ?item a ?class . }
```

이러한 표현은 이 문제에 대한 효과적인 접근 방식이다. RDFS는 추론 측면에서 제공되는 rdfs:subClassOf의 의미와 함께 보다 선언적인 방식으로 정의된다. 시맨틱 웹의 맥락에서 추론은 단순히 기술된 일부 정보가 주어지면 가능성이 있는 다른 관련 정보를 결정할 수 있음을 의미한다. Henleys/Shirts 예제에서 "Henleys" 클래스의 모든 원소는 "Shirts" 클래스의 원소이기도 하다. 추론은 정보를 처리하는 강력한 메커니즘이며 광범위하고 정교한 처리를 포함할 수 있다. 데이터를 더 통합하고 일관되게 만드는 데 매우 간단한 추론이 정교한 추론보다 더 유용하다. 간단한 예로, 6장에서 원래 자녀, 형제, 자매, 어머니, 아들에 대한 표현 여부에 관계없이 가족 관계도에서 관계 정보를 유지하기 위한 질의를 작성할 수 있었다. 시맨틱 웹에서 추론의 대상은 평범하고 일관성 있는 데이터로, 자연 세계의 추론 관점으로 보면 사소해 보일 수 있다. 모든 사람이 가족의 관계를 알고 있지만, 평범한 상관관계가 결여되면 데이터는 일관성을 잃는다. 추론은 검색엔진과 같은 시나리오에 필수적이다.

시맨틱 웹에서의 추론

데이터가 더 많이 연결되어 일관성 있게 통합된 것처럼 보이도록 하려면 데이터를 보는 방법을 제한하는 관계를 데이터에 추가할 수 있어야 한다. 'Henleys' 카테고리의 항목을 'Shirts' 카테고리에도 포함시키기 위해 'Henleys'와 'Shirts'의 관계를 표현할 수 있어야 한다. 호텔 체인이 특정 위치에 호텔을 갖고 있으면, 해당 위치는 해당 체인의 호텔이 존재하는 사실을 표현할 수 있어야 한다. 또한 태양계에 속한 다양한 천체를 분류하는 관점에서 행성의 목록을 표현할 수도 있다.

많은 패러다임에서 정보 설계자들은 이런 관계에 익숙하다. 'Henleys'와 'Shirts'의 관계를 생각해보자. 동의어 사전 작성사는 더 넓은 용어의 개념을 적용하여 'Shirts'가 'Henleys'보다 더 넓은 용어라고 정의할 수 있다. 하위 클래스 또는 클래스 확장 개념에 익숙한 객체 지향 프로그래머는 'Henleys'는 'Shirts' 클래스의 하위 클래스 또는 확장이라고 표현할 수 있다. 8장에서 설명할 RDFS에서 이 관계는 "Henleys" rdfs:subClassOf "Shirts"라고 기술할 수 있다. 11장에서 설명하는 SKOSSimple Knowledge Organization System에서는 'Henleys'가 'Shirts'라는 더 넓은 개념을 사용한다고 표현한다.

시소러스Thesauri는 여러 가지 맥락에서 용어의 의미를 비공식적으로 기술할 수 있다. 검색에서 더 넓은 개념의 용어를 사용하면 더 좁은 의미로 태그가 지정된 모든 항목을 찾을 수 있다. 광범위한 용어를 기준으로 분류하면, 해당 분류에 맞춰 선택할 수 있는 용어 목록은 좁아질 수 있다.

Note

많은 독자들이 OOP^Object-Oriented Programming^의 '클래스'와 '하위 클래스' 같은 용어에 익숙할 것이다. OOP와 시맨틱 웹에서 사용하는 용어는 밀접한 역사적·기술적 관계가 있지만, 중요하고 미묘한 차이도 있다. OOP 시스템은 시소러스와 텍소노미보다 클래스 관계에 대해 프로그래밍 방식으로 더 공식적인 관점을 갖고 있다. 'Henleys' 유형인 개체는 'Shirts' 유형인 개체에 대해 정의된 모든 메시지에 응답한다. 또한 이 호출과 관련된 동작은 'Henley'에 대해 보다 구체적인 동작이 정의되지 않는 한 모든 'Shirts'에 대해 동일하다. 마찬가지로 시맨틱 웹은 이러한 관계에 대한 공식적인 관점이 있지만 OOP의 프로그래밍 정의와 달리 추론 측면에서 관계의 의미를 정의한다.

시맨틱 웹 인프라는 subClassOf와 같은 다양한 용어의 의미에 대한 공식적이고 우아한 사양을 제공한다. 예를 들어, "B is a SubClassOf C"는 '클래스 B의 모든 원소는 클래스 C의 원소'라는 의미다. 이 사양은 추론의 형태로 표현된다. 'x는 B의 원소'라는 정보에서 'x는 C의 원소'라는 새로운 정보를 얻을 수 있다.

다음 몇 개 장에 걸쳐 RDF 모델에서 사용할 수 있는 용어와 각 용어의 의미에 대해 설명한다. 의미에 대한 진술은 추론 패턴의 형태로 주어질 것이다. '일부 초기 정보가 주어지면 다음과 같은 새로운 정보가 도출될 수 있다.' 이것이 RDFS 언어(8장)와 웹 온톨로지 언어^OWL^(12장)가 동작하는 방식이다.

첫 번째 예는 Henleys/Shirts 예에서 사용할 수 있는 예다. rdfs:subClassOf의 의미는 다음 추론에 의해 제공된다.

```
IF
?A rdfs:subClassOf ?B. AND
?x rdf:type ?A. THEN
?x rdf:type ?B.
```

만약 한 클래스 A가 다른 클래스 B의 하위 클래스이면 A 유형의 어떤 클래스도 B 유형이라고 말한다. 이 간단한 진술문은 RDFS 언어에서 subClassOf의 의미에 대한 전체 정의가 된다. 이 규칙을 유형의 전파 규칙^type propagation rule^이라고 한다. 이 하위 클래스 관계에 대한 매우 간단한 해석은 RDFS 모델링(OWL 모델링에도 적용됨)에서 핵심적인 역할을 한다. 이는 프로그래밍 언어의 IF/THEN 구조와 일치한다. 만약(IF) 어떤 것이 하위 클래스의 원소라면, (THEN) 그것은 슈퍼 클래스의 원소다.

> **Note**
>
> subClassOf의 시맨틱 웹 정의는 OOP의 하위 클래스 또는 확장 정의와 유사하다. OOP에서 일부 클래스의 인스턴스는 슈퍼 클래스의 인스턴스와 동일한 방식으로 동일한 메서드에 응답한다. 시맨틱 웹 용어에서 해당 인스턴스는 슈퍼 클래스의 원소이기 때문이다. 예를 들어 "Henleys" 클래스의 인스턴스가 "Shirts"에 정의된 메서드에 응답하는 이유는 인스턴스가 실제로 "Shirts" 클래스의 원소이기 때문이다.
>
> 그러나 OOP와 차이점이 있다. 예를 들어, OOP 시스템에서 하위 클래스가 슈퍼 클래스에 정의된 메서드에 대한 재정의override를 정의할 때 이 작업은 중단된다. 시맨틱 웹 용어에서 "Henleys"의 인스턴스는 여전히 "Shirts"의 인스턴스다. 그러나 대부분의 OOP 의미론에서는 동일하지 않다. "Henleys"의 정의는 "Shirts"의 정의보다 우선하기 때문에 "Henleys"는 실제로 "Shirts"처럼 고려할 필요가 전혀 없다. 시맨틱 웹의 논리에서 이것은 허용되지 않는다.

SPARQL과 추론

종종 SPARQL CONSTRUCT를 사용하여 RDFS와 OWL의 추론 규칙을 표현할 수 있다. 예를 들어 CONSTRUCT 질의는 데이터에서 발견된 트리플의 그래프 패턴을 기반으로 새로운 트리플을 지정하므로, 다음 SPARQL CONSTRUCT 질의를 사용하여 유형 전파 규칙을 지정할 수 있다.

```
CONSTRUCT {?r rdf:type ?B}
WHERE { ?A rdfs:subClassOf ?B .
        ?r rdf:type ?A }
```

SPARQL은 이러한 종류의 추론 규칙을 정확하고 간결하게 표현하는 방법을 제공한다. RDFS와 OWL의 다양한 추론을 설명하기 위해, 이후로는 SPARQL 표기법을 사용한다. 이 방법은 SPARQL 질의를 위한 충분한 예를 제공하고, SPARQL과 다른 시맨틱 웹 언어 사이의 관계를 보여주는 깔끔하고 간결한 방법이다.

SPARQL을 사용하여 추론을 정의하는 것은 책을 편하게 쓰려는 목적 때문만은 아니다. SPARQL은 추론 언어 자체의 기초로 사용할 수 있다. 이러한 추론 언어에 대한 제안이 SHACL-Rules다[Steyskal et al. 2017]. SHACL-Rules에는 SPARQL로 추론을 관리하기 위한 여러 구성자가 포함되어 있다. 다만, 이 책의 목적상 특정 모델에 대한 추론을 위한 정의로 특정 CONSTRUCT 질의가 사용되도록 지정하는 방법만 소개한다. 예를 들어, Shirt 클래스의 모든 원소에 대해 유형 전파 규칙을 유지하고 싶으면, SHACL-Rules에서 다음과 같이 지정할 수 있다.

```
:Shirt sh:rule "CONSTRUCT {$this rdf:type ?B}
                WHERE {?A rdfs:subClassOf ?B .
                       $this rdf:type ?A}" .
```

$this 변수는 SHACL-Rules에서 sh:rule에 의해 질의가 첨부된 클래스의 원소를 참조하는 특별한 의미를 갖는다. $this는 :Shirt 클래스의 모든 원소를 나타낸다. 수시로 SHACL-Rules를 사용하여 RDFS와 OWL의 추론이 SPARQL에서 명시할 수 있는 구성자와 어떻게 관련되는지 자세히 설명할 것이다.

추론 기반 의미론의 미덕

추론 패턴은 데이터 구조의 의미를 정의하는 우아한 방법을 구성한다. 하지만 이 접근 방식이 정말 유용할까? 특히 시맨틱 웹에서 구조의 의미를 정의하는 것이 효과적이라고 보는 이유는 무엇인가? 데이터가 웹에 있기 때문에 데이터를 보다 유용하게 만드는 주요 관심사는 다양한 출처의 데이터를 일관된 방식으로 결합하는 것이다. 추론을 기반으로 용어의 의미를 설정하는 전략은 새로운 용어 조합의 의미를 이해하는 강력한 솔루션을 제공한다.

rdfs:subClassOf의 예를 살펴보자. 하나의 클래스가 다른 두 클래스의 rdfs:subClassOf로 지정되는 것은 문제되지 않는다. 비공식인 시소러스 설정에서 이러한 구성자의 의미는 비공식적으로 결정된다. 이러한 표현이 무엇을 의미하기를 원하는가? 더 넓은 용어가 무엇을 의미하는지 명확하지만 비공식적인 개념을 가지고 있기 때문에, 관련된 모든 용어에 대한 검색 행위를 정의하기 위해 그런 상황이 허용되어서는 안 된다고 결정하는 것을 포함하되 이에 국한되지 않는 여러 입장을 주장할 수 있다. 더 넓은 용어와 같은 구성자의 의미가 비공식적으로 정의될 때, 새로운 조합의 해석은 합의나 권위 있는 선언에 의해 해결되어야 한다.

Note

OOP는 2개의 구별된 클래스의 단일 하위 클래스에 대해 적절한 해석을 결정하는 문제를 갖고 있다. 이 문제는 다중 상속으로 알려져 있으며 OOP 분야에서 많이 논의되고 있다. 실제로 각 OOP 모델링 시스템은 허용 거부(C#), 서로 다른 유형인 상속 사이의 구분(예: Java에서 인터페이스 vs. 구현 상속), 복잡한 시스템(예: Common Lisp Object System의 Meta-Object Protocol) 등 개별적인 대응 방안을 갖고 있다. OOP 언어는 다중 상속 질문에 대한 답을 제공하며 프로그래밍 언어에 중요한, 특정 디자인 고려 사항을 따른다.

시맨틱 웹과 같은 추론 기반 시스템에서, 다중 상속에 대한 대답(좋거나 나쁨)은 기본 추론 패턴의 상호작용에 의해 정의된다. RDFS 언어는 규칙을 두 번 적용하여 다중 상속을 처리한다. 만약 A가 B의 하위 클래스이고 동시에 C의 하위 클래스라면, A의 원소인 어떤 개체 x는 C의 원소다. 이런 규칙은 논의나 설계를 위한 결정이 필요하지 않다. subClassOf의 의미는 어떤 맥락에서든 단일 단순 규칙, 즉 유형 전파 규칙에서 우아한 표현으로 제공된다. 추론 시스템의 이 기능은 여러 정보원의 데이터가 병합될 때 새로운 관계 조합이 발생할 수 있는 시맨틱 웹 컨텍스트에서 특히 적합하다.

7.2 Smarts는 어디에?

시맨틱 웹 구조의 의미를 설명하기 위한 추론 기반 시스템은 분산된 설정에서 우아하고 유용하게 작용한다. 하지만 추론 기반 시스템이 데이터를 더 유용하게 만드는 데 어떻게 도움이 될까? 애플리케이션이 다르게 동작하려면 배포 아키텍처에 새로운 기능이 필요하다. 이 기능은 단언된 트리플뿐만 아니라 추론 규칙을 기반으로 추론할 수 있는 트리플에 기반한 질의에 응답할 것이다. 이 아키텍처는 [그림 7-1]에 제시되어 있고, [그림 4-3]에 표시된 RDF 질의 아키텍처와 매우 유사하다.

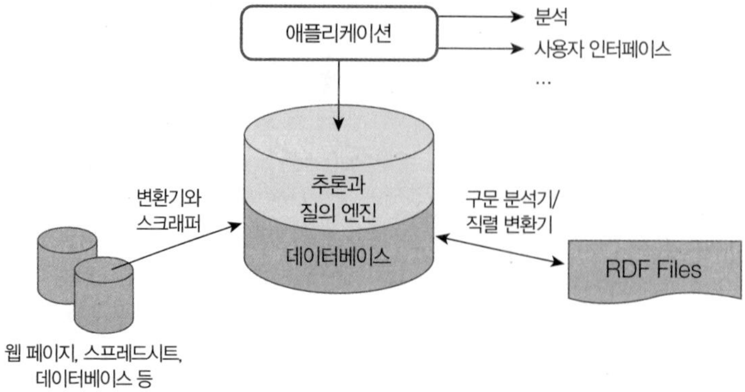

그림 7-1 추론 기능이 있는 시맨틱 웹 아키텍처: 추론 계층이 누락된 동일한 다이어그램인 [그림 4-3]과 비교해보자.

이 아키텍처에서 새로운 요소는 응용 프로그램과 RDF 데이터 저장소 사이에서 질의 구성 요소를 지원하는 추론 기능이다. 추론 기능이 있는 질의 엔진의 성능은 지원하는 추론 집합에 의해 결정된다. RDFS 추론 질의 엔진은 RDFS 표준에 정의된 작은 추론 집합을 지원한다. 그리고 OWL 추론 질의 엔진은 더 큰 OWL 추론 집합을 지원한다. (데이터를 추론 엔진에 의해 사전 처리한 다음 직접 질의하는 공식이 있다. 이 문제는 이 장의 뒷부분에서 논의한다.)

예제 7-1 간단한 RDFS 질의

다음 두 트리플만 포함하는 RDF 저장소에서 작동하며 유형 전파 규칙에 대한 지원을 포함하는 추론 엔진이 있다고 가정하자.

```
shop:Henleys rdfs:subClassOf shop:Shirts.
shop:ChamoisHenley rdf:type shop:Henleys.
```

이러한 트리플을 조사하는 데 사용하는 SPARQL 트리플 패턴이 있다고 가정한다.

```
Ask: SELECT ?item
WHERE {?item rdf:type shop:Shirts . }
```

일반 RDF 질의 상황에서는 술어 rdf:type과 목적어 shop:Shirts인 트리플이 없기 때문에 이 패턴은 트리플과 일치하지 않는다. 그러나 RDFS 추론 표준에는 RDFS 추론 질의 엔진과 함께 방금 나열된 유형 전파 규칙이 포함되어 있어 다음과 같은 단일 결과가 반환된다.

Answer:

?item
Shop:ChamoisHenley

단언된 트리플 vs. 추론된 트리플

추론 엔진은 특정한 추론 규칙집합을 기반으로 가능한 모든 추론된 트리플을 생성하기 때문에, 추론과 질의는 별도의 프로세스로 생각하는 것이 편리하다. 그런 다음 별도의 패스 안에서 일반 SPARQL 질의 엔진이 결과로 생성된 증강 트리플 스토어에서 실행되면 단언된 트리플asserted triples vs. 추론된 트리플inferred triples에 대해 말하는 것은 의미가 있다[1].

이름에서 알 수 있듯이 단언된 트리플은 원래 RDF 저장소에서 기술한 트리플이다. 여러 정보원의 트리플을 병합하여 저장소가 채워진 경우 모든 트리플이 기술된다. 추론된 트리플은 특정 추론 엔진을 제어하는 추론 규칙 중 하나에 의해 추론되는 추가된 트리플이다. 물론 추론 엔진이 이미 단언된 트리플을 추론할 수 있다. 이 경우에도 여전히 트리플이 단언된 것으로 간주한다. 추론된 트리플과 단언된 트리플 사이에는 논리적 차이가 없으며, 추론 엔진은 동일한 트리플이 단언된 경우와 마찬가지로 추론된 트리플에서 정확히 동일한 결론을 도출한다는 점에 유의해야 한다.

예제 7-2 단언된 트리플 vs. 추론된 트리플

유형 전파 규칙과 같은 단일 추론 규칙을 사용하더라도 단언된 트리플과 추론된 트리플의 차이를 보여줄 수 있다. 트리플 스토어에 다음 트리플이 있다고 가정하자.

```
shop:Henleys rdfs:subClassOf shop:Shirts.
shop:Shirts rdfs:subClassOf shop:MensWear.
shop:Blouses rdfs:subClassOf shop:WomensWear.
shop:Oxfords rdfs:subClassOf shop:Shirts.
```

1 역자주: 일반적으로 진술문(statement)은 실제에서 어떤 사실을 문자로 기술하는 것을 의미한다. Assertion의 사전적 의미는 단언 또는 주장이다. 논리학에서 단언은 어떤 명제, 주제, 판단을 '만일' 또는 '혹은'과 같은 조건이나 제약 없이 진술한 명제를 말한다. 이런 의미에서, 단언된 트리플은 데이터를 트리플 구조로 기술하는 것을 말한다. 한편, 주장(claim)은 증명이 제시되는 진술문이라는 점에서 단언과 차이가 있다. 반면, 추론된 트리플은 명시적으로 기술하지 않고 추론을 통해 도출한 것을 의미한다. 번역 과정에서 '트리플을 단언한다'는 종종 이해를 목적으로 '트리플을 기술한다'와 '트리플을 진술한다'로 표현되었다.

```
shop:Tshirts rdfs:subClassOf shop:Shirts.
shop:ChamoisHenley rdf:type shop:Henleys.
shop:ClassicOxford rdf:type shop:Oxfords.
shop:BikerT rdf:type shop:Tshirts.
```

[그림 7-2]에 이 트리플이 제시되어 있다.

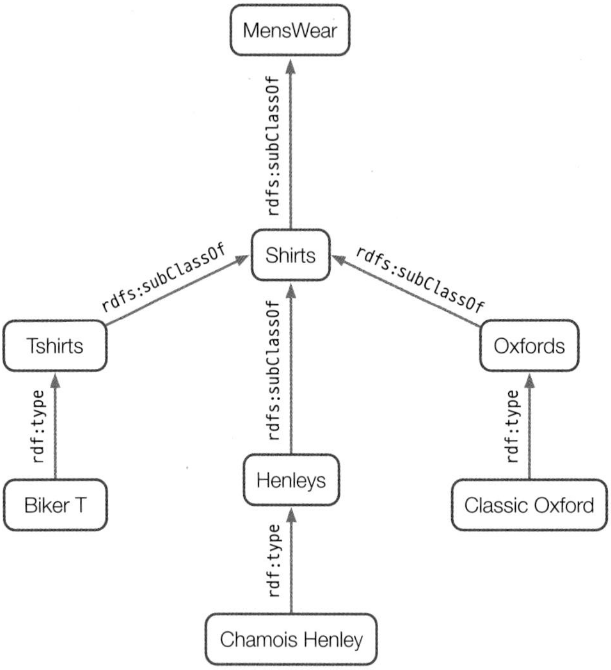

그림 7-2 카탈로그 모델에서 단언된 트리플

유형 전파 규칙만 적용하는 추론 질의 엔진은 다음과 같은 추론을 생성한다. (이 예제에서 별표는 추론된 트리플을 나타낸다.)

```
* shop:ChamoisHenley rdf:type shop:Shirts.
* shop:ChamoisHenley rdf:type shop:MensWear.
* shop:ClassicOxford rdf:type shop:Shirts.
* shop:ClassicOxford rdf:type shop:MensWear.
* shop:BikerT rdf:type shop:Shirts.
* shop:BikerT rdf:type shop:MensWear.
```

이 트리플의 일부도 단언되었다. 질의가 발생하는 전체 트리플 세트는 다음과 같으며 별표(*)가 붙은 추정된 트리플을 사용한다.

```
shop:Henleys rdfs:subClassOf shop:Shirts.
shop:Shirts rdfs:subClassOf shop:MensWear.
shop:Blouses rdfs:subClassOf shop:WomensWear.
shop:Oxfords rdfs:subClassOf shop:Shirts.
shop:TShirts rdfs:subClassOf shop:Shirts.
shop:ChamoisHenley rdf:type shop:Henleys.
 * shop:ChamoisHenley rdf:type shop:Shirts.
 * shop:ChamoisHenley rdf:type shop:MensWear.
shop:ClassicOxford rdf:type shop:Oxfords.
 * shop:ClassicOxford rdf:type shop:Shirts.
 * shop:ClassicOxford rdf:type shop:MensWear.
shop:BikerT rdf:type shop:Tshirts.
 * shop:BikerT rdf:type shop:Shirts.
 * shop:BikerT rdf:type shop:MensWear.
```

모델에 있는 모든 트리플(단언과 추론)은 [그림 7-3]에 제시되어 있다. 단언된 트리플은 실선으로 나타내고, 추론된 트리플은 점선으로 표시한다는 규칙을 사용한다. 이 규칙은 책 전체에 적용된다.

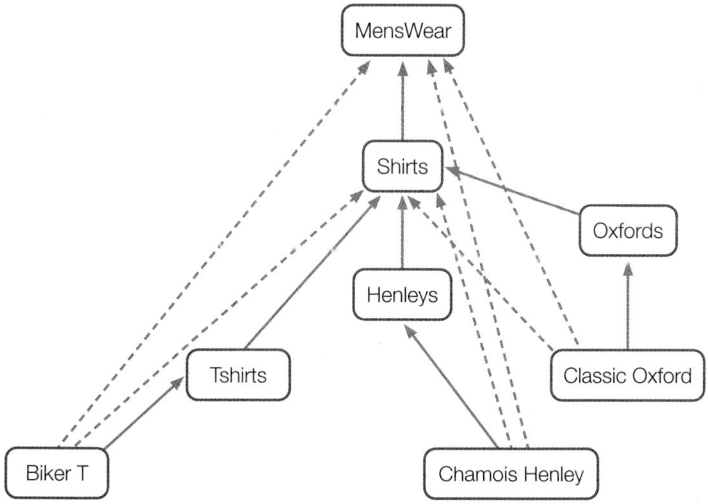

그림 7-3 카탈로그 모델의 모든 트리플: 추론된 트리플은 점선으로 표시된다.

추론 엔진이 들어간 다양한 시스템에 있는 데이터 소스를 병합한다면 상황이 조금 더 미묘해질 수 있다. 대부분의 RDF 솔루션은 새로운 트리플을 트리플 스토어에 직접 단언할 수 있는 기능을 제공하고, 응용 프로그램이 추론된 트리플을 단언하는 것을 매우 간단하게 만든다. 그런 다음 이러한 트리플이 직렬화되어 웹에 공유되면 다른 애플리케이션이 제공하는 데이터와 병합하여 추가적인 추론을 이끌어낼 수 있다. 이와 같은 복잡한 상황에서 트리플 유형을 단순히 구분하는 것은 시스템에서 발생하는 일들을 설명하는 데 유용하지 않다.

7.3 추론은 언제 발생하는가?

RDFS와 OWL 표준은 특정 트리플 패턴을 고려하여 유효한 추론을 정의한다. 그렇다면 추론은 언제 발생할까? 추론이 전혀 수행되지 않을까? 추론된 트리플은 어디에 어떻게 저장될까? 해당 트리플 중 몇 개가 추론된 트리플일까?

이러한 질문은 RDFS와 OWL의 정의 범위를 벗어났지만 표준을 준수하는 모든 구현에 중요한 질문이다. 이러한 질문에 대한 답변이 구현할 때마다 다를 수 있다는 것은 놀랍지 않다. 가장 간단한 접근 방식은 단언 또는 추론 여부에 관계없이 모든 트리플을 단일 저장소에 저장하는 것이다. 패턴이 식별되자마자 추론된 트리플이 저장소에 삽입된다. 모든 추론은 데이터와 함께 저장(캐시)되므로 이를 캐시된 추론 또는 구체화된 추론이라고 한다. 이 접근 방식은 매우 간단하게 설명하고 구현할 수 있지만 트리플 스토어에서 트리플이 폭발적으로 증가할 위험이 있다.

다른 대안으로, 구현할 때 어떤 영구 저장소에도 실제로 추론된 트리플을 아예 저장하지 않는 방법이 있다. 추론은 질의에 대한 응답으로만 수행된다. 추론은 가능한 마지막 순간에 계산되므로 적기 납입 방식의 추론Just in time inferencing이라고 부른다. 질의 응답은 모든 적절한 추론을 존중하는 방식으로 생성되지만 추론된 트리플은 유지되지 않는다. 이 방법은 추론 작업이 중복될 위험이 있지만 영구 스토리지 측면에서 보면 간결하다. 이 같은 다양한 접근 방식은 변경 관리 측면에서 중요한 영향을 미친다. 데이터 정보원이 변경되면, 즉 일부 데이터 저장소에 새로운 트리플이 추가되거나 트리플이 제거되면 어떻게 될까? 추론을 지속적으로 저장하는 전략은 추론된 트리플을 제거해야 하는지에 대해서도 결정해야 한다. 트리플을 추론하는 데 여러 가지 방법이 있을 수 있기 때문에 이것은 어려운 문제다. 트리플을 제거하여 하나의 추론이 훼손되었다면 이는 그 트리플을 제거하는 것이 적절하다는 의미일까? 질의가 이루어질 때마다 모든 추론을 재계산하는 접근 방식에서는 이 문제가 발생하지 않는다.

적기 납입 방식의 추론에서 중요한 변형은 명시적 추론이 전혀 수행되지 않는 경우다. Shirts의 하위 클래스에 대한 예제에서 질의가 모델의 추론 의미에 전혀 의존하지 않고 원하는 데이터를 명시적으로 표현하는 방법을 이미 살펴보았다. 아래에 이어지는 내용에서 살펴보겠지만, 명시적인 추론이 없는 경우에도 모델의 추론 해석은 의미론적 응용 프로그램을 구성하고 이해하는 데 여전히 중요하다.

명세와 같은 추론

이 장의 시작 부분에서 모든 rdfs:subClassOf 링크를 명시적으로 추적하여 카탈로그에서 모든 Shirts를 찾는 질의를 살펴보았다.

```
SELECT ?item
WHERE {?class rdfs:subClassOf* :Shirts .
       ?item a ?class . }
```

이 선택은 '모든 셔츠 찾기'라는 검색 작업을 지원하기 위한 것이다. 이 질의는 추론에 대한 명시적인 참조 없이 작동한다. 추론된 트리플 대 단언된 트리플에 대한 참조 없이 답변을 반환하며, 단언된 데이터만 처리한다. 하지만 이 질의에서 반환된 항목이 셔츠라는 것을 어떻게 알 수 있을까?

자바, C++ 또는 SQL로 된 프로그램에서도 이와 동일한 질문을 할 수 있다. 만약 셔츠의 모든 하위 클래스(해당 하위 클래스 등)의 구성원을 수집하는 프로그램을 작성한다면, 수집한 모든 것이 셔츠라는 것을 알 수 있을까? 만약 사용자 검색에 대해 이런 항목을 제공한다면, 셔츠라고 생각하는 것이 정당화될까? 이것은 의미 모델이 데이터 해석에서 수행할 수 있는 역할을 시사한다. 즉, 작성한 질의가 올바른지 여부를 알려줄 수 있다. 이 예에서 의미 모델은 Henleys 클래스가 Shirts 클래스의 하위 클래스이기 때문에 모든 Henley가 셔츠라고 알려준다. Oxfords와 Oxfords의 모든 하위 클래스도 마찬가지다. 모델은 형식적 의미와 함께 이 질의의 모든 결과가 실제로 셔츠임을 보장한다.

이런 의미에서 모델은 명세specification다. 특정 질의의 적절성에 대한 모든 논의는 중재 모델에 이 질의가 모델과 일치하는지 문의할 수 있다. 이 예에서 모델은 질의의 모든 결과가 Shirt가 될 것이라고 알려주므로 이와 같이 처리하는 것이 적절하다. 모델이 자동화된 추론을 수행할 수 있는 언어로 작성되면(예: RDFS, RDFS-Plus 또는 OWL), 명세는 실행이 가능해지므로 특히 유용하다. 즉, 모델의 의미를 정확히 알려주는 프로그램을 실행할 수 있다. 단언된 트리플과 추론된 트리플을 보여준 위의 예에서 이러한 능력의 결과를 보여주었고, 결과적으로 모든 유형의 셔츠를 위한 목록이 생성되었다.

애플리케이션을 만들 때 범용 추론 기능을 사용하거나(여기에 표시된 것과 같은) 확장 질의를 사용하기로 결정하여 다른 언어로 프로그램을 작성할 수 있다. 명세(실행 가능한 명세 포함)는 프로그램이나 질의가 수행해야 하는 작업을 정의하지만, 방법을 구체화하지는 않는다. 이런 구현 선택에 관계없이 모델은 질의 또는 프로그램을 정당화하는 중심 역할을 한다. 많은 사람들이 서로 다른 시스템을 개발하는 경우 (다른 기술 접근 방식을 사용하더라도) 동일한 모델에 대해 모두 정당화한다면 제공하는 결과는 일관될 것이다.

7.4 RDF에서의 기대

1장에서 웹의 정보 관리에 있어 사람이 직접 사용할지 기계가 먼저 사용할지에 대해 가정했다. 기본적인 가정 중 하나는 웹에서 무엇을 찾을지 미리 알 수 없기 때문에 열린 세계 가정(1.3절)을 염두에 두어야 한다는 것이다. 단지 새로운 데이터를 발견하여 훼손되거나 대응되지 않을 데이터에서 결론을 도출할 뿐이다. 이 가정은 광야에서 발견한 데이터를 해석할 때 의미가 있다.

그러나 데이터를 해석하지 않고 광야의 데이터에 대한 부분적인 기대에 부응하는 상황이 있다. 데이터에 대한 기대는 규제 통제(예: 대출 신청서에는 차용자에 대한 특정 정보가 들어가야 함), 자체 사업 정책(예: 대출을 고려하기 전에 예비 차용자에 대한 특정 정보가 필요함), 단순한 상식(예: 차용자의 생년월일은 미래가 될 수 없음)에서 비롯될 수 있다.

시맨틱 웹에서 데이터에 대한 기대는 세 가지 광범위한 형태를 취할 수 있다.

- **데이터 유효성 검사**: 데이터는 특정 유형의 사물을 설명하는 것으로 광야에서 발견되며 해당 유형에 대한 기대치를 담고 있다. 데이터가 기대와 일치하는지 확인하고 싶을 수 있다.
- **사용자 입력 요청**: 웹에 게시된 데이터를 링크드 데이터 자원으로 찾지 못할 수 있지만 사용자에게 입력을 요청하려고 한다. 이 경우 사용자가 제공할 데이터에 대한 기대치를 해당 사용자에게 전달할 수 있길 바란다. 이것은 일반적으로 사용자가 제공하는 데이터로 채우는 양식 또는 마법사 프로그램을 사용하여 수행된다.

- **사용자 입력 유효성 검사**: 사용자에게 기대치를 전달하더라도 사용자는 기대하는 형식으로 데이터를 제공하지 않을 수 있다. 이 경우 첫 번째 경우와 마찬가지로 기대치에 대한 데이터 유효성을 검사하려고 한다.

데이터 기술에 대한 기대치는 데이터가 취해야 하는 형태의 명세로 생각할 수 있다. 이 비유는 사용자가 입력을 요청하는 경우 문자 그대로 이해하면 된다. 명세를 사용하여 사용자가 입력할 양식을 만들거나 입력 데이터를 검증하는 경우에는 더 비유적이다.

데이터 기술의 형태 외에도 기대치에 따라 값에 제약이 들어갈 수 있다. 예를 들어 성인의 나이는 18세(혹은 해당 데이터 형태의 의도에 따라 21세) 이상이어야 한다. 그리고 사회 보장 번호는 XXX-XX-XXXX 형식이어야 한다.

이러한 직관은 시맨틱 웹의 기대 모델 언어인 SHACL의 숨겨진 배경으로 작용한다. SHACL은 데이터 기술의 예상 모양과 유효성에 대한 제약을 지정하는 메커니즘을 제공한다. [그림 7-4]에서는 단일 예를 통해 SHACL의 세 가지 사용을 모두 설명한다.

```
@prefix sh: <http://www.w3.org/ns/shacl#> .
account:Account
    rdf:type sh:NodeShpae ;
    rdfs:label "Account" ;
    sh:property [
        rdf:type sh:PropertyShape ;
        sh:path account:lastName ;
        sh:datatype xsd:string ;
        sh:name "family name" ;
        sh:description "the name shared by all members of a family" ;
        sh:maxCount 1 ; sh:mimCount 1] ;
    sh:property [
        rdf:type sh:PropertyShape ;
        sh:path account:ssn ;
        sh:datatype xsd:string ;
        sh:description
            "US Social Security Number - format XXX-XX-XXXX" ;
        sh:maxCount 1 ;
        sh:minCount 1 ;
        sh:name "SSN" ;
        sh:patter
        "[0-9] [0-9] [0-9] - [0-9] [0-9] - [0-9] [0-9] [0-9] [0-9]" ] ;
```

```
23     sh:property [
24         sh:path account:gender ;
25         sh:datatype xsd:string ;
26         sh:in (
27             "female"
28             "male"
29             "other"
30             ) ;
31         sh:maxCount 1 ;
32         sh:name "gender" ] .
```

그림 7-4 계정에 대한 SHACL 모델 목록

[그림 7-4]에서 가장 먼저 주목할 점은 시맨틱 웹의 전형적인 언어인 RDF로 표현된다는 것이다. 모든 언어는 RDF로 표현되기 때문에 해당 언어의 모델은 자체적으로 링크드 데이터 세트로 웹에 배포될 수 있다(5장 참조).

두 번째로 주목해야 할 부분은 이름이 sh:로 시작되는 자원들이다. 1행에서 보듯이, sh:는 http://www.w3.org/NS/shacl#에 있는 접두사의 약어이며, 이는 월드와이드웹 컨소시엄에 의해 제어되는 도메인 접두어다(5.1 참조). 이것은 또한 RDF 위에 새로운 언어가 구축되는 전형적인 방식이다. 언어 게시자(이 경우 W3C)는 자신이 제어하는 단일 도메인에서 자원의 규모를 정의한다. 이러한 HTTP URI 중 하나를 역참조하는 경우, 그 결과(동일한 게시자인 W3C에서 유지 관리)는 해당 자원에 대한 설명이다. HTTP URI http://www.w3.org/NS/shacl#을 웹 브라우저에 넣으면 SHACL를 기술하는W3C의 권고안이 담긴 문서를 볼 수 있다.

이제 형상shape의 세부 사항을 살펴보자. 데이터에는 계정이라고 주장하는 3개의 개체가 있다. 각각에 대해 이름, 성, SSN(사회 보장 번호), 성별 같은 특정 데이터가 제공된다. [그림 7-4]의 형상은 이러한 것들에 대한 기대치를 지정한다.

[그림 7-4]에는 속성에 대한 세 가지 제약조건이 정의되어 있는데 각각 5, 12, 23행에서 시작한다. 제약조건을 적용하는 속성은 sh:path에 의해 제공되므로 각각 account:lastName(7행), account:ssn(14행), account:gender(24행)을 제한한다.

이러한 각 제약조건은 속성에 대해 서로 다른 것을 말한다. account:lastName(5~11행)의 경우, 제약조건에 따라 값은 문자열이어야 하고, 최대 1개의 값이 있어야 한다.

account:ssn(12~22행)의 경우, 정확히 1개 값(min과 max 1이 모두 지정됨)이 있어야 하며 문자열이어야 하지만 정규 표현식이 제공하는 패턴과도 일치해야 한다. 즉, 문자열에 'XXX-XX-XXXX' 형식이 있어야 하며, 여기서 각 X는 0부터 9까지의 숫자다. (정규 표현식에 관한 주제는 이 책의 범위를 벗어난다.)

세 번째 제약조건인 account:gender(23~31행)의 경우, 최대 1개의 값이 있을 수 있으며, 그 값이 주어진 목록에 있어야 한다고 명시한다. 즉, "남성male" 또는 "여성female" 또는 "기타other" 중 하나에 해당해야 한다.

데이터 검증

먼저 데이터 유효성 검사의 맥락에서 데이터 검증이 어떻게 작동하는지 살펴보자. [그림 7-5]와 같이 활성 계정에 대한 데이터가 있다고 가정한다.

```
active:Account_1
  rdf:type account:Account ;
  rdfs:label "Account 1" ;
  account:firstName "Aaron" ;
  account:gender "male" ;
  account:lastName "Beatte" ;
  account:ssn "123-45-6789" .

active:Account_2
  rdf:type account:Account ;
  rdfs:label "Account 2" ;
  account:firstName "George" ;
  account:gender "unknown" ;
  account:lastName "Deller" ;
  account:ssn "12-345678" .

active:Account_3
  rdf:type account:Account ;
  rdfs:label "Account 3" ;
  account:firstName "Edelyn" ;
  account:lastName "zetta" .
```

그림 7-5 [그림 7-4]에서 검증할 데이터

먼저, [그림 7-5]의 각 설명에는 예상대로 account:lastName에 대한 단일 문자열 값이 있다. 따라서 이 데이터 세트에는 lastName에 대한 위반이 없다.

이제 account:gender를 살펴보자. Account_1에는 예상 값 중 하나인 "male"값이 있으므로 위반이 없다. Account_2의 account:gender 값은 "unknown"이다 . 이것은 예상 값 중 하나가 아니므로 위반이다. SHACL은 위반 사항을 상당히 구체적으로 다룰 수 있는데, 여기서 보면 주어진 값 "unknown"이 허용된 값("여성", "남성", "기타") 목록에 없다. 따라서 데이터는 형상이 인식하지 못하는 속성에 대한 값을 표시한다. 반면, Account_3은 account:gender에 대한 값이 전혀 없다. 제약조건에 따르면 이 속성에 대해 가질 수 있는 최댓값 수는 1이라고 하지만 최솟값 수에 대해서는 아무 말도 하지 않는다. 따라서 이 형상에 따라 성별 값을 제외하는 것은 유효하지만, 특정 값 "unknown"은 유효하지 않다.

account:ssn에 대한 제약은 SSN이 갖는 값의 패턴을 지정한다. 데이터에서 active:Account_1은 적절한 형식의 SSN을 지정하고 있다. active:Account_2는 SSN을 지정하지만 형식이 일치하지 않는다. SHACL은 위반 사항을 구체적으로 다룰 수 있는데, 여기서 보면 account:ssn의 값은 형상에 제공된 패턴과 일치하지 않는다. 마지막으로 active:Account_3은 SSN에 대한 값을 전혀 제공하지 않는다. 이 경우, 형상([그림 7-4]의 18행)은 sh:minCount 1을 지정하므로 성별이 누락된 경우와 달리 위반에 해당한다. 즉, 속성은 최소 1개 값이 필요한데 0이 발견되었다.

방금 설명한 프로세스를 SHACL 유효성 검사라고 한다. SHACL의 형상 정의 세트와 해당 형상을 준수한다고 주장하는 데이터가 주어지면 데이터가 형상에 주어진 제약조건을 위반하는지 여부와 방법을 자동으로 결정할 수 있다.

데이터 웹에서 데이터를 게시하고 사용하는 응용 프로그램은 서로 다른 조직에서 작성하고 호스팅하기 때문에 데이터 웹에서 유효성을 검사하는 일은 중요하다. 개방형 시스템과 이기종 시스템 간의 상호 운용성을 보장하려면 제공하고 사용할 데이터에 대한 기대치를 지정하는 방법이 필요하다. SHACL은 이러한 기대치를 지정하는 방법을 제공하고 SHACL 유효성 검사는 이를 적용하는 방법을 제공한다.

사용자 입력 요청

데이터를 검증할 수 있는 동일한 제약조건을 사용하여 사용자의 데이터 요청을 제어할 수 있다. [그림 7-4]에 제시된 형상을 취한다. 직관적으로 볼 때, 사용자가 작성할 양식을 만들려면 양식에 account:lastName, account:ssn, account:gender의 3개 필드가 있어야 한다.

그러나 입력을 유도하기 위해 속성의 CURIECompact URI를 사용하는 양식은 기대하지 않는다. 다행히 [그림 7-4]에는 각각의 제약조건에 대한 명칭도 나와 있는데, "가족명Family name", "SSN", "성별gender"과 같은 명칭들이며 이는 사람이 사용하는 데 더 적합하다. 만약 "SSN은 무엇을 의미하는가?"와 같은 추가 정보가 필요하다면, sh:description으로 더 자세히 설명할 수 있다. 제약조건은 양식의 운영 방식에 대한 제안도 제공한다. SSN에는 숫자만 입력해야 하며, 성별에는 값을 입력해야 한다. 성별이 지정된 경우 "남성", "여성" 또는 "기타" 등 허용 값 중 하나가 되어야 한다.

사람들이 입력할 수 있는 양식을 생성하는 데 사용할 수 있는 기술은 다양하다. SHACL은 양식에 있어야 하는 필드 이름, 유형, 허용 가능한 값 측면에서 콘텐츠를 제공한다. [그림 7-6]은 기본 HTML을 사용하여 [그림 7-4]의 형상을 사용해 만든 예제 양식을 보여준다.

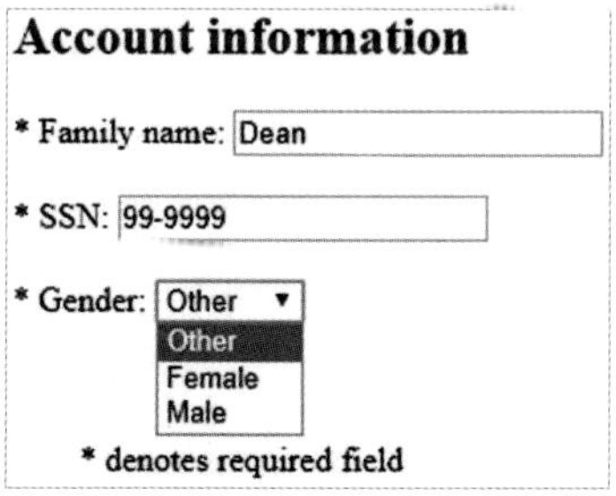

그림 7-6 [그림 7-4]에 제시된 형상과 일치하는 HTML 양식

사용자 입력 확인

다음 시나리오를 생각해 보자. 사용자는 형상에서 생성된 양식을 사용하여 일부 정보를 입력한다. 그러나 [그림 7-6]의 양식은 사용자가 XXX-XX-XXXX 형식을 여러 개 입력하도록 강요하지 않으며 최대 11자까지 사용할 수 있는 자유 텍스트 필드를 남겨둔다. 많은 양식 기술은 사용자가 특정 형식으로 숫자를 입력해야 한다고 강제해야 할 만큼 복잡하지 않다. [그림 7-6]에서 볼 수 있듯이, 사용자는 다른 형식의 숫자를 입력했다. SHACL이 양식 구성을 알려준다고 해도 우리에게는 여전히 유효하지 않은 데이터가 있다. 이 상황에서 SHACL을 사용하여 도움을 받을 수 있을까?

6장에서 살펴보았듯이, SHACL은 RDF에 있으므로 SPARQL을 사용하여 질의할 수 있다. SHACL과 같이 기계가 읽을 수 있는 형상 언어를 사용하는 장점 중 하나는 사용자들로부터 데이터를 요청하는 데 사용하는 것처럼 데이터 유효성 검사를 진행하는 데 동일한 모델을 사용할 수 있다는 것이다([그림 7-4]). 이러한 프로세스를 결합하고 동일한 모델을 사용하여 사용자 입력을 확인할 수 있다.

이 예에서는 양식을 만들 때와 동일한 SHACL 형상을 사용하여 사용자 입력의 유효성을 검사할 수 있다. 양식에서 결과를 얻은 후에는 웹에서 데이터에 사용한 것과 동일한 도구, 즉 SHACL 유효성 검사기를 사용하여 처리할 수 있다. 이를 통해 인간 사용자가 입력한 데이터가 웹에서 찾은 데이터와 동일한 높은 표준을 준수하는지 확인할 수 있다.

이러한 방식으로 SHACL은 데이터 광야의 가치를 유지하면서 어느 정도 야생성을 길들이는 데 도움이 된다. 여전히 웹을 통해 데이터를 받아들이고, 누구나 모든 주제에 대해 어떤 말이든 할 수 있도록 허용하지만 데이터에 형상과 제약을 적용하여 다양한 예외 상황으로부터 데이터 애플리케이션을 보호한다.

7.5 이 장을 마치며

RDF는 데이터를 표현하는 방법을 제공하므로 여러 정보원의 정보를 하나의 정보원에서 가져온 것처럼 통합하고 처리할 수 있다. 그러나 그 데이터를 사용하려고 할 때 그 출처의 차이점이 드러난다. 예를 들어 모든 통합 데이터 정보원에서 관련 데이터를 가져오기 위한 하나의 질의를 작성하고 싶을 수 있다. 시맨틱 웹은 데이터 정보원 간의 관계를 설명할 수 있는 모델링 언어의 형태로 이 문제에 대한 접근 방식을 제공한다. 모델링 구조의 의미는 그로부터 도출될 수 있는 추론의 패턴에 의해 제공된다. 정보 통합은 질의 프로세스 전이나 도중에 추론을 호출하여 수행할 수 있다. 질의는 주장된 데이터뿐만 아니라 추론된 정보도 반환한다. 이 추론된 정보는 둘 이상의 데이터 정보원에서 가져올 수 있다.

아주 단순한 추론도 데이터 통합에 가치를 제공할 수 있음을 살펴보았다. 그런데 정확히 어떤 종류의 추론이 필요한가? 이 질문에 대한 보편적인 답은 없다. 시맨틱 웹 표준은 각기 다른 추론을 지원하며 시맨틱 웹을 통한 다양한 수준의 데이터 통합을 위한 다양한 표현 수준을 식별한다.

다음 장에서는 세 가지 특정 추론 수준을 살펴볼 것이다. 각 언어는 허용하는 추론의 특징이 다르다. RDFS(6장)는 W3C에서 정의하고 관리하는 권고안으로, 주로 클래스를 하위 클래스에 연결하고 속성을 클래스에 연결하는 소규모의 추론 규칙에서 작동한다. RDFS-Plus(7장)는 이 책에서 정의하고 있는 방법이다. 특정 추론 패턴 세트가 (보다 복잡한 OWL의 추론 패턴을 친절하게 소개함으로써) 교육적으로, (그 자체로 유용한 통합 도구로서) 실질적으로 도움이 된다는 것을 알았다. RDFS-Plus는 RDFS 위에 구축되어 속성에 대한 제약조건과 동일한 개념을 포함한다. OWL(9장과 10장)은 W3C에서 정의하고 관리하는 권고안으로, 속성에 대한 허용값을 기반으로 클래스를 설명하는 규칙을 추가하였다. 이러한 모든 표준은 모델의 의미를 설명하기 위해 추론의 개념을 사용한다. 물론, 지원하는 추론에는 차이가 있다.

주요 개념

- **추론** – 기존 트리플 패턴을 기반으로 새로운 트리플이 그래프에 체계적으로 추가되는 프로세스다.
- **단언된 트리플** – 일부 데이터 정보원에서 제공한 그래프의 트리플이다.
- **추론된 트리플** – 체계적인 추론 패턴을 기반으로 모델에 추가된 트리플이다.
- **추론 규칙** – 추론되어야 하는 트리플을 정의하는 체계적인 패턴이다.
- **추론 엔진** – 일부 추론 규칙에 따라 추론을 수행하는 프로그램. 종종 질의 엔진과 통합된다.
- **SHACL 형상** – SHACL 셰이프는 RDF 데이터가 충족할 것으로 예상되는 제약조건을 제공하여 구조적 수준에서 RDF 데이터를 검증한다.

CHAPTER 8

RDF 스키마

시맨틱 웹에서 RDF Resource Description Framework는 그래프를 모델링하고, RDFS RDF Schema Language는 집합sets을 모델링의 대상으로 한다. 기본 속성인 rdf:type에서 보았듯이, 집합의 포함 관계에 대한 일부 특성은 RDF로 모델링할 수 있지만, RDF는 그래프 구조로 데이터를 생성하는 것이 주요 목적이다. RDFS는 그래프 구조를 체계적이고 표준화된 방식으로 사용하는 데 필요한 어휘의 의미를 설명한다. 어떤 개체가 서로 관련 있는가? 개체가 다른 개체 집합과 관련 있다면, 속성은 어떻게 정의하는가? RDFS는 정보 모델러가 특정 데이터를 모델링하고 데이터 통합 요구와 관련된 답변을 표현하는 방법을 제공한다.

RDFS는 다른 스키마 언어처럼 데이터를 설명하는 방식에 대한 정보를 제공하지만 중요한 차이점도 갖고 있다.

8.1 스키마 언어와 기능

RDFS는 RDF의 스키마 언어다. 실무에서 사용 중인 성공적인 스키마 언어가 많지만, 정보 관리 측면에서 스키마 언어는 특정한 언어 또는 시스템과 밀접하게 관련되어 있다.

예를 들어 문서 모델링 시스템에서 스키마 언어는 문서에 허용된 형식 집합을 표현하여 특정 문서가 주어진 스키마를 준수하는지 자동으로 결정할 수 있다. 이런 기능은 XML 스키마 정의에서 제공하는 주요 기능으로, XML 파서(구문 분석기)는 특정 XML 문서가 주어진 스키마를 따르는지 자동으로 확인할 수 있다.

스키마 언어는 특정 데이터를 해석하는 데 도움이 된다. 예를 들어, 데이터베이스 스키마는 관계형 데이터베이스의 테이블을 위한 헤더와 키 정보를 제공한다. 테이블 자체는 특정 열에 있는 정보의 의미나 테이블의 인덱스로 사용하는 열을 나타내는 정보가 없다. 이 정보는 한 데이터 레코드에서 다음 데이터 레코드로 변경되지 않으므로 데이터베이스 스키마에 적절하게 포함된다.

OOP Object-Oriented Programming(객체 지향 프로그래밍) 시스템에서 클래스 구조는 정보를 구성하는 역할도 한다. 그러나 OOP에서 클래스 다이어그램은 데이터를 설명하는 것을 넘어, 특정 언어의 상속 정책에 따라 특정 인스턴스에 사용할 수 있는 메서드와 구현 방법을 결정한다. OOP는 정보를 해석하는 게 아니라 해당 정보를 설명하고 이용 가능한 변환 방법을 기술하는 체계적인 방법을 제공한다는 점에서 관계형 데이터베이스와 XML과 완전히 대조된다.

스키마 정보가 다른 모델링 패러다임에서 사용되는 방법을 고려할 때, 스키마 언어를 사용하는 것이 어떤 의미인지 궁금할 수 있다. 스키마의 모든 개념은 시스템에 표현된 정보를 표현한다는 공통점이 있다. 즉, 스키마는 데이터에 대한 정보다.

그렇다면 RDF의 스키마 개념은 RDF 데이터의 어떤 정보를 어떻게 표현할 수 있을까? RDF 스키마의 핵심 아이디어는 데이터에 의미를 부여하는 데 도움을 주는 것으로, 추론 패턴을 사용해 의미를 지정하고 수행한다.

스키마와 데이터의 관계

대부분의 모델링 시스템은 데이터와 스키마가 명확히 구분되어 있다. 일반적으로 관계형 데이터베이스의 스키마는 데이터베이스의 테이블에 표현되지 않는다. 객체 지향 시스템의 객체 모델은 객체로 표현되지 않으며 XML DTD [1]는 유효한 XML 문서가 아니다.

그러나 데이터와 동일한 형식으로 스키마를 모델링하는 방식도 있다. Common Lisp의 메타 객체 프로토콜Meta Object protocol과 자바의 인트로스펙션Introspection API Application

1 저자주: DTD는 XML을 위한 문서 유형 정의 형식이다.

Programming Interface는 객체 모델을 객체 자체로 나타낸다. XSDXML Stylesheet Definition[2]는 XML 언어로 XML 스타일을 정의한다.

RDF의 스키마 언어는 처음부터 RDF로 정의되어 있다. 즉, RDFS의 모든 스키마 정보는 RDF 트리플로 정의된다. RDF의 '일반' 자원과 '스키마' 자원 간의 관계는 다른 자원 간의 관계와 마찬가지로 트리플로 이루어진다. 이러한 설계의 우아함은 RDFS의 의미에 대한 공식적인 설명을 쉽게 제공할 수 있게 한다. 즉, 트리플 패턴에서 동작하는 추론 규칙을 제공하기만 하면 된다. 이런 방식은 엔지니어링 관점에서 훌륭하지만(RDF 표준위원회가 XML 표준의 DTD 관련 문제에서 교훈을 얻었다고도 볼 수 있다), 그 중요성은 엔지니어링의 가치를 뛰어넘는다. RDF에서 모든 것은 트리플로 표현된다. 단언된 트리플의 의미는 새로운(추론된) 트리플로 표현된다. 데이터의 의미를 설명하기 위해 추론을 유도하는 구조도 트리플이다. 이런 프로세스는 필요한 만큼 계속될 수 있다. 정보에 대한 컨텍스트를 제공하는 스키마 정보는 시맨틱 웹에서 자체적으로 배포될 수 있다. 더불어 RDF 데이터에 사용할 수 있는 모든 도구와 기술을 RDFS 스키마에 사용할 수 있다. SPARQL에서 스키마를 질의하고, SHACLShapes Constraint Language에서 유효성을 검사하고, RDF 편집기에서 편집하고, 링크드 데이터 도구를 통해 게시하고, RDF 시각화 도구로 시각화할 수 있다.

RDFS에서 집합이 정의되는 방식을 살펴보자. RDFS에서 집합을 지정하기 위한 기본 구성자는 rdfs:Class다. RDFS는 RDF로 표현되기 때문에 클래스는 트리플로 표현된다. 특히, 술어를 rdf:type으로, 목적어를 rdfs:Class로 기술할 수 있다.

```
:AllStarPlayer rdf:type rdfs:Class .
:MajorLeaguePlayer rdf:type rdfs:Class .
:Surgeon rdf:type rdfs:Class .
:Staff rdf:type rdfs:Class .
:Physician rdf:type rdfs:Class .
```

이 예는 RDF의 트리플이다. rdfs: 네임스페이스와 rdfs:Class를 사용하고 있기 때문에, 데이터가 아닌 스키마를 참조한다는 것을 알 수 있다. 3장에서 rdf:type는 집합의 요소를 지정하는 데 사용한다고 소개했다. 어떤 것이 집합이라고 명시적으로 지정하면 집합의 소속성에 대한 의

2 저자주: XSD는 XML 스키마를 정의하는 현대적인 방법이다.

미를 얻어낼 수 있다. RDF에서 집합의 원소에 대한 유일한 '의미'는 일부 질의 결과에 의해 제공된다. 심지어 rdf:type은 사용자 정의 속성과 전혀 다르지 않게 동작한다. RDFS에서 집합 소속membership의 의미는 추론 메커니즘을 통해 표현한다.

8.2 RDF 스키마 언어

RDFS는 일련의 구별되는 자원을 언어에 도입하여 RDF를 '확장'한다. 이 특징은 기존 프로그래밍 언어를 확장하는 방식과 유사하지만, 중요한 차이점이 있다. RDF에는 모든 자원을 트리플로 사용할 수 있는 기능이 있다(누구나 모든 주제에 대해 아무거나 말할 수 있다). 따라서 특정 자원을 '새로운 키워드'로 식별함으로써 사실상 언어를 전혀 확장하지 않는다. 단지 표준에 정의된 대로 특별한 의미를 갖는 트리플을 식별한다.

구별되는 자원의 '의미'는 어떻게 정의할 수 있을까? 7장에서 살펴보았듯이, RDFS에서 의미는 자원이 특정한 방식으로 사용될 때 추론을 지정하는 방식으로 표현된다. 이 절의 나머지 부분에서는 새로운 RDFS 자원을 소개할 때 "어떤 의미인가"라는 질문에 "이러한 상황(트리플 패턴으로 정의)에서 다음과 같은 새로운 트리플을 추가(유추)할 수 있다"와 같은 형식으로 기술할 것이다. rdfs:subClassOf의 유형 전파 규칙은 이미 살펴본 사례이다. 이제 RDFS에서 가장 기본적인 용어 중 하나인 rdfs:subPropertyOf를 사용하여 이 원칙을 설명한다.

rdfs:subPropertyOf를 통한 관계 전파

rdfs:subPropertyOf 속성을 사용할 때 기본 전제가 있다. 용어에는 명사와 동사가 함께 포함되며, 한 정보원에서 다른 정보원으로 명사를 매핑하기 위한 많은 동일한 요구 조건들이 관계에 적용된다. 일반적인 용어에서 간단한 예를 많이 찾아볼 수 있다. 관계 brother는 관계 sibling보다 더 구체적이다. 누군가가 내 형brother이라면 그는 형제sibling이기도 하다. 이 관계는 rdfs:subClassOf와 거의 동일한 추론 규칙을 사용하는 것으로, RDFS에서 rdfs:subPropertyOf로 형식화된다. 즉, 모든 트리플에서 술어를 subPropertyOf 속성으로 대체할 수 있다.

```
CONSTRUCT {?x ?r ?y .}
WHERE {?x ?q ?y .
       ?q rdfs:subPropertyOf ?r }
```

예제 8-1 고용

대기업은 정규직과 계약직 형태로 많은 사람을 고용하고 관리하기 위한 다양한 방법을 갖고 있다. 고용된 사람들 중에 프리랜서로 회사와 직접 계약하거나 장기 계약하는 사람들도 있고, 중간 업체를 통해 계약하는 사람들도 있다. 어떤 형태가 됐든, 이들은 모두 그 회사에서 일한다고 말할 수 있다.

RDFS에서 이 상황을 어떻게 모델링할 수 있을까? 첫째, 어떤 상황에서 유도하기 원하는 추론을 고려해야 한다. 사람과 회사 사이에 다양한 관계가 있다. 즉 contractsTo, freeLancesTo, indirectlyContractsTo, isEmployedBy, worksFor 등 다양한 속성을 만들 수 있다.

만약 어떤 사람이 회사와 특정한 관계에 해당한다면, 그 사람이 회사에서 '일한다[worksFor]'고 추론하고 싶을 것이다. 예를 들어 프리랜서와 간접 계약자는 모두 회사와 계약하고 실제로 그 회사를 위해 일한다.

이러한 모든 관계는 rdfs:subPropertyOf 관계를 사용하여 RDFS로 표현할 수 있다 .

```
:freeLancesTo rdfs:subPropertyOf contractsTo .
:indirectlyContractsTo rdfs:subPropertyOf contractsTo .
:isEmployedBy rdfs:subPropertyOf :worksFor .
:contractsTo rdfs:subPropertyOf :worksFor .
```

다이어그램의 화살표는 rdfs:subPropertyOf([그림 8-1] 참조) 속성의 관계를 알기 쉽게 표현해준다. 어떤 추론을 유도하는지 확인하려면 몇 가지 인스턴스 데이터가 필요하다.

```
:Goldman :isEmployedBy :TheFirm .
:Spence :freeLancesTo :TheFirm .
:Long :inDirectlyContractsTo :TheFirm .
```

rdfs:subPropertyOf의 의미를 정의하는 규칙은 하위 속성을 상위 속성으로 대체하는 새로운 트리플을 의미한다.

```
:isEmployedBy :rdfs:subPropertyOf :worksFor.
```

이 트리플을 통해 다음과 같이 추론할 수 있다.

```
* :Goldman :worksFor :TheFirm.
```

또한 프리랜서와 간접 계약에 대한 진술을 이용해 다음과 같이 추론할 수 있다.

```
* :Spence :contractsTo :TheFirm .
* :Long contractsTo :TheFirm .
```

마지막으로, 단언된 트리플과 마찬가지로 추론된 트리플을 사용하여 추가적인 추론도 할 수 있다.

```
* :Spence :worksFor :TheFirm .
* :Long :worksFor :TheFirm .
```

일반적으로 rdfs:subPropertyOf를 사용하면 설계자가 관련 속성의 계층 구조를 설명할 수 있다. 클래스 계층 구조와 마찬가지로 구체적인 속성은 트리의 하단에 있는 반면 일반적인 속성일수록 위쪽에 놓인다. 트리의 속성이 두 항목 사이에 있을 때 그 위에 있는 모든 속성도 동일한 특징을 갖는다.

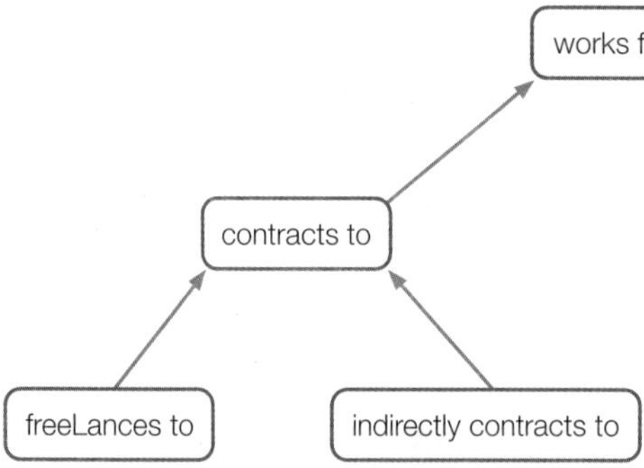

그림 8-1 회사 근로자에 대한 rdfs:subPropertyOf 관계

> **Note OO 비교**
> rdfs:subPropertyOf 구성자는 OOP와 직접적으로 유사한 특징이 없다. 여기서 속성은 첫 번째 개체가 아니다. 즉, 정의된 클래스에 관계없이 서로 관련될 수 없다. 이런 이유로 rdfs:subClassOf의 경우와 달리 OO 프로그래머는 유사하게 알려진 개념과 충돌하지 않는다. 다만 하위 속성 다이어그램이 때로 클래스 다이어그램으로 오인되기도 하는데, 이것이 혼란을 일으키는 유일한 원인이 된다.

용도별 데이터 유형: rdfs:domain과 rdfs:range

rdfs:subPropertyOf의 추론 방식을 통해 두 속성의 관계를 설명하였다. 이제 어떤 데이터에서 용어 사용을 설명할 때 정의된 클래스와 관련하여 속성이 사용되는 방식을 살펴보자. 속성을 사용할 때, 트리플의 주어는 특정 클래스(즉, rdf:type)이고, 목적어는 다른 유형을 가질 수 있다. 이 두 가지 규정은 RDFS에서 각각 rdfs:domain과 rdfs:range라는 자원으로 표현된다.

수학에서 정의역domain과 공역range이라는 용어는 함수(보다 일반적인 표현으로는 관계)를 사용하는 방법을 나타내는 데 사용된다. 함수의 정의역은 정의된 값의 집합이고 공역은 사용할 수 있는 값의 집합이다. 예를 들어, 해석학Real Analysis에서 음수는 실수에 제곱근이 없고 제곱근은 양수와 음수 모두 존재한다. 따라서 관계 제곱근은 정의역으로 양수를 갖고, 공역으로 모든 실수를 갖는다.

RDFS에서 rdfs:domain과 rdfs:range 속성의 의미는 수학적 용도에서 영감을 얻은 것이다. 속성 :p는 rdfs:domain과/또는 rdfs:range를 가질 수 있고, 다음과 같이 트리플로 표현된다.

```
:p rdfs:domain :D.
:p rdfs:range :R.
```

쉽게 해석하면 관계 :p는 클래스 D와 클래스 R의 값과 관련된다는 것이다. 클래스 D와 R은 분리되거나 심지어 구별될 필요도 없다.

이 용어들의 의미는 용어에서 이끌어낼 수 있는 추론에 의해 정의된다. RDFS 추론은 규칙을 사용하여 정의역을 해석한다.

```
CONSTRUCT {?x rdf:type ?D .}
WHERE {?P rdfs:domain ?D .
       ?x ?P ?y .}
```

마찬가지로 공역은 다음과 같은 규칙으로 정의된다.

```
CONSTRUCT {?y rdf:type ?D .}
WHERE {?P rdfs:range ?D .
       ?x ?P ?y .}
```

RDFS에서 정의역과 공역은 속성 ?P가 사용되는 방법에 대한 정보를 제공한다. 정의역은 P를 술어로 사용하는 모든 트리플의 주어를 나타내고 공역은 트리플의 목적어를 나타낸다. 속성 P

에 정의역 D(각각 공역 R)가 있다고 단언할 때, 속성 P를 사용할 때마다 해당 트리플의 주어(각각 객체)가 클래스 D(각각 R)임을 추론할 수 있다. 간단히 말해 정의역과 공역은 P의 사용 방법을 알려준다. P가 RDFS 규칙에 일치하지 않는 방식으로 사용되면 오류를 알리는 대신, RDFS는 P가 정의역과 공역의 선언을 준수하는 데 필요한 유형 정보를 추론한다.

RDFS에서 특정 개체가 특정 클래스의 원소가 아니라고 주장할 수 있는 방법은 없다(Web Ontology Language[OWL], 13장). 사실 RDFS에는 부정확하거나 일관되지 않은 추론에 대한 개념이 없다. 즉, XML 스키마나 SHACL 형상의 경우와 달리 RDF 스키마는 입력을 무효로 선언하지 않으며, 단순히 적절한 유형 정보를 추론한다. RDFS는 데이터베이스 스키마처럼 동작한다. 데이터베이스 스키마는 어떤 조인이 가능한지 선언하지만, 조인된 데이터의 유효성에 대해 설명하지 않는다.

rdfs:subClassOf로 정의역과 공역 조합하기

지금까지 rdfs 네임스페이스에서 rdfs:domain, rdfs:range, rdfs:subPropertyOf, rdfs:subClassOf의 일부 자원에 대한 추론 패턴을 소개하고, 트리플 예제로 동작 방식을 설명했다. 지금까지 살펴본 세 가지 추론 패턴이 흥미로운 방식으로 서로 상호작용하는 것을 볼 수 있다. 예를 들어, rdfs:subClassOf와 rdfs:domain 간의 상호작용을 살펴보자.

Woman과 MarriedWoman 클래스는 하위 클래스 관계만 갖는 단순한 계층 구조다.

```
:MarriedWoman rdfs:subClassOf :Woman .
```

hasMaidenName 속성의 정의역은 MarriedWoman으로 가정한다.

```
:hasMaidenName rdfs:domain :MarriedWoman .
```

[그림 8-2]는 이 관계를 다이어그램 형태로 보여준다. 자세히 살펴보면, 이 모델에서 미묘한 특징을 찾을 수 있다. 어떤 사물에 대해 hasMaidenName 속성을 단언하면 (여성임을 모르더라도!) rdfs:domain에 대한 규칙은 해당 사물이 MarriedWoman이라고 추론한다.

예를 들어 다음의 트리플을 단언하면,

```
:Karen :hasMaidenName "Smith" .
```

다음 관계를 추론할 수 있다.

```
* :Karen rdf:type :MarriedWoman .
```

한편, 클래스 사이의 rdfs:subClassOf 관계를 기반으로 추가적인 추론을 할 수 있다.

```
* :Karen rdf:type :Woman .
```

Karen에 대한 특별한 정보는 없지만, hasMaidenName 속성으로 Karen이 Woman이라고 추론한다. 즉, 어떤 자원 X에 대해 다음과 같은 트리플 형식이 있으면,

```
?X :hasMaidenName ?Y .
```

다음을 추론할 수 있다.

```
* ?X rdf:type :Woman.
```

이것이 rdfs:domain에 대한 정확한 정의다. 따라서 다음 관계를 이해할 수 있다.

```
:hasMaidenName rdfs:domain :Woman .
```

이 예는 rdfs:domain의 정의를 지금까지 소개한 방식과 다르게 사용한다. rdfs:domain에서 추론 패턴은 트리플이 단언되거나 추론될 때 적용되었다. 반면, 여기서는 추론 패턴이 유지된다는 것을 증명할 수 있을 때마다 rdfs:domain 트리플을 추론하고 있다. 즉, 추론 패턴은 rdfs:domain이 보유하는 의미를 정의하는 것으로 간주한다.

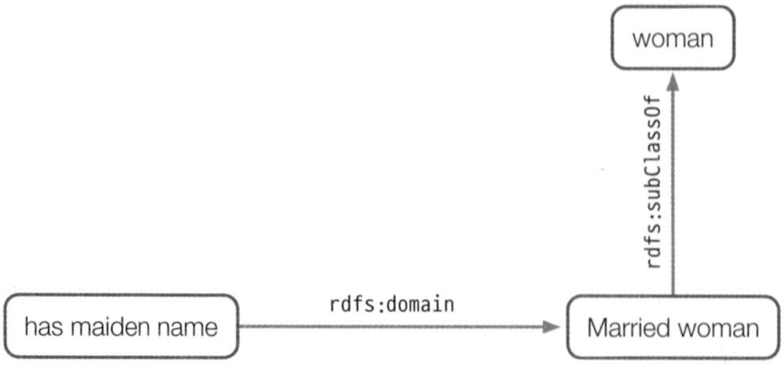

그림 8-2 hasMaidenName에 대한 정의역과 subClassOf 트리플

이 결과를 일반화하여 다음과 같이 새로운 추론 패턴을 정의할 수 있다.

```
CONSTRUCT {?p rdfs:domain ?c .}
WHERE {?p rdfs:domain ?D .
       ?D rdfs:subClassOf ?c .}
```

즉, 어떤 클래스가 속성의 rdfs:domain이면, 해당 속성에 rdfs:domain 같은 슈퍼 클래스도 있다고 추론할 수 있다. 동일한 조건을 사용하는 rdfs:range에서 동일한 결론이 유지된다.

정의역과 공역의 정의는 간단하지만, 사실 매우 공격적인 개념이다. 술어에 대한 정의역 또는 공역 정보가 있으면, 하나의 트리플에서 모든 요소의 유형에 대한 결론을 도출할 수 있다. RDFS의 정의역과 공역에 대한 정의는 다른 데이터 모델링 패러다임을 경험한 설계자들이 흔히 부딪히는 문제 중 하나다. 매우 일반적인 개념에 대해 이처럼 강력한 해석을 하는 것은 드문 일이다.

Note

rdfs:domain과 rdfs:subClassOf 간의 상호작용은 OOP와 비교해 직관적이지 않을 수 있다. OOP에서 코드를 구성하는 기본 메커니즘 중 하나는 상속이다. 상속을 정의하기 위한 많은 다른 체계들이 있지만, 일반적으로 클래스 계층 아래로 정보를 전파하는 방식으로 동작한다. 즉, 한 클래스에 정의된 어떤 메서드나 변수는 하위 클래스에서도 사용할 수 있다.

OO 프로그램 관리자는 RDFS에서 상속이 동일한 방식으로 작동할 것이라 기대할 수 있다. 즉, RDFS와 OOP가 개념적으로 명확하게 연결된다고 생각할 수 있다. 예를 들면 rdfs:Class가 OOP의 클래스에 해당하고, RDFS의 속성은 OOP의 변수에 대응한다. 한편, 단언문 P rdfs:domain C.는 클래스 C에서 정의되는 P에 해당하는 변수의 정의에 해당된다. 이 정의는 OOP에서 정의한 변수가 상속하는 것과 동일한 방식이라고 기대할 수 있다.

그러나 RDFS에는 상속 자체에 대한 개념이 없다. RDFS에서 작동하는 유일한 메커니즘은 추론이다. OO 개념의 상속에 가장 근접하게 대응하는 RDFS의 추론 규칙은 하위 클래스 전파 규칙이다. 즉, 하위 클래스의 원소도 클래스의 원소다. 예를 들어 이 규칙의 결과는 상속에서 기대하는 것과 일치한다. 하위 클래스의 인스턴스는 부모 클래스의 인스턴스이기도 하므로 부모 클래스의 원소에 대한 모든 것이 반드시 하위 클래스의 모든 인스턴스에 대해 유지된다. 이것은 일반적인 상속 개념과 일치한다.

반면에 rdfs:domain과 rdfs:subClassOf 간의 상호작용은 문제의 소지가 더 크다. '명백한' 해석을 사용하여 변수 hasMaidenName이 MarriedWoman에서 정의되었다고 주장한 다음 계층 구조에서 더 상위의 클래스, 즉 Woman에서 정의되었다고 추론했다. 객체 지향 관점에서 볼 때 이 상호작용은 계층의 상속처럼 보인다. 즉, OOP에서 일반적으로 예상되는 상속과는 반대다.

이 결론의 오류는 클래스와 관련된 변수를 정의하는 rdfs:domain의 '명백한' 매핑에서 비롯된다. AAA 슬로건에 따라, 시맨틱 웹에서 속성은 어디서나 사용할 수 있고 어떤 클래스와도 독립적이어야 한다. hasMaidenName 속성은 설계상 항상 우주의 모든 자원(Woman 클래스의 원소 포함)에 사용할 수 있다. rdfs:domain의 단언 또는 추론은 이런 특징을 변경하지 않고 있다. 즉, 속성이 '클래스에 대해 정의'된다고 말하는 것은 시맨틱 웹에서 정확하지 않다. 속성은 모든 클래스와 독립적으로 정의되며, RDFS 관계는 특정 컨텍스트에서 속성에 대해 올바르게 추론할 수 있는 것을 지정한다.

8.3 RDFS 모델링 조합과 패턴

RDFS에 대한 추론 규칙은 많지 않으며 매우 간단하다. 그렇지만 시맨틱 웹에서 공유된 정보의 맥락에서 그 효과는 상당히 절묘할 수 있다. 이 장은 기본 RDFS 기능의 다양한 사용 패턴을 간략히 설명하고 각 기능을 간단한 예제로 설명한다.

교집합

RDFS로 모델링하는 사람이 논리학의 일부 개념을 이해해야 하는지 궁금한 것이 사실이다. "RDFS에서 교집합을 모델링할 수 있는가?"는 흔히 하는 질문이고, 기술적으로 답하면 간단히 "아니요"다. RDFS에는 교집합(또는 합집합)에 대한 명시적인 모델링 구성자가 존재하지 않는다. 교집합(또는 합집합)을 모델링한다면 항상 명시적으로 모델링하지 않고 논리적 관계로 지원되는 특정 추론만 필요할 수 있다. 때로 이러한 추론은 RDFS 요소를 특정한 방식으로 결합하는 디자인 패턴을 통해 구현할 수 있다.

교집합의 경우, 자원 x가 C의 원소이며 A와 B에도 존재한다는 추론을 생각할 수 있다. 공식적으로 표현하면 구성 요소의 표현 관계는 C ⊆ A ∩ B다. 이러한 추론을 위해 C를 A와 B 모두의 공통 하위 클래스로 만들 수 있다.

```
:C rdfs:subClassOf :A.
:C rdfs:subClassOf :B.
```

교집합과 같은 결론을 어떻게 지원할 수 있을까? rdfs:subClassOf의 추론 규칙으로부터 다음의 트리플을 정의하면,

```
?x rdf:type :C.
```

다음 관계를 추론할 수 있다.

```
?x rdf:type :B .
?x rdf:type :A .
```

추론은 한 방향으로만 나타난다. C의 소속성으로 A와 B의 관계를 추론할 수 있지만, A와 B의 소속성으로 C의 소속성을 추론할 수는 없다. 즉, A ∩ B ⊆ C를 표현할 수 없다. 이것은 RDFS가 실제로 교집합을 표현할 수 없다는 의미이고, 한 방향으로 추론을 지원해야만 근사치를 계산할 수 있음을 나타낸다.

예제 8-2 병원 기술

병원에 있는 직원을 설명한다고 가정해보자. 병원에는 간호사, 의사, 외과 의사, 관리자, 간호조무사, 자원봉사자 등을 포함하여 다양한 직업과 사람들이 있다. 병원에서 매우 전문화된 역할을 하는 사람은 외과 의사다. 외과 의사는 병원 직원이자 자격이 있는 의사다. 논리적으로 표현하면, 외과 의사 ⊆ 직원 ∩ 의사다. 즉, 외과 의사는 직원이자 의사인 사람들의 하위 집합이라고 말할 수 있다. 모든 의료진이 외과 의사가 아니므로 집합의 포함 관계는 한 방향으로만 진행된다. 이 진술문에 따라 Kildare가 외과 의사라면 그는 직원이자 의사라고 추론하고 싶을 것이다.

다음 관계를 정의하면,

```
:Surgeon rdfs:subClassOf :Staff .
:Surgeon rdfs:subClassOf :Physician .
:Kildare rdf:type :Surgeon .
```

다음 결과를 추론할 수 있다.

```
* :Kildare rdf:type :Staff .
* :Kildare rdf:type :Physician .
```

물론 다른 방식으로는 추론할 수 없다. 즉, Kildare가 의사이자 직원이라고 주장하는 경우 RDFS 규칙이 적용되지 않으며 추론도 작성되지 않는 것이 적절하다. Kildare가 정신과 의사라면, Kildare는 직원이면서 의사이고 동시에 외과 의사라고 결론짓는 것은 적절하지 않다(13장에서 소개하는 OWL은 이러한 결론을 유지하기 위한 공리axioms에 대해 설명한다. RDFS는 지원하지 않는다).

속성 교집합

RDFS에서 속성은 클래스 처리와 유사한 방식으로 처리되며, 모든 작업과 제약이 동일하게 적용된다. 속성을 집합으로 생각하는 것이 익숙하지 않겠지만, 집합과 관련된 용어(교집합, 합집합)를 사용하여 속성에 지원되는 기능을 설명할 수 있다. RDFS는 subPropertyOf를 적절하게 사용하여 클래스의 교집합과 합집합을 비슷하게 표현할 수 있다.

하나의 속성이 다른 2개의 속성의 교집합인 $P \subseteq R \cap S$라면, subPropertyOf를 사용해 추론할 수 있다.

즉, 2개의 자원 x와 y가 속성 P에 의해 관련된다면,

```
?x :P ?y .
```

다음 두 가지를 모두 추론할 수 있다.

```
?x :R ?y .
?x :S ?y .
```

예제 8-3 병실에 있는 환자

병원에 있는 환자를 기술해보자. 환자가 특정 병실에 배정되면 환자에 대해 여러 가지 추론을 할 수 있다. 환자는 해당 병실의 근무 편성표에 포함되어 있고, 해당 병실에 대한 보험이 청구될 것이다. 이 두 가지 추론이 환자를 하나의 병실에 배정했을 때 발생한다는 것을 어떻게 표현할까?

```
:lodgedIn rdfs:subPropertyOf :billedFor .
:logdedIn rdfs:subPropertyOf :assignedTo .
```

다음과 같이 환자 Marcus가 Room 101에 입원한다면,

```
:Marcus :lodgedIn :Room101 .
```

보험 청구와 근무 편성표에 대한 속성도 추론할 수 있다.

```
*  :Marcus :billedFor :Room101 .
*  :Marcus :assignedTo :Room101 .
```

앞서 설명했듯이 다른 방향으로는 추론할 수 없다. 즉, Marcus가 Room 101에 대해 보험이 청구되고(billedFor), Room 101에 배정되었다(assignedTo)고 진술한다면 RDFS 규칙을 적용할 수 없고, 추론할 수 없다.

합집합

교집합에서 소개한 유사한 패턴을 사용하여 RDFS에서 합집합에 대한 특정 정보를 표현할 수 있다. 특히 C를 A와 B의 공통 슈퍼 클래스로 만들어 $A \cup B \subseteq C$로 표현할 수 있다.

```
:A rdfs:subClassOf :C .
:B rdfs:subClassOf :C .
```

A 또는 B의 원소인 모든 인스턴스 ?x는 C의 원소라고 추론할 수 있다.

```
?x rdf:type :A . 또는 ?x rdf:type :B .
```

이것은 다음을 의미한다.

```
* ?x rdf:type :C .
```

예제 8-4 올스타 선수

리그의 규칙에 따라, 한 시즌의 올스타 후보는 MVP[Most Valuable Player]로 지명된 모든 선수와 리그에서 최고 득점자[TopScorer]로 선정된 선수들 중에서 선발한다. 다음과 같이 AllstarCandidate를 MVP와 TopScorer의 공통 슈퍼클래스로 만들어 RDFS에서 모델링할 수 있다.

```
:MVP rdfs:subClassOf :AllStarCandidate .
:TopScorer rdfs:subClassOf :AllStarCandidate .
```

Reilly가 MVP로 지명되고 Kaneda가 TopScorer로 선정되었다는 사실은 다음과 같이 표현된다.

```
:Reilly rdf:type :MVP .
:Kaneda rdf:type :TopScorer .
```

따라서 두 사람이 AllStarCandidates라고 추론할 수 있다.

```
* :Reilly rdf:type :AllStarCandidate .
* :Kaneda rdf:type :AllStarCandidate .
```

교집합과 같이 합집합도 한 방향으로만 추론할 수 있다. 즉, AllStarCandidate ⊇ MVP ∪ TopScorer를 추론할 수 있지만 그 반대 방향으로는 추론할 수 없다.

요약하면 rdfs:subClassOf 를 사용하여 교집합과 합집합에 대한 진술문을 다음과 같이 표현할 수 있다.

- C ⊆ A ∩ B (C는 A와 B의 rdfs:subClassOf에 의해)
- C ⊇ A∪B (A와 B는 C의 rdfs:subClassOf에 의해)

속성 합집합

rdfs:subClassOf가 합집합으로 클래스들을 결합하는 방식과 유사하게 rdfs:subPropertyOf는 서로 다른 정보원의 속성을 결합할 수 있다. 2개의 다른 정보원이 속성 P와 Q를 유사하게 사용하고 있다면, R이라는 단일화된 통합 속성을 정의할 수 있다.

```
:P rdfs:subPropertyOf :R .
:Q rdfs:subPropertyOf :R .
```

모든 자원의 쌍인 x와 y가 P 또는 Q와 관련이 있다면, 다음과 같이 진술할 수 있다.

```
?x :P ?y 또는 ?x :Q ?y
```

이를 통해 다음을 추론할 수 있다.

```
* ?z :R ?y .
```

예제 8-5 도서관 레코드 병합

도서관에 후원자와 후원자가 대여한 책 목록을 보관하는 테이블이 있다고 가정하고, 고객이 책을 대여한 사실을 borrows라는 속성으로 표현한다. 다른 도서관은 checkOut을 사용하여 동일한 관계를 표시한다.

클래스의 경우와 마찬가지로 이 상황을 처리하는 방법에는 여러 가지가 있다. 두 속성이 정확히 동일한 의미를 갖는다면 rdfs:subPropertyOf을 사용하여 두 속성을 동등하게 만들 수 있다.

```
Library1:borrows rdfs:subPropertyOf Library2:checkedOut .
Library2:checkedOut rdfs:subPropertyOf Library1:borrows .
```

Library1에 표현된 모든 관계가 Library2에서 유지된다고 추론할 수 있다. 두 속성은 본질적으로 동일하다. 두 속성이 정확히 동일한 방식으로 사용되는지 확신할 수 없지만, 응용 프로그램이 두 속성을 동일하게 취급하려는 경우, 합집합 패턴을 사용하여 다음과 같이 두 속성의 공통 상위 속성을 만든다.

```
Library1:borrows rdfs:subPropertyOf :hasPossession .
Library2:checkedOut rdfs:subPropertyOf :hasPossession .
```

이 트리플을 사용하면 두 도서관의 모든 후원자와 책은 hasPossession 속성과 관련되기 때문에 두 정보원의 정보를 병합할 수 있다.

속성 전달

여러 정보원에서 제공되는 정보 간의 관계를 모델링할 때 공통된 요구 사항이 있다. 즉, 두 개체가 한 정보원과 어떤 관련성을 맺고 있다면 동일한 개체는 다른 정보원과 해당 관계로 관련성을 맺어야 한다고 명시해야 한다는 것이다. 이는 단일 트리플로 RDFS에서 매우 쉽게 표현할 수 있다. 즉, 한 정보원에 속성 P가 있고 다른 정보원에 속성 Q가 있으며 P의 모든 사용이 Q의 사용으로 간주되어야 한다면 간단히 다음과 같이 단언할 수 있다.

```
:P rdfs:subPropertyOf :Q .
```

다음과 같은 형식의 트리플이 있으면,

```
?x :P ?y .
```

다음 관계를 추론할 수 있다.

```
* ?z :Q ?y .
```

단일 트리플로 구성된 디자인 패턴을 갖는 것이 이상하게 보일 수 있지만, rdfs:subPropertyOf는 이러한 방식으로 폭넓게 사용되고 있어 그 자체를 패턴으로 간주하는 것이 좋다.

예제 8-6 어휘 조정

점점 더 많은 표준 정보의 표현 체계가 RDFS 형식으로 게시되고 있다. RDFS 이전에 개발된 정보(또는 표준과 분리된 정보)는 표준을 준수하려면 내용을 변경해야 한다. 이러한 변경 과정에는 오류가 발생하기 쉬운 검색과 교체 프로세스가 포함되어 있어 모든 데이터 정보원에 많은 비용이 소요될 수 있다. 따라서 데이터를 RDF로 표시할 때, 속성 전송 패턴을 사용하는 것과 같은 더 쉬운 옵션을 사용하는 경우가 많다.

예를 들어, 더블린 코어는 도서관 시스템에서 서지 정보를 설명하는 데 사용되는 표준 속성 집합이다. 가장 자주 사용되는 더블린 코어 용어 중 하나는 dc:creator이며, 출판물을 생산한 책임이 있는 개체(사람 또는 조직)를 나타낸다.

특정 레거시 참고문헌 시스템에서 저자라는 용어를 사용하여 책을 만든 사람을 표시한다고 생각해 보자. 이 속성은 모음집처럼 저자 없이 만든 책을 분류하지 않기 때문에 시스템은 정상적으로 동작한다. 이 데이터를 비용이 많이 들지 않고 오류 발생을 방지하면서 더블린 코어로 만들 수 있는 방법이 있을까? RDFS에서 단일 트리플로 이 문제를 해결할 수 있다.

```
:author rdfs:subPropertyOf dc:creator .
```

author 속성이 정의된 모든 개체는 이제 (표준) dc:creator 속성에 대해 동일한 값이 정의된다. 작업은 오프라인 편집 프로세스 대신 RDFS 추론 엔진에 의해 수행된다. 특히, author 속성을 사용하는 레거시 응용 프로그램을 수정 없이 계속 활용할 수 있으며 새로운 더블린 코어 호환 응용 프로그램에서 추론된 데이터를 사용하여 표준 방식으로 작동시킬 수 있다.

8.4 도전과제

지금까지 소개한 패턴은 특정 모델링 목표를 달성하기 위해 하나 이상의 RDFS 구성자를 결합하는 실용적인 사례다. 이번 절에서는 이러한 패턴으로 해결할 수 있는 여러 모델링 시나리오를 간략하게 설명하고 패턴을 적용하여 문제를 해결하는 방법을 소개한다.

용어 조정

어휘를 관리할 때 가장 일반적인 문제는 여러 에이전트에서 정의한 용어를 통합된 하나의 애플리케이션에서 공통으로 기술하고 사용하는 것이다. 예를 들어 한 에이전트는 분석가analyzer, 다른 에이전트는 연구자researcher라는 단어를 사용한다면, 두 용어는 높은 관련성이 있을 것이다. 이제 일련의 도전과제로서 여러 공통 관계를 검토할 것이다.

도전과제 8-1 하위 집합의 매핑

한 클래스의 원소가 자동으로 다른 클래스의 원소로 취급된다는 주장을 어떻게 강제할까? 세부적인 상황에 따라 이에 대한 여러 가지 접근 방식이 있지만 지금까지 소개한 패턴으로 모두 구현할 수 있다.

▶ 솔루션

먼저 한 어휘의 특정 용어가 다른 어휘의 용어에 완전히 포함되어 있다고 판단하는 경우를 살펴보자. 예를 들어, 연구자가 분석가의 인스턴스라고 판단한다면, RDFS에서 이 사실을 어떻게 표현할 수 있을까? 먼저 주어진 정보에서 RDFS로 도출하고자 하는 추론을 조사한다. 연구자가 분석가의 인스턴스라면 모든 연구자는 분석가다. 이러한 종류의 'IF/THEN' 관계를 단일 rdfs:subClassOf 관계로 표현할 수 있다 .

```
:Researcher rdfs:subClassOf :Analyst .
```

다음과 같이 모든 연구자는

```
:Wenger rdf:type :Researcher .
```

분석가로 추론된다.

```
* :Wenger rdf:type :Analyst .
```

관계가 반대 방향으로 진행되면(모든 분석가는 연구자다), rdfs:subClassOf 트리플은 그에 따라 역 관계가 될 수 있다.

도전과제 8-2 포개진 집합의 매핑

관계는 더 미묘할 수 있다. 분석가와 연구자라는 두 개념 간에 상당한 의미적 중첩이 있지만, 두 개념이 모두 형식적으로 완전히 일치하지 않는다고 가정한다. 연구자가 아닌 분석가가 있을 수 있으며 그 반대도 마찬가지다. 그럼에도 불구하고 연합된 애플리케이션의 목적을 위해 두 개체를 동일하게 취급하려고 한다. 어떻게 해야 할까?

▶ **솔루션**

앞에서 설명한 합집합 패턴을 이런 문제에 사용할 수 있다. 조사관Investigator과 같은, 두 출처에서 정의되지 않은 새로운 용어를 연합 도메인에 쓸 수 있다. 그런 다음 조사관을 연구자와 분석가의 합집합으로 정의한다(8.3절).

```
:Analyst rdfs:subClassOf :Investigator .
:Researcher rdfs:subClassOf :Investigator .
```

이렇게 기술하면 분석가와 연구자 간의 직접적인 관계를 규정하진 않았지만, 개체들의 일반화된 클래스를 제공함으로써 두 개체를 통합적으로 다룰 수 있다.

도전과제 8-3 동등한 집합의 매핑

두 클래스가 모든 면에서 실제로 동일한 것으로 결정했다고 가정해보자. 즉, 두 용어는 실제로 같은 의미지만 표현이 다를 뿐이다. 추론의 관점에서 한 클래스의 원소가 다른 클래스의 원소이면, 그 반대의 경우도 같다.

▶ 솔루션

RDFS는 클래스 동등성에 대한 기본 설명을 제공하지 않지만, rdfs:subClassOf로 동일한 결과를 얻을 수 있다.

```
:Analyst rdfs:subClassOf :Researcher .
:Researcher rdfs:subClassOf :Analyst .
```

OOP에 익숙한 사람에게 다소 역설적으로 보일 수 있지만 RDFS 추론에 기반한 결론은 분명하다. 예를 들어 다음과 같이 트리플을 정의하면,

```
:Reilly rdf:type :Researcher .
:Kaneda rdf:type :Analyst .
```

다른 진술을 추론할 수 있다.

```
*  :Reilly rdf:type :Analyst .
*  :Kaneda rdf:type :Researcher .
```

실제로, 2개의 rdfs:subClassOf 트리플은 두 클래스의 동등성을 기술한다.

인스턴스 수준의 데이터 통합

여러 출처의 정보를 하나의 진술문으로 만들 수 있다. 이 진술문이 어떤 인스턴스에 관심이 있는지 결정하는 경우, rdfs:subClassOf를 사용하여 간단하게 통합하는 방법이 있다. 단순화된 군사 영역의 예를 통해 살펴보자. 지휘와 통제 임무 입안자는 무장 병력이 표적으로 삼을 수 있는 위치 또는 더 구체화하여 표적으로 삼을 수 없는 위치를 결정해야 한다. 이 결정에 도움을 주는 다양한 정보 출처가 있다. 한 출처는 표적과 그 유형의 목록을 제공하는데, 그중 일부(예: 교회, 학교, 병원과 같은 민간 시설)는 절대로 표적이 되면 안 된다. 또 다른 출처는 공역에 대한 설명을 제공하며, 일부는 출입 금지 구역(예: 정치적으로 정의된 비행 금지 구역)이다. 표적이 데이터 출처의 어떤 영역에도 포함되지 않는다면 출입 금지 구역으로 결정된다.

도전과제 8-4 간단한 데이터 연합

모든 데이터 출처(그리고 이후에 발견되는 새로운 출처)에서 나온 모든 개체의 인스턴스를 포함하는 단일 클래스를 정의해야 한다.

▶ **솔루션**

해결책은 합집합 구성자를 사용하여 두 정보 출처를 단일 연합 클래스로 결합하는 것이다.

```
fc:CivilianFacility rdfs:subClassOf cc:OffLimitsTarget .
space:NoFlyZone rdfs:subClassOf cc:OffLimitsTarget .
```

이제 출입 금지 구역으로 식별된 시설 또는 영공에 대한 기술로부터 나오는 어떤 인스턴스도 cc:OffLimitsTarget을 갖는 것으로 추론된다.

rdfs:label로 읽기 가능한 레이블

시맨틱 웹의 자원은 URI Uniform Resource Identifier에 의해 지정되며, URI는 자원에 대한 전역 범위의 고유 식별자를 제공한다. 그러나 URI는 사람들에게 특별히 매력적이거나 의미 있지는 않다. RDFS는 rdfs:label이라는 기본 속성을 제공한다. rdfs:label의 용도는 모든 자원에 대해 인쇄 가능한 이름을 제공하는 것이다. rdfs:label는 웹 페이지 또는 데스크톱 응용 프로그램과 같은 표현을 위한 엔진이 자원의 이름을 표시하는 표준적인 방법을 제공한다.

표시되는 RDF 데이터의 출처에 따라, 모든 자원에서 사람이 읽을 수 있는 이름에 대한 정보가 다를 수 있다. 한 가지 해결책은 각 자원에 대해 특정한 표시 속성을 사용하도록 에이전트를 변경하는 것이다. 더 간단하게, 속성 합집합과 속성 전달 패턴의 조합을 통해 RDFS의 의미론을 사용하여 전체적으로 반영할 수 있다. 예를 들어, 데이터베이스 또는 스프레드시트와 같이 외부에서 RDF 정보를 가져오고 정의된 개체의 두 가지 클래스인 사람 Person과 영화 Movie가 있다고 가정하자. Person의 personName 속성은 해당 개체와 관련해 전문적으로 알려진 이름을 정의하고, Movie의 movieTitle 속성은 영화의 출시 제목을 제공한다. 예제 데이터는 다음과 같다.

```
:Person1 :personName "James Dean".
:Person2 :personName "Elizabeth Taylor".
:Person3 :personName "Rock Hudson".
:Movie1 :movieTitle "Rebel Without a Cause".
:Movie2 :movieTitle "Giant".
:Movie3 :movieTitle "East of Eden".
```

도전과제 8-5 읽을 수 있는 이름 매핑하기

표준 속성인 rdfs:label을 이용하여 사람과 영화에 대한 정보를 표시하는 일반적인 표시 메커니즘을 사용하려고 한다. 이를 위해 RDFS를 어떻게 사용할 수 있을까?

▶ **솔루션**

다음과 같이 rdfs:label의 하위 속성으로 각 속성을 정의할 수 있다.

```
:personName rdfs:subPropertyOf rdfs:label .
:movieTitle rdfs:subPropertyOf rdfs:label .
```

프레젠테이션 엔진이 RDFS 추론 규칙에 따라 자원의 rdfs:label에 대한 질의를 할 때, 특정 개체에 대해 정의된 규칙에 따라 personName 또는 movieTitle의 값을 찾는다. 프리젠테이션 엔진이 Person과 Movie 간(도메인별) 구분을 이해하는 코드를 포함할 필요는 없다.

용도에 따른 데이터 입력

해운 회사가 건설 중인 선박, 수리 중인 선박, 현재 운항 중인 선박 및 퇴역한 선박을 관리하고 있다. 회사가 보유한 선박 정보에는 [표 8-1]의 정보가 포함되어 있다.

표 8-1 선박

선박명	최초 출항 일자	차기 출항 일자	해체 일자	폐기 일자	선장
Berengaria	June 16, 1913	-	1938	-	Johnson
QEII	May 2, 1969	March 4, 2010	-	-	Warwick
Titanic	April 10, 1912	-	-	April 14, 1912	Smith
Constitution	July 22, 1798	January 12, 2009	-	-	Preble

테이블 정보는 3장에 설명된 방식에 따라 RDF 트리플로 표현할 수 있다. 각 행은 ship:Vessel 유형의 자원에 해당한다. 트리플은 다음과 같이 테이블 본문에 나타나는 정보를 나타낸다.

```
ship:Berengaria ship:maidenVoyage "June 16, 1913" .
ship:QEII ship:nextDeparture "Mar 4, 2010" .
```

ship:Vessel 클래스 외에도 다음과 같이 선박 상태에 해당하는 하위 클래스를 가질 수 있다.

```
ship:DeployedVessel rdfs:subClassOf ship:Vessel .
ship:InServiceVessel rdfs:subClassOf ship:Vessel .
ship:OutOfServiceVessel rdfs:subClassOf ship:Vessel .
```

DeployedVessel은 항해 경험이 있는 선박이고 InServiceVessel는 현재 서비스 중인 선박이며 OutOfServiceVessel은 현재 서비스가 중단된 선박이다(퇴역 선박과 배치되지 않은 선박 포함).

도전과제 8-6 자동 분류 I

[표 8-1]에 있는 정보를 바탕으로 개별 선박을 보다 구체적인 하위 등급으로 자동 분류할 수 있다. 예를 들어 선박이 처음으로 항해한다면 ship:DeployedVessel, 다음 출항이 정해졌으면 ship:InServiceVessel, 해체 날짜나 폐기 날짜가 있으면 ship:OutOfServiceVessel로 정의할 수 있다.

▶ 솔루션

다음과 같이 rdfs:domain을 사용하여 자동 분류를 위한 추론을 수행할 수 있다.

```
ship:maidenVoyage rdfs:domain ship:DeployedVessel .
ship:nextDeparture rdfs:domain ship:InServiceVessel .
ship:decommissionedDate rdfs:domain ship:OutOfServiceVessel .
ship:destructionDate rdfs:domain ship:OutOfServiceVessel .
```

전체 구조는 [그림 8-3]에 있다. Vessel의 세 가지 하위 클래스인 DeployedVessel, InService Vessel, OutOfServiceVessel은 그림에 표시된 것처럼 maidenVoyage, nextDeparture, decommissionedDate, destructionDate 속성 중 하나 이상의 공역을 갖는다. maidenVoyage는 네 가지 모두에 지정되어 있으므로 모두 DeployedVessel로 분류된다. QEII와 Constitution에는 nextDeparture 날짜가 지정되어 있으므로 InServiceVessel로 분류되고, 나머지 두 선박인

Titanic과 Berengaria에는 각각 destructionDate와 decommissionedDate가 지정되어 있으므로 OutOfServiceVessel로 분류된다.

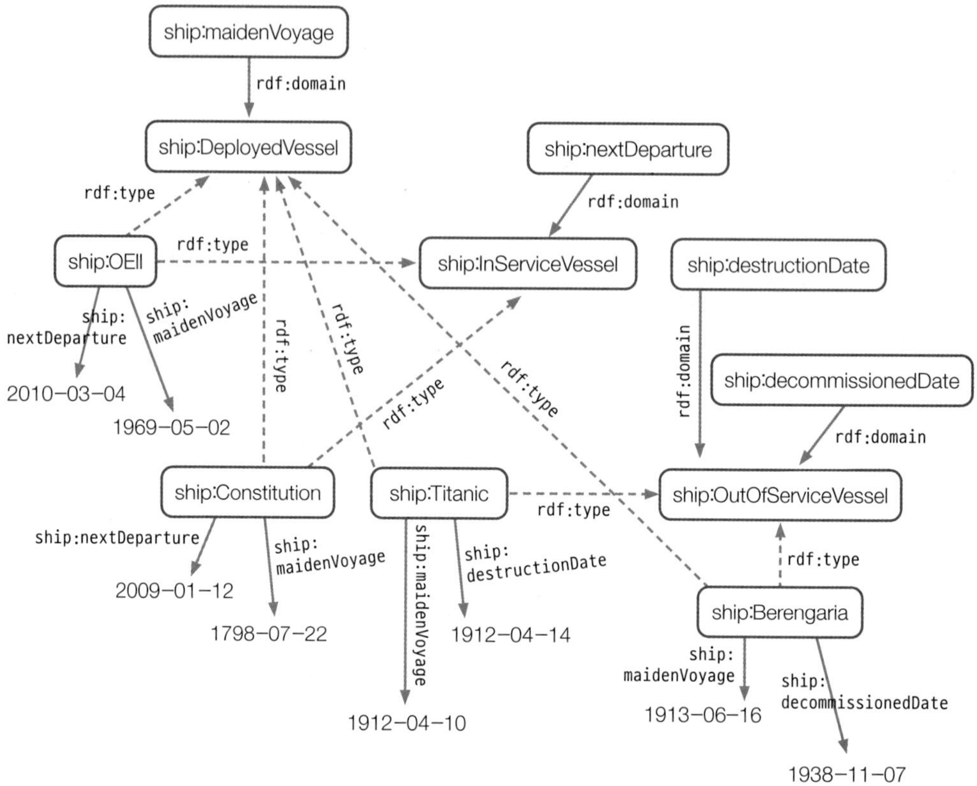

그림 8-3 선박에 대해 알려진 정보를 기반으로 한 선박 등급 추론

도전과제 8-7 자동 분류 II: 참조 기준

모든 추론은 행의 주어, 즉 선박 자체에 대한 것이다. 다른 테이블 셀의 개체에 대한 추론도 가능하다. 배의 지휘관이 선장Captain이라는 사실을 어떻게 표현할 수 있을까?

▶ **솔루션**

등급을 다음과 같이 클래스로 표현한다.

```
ship:Captain rdfs:subClassOf ship:Officer .
ship:Commander rdfs:subClassOf ship:Officer .
ship:LieutenantCommander rdfs:subClassOf ship:Officer .
ship:Lieutenant rdfs:subClassOf ship:Officer .
ship:Ensign rdfs:subClassOf ship:Officer .
```

이제 다음과 같이 선박의 지휘관이 rdfs:range로 Captain 등급을 가지고 있다는 사실을 표현할 수 있다.

```
ship:hasCommander rdfs:range ship:Captain .
```

[표 8-1]의 정보를 통해 Johnson, Warwick, Smith, Preble 모두 ship:Captain 클래스의 원소임을 추론할 수 있다. 이러한 추론과 이를 유도한 트리플은 [그림 8-4]에서 확인할 수 있다.

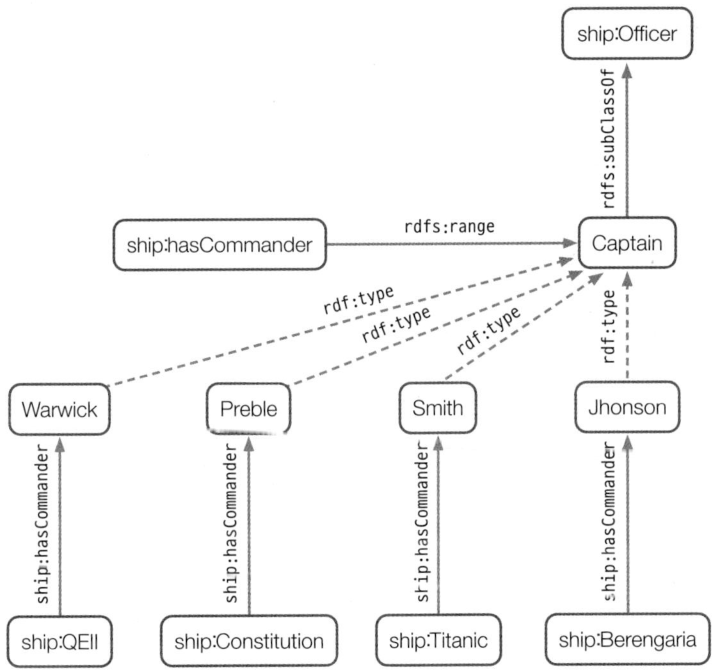

그림 8-4 배의 지휘관이 '선장(Captain)' 등급을 가지고 있다고 추론

정의되지 않은 데이터 필터링

이와 관련된 문제는 정의된 정보를 기반으로 개체를 분류하는 것이다. 특정 값이 정의된 개체 집합은 향후 처리에 사용할 수 있어야 하며, 정의되지 않은 개체 집합은 처리하지 않는다.

도전과제 8-8 정의되지 않은 데이터 필터링

앞의 예에서, nextDepartment가 정의된 선박 집합은 그룹 투어를 계획하는 스케줄링 시스템에서 입력 값으로 사용될 수 있다. 다음 출발을 알 수 없는 선박은 고려하지 않는다.

▶ **솔루션**

rdfs:domain을 사용하여 nextDeparture가 지정된 선박 집합을 쉽게 정의할 수 있다. 먼저 이러한 선박을 원소로 가질 DepartingVessels 클래스를 정의한다. 그런 다음 nextDeparture의 정의역으로 정의한다.

```
ship:DepartingVessel rdf:type rdfs:Class .
ship:nextDeparture rdfs:domain ship:DepartingVessel .
```

[표 8-1]에서 Constitution과 QEII는 ship:DepartingVessels 클래스의 원소로 스케줄링 프로그램에서 사용할 수 있다([그림 8-5] 참조).

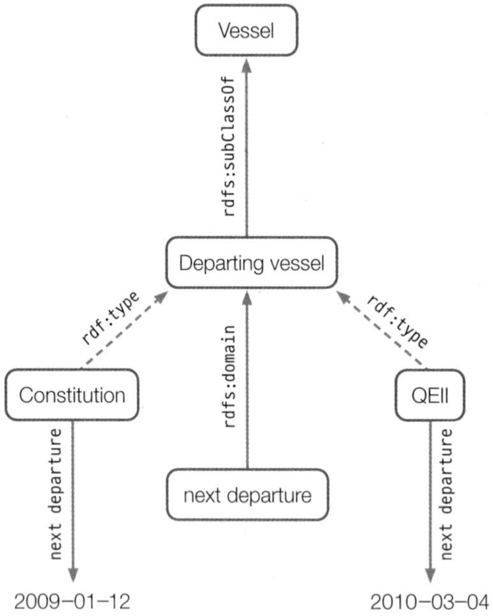

그림 8-5 nextDeparture가 지정된 선박은 DepartingVessels

RDFS와 지식 탐색

rdfs:domain과 rdfs:range를 사용하는 것은 다른 모델링 패러다임에서 유사한 개념을 사용할 때와 큰 차이가 있다. RDFS(및 OWL)의 추론 기반 의미 체계로 인해 정의역과 공역은 정보 유효성 검사에 사용되지 않고(예:OO 모델링과 XML에서와 같이) 이전 정보를 기반으로 새로운 정보를 결정하는 데 사용된다. 방금 rdfs:domain과 rdfs:range의 고유한 측면이 정보 필터링과 분류의 특정 사용을 어떻게 지원하는지 살펴보았다.

초보 설계자에게 이러한 방식은 매우 어렵게 느껴질 뿐 아니라 제대로 사용하기 어려운 것이 사실이다. RDFS, 특히 정의역과 공역을 지식 설명이 아닌 지식 발견 도구로 이해한다면 조금 수월할 수 있다. 시맨틱 웹은 다른 정보원으로부터 얻은 정보를 새로운 맥락에서 해석하는 방법을 제공하지 않는다. 정의역과 공역에 대한 RDFS 정의는 데이터 사용 관점에서 새로운 데이터를 발견하는 데 적용할 수 있다.

RDFS에서 정의역과 공역은 가볍게 사용하지 않고 상황에 맞게 능숙하게 활용해야 한다. RDFS에서 정의역과 공역은 클래스 주변의 여러 속성을 함께 묶는 방법으로 사용해야 한다. 도전과제에 표시된 것과 같은 필터링 결과는 정의역과 공역을 올바르게 사용한 결과다. 정의역과 공역을 올바르게 사용하려면 이러한 결과를 고려해야 한다. 한 단계 더 나아가, 정의역과 공역은 특정 지식 필터링 또는 발견 패턴을 목적으로 한 패턴들 중 하나에 사용될 수 있다. 이러한 방식으로 사용하면(예를 들어 정의역을 사용하여 출발하는 선박을 설명하는 경우) 웹 설정에서도 정의역과 공역의 의미가 적절함을 보장한다.

8.5 정의역과 공역을 사용한 모델링

RDFS는 데이터 병합에 적용하기 용이하고 공리 수가 적어 간단하고 쉽게 구현할 수 있지만, 매우 간단한 모델링 상황에서도 몇 가지 혼란이 발생하곤 한다.

여러 개의 정의역/공역

위의 선박 예제에서 nextDeparture 정의역은 2개다.

```
ship:nextDeparture rdfs:domain DepartingVessel .
ship:nextDeparture rdfs:domain InServiceVessel .
```

두 진술문은 어떻게 해석될까? nextDeparture 정의역은 DepartingVessel인가, InService

Vessel인가? 혹은 2개 모두인가? 이런 종류의 구조는 무엇을 의미하는가?

RDFS에서 진술문 또는 진술문의 집합을 적절하게 이해하는 방법은 추론에서 도출된 내용을 이해하는 것이다. 다음과 같이 QEII를 명시한 트리플을 보자.

```
ship:QEII ship:maidenVoyage "May 2, 1969" .
ship:QEII ship:nextDeparture "Mar 4, 2010" .
ship:QEII shi:hasCommander Warwick .
```

rdfs:domain에 대한 추론 규칙을 통해 다음과 같은 결론을 도출할 수 있다.

```
ship:QEII rdf:type ship:DepartingVessel .
ship:QEII rdf:type ship:InServiceVessel .
```

각각의 결론은 rdfs:domain의 정의에서 개별 정의역 선언으로 도출된다. 이 동작은 "여러 개의 정의역 진술문이 있을 때 어떤 일이 발생하는가?"에 대한 논의 결과는 아니다. rdfs:domain의 정의에 기반한 단순한 논리적 결론이다.

이러한 결과를 어떻게 해석해야 할까? nextDeparture가 지정된 모든 선박은 DepartingVessel과 InServiceVessel 클래스 모두의 원소(즉, rdf:type)로 추론된다. 모든 선박은 정의역 진술문에 지정된 두 클래스의 교집합에 있는 것으로 추론된다. 이러한 추론이 RDFS에서 '올바른' 것임에도 불구하고 많은 사람들이 직관적이지 않다고 생각할 수 있다. OO 모델링에서 속성(필드, 변수, 슬롯)이 클래스와 연관되어 있으면(rdfs:domain에서 수행한 것처럼), 직관적으로는 '이제 이 속성을 사용하여 클래스의 원소를 설명하는 것이 허용된다'라고 생각할 수 있다. 이 같은 2개의 진술이 있을 때, 직관적인 해석은 "클래스 중 하나의 원소와 함께 이 속성을 사용할 수 있다"라는 것이다. 실제로 여러 정의역 선언은 집합 결합의 의미로 해석된다. 이제 이 속성을 사용하여 지정된 두 정의역의 결합에 있는 항목을 설명할 수 있다. 이런 종류의 기대를 가진 사람에게 RDFS의 교집합 동작은 놀라운 일이 될 수 있다.

이러한 상호작용 시, 정보가 다른 정보와 병합될 것이라는 기대를 가지고 정보를 모델링할 때 약간 주의를 기울여야 한다. 회사가 출장 영업 사원 팀을 관리하는 또 다른 모델링 맥락이 있다고 가정해보자. 영업 사원마다 출장 일정이 있다. 이 모델을 정의하는 트리플 중 일부는 다음과 같다.

```
sales:SalesPerson rdfs:subClassOf foaf:Person .
sales:sells rdfs:domain sales:SalesPerson .
sales:sells rdfs:range sales:ProductLine .
sales:nextDeparture rdfs:domain sales:SalesPerson .
```

특정 ProductLine을 담당하는 영업 인력이 있다. 각 영업 사원은 정기적으로 출장을 가기 때문에 특정 영업 사원의 다음 출발 날짜를 추적하는 데 유용하다. 영업 인력 관리를 위한 정보를 원양 정기선의 일정과 병합한다고 가정해보자. 이 병합은 한 모델의 일부 항목을 다른 모델의 항목에 매핑하는 것으로 매우 흥미롭다. 이러한 매핑에서 확실한 후보는 sales:nextDeparture와 ship:nextDeparture다. 둘 다 날짜를 나타내며, 직관적으로 볼 때 무언가 또는 누군가의 다음 출발 날짜를 지정하는 것이다. 따라서 두 모델을 연결하는 간단한 방법은 다음과 같은 상호 subPropertyOf 패턴을 사용하여 두 속성을 연결하는 것이다.

```
sales:nextDeparture rdfs:subPropertyOf ship:nextDeparture .
ship:nextDeparture rdfs:subPropertyOf sales:nextDeparture .
```

여기서 직관적으로 알 수 있는 것은 nextDeparture의 두 가지 용도(하나는 선박용이고 다른 하나는 판매용)가 실제로 동일하다는 것이다.

이 병합으로 어떤 추론이 도출되는지 살펴보자. 영업 인력의 구성원을 설명하는 트리플이 있다고 가정하자.

```
sales:Johannes sales:nextDeparture "May 31, 2008".
```

이미 QEII에 대한 트리플도 가지고 있다.

```
ship:QEII ship:nextDeparture "Mar 4, 2010".
```

이 두 트리플에서 어떤 추론을 도출할 수 있을까? 먼저 rdfs:subPropertyOf 추론을 적용하고, rdfs:domain 추론을 사용한 다음, 마지막으로 foaf:Person과 함께 rdfs:subClassOf 트리플을 사용한다. 추론된 트리플은 다음과 같다.

```
* sales:Johannes ship:nextDeparture "May 31, 2008".
* ship:QEII sales:nextDeparture "Mar 4, 2010".
* sales:Johannes rdf:type ship:DepartingVessel .
* ship:QEII rdf:type sales:SalesPerson .
* ship:QEII rdf:type foaf:Person .
```

이 추론은 진행됨에 따라 더욱 직관적이지 않은 결과를 도출하고, 결국 QEII가 foaf:Person으로 분류되는 것에서 알 수 있듯이 터무니 없는 결과를 만든다. 한편, Monarch(전제군주인 여왕)가 foaf:Person이 될 수 있다는 사실로 인해 아주 잘못된 해석이 나올 수 있다. 즉, 그녀의 이름을 딴 선박과 Monarch를 혼동하여 해석하게 된다. 단언된 트리플과 그로부터 도출될 수 있는 추론은 [그림 8-6]에 있다.

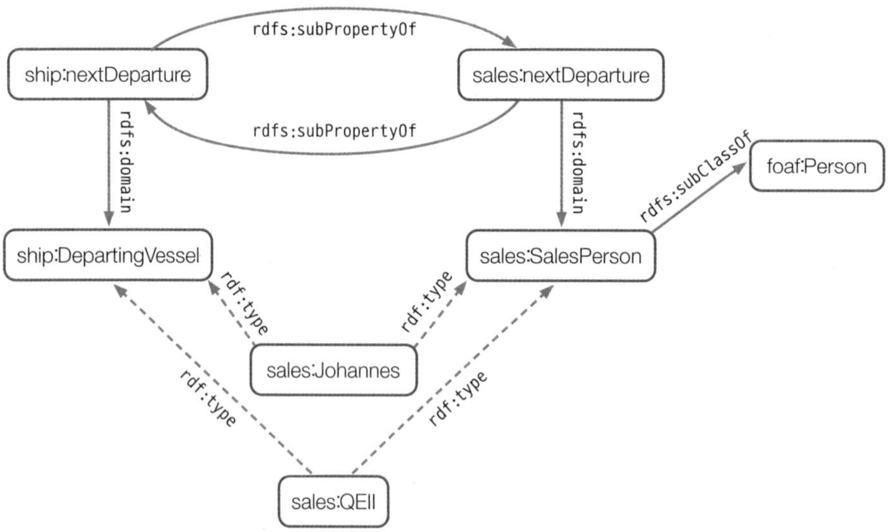

그림 8-6 nextDeparture의 두 가지 개념을 병합하여 얻은 추론

rdfs:domain의 이런 방식은 비판하기 쉽지만, 나쁜 것을 제거하려고 좋은 것마저 제거하는 오류가 발생할 수 있다. 이 예제의 문제는 모델링 오류가 발생했다는 것으로, 두 속성이 아주 가깝게 매핑되어야 한다는 결론에 도달하려다 보니 과도한 충돌이 발생했다. subPropertyOf(또는 다른 RDFS 구문)를 사용하는 결과는 미묘하고 광범위할 수 있다.

sales:nextDeparture와 ship:nextDeparture의 정의역과 공역을 명시할 때, 어떤 개체가 sales:nextDeparture(또는 ship:nextDeparture)로 기술되면 그 개체의 유형은 sales:

SalesPerson(또는 ship:epartingVessel)이 된다. 이 진술은 매우 강력하다. 특히 정의된 속성을 병합할 때 큰 영향을 미치게 된다.

그렇다면 해결책은 무엇일까? 속성 병합을 삼갈 수 있지만, 이것은 시맨틱 웹 방식의 해결책은 아니다. 속성에 대한 강력한 진술을 회피하는 것은 유용한 모델을 만드는 데 도움이 되지 않는다. 이러한 진술을 할 수 없도록 RDFS 표준을 변경할 수 있지만, 약간 극단적인 해결 방법이다. 앞으로 보게 될 OWL은 더 세밀한 속성 정의를 위한 미세한 구성자를 제공한다. 오히려 해결책은 이 예제의 핵심인 모델링 오류의 원인을 이해하는 데 있다. 의미에 중요한 차이가 있는 nextDeparture의 두 가지 개념과 같은 것은 병합하지 않아야 한다.

이 장에 표시된 RDFS의 관용구와 패턴을 사용하여 통합 동기에 따라 더 많은 일을 할 수 있다. 특히, 여전히 두 속성을 통합할 수 있지만 동등성에 대한 강력한 진술을 하지 않아도 된다.

예를 들어 nextDeparture의 두 가지 개념을 통합하여 영업 인력과 원양 정기선의 모든 날짜를 표시하는 달력 애플리케이션을 만든다면, (속성 결합 패턴에서 했듯이) 원하는 속성은 하나일 것이다. 한 도메인에서 다른 도메인으로 속성을 매핑하지 않고, 두 속성을 표현하기 위해 다음과 같이 제3의 도메인 중립적 속성을 선언하는 것이 바람직하다.

```
ship:nextDeparture rdfs:subPropertyOf cal:nextDeparture .
sales:nextDeparture rdfs:subPropertyOf cal:nextDeparture .
```

융합 속성 cal:nextDeparture에는 도메인 정보가 필요 없다. 설명하는 데 사용되는 개체 유형에 대해 (추가) 추론을 할 필요가 없으며, 다음과 같은 추론이 가능하다.

```
* sales:Johannes cal:nextDeparture "May 31, 2008" .
* ship:QEII cal:nextDeparture "Mar 4, 2010" .
```

cal:nextDeparture 속성으로 정렬된 단일 달력 표시에는 두 날짜가 표현되지만, 더 이상 추론할 수 없다. QEII를 영업 사원으로 간주하거나 요하네스를 범선으로 간주하는 추론을 하지 않을 것이다.

RDFS의 이러한 동작은 정의된 방식이 특이한 게 아니다. 이 동작은 시맨틱 웹에서 분산된 데이터를 나타내고 분산된 메타데이터를 포함한다는 사실의 직접적인 결과다. 각 이해 관계자는 ship:nextDeparture와 sales:nextDeparture에 대해 몇 가지 정보를 표현하고 결론을 이끌어낼 수 있다. 그러나 속성을 결합할 때(서로의 하위 속성이라고 주장했을 때), 두 정의를 함께 받아들여야 한다. 이런 방식은 RDF 디자인의 임의적인 결정이 아니라 단순히 각 기여자의 진술을 동등하게 취급하는 결과일 뿐이다. Sales과 Ship 도메인 모델을 서로 신뢰하고 매핑하려면 도메인은 명시된 도메인의 교집합이어야 한다. 이러한 상황을 해결할 때(예를 들어, 이러한 두 속성을 모두 포함하는 새로운 속성인 cal:nextDeparture 를 만들어서) 둘 사이의 관계를 구체적으로 지정한다. 두 데이터 정보원을 함께 사용하려면 반드시 정의해야 한다.

이것이 시맨틱 웹에서 모델링하는 기술이다. 2개 이상의 데이터 세트(또는 메타데이터 세트)가 어떻게 관련되어 있는지 구체적이면서도 충분하고 자세하게 설명하였다. RDFS와 OWL과 같은 언어의 추론 모델은 이러한 종류의 모델을 구축하는 데 필요한 정밀한 방법을 제공한다.

8.6 RDFS의 비모델링 속성

지금까지 설명한 속성 외에도 RDFS는 정의된 추론 의미 체계가 없고 파생되는 추론이 없는 속성도 제공한다. rdfs:label에서 추론이 생성되지 않으므로 의미는 존재하지 않는다. 그럼에도 불구하고 프레젠테이션 에이전트가 모델과 상호작용하는 방식을 설명한다는 점에서 관례적으로 의미가 있다.

상호 참조 파일: rdfs:seeAlso

시맨틱 웹 모델의 모든 자원은 역참조되고 URL Uniform Resource Locator로 사용될 수도 있는 URI로 지정된다. 이 URL이 실제 문서로 확인되는 경우 자원에 대한 정의 정보를 저장할 수 있는 위치를 제공한다.

일부 컨텍스트에서는 특정 컨텍스트에서 사용할 수 있도록 자원에 대한 일부 추가 정보를 포함하는 것이 유용하다. 이는 일반적으로 개체를 설명하는 데 도움이 될 수 있는 다른 문서를 의미한다. 예를 들어 위키피디아 항목에 대한 참조 또는 관련 데이터에 대한 참조를 포함할 수 있다(예: 자원이 데이터베이스의 테이블에 해당하는 경우 추가 정보는 동일한 데이터베이스의 다른 테이블이거나 링크된 정보를 포함하는 다른 RDF 또는 RDFS 파일일 수도 있음). 이 경우 rdfs:seeAlso는 추가 정보의 웹 위치를 지정하는 방법을 제공한다(즉, 사람이 읽을 수 있는 속성이 아닌 URI). rdfs:seeAlso에는 공식적인 의미가 없으므로 rdfs:seeAlso에 대한 프로세서의 정확한 동작이 지정되지 않았다. rdfs:seeAlso 링크에 대한 일반적인 동작은 RDFS 문서가 사용되는 브라우저 또는 응용 프로그램 인터페이스에서 해당 링크를 노출하는 것이다.

어휘 구성: rdfs:isDefinedBy

rdfs:seeAlso가 자원에 대한 추가 정보를 제공할 수 있는 것처럼 rdfs:isDefinedBy는 자원에 대한 기본 정보의 출처에 대한 링크를 제공한다. 이를 통해 모델러는 자원에 대한 정의적 설명을 찾을 수 있는 위치를 지정할 수 있다. rdfs:isDefinedBy는 rdfs:seeAlso의 rdfs:subPropertyOf로 RDF에 정의되어 있다.

모델 문서: rdfs:comment

다른 컴퓨터 언어(모델링 언어, 마크 업 언어, 프로그래밍 언어)들처럼 문서 작성자가 독자들을 위해 모델에 대한 자연어 주석을 남긴다면 도움이 될 수 있다. RDFS는 RDF에서 구현되므로 주석 기능도 RDF에서 구현된다. 모델의 일부에 대한 의견을 남기려면 rdfs:comment 속성을 사용하여 트리플을 기술할 수 있다. 다음과 같이 데이터, 애플리케이션, 인터페이스의 국제화를 지원하는 데 사용되는 자연어를 나타내는 것도 좋은 방법이다.

```
sales:nextDeparture rdfs:comment
   "This indicates the next planned departure date for a salesperson."@en,
   "Ceci indique la prochaine date de départ prévue pour un vendeur."@fr .
```

8.7 이 장을 마치며

RDFS는 RDF의 스키마 언어로, 객체의 유형Classes을 위한 구성자, 유형 사이의 관련subClasses, 객체를 기술하는 속성Properties, 객체 간의 관계subProperty를 기술한다. RDFS의 클래스 시스템은 집합 포함을 기반으로 단순하고 우아한 상속 개념을 포함한다. 한 클래스가 다른 클래스의 하위 클래스라는 것은 한 클래스의 인스턴스도 다른 클래스의 인스턴스임을 의미한다.

RDFS 언어는 RDF 자체로 표현되어 RDF의 분산적인 특성과 RDF에 있는 모든 도구의 장점을 얻는다. 모든 스키마 정보(클래스, 하위 클래스, 하위 속성, 도메인, 범위 등)는 RDF 트리플로 표현된다. 특히, RDFS는 AAA 슬로건의 적용을 받는 스키마 정보뿐만 아니라 데이터도 만든다. 누구든지 스키마에 대해 어떤 주제든 말할 수 있다.

RDFS의 의미론은 추론 메커니즘을 통해 표현된다. 즉, RDFS에 있는 모든 구성자의 의미는 추론될 수 있는 추론 기능에 의해 제공된다. 예를 들어, 하위 클래스와 하위 속성의 짧고 우아한 정의를 허용하는 의미 체계를 지정하는 것은 간단하지만 강력한 메커니즘이다.

RDFS에는 속성과 클래스 간의 관계를 설명하는 rdfs:domain과 rdfs:range 구문이 포함되어 있다. 이러한 구성자의 의미는 매우 간단한 규칙으로 제공되지만 이 규칙은 미묘하고 광범위하게 영향을 미친다. 규칙은 간단할 수 있지만 진술은 강력하다.

RDFS는 구성자 집합이 많지 않고 규칙도 간단하지만 다양한 통합 문제를 해결할 수 있도록 지원한다. 구조화된 데이터 집합에서 전역 찾기와 바꾸기를 수행할 때 rdfs:subPropertyOf 또는 rdfs:subClassOf를 대신 사용하는 것이 좋다. 중요한 차이점이 없는 여러 정보원의 개체만 병합해야 한다고 말하는 것은 사소해 보일 수 있다. RDFS의 추론 메커니즘을 사용하여 사물을 통합할 때 어떤 일이 발생하는지 판단하고 결과가 바람직한지 위험한지 판단할 수 있다. RDFS는 합집합과 교집합 같은 논리적 기본 요소를 제공하지 않지만 subClassOf와 subPropertyOf의 특정 패턴을 사용하여 원하는 추론을 달성할 수 있다. RDFS는 정보가 흐를 수 있는 프레임워크를 제공한다. subClassOf와 subPropertyOf를 의미론적 모델링의 IF/THEN 기능으로 생각할 수 있다. 이 유틸리티는 OWL의 모델링에서도 지속된다. 실제로 이러한 방식으로 subClassOf를 사용하면 OWL 모델링의 초석이 된다.

신중하게 조합하여 사용할 때 RDFS의 구성자는 서로 다른 구조의 정보를 균일한 방식으로 함께 사용할 수 있는 방법을 정의하는 데 특히 효과적이다.

주요 개념

- **rdfs:subClassOf** – 한 클래스의 멤버가 다른 클래스의 멤버에 포함되는 클래스 간의 관계다.
- **rdfs:subPropertyOf** – 한 속성과 관련된 쌍이 다른 속성에 포함되는 속성 간의 관계다.
- **rdfs:domain과 rdfs:range** – 해당 속성과 관련된 개체의 클래스 원소 자격을 결정하는 속성에 대한 설명이다.
- **RDFS의 논리적 작업(Union, Intersection 등)** – RDFS 구성을 사용하여 집합과 속성의 특정 논리적 조합을 시뮬레이션할 수 있다.

CHAPTER 9

RDFS-Plus

RDFS[Resource Description Framework Schema]는 시맨틱 웹 환경에서 여러 출처의 정보를 통합하는 데 상당히 유용하고 매우 제한된 추론 기능을 제공한다. 이 장에서는 더 정교한 제약조건으로 정보를 통합할 수 있는 OWL[Web Ontology Language]을 살펴본다. 한편, 다음과 같은 목표를 달성하기 위해 특정 OWL 구성자 집합을 소개한다.

- 교육학적 관점에서, OWL 구성자는 RDFS의 구성자에 무리 없이 추가되어 개념적인 도약 없이 언어 능력을 증가시킨다.
- 실제 OWL 구성자는 다수의 정보 통합 프로젝트에서 상당히 유용하다. RDFS를 단독으로 사용하는 사례보다 RDFS와 OWL 구성자 집합을 사용하는 사례 연구를 찾고 설명하는 것이 훨씬 수월하다.
- 수리적 관점에서, OWL의 하위 집합은 다양한 추론 기술을 사용하여 구현될 수 있으며 시맨틱 웹과 특정 기술 간의 의존성을 줄일 수 있다.

이런 목적에서 특정 부분집합은 이 책의 교육학적 가치 이상의 의미를 갖는다. 이 부분집합을 OWL RDFS-Plus라고 부를 것이다. 시맨틱 웹 도구 개발 업체와 웹 애플리케이션 설계자는 유용하고 신속하게 구현할 수 있는 OWL의 부분집합을 스스로 결정하는 경향이 있다. 도구 공급 업체들의 비공식 설문조사와 시맨틱 웹 기술을 조기에 채택한 사람들의 경험을 통해 부분집합을 도출했다. RDFS와 마찬가지로 RDFS-Plus는 모두 RDF로 표현된다. 유일한 차이점은 네임스페이스 owl:에 많은 자원이 있다는 것이다.

특정 부분집합의 의미는 이전과 마찬가지로 자원에서 만들 수 있는 추론을 제어하는 규칙에 의해 지정된다. RDFS와 같이, SPARQL CONSTRUCT 질의를 사용하여 추론을 제어하는 규칙을 지정한다. RDFS에서 추론 엔진의 동작이 스키마 언어의 다양한 기능을 새로운 방식으로 결합하는 방법을 살펴보았다. 이러한 방식은 RDFS-Plus에도 적용되며, 짐작하겠지만 더 많은 구성자는 새로운 조합을 만드는 기회를 제공한다.

9.1 역(Inverse)

OWL 구성자에 해당하는 수많은 이름은 수학 용어에서 나온다. 수학적 용어지만 OWL 구성자의 해석은 더 일반적이고 일상적이다. owl:inverseOf 속성이 좋은 예다. 모델에서 어떤 관계(예: hasParent)가 충분히 흥미롭다면 다른 관계(예: hasChild)도 흥미로울 것이다. hasParent와 hasChild라는 이름에서 두 속성의 관계를 추측할 수 있다. 물론, 컴퓨터는 추측할 수 없다. OWL 구성자 owl:inverseOf는 hasParent와 hasChild 간의 관계를 명시적으로 표현하고, 두 속성 간의 의미 관계를 정확하게 기술한다.

수학에서 함수 f의 역함수(일반적으로 f^{-1}로 표기됨)는 $f(x) = y$이면 $f^{-1}(y) = x$라는 속성을 충족하는 함수다. 마찬가지로 OWL에서 속성의 역은 방향을 바꾸는 또 다른 속성이다. 의미적인 반대opposite와 혼동해서는 안 된다. 즉, 모델에서 두 가지 속성 hasFriend와 hasEnemy는 '반대'로 간주될 수 있다. 용어의 정의에 따라 친구는 적이 될 수 없고 적은 친구가 될 수 없다. 그러나 두 속성은 반대로 간주될 수 있지만, 실제로 수학적 역관계는 아니다. 즉, 내가 당신의 친구라면 당신은 나의 적이라는 것을 의미하지 않는다. OWL에는 속성 간에 다른 종류의 관계를 공식적으로 나타내는 방법이 없다.

owl:inverseOf의 의미를 구체적으로 살펴보자. OWL에서 RDFS와 같이 모든 구성자의 의미는 도출될 수 있는 추론에 의해 제공된다. SPARQL에서 owl:inverseOf에 대한 규칙을 다음과 같이 표현할 수 있다.

```
CONSTRUCT {?y ?q ?x}
WHERE {?p owl:inverseOf ?q .
       ?x ?p ?y . }
```

앞에서 소개한 예들에 이미 역에 대한 많은 가능성이 포함되어 있다. 셰익스피어의 예는 다음과 같은 트리플로 표현된다.

```
lit:Shakespeare lit:wrote lit:Macbeth .
lit:Macbeth lit:setIn geo:Scotland .
```

일부 속성의 역관계를 명시할 수 있다.

```
lit:wrote owl:inverseOf lit:writtenBy .
lit:settingFor owl:inverseOf lit:setIn .
```

그렇다면, 다음 추론이 가능해진다.

```
lit:Macbeth lit:writtenBy lit:Shakespeare .
geo:Scotland lit:settingFor lit:Macbeth .
```

owl:inverseOf의 의미를 설명하기는 어렵지 않다. 모델링 언어에서 owl:inverseOf의 효과는 질의를 다르게 작성하여 결과를 쉽게 얻을 수 있게 한다. 예를 들어 스코틀랜드에서 공연된(setIn) 모든 연극을 알고 싶다면 다음과 같은 질의 패턴에서 역속성인 settingFor를 사용할 수 있다.

```
{ geo:Scotland lit:settingfor ?play . }
```

inverse 속성의 의미 때문에 스코틀랜드에서 공연된 모든 연극이 제공된다. 그러나 역속성을 사용하지 않고, 질의를 간단히 작성할 수도 있다.

```
{ ?play lit:setIn geo:Scotland . }
```

동일한 답을 얻을 수 있고 모델링 언어에 추가 구성자가 필요하지도 않다. 그렇다 해도 owl:inverseOf는 다른 모델링 구성자와 상호작용하는 방식에 따라 모델링에 상당한 유용성을 제공한다. 다음 도전과제에서는 역을 사용하여 이전 과제를 확장하는 방법을 소개한다.

도전과제 9-1 [도전과제 6-1]에서 계속: SPARQL을 사용한 계층적 데이터 변환

6장에서는 SPARQL을 사용하여 계층적 데이터를 변환하는 문제를 확인했다. 원본 데이터는 hasSon, hasMother, hasDaughter, hasFather와 같은 다양한 속성을 사용하여 표현되었다. 예를 들어, 도전과제에 대한 응답은 hasMother를 hasParent로 변환하는 일련의 SPARQL 쿼리가 포함되었다. 변환을 수행한 질의는 모두 매우 유사한 형식을 갖고 있다.

```
CONSTRUCT {?s :hasParent ?o}
WHERE {?s :hasMother ?o}
```

이 질의는 RDFS로 변환해서 나타낼 수 있다. 이 질의는 "트리플이 hasMother를 사용할 때마다 hasParent를 사용하여 유사한 트리플을 추론한다"라는 의미다. 이때, 두 속성을 subPropertyOf와 함께 연결하여 RDFS에서 표현할 수 있다 .

```
:hasMother rdfs:subPropertyOf :hasParent .
```

이 진술문을 subPropertyOf의 정의와 결합하면 동일한 결론을 얻을 수 있다. hasMother를 사용하는 모든 트리플에서 hasParent를 사용하여 유사한 트리플을 추론할 수 있다.

일부 질의는 이 패턴이 약간 변형된 형태다. 예를 들어 hasSon을 사용할 때 다음과 같이 수정할 수 있다.

```
CONSTRUCT {?s :hasParent ?o}
WHERE {?o :hasSon ?s}
```

주어와 목적어의 순서가 바뀌었으므로 subPropertyOf 관계만으로 이 질의의 의미를 파악할 수 없다. 즉, RDFS만으로는 이 관계를 모델링할 수 없다. 그러나 inverseOf를 추가하면, hasSon과 반대되는 isSonOf 속성을 추가하여 해결할 수 있다.

```
:isSonOf owl:inverseOf :hasSon .
:isSonOf rdfs:subPropertyOf :hasParent .
```

RDFS의 subPropertyOf 정의와 OWL의 inverseOf 정의를 사용하여 SPARQL 질의에서 했던 것과 동일한 결과를 얻는다. hasSon을 사용하는 각 트리플에서 적절한 주어와 목적어와 함께 hasParent를 사용하여 새 트리플을 추론할 수 있다.

RDFS-Plus에서 inverseOf 관계를 나타내면 속성 간의 모든 관계가 단일 모델로 표현되고 시각적으로 표시될 수 있다. 아들, 딸, 부모 등의 모든 변형을 정의하면 [그림 9-1]과 같이 하나의 다이어그램으로 나타낼 수 있다.

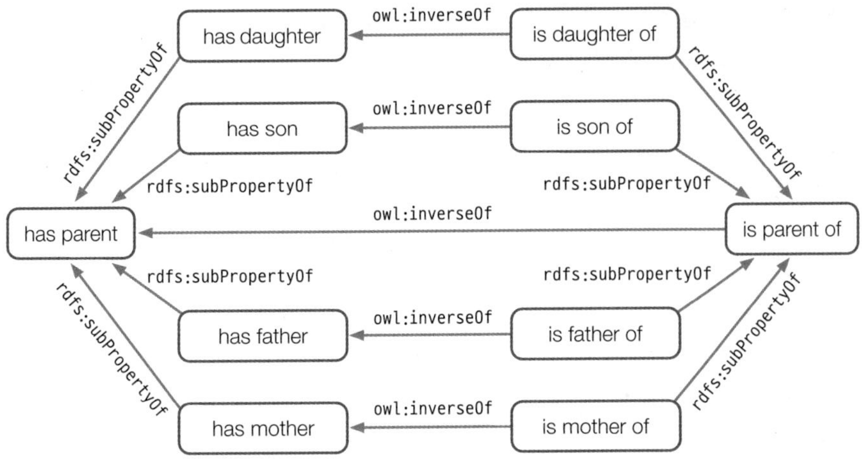

그림 9-1 가족 관계 표시와 연결 방식: 그림에서는 inverseOf 관계가 아닌 subPropertyOf 관계만 제시

이런 방식은 RDFS-Plus에서 상당히 일반적인 모델링 패턴으로, 속성 계층 구조가 지정되고 그에 상응하는 역의 계층 구조가 지정된다.

통합을 원하지 않는 데이터 통합

[예제 8-5]에는 두 가지 속성(borrows와 checkedOut)이 있다. 두 가지 속성은 rdfs:subPropertyOf를 동일한 부모 속성인 hasPossession으로 만들어서 단일 속성으로 결합할 수 있다. 다행스럽게도 두 데이터 정보원이 주어로 Patron, 목적어로 Book에 연결되어 있다(즉, 정의역과 공역이 같음). 이제 두 번째 출처가 책의 색인이고 각각의 책에 대해 서명된signedTo 후원자Patron를 지정하는 필드가 있다고 가정하자(즉, 정의역과 공역이 반전됨).

도전과제 9-2 역속성 통합

signedTo와 borrows가 정의역과 공역을 공유하지 않는다는 것을 고려할 때, borrows와 checkedOut을 통합하는 방법과 유사한 방식으로 signedTo와 borrows를 통합할 수 있을까?

▶ **솔루션**

통합을 위해 owl:inverseOf를 사용하여 정의역과 공역이 일치하는 2개의 특성을 지정한다. 다음과 같이 새로운 속성(예: signedOut)을 signedTo의 역으로 정의한다.

```
:signedTo owl:inverseOf :signedOut .
```

이제 원래의 속성 합집합Property Union 패턴을 사용하여 signedOut과 borrows를 단일 has Possession 속성으로 통합할 수 있다.

```
:signedOut rdfs:subPropertyOf :hasPossession .
:borrows rdfs:subPropertyOf :hasPossession .
```

따라서 borrows로 표현된 데이터와 함께 signedTo를 사용하여 표현된 일부 데이터가 있다면, 다음과 같이 표현할 수 있다.

```
:Amit :borrows :MobyDick .
:Marie :borrows :Orlando .
:LeavesOfGrass :signedTo :Jim .
:WutheringHeights :signedTo :Yoshi .
```

그런 다음 inverseOf 규칙을 사용하여 추가 트리플을 추론할 수 있다.

```
* :Jim :signedOut :LeavesOfGrass .
* :Yoshi :signedOut :WutheringHeights .
```

한편, subPropertyOf를 사용하면 다음과 같다.

```
* :Amit :hasPossession :MobyDick .
* :Marie :hasPossession :Orlando .
* :Jim :hasPossession :LeavesOfGrass .
* :Yoshi :hasPossession :WutheringHeights .
```

▶ 솔루션 **대안**

이 솔루션에는 특정한 비대칭성이 있다. hasPossession이 아닌 signedTo에 대해 역을 지정하는 선택은 다소 임의적이다. owl:inverseOf와 rdfs:subPropertyOf를 사용하면 첫 번째와 마찬가지로 실행 가능한 다른 솔루션을 만들 수 있다.

```
:signedTo rdfs:subPropertyOf :possessedBy .
:borrows rdfs:subPropertyOf :hasPossession .
:possessedBy owl:inverseOf :hasPossession .
```

이 진술문은 owl:inverseOf와 rdfs:subPropertyOf에 대해 동일한 규칙을 사용하지만, 다른 순서가 사용되므로, 동일한 hasPossession 트리플이 생성된다. 상황에 따라 적절한 솔루션이 있고, 솔루션을 선택하는 기준을 검토할 필요가 있다.

hasPossession에 대한 추론 여부를 확인하기 위해 특정 솔루션이 선호될 이유는 없다. 그러나 시맨틱 웹의 모델링은 추론과 함께 재사용도 지원한다. 모델은 조금 다른 방식으로 사용할 수 있다. 다른 질의에서 hasPossession보다 owneredBy로 재사용될 가능성이 높을 수 있고, 두 속성이 다른 속성과 결합될 수 있다. 이런 이유로 inverseOf와 subPropertyOf를 체계적으로 사용하여 두 솔루션을 함께 사용하는 것을 선택할 수 있다. 즉, subPropertyOf 수준에 관계없이 모든 속성에 대해 역을 지정할 수 있다.

```
:signedTo owl:inverseOf :signedOut .
:signedTo rdfs:subPropertyOf :possessedBy .
:signedOut rdfs:subPropertyOf :hasPossession .
:lentTo owl:inverseOf :borrows .
:lentTo rdfs:subPropertyOf :possessedBy .
:borrows rdfs:subPropertyOf :hasPossession .
:possessedBy owl:inverseOf :hasPossession .
```

이 구조의 체계성은 [그림 9-2]에서 더 쉽게 파악할 수 있다. 세심한 독자라면 [그림 9-2]의 체계성에 의문이 생길 것이다. 어떤 속성이 owl:inverseOf의 주어이고 어떤 속성이 목적어인지(다이어그램의 왼쪽 또는 오른쪽에 있는 속성) 선택하는 것은 임의적이다. 오른쪽에서 왼쪽을 가리키는 3개의 owl:inverseOf 트리플이 더 있어야 하지 않을까? 다음 도전과제에서 보겠지만, 존재해야 되는 모든 트리플을 명시할 필요는 없다.

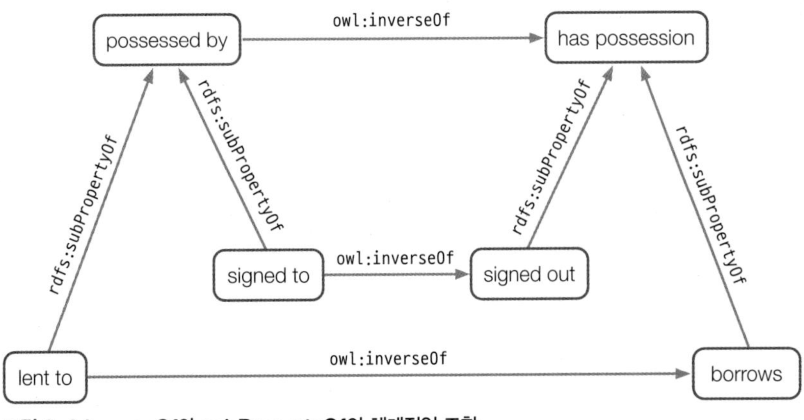

그림 9-2 inverseOf와 subPropertyOf의 체계적인 조합

모델링 언어를 사용하여 모델링 언어 확장하기

초보 모델러는 직접 사용하고 싶은 어휘가 OWL에 정의된 구성자 목록에서 왜 제외되었는지 궁금할 수 있다. 일반적으로 추가하고 싶은 언어 기능은 다른 구성자의 조합으로 OWL에서 지원되고, 구성자를 조합하여 사용하는 것은 간단하다.

도전과제 9-3 슈퍼 클래스

레거시 데이터의 구조로 인해 RDFS에서 어떤 클래스는 다른 클래스의 subClassOf로 지정해야 할 수 있다. 조금 다르게 해당 클래스를 superClassOf로 정의할 수도 있다. 즉, 부모 클래스가 정의된 모든 클래스의 주어가 될 수 있다. 이런 관계를 표현하기 위해 고유한 네임스페이스 myowl:을 선언하고, 다음과 같이 트리플을 기술할 수 있다.

```
:Food myowl:superClassOf :BakedGood ;
      myowl:superClassOf :Confectionary ;
      myowl:superClassOf :PackagedFood ;
      myowl:superClassOf :PreparedFood ;
      myowl:superClassOf :ProcessedFood .
```

rdfs:subClassOf를 사용하면 모든 트리플의 방향은 반대가 된다. 음식[Food]은 각 트리플의 목적어가 되고, 음식 유형이 주어가 된다. 그러나 OWL은 superClassOf를 제공하지 않는다. 더 정확하게 말해 OWL은 superClassOf 자원에 대한 의미를 제공하는 추론 규칙을 정의하지 않는다. 그렇다면 어떻게 해야 할까?

▶ **솔루션**

예제의 모든 트리플에서 myowl:superClassOf는 어떤 의미일까?

```
?P myowl:superClassOf ?Q.
```

다음 트리플에서 ?Q는 ?P의 하위클래스 관계를 추론하려고 한다.

```
* ?Q rdfs:subClassOf ?P.
```

이 추론은 역 관계를 선언하여 수행할 수 있다.

```
myowl:superClassOf owl:inverseOf rdfs:subClassOf .
```

owl:inverseOf 규칙을 적용하여 원하는 결과를 얻을 수 있다. 그러나 이 방식은 대다수 초보 모델러가 생각하는 해결안은 아니다. 일반적인 모델러에게는 OWL 언어의 의미를 수정하거나 OWL과 RDFS의 자원에 대해 설명을 작성할 권리가 없다. RDF의 AAA 슬로건을 기억하자. 누구나 모든 주제에 대해 무엇이든 말할 수 있다. 특히 모델러는 표준에 정의된 자원을 사용할 수 있다.

다음과 같이 모델러가 원하는 슬로건을 반영할 수 있다.

```
rdfs:subClassOf owl:inverseOf rdfs:superClassOf .
```

주어가 표준 RDFS 네임스페이스의 자원이라는 점에서 이전 트리플과 차이가 있다. AAA 슬로건에 따라, 모델러는 표준을 수정할 수 있지만 실제로 표준에서 이를 제한할 수 있는 방법은 없다. 그러나 이런 방식은 문제가 된다. 5장에서 보았듯이 일반적으로 자원에 대해 자세히 살펴보기 위해 HTTP URI Uniform Resource Identifier를 역참조할 수 있다. W3C World Wide Web Consortium만 RDFS 네임스페이스의 웹 서버에 새 콘텐츠를 추가할 수 있기 때문에 rdfs:superClassOf를 역참조하려고 하면 정보가 반환되지 않는다. 이 방식의 또 다른 문제는 RDFS 네임스페이스의 자원에 대한 참조가 이 자원이 RDFS 표준의 일부임을 모델러에게 제안한다는 것이다. 모델의 목적은 다른 사람과 의사소통하는 것이므로 일반적으로 오해의 소지가 있는 진술은 하지 않는 것이 좋다. AAA 슬로건은 언론의 자유에 빗댈 수 있다. 어떤 말을 할 수 있다고 해서 반드시 말해야 한다는 의미는 아니다.

질의의 대칭 속성

단일 트리플로 표현된 셰익스피어의 결혼 모델을 생각해보자.

```
bio:AnneHathaway bio:married lit:Shakespeare .
```

SPARQL 질의는 다음과 같다.

```
SELECT ?who
WHERE {?lit:Shakespeare bio:married ?who }
```

이 질의에 응답을 얻지는 못할 것이다. 직관적으로 결혼은 양방향이라고 이해할 수 있지만, 적어도 단일 트리플에 기술된 모델에서 셰익스피어는 누구와도 결혼하지 않았다. 결혼이 모델에서 어떻게 표현되는지 살펴보자.

도전과제 9-4 셰익스피어의 결혼

단언된 진술의 반대 방향으로 결혼을 추론할 수 있을까?

▶ **솔루션**

단순히 bio:married를 스스로의 역으로 선언하면 간단히 해결할 수 있다.

```
bio:married owl:inverseOf bio:married .
```

이제 bio:married를 사용하는 트리플은 자동으로 다른 방향으로 추론이 가능하다. 특히 다음과 같이 트리플을 기술하면,

```
bio:AnneHathaway bio:married lit:Shakespeare .
```

셰익스피어의 결혼에 대해 추론할 수 있다.

```
* lit:Shakespeare bio:married bio:AnneHathaway .
```

이 공통 패턴은 다음 주제인 대칭 속성으로 이어진다.

대칭 속성

owl:inverseOf는 한 속성을 다른 속성과 관련시킨다. 두 속성이 동일하면(셰익스피어 예제에서 bio:married의 경우와 같음) OWL이 제공하는 owl:SymmetricProperty 속성으로 정의할 수 있다. 2개의 다른 속성을 관련시키는 속성인 owl:inverseOf와 달리 owl:SymmetricProperty는 하나의 속성을 기술하며, OWL의 클래스로 표현된다. 어떤 클래스의 포함 관계를 표현하는 방식과 동일하게 속성이 대칭임을 표현한다.

```
:P a owl:SymmetricProperty .
```

SPARQL에서 이 진술문의 의미를 다음과 같이 표현한다.

```
CONSTRUCT {?p owl:inverseOf ?p. }
WHERE {?p a owl:SymmetricProperty . }
```

셰익스피어의 결혼은 다음과 같이 간단하게 표현할 수 있다.

```
bio:married a owl:SymmetricProperty .
```

OWL을 사용한 OWL 확장

OWL 모델링 언어의 기능을 설명하며 동시에 앞에서 소개한 구성자에 대해 자세히 살펴보게 될 것이다. [그림 9-2]에서 보았듯이, 이런 방법은 OWL 언어의 표현을 간소화하게 한다. 여기서 모든 역은 한 방향으로 표현되었지만 [그림 9-3]에서와 같이 실제로는 두 방향으로 표시되어야 한다.

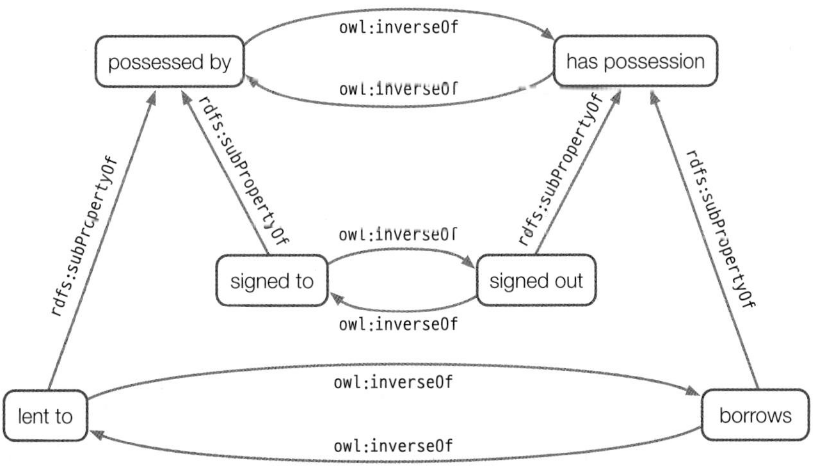

그림 9-3 inverseOf와 subPropertyOf의 체계적인 조합: 단방향 역인 [그림 9-2]와 대조해보자.

다음 트리플은 왼쪽에서 오른쪽으로 기술하고 있다.

```
:possessedBy owl:inverseOf :hasPossession .
:signedTo owl:inverseOf :signedOut .
:lentTo owl:inverseOf :borrows .
```

그러나 다음과 같이 기술하면, 오른쪽에서 왼쪽으로 트리플을 추론할 수 있다.

```
:hasPossession owl:inverseOf :possessedBy .
:signedOut owl:inverseOf :signedTo .
:borrows owl:inverseOf :lentTo .
```

도전과제 9-5 자기 역(self-inverses) 모델링

이 트리플을 기술하지 않고 어떻게 추론할 수 있을까?

▶ **솔루션**

owl:inverseOf가 양방향으로 작동하려면 owl:inverseOf가 자신의 역임을 단언해야 한다.

```
owl:inverseOf owl:inverseOf owl:inverseOf .
```

owl:inverseOf는 그 자체의 역 관계로 정의할 수 있다. 이제 이 관계를 더 읽기 쉽고 이해하기 쉬운 방식으로 나타낼 수 있는데, 바로 대칭을 사용하는 것이다.

```
owl:inverseOf a owl:SymmetricProperty .
```

두 경우 모두 [그림 9-3]에 대해 원하는 추론을 얻을 수 있다. 여기서 역은 양방향을 가리킨다. 또한 양방향의 모든 추론이 항상 발견된다는 것을 의미한다.

추이성(Transivity)

수학에서 $R(a, b)$와 $R(b, c)$이면 $R(a, c)$를 암시하고, 이때 관계 R을 '추이적'이라고 한다. OWL 구성자인 owl:TransitiveProperty에도 같은 개념이 적용된다. owl:SymmetricProperty와 같이, owl:TransitiveProperty는 속성의 클래스이므로 속성은 클래스의 원소가 된다.

```
:P a owl:TransitiveProperty .
```

이 트리플의 의미는 조금 더 정교한 규칙에 의해 정의된다.

```
CONSTRUCT {?x ?p ?z .}
WHERE {?x ?p ?y .
       ?y ?p ?z .
       ?p a owl:TransitiveProperty . }
```

다음과 같이 더 정교한 규칙은 필요 없다.

```
CONSTRUCT {?a ?p ?d .}
WHERE {?a ?p ?b .
       ?b ?p ?c .
       ?c ?p ?d . }
```

이 결론은 간단한 규칙을 반복해 적용함으로써 도달할 수 있다. 추이적 속성의 몇 가지 전형적인 예로는 조상/후손(빅토리아가 에드워드의 조상이고 에드워드가 엘리자베스의 조상인 경우 빅토리아는 엘리자베스의 조상)과 지리적 봉쇄(오사카가 일본에 있고 일본이 아시아에 있다면, 오사카는 아시아에 있음)가 있다.

부모와 조상 관계

족보genealogy 모델에는 일반적으로 조상뿐 아니라 부모 개념이 포함된다. 두 개념이 서로 연결될 수 있지만, 조상과 다르게 부모는 추이적 관계가 아니다. 부모의 부모는 내 부모가 아니다. 반면, 조상은 추이적이다.

도전과제 9-6 추이적 슈퍼 속성

모델에 부모 정보가 주어졌을 때 일관되게 조상에 대한 정보를 유지하려면 어떻게 해야 할까?

▶ **솔루션**

부모parent 속성을 조상ancestor 속성의 subPropertyOf로 정의한다.

```
:hasParent rdfs:subPropertyOf :hasAncestor .
```

그런 다음 조상 속성만 추이적 속성으로 선언한다.

```
:hasAncestor a owl:TransitiveProperty .
```

몇 가지 예를 통해 동작 방식을 살펴보자.

```
:Alexia :hasParent :WillemAlexander .
:WillemAlexander :hasParent :Beatrix .
:Beatrix :hasParent :Wilhelmina .
```

hasParent와 hasAncestor 사이의 subPropertyOf 관계와 hasAncestor가 TransitiveProperty라는 사실 때문에 다음의 추론이 가능하다.

```
:Alexia :hasAncestor :WillemAlexander .
:WillemAlexander :hasAncestor :Beatrix .
:Alexia :hasAncestor :Beatrix .
:WillemAlexander :hasAncestor :Wilhelmina .
:Alexia :hasAncestor :Wilhelmina .
```

유산heritage에 대한 정보는 hasParent 또는 hasAncestor에서 생성되었는지 여부에 관계없이 통합된다. 반면, hasParent에 대한 정보는 추이적이라고 선언되지 않았기 때문에 직접 명시된 대로만 사용할 수 있다. 이 추론의 결과는 [그림 9-4]와 같다.

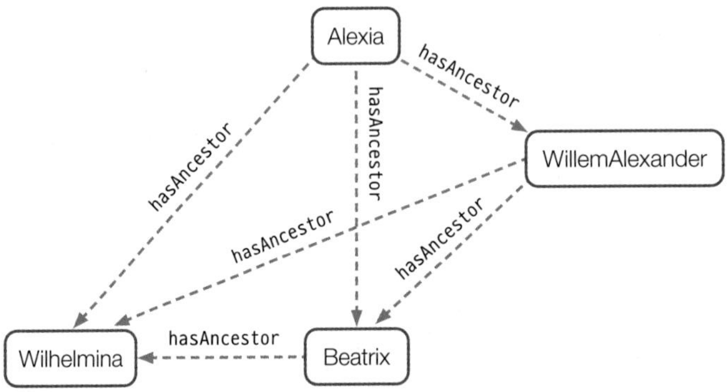

그림 9-4 추이적 속성에 따른 추론

관계 계층

때로 속성이 추이적인지 아닌지에 대해 다소 논란이 될 수 있다. 예를 들어 영어에서 'part of(~의 일부)'라는 단어로 표현되는 관계는 종종 추이적이다. '피스톤은 엔진의 일부이고 엔진은 자동차의 일부다. 피스톤은 자동차의 일부인가?' 그러나 추이적이지 않을 수도 있다. 'Mick Jagger의 엄지손가락은 Mick Jagger의 일부이고 Mick Jagger는 Rolling Stones[1]의 일부다. Mick Jagger의 엄지손가락은 Rolling Stones의 일부인가?' 모델의 활용 가능성에 논란이 발생할 수 있다면, 두 가지 관점을 모두 뒷받침하는 것이 좋다.

도전과제 9-7 비추이적 관계와 함께 추이적 관계 관리하기

partOf 정보에 대한 추이적/비추이적 버전을 동시에 유지하려면 어떻게 해야 할까?

▶ **솔루션**

partOf 속성의 두 가지 버전을 다른 네임스페이스(또는 다른 이름)에서 정의할 수 있다. 첫 번째는 subProperty고, 다른 하나는 추이적 속성으로 선언된 superProperty다.

```
dm:partOf rdfs:subPropertyOf gm:partOf .
gm:partOf a owl:TransitiveProperty .
```

특정 응용 프로그램의 partOf 해석에 따라 적절한 속성을 질의할 수 있다. Mick Jagger의 엄지손가락이 Rolling Stones의 일부가 아니라면 원래의 dm:partOf 속성이 유용하다. 반면 Mick Jagger의 엄지손가락이 Rolling Stones의 일부라고 한다면, 추이적 슈퍼 속성인 gm:partOf가 적합하다([그림 9-5] 참조).

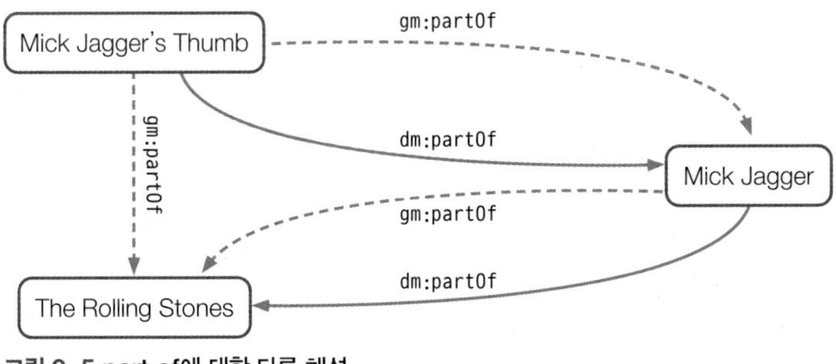

그림 9-5 part of에 대한 다른 해석

1 역자주: 롤링 스톤스는 1962년 영국 런던에서 결성된 록그룹이다. 록 음악의 초기부터 활동해왔으며, 대표적인 구성원으로 믹 재거, 키스 리처즈, 찰리 와츠, 로니 우드가 있다.

9.2 종속성 네트워크 관리

관계(예: 조상) 또는 집합 포함(예: part of)을 관리하는 데 사용했던 동일한 모델링 패턴을 종속성 네트워크 관리와 같은 매우 다른 설정에서도 사용할 수 있다. 앞으로 다룰 일련의 도전 과제에서 rdfs:subPropertyOf, owl:inverseOf, owl:TransitiveProperty의 구성자를 새로운 방식으로 결합하고, 네트워크의 중요한 측면을 모델링하는 방법을 살펴볼 것이다.

워크플로 관리는 이 아이디어를 적용하는 일반적인 사례다. 복잡한 작업 상황에서 다양한 작업을 정해진 순서에 따라 반복적으로 수행해야 한다. 워크플로 관리의 개념은 순서를 명시적으로 표현할 수 있고 해당 순서에서 각 작업의 진행 상황을 추적할 수 있다는 것이다. 시맨틱 웹에서 워크플로를 모델링하는 이유는 웹에 무엇이든 올리려는 이유와 같다. 워크플로의 일부를 다른 사람들과 공유하여 작업 조각의 재사용·검토·게시를 장려할 수 있다.

실제 워크플로 사양은 너무 상세하기 때문에 이 책에서 예제로 사용할 수 없으므로 간단한 예제를 사용하여 동작 방식을 설명하려고 한다. 다음 레시피를 사용하여 아이스크림을 만드는 것을 생각해보자.

바닐라 빈을 세로로 갈라 안에 든 씨를 긁어내 헤비크림이 든 컵에 넣는다. 혼합물을 중약불 정도로 끓인다. 크림이 가열되는 동안, 달걀 3개를 깨서 노른자를 분리한다. 분리된 노른자에 흰 설탕 1/2컵을 넣고 꾸덕꾸덕해질 때까지 치댄다. 계속 치대면서 가열된 크림을 천천히 붓는다. 커스터드 혼합물이 주걱 뒷면에 두껍게 붙을 때까지 중간불로 가열한다. 잘 식힌 다음 커스타드와 우유 한 컵을 섞고, 제조사의 지침에 따라 아이스크림을 냉동실에 넣는다.

먼저, dependOn 속성을 사용하여 개별 단계 사이의 종속성을 나타내고, 역 관계인 enables를 정의한다. 각 단계는 워크플로의 정확한 실행에 따라 다음 단계를 활성화한다.

```
:dependsOn owl:inverseOf :enables .
```

이제 레시피 단계의 종속성 구조를 정의할 수 있다.

```
:SliceBean :enables :HeatCream .
:SeparateEggs :enables :AddSugar .
:AddSugar :enables :BeatEggs
```

```
:BeatEggs :enables :GraduallyMix .
:HeatCream :enables :GraduallyMix .
:GraduallyMix :enables :Cook ustard .
:CookCustard :enables :Chill .
:Chill :enables :AddMilk .
:Add Milk :enables :TurnInFreezer .
```

inverseOf 속성 때문에, 이 단계는 [그림 9-6]과 같이 단언된 순서대로 또는 종속적인 순서로 살펴볼 수 있다.

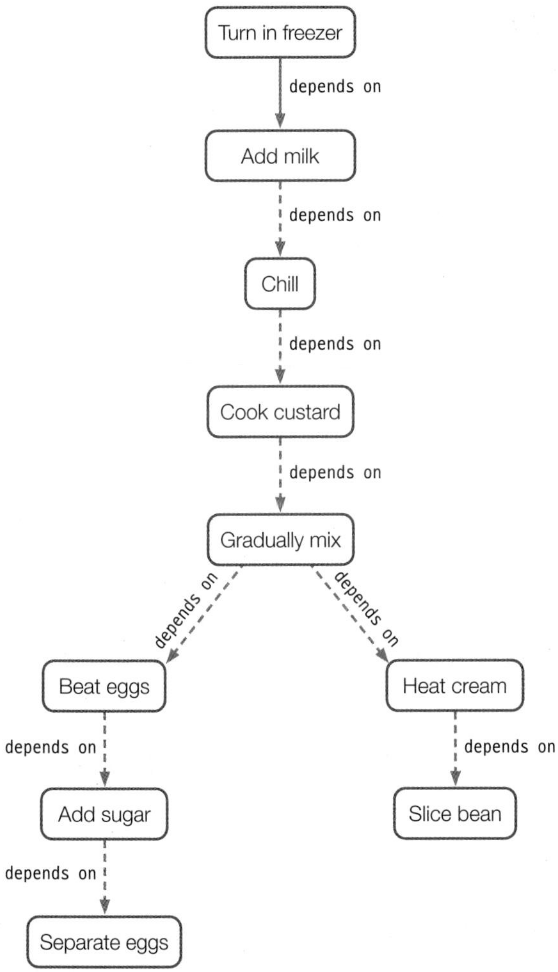

그림 9-6 수제 아이스크림의 종속성

프로세스의 특정 단계에 대해, 종속된 모든 단계 또는 특정 단계에 따라 달라지는 모든 관계를 알고 싶을 수 있다. 그렇다면 이미 알고 있는 패턴을 어떻게 사용하면 될까?

▶ **솔루션**

dependOn과 enables 각각에 대해 subPropertyOf/TransitiveProperty 패턴을 사용할 수 있다.

```
:dependsOn rdfs:subPropertyOf :hasPrerequisite .
:hasPrerequisite rdf:type owl:TransitiveProperty .
:enables rdfs:subPropertyOf :prerequisiteFor .
:prerequisiteFor rdf:type owl:TransitiveProperty .
```

이러한 관계는 [그림 9-7]에서 볼 수 있다.

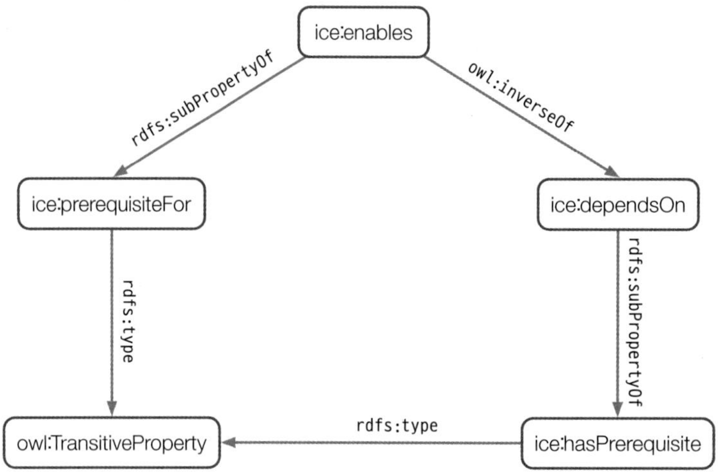

그림 9-7 추이적 속성인 hasPrerequisite과 prerequisiteFor는 dependentOn 및 enables 측면에서 정의된다.

예를 들어 이 트리플에서 GraduallyMix에는 다음과 같은 5가지 전제 조건이 있다고 추론할 수 있다.

```
* :GraduallyMix  :hasPrerequisite :AddSugar ;
*                :hasPrerequisite :SeparateEggs ;
*                :hasPrerequisite :SliceBean ;
```

```
*               :hasPrerequisite :HeatCream ;
*               :hasPrerequisite :BeatEggs .
```

도전과제 9-9 워크플로 관리

보다 현실적인 워크플로 관리에서는 단일 프로세스(단일 레시피에 해당)만 설정하는 것이 아니다. 복잡한 방식으로 상호작용하는 여러 프로세스를 관리해야 하고, 동일한 절차에 있는 단계를 추적하지 못할 수도 있다. 특정 단계에서 동일한 프로세스의 다른 단계를 확인할 수 있을까? 레시피 예제에서 동일한 레시피의 단계를 함께 연결할 수 있도록 단계 간의 관계를 모델링할 수 있을까?

▶ **솔루션**

먼저 두 가지 기본 관계(enables와 dependsOn)를 단일 통합 속성(neighborStep)의 공통 subPropertyOf 속성으로 결합한다.

그런 다음 차례로 다음 Turtle과 [그림 9-8]의 (a)에 표시된 추이적 속성(inSameRecipe)의 subPropertyOf를 만든다.

```
:dependsOn rdfs:subPropertyOf :neighborStep .
:enables rdfs:subPropertyOf :neighborStep
:neighborStep rdfs:subPropertyOf :inSameRecipe .
:inSameRecipe a owl:TransitiveProperty .
```

이 트리플에서 GraduallyMix 인스턴스에 대해 어떤 추론을 할 수 있을까? 직접적으로 관련된 단계(dependOn 또는 enable에 의해 관련됨)는 neighborStep이 되고 인접 항목의 모든 조합은 inSameRecipe로 만들어진다.

다음과 같이 몇 가지 선택된 추론을 볼 수 있다.

```
:GraduallyMix :neighborStep :BeatEggs ;
              :neighborStep :HeatCream ;
              :neighborStep :CookCustard .
:CookCustard  :neighborStep :Chill ;
              :neighborStep :GraduallyMix .
:GraduallyMix :inSameRecipe :BeatEggs ;
              :inSameRecipe :HeatCream ;
              :inSameRecipe :CookCustard .
```

```
:CookCustard   :inSameRecipe :Chill ;
               :inSameRecipe :GraduallyMix .
               ...
:GraduallyMix :inSameRecipe : AddMilk ;
               :inSameRecipe :CookCustard ;
               :inSameRecipe :TurnInFreezer ;
               :inSameRecipe :AddSugar ;
               :inSameRecipe :SeparateEggs ;
               :inSameRecipe :SliceBean ;
               :inSameRecipe :HeatCream ;
               :inSameRecipe :GraduallyMix ;
               :inSameRecipe :Chill ;
               :inSameRecipe :BeatEggs .
```

이 레시피의 모든 단계는 inSameRecipe로 수렴되었다. 실제로 레시피의 두 단계는 각 단계를 자체적으로 연결하는 것을 포함하여 inSameRecipe에 의해 서로 관련된다. 특히, 트리플은 다음과 같이 추론된다.

```
:GraduallyMix :inSameRecipe :GraduallyMix .
```

추론된 트리플은 자세히 보면 정확하지만 (결국 GraduallyMix는 GraduallyMix와 동일한 레시피에 있음) 실제로 알고 싶은 것이 아닐 수도 있다.

도전과제 9-10 다른 단계 찾기

레시피 단계를 동일한 레시피의 다른 단계에만 연관시키는 속성을 어떻게 정의할 수 있을까?

▶ 솔루션

앞서 2개의 속성인 hasPrerequisite와 prerequisiteFor를 정의했다. 하나는 종속성을 따라 흐름을 따라 보고, 다른 하나는 거슬러 올라 가면서 찾는다.

```
:dependsOn rdfs:subPropertyOf :hasPrerequisite .
:hasPrerequisite a owl:TransitiveProperty .
:enables rdfs:subPropertyOf :prerequisiteFor .
:prerequisiteFor a owl:TransitiveProperty .
```

이 두 가지를 추이적이지 않은 공통 슈퍼 속성 아래에서 결합하면 다음과 같은 결과가 나타난다.

```
:hasPrerequisite rdfs:subPropertyOf :otherStep .
:prerequisiteFor rdfs:subPropertyOf :otherStep .
```

이러한 관계를 [그림 9-8]의 (b)에 다이어그램으로 표시하였다.

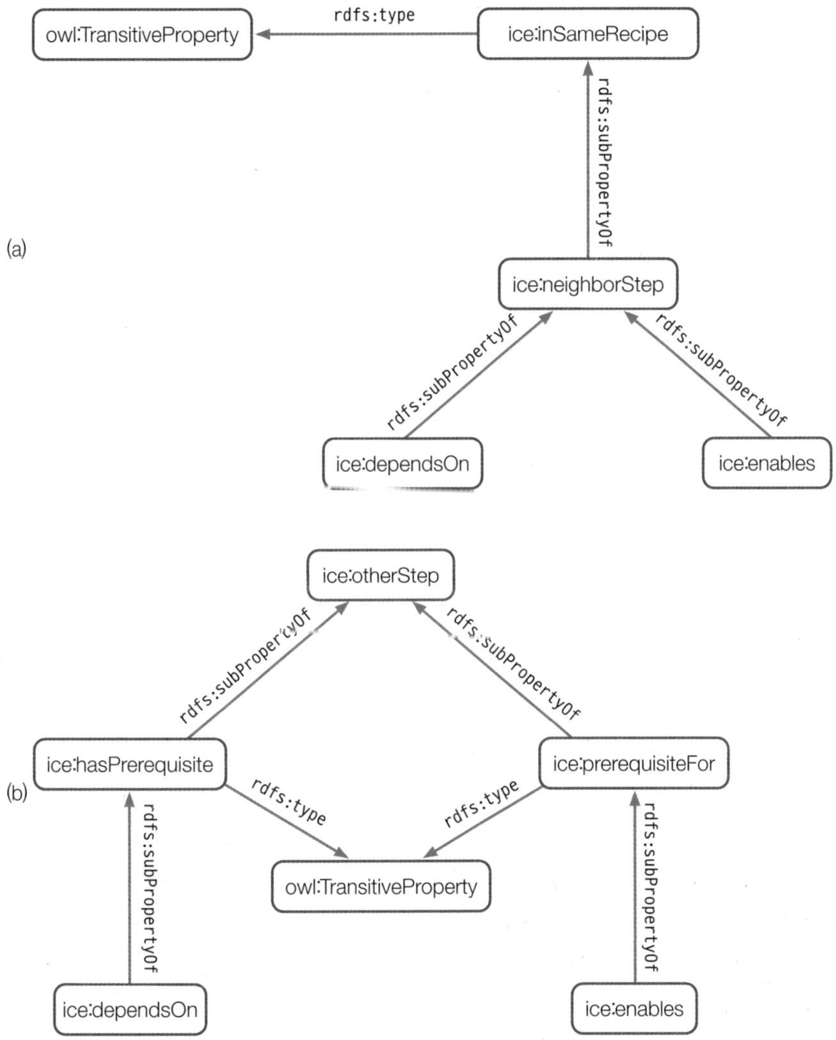

그림 9-8 inSameRecipe(self 포함)와 otherStep(self 제외)의 대비 패턴: 두 패턴 모두 동일한 입력 속성인 dependsOn과 enables에서 작동하지만 다른 결과를 생성한다.

각 속성에 대해 개별적으로 추론을 추적한다. hasPrerequisite 속성은 다음 추론이 가능한 것을 확인할 수 있다.

```
:GraduallyMix :hasPrerequisite :AddSugar ;
              :hasPrerequisite :SeparateEggs ;
              :hasPrerequisite :SliceBean ;
              :hasPrerequisite :HeatCream ;
              :hasPrerequisite :BeatEggs .
```

prerequisiteFor에 대해 다음과 같은 추론을 얻는다.

```
:GraduallyMix :prerequisiteFor :AddMilk ;
              :prerequisiteFor :CookCustard ;
              :prerequisiteFor :TurnInFreezer ;
              :prerequisiteFor :Chill .
```

이제 otherStep은 이 두 가지 조합을 얻는다. 두 목록 모두 GraduallyMix 자체를 포함하지 않으므로 이 목록에도 표시되지 않는다.

```
:GraduallyMix :otherStep :AddMilk ;
              :otherStep :CookCustard ;
              :otherStep :TurnInFreezer ;
              :otherStep :AddSugar ;
              :otherStep :SeparateEggs ;
              :otherStep :SliceBean ;
              :otherStep :HeatCream ;
              :otherStep :Chill ;
              :otherStep :BeatEggs .
```

[그림 9-8]은 두 가지 패턴을 보여준다. inSameRecipe의 경우, subPropertyOf 트리 상단에 하나의 추이적 속성이 있다. 두 기본 속성(enables과 dependsOn)이 함께 가져오고 결과 속성(neighborStep)의 모든 조합이 TransitiveProperty(inSameRecipe)로 연결된다. otherStep의 경우 최상위 속성 자체는 추이적이지 않고, 2개의 subPropertyOf 링크를 통한 2개의 추이적 속성(hasPrerequisite과 prerequisiteFor)의 단순 조합이다. 개별적인 추이적 속성에 대한 추론은 다른 속성과 별도로 수행되고, (더 이상의 추이적 상호작용 없이) 결과가 결합된다. 따라서 inSameRecipe의 경우,

```
:GraduallyMix :inSameRecipe :GraduallyMix
```

재귀 트리플은 포함되지만 otherStep의 경우 포함되지 않는다.

두 모델의 또 다른 차이점의 결과는 [그림 9-6]의 중간에 있는 클래스를 회전시킬 수 있는지 여부다. 즉, BeatEggs와 HeatCream 사이의 관계를 결정할 수 있는지 여부와 관련 있다. inSameRecipe의 추이적 구조는 허용되지만, otherStep 구조에서는 허용되지 않는다. 즉, 다음 트리플에서는 가능하다.

```
:BeatEggs :inSameRecipe :HeatCream
```

하지만 다음 트리플에서는 허용하지 않는다.

```
:BeatEggs :otherStep :HeatCream .
```

9.3 동등성

RDF는 데이터 정보원 전반에 유효성을 갖는 ID의 글로벌 개념인 URI를 제공하고, 이를 통해 분산 방식으로 단일 개체를 참조할 수 있다. 그러나 여러 이해 관계자가 제어하는 다양한 출처의 정보를 통합할 때, 동일한 URI를 사용하여 동일한 개체를 참조할 필요는 없다. 따라서 정보를 연계할 때 2개의 URI가 실제로 동일한 개체를 참조하도록 규정할 수 있어야 한다. 한편 두 개체가 동일할 수 있는 방법은 다양하고, 어떤 개체는 다른 개체보다 더 동일함이 있을 수 있다. RDFS-Plus는 다양한 동등성 개념을 제공한다. OWL의 다른 구성자와 마찬가지로 구성자의 의미는 추론에 의해 정의된다.

동등한 클래스

8장에서 한 클래스가 다른 클래스와 동일한 요소를 가지고 있음을 표현하기 위해 간단한 관용구를 사용했다. 특히, 모든 분석가가 연구자이고 모든 연구자가 분석가임을 나타내기 위해 2개의 트리플을 기술했다.

```
:Analyst rdfs: subClassOf :Researcher .
:Researcher rdfs: subClassOf :Analyst .
```

rdfs: subClassOf 규칙은 각 방향으로 적용되어 모든 분석가를 연구자로 만드는 데 필요한 추론을 지원할 수 있으며, 그 반대의 경우도 동일하다. 두 클래스가 항상 동일한 원소를 갖는다면 '클래스가 동등하다'고 말한다. 앞서 소개한 패턴을 사용하면 다소 직관적이진 않지만 RDFS에서 클래스 동등성을 표현할 수 있다.

RDFS-Plus는 owl:equivalentClass 구문을 사용하여 클래스 동등성을 보다 직관적으로 표현한다. 단일 트리플은 클래스 동등성을 확실한 방식으로 표현한다.

```
:Analyst owl:equivalentClass :Researcher.
```

RDFS 또는 OWL의 다른 구성자와 마찬가지로 owl:equivalentClass의 정확한 의미는 SPARQL로 표현하고, 추론으로 도출된다.

```
CONSTRUCT {?r a ?b .}
WHERE {?a owl:equivalentClass ?b .
       ?r a ?a . }
```

지금까지 설명한 내용은 7장에서 rdfs: subClassOf의 의미를 정의하는 데 사용한 유형 전파 규칙이다. 그러나 owl:equivalentClass에는 또 다른 규칙이 있다.

```
CONSTRUCT {?r a ?a .}
WHERE {?a owl:equivalentClass ?b .
       ?r a ?b . }
```

즉, 두 클래스 ?a 와 ?b는 정확히 동일한 원소를 갖는다.

동등성과 같이 단순한 것을 표현하는 데 두 가지 규칙이 필요한가에 대한 의문이 있을 수 있고, 더구나 규칙이 너무 비슷하다고 느낄 수 있다. 사실 두 번째 규칙은 필요하지 않다. 첫 번째 규칙과 equalClass의 대칭을 통해 추론할 수 있다.

```
owl:equivalentClass a owl:SymmetricProperty .
```

또한 다음의 관계를 명시한다면,

```
owl:equivalentClass rdfs:subPropertyOf rdfs:subClassOf .
```

subPropertyOf와 subClassOf에 대한 규칙을 사용하여 equalClass에 대한 모든 것을 추론할 수 있다. 분석가와 연구자의 예에 대해 OWL 규칙이 owl:equivalentClass에서 어떻게 작동하는지 살펴보자.

rdfs:subClassOf에 대한 규칙과 분석가와 연구자의 동등성에 대한 설명에서 다음을 추론할 수 있다.

```
:Analyst rdfs:subClassOf :Researcher .
```

owl:equivalentClass는 대칭이기 때문에 다음을 추론할 수도 있다.

```
* :Researcher owl:equivalentClass :Analyst .
```

rdfs:subClassOf에 대한 규칙을 다시 적용하면 다음 트리플을 얻는다.

```
* :Researcher rdfs:subClassOf :Analyst .
```

즉, rdfs:subClassOf와 owl:SymmetricProperty에 대해 이미 알고 있는 것을 적용하여 하나의 owl:equivalentClass 트리플에서 rdfs:subClassOf 트리플을 모두 추론할 수 있다.

두 클래스가 동일하면 두 클래스가 동일한 원소를 갖는다는 것을 의미한다. 클래스의 다른 속성은 공유되지 않는다. 예를 들어 각 클래스는 자체 rdfs:label을 갖는다. 즉, 이러한 클래스가 2개의 서로 다른 응용 프로그램에서 통합된 경우 각 응용 프로그램은 여전히 원래의 인쇄된 이름으로 클래스를 표시하고 클래스의 원소만 변경된다.

동등한 속성

subClassOf에서 적용한 방식과 유사하게, rdfs:subPropertyOf를 사용하여 두 속성이 동일하게 동작하는 방법을 확인했다. rdfs:subPropertyOf를 두 번 사용하여 두 속성이 동일한 것을 나타낼 수 있다.

```
:borrows rdfs:subPropertyOf :checkedOut .
:checkedOut rdfs:subPropertyOf :borrows .
```

또한 RDFS-Plus는 다음과 같이 owl:equivalentProperty를 사용하여 속성의 동등성을 표현하는 직관적인 방법을 제공한다.

```
:borrows owl:equivalentProperty :checkedOut .
```

두 속성이 동일하면 하나를 술어로 사용하는 트리플에서 다른 하나를 대체할 수 있다. 즉, SPARQL과 함께 그 반대로 정의할 수 있다.

```
CONSTRUCT {?a :checkedOut ?b . }
WHERE {?a :borrows ?b . }
```

owl:equivalentClass에 사용한 유사한 방식으로 수행할 수 있다. 다른 RDFS-Plus 구성자와 관련하여 owl:equivalentProperty를 정의한다.

```
owl:equivalentProperty rdfs:subPropertyOf rdfs:subPropertyOf.
owl:equivalentProperty a owl:SymmetricProperty.
```

이러한 트리플과 rdfs:subPropertyOf와 owl:SymmetricProperty에 대한 규칙을 사용하여 borrows와 checkedOut의 동등성을 단언하고, 다음을 추론할 수 있다.

```
:borrows rdfs:subPropertyOf :checkedOut .
:checkedOut owl:equivalentProperty :borrows .
:checkedOut rdfs:subPropertyOf :borrows .
```

borrows과 checkedOut이 서로 rdfs:subPropertyOf라고 추론하면, 모든 적절한 추론이 가능하다.

이미 알고 있는 구성자(rdfs:subPropertyOf와 owl:SymmetricProperty)에 새로운 구성자(owl:equivalentProperty와 같은)를 표현할 때, 언어의 다양한 부분이 어떻게 조화를 이루는지 명시적으로 설명해야 한다. 즉, owl:equivalentProperty를 관리하는 규칙이 rdfs:subPropertyOf를 관리하는 규칙과 동일하다는 사실을 (양방향으로 작동한다는 점을 제외하면) 실제로 모델링할 수 있다. owl:equivalentProperty를 rdfs:subPropertyOf의 하위 속성으로 만들어 동일한 규칙이 적용되는 것을 명시적으로 단언한다. owl:equivalentProperty는 owl:SymmetricProperty로 만들어 규칙이 양방향으로 작동한다는 사실을 단언한다. OWL 언어의 구성자 간 관계를 명시적으로 만들고, 실제 이 정보를 OWL로 모델링한다.

같은 개체

클래스 동등성(owl:equivalentClass)과 속성 동등성(owl:equivalentProperty)은 RDFS에서 이미 표현할 수 있었던 관계를 직관적으로 표현하는 방법을 제공한다. 이러한 의미에서 새로운 구성자들이 RDFS에서 사용한 것 이상으로 RDFS-Plus의 표현력을 향상시키지는 않지만, 표현하기 쉽고 읽기 쉽게 만들어졌다. 이러한 구성자는 각각 사물의 클래스와 관련 속성을 나타낸다.

그러나 세상에 있는 사물을 기술할 때, 클래스와 속성만 설명하지 않고 사물 자체를 설명할 수 있다. 이러한 사물 자체는 클래스의 원소이며, 개체individual라고 한다. 지금까지 분석가 웽거, 외과 의사 킬 데어, 올스타 선수 카네다 등의 예에서 많은 개체와 함께 클래스 포함 관계가 지정되지 않은 웨일즈, 더 펌, 모비 딕을 만났다. 그러나 고유하지 않은 이름 지정 가정을 떠올려 보면, 개체에 대해 참조할 때 종종 정보는 조정되지 않은 다양한 출처에서 나온다. 원래는 다른 것으로 생각했던 두 개체를 실제로는 같은 개체로 판단하는 상황을 어떻게 처리해야 할까?

이 관계는 RDFS-Plus에서 owl:sameAs 단일 구조로 표현된다. 윌리엄 셰익스피어의 예로 owl:sameAs의 작동 방식에 대해 살펴보자. 3장에 보면, 윌리엄 셰익스피어의 문학 경력에 대해 다음과 같은 트리플이 있다.

```
lit:Shakespeare lit:wrote lit:AsYouLikeIt ;
                lit:wrote lit:HenryV ;
                lit:wrote lit:LovesLaboursLost ;
                lit:wrote lit:MeasureForMeasure ;
                lit:wrote lit:TwelfthNight ;
                lit:wrote lit:WintersTale ;
                lit:wrote lit:Hamlet ;
                lit:wrote lit:Othello .
```

Stratford Parish Register(스트래트포드 교구 등록부)에 대한 정보를 가지고 있다고 가정해보자. Stratford Parish Register에는 침례와 관련된 몇 가지 정보가 나열되어 있다. Stratford Parish Register의 URI에 대한 네임스페이스 식별자로 spr:을 사용한다.

```
spr:Gulielmus spr:hasFather spr:JohannesShakspere .
spr:Susanna spr:hasFather spr:WilliamShakspere .
spr:Hamnet spr:hasFather spr:WilliamShakspere .
spr:Judeth spr:hasFather spr:WilliamShakspere .
```

spr:Gulielmus, spr:WilliamShakspere, lit:Shakespeare는 모두 동일한 개체를 참조한다고 가정해보자. 그렇다면 "Hamnet의 아버지가 Hamlet을 썼을까?"라는 질문에 대한 답은 "예"가 된다. RDF로 Stratford Parish Register를 모델링하기 이전에, 해당 기록에 나타나는 모든 언급이 동일한 인물, 즉 시인the Bard(William Shakespeare의 별명)를 가리킨다는 사실을 사전에 인지하고 있었다면, 각 등장마다 동일한 URI(예: lit:Shakespeare)를 사용할 수 있다. 그러나 각 데이터 출처의 URI는 이미 선택되어 있다. 무엇을 해야 할까?

먼저 "Hamnet의 아버지가 Hamlet을 썼을까?"라는 질문을 생각해보자. 다음과 같이 SPARQL에서 그래프 패턴으로 작성할 수 있다.

```
{ spr:Hamnet spr:hasFather ?d .
  ?d lit:wrote lit:Hamlet . }
```

즉, spr:hasFather와 lit:wrote의 두 링크를 통해 Hamnet을 Hamlet에 연결하는 하나의 자원을 찾고 있다.

RDFS-Plus에는 두 자원의 동일성을 주장하는 옵션이 있다. 다음 트리플을 보자.

```
spr:WilliamShakspere owl:sameAs lit:Shakespeare .
```

RDFS-Plus에서 항상 그렇듯이 이 트리플의 의미는 유도할 수 있는 추론으로 표현된다. owl:sameAs의 규칙은 매우 직관적이다. A owl:sameAs B라면 A가 보이는 트리플에서 A가 B로 대체된 같은 트리플을 추론할 수 있다. 따라서 셰익스피어 예의 추론은 다음과 같이 정의된다.

```
CONSTRUCT {lit:Shakespeare ?p ?o . }
WHERE {spr:WilliamShakspere ?p ?o . }
```

다음 트리플은 유사한 형식이다.

```
CONSTRUCT {?s ?p lit:Shakespeare . }
WHERE {?s ?p spr:WilliamShakspere . }
```

좀 더 일반적으로, owl:sameAs는 SPARQL에서 다음과 같이 표현할 수 있는 세 가지 규칙으로 정의된다.

```
CONSTRUCT {?s ?p ?x . }
WHERE {?s ?p ?y .
       ?x owl:sameAs ?y .}
CONSTRUCT {?x ?p ?o . }
WHERE {?y ?p ?o .
       ?x owl:sameAs ?y .}
CONSTRUCT {?s ?x ?o . }
WHERE {?s ?y ?o .
       ?x owl:sameAs ?y .}
```

또한 owl:equivalentClass와 owl:equivalentProperty에 대해 수행했던 것처럼 owl:sameAs가 owl:SymmetricProperty라고 단언한다.

```
owl:sameAs a owl:SymmetricProperty .
```

그렇지 않으면 owl:sameAs 트리플이 반대로 된 세 가지 규칙이 더 필요하다. 이를 통해 lit:Shakespeare를 spr:WilliamShakspere로 대체할 수 있다.

```
lit:Shakespeare owl:sameAs spr:WilliamShakspere .
```

이것이 문학사literary history와 등록부Register를 통해 알게 된 트리플에서 어떻게 작동하는지 살펴보자. 먼저 모든 트리플을 나열한다. 이때 단언된 트리플은 로마자로, 추론된 트리플은 이탤릭체로 표시된다. 추론된 트리플 중 lit:Shakespeare를 spr:WilliamShakspere로 대체한 다음 spr:WilliamShakspere를 lit:Shakespeare로 대체하여 계속 진행한다.

```
lit:Shakespeare lit:wrote lit:AsYouLikeIt ;
                lit:wrote lit:HenryV ;
                lit:wrote lit:LovesLaboursLost ;
                lit:wrote lit:MeasureForMeasure ;
                lit:wrote lit:TwelfthNight ;
                lit:wrote lit:WintersTale ;
                lit:wrote lit:Hamlet ;
                lit:wrote lit:Othello .
spr:Gulielmus spr:hasFather spr:JohannesShakspere .
spr:Susanna spr:hasFather spr:WilliamShakspere .
spr:Hamnet spr:hasFather spr:WilliamShakspere .
spr:Judeth spr:hasFather spr:WilliamShakspere .
spr:WilliamShakspere lit:wrote lit:AsYouLikeIt ;
                     lit:wrote lit:HenryV ;
                     lit:wrote lit:LovesLaboursLost ;
                     lit:wrote lit:MeasureForMeasure ;
                     lit:wrote lit:TwelfthNight ;
                     lit:wrote lit:WintersTale ;
                     lit:wrote lit:Hamlet ;
                     lit:wrote lit:Othello .
spr:Susanna spr:hasFather lit:Shakespeare .
spr:Hamnet spr:hasFather lit:Shakespeare .
spr:Judeth spr:hasFather lit:Shakespeare .
```

SPARQL 그래프 패턴에서 변수 ?d에 바인딩되었기 때문에, "Hamnet의 아버지가 Hamlet을 썼는가?"라는 질의에 대한 답은 "예"가 된다. 실제로, ?d = lit:Shkespeare와 ?d = spr:WilliamShakspere라는 두 가지 바인딩이 가능하다.

9.4 다른 데이터베이스의 데이터 통합

테이블 정보를 RDF 트리플로 해석하는 방법을 살펴보았다. 테이블의 각 행은 하나의 개체가 되고 테이블의 각 셀은 트리플이 되었다. 트리플의 주어는 셀이 있는 행에 해당하는 개체다. 술어는 테이블 이름과 필드 이름으로 구성된다. 목적어는 셀의 내용이다. [표 9-1]([표 3-12]와 같음)은 7개 열과 9개 행에 대한 63개의 트리플을 보여준다. Manufacture_Location과 관련된 트리플만 살펴보자.

```
mfg:Product1 mfg:Product_Manufacture_Location Sacramento .
mfg:Product2 mfg:Product_Manufacture_Location Sacramento .
mfg:Product3 mfg:Product_Manufacture_Location Sacramento .
mfg:Product4 mfg:Product_Manufacture_Location Elizabeth .
mfg:Product5 mfg:Product_Manufacture_Location Elizabeth .
mfg:Product6 mfg:Product_Manufacture_Location Seoul .
mfg:Product7 mfg:Product_Manufacture_Location Hong Kong .
mfg:Product8 mfg:Product_Manufacture_Location Cleveland .
mfg:Product9 mfg:Product_Manufacture_Location Cleveland .
```

회사의 다른 부서가 해당 부서의 비즈니스 활동에 유용한 정보, 즉 부품을 생산하는 데 필요한 시설의 종류를 설명하는 자체 제품 테이블을 갖고 있다. [표 9-2]는 일부 제품과 필요한 시설을 보여준다. [표 9-2]에 제시한 일부 제품은 [표 9-1]에도 있고 일부 제품은 없다. 서로 다른 데이터베이스가 이처럼 부정확한 방식으로 겹치는 것은 드문 일이 아니다.

표 9-1 트리플에 대한 샘플 테이블 형식의 데이터

ID	모델 번호	부서	제품 라인	제조사 위치	SKU	가용 여부
1	ZX-3	Manufacturing support	Paper machine	Sacramento	FB3524	23
2	ZX-3P	Manufacturing support	Paper machine	Sacramento	KD5243	4
3	ZX-3S	Manufacturing support	Paper machine	Sacramento	IL4028	34
4	B-1430	Control engineering	Feedback line	Elizabeth	KS4520	23
5	B-1430X	Control engineering	Feedback line	Elizabeth	CL5934	14
6	B-1431	Control engineering	Active sensor	Seoul	KK3945	0
7	DBB-12	Accessories	Monitor	Hong Kong	ND5520	100
8	SP-1234	Safety	Safety valve	Cleveland	HI4554	4
9	SPX-1234	Safety	Safety valve	Cleveland	OP5333	14

표 9-2 샘플 데이터: 부품 및 이를 생산하는 데 필요한 시설

ID	모델 번호	시설
1	B-1430	Assembly Center
2	B-1431	Assembly Center
3	M13-P	Assembly Center
4	ZX-3S	Assembly Center
5	ZX-3	Factory
6	TC-43	Factory
7	B-1430X	Machine Shop
8	SP-1234	Machine Shop
9	1180-M	Machine Shop

도전과제 9-11 테이블 통합

두 테이블에 모두 나타나는 제품을 사용하여 생산에 필요한 시설과 해당 도시를 상호 참조하는 연합 질의를 어떻게 작성할 수 있을까?

▶ 솔루션

두 테이블이 단일 데이터베이스에 있었다면 한 테이블에서 다른 테이블로 외래 키를 참조하여 두 테이블을 함께 조인할 수 있다. 그러나 테이블은 2개의 서로 다른 데이터베이스에서 가져오기 때문에 이러한 공통 참조가 없다. 이것은 현업(야생)에서 발견되는 전형적인 데이터로, 다른 출처의 데이터는 정렬되어 있지 않다.

두 테이블을 트리플로 변환하면 각 행에 해당하는 개체에 전역 식별자가 할당된다.

두 번째 데이터베이스가 네임스페이스 p:를 사용한다고 가정한다. [표 9-2]를 트리플로 전환하면 9개의 행과 3개의 열에 대해 27개의 트리플이 생성된다. 필요한 시설에 해당하는 트리플은 다음과 같다.

```
p:Product1 p:Product_Facility "Assembly Center" .
p:Product2 p:Product_Facility "Assembly Center" .
p:Product3 p:Product_Facility "Assembly Center" .
p:Product4 p:Product_Facility "Assembly Center" .
p:Product5 p:Product_Facility "Factory" .
p:Product6 p:Product_Facility "Factory" .
p:Product7 p:Product_Facility "Machine Shop" .
p:Product8 p:Product_Facility "Machine Shop" .
p:Product9 p:Product_Facility "Machine Shop" .
```

이 테이블에는 개체에 대한 전역 식별자가 있지만 이 식별자들은 동일하지 않다. 예를 들어 p:Product1은 mfg:Product4와 같다(둘 다 모델 번호 B-1430에 해당). 한 테이블에서 다른 테이블로 상호 참조하기 위해서는 owl:sameAs 트리플을 사용할 수 있다.

```
p:Product1 owl:sameAs mfg:Product4 .
p:Product2 owl:sameAs mfg:Product6 .
p:Product4 owl:sameAs mfg:Product3 .
p:Product5 owl:sameAs mfg:Product1 .
p:Product7 owl:sameAs mfg:Product5 .
p:Product8 owl:sameAs mfg:Product8 .
```

이제 다음과 같은 SPARQL 쿼리를 실행한다고 하자.

```
SELECT ?location ?facility
WHERE
{?p p:Product_Facility ?facility .
 ?p mfg:Product_Manufacture_Location ?location .}
```

?facility(시설)와 ?location(위치)를 표시하면 [표 9-3]과 같은 결과를 얻는다.

표 9-3 제품을 통해 계산된 시설과 상호 참조된 위치

?location	?facility
Elizabeth	Assembly Center
Seoul	Assembly Center
Sacramento	Assembly Center
Sacramento	Factory
Elizabeth	Machine Shop
Cleveland	Machine Shop

이 솔루션은 특정 데이터에 대한 문제를 해결하지만 한 테이블의 어떤 제품이 다른 테이블의 어떤 제품과 일치하는지 알고 있다는 사실에 의존한다. 또한 owl:sameAs는 문제의 일부만 해결한다. 테이블 데이터가 자주 변경되는 실제 데이터 환경에서 모든 owl:sameAs 트리플을 직접 만드는 것은 실용적이지 않다. 다음 절에서 RDFS-Plus가 나머지 과제에 대해 어떤 솔루션을 제공하는지 살펴본다.

9.5 컴퓨팅 동일성: 기능적 속성[2]

OWL의 기능적 속성Functional properties은 수학적 개념을 바탕으로 이름을 붙였지만 대부분의 OWL 구성자와 마찬가지로 일상 속에서 자연스럽게 해석된다. 기능적 속성은 값이 하나만 있는 속성이다. 예를 들어, hasMother(생물학적으로 어머니는 한 명임), hasBirthplace(사람은 한 곳에서 태어남), 생년월일(하나임)이 대표적인 예다.

수학에서 함수는 임의의 특정 입력에 대해 하나의 값을 제공하는 매핑mapping이다. 즉 X^2는 함수이며, x의 모든 값에 대해 X^2에는 정확히 하나의 값이 존재한다. 다시 말해, $x = y$이면 $x^2 = y^2$다. 앞에 나온 도전과제의 문제를 해결하려면 RDFS-Plus에 이와 동일한 종류의 동작을 하는 구성자가 있어야 한다. 즉, 하나의 값만 참조할 수 있도록 기술해야 한다.

FunctionalProperty와 InverseFunctionalProperty는 두 자원이 동일한 개체를 참조할 때,

2 역자주: 본서에서 '기능적 속성'은 OWL의 Functional Property를 번역한 용어로, 각 주체에 대해 최대 하나의 값만을 허용하는 함수적 제약을 갖는 속성을 의미한다. 일반적인 '기능 수행'의 의미와는 무관하다.

OWL 모델러에게 여러 출처의 정보가 분산된 정보 웹으로 간주되는 방법을 설명하는 수단을 제공한다. 두 속성은 시맨틱 웹 환경에서 RDFS-Plus를 사용하기 위한 중요한 시맨틱 프레임워크를 제공한다.

기능적 특성

RDFS-Plus는 수학의 함수처럼 특정 개체에 대해 하나의 값만 가질 수 있는 속성을 설명하기 위해 함수 이름을 차용한다. owl:FunctionalProperty의 의미에 대한 정확한 세부 사항은 지금까지 그랬듯이 SPARQL로 표현된 추론 패턴으로 제공된다.

```
CONSTRUCT {?a owl:sameAs ?b . }
WHERE {?p a owl:FunctionalProperty .
       ?x ?p ?a .
       ?x ?p ?b . }
```

owl:FunctionalProperty의 정의는 x^2가 하나의 명확한 값을 갖는 수학적 상황과 유사하다. $x^2 = a$와 $x^2 = b$를 알고 있다면 $a = b$라고 결론을 내릴 수 있다. RDFS-Plus에서 이 과정은 다음과 같다. 처음 3개의 트리플이 단언되고 네 번째 트리플이 추론된다.

```
math:hasSquare a owl:FunctionalProperty .
:x math:hasSquare :A .
:x math:hasSquare :B .
:A owl:sameAs :B .
```

기능적 속성은 동일성을 추론할 수 있기 때문에 RDFS-Plus에서 중요하다. 예를 들어 Stratford Parish Registry(스트래트포드 교구 등록부)에 다음과 같은 항목이 있다고 가정하자.

```
lit:Shakespeare fam:hasFather bio:JohannesShakspere .
```

그리고 셰익스피어 무덤에 나타난 기록을 통해 다음을 알고 있다고 하자.

```
lit:Shakespeare fam:hasFather bio:JohnShakespeare .
```

John과 Johannes가 실제로 같은 사람이라고 결론 내고 싶으면, 가족 관계의 모델에 다음을 기술한다.

```
fam:hasFather a owl:FunctionalProperty .
```

그러면 owl: FunctionalProperty의 정의로부터 다음을 도출할 수 있다.

```
* bio:JohannesShakspere owl:sameAs bio:JohnShakespeare .
```

owl:FunctionalProperty는 두 자원이 동일하다는 결론을 내리는 수단을 제공하지만, 대부분의 실제 데이터에서 두 개체가 동일하다는 것을 결정하는 일반적인 패턴은 아니다. 훨씬 더 일반적인 것은 다음에 다룰 owl:InverseFunctionalProperty와 밀접하게 관련된 개념이다.

역기능적 속성

어떤 사람들은 owl:InverseFunctionalProperty를 RDFS-Plus에서 가장 중요한 모델링 구성자로 생각한다. 특히 모델이 여러 정보원의 데이터를 관리하는 데 사용되는 상황에서 그렇다. 그게 사실이든 아니든 어떤 구성자의 유용성과 관련하여 가장 어려운 이름을 가지고 있다는 것만은 확실하다.

owl:InverseFunctionalProperty라는 이름은 밀접하게 관련된 owl:FunctionalProperty와 일치하도록 선택되었으며 실제로 owl:InverseFunctionalProperty를 단순히 owl:Functional Property의 역으로 생각할 수 있다. 따라서 math:hasSquare가 함수 속성이면 그 역인 math:hasSquareRoot는 역함수 속성이다.

도출될 수 있는 추론에서 이것은 정확히 무엇을 의미할까? owl:InverseFunctionalProperty 규칙은 owl:FunctionalProperty 규칙과 매우 유사하다.

```
CONSTRUCT {?a owl:sameAs ?b . }
WHERE {?p a owl:InverseFunctionalProperty .
       ?a ?p ?x .
       ?b ?p ?x . }
```

예를 들어, buriedAt 속성이 같은 곳에 두 사람을 매장할 수 없다는 것에 대한 충분히 구체적인 정의라면, owl:InverseFunctionalProperty로 선언할 수 있다. 다음과 같이 2개의 트리플을 지정하면,

```
spr:WilliamShakespeare :buriedAt :TrinityChancel .
lit:Shakespeare :buriedAt :TrinityChancel .
```

다음 사실을 추론할 수 있다.

```
* spr:WilliamShakespere owl:sameAs lit:Shakespeare .
```

owl:InverseFunctionalProperty는 관계형 데이터베이스의 키 필드와 유사한 역할을 한다. 키 필드가 둘 이상의 행에서 중복될 수 없는 것처럼 속성의 단일 값은 두 항목에서 공유될 수 없다. 관계형 데이터베이스의 경우와 달리 RDFS-Plus는 두 개체가 역함수 속성 값을 공유하면 오류 신호를 보내지 않는다. 대신 RDFS-Plus는 두 개체가 동일해야 한다고 추론한다. 고유하지 않은 이름 지정 가정 때문에 URI를 보는 것만으로는 두 개체가 구별된다는 것을 알 수 없다.

역함수 속성의 예는 매우 일반적이다. 모든 식별 번호(사회보장 번호, 직원 번호, 운전면허증 번호, 일련번호 등)는 역함수적 속성이다. 전체 이름이 역함수 속성일 때도 있지만 대부분의 응용 프로그램에서 중복된 이름(동일한 John Smith)은 전체 이름이 역함수 속성이 아니라는 게 일반적이다. 예를 들어 Boston Children's Hospital의 응용 프로그램에서 아기를 고유하게 식별할 수 있는 역함수 속성을 찾아야 했다(신생아에게는 사회보장 번호가 할당되지 않는다). 이때 추가된 점은 아기 어머니가 기억할 만큼 확실하거나 적어도 극도로 가능성이 높은 자산이어야 한다는 것이다. 바쁘게 돌아가는 병원에서 아기는 하루 중 어느 때고 태어나지만, 두 아기가 정확히 같은 시간에 태어나는 것이 상당히 드물기 때문에 출생 시각이 역함수적 속성으로 사용될 수 있었다. 그리고 모든 어머니는 아기가 언제 태어났는지 기억할 수 있었다.

이제 역함수적 속성이 있으므로 앞의 도전과제에 대한 솔루션을 내놓을 수 있다. 앞에서는 두 데이터베이스에서 개체의 전역 URI를 다음과 같은 일련의 owl:sameAs 트리플과 일치시켜 두 데이터베이스의 정보를 통합했다.

```
p:Product1 owl:sameAs mfg:Product4 .
p:Product2 owl:sameAs mfg:Product6 .
p:Product4 owl:sameAs mfg:Product3 .
p:Product5 owl:sameAs mfg:Product1 .
p:Product7 owl:sameAs mfg:Product5 .
p:Product8 owl:sameAs mfg:Product8 .
```

이 트리플을 얻은 후에는 제품을 중개자로 사용하여 시설과 도시를 상호 참조할 수 있었다. 하지만 이 트리플을 수동으로 직접 만들어야 했다.

도전과제 9-12 서로 다른 세트의 데이터 매칭

이미 단언된 데이터에서 적절한 owl:sameAs 트리플을 어떻게 추론할 수 있을까?

▶ 솔루션

이 문제의 해결 방식은 두 데이터 세트를 연결하기 위해 사용할 수 있는 역함수 속성을 찾는 것이다. [표 9-1]과 [표 9-2]를 살펴보면 모델 번호ModelNo라는 필드가 있다. 식별 번호의 모델 번호가 같으면 동일한 제품이다. 따라서 ModelNo를 역함수 속성으로 선언한다.

```
mfg:Product_ModelNo a owl:InverseFunctionalProperty .
```

어느 정도 문제를 해결했지만, 여전히 문제가 남아 있다. 각 데이터베이스에는 자체 ModelNo 속성이 있다. 이 트리플 중 하나는 3장의 데이터베이스에서 가져왔다. 이 장에는 다른 속성인 p:Product_ModelNo가 있으므로 더 통합할 수 있다. 다행히도 이 작업에 필요한 도구를 이미 가지고 있다. 이 두 속성이 동등하다고 기술하면 된다.

```
p:Product_ModelNo owl:equivalentProperty mfg:Product_ModelNo
```

이런 일을 어떤 순서로 하는지는 중요하지 않다. owl:equivalentProperty는 대칭이기 때문에 주어와 목적어를 뒤바꾸어 트리플을 쓸 수 있으며, 추론에는 차이가 없다. 이러한 추론이 어떻게 전개되는지 살펴보자. 두 데이터 정보원에서 단언된 트리플로 시작하여 추론된 트리플로 진행한다.

```
p:Product1 p:Product_ModelNo "B-1430" .
p:Product2 p:Product_ModelNo "B-1431" .
p:Product3 p:Product_ModelNo "M13-P" .
```

```
p:Product4 p:Product_ModelNo "ZX-3S" .
p:Product5 p:Product_ModelNo "ZX-3" .
p:Product6 p:Product_ModelNo "TC-43" .
p:Product7 p:Product_ModelNo "B-1430X" .
p:Product8 p:Product_ModelNo "SP-1234" .
p:Product9 p:Product_ModelNo "1180-M" .
mfg:Product1 mfg:Product_ModelNo "ZX-3" .
mfg:Product2 mfg:Product_ModelNo "ZX-3P" .
mfg:Product3 mfg:Product_ModelNo "ZX-3S" .
mfg:Product4 mfg:Product_ModelNo "B-1430" .
mfg:Product5 mfg:Product_ModelNo "B-1430X" .
mfg:Product6 mfg:Product_ModelNo "B-1431" .
mfg:Product7 mfg:Product_ModelNo "DBB-12" .
mfg:Product8 mfg:Product_ModelNo "SP-1234" .
mfg:Product9 mfg:Product_ModelNo "SPX-1234" .
p:Product1 mfg:Product_ModelNo "B-1430" .
p:Product2 mfg:Product_ModelNo "B-1431" .
p:Product3 mfg:Product_ModelNo "M13-P" .
p:Product4 mfg:Product_ModelNo "ZX-3S" .
p:Product5 mfg:Product_ModelNo "ZX-3" .
p:Product6 mfg:Product_ModelNo "TC-43" .
p:Product7 mfg:Product_ModelNo "B-1430X" .
p:Product8 mfg:Product_ModelNo "SP-1234" .
p:Product9 mfg:Product_ModelNo "1180-M" .
p:Product1 owl:sameAs mfg:Product4 .
p:Product2 owl:sameAs mfg:Product6 .
p:Product4 owl:sameAs mfg:Product3 .
p:Product5 owl:sameAs mfg:Product1 .
p:Product7 owl:sameAs mfg:Product5 .
p:Product8 owl:sameAs mfg:Product8 .
```

마지막 6개의 트리플은 정확히 도전과제를 완료하는 데 필요한 owl:sameAs 트리플이다.

---

owl:InverseFunctionalProperty는 이와 같은 예에서 잘 작동하지만, 대부분의 실제 데이터 통합 상황은 불확실성이 클 뿐 아니라 여러 속성을 포함하는 더욱 정교한 식별 체계에 의존한다. 같은 병원에서 똑같은 시간에 두 명의 아기가 태어난 사례를 생각해보라. 이 문제는 16.2절에서 살펴볼 OWL 속성의 조합을 사용하여 해결할 수 있다.

OWL은 두 개체가 동일한지 여부를 결정하는 몇 가지 기능을 제공하지만, 사실 시맨틱 웹 모델의 역할은 아니다. 통계 모델과 딥 러닝 모델의 가용성이 커지면서 두 개체가 동일한 항목을 참조하는지 여부를 결정하는 방법은 매우 다양해졌다. 시맨틱 웹의 힘은 이것을 결정하는 더 나은 방법, 심지어는 아주 좋은 방법을 가지고 있다는 데 있지 않다. 시맨틱 웹의 힘은 일단 무언가 결정되면 이를 기록하는 정확하고 분산된 방법을 제공하여 다른 상황에서도 사용할 수 있도록 한다는 데 있다.

기능적 속성과 역기능적 속성의 결합

단일 속성으로 owl:FunctionalProperty와 owl:InverseFunctionalProperty 모두 가능하고 종종 매우 유용하다. 속성이 이 두 클래스에 모두 있으면 사실상 일대일 속성이 된다. 즉, 한 개체에서 그 속성에 대한 정확한 하나의 값이 있으며 그 반대의 경우도 마찬가지다. 식별 번호의 경우, 일반적으로 다음과 같은 도전과제에서도 알 수 있듯이 속성이 일대일인 것이 바람직하다.

도전과제 9-13 식별 번호

대학생들에게 식별 번호를 할당한다고 가정해보자. 이 식별 번호는 수업 결과(등급)와 청구 정보를 할당하는 데 사용된다.

두 명의 학생이 식별 번호를 공유해서는 안 되며 한 학생도 2개 이상의 식별 번호를 가질 수 없다. RDFS-Plus에서 이 상황을 어떻게 모델링할까?

▶ 솔루션

정의역과 공역이 다음과 같이 정의되도록 각 학생과 숫자를 연결하는 속성 hasIdentityNo를 정의한다.

```
:hasIdentityNo rdfs:domain :Student .
:hasIdentityNo rdfs:range xsd:Integer .
```

또한 다음과 같이 기술함으로써 고유성 속성을 적용할 수 있다.

```
:hasIdentityNo a owl:FunctionalProperty .
:hasIdentityNo a owl:InverseFunctionalProperty .
```

이제 ID 번호를 공유하는 두 학생은 InverseFunctional이므로 동일해야 한다. 또한 각 학생은 함수적으로 최대 하나의 ID 번호를 가질 수 있다.

요약하면 이러한 속성을 사용할 수 있는 몇 가지 방법이 있다.

- **함수 전용**: hasMother는 함수 속성이다. 누구든 어머니는 정확히 한 명이지만, 많은 사람이 동일한 어머니를 공유할 수 있다.
- **역함수 전용**: hasDiary는 역함수 속성이다. 한 사람이 여러 권의 일기장을 가질 수 있지만 일기는 협력하여 쓰지 않는 것이 본질이다. 일기는 한 사람만 작성한다.
- **함수와 역함수**: taxID는 역함수적인 동시에 함수적이다. 각 사람에게는 정확히 하나의 taxID가 있고 각 taxID에 해당하는 개인은 정확히 한 명이다.

9.6 몇 가지 추가 구성

RDFS-Plus는 RDFS를 넘어 좀 더 확장된 어휘를 제공하지만, 이러한 확장은 언어의 적용 범위를 크게 증가시킨다. 지금까지 새로운 어휘가 RDFS의 기능과 상호작용하여 보다 풍부한 모델링 환경을 제공하는 방법을 살펴보았다. owl:inverseOf는 rdfs:subClassOf와 결합해서 기존 데이터 스키마에서 호환되지 않는 속성을 정렬할 수 있다. owl:TransitiveProperty는 여러 새로운 조합에서 rdfs:subPropertyOf와 결합되어 개체 체인 간의 다양한 관계를 모델링할 수 있다.

시맨틱 웹 관점에서 가장 적용 가능한 확장은 서로 다른 개체의 동일성을 다루는 확장이다. 특히 sameAs, FunctionalProperty, InverseFunctionalProperty는 OWL 모델러에게 여러 정보원의 정보가 분산된 정보 웹에서 통합되는 방법을 설명하는 수단을 제공한다.

OWL은 모델에 의미를 제공하지는 않지만 몇 가지 유용한 원칙을 제공하고 모델을 표시할 때 다양한 편집 도구를 활용할 수 있는 정보를 제공한다. 예를 들어, 특정 주어에 대해 일부 속성이 취하는 값을 표시할 때 그래픽 사용자 인터페이스GUI 디스플레이가 목적어에 대한 링크이거나 특정 데이터 유형에 대한 위젯이어야 할까? 이를 올바르게 수행하는 도구는 직관적이고 사용하기 쉽고 어색하지 않아야 한다. 따라서 OWL은 도구가 이를 분류하는 데 도움이 되는 속성을 설명하는 방법을 제공한다. 이것은 OWL에서 owl:DatatypeProperty와 owl:ObjectProperty를 구별하여 수행된다.

RDF에서 트리플은 항상 주어와 술어에 해당하는 자원을 갖지만 다른 자원을 목적어로 갖거나 일부 XML 데이터 유형의 데이터 항목을 가질 수 있다. 앞서 이 두 가지에 대한 많은 예를 살펴보았다.

```
ship:QEII ship:maidenVoyage "May 2, 1969" .
mfg:Product1 mfg:Product_SKU "FB3524" .
:AnneHathaway bio:married lit:Shakespeare .
:GraduallyMix :inSameRecipe :BeatEggs .
spr:Susanna spr:hasFather spr:WilliamShakspere .
```

현재 OWL을 다루는 대부분의 도구는 구별distinction을 선호한다. 이 경우 ship:maidenVoyage와 mfg:Product_SKU는 데이터 유형 속성이고 bio:married, inSameRecipe, spr:hasFather는 객체 속성이다. 트리플에서는 다음과 같이 기술한다.

```
ship:maidenVoyage a owl:DatatypeProperty .
mfg:Product_SKU a owl:DatatypeProperty .
bio:married a owl:ObjectProperty .
:inSameRecipe a owl:ObjectProperty .
spr:hasFather a owl:ObjectProperty .
```

OWL에서 만들어진 또 다른 차이점은 rdfs:Class와 owl:Class의 차이다. 8장에서 RDF에서 스키마 정보를 표현할 수 있는 수단으로 rdfs:Class의 개념을 소개했다. 그리고 역, 하위 속성, 추이성 등과 같은 다양한 '스키마 유사' 구조를 소개했다. 또한 OWL은 rdfs:Class의 특별한 경우로 owl:Class를 제공한다. OWL은 RDFS를 기반으로 하기 때문에 owl:Class의 모든 원소가 rdfs:Class의 원소라고 표현함으로써 owl:Class를 rdfs:Class와 역으로 호환시키는 것은 쉬운 문제였다. 이 진술은 RDFS에서 표현할 수 있기 때문에 진술문으로 작성할 필요가 없다. 특히 OWL 사양은 다음과 같이 규정하고 있다.

```
owl:Class rdfs:subClassOf rdfs:Class .
```

대부분의 모델링 도구는 OWL 모델에서 사용되는 클래스가 owl:Class의 원소라고 선언하고 있다. 이 장에서는 제공한 모델링 예제에 이 수준의 세부 사항이 필요하지 않았기 때문에 이러한 클래스 선언을 생략했다. 이 장의 예에는 다음과 같은 설명이 포함되어 있다.

```
:Food a owl:Class .
:BakedGood a owl:Class .
:Confectionary a owl:Class .
:PackagedFood a owl:Class .
:PreparedFood a owl:Class .
:ProcessedFood a owl:Class .
mfg:Product a owl:Class .
p:Product a owl:Class .
```

9.7 이 장을 마치며

RDFS-Plus의 구성자는 OWL 구성자의 하위 집합이다. 이 하위 집합은 시맨틱 웹에서 모델링에 상당한 유연성을 제공한다. 다음 장에서는 대규모 시맨틱 웹 프로젝트에서 RDFS-Plus가 사용되는 방법과 관련하여 몇 가지 예를 살펴보겠다. 이 집합의 구성에 대해 요약하면 다음과 같다.

주요 개념

- rdfs:subClassOf – 하위 클래스의 원소도 슈퍼 클래스의 원소다.
- rdfs:subPropertyOf – 하위 속성으로 설명되는 관계는 상위 속성에도 적용된다.
- rdfs:domain – 트리플의 주어가 술어의 정의역으로 분류된다.
- rdfs:range – 트리플 목적어가 조건자의 공역으로 분류된다.

주석 속성

- rdfs:label – 추론적 의미가 없는 인쇄 가능한 이름이다.
- rdfs:comment – 추론적 의미가 없는 독자를 위한 정보다.

OWL 특징-동등성

- equivalentClass – 각 클래스의 원소는 다른 클래스의 원소도 된다.
- equivalentProperty – 각 속성에 대해 유지되는 관계는 다른 속성에도 유지된다.
- sameAs – 한 인스턴스에 대한 모든 진술문이 다른 인스턴스에 대해 유지된다.
- inverseOf – 주어와 목적어를 교환한다.
- TransitiveProperty – 관계 체인이 단일 관계로 축소된다.
- SymmetricProperty – 고유한 역속성이다.
- FunctionalProperty – 목적어로 하나의 값만 허용된다.
- InverseFunctionalProperty – 주어로 하나의 값만 허용된다.
- ObjectProperty – 속성은 자원을 개체로 가질 수 있다.
- DatatypeProperty – 속성은 데이터 값을 개체로 가질 수 있다.

CHAPTER 10

실무에서 RDFS-Plus 사용하기

여러 정보원의 정보를 동적이고 유연한 방식으로 통합하기 위해 RDFS Resource Description Framework Schema-Plus 모델링을 사용한 예를 소개했다. 이 장은 RDFS-Plus 구성자의 세 가지 사용 예를 설명한다. RDFS-Plus의 모든 응용 프로그램은 다양한 분야에서 많은 사용자 커뮤니티에 의해 폭넓게 사용되고 있다. RDFS-Plus 구성자는 종종 다른 방식으로 사용된다. 이런 사례는 RDF, RDFS, 웹 온톨로지 언어에 직접적으로 공헌하지 않은 그룹에 의해 구축되었지만, 모두 RDF 애플리케이션이다.

여기서 다룰 세 가지 예에서 RDFS로 표현된 모델은 웹에 배포되는 데이터를 설명하는 데 사용된다. 각각의 예에서 하나 이상의 애플리케이션이 이 데이터를 사용하여 일부 사용자 커뮤니티에 가치 있는 서비스를 제공한다. 이미 4.1절에서 첫 번째 애플리케이션인 Schema.org [Guha 등, 2016]를 소개한 바 있다. Schema.org는 구글Google, 마이크로소프트Microsoft, 야후Yahoo, 얀덱스Yandex에서 웹 페이지에 포함된 데이터를 설명하는 데 사용된다. 이 데이터는 검색 엔진 결과를 최적화하고 리치 스니펫을 제공하는 데 사용되며, 더욱 정교한 애플리케이션에 사용될 수 있다.

두 번째 애플리케이션인 Data.gov(http://data.gov)는 미국 정부가 공개 정보를 게시하기 위해 만든 노력의 결과물이다. Data.gov에는 수십만 개의 데이터 세트가 있다. 수백 개의 데이터 세트는 RDF에서 사용할 수 있고, 더 많은 데이터 세트가 변환되고 있다. Data.gov는 데이터 광야의 훌륭한 예로, 게시된 데이터 세트는 다양한 소스 형식과 수집 방법론에서 비롯되어 특이한 데이터 표현을 제공한다. Data.gov는 RDFS와 SPARQL 같은 기술이 정부의 데이터를 처리하는 데 어떻게 유용한 역할을 할 수 있는지 보여준다.

세 번째 애플리케이션은 '친구의 친구'에 대한 FOAFFriend of a Friend다. FOAF는 사람, 사람 사이의 연결, 사람들의 활동을 기계가 읽을 수 있게 기술하고 활용하는 데 초점을 맞춘 프로젝트다. RDF를 기반으로 하지만 원래는 RDFS 또는 OWL에 대한 약속이 없었다. 프로젝트 요구 사항에는 분산화와 웹 유사성과 같은 특성이 있기 때문에 FOAF는 기본적으로 RDF를 기반으로 했다. 프로젝트가 발전함에 따라 다양한 자원 간의 관계를 공식적인 방식으로 설명할 필요가 생겼으며, 이는 RDFS와 RDFS-Plus로 이어졌다.

이 장에서는 이러한 각각의 노력을 설명하고 이전 장에서 소개한 RDFS-Plus 구조의 사용 방법을 설명한다.

10.1 Schema.org

웹 페이지의 내용, 주제, 작성자, 컨텍스트는 일반적으로 사람이 쉽게 이해할 수 있지만 웹 페이지에 포함된 데이터는 정해진 마크업을 포함하지 않으면 추출하기 어렵다. Schema.org는 구글, 마이크로소프트, 야후, 얀덱스가 웹 페이지에 구조화된 데이터를 포함시키기 위해 공유 온톨로지를 제공한다는 목표 아래 시작한 공동 이니셔티브(계획)다. 4.1절에서 RDFa, Microdata, JSON-LD와 같은 형식을 사용하여 웹 페이지에 RDF를 삽입하고 리치 스니펫과 향상된 검색엔진 최적화와 같은 고급 데이터 애플리케이션을 제공하는 방법을 살펴보았다. 그러나 데이터 애플리케이션은 해당 데이터에 대한 일종의 공유된 어휘shared vocabulary 없이 작업을 수행할 수 없다. Schema.org는 이 공유 어휘를 위한 중심 위치를 제공한다.

수백만 사이트가 Schema.org의 온톨로지를 사용하여 페이지를 마크업하고 애플리케이션에서 검색과 사용자 경험을 개선한다. 웹 페이지의 마크업은 주요 검색엔진의 영향을 받지만, 포함된 데이터는 모든 웹 애플리케이션에서 사용할 수 있다. RDFa, Microdata, JSON-LD와 같은 표준 구문과 스키마가 주요 검색엔진에서 지원됨에 따라 구조화된 데이터가 있는 웹 페이지의 마크업이 널리 확산되었다. RDFa, JSON-LD는 W3CWorld Wide Web Consortium에 의해 표준화되어 누구나 자신의 애플리케이션에서 데이터를 재사용할 수 있다.

Schema.org의 클래스 계층은 웹 페이지를 기술할 수 있는 항목을 포함한다. 일반적으로 사용되는 클래스에는 사람, 이벤트, 조직, 장소, 창작물, 페이지에 포함된 텍스트가 아닌 개체(이미지, 비디오, 오디오), 제품, 제안, 리뷰, 평가, 작업(검색 거래, 업데이트 등)이 포함된다. 4장에서는 검색엔진에서 '리치 스니펫'의 사용 방법을 살펴보았다. [그림 10-1]은 이 예를 다시 보여준다. [그림 10-1]의 (a)에 표시된 리치 스니펫을 남성 넥타이에 대한 제품 페이지에서 마크업하려면 어떻게 해야 할까?

Buffalo Wild Tie
http://www.example.com/products/Buffalo_tie
★ ★ ★ ★ ★ Rating: 5 $39.95 In Stock
Four color plaid background in an extra skinny Buffalo style makes this tie stand out in a cr....

(a) 리치 스니펫 포함

Blue tie made in USA
http://www.example.com/products/solid_turquoise_tie
While I call this my solid turquoise tie, the fabric has a sheen to it that makes the colors...

(b) 리치 스니펫 미포함

그림 10-1 2개의 검색 결과

Schema.org의 네임스페이스는 http://schema.org이고, 접두사 schema:를 사용한다. Schema.org는 schema:Product라는 클래스를 정의하고 있다. Schema.org의 모든 클래스는 해당 클래스에 대한 설명을 제공한다. 웹 브라우저에 http://schema.org/Product를 입력하면 제품과 함께 사용할 수 있는 속성을 설명하는 페이지와 예제 마크업이 표시된다. 이 예제에서 넥타이를 bnb:Buffalo라고 부르기로 하자. 제품에 대한 이름을 포함하는 가장 간단한 트리플은 다음과 같다.

```
bnb:Buffalo a schema:Product ;
          schema:name "Buffalo Plaid Tie - Blade and Blue" .
```

지금까지 페이지 제목 이외의 정보는 제공하지 않았다. 항목의 가격이나 재고 여부를 어떻게 알 수 있을까?

Schema.org에서 제품 또는 서비스에 대한 판매 제안은 schema:Offer로 표현된다. 따라서 가격, 가용성은 schema:Offer로 표현할 수 있다. 대괄호([ ])를 써서 빈 노드를 여러 트리플에 대한 주어로 표현할 수 있다(3.9절 참고). Offer는 빈 노드로 표시된다. Offer는 schema:offers 속성으로 Product와 연결된다.

```
bnb:Buffalo a schema:Product ;
    schema:name "Buffalo Plaid Tie - Blade and Blue"@en ;
    schema:offers [ a schema:Offer ;
            schema:availability schema:InStock ;
            schema:price "49" ;
            schema:priceCurrency "USD"@en ] .
```

Offer는 모든 요금과 사용 가능 여부에 대한 정보를 가지고 있다. 구글 검색엔진처럼 애플리케이션에 따라 이 정보를 활용하는 방법은 다를 수 있다. [그림 4-1]에서 리치 스니펫은 검색 결과의 이름 바로 아래에 표시된다. 리뷰와 등급도 비슷한 방식으로 관리된다.

Schema.org의 온톨로지는 계속 성장하고 있다. 2012년에 Good Relations 온톨로지는 Schema.org에 통합되어 제품, 서비스, 오퍼링에 대한 자세한 설명을 제공하고 있다. Good Relations의 어휘를 사용해 Schema.org 사용 방법을 예를 들어 살펴보자.

예제 10-1 플러시 뷰티 바

Plush Beauty Bar[1]라는 데이 스파의 예를 들어보겠다. Plush가 Schema.org를 사용하여 고객이 제품에 대해 더 잘 알 수 있게 하는 방법을 살펴보겠다. 이 예의 특정 정보는 교육 목적으로만 사용되며 Plush Beauty Bar에서 제공하는 실제 제품과 일치하지 않는다. 또한 Plush Beauty Bar에서 정의한 모든 자원에 대해 네임스페이스 접두사 plush:를 사용한다.

Plush에 대한 기술은 사업체 자체인 Plush Beauty Bar로 시작한다. Plush는 마사지를 포함한 여러 서비스를 제공하는 업체다.

```
plush:BeautyBar a schema:DaySpa ;
            schema:makesOffer plush:Offer1 ;
            schema:makesOffer plush:Offer2 ;
            schema:makesOffer plush:Offer3 ;
plush:Offer1 rdfs:label "Hour and a half massage " .
...
```

1 저자주: 웨스트 할리우드에 있었던 데이 스파의 실제 예를 기반으로 한다. 이 데이 스파는 현재 운영되고 있지 않다.

물론 Plush의 서비스는 가격이 책정되어 있고 Schema.org에서 이런 정보를 기술할 수 있다. 이로 인해 모델링 문제가 발생한다. 예를 들어 :cost 속성은 오퍼링을 숫자와 관련시켜 가격을 지정할 수 있다. 그러나 비즈니스에서 비용은 숫자, 통화를 포함할 수 있어 오퍼링과 가격 사이의 비용 관계에 대해 더 많은 정보를 입력해야 한다. 이 문제는 Schema.org에서 가격 관련 전체 설명에 대해 UnitPriceSpecification이라는 클래스를 정의하여 해결한다. 앞의 예를 Plush가 마사지 가격을 설명하는 방법으로 살펴보자.

```
plush:Offer1 a schema:Offer ;
    schema:priceSpecification plush:PriceSpec1 ;
    rdfs:label "Hour and a half massage" .
plush:PriceSpec1 a schema:UnitPriceSpecification ;
    schema:price "80.0" ;
    schema:priceCurrency "USD" .
```

마사지 가격은 80달러[US]다.

이 오퍼링은 특정 서비스를 위한 것이다. 아직 서비스 자체에 대해 설명하지 않았지만 제품의 가격과 레이블이 표현되어 있다. 오퍼링에는 1시간 30분 동안 지속되는 마사지가 들어 있다. 제공해야 할 서비스 유형인 마사지를 설명하는 예를 살펴보자.

```
plush:Massage a schema:Service ;
    rdfs:label "Relaxing Massage" .
```

이제 1시간 30분 동안 지속되는 마사지를 표현할 수 있다. 이것을 schema:TypeAndQuantityNode라고 하며, 이름에서 알 수 있듯이 유형과 수량을 단일 노드로 참조한다. 따라서 1시간 30분 동안 이어지는 마사지는 다음과 같다.

```
plush:Massage1_5 a schema:TypeAndQuantityNode ;
    schema:amountOfThisGood "1.5" ;
    schema:unitCode unit:HR ;
    schema:typeOfGood plush:Massage .
```

'1 시간 반'이라는 개념은 schema:unitCode를 사용하여 단위를 지정하고 schema:amountOfThisGood을 사용하여 해당 단위의 양을 지정하여 표현한다. 단위는 다른 CURIE[Compact Uniform Resource Identifier], units:HR을 참조하여 지정된다. units:namespace는 http://qudt.org/vocab/unit/의 약자로 QUDT[Quantities, Units, Dimensions, Types] 온톨로지를 참조한다. 이에 대해서는 14.2절에서 자세히 살펴볼 것이다.

마지막으로 1시간 30분 동안 지속되는 마사지를 포함해 80달러의 가격으로 모든 것을 제공할 수 있다. 데이터는 [그림 10-2]의 Turtle과 [그림 10-3]의 그래프로 표시된다.

```
plush:BeautyBar a schema:DaySpa ;
    schema:makeOffer plush:Offer1 .
plush:Offer1 a schema:Offer ;
    schema:priceSpecification plush:PriceSpec1 ;
    schema:includesObject plush:Massage1_5 ;
    rdfs:label "Hour and a half massage" .
plush:PriceSpec1 a schema:UnitPriceSpecification ;
    schema:price "80.0" ;
    schema:priceCurrency "USD" .
plush:Massage1_5 a schema:TypeAndQuantityNode ;
    schema:amountOfThisGood "1.5" ;
    schema:unitCode unit:HR ;
    schema:typeOfGood plush:Massage .
plush:Massage a schema:Service ;
    rdfs:label "Relaxing Massage" .
```

그림 10-2 Plush Beauty Bar에서 80달러에 1시간 30분 동안 마사지를 제공하는 전체 예

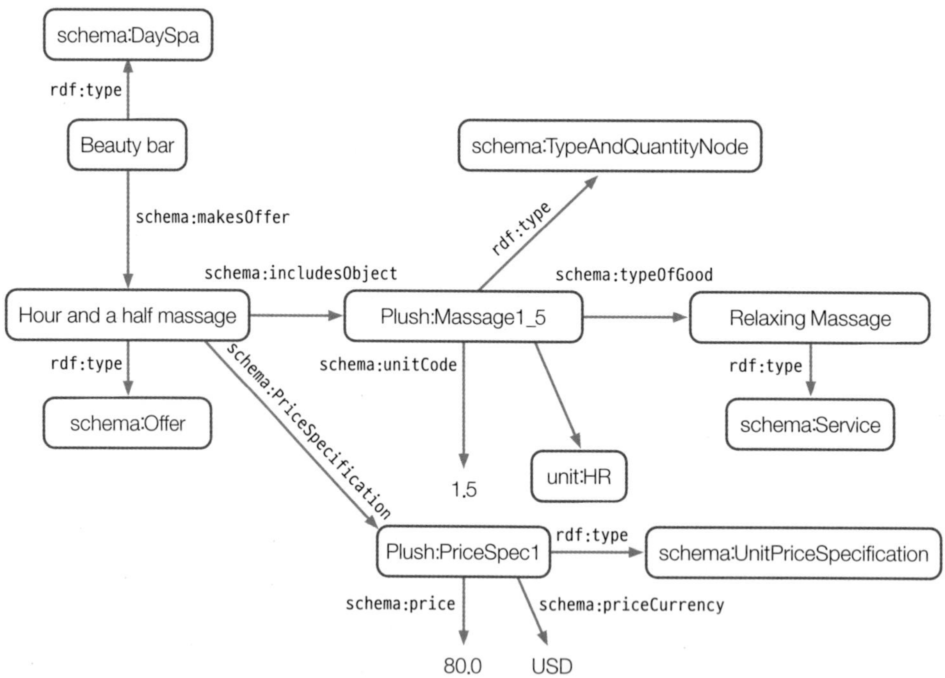

그림 10-3 Plush의 마사지 제품에 대한 정보(그래프 형식으로 표시)

'100달러 미만의 서비스 이름 표시'와 같은 정보는 SPARQL을 사용하여 다음 질의로 구성할 수 있다.

질의 10-1 100달러 미만의 서비스

```
SELECT ?service
WHERE {
   plush:BeautyBar schema:makesOffer ?offer .
   ?offer schema:priceSpecification ?amount .
   ?amount schema:priceCurrency "USD" ;
           schema:price ?price .
   ?offer schema:includesObject ?node .
   ?node schema:typeOfGood ?type .
   ?type rdfs:label ?service .
   FILTER( xsd:decimal(?price) < 100)
}
```

[질의 10-1]은 해당 가격대의 모든 서비스를 결과로 반환한다. 이러한 종류의 질의를 지원하는 데이터는 일반적으로 사람이 읽을 수 있는 형식으로 웹 페이지에 게시되지만 Schema.org의 용어가 포함된 주석을 사용하면 자동으로 필터링할 수 있다.

Schema.org에서 모델링하기

이 글을 쓰는 시점에 Schema.org에는 약 600개의 클래스와 약 900개의 속성이 포함되어 있다. Schema.org는 개방형 커뮤니티 협업 프로세스를 통해 유지되기 때문에 어휘 규모는 계속 증가하고 있다.

Schema.org의 클래스는 rdfs:Class로 표시된다. 위에서 살펴본 예는 [그림 10-4]와 같이 몇 가지 클래스 정의가 필요하다. 클래스 정의에는 RDFS의 간단한 개념, 특히 rdfs:subClassOf를 사용한다. 클래스의 원소를 설명하는 데 사용할 수 있는 속성이나 사용해야 하는 속성에 대한 표시는 제공하지 않는다.

```
schema:DaySpa
    rdf:type rdfs:Class ;
    rdfs:label "Day Spa" ;
    rdfs:subClassOf schema:HealthAndBeautyBusiness .

schema:Offer
    rdf:type rdfs:Class ;
    rdfs:label "Offer" .

schema:Service
    rdf:type rdfs:Class ;
    rdfs:label "Service" .

schema:TypeAndQuantityNode
    rdf:type rdfs:Class ;
    rdfs:label "TypeAndQuantity Node" ;
    rdfs:subClassOf schema:StructuredValue .

schema:UnitPriceSpecification
    rdf:type rdfs:Class ;
    rdfs:label "UnitPriceSpecification" ;
    rdfs:subClassOf schema:PriceSpecification .
```

그림 10-4 Plush 예제에서 사용된 간단한 클래스 정의[Guha et al. 2016]

일반적으로 RDFS는 rdfs:domain을 사용하여 클래스와 클래스에 사용할 것으로 예상되는 속성 간의 관계를 나타내고 rdfs:range를 사용하여 해당 속성에 대한 기댓값 유형을 나타낸다. 8.5절에서 살펴본 것처럼, RDFS에서 여러 정의역(또는 공역)을 선언한다는 것은 정의역의 교집합을 효과적으로 표현한다는 의미다. 8.3절에서 보았듯이, RDFS는 합집합 관계를 나타낼 수 있고, 개별 합집합에 대한 특수 클래스를 만드는 것이 포함되었다. Schema.org의 요구 사항은 클래스를 정의역(또는 공역)으로 지정할 수 있고 실제 정의역(공역)이 지정된 모든 클래스의 합집합이 되도록 하는 것이다. 이러한 이유로 Schema.org는 자체 속성인 schema:domainIncludes와 schema:rangeIncludes를 정의한다. 이 속성은 rdfs:domain과 rdfs:range처럼 사용되지만 그 의미는 (이름에서 제안한 대로) 속성의 실제 정의역에 지정된 클래스가 포함된다는 것이다.

예를 들어 [그림 10-2]의 schema:unitCode 속성은 Schema.org가 일부 복합 값의 단위를 참조하는 방법을 보여준다. 이 예에서 측정 단위(1.5시간)가 지정되었지만, 다른 종류의 항목에 대한 단위를 지정할 수도 있다(예: schema:UnitPriceSpecification). Schema.org에서 다음과 같이 정의역에 대한 2개의 트리플로 처리된다.

```
schema:unitCode
    rdf:type rdf:Property ;
    schema:domainIncludes schema:TypeAndQuantityNode ;
    schema:domainIncludes schema:UnitPriceSpecification .
```

이것은 Schema.org에서 unitCode 속성이 모든 TypeAndQuantityNode와 모든 UnitPriceSpecification에 대해 사용될 수 있음을 의미한다. Schema.org의 의미론에 대한 전체적인 분석은 이 책이 범위를 벗어난다. 이 주제는 [Patell-Schneider 2014]에서 매우 자세하게 다루고 있다.

Schema.org 의미론

Schema.org는 RDFS의 rdfs:domain과 rdfs:range 속성 대신 schema:domainIncludes와 schema:rangeIncludes를 사용하여 자체 모델링 언어를 만들기로 결정했다. 이 결정의 결과는 무엇일까?

RDFS는 메타데이터 배포를 염두에 두고 설계되었다. 예를 들어 금융에서 'principal'이라는 단어는 매우 다른 두 가지 의미를 갖고 있다. 하나는 부채, 즉 빌린 금액을 말한다. 모기지나 대출을 받을 때 빌리는 금액을 '원금'이라고 한다. 그러나 보다 일반적으로는 계약 환경에서 '본인'으로 지칭되는 계약 당사자를 가리킨다. 즉, 계약의 주요 당사자를 말한다(계약에 이름이 지정된 여러 비당사자가 있을 수 있음). 이 용어들 사이에 혼동 가능성이 있다.

시맨틱 웹에서는 URI를 사용하여 속성뿐 아니라 다른 모든 사물을 표시한다. hasPrincipal이라는 속성을 사용하는 2개의 데이터 세트가 있고, 각 데이터 세트가 사용되는 방법을 확인한다고 가정해보자. 정보원 1과 2의 사용법에 대해 각각 s1:hasPrincipal과 s2:hasPrincipal이라고 정의한다. 물론 각각의 사용 방법을 일부 보여주는 영어 문서가 있지만 기계로는 읽을 수 없다. 그러나 데이터 정보원이 다음과 같이 속성에 대해 기계 판독할 수 있는 모델링 정보를 제공한다고 가정해보자.

```
s1:hasPrincipal rdfs:range fibo:MonetaryAmount .
s2:hasPrincipal rdfs:range fibo:ContractParty .
```

fibo: 네임스페이스는 금융에 대한 표준 온톨로지를 참조하고 있다(14.4절에서 자세히 설명한다). FIBO[Financial Industry Business Ontology]는 금융 용어에 대한 참조를 제공한다.

s1:hasPrincipal은 s1의 데이터 세트에서 해당 속성이 사용될 때마다 금액이라는 값을 참조한다. 따라서 s1:hasPrincipal은 부채의 금액을 참조한다고 결론 낼 수 있다. 값이 항상 fibo:MonetaryAmount 클래스의 원소라는 결론은 8.2절에서 살펴본 rdfs:range의 정의에 해당한다. 비슷한 주석이 s2:hasPrincipal에 적용된다. RDFS의 의미론과 함께 메타데이터 진술문을 주장함으로써, 정보원 s1과 s2는 데이터를 재사용하려는 사람들(즉, 우리)이 데이터를 사용하는 방법을 명확하게 전달한다. 이러한 진술은 열린 세계 가정에도 여전히 적용된다. s1:hasPrincipal에 대해 자세히 알아볼수록 이 속성 값이 fibo:MonetaryAmount가 된다는 것을 알게 될 것이다. 이제 s1과 s2가 schema:rangeIncludes를 사용하여 이 속성을 모델링했다고 가정해보자.

```
s1:hasPrincipal schema:rangeIncludes fibo:MonetaryAmount .
s2:hasPrincipal schema:rangeIncludes fibo:ContractParty .
```

이제 어떤 결론을 내릴 수 있을까? 앞에서처럼 s1:hasPrincipal은 계약의 주 당사자가 아닌 부채 금액을 의미한다고 결론 내려고 한다. 이것을 추론할 수 있을까? schema:domainIncludes는 이 데이터 세트에서 s1:hasPrincipal 속성을 사용할 때마다 해당 속성 값이 fibo:Monetary Amount 또는 다른 것임을 알려준다. 모델이 배포된 경우, 이 모델이 있는 어떤 곳에서든, 심지어 웹상의 어떤 곳에서든 지정될 수 있다. 사실상 이 진술문에서는 어떤 것도 결론을 내릴 수 없다. fibo:MonetaryAmount일 수도 있고 fibo:ContractParty일 수도 있고, schema:Offer와 같이 전혀 언급하지 않은 것일 수도 있다. 이 시점에서 도출할 수 있는 결론은 없다.

RDFS가 정의된 방식인 분산 메타데이터 관점에서 rdfs:range가 더 많은 정보를 제공한다는 것이 분명하다. 그러나 모든 메타데이터를 한 곳에서 액세스할 수 있는 마스터 데이터 모델링 관점에서 schema:rangeIncludes가 훨씬 더 실용적이다. 열린 세계 가정에도 불구하고, 모델러가 사실로 유지될 모호하지 않은 진술을 할 필요는 없다. 모델러는 속성에 대해 알고 있는 모든 유효한 사용을 수집하고 각각 schema:rangeIncludes를 사용하여 추가할 수 있다. s1의 메타데이터 사용자로서 s1:hasPrincipal에 대해 알아야 할 모든 것을 보았음을 알 수 있다면 schema:rangeIncludes에서 결론을 도출할 수 있다. 이 예에서는 s1:hasPrincipal에 대해 더 이상 정의하는 트리플이 없음을 알고 있으므로 문제의 주체가 fibo:MonetaryAmount라고 결론을 내릴 수 있다.

Schema.org 요약

Schema.org는 웹 콘텐츠 제공자가 비즈니스 제공 항목을 설명하기 위해 웹 페이지를 마크업할 수 있는 방법을 제공한다. Schema.org는 RDFS의 모델링 구조를 기반으로 하며 사용자가 Schema.org와 외부 어휘를 참조할 수 있게 함으로써 시맨틱 웹에 참여한다(예제에서는 QUDT와 FIBO에서 정의한 자원을 참조했다).

현재까지 Schema.org의 주요 용도는 검색엔진 최적화와 리치 스니펫이지만 웹상의 데이터를 참조하려는 챗봇과 개인 비서 같은 모든 애플리케이션은 Schema.org 마크업을 활용할 수 있다.

Schema.org는 웹 개발자를 염두에 두고 설계되었으므로 웹 사이트를 유지·관리하는 경우 Schema.org를 사용하여 쉽게 마크업할 수 있다. Schema.org에서 데이터를 모델링한 후 (이 장의 예에 따라) RDFa, Microdata(4.1절) 또는 JSON-LD(3.8절) 형식을 사용하여 웹 페이지에 데이터를 포함시킬 수 있다. https://search.google.com/structured-data/testing-tool의 Google Structured Data Testing Tool 또는 https://www.w3.org/2012/pyRdfa/의 W3C RDFa distiller를 사용하여 Schema.org에서 어떤 의미인지 확인할 수 있다.

10.2 열린 정부 데이터

2009년에 미국 정부는 공공 데이터를 공개하고 액세스할 수 있도록 하겠다는 공약을 발표했다. 이전에는 정보가 인포그래픽, 원형 차트, 타임 라인과 같은 시각화가 포함된 보고서 형식으로 게시되는 것이 일반적이었다. 그 결과, 사람은 인쇄하고 읽을 수 있지만 컴퓨터로 처리하기가 매우 어려웠다. Data.gov는 컴퓨터에서 읽을 수 있는 다양한 형식으로 수십만 개의 데이터 세트를 제공한다. 모든 데이터 세트의 메타데이터와 그중 500개 이상의 콘텐츠는 2010년 5월에 RDF로 제공되었고, RDF가 승인된 데이터 형식이 되면서 더 많은 데이터가 변환되고 있다.

영국은 Data.gov.uk(http://data.gov.uk)라는 유사한 사이트에서 많은 정부 데이터 세트를 RDF로 직접 공개한다. 영국은 많은 정부 기관과 기능뿐 아니라 학교와 도로 같은 항목에 대한 표준 URI를 생성하여 이러한 데이터 세트를 연결하는 데 중요한 작업을 수행했다. 국가 데이터뿐 아니라 다른 많은 정부 기관들도 시, 주, 지방, 카운티, 부족 단체 등의 데이터를 공개하고 있다. 다양한 NGO, 특히 세계 은행과 여러 UN 조직도 데이터를 공개하고 있다. 2010년 말에는 데이터를 RDF로 직접 공개하는 국가가 미국과 영국뿐이었다. 그 후 전 세계 국가에서 RDF로 데이터를 게시하기 시작했다. 실제로 2013년을 기준으로 40개 이상의 정부에서 수집한 백만 개 이상의 데이터 세트가 RDF에 목록화되었으며 전 세계적으로 개방된 정부 데이터가 RDF를 포함하여 다양한 형식으로 공유되고 있다.

공개된 정부 데이터 자원은 팀 버너스리가 언급한 '원시raw' 데이터의 좋은 예다. 특정 애플리케이션에 적용하기 위한 특별한 노력 없이 공개된, 날것의 기계 판독이 가능한 파일이다. 정부에서 제공하는 원시 데이터의 장점은 여러 커뮤니티에서 만든 다양한 애플리케이션에서 다시 사용할 수 있다는 것이다. ta.gov의 특정 미국 데이터 세트를 조사하여, 공개된 원시 정부 데이터를 활용하는 예를 살펴보자. 이 데이터 세트에는 공정 주택법 Title VIII 위반 혐의에 대해 FHEOOffice of Fair Housing/Equal Opportunity(공정 주택/기회 평등 사무소)에 제출된 사례 목록이 포함되어 있다. 이 법은 주거 관련 차별로부터 다양한 소수자들을 보호한다.

FHEO 데이터(https://catalog.data.gov/dataset/fheo-filed-cases [FHE 2014])는 압축된 스프레드시트Excel로 제공되며, RDF 데이터로도 변환된다([도전과제 3-1]에서 설명함). 이 데이터에는 다음과 같은 100,000개 이상의 항목이 있다.

```
:FHEO_filed_case-0
   rdf:type :FHEO_filed_case ;
   :case_number "06-06-0310-8" ;
   :filing_date "2006-01-01"^^xsd:date ;
   :number_of_filed_cases 1 ;
   :number_of_filed_cases_with_a_black_or_african_american_race_basis 1 ;
   :number_of_filed_cases_with_a_disability_basis 1 ;
   :number_of_filed_cases_with_a_familial_status_basis 1 ;
   :number_of_filed_cases_with_a_race_basis 1 ;
   :violation_county "Lafayette" ;
   :violation_state "Louisiana" .
```

동일한 주어(:FHEO_filed_case-0)와 차별 관련 불만Complaint의 근거·제출 날짜·위치에 대한 술어가 있는 트리플이 여러 개 있다. 불만의 근거(예: 인종, 종교, 피부색)는 근거가 되는 요인을 나타내기 위해 값 '1'로 표현된다. 불만의 근거와 관련이 없는 요인은 값이 기록되지 않는다. 불만의 근거를 표현하는 다소 특이한 방법은 데이터 광야에서 드문 일이 아니다. 예를 들어, 사용자가 보고서에서 근거 옆에 체크 표시를 할 수 있는 데이터 입력 프로세스의 결과일 수 있다.

도전과제 10-1 FHEO 데이터를 구성하고 처리하는 데 RDF는 어떻게 도움이 될까?

▶ 솔루션

이런 종류의 정보를 표현하는 보다 유연한 방법은 다음과 같이 일반적인 불만 클래스와 함께 각 요소별로 불만 클래스를 정의하는 것이다.

```
FHEO:Asian rdfs:subClassOf FHEO:Complaint .
FHEO:AsianAndWhite rdfs:subClassOf FHEO:Complaint .
FHEO:Black rdfs:subClassOf FHEO:Complaint .
FHEO:BlackAndWhite rdfs:subClassOf FHEO:Complaint .
FHEO:Color rdfs:subClassOf FHEO:Complaint .
FHEO:Disability rdfs:subClassOf FHEO:Complaint .
FHEO:FamilialStatus rdfs:subClassOf FHEO:Complaint .
FHEO:NationalOrigin rdfs:subClassOf FHEO:Complaint .
FHEO:Hispanic rdfs:subClassOf FHEO:Complaint .
FHEO:HPI rdfs:subClassOf FHEO:Complaint .
FHEO:NA rdfs:subClassOf FHEO:Complaint .
```

```
FHEO:NABlack rdfs:subClassOf FHEO:Complaint .
FHEO:NAWhite rdfs:subClassOf FHEO:Complaint .
FHEO:Other rdfs:subClassOf FHEO:Complaint .
FHEO:Race rdfs:subClassOf FHEO:Complaint .
FHEO:Religion rdfs:subClassOf FHEO:Complaint .
FHEO:Retaliation rdfs:subClassOf FHEO:Complaint .
FHEO:Sex rdfs:subClassOf FHEO:Complaint .
FHEO:White rdfs:subClassOf FHEO:Complaint .
```

이제 장애인 차별 사례로써 단일 트리플로 :FHEO_filed_case-0의 상태를 표현할 수 있다.

```
:FHEO_filed_case-0 a FHEO:Disability .
```

FHEO:Disability는 FHEO:Complaint의 하위 클래스이므로 유형 전파 규칙에서 :entry1도 FHEO:Complaint임을 추론할 수 있다. 이러한 유형의 모델을 구축하면 불만 사항을 간결한 형식으로 설명할 수 있지만 데이터가 변경되지는 않는다. 데이터는 여전히 '1'과 '0' 형식이다. property:disability에 대해 '1'이 있는 모든 항목이 :Disability 클래스의 원소가 되고 :race 속성에 대해 '1'이 있는 항목이 :Race 클래스의 원소가 되도록 데이터를 변환하려면 어떻게 해야 할까? SPARQL CONSTRUCT를 사용하여 쉽게 수행할 수 있다.

질의 10-2 태그로 사례 분류하기

```
CONSTRUCT {?e a :Disability }
WHERE {?e a :FHEO_filed_case ;
        :number_of_filed_cases_with_a_disability_basis "1" . }
```

법적으로 식별된 차별 요소당 하나씩 19개의 질의를 다음과 같이 트리플로 정의할 수 있다.

```
:FHEO_filed_case-0 a FHEO:Disability .
```

소개된 SPARQL은 RDFS와 RDFS-Plus에서 추론한 것처럼 추론 방법을 구성한다. RDFS, RDFS-Plus와 달리 SPARQL CONSTRUCT는 데이터에 대해 고도로 맞춤화된 규칙을 표현하는 데 사용할 수 있다. 이런 경우, SPARQL CONSTRUCT를 사용하여, 데이터를 찾은 형식과 원하는 형식을 연결하는 규칙으로 정의한다.

데이터에서 관계 기술하기

이제 클래스의 데이터에 대한 설명이 있으므로 RDFS의 데이터 관계를 기술할 수 있다. 이런 방식으로 표현할 수 있는 몇 가지 관계를 살펴보자.

:race, :national_origin , :religion 등과 같은 원본 데이터의 속성과 :race_asian, :race_white, :national_origin_hispanic과 같은 속성도 고려할 수 있다. 예를 들어 :race_asian에 나열된 모든 케이스가 :race에도 나열되어 있어야 한다는 것이 사실일까? (또는 있어야 할까?) 이것을 어떻게 표현해야 할까?

먼저 데이터를 확인하여 사실인지 확인할 수 있다. 아시아인을 기준으로 나열한 사례가 있는지, 인종을 기준으로 나열하지 않은 사례가 있는지 확인해보자. 클래스 수준에서 FHEO:Race 클래스의 원소가 아닌 FHEO:Asian 클래스의 원소를 찾으려면, SPARQL에서 ASK 질의로 수행할 수 있다.

```
ASK
{?a a FHEO:Asian .
    FILTER NOT EXISTS {?a a FHEO:Race }}
```

데이터 세트의 RDF 버전에 질의하면 False로 결과가 나온다. 즉, 아시아인에 대한 모든 편견에 대한 정보는 인종 편견에 해당된다. RDFS에서 관찰한 데이터뿐 아니라 모든 데이터에 대해 적용된다는 관계를 표현할 수 있다.

```
FHEO:Asian rdfs:subClassOf FHEO:Race .
```

유사한 코멘트가 이 데이터의 많은 관계에 적용된다. [그림 10-5]에 요약된 것처럼 모든 것을 RDFS로 표현할 수 있다. FHEO:Complaint의 모든 하위 클래스를 테스트하는 SPARQL 질의를 사용하여 현재 데이터에 대해 이 모델을 검증하여 자신의 상위 원소가 아닌 원소가 있는지 확인할 수 있다. 이 질의는 6장에서 다룬 다양한 SPARQL 구문을 사용한다.

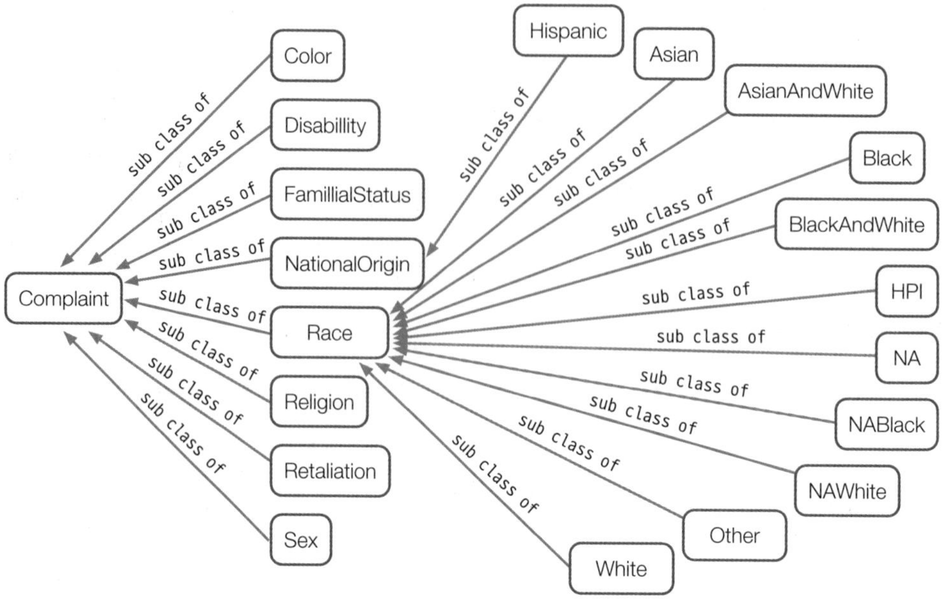

그림 10-5 차별 기준으로 분류된 FHEO 불만 유형 간의 관계

```
SELECT (COUNT(?suball) AS ?total)
       (COUNT(?subonly) AS ?mismatch) ?class ?parent
WHERE {
   ?class rdfs:subClassOf+ FHEO:Complaint .
   ?class rdfs:subClassOf ?parent .
   FILTER (?parent != FHEO:Complaint)
   {
      {?suball a ?class}
   UNION
      {?subonly a ?class .
         FILTER NOT EXISTS {?subonly a ?parent}
      }
   }
}
GROUP BY ?class ?parent
```

이 질의는 FHEO:Complaint의 하위 클래스를 찾고(직접적인 하위 클래스는 제외) 각각을 자신의 상위 클래스와 비교한다. 비교는 ?suball의 원소가 될 수 있는 다른 항목에 관계없이,

하위 클래스의 원소인 모든 불만 사항을 찾는 방식으로 수행된다. 또한 하위 클래스의 구성원이지만 상위 클래스의 원소가 아닌 모든 불만 사항(?subonly)을 찾는다. 마지막으로 ?class와 ?parent로 정렬되어 일치하는 수를 계산한다. [표 10-1]의 결과는 모든 하위 클래스 관계가 실제로 현재 데이터에 있음을 보여준다.

표 10-1 현재 데이터에 대한 FHEO 모델의 subClassOf 관계를 확인하는 SPARQL 질의 결과

Total	Mismatch	Class	Parent
56	0	FHEO:AsianAndWhite	FHEO:Race
7932	0	FHEO:Hispanic	FHEO:NationalOrigin
483	0	FHEO:Other	FHEO:Race
59	0	FHEO:HPI	FHEO:Race
148	0	FHEO:NABlack	FHEO:Race
698	0	FHEO:Asian	FHEO:Race
2674	0	FHEO:White	FHEO:Race
472	0	FHEO:NA	FHEO:Race
89	0	FHEO:NAWhite	FHEO:Race
26842	0	FHEO:Black	FHEO:Race
1273	0	FHEO:Black	FHEO:Race

RDF, SPARQL과 데이터 통합하기

이 데이터 세트에는 유형뿐만 아니라 각 불만 사항에 대한 다양한 데이터가 들어 있다. 또한 불만이 발생한 위치 정보도 들어 있다. 데이터는 정확성이 매우 떨어진다. 미국 각 주에 있는 수백 개의 카운티 중 한 곳을 가리키는 수준 정도로만 표시된다. 그러나 이 정보를 다른 데이터에 연결하여 이벤트가 발생한 위치를 알아낼 수 있다. 사고 위치 데이터는 다음과 같다.

```
FHEO:filed_ca-100006
   rdf:type FHEO:Disability ;
   FHEO:violation_county "Franklin" ;
   FHEO:violation_state "Ohio" .
```

이제 카운티 이름과 위치(위도와 경도, 주소 등으로 제공)를 상호 참조하는 다른 데이터 정보원이 있다고 가정한다. 이 데이터는 다양한 주소 서비스에서 사용할 수 있다. 일부는 구글 지도에 표시할 수 있는 형식으로 제공한다. 동작 방식을 보여주기 위해 다음과 같은 형식의 정보를 포함하는 데이터 세트를 사용할 것이다.

```
cc:Franklin_County__Ohio
   rdfs:label "Franklin" ;
   cc:inState "Ohio" ;
      geo:lat "39.970001220703125"^^xsd:float ;
      geo:long "-83.01000213623046875"^^xsd:float .
```

FHEO 데이터를 이 데이터와 상호 참조하여 기술된 사건이 발생한 위치를 파악할 수 있다. 다시 한 번 SPARQL CONSTRUCT를 수행한다. 다음 질의를 사용하여 카운티 이름과 주가 이 두 정보원에 대해 일치하는지 확인하여 위반 레코드를 카운티 레코드와 상호 참조할 수 있다.

질의 10-3 보고서와 국가 일치

```
SELECT *
WHERE {
   ?complaint a ?type ;
               FHEO:violation_county ?county_name ;
               FHEO:violation_state ?state .
   ?county rdfs:label ?county_name ;
            cc:inState ?state .
}
```

각 기록에서 추가 정보를 얻을 수 있다. 카운티 기록에서 카운티의 지리적 좌표를 얻을 수 있고, 사건 기록에서 위와 같이 유형을 얻을 수 있다.

질의 10-4 현장 사고

```
SELECT ?typel ?county_name ?lat ?long
WHERE {
   ?type rdfs:subClassOf+ FHEO:Complaint ;
         rdfs:label ?typel .
   ?complaint a ?type ;
               col:violation_county ?county_name ;
```

```
            col:violation_state ?state .
      ?county rdfs:label ?county_name ;
            cc:inState ?state ;
            wgs:lat ?lat ; wgs:long ?long .
}
```

이 질의는 레코드의 유형을 결정하지만 [그림 10-5]에 표시된 것처럼 FHEO:Complaint의 하위 유형 중에서만 결정된다. 이 질의는 불만과 불만이 발생한 카운티 간의 상호 참조를 제공한다. 하지만 이 상호 참조를 수행한 이유는 첫 번째 데이터 정보원에 없었던 두 번째 데이터 정보원에서 일부 지리 데이터를 가져올 수 있기 때문이다. 그래프 패턴의 마지막 두 트리플에서 정보를 얻는다. 위치별, 유형별 불만 사항을 계산하고 동일한 위치에 대해 300개가 넘는 보고서가 있는 가장 심각한 상황만 필터링하여 이 문제를 더 잘 해결할 수 있다.

질의 10-5 위치별 불만 유형 계산

```
SELECT ?typel (COUNT (?complaint) AS ?severity) ?county_name ?lat ?long
WHERE {
  ?type rdfs:subClassOf+ FHEO:Complaint ;
        rdfs:label ?typel .
  ?complaint a ?type ;
           col:violation_county ?county_name ;
           col:violation_state ?state .
  ?county rdfs:label ?county_name ;
          cc:inState ?state ;
          wgs:lat ?lat ;
          wgs:long ?long .
}
GROUP BY ?type ?typel ?county_name ?lat ?long
HAVING (?severity > 300)
```

이 질의는 6장에서 다룬 SPARQL의 많은 기능을 결합한다. 카운티에 대한 불만 사항 일치로 시작하여 불만 유형도 찾는다(FHEO:Complaint의 하위 분류 유형으로만 제한됨). 그런 다음 각 유형/카운티 이름/위치별로 그룹화하여 개별 불만의 수를 계산한다(?severity). 마지막으로 심각도별로 분류하여 불만이 300개 이상인 결과를 남긴다. [표 10-2]는 이렇게 계산한 결과를 나타낸다.

표 10-2 유형 및 카운티별 불만 수를 계산한 질의의 처음 10개 결과

Type	Severity	Countyname	Lat	Long
Race	376	Cuyahoga	41.540001	-81.660003662109375
Black	340	Cuyahoga	41.540001	-81.660003662109375
Disability	468	Palm Beach	26.709999	-80.0500030517578125
Race	379	Jackson	39.009998	-94.339996337890625
NationalOrigin	353	Dallas	32.77	-96.779998779296875
Black	342	Jackson	39.009998	-94.339996337890625
Disability	501	Bexar	29.450001	-98.51999664306640625
Disability	332	Jackson	39.009998	-94.339996337890625
Disability	358	Cuyahoga	41.540001	-81.660003662109375
Black	451	Harris	29.860001	-95.3899993896484375

이러한 결과에는 지도에 해당 사항을 표시하기 위한 API(응용 프로그래밍 인터페이스)를 구동하기에 충분한 정보가 들어 있다. 차별 근거와 심각도에 따라 크기와 강도가 다른 아이콘을 선택하면 [그림 10-6]과 같이 해당 데이터를 지도에 넣을 수 있다. 이와 동일한 방법을 일반화하여 더 많은 데이터 세트를 매시업할 수 있다. 예를 들어 카운티 이름을 사용하는 모든 데이터 세트는 이와 동일한 질의에 적용된다. 여러 데이터 세트를 매시업하는 것은 새 데이터 세트에 대한 새 클래스를 로드하고 나머지는 SPARQL이 수행하도록 하는 것만큼 쉽다. 이러한 접근 방식은 매일 미국 정부 데이터 세트에 사용되어 관리 불가능한 데이터에 대한 통찰력을 제공한다.

그림 10-6 지도에 [표 10-2]에 있는 데이터 표시

data.gov 요약

data.gov를 사용한 매시업 예제는 공개된 정부 데이터 세트를 통해 수행되었고, 계속 수행되고 있는 작업 중 빙산의 일각에 불과하다. 개발자 커뮤니티는 영국 정부에서 제공하는 RDF 데이터를 사용하여 많은 애플리케이션을 생성했고, 미국의 Rensselaer Polytechnic Institute[RPI] 연구진은 이 접근 방식을 사용하여 정부 데이터를 활용해 다양한 애플리케이션을 만들었다. 그중 일부는 미국의 공식 data.gov 페이지(http://data.gov/semantic 참조)에 여러 번 강조되어 소개되었다. 정부 데이터를 RDF로 제공하면 데이터 세트를 쉽게 혼합하고 일치시켜 여러 데이터 세트의 정보를 매시업하거나 정부 데이터를 다른 웹 데이터(예: 위키피디아, 뉴스 기사, 구글 결과)와 결합하는 시각화, 애플리케이션, 보고서를 생성할 수 있다. 시맨틱 웹 이전의 기술로 하기에는 훨씬 더 어렵고 비용이 많이 소요된다.

SPARQL은 소개한 모든 매시업에서 핵심이 되는 기술적 역할을 한다. SPARQL은 분석가에게 보고서 또는 디스플레이를 구동하는 데 필요한 정보만 추출할 수 있는 패턴 일치 도구를 제공한다. SPARQL에 있는 수많은 고급 기능(집계, 필터, 하위 질의, UNIONS 등)이 이러한 매시업 애플리케이션에서 잘 사용된다. 웹 사이트 http://logd.tw.rpi.edu는 여러 데모 매시업을 포함하고 있고, 각 매시업을 생성하는 데 사용된 특정 SPARQL 질의를 보여주는 페이지에 링크되어 있다.

10.3 FOAF

FOAF는 사람과 그 관계에 대한 분산된 설명을 지원하는 형식이다. 친구의 친구[Friend of a Friend]라는 이름은 소셜 네트워크에서 유지되는 근본적인 관계를 일깨우기 위해 붙인 것이다. 자신의 친구는 직접적으로 알지만 친구의 친구를 알려면 네트워크를 통해서만 액세스할 수 있다. FOAF 프로젝트는 2000년 초에 시작되었으므로 인스타그램, 링크드인, 페이스북과 같은 현재 가장 인기 있는 소셜 네트워킹 웹 사이트보다 앞서 출현했다. 그러나 FOAF가 의제로 삼은 많은 문제는 여전히 중심 의제로 남아 있다. 지금까지도 소셜 네트워크 산업에 대한 핵심 논의 주제는 여전히 개인 정보 보호, 소유권, 데이터 배포다. FOAF는 간단한 관찰로 시작했다. 웹에서 소셜 네트워크를 지원하려면 개인이 자신의 데이터를 제어하고 원하는 대로 호스팅하고 원하는 도구를 사용하여 관리하면서도 다른 사용자의 선택에 관계없이 다른 사용자와 상호작용할 수 있어야 한다. 가장 성공적인 소셜 네트워킹 사이트는 처음에는 이러한 사항을 고려하지 않았다. 이제 개인 정보 보호와 데이터 소유권 문제는 모든 소셜 네트워크에서 뜨거운 주제가 되었다. 한편, FOAF는 사용자가 웹에서 사용할 수 있는 많은 소셜 네트워킹 사이트와 응용 프로그램에 걸쳐 자신의 정보를 통합할 수 있도록 하는 것을 목표로 하는 '개방형 소셜' 노력의 기반이기도 하다.

FOAF는 AAA 원칙의 정신으로 작동한다. 누구나 모든 주제에 대해 무엇이든 말할 수 있다. FOAF에서 누구나 일반적으로 말하는 주제는 사람이다. (사람이 속한) 조직, (사람이 작업하는) 프로젝트, (사람이 만들었거나 설명하는) 문서, (사람을 묘사한) 이미지 등 사람에 대해 일반적으로 말하고 싶은 것과 관련되어 있으며, 이는 핵심 FOAF 설명에도 포함되어 있다. 한 사람에 대한 정보는 웹을 통해 배포되고 다른 형태로 표현될 수 있다. 자신의 웹 페이지에서 관심사, 현재 프로젝트, 일부 이미지에 대한 기본 정보를 나열할 수 있다. 추가 정보는 다른 페이지에서만 볼 수 있다. 파티나 회의에서 찍은 사진에는 자신의 웹 페이지에 해당 사진을 나열하지 않은 사람을 묘사하는 사진이 포함될 수 있다. 컨퍼런스 주최자는 저자가 자신의 웹 사이트에 해당 논문을 나열하지 않은 경우에도 저자 목록이 있는 논문에 대한 정보를 포함할 수 있다. 실험실이나 사무실에는 모든 구성원을 나열하는 페이지가 있을 수 있다. FOAF는 RDF의 분산된 특성을 활용하여 이 정보의 분산된 표현을 제공한다. 소셜 네트워킹 사이트는 웹 규모 배포를 위해 FOAF에서 정보를 제공하기 시작했다.

다양한 소셜 네트워킹 웹 사이트를 사용할 수 있고 각 웹 사이트가 회원을 나타내는 방법, 회원들에 대한 정보, 회원들이 서로 연결되는 방법을 가지고 있다는 점을 감안할 때, 사람과 소셜 네트워크를 설명하는 또 다른 방법이 왜 필요한지 물어볼 수 있다. FOAF의 아이디어는 소셜 네트워크 시스템을 대체하는 것이 아니라 이런 정보를 배포할 수 있는 프레임워크를 제공하는 것이다. 또한 RDF를 사용하여 FOAF는 확장 가능한 프레임워크를 제공한다. (AAA 슬로건에 따라) 누구나 어떤 주제에 대해서도 말할 수 있기 때문에 FOAF는 누구나 사람, 프로젝트 등에 대해 참신한 발언을 하고 이러한 발언을 이미 작성된 다른 발언과 관련시킬 수 있다.

FOAF는 AAA 원칙과 RDF의 분산과 확장 가능한 특성을 필수 방식으로 활용한다. 어느 시점에서든 FOAF는 진행 중인 작업이다. FOAF에는 FOAF '표준'의 자연어 설명에 의해서만 의미가 정의되는 어휘 용어가 있다. 그 밖의 다른 용어는 RDFS-Plus에서 정의된 정의가 있으며 공식적인 방식으로 나머지 설명과 관련된다. FOAF는 몇 가지 직관적인 용어로 시작하며, 사용되는 의미에 초점을 맞춰 유기적인 방식으로 성장하도록 설계되었다. RDFS-Plus를 사용하여 새로운 어휘와 이전 어휘 간에 원하는 관계를 결정한 후 연결할 수 있기 때문에 미리 설정된 어휘에 투입할 필요가 없다.

FOAF는 시작점으로 소수의 클래스와 속성을 제공한다. 일관성을 유지하고 정보 통합을 위한 FOAF 정책을 구현하기 위해 RDFS-Plus의 기본 구조 중 일부를 사용한다. FOAF는 사람, 그 사람들이 만드는 것, 그 사람들이 참여하는 프로젝트를 설명하는 매우 간단한 시스템이다. 주로 foaf:Person, foaf:Group, foaf:Document의 세 가지 클래스로 구성된다 .

사람과 에이전트

FOAF는 주로 사람을 대상으로 하지만, 사람에 대해 말하고 싶은 것 중 일부는 그룹, 회사 등 다른 것에도 적용된다. 따라서 foaf:Person은 foaf:Agent의 일반 그룹 아래에 있는 간결한 계층의 일부로 정의된다.

```
foaf:Person rdfs:subClassOf foaf:Agent .
foaf:Group rdfs:subClassOf foaf:Agent .
foaf:Organization rdfs:subClassOf foaf:Agent .
```

foaf:Person에 대해 말할 수 있는 많은 것들이 foaf:Agent에 대해서도 적용될 수 있다. 사실, FOAF는 이와 관련하여 상당히 자유롭다. 여기서 사람에 대해 설명하는 대부분의 속성은 일반적으로 에이전트에도 적용된다. http://xmlns.com/foaf/0.1/의 FOAF Vocabulary Specification에서 사용할 수 있는 클래스에 대해 정확히 어떤 속성이 사용되는지에 대한 세부 정보를 찾을 수 있다.

FOAF의 이름

어떤 사람에 대해 알고자 할 때 가장 중요한 사항은 아마도 그 사람의 이름일 것이다. FOAF는 사람의 이름을 설명하는 여러 용어를 제공한다. 사람 이름처럼 단순한 것조차도 표현에 있어 매우 복잡할 수 있다. FOAF는 이름이라는 단순한 개념으로 시작하는데, 쉽게 알 수 있도록 foaf:name으로 부른다.

```
foaf:name rdfs:domain owl:Thing .
foaf:name rdfs:subPropertyOf rdfs:label .
```

즉, 세상의 모든 것이 이름(foaf:Person 포함)을 가질 수 있으며 그 이름은 해당 사물의 인쇄 가능한 레이블로도 사용된다. foaf:Person의 경우 이름은 일반적으로 'William Shakespeare' 또는 'Anne Hathaway'와 같은 사람의 전체 이름이다.

사람의 전체 이름은 매우 유용하지만 일부 상황에서는 이름의 일부만 필요할 때도 있다. foaf:firstName, foaf:givenname, foaf:family_name, foaf:surname은 FOAF에 정의된 사람의 이름과 관련된 네 가지 속성이다. 네 가지 속성 각각에는 직관적인 의미가 있지만 공식적인 의미는 없다. 의미는 산문 형식의 설명과 진화하는 사용 방식에 의해 주어진다. FOAF가 진화함에 따라 다양한 문화와 그 문화에서 사용되는 이름을 포괄해야 한다. 이름givenname을 항상 먼저 써야 하나? 가족 성family name은 항상 성surname일까? 문화별 이름(예: 일부 문화권에서 여전히 사용되는 '기독교식 이름')은 다른 이름과 어떤 관련이 있을까?

RDF를 기반으로 하는 FOAF의 장점 중 하나는 FOAF 어휘를 사용하여 데이터를 마크업하는 프로젝트를 시작하기 위해 이러한 모든 문제를 해결할 필요가 없다는 것이다. FOAF가 취한 전략은 성surname, 이름firstName, 주어진 이름givenname 등과 같은 다른 이름 지정 어휘를 제공하면서 사람의 이름에 주석을 달아 시작하는 것이다. 사용 패턴은 이것들 중 어떤 것이 유용한지 결정한다. 예를 들어 두 가지 속성이 똑같은 방식으로 사용된다는 것이 밝혀지면 OWL로 다음과 같이 표현할 수 있다.

```
foaf:surname owl:equivalentProperty foaf:family_name .
```

닉네임과 온라인 이름

FOAF는 주로 웹에서 사용되기 때문에 FOAF가 설명하는 데 사용하는 많은 사람들이 다양한 인터넷 커뮤니티에서 활동할 것으로 예상된다. 예를 들어, FOAF Person이 일부 온라인 채팅 서비스에서 대화명을 가질 가능성이 있다. FOAF는 foaf:aimChatID, foaf:icqChatID, foaf:msnChatID, foaf:yahooChatID를 식별한다. FOAF의 확장성을 고려하여 필요에 따라 새로운 ID 속성을 추가할 수 있다. 이러한 속성의 의미 체계 중 일부는 자연 언어 설명(foaf:yahooChatID를 채팅 서비스 Yahoo!에 연결)에 의해 제공되지만 FOAF는 이러한 속성 사이에 공식적인 연결도 만든다. 특히, 열거한 모든 속성은 foaf:nick의 하위 속성이다.

```
foaf:aimChatID rdfs:subPropertyOf foaf:nick .
foaf:icqChatID rdfs:subPropertyOf foaf:nick .
foaf:msnChatID rdfs:subPropertyOf foaf:nick .
foaf:yahooChatID rdfs:subPropertyOf foaf:nick .
foaf:jabberID rdfs:subPropertyOf foaf:nick .
```

6장의 rdfs:subPropertyOf 규칙에 따라 채팅 공간에서 활동 중인 모든 foaf:Person은 foaf:nick 속성에 대해 여러 값을 가질 가능성이 높다. 즉, 여러 별명을 가질 수 있다. 물론 그들은 더 많은 별명을 가질 수도 있다. 예를 들어 William Shakespeare가 FOAF의 관점에서 인터넷 채팅방에서 활동하게 되었을 때 다음과 같은 모든 대화명은 별명이다.

```
lit:Shakespeare foaf:aimChatID "Willie1564".
lit:Shakespeare foaf:msnChatID "TempestMan".
lit:Shakespeare foaf:nick "Willie1564".
lit:Shakespeare foaf:nick "TempestMan".
```

물론 시인과 극작가의 별명은 대화명으로 사용하지 않더라도 어디서든 쓸 수 있다.

```
lit:Shakespeare foaf:nick "The Bard of Avon".
```

온라인 페르소나

인터넷은 사람이 자신을 표현할 수 있는 다양한 방법을 제공하며 FOAF는 그러한 방법들을 설명하는 속성을 제공하기 위해 지속적으로 수정되고 있다. 사람은 전자우편함을 만들어 사용할 가능성이 높기 때문에 FOAF는 foaf:mbox 속성을 제공한다. 많은 사람들이 자기 삶의 일부를 설명하는 여러 웹 페이지를 운영한다. 어떤 사람은 개인 홈페이지를 가지고 있고 어떤 사람은 직장이나 학교와 관련된 홈페이지를 가지고 있으며 또 어떤 사람은 이 둘을 다 가지고 있을 수도 있다. 직장에도 홈페이지가 있을 수 있다. FOAF는 이러한 속성에 대해 이름에 대해 수행했던 방법과 동일한 전략을 사용한다. 즉, (자연어 설명을 사용해) 비공식적으로 정의된 다양한 속성을 제공한다.

- **foaf:homepage**: 개인을 기본 홈페이지에 연결한다. 이 속성은 사람뿐만 아니라 FOAF의 모든 것에 적용된다.
- **foaf:workplaceHomepage**: 개인의 직장 홈페이지. 모든 것이 홈페이지(고용주 포함)를 가질 수 있지만 foaf:Person만이 workplaceHomep를 가질 수 있다.
- **foaf:workInfoHomepage**: 직장에 있는 개인 홈페이지. 이러한 페이지는 일반적으로 그 사람의 고용주가 호스팅하지만 그 사람의 작업에 대한 사항을 다룬다.
- **foaf:schoolHomepage**: foaf:Person이 다녔던 학교의 홈페이지. 인터넷이 새로운 표현 수단을 제공함에 따라 FOAF는 이를 따라간다.
- **foaf:weblog**: 개인의 웹 로그 주소.

이러한 모든 속성은 foaf:Document 클래스의 인스턴스를 지정한다. 즉, 웹 페이지는 foaf:Document , weblog는 foaf:Document다.

사람들의 그룹

사람과 관련해 흥미로운 점 중 하나는 그들이 속한 그룹이다. FOAF는 그룹을 정의하기 위해 foaf:Group이라는 클래스를 제공한다. 그룹은 foaf:member라는 속성을 통해 원소와 연결된다. foaf:Group은 매우 느슨하게 정의된다. 어떤 그룹에 있는 사람이든 이런 식으로 기술할 수 있다. 예를 들어 다음과 같이 English Monarchy라는 그룹을 정의할 수 있다.

```
:English_Monarchy
   a foaf:Group ;
   foaf:name "English Monarchy" ;
   foaf:homepage "http://www.monarchy.com/" ;
   foaf:member :William_I, :Henry_I, :Henry_II,
        :Elizabeth_I, :Elizabeth_II .
```

FOAF의 그룹은 foaf:Group 유형의 개체다. 따라서 foaf:name과 같이 이를 설명할 수 있는 여러 속성이 있다. 사실, foaf:Group은 foaf:Person과 공통점이 많다. 채팅 ID, 닉네임, 전자우편함, 홈페이지, 블로그가 있을 수 있다.

그룹의 원소를 클래스의 인스턴스로 간주하는 것도 유용하다. 즉, foaf:Group의 인스턴스를 rdfs:Class에 연결하는 것이다. 이를 위해 FOAF는 그룹에서 클래스로 연결하는 foaf:membershipClass를 제공한다. English_Monarchy의 멤버십 클래스가 Monarch라고 가정한다. 이 연결은 트리플과 함께 FOAF로 표현된다.

```
:English_Monarchy foaf:membershipClass :Monarch .
```

English_Monarchy 그룹의 원소는 모두 다음 유형을 갖는다.

```
:William_I a :Monarch .
:Henry_I a :Monarch .
:Henry_II a :Monarch .
:Elizabeth_I a :Monarch .
:Elizabeth_II a :Monarch .
```

이러한 모든 트리플이 자동으로 유지되면 매우 이상적이다. 즉, Monarch 유형의 개체는 English_Monarchy 그룹의 원소로 나타나야 하며 English_Monarchy 그룹의 모든 원소는 Monarch를 유형으로 갖는다. 이 규정은 FOAF 설명의 일부로 명시되어 있다. 이러한 트리플을 추론할 수 있는 모델을 구축하기 위해 OWL의 기능을 사용하는 방법을 12장에서 살펴볼 것이다. English_Monarchy 인스턴스와 Monarch 클래스의 차이점은 미묘하다. Monarch 클래스는 RDFS의 유형이다. 따라서 속성 도메인, 하위 클래스 등과 같은 군주(monarch)에 대한 스키마를 나타낸다. 반면에 English_Monarchy는 군주제 자체의 제도를 의미하며, 군주제 역사, 웹 페이지, 군주제에 관한 책 등을 말한다.

지금까지 다룬 예제에서 클래스 세계를 인스턴스 세계와 분리했다. 인스턴스와 클래스 간의 유일한 관계는 rdf:type 속성이다. foaf:membershipClass의 배후에 있는 직관은 인스턴스가 그룹의 원소와 정확히 동일한 클래스를 표시한다는 것이다. 이러한 종류의 관계 표현은 때때로 무언가를 인스턴스(예: foaf:Group 클래스의 인스턴스인 English_Monarchy)로 보기를 원하고 때로는 클래스(예: 해당 그룹의 foaf:member인 모든 인스턴스를 나타내는 Monarch 클래스)로 보기를 원한다. 이는 메타모델링metamodelling 사례에 해당한다. 나머지 OWL 언어에 대해 배울 때 메타모델링에 대해 더 많이 보게 될 것이다. OWL에서 메타모델링 구조를 사용하여 foaf:Group과 foaf:membershipClass 간의 관계를 공식화하는 방법을 살펴볼 것이다.

사람들이 만들어서 하는 것

사람들은 무언가를 만든다. 책을 쓰고, 웹 페이지를 만들어 게시하고, 예술 작품을 만들고 회사를 창업하고 조직을 만든다. FOAF는 foaf:made와 foaf:maker라는 두 가지 속성을 제공하여 사람과 그 사람의 창작물을 연결한다. 두 속성은 서로 역관계이며 foaf:Agent와 owl:Thing를 연결한다.

```
foaf:made rdfs:domain foaf:Agent .
foaf:made rdfs:range owl:Thing .
foaf:maker rdfs:domain owl:Thing .
foaf:maker rdfs:range foaf:Agent .
foaf:made owl:inverseOf foaf:maker .
```

즉, 우주에서 설명할 수 있는 모든 것은 일부 에이전트가 만드는 공정한 게임이다. 다른 에이전트도 foaf:maker를 가질 수 있다! 어떤 사람이 저자라면 그는 자신의 이름을 붙인 출판물을 가지고 있을 가능성이 높다. foaf:publications 속성은 foaf:Person을 게시된 모든 foaf:Document와 관련시킨다. 흥미롭게도 FOAF는 어떤 사람이 foaf:publications에 대해 foaf:made를 가지고 있다고 명시하지 않는다. AAA 원칙의 정신에 따라, 그러한 진술을 하기로 결정했다면 간단히 기술할 수 있다.

```
foaf:publications rdfs:subPropertyOf foaf:made .
```

FOAF의 정체성

FOAF의 주요 목표는 AAA 원칙을 사람들의 네트워크를 설명하는 데 적용하는 것이다. 누구나 임의의 사람에 대한 설명을 제공할 수 있다. 그런데 문제가 있다. 나 자신을 설명하는 것은 매우 쉽다. 내가 알리고 싶은 내용이 담긴 문서를 게시할 수 있다. 다른 사람이 나에 대한 정보를 제공한다고 하면(예: 이 책의 발행인이 내가 저자라는 정보를 추가하고자 하는 경우) 그 사람은 나를 어떻게 언급할까? 또는 통합하고 싶은 여러 사이트에 여러 프로필이 있는 경우 프로필을 연결하여 '나'를 설명할 수 있을까? 이것은 현재 소셜 네트워킹의 핵심 문제다. OpenID와 같은 시스템은 개인이 다양한 소셜 네트워크를 가로지르는 단일 ID를 가질 수 있도록 이름 지정 서비스를 제공한다.

이 질문에 대한 RDF 접근 방식은 매우 간단하다. RDF는 URI를 사용하여 설명하는 내용을 나타낸다. 즉, 나를 나타내는 URI가 있어야 하며 나에 대해 의견을 남기고 싶은 사람은 누구나 해당 URI를 사용하여 만들 수 있다. 이 방식은 이 문제에 대한 간단하고 우아하며 표준적인 해결책이고, OpenID가 사용하는 솔루션이며, 거의 모든 소셜 네트워크 시스템에서 사용하는 방식이다. 사용자의 대화명은 URI가 된다. 동일한 시스템에 있는 두 명의 사용자가 동일한 이름을 가질 수 없으므로 http://www.facebook.com/%23!/markzuckerberg와 같은 URI의 참조는 모호하지 않다.

그러나 FOAF는 분산형 소셜 네트워킹 시스템이다. 사람들이 자신을 참조할 URI를 만들기만 하면 될까?소셜 네트워킹이 성숙함에 따라 이 솔루션은 점점 더 실행 가능성이 높아지고 있다. 실제로 많은 애플리케이션에서 페이스북 ID는 다른 많은 소셜 네트워크에서도 공유 ID로 간주되어, OpenID와 마찬가지로 웹에 대한 일종의 명명 권한을 갖는다. 이런 흐름이 널리 퍼져 있긴 해도 여전히 유비쿼터스 환경은 아니다. 페이스북 계정 없이도 매우 활동적인 인터넷 시민이 될 수 있다. 확실히 FOAF 초기에 이러한 명명 권한은 널리 사용되지 않았다. FOAF는 이미 유비쿼터스적이고 친숙한 인터넷 인프라의 일부를 사용하는 사람들이 서로를 참조할 수 있는 방법이 필요했다. 인터넷상의 모든 사람이 이미 가지고 있고 익숙한 식별 표시가 있을까?

이 퍼즐에 대한 가장 명확한 답은 이메일이다. 웹에서 어떤 식으로든 기술된 사람은 대개 이메일 주소를 가지고 있다. 2010년에도 Webfinger 등을 통해 동일한 접근 방식을 취했다. Webfinger는 소셜 웹에서 신원을 처리하기 위해 이메일 주소의 편재성과 친숙함을 활용하는 것을 목표로 한다. 이메일은 식별 메커니즘으로 매우 잘 작동한다. 두 사람이 동일한 이메일 주소를 공유하는 경우는 흔치 않다. 만약 동일한 이메일 주소를 쓴다면, 이메일 시스템의 관점에서 동일한 사용자로 간주될 수 있다. FOAF의 목적상 이메일이 웹 사용자의 고유 식별자 역할을 하는 것은 매우 드물다. 누군가가 2개 이상의 이메일 주소를 가지고 있거나 일부 이메일 주소가 제한된 기간 동안에만 유효한 경우에는 문제가 되지 않는다. 모든 FOAF에서 이메일 주소를 요구한다는 것은 다른 사람이 이메일 주소를 (동시에 또는 나중에) 공유하지 않는다는 것이다.

동일한 이메일 주소를 공유하는 두 사람이 실제 별개의 두 사람이 아니라 같은 사람이라고 기술하여 이러한 제약을 일반 언어로 표현할 수 있다. 이미 살펴본 바와 같이 RDFS-Plus는 이 관계를 공식화하는 방법을 가지고 있다. 속성이 개인을 고유하게 식별하는 경우, 그 속성을 owl:InverseFunctionalProperty라고 한다. 따라서 FOAF에서 foaf:mbox가 단일 트리플로 개인을 식별하는 데 있어 핵심적인 역할을 표현할 수 있다.

```
foaf:mbox rdf:type owl:InverseFunctionalProperty .
```

foaf:mbox를 owl:InverseFunctionalProperty로 식별하면 사람을 설명하는 데 사용하는 여러 속성에 대해 유사한 진술을 할 수 있음을 알게 된다. 두 사람이 yahooChatID 또는 aimChatID를 공유하는 것은 드문 경우다. 실제로 FOAF의 다음 속성은 모두 owl:InverseFunctionalProperties이다 .

```
foaf:aimChatID rdf:type owl:InverseFunctionalProperty .
foaf:homepage rdf:type owl:InverseFunctionalProperty .
foaf:icqChatID rdf:type owl:InverseFunctionalProperty .
foaf:jabberID rdf:type owl:InverseFunctionalProperty .
foaf:mbox rdf:type owl:InverseFunctionalProperty .
foaf:msnChatID rdf:type owl:InverseFunctionalProperty .
foaf:yahooChatID rdf:type owl:InverseFunctionalProperty .
```

foaf:mbox와 유사한 속성을 개인의 식별자로 사용하면 기존 신원 확인으로 개인을 식별하는 기술적 문제가 해결되지만 또 다른 문제가 발생한다. 이메일 주소와 채팅 ID를 사용할 수 있으므로 누군가의 이메일 주소를 게시하는 것은 개인 정보 침해로 간주된다. 원치 않거나 공격적이거나 부피가 큰 메일을 보내 그 사람을 괴롭히거나 심지어 공격하는 데 사용할 수 있기 때문이다. 만약 AAA 원칙을 William Shakespeare에 적용하길 원하고 그가 이메일 주소로 Shakespeare@gmail.com을 사용한다는 것을 알고 있다면 공백 노드를 사용하여 'Shakespeare@gmail.com으로 이메일을 사용하는 사람'으로 언급할 수 있다.

```
[ foaf:mbox "Shakespeare@ gmail.com" ]
```

이렇게 하면 정보 파괴자가 훔치고 사용할 수 있도록 일반 텍스트로 이메일 주소를 게시하는 것이다. 이것은 존경하는 사람에게 대한 예의 바른 행동이 아니다. 이러한 이유로 FOAF는 foaf:mbox _sha1sum이라는 암호화된 버전의 foaf:mbox를 제공한다. SHA-1이라는 해싱 함수를 이메일 주소에 적용한 결과를 나타낸다. SHA-1 기능은 공개적으로 사용할 수 있지만 되돌리는 것은 매우 어렵다. 난독화된 문자열(f964f2dfd4784fe9d68ada960099e0b592e16a95)을 얻기 위해 알고리즘을 Shakespeare의 이메일 주소에 적용한다. 이제 이 값을 사용하여 그의 사생활을 침해하지 않고 그를 참조할 수 있다.

```
[ foaf:mbox_sha1sum
   "f964f2dfd4784fe9d68ada960099e0b592e16a95"]
```

안타깝게도 FOAF는 foaf:aimChatID, foaf:yahooChatID 등과 같은 다른 식별 속성을 난독화하는 표준 방법을 제공하지 않지만 FOAF 업데이트에 대한 여러 제안에는 이러한 속성이 포함되어 있다.

당신이 아는 것이 아니라 당신이 아는 사람이다

소셜 네트워킹 시스템으로서 FOAF의 핵심은 한 사람을 다른 사람과 연결하는 능력이다. FOAF는 이 관계에 대해 foaf:knows라는 단일 고수준 속성을 제공한다. foaf:knows의 개념은 간단하다. 한 사람이 다른 사람을 알고 더 많은 사람을 알아가는 방식으로, 아는 사람들의 네트워크를 형성한다. foaf:knows에 대한 추론은 많지 않다. 이에 대해 정의된 유일한 트리플은 다음과 같다.

```
foaf:knows rdfs:domain foaf:Person .
foaf:knows rdfs:range foaf:Person .
```

즉, foaf:knows는 하나의 foaf:Person을 다른 foaf:Person과 연결한다.

foaf:knows에 대한 추론 부족은 의도적으로 설계된 것이다. foaf:knows는 사람들 사이의 관계를 나타내기 위해 의도적으로 모호하게 설계되었다. 이러한 관계는 다른 정보에서 비공식적으로 결론을 내릴 수 있다. 예를 들어 공동 저자는 일반적으로 서로를 알고 있다고 가정할 수 있고, 한 사람이 다른 사람을 안다면 그 관계가 상호적이라고 생각하는 것이 일반적이다. 그러나 FOAF 설계자는 한 사람이 다른 사람을 알고 있는지 여부에 대해 약간의 불일치가 있을 수 있기 때문에, 의도적으로 owl:SymmetricProperty로서 foaf:knows 의미를 생략하였다. 모호한 정의에도 불구하고 foaf:knows는 소셜 네트워킹에 FOAF를 사용하기 위한 인프라를 제공한다. 즉, 한 사람을 다음 사람에게 연결한 다음 다른 사람에게 연결하는 식이다.

10.4 페이스북의 오픈 그래프 프로토콜

FOAF가 오래 전에 만들어졌지만, 가장 큰 소셜 네트워크는 페이스북이다. 페이스북은 다른 소셜 네트워크 사이트와 마찬가지로 그 자체로 세상을 표현한다는 목적을 갖고 있다. 그렇게 할 수 있는 것들이 페이스북에 있든 없든 말이다. 페이스북은 네트워크 외부에 있는 웹 페이지를 포함하지 않았다. 페이스북은 2010년에 OGP Open Graph Protocol를 채택하여 이 문제를 해결함으로써 다른 웹 사이트와 통합할 수 있게 되었다.

OGP의 대표적인 표현은 '좋아요'라는 페이스북 기능의 확장이다. 모든 페이스북 자원에 '좋아요'라는 고유한 버튼이 있다. 사용자가 해당 버튼을 클릭하면 해당 페이지가 자신이 좋아하는 프로필로 이동한다. 네트워크상의 친구는 '좋아요' 버튼을 누른 사람이 이것을 좋아한다는 것을 알 수 있으며 '좋아하는' 항목에 대한 업데이트를 받도록 선택할 수 있다. 페이스북의 '좋아요'는 사용자가 자신의 개성을 반영할 수 있도록 프로필을 맞춤 설정할 수 있는 매우 간단한 방법이다.

'좋아요' 기능의 문제는 페이스북 페이지에서만 '좋아요'를 선택할 수 있다는 점이다. 주요 신문에서 뉴스 기사를 읽거나 콘서트 일정을 볼 때 '좋아요' 하고 싶은 내용이 있어도 그렇게 할 방법이 없다. 페이스북 OGP는 페이스북에 아직 포함되지 않은 페이지를 포함할 수 있도록 페이스북의 범위를 확장했다. 사실상 OGP는 페이스북을 글로벌하게 연결된 데이터 네트워크로 한 발짝 옮겨놓았다. 연결은 복잡하지 않으며, 사람들이 무언가를 '좋아요'로 선택하는 것뿐이다. 그러나 OGP는 연결된 데이터 웹을 향한 혁신적인 움직임이다.

이 작업을 수행하기 위해, 페이스북은 네트워크 내부에서 사용자가 가리킬 수 있는 ('좋아요') 페이지로 취급하는 정보를 모든 웹 페이지에 쉽게 넣을 수 있도록 설계했다. 이를 위해 두 가지 장애물을 극복해야 했다. 첫째, 웹 페이지 작성자가 자신의 페이지를 페이스북에 설명할 수 있는 언어가 필요하고 둘째, 이 정보가 웹 페이지 자체에 삽입될 수 있는 방법이 필요했다. 페이스북은 OGP뿐만 아니라 페이지에 '좋아요' 버튼을 배치하는 여러 가지 방법을 제공했다.

OGP 모델

페이스북 OGP는 웹 페이지 작성자가 자신의 웹 페이지에서 설명하는 여러 항목을 페이스북에서 '좋아요'할 수 있는 간단한 모델을 포함하고 있다. 설명하고 싶은 대상에는 스포츠, 비즈니스(바, 레스토랑 등), 사람(배우, 음악가, 작가 등), 장소, 제품, 웹 사이트가 포함된다. RDFS는 OGP 모델의 유형 중 24개를 나열한다.

또한 OGP는 사용자가 좋아할 만한 것을 설명하는 데 사용할 수 있는 여러 속성을 정의한다. 위치('캘리포니아, 팔로 알토' 같은 장소 이름 또는 위도 및 경도와 같은 좌표), 표시 목적의 속성(예: 물건을 묘사하는 이미지), 연락처 정보(예: 전화번호, 이메일, 팩스 번호), 식별자(예: UPC, ISBN, URL) 속성이 있다. OGP 모델은 이 속성을 클래스에 매핑하지 않는다. 예를 들어 전화번호가 있는 사람이나 회사 또는 ISBN 번호가 있는 책 등을 알려줄 뿐이다. 단순히 유형(클래스)과 속성만 제공한다.

OGP는 기존 표준을 채택하지 않았기 때문에 고립되고 비협조적이라는 비판을 받았다. FOAF는 사람들과 연락하고 식별하는 데 필요한 속성이 있다. W3C는 이미 위도와 경도에 대한 속성을 포함하는 지리 공간 모델에 대한 표준이 있다. 이미 존재하는 표준은 OGP에서 사용하는 거의 모든 유형 또는 속성을 나타낸다. 그런데 OGP가 새로운 표준을 추가함으로써 웹에 혼란을 주는 건 아닐까?

이 비판은 시맨틱 웹에 대한 오해에 근거한다. 고유하지 않은 명명 가정은 분산 시스템에서 이런 종류의 일이 발생할 것임을 인정한다. 서로 다른 사람은 같은 사물에 대해 새로운 이름을 부여할 수 있는데, 모든 사람들이 같은 이름을 사용하는 데 동의하도록 할 수는 없다. 새로운 이름을 원하는 정당한 이유가 있을 것이다. 페이스북의 사용자 테스트에 따르면, 콘텐츠 관리자는 foaf:mbox가 아니라 geo:lat 또는 sioc:Site라는 것을 기억하기 위해 여러 소스의 이름을 기억하는 방식에 만족하지 않았다. 따라서 페이스북은 어휘를 하나의 네임스페이스로 모두 담아 설명할 수 있도록 만들었다.

시맨틱 웹의 솔루션은 모든 모델이 웹에서 공존할 수 있도록 하는 것이다. foaf:mbox, og:latitude, geo:lat과 함께 og:email(여기서 og:는 OGP의 네임스페이스 접두사)을 가질 수 있다. 시맨틱 웹은 서로 다른 시스템 중 하나가 우세한 상황을 요구하지 않는다. 모든 시스템은 공존할 수 있다. OGP는 여러 이름을 사용하고 싶지 않은 콘텐츠 관리자를 위해 단일 네임스페이스를 유지할 수 있고, FOAF, W3C와 기타 기관은 자체 모델을 유지할 수 있다. 모든 것이 RDF 자원이므로 RDFS-Plus를 사용하여 관련 방식을 지정할 수 있다. OGP RDFS 모델은 이러한 관계를 다음과 같이 표현한다.

```
og:latitude rdfs:seeAlso geo:lat .
og:email rdfs:seeAlso foaf:mbox .
```

RDFS-Plus의 owl:equivalentProperty와 같이 표현력이 높은 속성 대신 rdfs:seeAlso를 사용하여 이 모델의 특이성이 부족한 결합을 찾을 수 있다. owl:equivalentProperty를 사용하면 FOAF가 mbox와 OGP의 이메일과 일치하고, 그 반대도 동일하다는 것을 표현할 수 있다. rdfs:seeAlso를 사용하면, 이와 같은 약속이 없기 때문에, og:email에 대해 구체적으로 알고 싶다면 FOAF에서 별도로 살펴봐야 한다. 그러나 OGP를 다른 온톨로지와 연결하기 위해 rdfs:seeAlso를 사용할 수 있다.

웹 페이지에 OGP 포함하기

웹 페이지 작성자는 간단한 OGP 모델을 사용하여 페이지가 무엇인지 설명할 수 있지만 여전히 해당 정보를 어떻게든 게시해야 한다. 가장 쉬운 방법은 웹 페이지 자체에 설명을 삽입하는 것이다. 이 방식을 사용하면 웹 페이지 작성자가 특정 주제에 대한 단일 페이지를 유지하여 해당 페이지에 필요한 모든 정보를 넣을 수 있다.

페이스북은 단순화된 버전의 RDFa(4.1절)를 사용하여 웹 페이지에서 OGP 데이터를 인코딩한다. 어휘 자체와 마찬가지로 사용자 테스트는 웹 페이지에 정보를 포함하는 작업이 매우 간단해야 한다는 것을 보여주었다. 특히 웹 페이지 작성자는 이를 수행하는 방법에 대해 많은 결정을 내릴 필요가 없고, 모든 OGP 데이터를 페이지 헤더의 HTML 태그에 넣어 해결할 수 있다. 예를 들어 영문판의 웹 페이지인 workingontologist.org/에 다음의 헤더 정보가 있다.

```
<meta property="og:type" content="book"/>
<meta property="og:url" content="http://www.workingontologist.com/"/>
<meta property="og:image" content="http://covers.elsevier.com/165_FW/
    9780123735560.jpg"/>
<meta property="og:site_name" content=" Working Ontologist"/>
```

이 코드는 웹 사이트가 책에 관한 것이며 Working Ontologist로 불리며 URL http://workingontologist.org/에서 구할 수 있으며 표지 사진에 대한 링크를 제공한다는 것을 페이스북에 알려준다. 이 스니펫에서 og:로 시작하는 모든 단어는 'book' 유형과 마찬가지로 OGP 모델에서 온 것이다. 이를 통해 Facebook 사용자가 발생하는 모든 업데이트를 따를 수 있도록, 페이지에 '좋아요' 버튼을 추가하는 데 필요한 모든 것을 페이스북에 제공한다. 지금 바로 웹 페이지로 이동하여 이 버튼을 클릭하고 어떤 일이 발생하는지 확인할 수 있다.

10.5 이 장을 마치며

OGP와 FOAF는 확장 가능한 분산 정보 네트워크를 생성하기 위해 간단한 모델링 구성 세트의 활용 방법을 보여준다. 둘 다 RDF의 분산 특성을 활용하여 정보 네트워크를 확장해서 웹을 통해 배포할 수 있다.

FOAF는 정보 확장에 대해 진화적 접근 방식을 취한다. 어떤 개념을 표현하는 용어는 아주 다양할 수 있다(예: '이름'의 여러 변형). 새로운 기능이 필요하면 FOAF를 확장할 수 있다. 예를 들어, foaf:weblog는 블로그가 유행하기 전에는 그다지 중요하지 않았지만 이제는 foaf:homepage보다 더 중요해졌다.

OGP는 가장 성공적인 시맨틱 웹 모델이다. 소개된 지 얼마 안 되었지만, 웹에서 보편적으로 사용되고 있다. 2010년 말을 기준으로 웹에서 유사한 버튼의 약 10~15%가 RDFa 접근 방식을 사용했다. Yahoo! 쇼핑 페이지, New York Times 기사, CNN 뉴스 기사 등에 '좋아요' 버튼이 있고 버튼당 최소 4개의 트리플이 있다. 현재 OGP 사용으로 생성되는 RDF 트리플의 수를 추정하기 어려울 정도다. OGP의 성공은 페이스북의 엄청난 성공에 기인한 측면도 있지만, 설계의 단순성이 매우 큰 요인으로 작용했다. OGP에는 거의 동일한 수의 속성과 함께 몇 가지 간단한 유형만 포함된다.

OGP는 실세계에서 운영되고 있는 시맨틱 웹 원칙의 명확한 예가 된다. 이미 소셜 네트워킹에 대한 모델이 많이 나와 있다. FOAF는 하나의 예일 뿐이다. 웹에서는 모든 사람이 하나의 사례에 동의하길 기대하기 어렵고, 애플리케이션마다 요구 사항도 다르다. 페이스북은 단순성에 대한 강한 요구를 확인하여 이미 다른 곳에서 사용할 수 있는 몇 가지 개념을 재창조했다. 그러나 이것이 OGP가 뚫을 수 없는 또 다른 정보 사일로(저장고)를 생성한다는 의미는 아니다. 애초에 다른 시스템에 대한 연결은 기계가 읽을 수 있고 질의 가능한 방식으로 모델에 내장되었다. OGP는 소셜 네트워크의 개체에 대한 기술적인descriptive 메타데이터 네트워크의 일부다.

주요 개념

- **Data.gov** – 미국의 정부 데이터를 RDF에서 사용할 수 있도록 하는 프로젝트다.
- **FOAF** – 소셜 네트워크 정보의 표현의 시스템을 위한 네임스페이스. '친구의 친구Friend of a Friend'의 줄임말이다.
- **메타모델링** – 일반적으로 다른 모델을 설명하는 모델을 만드는 기술이다. 좀 더 구체적으로 말하면, 모델의 클래스를 다른 클래스의 개별 원소로 표현하는 방법이다. FOAF는 foaf:Group 유형의 개인을 그룹에 있는 모든 원소의 클래스에 연결하는 foaf:membershipClass 속성을 사용하여 이를 명시적으로 수행한다.
- **RDFa** – 웹 페이지에 RDF 데이터를 포함하는 시스템이다.
- **OGP** – 페이스북 사용자가 페이스북 외부의 페이지에 연결할 수 있게 하는 오픈 그래프 프로토콜이다.

CHAPTER 11

SKOS-RDFS-Plus로 어휘 관리하기

11.1 단순 지식 조직 체계(SKOS)

SKOSSimple Knowledge Organization System는 W3CWorld Wide Web Consortium의 권고안[Miles and Bechhofer 2009]으로, 분산되고 연결 가능한 방식으로 지식을 조직하는 체계(통제 어휘[1], 시소러스[2], 텍소노미[3], 폭소노미[4] 포함)를 표현하기 위한 방법을 제공한다. 지식 조직 체계는 오래 전부터 도서관학의 한 분야로 다루어져 왔지만, 컴퓨터 네트워크에서는 지식 조직을 표현하고 교환하는 수단이 체계화되지 않았다.

다양한 시소러스 표준이 이미 존재하는데 새로운 표준을 만드는 이유가 궁금할 수 있다. SKOS와 기존 시소러스 표준의 주요 차이점은 시맨틱 웹의 적용 여부다. 기존 표준과 달리 SKOS는 처음부터 모델러가 웹에서 재사용하고 참조할 수 있는 모듈식 지식 조직을 만들 수 있도록 설계되었다. SKOS는 시소러스 표준을 대체하도록 설계되지 않았지만 시소러스와 통제 어휘에 시맨틱 웹의 분산된 특성을 적용하여 표준을 보강한다. SKOS 설계 목표 중 하나는 모든 시소

1 역자주: 통제 어휘(controlled vocabulary)는 정보를 색인화하거나 탐색 또는 검색을 통해 정보를 검색하는 데 사용되는 단어, 구문의 조직화된 목록이다. 대표적 예로 용어 목록, 전거 파일, 동의어 사전이 있다.

2 역자주: 시소러스(thesaurius)는 특정 도메인에 대한 모든 개념을 일관된 방식으로 나타내는 일종의 사전이며, 색인 어휘와 도입 어휘로 구성되는 통제 어휘다. 개념의 관계성은 상위 개념(BT: Broader Term), 하위 개념(NT: Narrower Term), 용례 또는 동의어(UF: Use For or Synonymous), 관계어(RT: Related Term) 등으로 분류된다.

3 역자주: 텍소노미(taxonomy)는 '분류하다'라는 뜻의 'tassein'과 '법, 과학'을 의미하는 'nomos'의 합성어로, 표준화되고 체계적으로 분류된 전통적인 분류학 기반의 분류 체계다.

4 역자주: 폭소노미(Folksonomy)는 사람들이 작성한 태그에 의한 분류법으로 집단적으로 분류하는 방법을 의미한다. Folk(사람) + order(순서) + nomos(법)의 합성어이며, 전통적인 분류 체계의 기준인 디렉터리 대신 태그(tag)를 사용한다.

러스 표준을 매우 간단한 방식으로 SKOS에 매핑할 수 있게 하는 것이다.

SKOS는 RDF^{Resource Description Framework}, RDFS^{RDF Schema}, 링크드 데이터의 모든 기능을 활용하여 어휘 배포와 연결을 한다. RDF를 기본으로 사용함으로써 SKOS는 어휘가 다른 통제 어휘뿐만 아니라 RDF(RDFS, RDFS-Plus, OWL 등)로 표현되는 모든 데이터 세트 또는 메타데이터 세트에 연결할 수 있다.

유엔식량농업기구는 수년 동안 농업에 관한 문서를 정리하기 위해 AGROVOC[Caracciolo et al. 2013]라는 시소러스를 관리해왔다. [그림 11-1]은 AGROVOC의 SKOS 간행물 샘플[5]을 보여준다. 다이어그램은 SKOS Core에 정의된 다양한 속성으로 서로 관련된 6가지 개념을 보여준다. 데이터 속성은 개념에 해당하는 상자 안에 표시된다. 각 속성은 다른 속성과 관련되어 정의되기 때문에 유용한 추론이 가능하다.

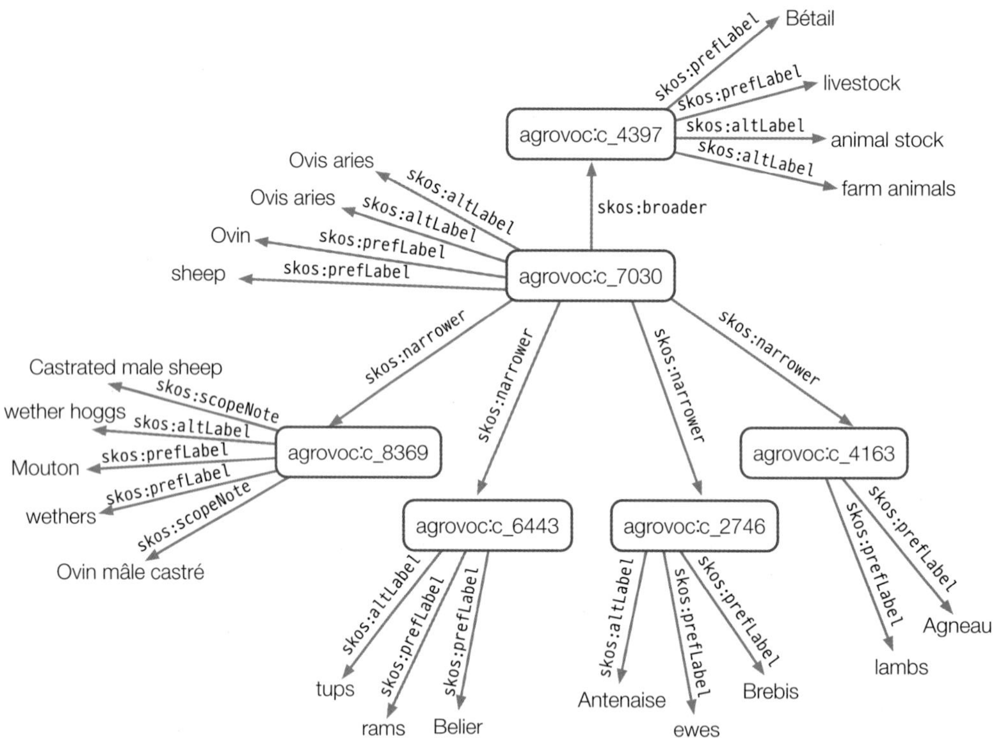

그림 11-1 AGROVOC의 샘플 개념

---

5 출처: Sample concepts from AGROVOC, from http://aims.fao.org/, licensed CC-BY https://creativecommons.org/licenses/by/3.0/igo/.

[그림 11-1]과 동일한 정보가 다음과 같이 Turtle 형식의 트리플로 표시된다.

```
agrovoc:c_4397 a skos:Concept ;
   skos:prefLabel "Bétail"@fr , "Livestock"@en ;
   skos:altLabel "Animalstock"@en , "Farm animals"@en .
agrovoc:c_2746 a skos:Concept ;
   skos:prefLabel "Brebis"@fr , "Ewes"@en ;
   skos:altLabel "Gimmers"@en , "Antenaise"@fr , "Ewe hoggs"@en .
agrovoc:c_4163 a skos:Concept ;
   skos:prefLabel "Agneau"@fr , "Lambs"@en .
agrovoc:c_6443 a skos:Concept ;
   skos:prefLabel "Bélier"@fr , "Rams"@en ;
   skos:altLabel "Tups"@en .
agrovoc:c_ 8369 a skos:Concept ;
   skos:prefLabel "Wethers"@en , "Mouton"@fr ;
   skos:altLabel "Wether hoggs"@en , "Hoggets"@en ;
   skos:scopeNote "Ovin mâle castré"@fr , "Castrated male sheep"@en .
agrovoc:c_7030 a  skos:Concept ;
   skos:prefLabel "Sheep"@en , "Ovin"@fr ;
   skos:altLabel "Ovis aries"@en , " Ovis aries"@fr ;
   skos:broader agrovoc:c_4397 ;
   skos:narrower agrovoc:c_2746 , agrovoc:c_6443 , agrovoc:c_8369 , agrovoc:c_4163 .
```

먼저 SKOS의 개념Concepts을 살펴보자. 6개의 개념과 이에 대한 이름이 지정되었다. 그런데 '개념concept'이란 무엇이며, 클래스와 어떤 관련이 있을까? SKOS는 출판물을 기술하기 위한 방법으로 도서관학에서 사용하는 분류 체계를 응용한 것이다. RDFS의 클래스와 달리 SKOS의 개념은 수학과 대응되지 않는다. SKOS의 개념은 출판된 작품의 범주화Categorization를 목표로 한다. 따라서 SKOS에 정의된 용어는 RDFS와 OWL에 정의된 용어만큼 엄격하게 규정한 공식적인 정의가 없다. 이 장의 뒷부분에서 살펴보겠지만 SKOS는 개념이 동작하는 방식과 개념의 관련성을 기술하기 위해 RDFS-Plus의 형식 구조를 사용한다.

다음으로 국제화 관점에서 보면, SKOS는 국제연합UN에서 영어와 프랑스어를 포함한 여러 언어로 관리한다. 각 개념에는 여러 언어의 레이블이 있다. 특정 언어에 대한 우선순위가 없기 때문에 UN은 AGROVOC의 자원에 대한 URIUniform Resource Identifier로 이름 대신 숫자를 사용한다. 개념에 대한 문자열은 사람이 읽을 수 있는 다양한 방식으로 제공된다. Turtle의 문자열은 작성되는 언어를 나타내는 언어 태그(XML 표준에서 가져옴)를 선택적으로 포함하고, 영어(en)와 프랑스어(fr)로 레이블을 표현할 수 있다.

문자열과 SKOS에서 레이블을 관리하는 방법에 대해 살펴보자. RDFS는 레이블을 표현하기 위해 rdfs:label를 정의하고 있다. rdfs:label에는 공식적인 의미가 정의되어 있지 않지만(즉, rdfs:label과 관련된 추론이 없음), 자원에 대해 사람이 읽을 수 있는 이름으로 사용한다는 비공식적인 의미가 있다. SKOS는 일반적인 시소러스 관행에 따라 개념 레이블에 대해 보다 자세한 개념을 제공한다. 특히 선호하는 레이블, 대체 레이블, 숨겨진 레이블의 세 가지 다른 종류의 레이블을 정의할 수 있다.

```
skos:prefLabel
   a rdf:Property ;
   rdfs:label "preferred label"@en ;
   rdfs:subPropertyOf rdfs:label .
skos:altLabel
   a rdf:Property ;
   rdfs:label "alternative label"@en ;
   rdfs:subPropertyOf rdfs:label .
skos:hiddenLabel
   a rdf:Property ;
   rdfs:label "hidden label"@en ;
   rdfs:subPropertyOf rdfs:label .
```

SKOS는 이러한 속성을 정의하는 여러 트리플을 포함하고 있다. 하지만 여기서는 위의 속성을 설명하는 데 집중하려고 한다.

개별 속성에는 개별 자원의 이름을 사람이 읽을 수 있는 버전으로 표현하는 rdfs:label이 있다. 이 속성은 rdf:Property 유형이며, rdfs:label의 하위 속성으로 선언되어 있다. 이미 살펴본 것처럼 rdfs:subPropertyOf는 하위 속성에서 상위 속성으로 트리플을 전파한다. skos:prefLabel을 술어로 사용하는 모든 트리플에서 rdfs:label을 술어로 대신 사용하여 동일한 트리플을 추론할 수 있다. skos:altLabel과 skos:hiddenLabel도 동일하다. AGROVOC 예제에서 다음과 같은 트리플을 추론할 수 있다.

```
agrovoc:c_7030 rdfs:label "Sheep"@en .
agrovoc:c_7030 rdfs:label "Ovin"@fr .
```

즉, 모든 SKOS 레이블은 rdfs:label로 표시된다. AGROVOC에서 rdfs:label에 대해 둘 이상의 값을 유추할 수 있다. 물론 RDFS-Plus에서 유효하지만, 여러 개의 인쇄된 이름이 있으면 자원을 표시하는 방법을 알기 어려울 수 있다. rdfs:label은 owl:FunctionalProperty가 아니다.

SKOS는 정의하는 많은 속성에 대해 동일한 패턴을 사용한다. 각각에 대해 지원하는 추론의 종류는 비슷하다. 따라서 SKOS의 7개 문서 속성의 경우 6개는 7 번째의 하위 속성이므로 다음과 같다.

```
skos:definition rdfs:subPropertyOf skos:note .
skos:scopeNote rdfs:subPropertyOf skos:note .
skos:example rdfs:subPropertyOf skos:note .
skos:historyNote rdfs:subPropertyOf skos:note .
skos:editorialNote rdfs:subPropertyOf skos:note .
skos:changeNote rdfs:subPropertyOf skos:note .
```

11.2 SKOS의 의미 관계

SKOS는 개념을 서로 연관시키는 여러 가지 의미 관계를 정의하며, 더 넓거나 좁은 관계를 표현하는 시소러스 표준과 관련된 용어를 포함한다. 또한 SKOS는 속성의 미묘한 변형을 포함하며 서로 간의 관계를 모델링한다. [그림 11-2]는 SKOS의 의미 관계와 속성 사이의 관련성을 보여준다.

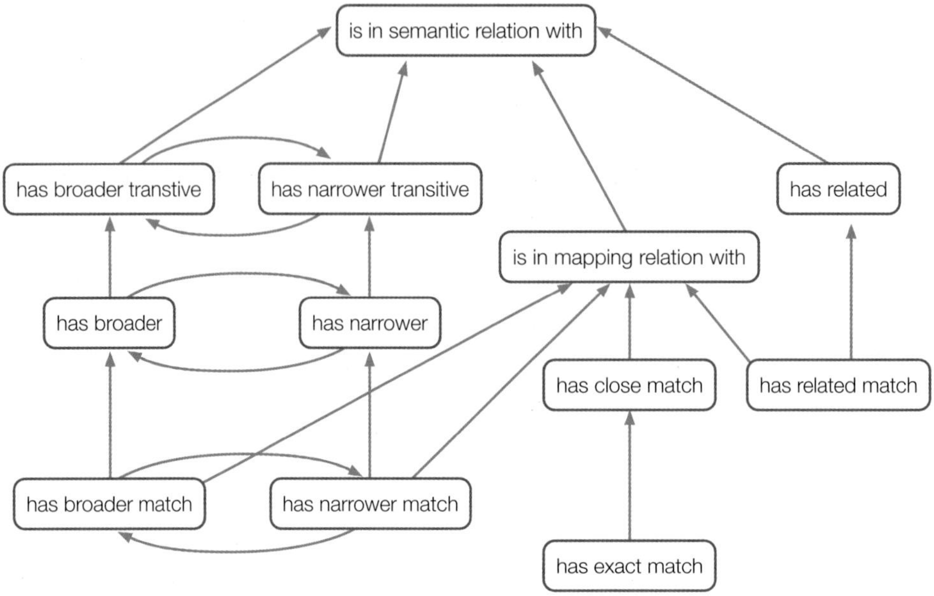

그림 11-2 SKOS의 의미 관계 구조: 단방향 화살표는 rdfs:subPropertyOf 관계를, 쌍방향 화살표는 owl:inverseOf 관계를 나타낸다.

이 다이어그램에서 익숙한 관계는 skos:broader, skos:narrower, skos:related이며, 시소러스의 관계 BT, NT, RT와 일치한다. skos:broader와 skos:narrower(상호 역)는 각각 추이적 속성인 skos:broaderTransitive와 skos:narrowerTransitive의 하위 속성이다(상호 역에 대해서는 9장 참조). 이것은 [도전과제 9-6]과 [도전과제 9-7]에서 이미 보았던 익숙한 패턴이다. 이 도전과제에서 추이적 관계와 추이적이지 않은 관계의 일관된 버전을 유지했다. 또한 이 문제를 해결하기 위해 단순한 설계 패턴을 정의했다. 여기서 한 속성(추이적이라고 정의되지 않음)은 추이적이라고 정의된 다른 속성의 하위 속성이다. SKOS 속성 계층에서 이 패턴이 두 번 발생하는 것을 볼 수 있다.

SKOS 속성 계층의 역과 함께 추이적 슈퍼 속성 패턴이 AGROVOC 시소러스에서 동작하는 방식을 살펴보자.

먼저 skos:narrower는 skos:broader의 역이므로 [그림 11-1]에서 AGROVOC 개념에 대해 다음과 같은 추론을 할 수 있다.

```
agrovoc:c_4397 skos:narrower agrovoc:c_7030 .
agrovoc:c_2746 skos:broader agrovoc:c_7030 .
agrovoc:c_4163 skos:broader agrovoc:c_7030 .
agrovoc:c_6443 skos:broader agrovoc:c_7030 .
agrovoc:c_8369 skos:broader agrovoc:c_7030 .
```

또한 skos:narrower와 skos:broader는 각각 skos:narrowerTransitive와 skos:broaderTransitive의 하위 속성이므로 더 넓거나 좁은 추이적 속성과 관련 있다고 추론할 수 있다.

```
agrovoc:c_4397 skos:narrowerTransitive agrovoc:c_7030 .
agrovoc:c_2746 skos:broaderTransitive agrovoc:c_7030 .
agrovoc:c_4163 skos:broaderTransitive agrovoc:c_7030 .
agrovoc:c_6443 skos:broaderTransitive agrovoc:c_7030 .
agrovoc:c_8369 skos:broaderTransitive agrovoc:c_7030 .
agrovoc:c_7030 skos:narrowerTransitive agrovoc:c_4397 .
agrovoc:c_7030 skos:broaderTransitive agrovoc:c_2746 .
agrovoc:c_7030 skos:broaderTransitive agrovoc:c_4163 .
agrovoc:c_7030 skos:broaderTransitive agrovoc:c_6443 .
agrovoc:c_7030 skos:broaderTransitive agrovoc:c_8369 .
```

이 샘플의 모든 개념은 트리의 '상위' 항목인 agrovoc:c _4397(가축)보다 좁은 개념이다(narrowerTransitive).

```
agrovoc:c_4397 skos:narrowerTransitive agrovoc:c_7030 .
agrovoc:c_4397 skos:narrowerTransitive agrovoc:c_2746 .
agrovoc:c_4397 skos:narrowerTransitive agrovoc:c_4163 .
agrovoc:c_4397 skos:narrowerTransitive agrovoc:c_6443 .
agrovoc:c_4397 skos:narrowerTransitive agrovoc:c_7030 .
```

일반적으로 목적어에 대한 주어를 교환하여 역속성 skos:broaderTransitive도 유사한 트리플을 추론할 수 있다.

skos:related는 owl:TransitiveProperty로 정의되어 있지 않으므로 관련 항목에 대해 추론할 수 없다. 따라서 AGROVOC에서 고기-육류용 동물-거북이-수생동물-연체동물-진주층mother of pearl은 서로 관련 있지만(is related to), 고기는 진주층과 관련이 없다.

skos:related는 owl:SymmetricProperty이다. 따라서 'Mother of Pearl'(c_4951)이 'Decorative uses'(c_2149)와 관련되어 있으므로 c_2149는 c_4951과 관련된다.

의미적 관계의 의미

skos:narrower와 skos:broader에 대한 SKOS 정의와 rdfs:subClassOf와 superClassOf (RDFS 표준에 정의되지 않음)의 정의 간에 상당한 유사성이 있다. 이러한 속성 쌍은 계층 구조를 모델링하는 데 필요하다. 두 경우 모두 계층이 '위로' 또는 '아래로' 이동할 수 있는 것이 바람직하며, 관계의 추이성이 중요하다. RDF에서 subClassof의 추이적 특성이 직접 표현된다. SKOS는 모델 사용자가 더 넓거나 좁다는 추이적 개념을 사용할지 여부를 결정하는 보다 정교한 모델을 사용한다.

SKOS에 해당 조건이 없는 subClassOf에 대한 정의가 하나 있다. RDFS에서는 유형 전파 규칙이 적용된다.

```
CONSTRUCT {?x rdf:type ?c}
WHERE {?x rdf:type ?b.
        ?b rdfs:subClassOf ?c . }
```

이 규칙 때문에 rdfs:subClassOf의 해석에 대한 혼란이 없다. 이 규칙은 C가 B보다 더 많은 (또는 최소한 그만큼의) 원소를 가지고 있음을 의미한다. 즉, C는 B를 포함한다. SKOS는 이런 규칙이 없기 때문에 혼란이 일어날 가능성이 있다.

```
agrovoc:c_7030 skos:broader agrovoc:c_4397 .
```

'c_7030(양)은 더 넓은 용어인 c_4397(가축)을 갖는다'로 해석하는가? 아니면 'c_4397(가축)이 c_7030(양)보다 넓다'로 읽어야 하는가? 공식 SKOS 모델에서는 어떻게 읽어야 한다고 알려주지 않는다. 관계는 skos:broader와 skos:narrower의 주석에 비공식적으로 표현된다. 여기서 '더 넓다'와 '더 좁다'라는 레이블은 전자의 해석, 즉 '양은 더 넓은 용어인 가축을 갖는다Sheep has broader term Livestock'를 의도한 것임을 나타낸다. 이 책에 나오는 SKOS 예제를 읽을 때 이를 염두에 두어야 한다.

```
:Sheep skos:broader :Livestock .
```

이는 더 넓다는 의미를 해석할 때 대부분의 사람들이 기대하는 것과 반대다.

skos:broader의 의미론에 대한 추론 기반 정의가 있다면(예: rdfs:subClassOf의 경우), 이 진술문이 의도하는 방향은 명시적이다. 용어가 사용되는 방식을 전달하기 위해 예제의 해석(예: 양과 가축의 경우)에 의존할 필요가 없다.

SKOS와 연결된 어휘

통제 어휘와 시소러스와 비교했을 때, SKOS(RDF에서 상속됨)의 주요 장점 중 하나는 어휘를 연결할 수 있다는 것이다. 많은 어휘가 네트워크 환경이나 컴퓨팅 플랫폼에서 표현하는 아이디어 이전에 개발되었다. 이런 배경의 어휘는 독립적인 어휘로 개발되어, 일부 영역을 설명하는 데 사용할 단어에 대한 고유한 관점을 제공한다.

컴퓨터 네트워크 환경에서 어휘가 상호작용하는 것은 일반적이다. 한 어휘로 구성된 콘텐츠 집합은 다른 어휘로 구성된 콘텐츠 집합을 사용하는 동일한 청중에게 제공된다. 어휘 자체는 연결된 정보 자원이 된다. SKOS는 이러한 목적에 매우 적합하다. SKOS는 RDF로 표현되기 때문에 모든 용어는 웹에서 참조할 수 있는 고유 식별자(URI)를 갖는다. 이를 통해 한 어휘의 용어가 다른 어휘의 용어와 어떻게 관련되는지에 대한 진술이 가능하다.

SKOS는 이런 목적을 위해 정확히 일치하는 몇 가지 속성을 제공한다.

```
skos:exactMatch
skos:narrowMatch
skos:broadMatch
skos:closeMatch
```

이 속성과 다른 SKOS 속성 간의 관계는 [그림 11-2]에서 보여준다. AGROVOC 개념 c_7030(양)에서 보았듯이, 매핑 관계는 서로 다른 어휘로 용어 간의 관계를 표현할 수 있다. 미국의 NAL National Agriculture Library에는 NAL:38846(양)이라는 용어가 포함된 자체 어휘가 있다. 이 두 개념의 관계는 표면적으로 똑같다고 생각할 수 있으며 다음과 같이 표현할 수 있다.

```
NAL:38846 skos:exactMatch Agrovoc:c_7030 .
```

skos:exactMatch 속성에는 추론 기반의 의미론이 없다. 더 정확하게 말하면 exactMatch에서 의미를 이해하는 데 도움이 될 만한, 추론할 수 있는 트리플이 존재하지 않는다. 그러나 두 용어가 광범위한 정보 검색 애플리케이션에서 상호 교환적으로 사용될 수 있다.

두 용어를 서로 바꿔서 사용할 수 있다고 생각할 수 있다. 그러나 이에 동의하지 않고 미국 농무부USDA가 UN보다 양에 대해 더 구체적인 개념을 가지고 있다고 믿는 사람도 있다. 이 상황은 SKOS로도 표현할 수 있다.

```
NAL:38846 skos:broadMatch Agrovoc:c_7030 .
```

반면, 누군가는 이런 방식에 동의하지 않을 수 있다. '양'이라는 단어의 두 가지 변형을 몇 가지 정보 검색 환경에서 서로 바꿔서 사용할 수 있다고 생각할 수 있다. 이런 관계는 SKOS에서 다음과 같이 표현할 수 있다.

```
NAL:38846 skos:closeMatch Agrovoc:c_7030 .
```

마지막으로, 누군가가 한 어휘의 용어를 다른 어휘와 연관시키고 싶지만 동일한 대상을 언급하고 있다는 것을 암시하고 싶지 않을 수 있다. 예를 들어 어떤 사람은 '양고기'(NAL:51747)에 대한 NAL 개념이 '양'이라는 AGROVOC 개념과 관련이 있다는 사실을 기록하고 싶을 수 있다. 둘은 동일하진 않지만 어느 정도 관계가 있다. 그렇다면 정보 검색 체계에서 양 아래에 양고기에 대한 색인을 만들어 검색자가 콘텐츠를 검색할 때 알아볼 수 있게 하는 것이 좋다. SKOS에서 다음과 같이 표현할 수 있다.

```
NAL:51747 skos:relatedMatch Agrovoc:c_7030 .
```

RDFS-Plus에 있는 subClassOf, sameAs, inverseOf 등에 담긴 단어의 의미와 달리 SKOS에서 단어의 의미는 추론 기반 의미가 훨씬 적다. SKOS에서 단어의 의미는 정보 검색 체계에서 어떻게 처리되어야 하는가와 관련된 일반적 의미다.

그러나 SKOS 표준은 이러한 용어의 관계를 RDFS-Plus로 정의한다. [그림 11-2]에서 보았듯이, 해당 속성은 정교한 하위 속성 구조에 속하며, 이 구조가 skos:broader와 skos:broaderTransitive를 어떻게 연결하는지 이미 살펴보았다. 또한 이 구조는 일치하는 속성을 서로 연결하고 다른 SKOS 속성과도 연결한다.

특히 skos:broadMatch와 skos:broader를 언제 사용하는지 궁금할 수 있다. 통상 broad Match는 한 어휘를 다른 어휘로 매핑할 때 사용한다. 즉, 별도로 정의된 두 용어가 서로 관련이 있음을 나타낸다. 하지만 skos:broader와 관련이 있다고 명시하지 않으면 뭔가를 놓치게 될까?

[그림 11-2]를 살펴보면 이런 걱정을 덜 수 있다. 그림을 통해 다음을 알 수 있다.

```
skos:broadMatch rdfs:subPropertyOf skos:broader .
```

이것은 상황을 명확하게 한다. 한 용어가 다른 용어와 broadMatch가 있으면, 단순히 더 넓은 의미도 함축한다. SKOS 모델은 모든 일치 항목에 대해 skos:broader와도 관련이 있다고 추론할 수 있다. 간단히 말해, 단순히 broadMatch를 사용한다고 해서 무언가를 놓치는 것은 아니다. closeMatch와 exactMatch에도 유사한 설명이 적용된다. 양에 대한 NAL 개념이 양에 대한 AGROVOC 개념과 정확히 일치exactMatch한다고 주장한다면, 또한 closeMatch라고 추론할 수 있다.

```
skos:exactMatch rdfs:subPropertyOf skos:closeMatch .
```

[그림 11-2]에서 볼 수 있듯이, 특히 정보 검색 체계가 상호 참조할 용어를 결정하는 수단으로 skos:closeMatch를 사용한다면 정확한 일치 항목도 모두 포착한다.

11.3 개념 체계

SKOS에는 개념 체계Concept Scheme가 있다. 개념 체계는 특정 시소러스 또는 지식 조직 체계에 해당하는 비공식적인 개념 집합이다. 개념 체계는 공식적인 정의가 거의 없지만 하나 이상의 시소러스를 게시하는 사람(또는 기관)의 의도를 전달하는 데 유용하다. 개념 체계를 사용하는 관행은 일반적으로 혼합되어 있다. 일부 기관(예: AGROVOC)은 전체 어휘를 단일 개념 체계로 게시한다. 또 어떤 기관(예: 의회 도서관)은 서로 다른 어휘라면 서로 다른 라이선스 제어에 해당하는 별도의 개념 체계를 사용하여 각 어휘를 게시한다. NAL은 각 최고 수준 표제에 대해 하나씩, 여러 개념 체계를 사용한다.

개념 체계는 개념의 집합으로 볼 수 있다. 개념 체계의 원소가 어떤 식으로든 의미 관계, 즉 skos:broader, skos:narrower, skos:related와 관련되는 조건은 없다. 어떤 한 개념은 하나의 개념 체계 안에 있고, 그보다 더 넓거나 좁은 개념은 다른 개념 체계 안에 놓일 수 있다. 개념은 skos:inScheme, skos:hasTopConcept, skos:topConceptOf 속성에 의해 개념 체계와 관련된다. 개념 체계의 개념은 skos:inScheme을 사용하는 체계와 관련이 있다. 따라서 이전 예에서 사용한 두 가지 개념인 NAL:38846(양)과 AGROVOC:c_7030(양)은 다음과 같이 다른 개념 체계 안에 있다.

```
AGROVOC:c_7030 skos:inScheme <http://www.fao.org/aos/agrovoc> .
NAL:38846 skos:inScheme NAL:S .
```

물론, URI가 다르기 때문에 이 개념이 서로 다른 기관에서 유지 관리된다는 것을 알고 있다. 개념 체계에 포함된 명시적 설명은 이 관계를 명시하고 SPARQL을 사용하여 쿼리할 수 있도록 한다.

개념 체계에는 상위 개념Top Concepts이라는 고유한 개념이 하나 이상 있을 수 있다. 의미 관계인 skos:broader와 skos:narrower는 개념의 계층 구조를 정의한다. SPARQL 쿼리로 트리 구조의 최상단을 찾을 수 있지만 특수한 속성으로 표시하는 것이 편리하다. 이것이 skos:hasTopConcept과 skos:topConceptOf의 목적이다. 2개의 트리플은 개념 체계에서 상위 개념과 다른 원소 간의 관계를 설명한다.

```
skos:topConceptOf rdfs:subPropertyOf skos:inScheme .
skos:topConceptOf owl:inverseOf skos:hasTopConcept .
```

이 두 트리플의 결과로, 개념 체계의 최상위 개념도 해당 체계 안에 있어야 한다. 또한 속성 topConceptOf와 hasTopConcept는 역 관계다.

SKOS 개념 체계 관리

개념 체계와 관련된 속성을 사용하는 일반적인 방법은 다양할 수 있다. 일부 어휘는 해당 속성을 전혀 사용하지 않고 암시적인 개념 체계 안에 포함 관계를 정의하고 있다. 어떤 사람은 inScheme을 사용하지만 상위 개념을 표시하지 않는다. 상위 개념을 나타내는 항목 중 일부는 hasTopConcept를 사용하고 다른 일부는 topConceptOf를 사용할 수 있다.

이러한 모든 관행은 SKOS 표준에 따라 허용된다. 하지만 허용되는 관행이 너무 많으면 시소러스 작성자는 쉽게 작성할 수 있지만, 어휘 소비자는 찾아보기가 더 어려워진다. SKOS에서 시소러스 표현을 정규화하기 위해, 개념 체계 사용과 관련하여 다음과 같은 권장 사례를 제공하고 있다.

1 개념 체계를 자신의 거버넌스 관행에 맞춘다. 특히 단일 작업 프로세스로 제어되는 어휘에는 어휘마다 하나의 개념 체계를 사용해야 한다.

2 skos:broader와 skos:narrower에서 개념 체계의 포함 관계를 전파한다. 즉, 다음 SPARQL CONSTRUCT에서 제공하는 추론이 유효해야 한다.

```
CONSTRUCT {?c skos:inScheme ?S }
WHERE {?a skos:inScheme ?S .
       ?a skos:broader ?c .}
```

비슷한 규칙이 skos:narrower에 적용된다.

3 skos:broadMatch(각각 skos:narrowMatch, skos:exactMatch, skos:closeMatch)를 사용하여 다른 개념 체계에 있는 개념을 매핑한다.

4 skos:hasTopConcept를 사용하여 모든 skos:broader 트리의 최상단을 나타낸다. 트리 내부의 어떤 개념도 상위 개념으로 표시하지 않는다.

5 단일 개념 체계에서 상위 개념의 수를 적게 유지한다(예: 6개 미만).

이 지침은 SKOS 표시에 어느 정도 일관성을 제공하기 위한 것이지만, 어떤 면에서든 규범적이지 않다. 지침은 다양한 기관에서 사용하는 어휘에 대한 경험을 바탕으로 한다. 이 중 어떤 규칙을 위반한다면 물론 그럴 만한 이유가 있을 것이다. 하지만 더 넓거나 좁은 개념을 동일한 트리에서 일관성 있게 유지하면, 최상위 개념을 표시하여 어휘 검색의 시작점을 쉽게 찾을 수 있다. 이 지침들 중 어떤 것은 상식(예: 내부 노드를 '상위' 개념으로 표시하지 않음)인 반면, 어떤 것은 다소 임의적이다(예: topConceptOf 대신 hasTopConcept를 규정하는 이유).

owl:sameAs와 비교하면, 개념 체계의 존재는 skos:exactMatch 속성을 갖기 위한 동기 부여의 예가 된다. owl:sameAs의 의미는 서로 동일한 두 자원이 모든 진술문에서 상호 교환 가능함을 나타낸다. 즉, 두 개념이 서로 동일하다면 반드시 동일한 개념 체계 안에 있어야 한다. 개념 체계는 권한과 작업 프로세스를 반영하기 때문에 이것은 분명히 적절하지 않다. exactMatch 속성은 상호 교환 가능성에 대한 약속을 줄여 정보 검색 설정에서 한 개념이 다른 개념과 같이 작동함을 나타낸다.

11.4 SKOS 무결성

SKOS의 요소들이 추론에 의해 공식적으로 정의되지는 않지만, SKOS는 표준의 준수 여부를 확인하기 위해 SKOS 모델에 적용될 수 있는 무결성 조건을 포함하고 있다. 무결성 조건을 위반하는 모델은 표준에 부합하지 않는다는 점에서 이러한 조건은 규범적이다. 핵심 SKOS 온톨로지는 46개의 무결성 조건을 포함하고 있다. 이 책에서 모든 내용을 다룰 수는 없지만 SKOS에서 사용되는 몇 가지 방식을 살펴보고자 한다.

많은 제약조건이 RDFS로 표현될 수 있다. 사실, [그림 11-2]에 표시된 모든 관계는 다음과 같은 정의역/공역 정보와 함께 SKOS 제약의 일부다.

```
skos:inScheme rdfs:range skos:ConceptScheme .
skos:semanticRelation rdfs:domain skos:Concept .
skos:semanticRelation rdfs:range skos:Concept .
```

즉, 개념 C가 inScheme S이면 S는 차례로 skos:ConceptScheme의 원소여야 한다. 의미 관계와 관련된 두 가지(broader, narrower, related와 모든 일치 관계 포함)는 모두 skos:Concept 클래스의 원소다. 다른 제약은 SPARQL에서 가장 쉽게 표현된다. ASK 쿼리를 사용하여 SPARQL에서 부울 조건을 지정할 수 있다. 따라서 제약조건을 위반하는 경우 참으로 평가되는 조건을 지정할 수 있다. 예를 들어, 하나의 제약조건은 자원에 언어 태그마다

skos:prefLabel 값이 하나만 있다는 것을 의미한다. 이것은 SPARQL에서 다음과 같이 표현할 수 있다.

```
ASK
WHERE {?c skos:prefLabel ?l1 .
       ?c skos:prefLabel ?l2 .
       FILTER (lang(?l1) = lang(?l2))
       FILTER (?l1 != ?l2)
}
```

이 질의는 문자열의 언어 태그를 반환하는 lang(?x) 함수를 사용한다(영어는 'en', 프랑스어는 'fr' 등). 언어 태그가 2개의 다른 문자열과 일치하면(즉, 일치하지 않음) 제약조건을 위반한 것이다.

특정 속성은 분리되도록 제한된다(예: skos:related와 skos:broaderTransitive). 즉, 두 개념이 관련되어 있으면 하나는 다른 하나를 더 넓은 용어로 가질 수 없다. 이것은 SPARQL에서 다음과 같이 표현할 수 있다.

```
ASK
WHERE {?a skos:related ?b .
       ?a skos:broader* ?b }
```

즉, ?a 와 ?b가 관련되어 있고 하나가 다른 것보다 더 광범위한(추이적인) 경우 제약조건을 위반한 것이다.

일반적으로 SKOS의 무결성 제약은 어휘가 정보 검색 설정에서 사용(및 재사용)에 도움이 되는 방식으로 질서 정연하다는 것을 보장한다. 한 개념이 동일한 언어로 2개의 선호하는 레이블을 갖는 것은 좋지 않다. 한 개념이 다른 개념보다 더 넓다는 것을 알게 되면, 관련 개념을 별도로 만들어 표현할 필요가 없다.

11.5 SKOS 실행

SKOS는 '시맨틱 웹 모델'을 떠올릴 때 좋은 예가 된다. 연결과 재사용을 장려하는 웹 지향 방식으로 시소러스를 표현하는 방법에 대한 특정 표준을 모델링할 수 있다. 지금까지 이 모델이 시소러스의 용어와 개념에 대해 무엇을 말하는지, 개념이 서로 어떻게 관련될 수 있는지를 소개했다. 그러나 SKOS 자체는 어떻게 사용될까? SKOS에서 시소러스를 표현하면 무엇을 얻을 수 있을까?

W3C가 권고안(2008년에 나온 두 번째 버전)으로 제정한 후, SKOS 표준의 활용도는 크게 증가했다. AGROVOC, US NAL 외에도 다수의 소규모 어휘뿐 아니라 Library of Congress Subject Headings, West Key Numbering System, EUROVOC를 포함한 많은 대규모 시소러스가 SKOS에 게시되어 있다. SKOS가 이처럼 인기를 얻게 된 요인은 무엇일까? 몇 가지 요인이 있다.

첫째, 단순성이다. SKOS의 이니셜 'S'는 'Simple'을 나타낸다. 위원회는 SKOS를 단순하게 만드는 데 큰 역할을 했다. 즉, 다른 어휘 체계로 표현된 어휘를 많은 노력 없이도 SKOS로 변환할 수 있다. 기본 SKOS 관계(broader, narrower, related)와 클래스(Concept, ConceptScheme)는 어휘에 필수적인 것을 포착하는 데 효과적이다.

둘째, 어휘를 다른 체계에서 SKOS로 쉽게 변환할 수 있다. 대부분의 경우 기존 어휘에서 더 넓거나 좁거나 관련된 용어를 질의할 수 있다면 어휘를 SKOS로 직접 변환할 수 있다. 해당 질의의 결과를 트리플로 기록하기만 하면 된다.

```
?narrow  skos:broader ?broad .
```

이 프로세스의 단순성 덕분에 가내수공업 수준에서 SKOS로 전환할 수 있게 되었다. 전통적으로 스프레드시트, XML, 데이터베이스, 기타 스토리지 형식에 존재했던 어휘가 SKOS로 출판되는 사례는 드물지 않다. 14장에서는 금융 산업 비즈니스 온톨로지인 FIBO가 이 방법을 사용하여 OWL과 SKOS에 어떻게 게시되는지 살펴보겠다.

SKOS 이전에는 밀접하게 관련된 요소에 대해 디지털 형식으로 어휘를 표현하는 법적인 표준 방식이 없었다. 이는 부분적으로 상당수 독점 디지털 어휘 형식이 우세를 점하고 비독점 형식은 주요 표준 기관의 승인을 얻지 못한 상황에 기인한다. ISO International Organization for Standardization, NISO National Information Standards Organization와 같은 그룹에서 지원하는 많은 시소러스 표준이 있지만 시소러스를 디지털 형식으로 저장하는 방법에 대한 표준 권장 사항이 포함되어 있지 않다.

두 번째 요인은 더 미묘하다. 어휘를 SKOS로 번역하려면 각 개념에 대해 전역적으로 고유 식별자를 선택해야 한다. 대부분의 시소러스가 지역적으로 고유한 식별자를 가지고 있다. 예를 들어 West Key Numbering System에는 키 번호가 있고, Library of Congress Subject Headings에는 자체 식별자가 있다. 그러나 SKOS로 변환하면 로컬 고유 식별자가 전역 고유 식별자로 변경되어야 한다. 이런 특징은 어휘를 서로 연관시킬 때 큰 이점을 제공한다. 조직이 통합되고 정보가 전 세계적으로 게시됨에 따라 한 어휘를 다른 어휘로 연결하는 일이 점점 더 중요해지고 있다. 웹 이전에 개발된 시소러스는 웹 기반 어휘 관리를 지원하도록 설계되지 않았다.

AGROVOC와 NAL 어휘는 이러한 이점을 잘 보여준다. SKOS가 도입된 직후 UN은 두 시소러스를 함께 매핑하는 프로젝트를 추진했다. 이때 두 정보원의 용어를 서로 구별하기 위한 표현이 필요했다. 예를 들어, 'Groundwater'에 대한 AGROVOC 단어와 'groundwater'에 대한 NAL 단어는 별도로 관리되어야 하지만 둘 사이의 관계를 나타낼 수 있어야 한다. 프로젝트의 핵심은 제안된 관계를 비교하고 관리하는 것이었다. AGROVOC의 'Groundwater' 개념이 NAL의 'groundwater' 개념과 동일한가? 아니면 더 넓은가? 아니면 더 좁은가? 아니면 밀접한 관련이 있는가? 제안하는 결론이 무엇이든, 동일한 진술에서 AGROVOC 용어와 NAL 용어에 대해 표현할 수 있어야 한다. 용어를 URI로 번역하면 다음과 같이 단일 트리플로 연결할 수 있다.

```
NAL:11571 skos:broadMatch AGROVOC:c_3391 .
```

11.6 이 장을 마치며

SKOS는 확장 가능한 분산 정보 네트워크를 만드는 데 상당히 간단한 모델링 구성 집합을 사용한다. SKOS는 RDF의 분산 특성을 활용해 정보 네트워크를 확장하여 웹을 통해 배포할 수 있고, 정보 구조에 완전성을 추가하기 위해 RDFS-Plus의 추론 구조에 의존한다.

SKOS 어휘는 웹에서 정보를 연결하기 위한 초석을 제공한다. 두 정보원을 통합하려면 공통 기반이 있어야 하는데, 통제된 어휘는 공통점을 도출하는 가장 적합한 후보가 된다. SKOS에서 어휘를 게시하면 정의한 개념을 글로벌 규모로 참조할 수 있다.

통제된 어휘는 UN이나 의회 도서관처럼 유명한 곳뿐만 아니라 어디에나 있다. 표준적이고 공식적인 이름을 가진 모든 것은 통제된 어휘에서 사용될 수 있다. 대학 이름, 회사의 주식 기호, 지명, 월 이름 등 모든 것이 통제된 어휘다. 그들 중 많은 것이 SKOS에 게시되었으며 더 많은 것이 진행 중이다.

주요 개념

- **통제된 어휘** – 연결된 정보 체계에 대한 공통 참조를 제공하는 용어 집합이다.
- SKOS – 정보 관리를 위한 표현 체계의 네임스페이스다. SKOS는 'Simple Knowledge Organization System(단순 지식 조직 체계)'을 의미한다.
- AGROVOC – UN 농업 용어집(http://aims.fao.org/website/ AGROVOC-Thesaurus 참조)
- NAL – 미국국립농업도서관(http://agclass.nal.usda.gov/ 참조)

CHAPTER 12

OWL 기초

11장은 RDFS Resource Description Framework Schema-Plus가 모델링 시스템으로서 분산된 정보와 정보의 통합을 위해 다양한 방법을 제공함을 살펴보았다. RDFS-Plus의 단순한 구성자는 속성, 클래스, 개체를 일치시키기 위해 다양한 방법으로 결합될 수 있다. SKOS Simple Knowledge Organization System는 RDFS-Plus를 적용한 사례다. 12장에서는 RDFS-Plus를 넘어 웹 온톨로지 언어 OWL의 모델링 기능을 소개한다. OWL 기능에 대한 포괄적인 사용법은 Uschold[2018]에서 살펴볼 수 있다.

OWL 권고안은 현재 버전 2.0이다. OWL 1.0에서 새로운 모델링 구성자가 확장되었지만, OWL 동작 방식의 기본 원칙을 그대로 따른다. 책에 있는 대부분이 모델링 패턴은 OWL 1.0과 OWL 2.0에서 모두 유효하다. OWL 2.0에서만 사용할 수 있는 패턴이 있으면 별도로 표시할 것이다.

owl:Restriction 구성자는 이미 모델링한 다른 구성자의 관점에서 클래스를 설명하여 OWL의 표현력을 향상시킨다. 앞으로 자세히 살펴보겠지만, owl:Restriction 구성자는 모델링 기능에 있어 완전히 새로운 시각을 보여준다.

12.1 제약조건

BaseballTeam 클래스를 RDFS로 정의해보자. MajorLeagueTeam은 하위 클래스이고,

BaseballPlayer라는 클래스도 있다. 특정 시즌의 명단은 playsFor 속성으로 BaseballPlayer와 BaseballTeam을 연결해 표시할 수 있다. 어떤 선수가 MajorLeagueTeam에서 뛰고 있다면, 해당 클래스를 MajorLeaguePlayer로 정의하고, 텍스트로 'Major League Players'로 기술한다. 야구의 재정적 측면에 관심이 있다면 메이저리그 선수를 대표하는 에이전트 클래스와 이 에이전트들이 관리하는 은행 계좌도 추가할 수 있다.

시맨틱 웹의 가장 큰 장점은 어떤 맥락에서 한 사람이 기술한 정보를 다른 상황에 있는 사람이 재사용할 수 있다는 것이다. 시맨틱 웹에서 선수 명단을 작성한 사람이 에이전트나 은행 계좌를 담당하는 사람과 동일하다고 기대할 수 없다. 여러 출처의 정보를 함께 사용하려면 서로 다른 맥락에서 사용할 수 있도록 개념을 표현하는 방법이 필요하다. OWL은 미리 정의된 클래스 관점으로 새 클래스를 기술할 수 있는 기능을 제공하며, 지금까지 논의한 것보다 복잡한 구조를 모델링하는 데 사용할 수 있다.

앞서 RDFS와 RDFS-Plus(OWL의 하위 집합)에서 간단한 클래스와 그들 간의 관계를 정의하는 방법에 대해 소개했다. 그러나 지금까지 소개한 구성자로는 Major League Baseball Player 예제를 기술할 수 없기 때문에, OWL의 제약조건Restriction이라는 언어 구성자를 사용하여 표현한다.

MajorLeaguePlayer 클래스를 생각해보자. MajorLeaguePlayer는 비공식적으로 Major LeagueTeam에서 활동하는 선수로 정의한다. 명칭에서 알 수 있듯이, 제약조건Restriction은 MajorLeaguePlayer 클래스의 구성원이 MajorLeagueTeam에서 뛰는 사람으로 제한된다는 것을 의미한다. 제약조건은 클래스의 특별한 사례이며, 본래 의미를 명확히 하기 위해 제약조건 클래스로 표현한다.

일반적으로 OWL의 제약조건 클래스는 포함된 개체를 설명함으로써 정의되며, OWL에서 모델 확장의 기초를 만든다. 알려진 클래스로 개체 집합을 기술할 수 있다면, 해당 설명을 사용하여 새로운 클래스를 정의할 수 있다. 새로운 클래스는 기존 클래스이기도 하므로 새 클래스에 포함할 개체를 설명하는 데 사용할 수 있다. 먼저 제약조건 클래스 사용에 대해 자세히 살펴보자. 야구 선수에 대한 예제는 이 장의 뒷부분에서 다시 다룬다.

예제 12-1 질문과 답변

퀴즈, 시험, 설문지를 모델링할 때처럼 질문과 답변을 관리하는 실행 예제를 사용한다. 질문과 답변은 OWL에서 다양한 제약조건 클래스 사용을 설명하는 매우 간단한 예다. 통상적으로 설문지는 여러 질문으로 구성되며 각각의 질문에는 여러 가지 가능한 답변이 포함된다. 질문에는 질문에 대한 문자열, 답변에는 답변에 대한 문자열이 포함된다. 퀴즈나 시험과 달리 일반적으로 설문지 질문에는 '정답'이 없다. 설문지, 퀴즈, 시험에서 특정한 답변을 선택하면 다른 질문이 이어지지 못할 수도 있다.

설문지의 기본 구조는 OWL의 클래스와 속성으로 표현할 수 있다. 구체적인 설문지는 개별적인 질문, 답변, 개념과 이들 간의 특정 관계로 표현된다. [그림 12-1]은 설문지의 기본 스키마를 다이어그램으로 보여준다.

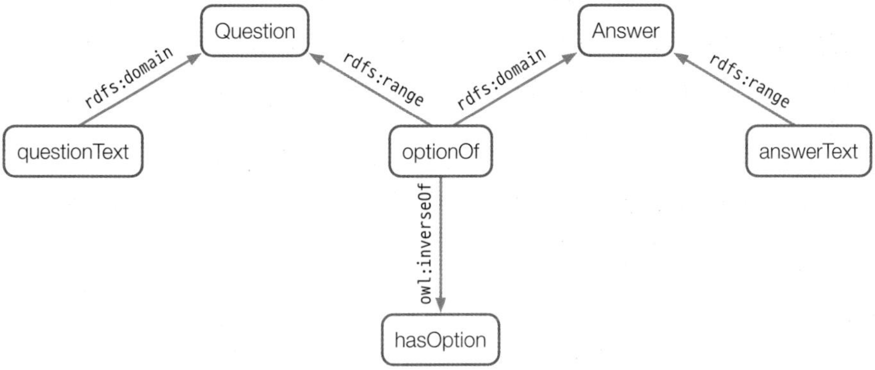

그림 12-1 질문, 답변과 이를 설명하는 속성

예제 전체에서 네임스페이스 q:를 사용하여 설문지와 관련된 요소를 표현하고, 네임스페이스 d:로는 구체적인 예제 설문지의 요소를 기술한다.

설문지에는 질문과 답변이 있다. 예를 들어, 케이블 TV와 인터넷 제공 업체의 헬프 데스크 심사에 사용할 수 있는 간단한 설문지를 살펴보자.

- 어떤 시스템에 문제가 있는가?

  –가능한 답변(3): 케이블 TV, 고속 인터넷, 둘 다

- 텔레비전에 어떤 문제가 있는가?

  –가능한 답변(4): 그림 없음, 소리 없음, 화면 분할, 수신 불량

[그림 12-2]는 이 관계를 시각화한 것이다.

(a)

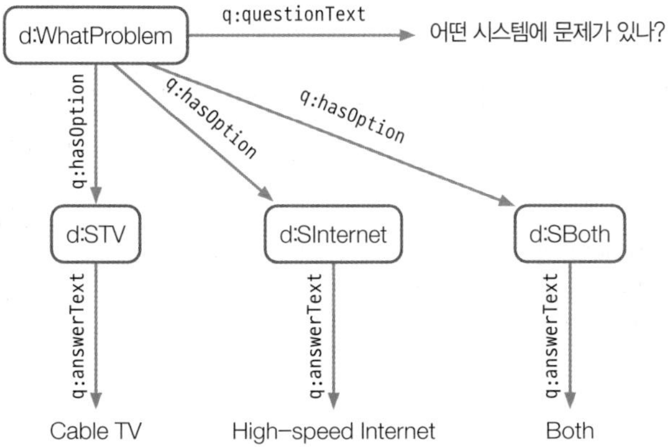

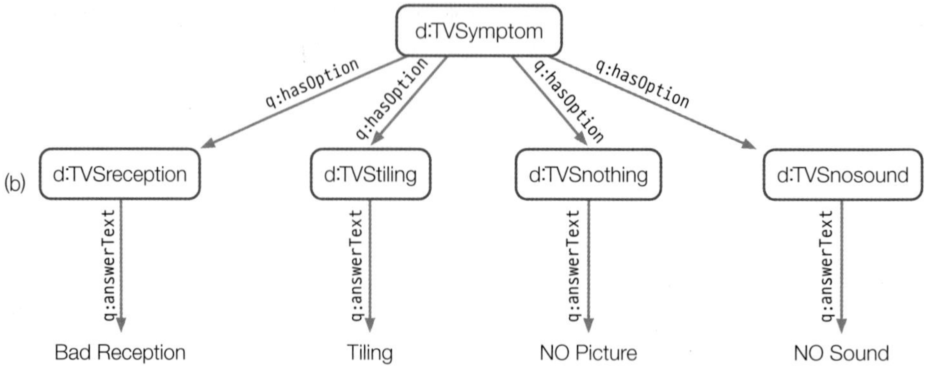

그림 12-2 몇 가지 구체적인 질문과 답변

```
d:WhatProblem a q:Question ;
   q:hasOption d:STV, d:SInternet , d:SBoth ;
   q:questionText " What system are you having trouble with?" .
d:STV a q:Answer ;
   q:answerText "Cable TV" .
d:SInternet a q:Answer ;
   q:answerText "High-speed Internet" .
d:SBoth a q:Answer ;
   q:answerText "Both" .
d:TVSymptom a q:Question ;
   q:questionText "What television symptoms are you having ?" ;
   q:hasOption d:TVSnothing , d:TVSnosound , d:TVStiling , d:TVSreception .
d:TVSnothing a q:Answer ;
   q:answerText "No Picture" .
d:TVSnosound a q:Answer ;
   q:answerText "No Sound".
d:TVStiling a q:Answer;
   q:answerText "Tiling" .
d:TVSreception a q:Answer ;
   q:answerText "Bad reception" .
```

웹 포털에서 설문지 관리 서비스는 결합된 데이터에 대해 질의를 수행하여 다음에 요청할 질문을 결정한다. 각 질문에 대해 질문 텍스트와 각 답변의 텍스트를 표시하고 질문 옆에 선택 위젯(예: 라디오 버튼)을 표시한다. 아직 설문지 프로그램에 필요한 정보를 충분히 정의하지 않았고, 질문 순서나 질문에 대한 답변 작성 방법을 결정하지 않았다. 먼저 후자부터 시작해보자.

hasOption의 하위 속성으로 hasSelectedOption이라는 새로운 속성을 정의한다.

```
q:hasSelectedOption a owl:ObjectProperty ;
                    rdfs:subPropertyOf q:hasOption .
```

질문 받은 사용자가 응답하면 해당 질문의 특정 옵션이 선택되어 새로운 트리플이 입력된다. 즉, 사용자가 첫 번째 질문 d:WhatProblem의 옵션에서 'Cable TV'를 선택하면 애플리케이션이 트리플 스토어에 다음 트리플을 추가한다.

```
d:WhatProblem q:hasSelectedOption d:STV .
```

트리플 저장소에 있는 트리플을 제거할 필요는 없다. d:WhatProblem과 d:STV 간의 d:hasOption 관계는 여전히 유지된다. 이 모델은 질문을 선택하는 방법에 대해 지속적인 지침을 제공할 것이다.

'제약조건' 추가

클래스의 예상 원소에 대한 기술에 기초하여 새로운 클래스 기술을 작성하기 위한 OWL의 언어 구성자를 제약조건(owl:Restriction)이라고 한다. owl:Restriction은 특별한 종류의 클래스다.

```
owl:Restriction  rdfs:subClassOf owl:Class .
```

제약조건은 기존 속성과 클래스에 대해 해당 원소에 대한 설명으로 정의된 클래스다. RDF에서처럼 OWL에서도 AAA 슬로건이 적용되어 누구나 모든 주제에 대해 말할 수 있다. 따라서 owl(owl:Thing)에 있는 모든 사물things의 클래스에는 제한이 없다. 제약조건은 클래스 원소에 대해 표현할 수 있는 종류를 제한 또는 제약하는 몇 가지 설명을 제공하여 정의된다. 만약 orbitsAround 속성이 어떤 사물이 다른 사물의 주위를 공전한다라는 의미로 정의되면 타당한 진술이다. orbitsAround의 값을 TheSun으로 제약하면, 태양 주위를 공전하는 모든 사물의 클래스를 정의할 수 있다(즉, 우리 태양계).

제약조건의 종류

OWL은 owl:allValuesFrom, owl:someValuesFrom, owl:hasValue라는 세 가지 제약조건을 제공한다. 각각의 속성은 새로운 클래스가 허용하는 속성 값에 의해 제한되는 방식을 설명한다.

한편 OWL의 제약조건 클래스는 키워드 owl:onProperty로 정의된다. 이 속성은 제약조건 클래스의 정의에 사용할 속성을 지정한다. 예를 들어 태양 주위를 공전하는 객체를 정의하는 제약조건은 owl:onProperty orbitsAround를 사용하고, 메이저리그 플레이어를 정의하는 제약조건은 owl:onProperty playsFor를 사용한다.

제약조건은 특별한 종류의 클래스이므로 다른 클래스와 마찬가지로 개별 원소를 가지고 있다. 제약조건 클래스의 포함 관계는 제약조건 유형(owl:allValuesFrom, owl:someValuesFrom, owl:hasValue)과 onProperty에 지정된 조건을 충족해야 한다.

owl:someValuesFrom

owl:someValuesFrom은 'P 속성 값 중 하나 이상이 클래스 C의 모든 개체' 형식의 제한을 생성하는 데 사용된다. 즉, AllStarPlayer 클래스를 'playFor 속성 값 중 하나 이상이 AllStarTeam 클래스의 모든 개체'로 정의할 수 있다. 이에 대한 제약조건은 다음과 같다.

```
[ a owl:Restriction ;
  owl:onProperty :playsFor ;
  owl:someValuesFrom :AllStarTeam ]
```

[…] 표기법은 3장에서 언급했듯이 나열된 속성에 설명된 익명 노드bnode를 나타낸다. 즉, 한 행에 하나씩(세미콜론으로 구분) 3개 트리플의 주어인 단일 공백 노드bnode를 나타낸다.

이런 방식으로 정의된 제약조건 클래스는 playsFor와 AllStarTeam에서 해당 조건을 충족하는 개체의 클래스를 정확하게 나타낸다. 특히, 개체가 playsFor 속성에 대해 AllStarTeam 클래스의 어떤 값을 갖고 있다면, 그 값은 제약조건 클래스의 원소가 된다. 제약조건 클래스는 이전 장에서 배운 것과 다르게 특정 이름이 연결되어 있지 않다. 즉, 클래스의 원소를 제약조건으로 정의하기 때문에 '이름 없는 클래스unnamed class' 또는 '익명 클래스anonymous class'라고 한다.

예제 12-2 답변 받은 질문

설문지 예에서 보듯이, 질문과 답변 옵션을 연결하는 hasOption 속성은 질문에 대한 답변을 기록하는 문제를 다루었고, 설문지를 받는 개인이 선택한 답변을 나타내기 위해 하위 속성인 hasSelectedOption을 설정했다. 이제 질문을 선택하는 문제를 검토해보자.

여러 가지 고려 사항이 있지만 대체로 이미 답변이 있는 질문을 하고 싶진 않을 것이다. 따라서 이미 답변 받은 질문에 대한 클래스를 제한한다. 즉, 이미 정의한 속성에 대해 AnsweredQuestions 집합을 정의한다. 일반적으로 답변 받은 질문은 선택한 옵션이 있는 질문이다.

답변 받은 질문은 hasSelectedOption 속성에 Answer 클래스의 값이 있는 질문이고, 다음과 같이 정의할 수 있다.

```
q:AnsweredQuestion owl:equivalentClass
   [ a owl:Restriction ;
     owl:onProperty q:hasSelectedOption ;
     owl:someValuesFrom q:Answer ] .
```

다음 두 가지는 단언된 트리플이므로 개체 d:WhatProblem은 제약조건 클래스에 정의된 조건을 만족한다. 즉, hasSelectedOption 속성에 대해 적어도 하나의 값(someValue)이 Answer 클래스에 존재한다.

```
d:WhatProblem q:hasSelectedOption d:STV .

d:STV a q:Answer .
```

제약조건 클래스에 단언된 조건을 충족하는 개체는 해당 클래스의 원소로 추론된다. 이 추론은 다음과 같이 표현된다.

```
d:WhatProblem a [ a owl:Restriction ;
                  owl:onProperty q:hasSelectedOption ;
                  owl:someValuesFrom q:Answer ] .
```

따라서 equivalentClass의 의미론에 따라 다음이 추론된다.

```
d:WhatProblem a q:AnsweredQuestion .
```

이 정의와 추론은 [그림 12-3]에서 볼 수 있다.

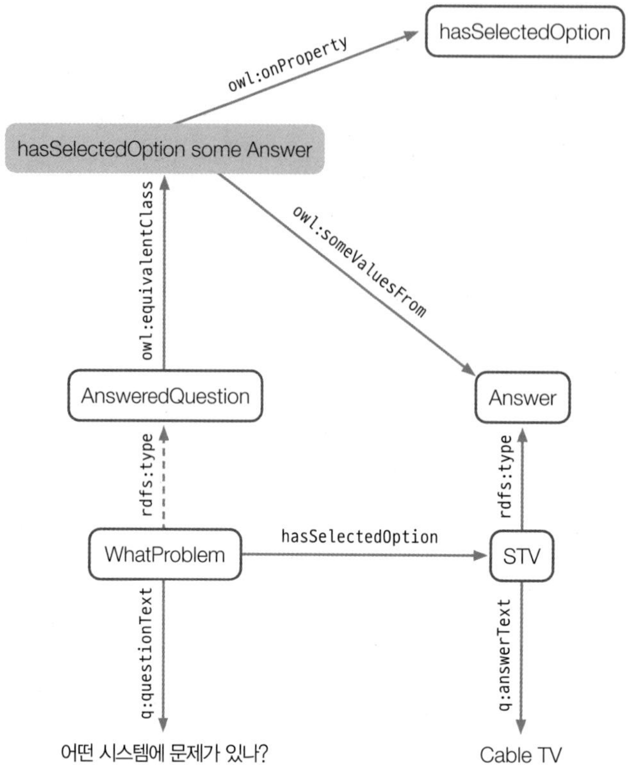

그림 12-3 q:AnsweredQuestion의 정의와 d:WhatProblem에 대한 추론 결과: d:WhatProblem에는 q:hasSelectedOption 속성에 대해 q:Answer 유형의 항목(d:STV)이 있으므로 AnsweredQuestion의 원소로 추론(점선)된다.

owl:allValuesFrom

owl:allValuesFrom은 '속성 P의 모든 값이 클래스 C의 개체' 형식의 제약조건 클래스를 생성하는 데 사용된다. 이 제약조건은 다음과 같다.

```
[ a owl:Restriction ;
  owl:onProperty P;
  owl:allValuesFrom C ]
```

owl:allValuesFrom으로 정의된 제약조건 클래스는 P와 C의 조건을 만족하는 개체의 클래스를 정확히 나타낸다. 개체 x가 allValuesFrom 제약조건의 원소이면, 속성 P를 가진 x를 기술하는 각 트리플에 대하여 다양한 결론이 존재할 수 있다. 특히, 개체 x에 대한 속성 P의 모든 값이 클래스 C에 포함된다고 추론된다. 따라서 My Favorite All Star Team의 모든 선수가 스타 플레이어로 제약된다면, 내가 가장 좋아하는 올스타 팀의 모든 선수는 올스타 플레이어가 된다. 게다가 Kaneda와 Gonzales가 내가 제일 좋아하는 올스타 팀에서 뛰면, 둘 다 스타 플레이어야 한다. 이런 직관적 지식은 추론된 트리플이 별표(*)로 표시되는 일반적인 규칙과 함께 다음 트리플로 표현된다.

```
MyFavoriteAllStarTeam a BaseballTeam ;
                      a [ owl:Restriction ;
                      owl:onProperty :hasPlayer ;
                      owl:allValuesFrom :StarPlayer ] ;
                      :hasPlayer :Kaneda, :Gonzales .
* :Gonzales a :StarPlayer .
* :Kaneda a :StarPlayer .
```

someValuesFrom과 allValuesFrom 사이에는 미세한 차이가 있다. someValuesFrom은 제약조건 클래스로 정의되므로 특정 속성을 가진 클래스의 원소가 하나 이상 있어야 한다. 반면 allValuesFrom은 기술적으로 '원소가 있으면 모두 이 속성을 가져야 한다'는 의미다. allValuesFrom은 원소가 있다는 것을 의미하지 않는다. 다음 장에서 이에 대해 설명하겠다.

예제 12-3 질문 종속성

설문지 예에서 보듯이, 특정 답변이 제공된 후에만 다음 질문을 할 수 있다. 이를 위해 이미 정의한 hasSelected Option 속성을 기반으로 선택한 모든 답변의 클래스를 정의한다. 8장에서 소개한 패턴을 이용해 선택된 답변에 대한 클래스를 정의한다.

```
q:SelectedAnswer a owl:Class ;
                 rdfs:subClassOf q:Answer .
```

선택한 모든 옵션은 이 클래스에서 표현되어야 하기 때문에 다음과 같이 단언할 수 있다.

```
q:hasSelectedOption rdfs:range q:SelectedAnswer .
```

트리플의 목적어인 모든 값 V는 SelectedAnswer의 원소다.

```
? q:hasSelectedOption V.
```

특히, 다음 트리플을 단언했기 때문에,

```
d:WhatProblem q:hasSelectedOption d:STV .
```

다음과 같은 관계를 추론할 수 있다.

```
d:STV a q:SelectedAnswer .
```

이제 선택한 답변의 클래스를 정의했으므로 해당 답변이 제공된 후에만 질문할 수 있는 EnabledQuestion 클래스를 새롭게 정의한다. 실제로 질문은 EnabledQuestion 유형만 가능하다.

```
q:EnabledQuestion a owl:Class .
```

답변을 선택하면, owl:allValuesFrom 제약조건을 통해 특정 종속 질문이 EnabledQuestion의 원소라는 것을 추론한다. 먼저, 각 답변은 잠재적으로 특정 질문을 할 수 있게 만든다. 이 관계에 대해 enableCandidate라는 속성을 정의한다. 특히, 해당 답변을 선택하면 시스템이 해당 질문을 다음 질문의 후보로 간주하게 되는 경우, 답변을 통해 다음과 같은 질문할 수 있다.

```
q:enablesCandidate a owl:ObjectProperty ;
                   rdfs:domain q:Answer ;
                   rdfs:range q:Question .
```

이 예에서는 첫 번째 질문에 대한 대답이 텔레비전에 문제가 있을 때에 한정하여 텔레비전 문제에 대해 질문한다.

```
d:STV q:enablesCandidate d:TVsymptom .
d:SBoth q:enablesCandidate d:TVsymptom .
```

즉, '어떤 시스템에 문제가 있는가?'라는 첫 번째 질문에 대한 답이 '케이블 TV' 또는 '둘 다'이면 "텔레비전에 어떤 문제가 있는가?'라는 질문이 실행되어야 한다.

owl:allValuesFrom 제약은 다음과 같다. d:enablesCandidate에 대한 모든 값이 d:EnabledQuestion 클래스에 해당되는 사물의 클래스를 정의한다.

```
[ a owl:Restriction ;
  owl:onProperty q:enablesCandidate ;
  owl:allValuesFrom q:EnabledQuestion ]
```

이 속성을 적용하는 답변은 선택된 답변에 한정된다. 어떤 답변이 선택되었는지 여부는 hasSelectedOption 속성에 표시하도록 설정되어 있다. 즉 SelectedAnswer의 모든 원소에 대해, rdfs:subClassOf를 이용해서 이 제약조건 클래스의 원소로 기술할 수 있다.

```
q:SelectedAnswer rdfs:subClassOf
   [ a  owl:Restriction ;
        owl:onProperty q:enablesCandidate ;
        owl:allValuesFrom q:EnabledQuestion ] .
```

즉, 선택된 답변은 명명되지 않은 제약조건 클래스의 하위 클래스다.

동작 방식을 단계별로 살펴보자. 사용자가 첫 번째 질문에 대해 'Cable TV' 답을 선택하면 앞에서와 같이 d:STV 유형이 SelectedAnswer로 지정된다.

```
d:STV a q:SelectedAnswer .
```

그러나 rdfs:subClassOf 관계로 인해 d:STV는 제약조건 클래스의 원소가 되며, 이 유형에 해당하는 제약조건이 있다.

```
d:STV a
   [ a owl:Restriction ;
       owl:onProperty q:enablesCandidate ;
       owl:allValuesFrom q:EnabledQuestion ] .
```

이 제약조건의 원소인 개체는 반드시 allValuesFrom 조건을 만족해야 한다. 즉, d:enablesCandidate와 관련된 모든 개체는 d:EnabledQuestion의 원소여야 한다.

```
d:STV q:enablesCandidate d:TVSymptom .
```

위에 기술된 트리플을 통해 다음을 추론할 수 있다.

```
* d:TVSymptom a q:EnabledQuestion .
```

마지막으로 d:SBoth 답에 대해서도 동일한 정보를 명시했기 때문에 다음과 같은 추론이 가능하다.

```
d:SBoth q:enablesCandidate d:TVSymptom .
```

[그림 12-4]에는 추론에 대한 정보와 추론을 이끌어낸 트리플이 제시되어 있다.

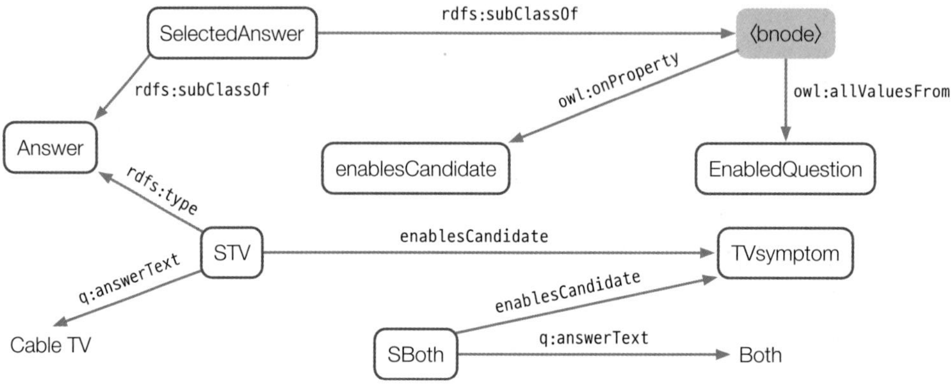

그림 12-4 d:STV는 TVSymptom의 후보가 될 수 있지만(enableCandidate) 모든 값을 q:EnabledQuestion 클래스에서 가져와야 한다고 규정하는 enableCandidate 속성에 대한 제약조건의 원소이기도 하다. 따라서 d:TVSymptom의 유형이 q:EnabledQuestion이라고 추론할 수 있다.

SBoth는 TVSymptom의 후보가 될 수 있으므로 사용자가 첫 번째 질문에 '둘 다'라고 대답하면 동일한 결론이 도출된다. d:InternetSymptom(인터넷 증상)에 관한 또 다른 질문으로 예제를 확장한다면 이 짧은 설문지에서 모든 의존성을 다음과 같이 표현할 수 있다.

```
d:STV q:enablesCandidate d:TVSymptom .
d:SBoth q:enablesCandidate d:TVSymptom .
d:SBoth q:enablesCandidate d:InternetSymptom .
d:SInternet q:enablesCandidate d:InternetSymptom .
```

의존성의 계층 구조는 [그림 12-5]와 같다.

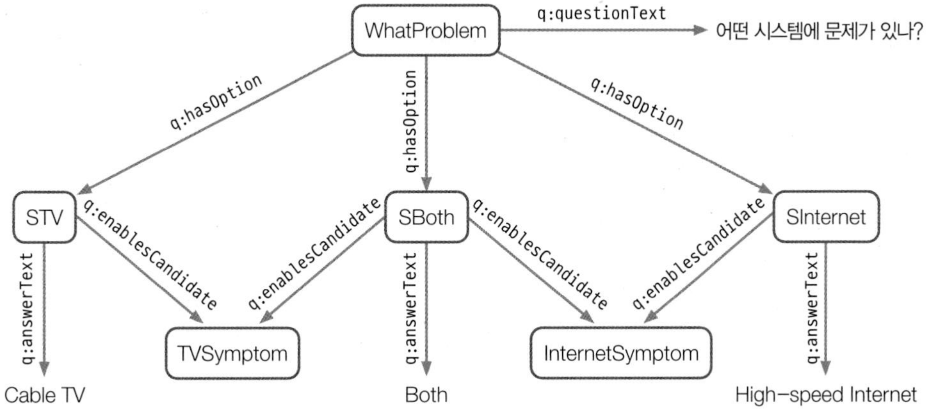

그림 12-5 질문과 답변의 의존 구조

예제 12-4 전제조건(Prerequisites)

앞의 예에서, 한 가지 질문에 답했을 때 그 질문에 종속된 모든 질문을 할 수 있는 것으로 간주했다. 설문지에서 질문이 서로 관련되는 또 다른 방법으로 전제조건이 있다. 질문에 여러 전제조건이 있는 경우, 질문이 자격을 갖추려면 모든 전제조건에 적절하게 대답해야 한다.

설문지의 섹션을 정의하는 다음 트리플을 살펴보자.

```
d:NeighborsToo a q:Question ;
   q:hasOption d:NTY, d:NTN, d:NTDK ;
   q:questionText "Are other customers in your building also experiencing problems?" .
d:NTY a q:Answer ;
   q:answerText "Yes, my neighbors are experiencing the same problem." .
d:NTN a q:Answer ;
   q:answerText "No, my neighbors are not experiencing the sameproblem." .
d:NTDK a q:Answer ;
   q:answerText "I don't know." .
```

이 질문은 현재 고객이 다른 고객과 함께 한 건물에 살고 있고 기술적인 문제가 있는 경우에만 의미가 있다. 즉, 이 질문은 다음과 같이 두 가지 추가 질문에 대한 답변에 따라 달라진다. 첫째 질문(d:othersinbuilding)에 대한 대답은 d:OYes이고, 둘째 질문(d:whatissue)에 대한 대답은 d:PTech여야 한다.

```
d:othersinbuilding a q:Question ;
                   q:hasOption d:ONo, d:OYes ;
                   q:questionText "Do you live in a multi - unit dwelling with
                   other customers?" .
d:OYes a q:Answer ;
     q:answerText "Yes." .
d:ONo a q:Answer ;
     q:answerText "No." .
d:whatIssue
     a q:Question ;
     q:hasOption d:PBilling, d:PNew, d:PCancel, d:PTech ;
     q:questionText
        "What can customer service help you with today?" .
d:PBilling a q:Answer ;
     q:answerText "Billing question." .
d:PNew a q:Answer ;
     q:answerText "New account" .
d:PCancel a q:Answer ;
     q:answerText "Cancel account" .
d:PTech a q:Answer ;
     q:answerText "Technical difficulty" .
```

[그림 12-6]에서 이 질문을 시각적으로 표현하였다.

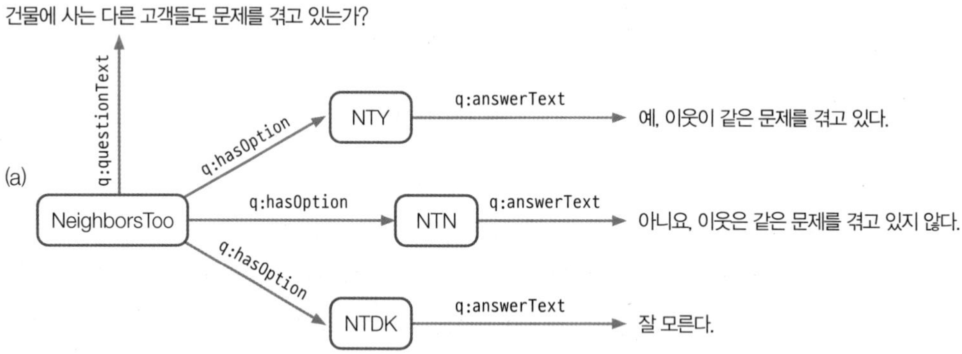

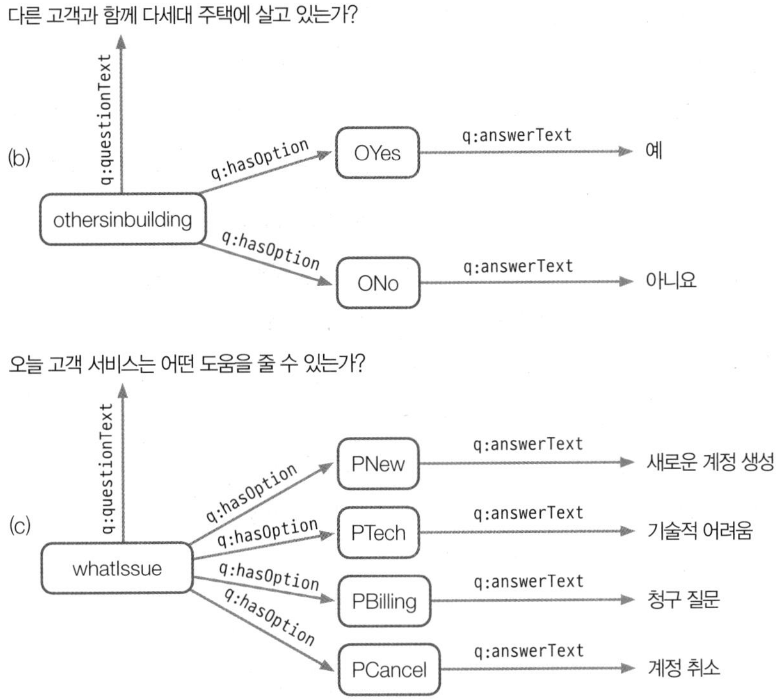

그림 12-6 고객 서비스에 대한 세 가지 기본 질문과 그에 대한 답변

도전과제 12-1 제약된 선택

d:whatIssue와 d:othersinbuilding에 동시에 적절한 답변이 있을 때만 d:NeighborsToo를 질문할 수 있다. d:NeighborsToo, d:whatIssue, d:othersinbuilding 간의 관계를 어떻게 모델링할 수 있을까? 질문을 전제조건과 관련시키는 새로운 속성 q:hasPrerequisite를 정의한다.

```
q:hasPrerequisite rdfs:domain q:Question ; rdfs:range q:Answer .
```

이 속성을 사용하여 질문 사이의 관계를 나타낼 수 있다.

```
d:NeighborsToo q:hasPrerequisite d:PTech, d:OYes .
```

[그림 12-7]에서 이 전제조건 구조를 시각적으로 나타냈다.

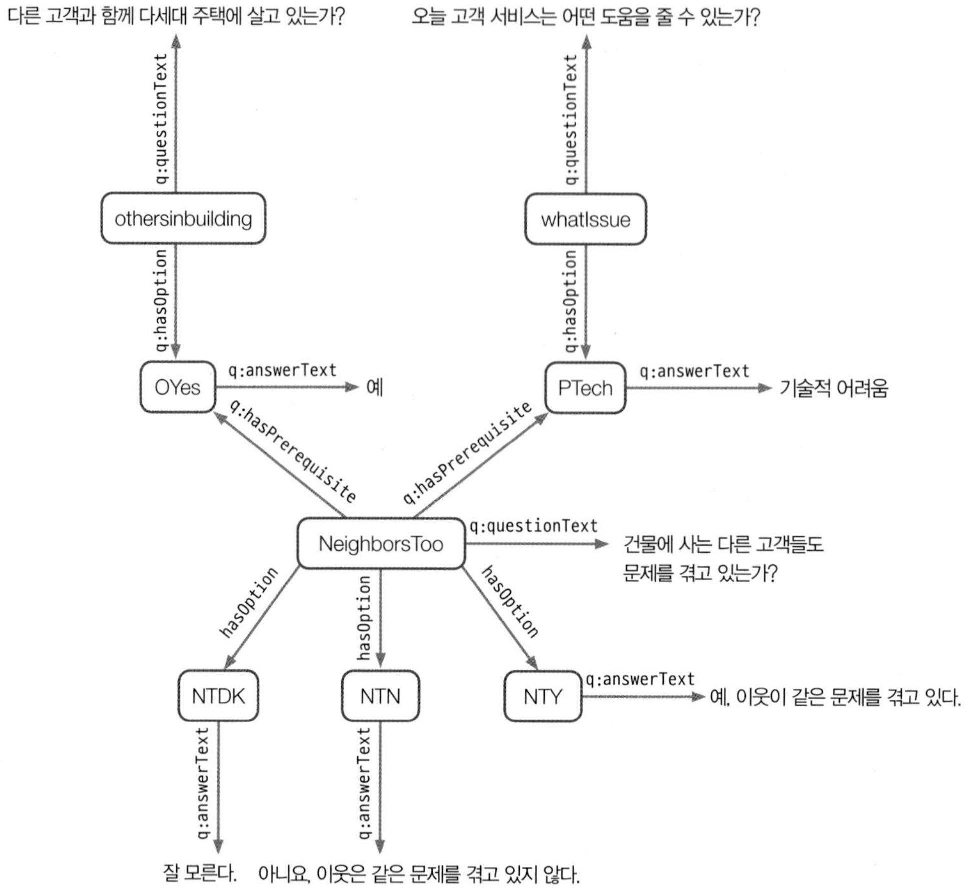

그림 12-7 'neighbors Too?'에 대한 질문에 두 가지 전제조건과 세 가지 답변 옵션이 있다.

이제 모든 전제조건 답변이 선택되면 d:EnabledQuestion이라고 추론할 것이다. 이를 위해 다음과 같이 기술한다.

```
[ a owl:Restriction ;
   owl:onProperty q:hasPrerequisite ;
   owl:allValuesFrom q:SelectedAnswer ]
   rdfs:subClassOf q:EnabledQuestion .
```

제약조건이 다른 클래스의 하위 클래스임을 명시하면 제약조건 클래스를 마치 OWL의 다른 클래스처럼 사용할 수 있다. 제약조건을 만족하는 모든 질문은 하위 클래스 관계에 의해 d:EnabledQuestion의 원소가 된다고 추론될 것이다. 그러나 이 제약조건을 만족한다는 것을 어떻게 추론할 수 있을까? 이 조건을 만족하는 개체 x에 대해, 항상 다음과 같은 형식의 트리플이 존재한다.

```
?x hasPrerequisite ?y.
```

?y는 d:SelectedAnswer 클래스의 원소여야 한다. 그러나 열린 세계 가정에 따르면, 이 형식에 ?y가 d:Selected Answer의 원소가 아닌 다른 트리플이 있는지 알 수 없다. 열린 세계 가정이 주어졌을 때, 모든 전제조건이 충족되었는지 어떻게 알 수 있을까?

이 도전과제의 나머지 부분을 해결하려면 OWL에서 (부분적으로) 세계를 제한할 수 있는 다양한 방법을 다뤄야 한다. 기본 아이디어는 질문에 있는 전제조건을 표현할 수 있으면, 모든 질문이 언제 선택되었는지 알 수 있다는 것이다. 질문에 전제조건이 하나뿐이고 그 전제조건을 만족하는 질문을 찾았다면 반드시 그 전제조건에 맞는 질문이 되어야 한다. 질문에 전제조건이 전혀 없으면 SelectedAnswers를 전혀 확인하지 않고도 EnabledQuestion임을 결정할 수 있다.

owl:hasValue

OWL의 세 번째 제약조건 유형은 owl:hasValue다. 다른 두 가지 제약조건 사항과 마찬가지로 owl:onProperty에서 지정한 특정 속성에 대해 동작한다. '속성 P에 대해 A 값이 있는 모든 개체' 형식이고, 다음과 같은 제약조건을 생성하는 데 사용된다.

```
[ a owl:Restriction ;
  owl:onProperty P ;
  owl:hasValue A ]
```

형식적으로 보면, hasValue 제약조건은 someValuesFrom 제약조건의 특별한 사례이며, 여기서 클래스 C는 단일 집합 A가 된다. owl:hasValue는 특수한 경우에 해당하지만 매우 일반적이고 유용한 모델링 형식이기 때문에 OWL 표준에서 독자적으로 규정되어 왔다. owl:hasValue는 특정 인스턴스 설명을 클래스 설명으로 효과적으로 변환한다. 예를 들어 '태양을 공전하는 모든 행성 집합'과 '일본의 모든 야구 팀 집합'은 hasValue 제약조건을 사용하여 정의된다.

예제 12-5 우선순위 질문

설문지에서 질문에 우선순위를 지정할 수 있다. 먼저 설문지에서 우선순위의 수준을 정의하는 클래스와 특정 개체를 정의한다.

```
q:PriorityLevel a owl:Class .
q:High a q:PriorityLevel .
q:Medium a q:PriorityLevel .
q:Low a q:PriorityLevel .
```

그런 다음 질문의 우선순위를 지정하는 데 사용할 속성을 정의한다.

```
q:hasPriority rdfs:range q:PriorityLevel .
```

q:hasPriority의 공역은 정의했지만 정의역은 정의하지 않았다. 사실, 질문뿐 아니라 여러 가지 사물에 대한 우선순위를 정할 수 있다. owl:hasValue를 사용하여 우선순위가 높은 항목의 클래스를 정의할 수 있다.

```
q:HighPriorityItem owl:equivalentClass
[ a owl:Restriction ;
  owl:onProperty q:hasPriority ;
  owl:hasValue q:High ].
```

[그림 12-8]은 이 트리플을 시각적으로 보여준다. 제약조건 클래스의 하위 클래스와 슈퍼 클래스를 정의하기 전에 owl:equivalentClass를 사용하여 이 클래스들이 동일함을 지정해준다. 즉, 명명되지 않은 제약조건 클래스와 동일한 명명된 클래스(q:HighPriorityItem)를 정의하고, 다른 진술문을 만들거나 클래스를 추가로 제약하려는 경우 이 명명된 클래스를 사용할 수 있다.

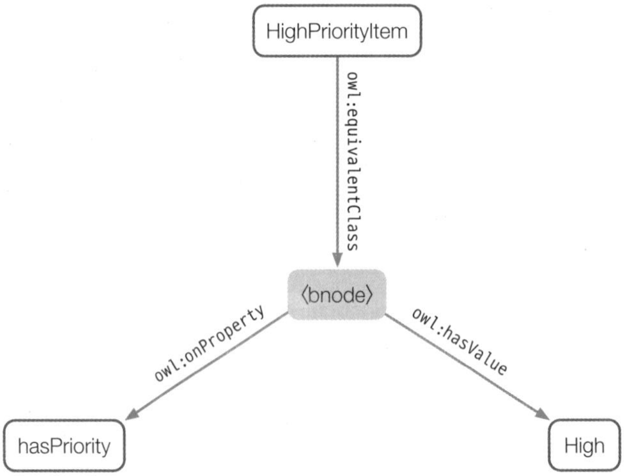

그림 12-8 hasPriority 속성에 대해 High 값이 있는 모든 항목으로 HighPriorityItem 정의

같은 방식으로 Medium과 Low 우선순위를 기술할 수 있다.

```
q:MediumPriorityItem owl:equivalentClass
  [ a owl:Restriction ;
    owl:onProperty q:hasPriority ;
    owl:hasValue q:Medium ] .
q:LowPriorityItem owl:equivalentClass
```

```
[ a owl:Restriction ;
  owl:onProperty q:hasPriority ;
  owl:hasValue q:Low ] .
```

질문의 우선순위 수준은 다음과 같이 명시할 수 있다.

```
d:WhatProblem q:hasPriority q:High .
d:InternetSymptom q:hasPriority q:Low .
```

각 클래스에서 질문의 원소를 다음과 같이 추론할 수 있다.

```
d:WhatProblem a q:HighPriorityItem .
d:InternetSymptom a q:LowPriorityItem .
```

또한 owl:hasValue를 사용하여 '바꿔서' 작업할 수 있다. d:TVSymptom이 HighPriorityItem 클래스에 있다고 가정해보자.

```
d:TVSymptom a q:HighPriorityItem .
```

그런 다음 owl:equivalentClass의 의미론에 의해 d:TVSymptom이 제약조건 클래스의 원소이며 해당 규정에 의해 제약된다고 추론할 수 있다. 따라서 다음과 같이 추론할 수 있다.

```
d:TVSymptom q:hasPriority q:High .
```

이 정의에는 HighPriorityItem이 질문이어야 한다는 규정이 없다. 결국, 질문 이외의 것에 우선순위를 정할 수 있다. d:TVSymptom이 q:Question임을 이해하는 유일한 방법은 이미 이 사실이 단언되었다는 것을 아는 것이다. 다음 장에서 집합 연산을 사용하여 제약조건 사항을 다른 클래스와 결합하는 정의를 만드는 방법에 대해 살펴보겠다.

12.2 도전과제

이전 예제에서 보았듯이 OWL의 클래스 생성자는 다양하고 강력한 방법으로 결합될 수 있다. 이번 절에서 이러한 OWL 구성자를 사용하여 해결할 수 있는 일련의 도전과제를 제시한다. 구성자 적용은 매우 간단하게 이루어지곤 한다. 그러나 실제 모델링 프로젝트에서 나타나는 모델링 문제와 관련성이 있기 때문에 이러한 도전과제를 선택했다.

공역의 로컬 제약조건

앞서 rdfs:domain과 rdfs:range가 사용되는 방법에 따라 데이터를 분류하는 방법을 살펴보았다. 그러나 보다 정교한 모델링 상황에서는 정의역과 공역 추론을 세분화할 필요가 있다. 채식을 설명하는 다음 예를 살펴보자.

```
:Person a owl:Class .
:Food a owl:Class .
:eats rdfs:domain :Person .
:eats rdfs:range :Food .
```

이에 대한 인스턴트 데이터는 다음과 같다.

```
:Maverick :eats :Steak .
```

이 트리플과 인스턴스 데이터에서 두 가지 결론을 내릴 수 있다.

```
* :Maverick a :Person .
* :Steak a :Food .
```

:Maverick는 정의역에 의해, :Steak는 공역에 의해 추론된다. 다양한 식단을 더 자세히 정의할 수 있다. 먼저, 채식주의자Vegetarian라는 특정한 유형의 사람과 채식주의자가 먹는 음식의 종류를 가정해보자. 각각 Person과 Food의 하위 클래스로서 단순히 VegetarianFood로 정의한다.

```
:Vegetarian a owl:Class ;
   rdfs:subClassOf :Person .
:VegetarianFood a owl:Class ;
   rdfs:subClassOf :Food .
```

다음을 추가로 가정한다.

```
:Jen a :Vegetarian ;
   :eats :Hummus .
```

그러면 다음 추론을 도출할 수 있다.

```
:Hummus a :VegetarianFood .
```

하지만 누군가 자신도 채식주의자라고 주장할 때까지 Maverick의 스테이크에 상응하는 추론을 하지 않는다.

도전과제 12-2 owl:Restriction의 제한된 공역

더 많은 정의역과 공역 진술문을 사용하여 이를 표현할 수 있다.

```
:eats rdfs:domain :Vegetarian .
:eats rdfs:range :VegetarianFood .
```

그러나 rdfs:domain과 rdfs:range의 의미를 고려할 때 이 트리플에서 다음과 같이 의도하지 않은 추론을 도출할 수 있다.

```
* :Maverick a :Vegetarian .
* :Steak a :VegetarianFood .
```

이런 추론은 Maverick과 채식주의자 양쪽에 적합하지 않은 결과다. owl:Restriction을 사용하여 채식주의자와 채식주의자 음식 사이의 관계를 어떻게 올바르게 모델링할 수 있을까?

▶ **솔루션**

제약조건 사항인 owl:allValuesFrom을 사용하여 VegetarianFood만 먹는 일련의 개체를 정의할 수 있다. 그런 다음 rdfs:subClassOf를 사용하여 모든 채식주의자Vegetrian 가 이 조건을 충족한다고 주장할 수 있다. 이 둘을 함께 표현하면 다음과 같다.

```
:Vegetarian rdfs:subClassOf
   [ a owl:Restriction ;
     owl:onProperty :eats ;
     owl:allValuesFrom :VegetarianFood ] .
```

동작 방식은 다음과 같다.

```
:Jen a :Vegetarian .
```

이 트리플을 통해 다음 결론을 내릴 수 있다.

```
:Jen a [ a owl:Restriction ;
         owl:onProperty :eats ;
         owl:allValuesFrom :VegetarianFood ] .
```

다시 다음 트리플과 결합시킨다.

```
:Jen :eats :Hummus .
```

그러면 다음과 같이 원하는 결론을 내릴 수 있다.

```
:Hummus a :VegetarianFood .
```

이제 Maverick의 경우는 어떤가? 이미 앞에서 얘기했듯이 그는 Person이라고 말할 수 있을 뿐이다. 거기서 추론은 끝난다. Maverick과 채식주의자Vegetrian 사이에 단언된 관계가 없으므로 추론할 수 있는 근거도 없다. Maverick의 스테이크는 VegetarianFood가 아니며, 단순히 Food로 남게 된다.

전체 모델과 추론은 [그림 12-9]에 나타나 있다.

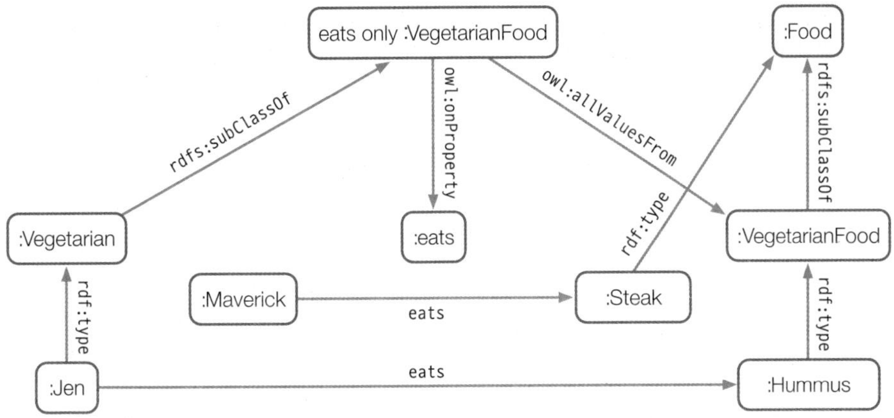

그림 12-9 사람이 먹는 음식에 제약조건 사항을 넣어 채식주의자 정의

도전과제 12-3 명시적 유형을 기반으로 한 데이터 필터링

3장에서 각 행을 주어로, 열 이름을 속성으로, 테이블 값을 목적어로 간주하여 RDF에서 테이블 형식 데이터를 사용하는 방법을 살펴보았다. [표 3-12]에서 살펴본 샘플 데이터를 [표 12-1]로 가져왔다. 이 데이터의 일부 샘플 트리플이 [표 12-2]에 제시되어 있다.

표 12-1 트리플을 위한 테이블 데이터의 예

ID	장비 번호	부서	제품 라인	제조사 위치	SKU	가용 여부
1	7X-3	Manufacturing support	Paper machine	Sacramento	FB3524	23
2	ZX-3P	Manufacturing support	Paper machine	Sacramento	KD5243	4
3	ZX-3S	Manufacturing support	Paper machine	Sacramento	IL4028	34
4	B-1430	Control engineering	Feedback line	Elizabeth	KS4520	23
5	B-1430X	Control engineering	Feedback line	Elizabeth	CL5934	14
6	B-1431	Control engineering	Active ensor	Seoul	KK3945	0
7	DBB-12	Accessories	Monitor	Hong Kong	ND5520	100
8	SP-1234	Safety	Safety valve	Cleveland	HI4554	4
9	SPX-1234	Safety	Safety valve	Cleveland	OP5333	14

표 12-2 [표 12-1]의 데이터 중 일부를 나타내는 트리플

주어	술어	목적어
mfg:Product1	mfg:Product_ID	1
mfg:Product1	mfg:Product_ModelNo	ZX-3
mfg:Product1	mfg:Product_Division	Manufacturing support
mfg:Product1	mfg:Product_Product_Line	Paper machine
mfg:Product1	mfg:Product_Manufacture_Location	Sacramento
mfg:Product1	mfg:Product_SKU	FB3524
mfg:Product1	mfg:Product_Available	23
mfg:Product2	mfg:Product_ID	2
mfg:Product2	mfg:Product_ModelNo	ZX-3P
mfg:Product2	mfg:Product_Division	Manufacturing support
mfg:Product2	mfg:Product_Product_Line	Paper machine
mfg:Product2	mfg:Product_Manufacture_Location	Sacramento
mfg:Product2	mfg:Product_SKU	KD5243
mfg:Product2	mfg:Product_Available	4

원래 테이블의 각 행은 RDF 버전에서 개별적으로 [표 12-1]에 나타난다. 이러한 각 개체는 테이블 이름과 동일한 유형, 즉 mfg: Product를 갖는다. 이러한 데이터에는 '제품 라인(Product_Line)' 필드에 대해 제한된 수의 가능한 값만 포함되며, 이 값들은 이미 알려져 있다(예: Paper machine, Feedback line, Safety Valve). 이 정보를 가져오기 위한 좀 더 정교한 방법은 원래 테이블에서 행마다 하나의 개체를 보유하되 제품 라인 열의 값에 따라 다른 유형의 행을 갖는 것이다. 예를 들어 다음과 같은 트리플을 가져온다.

```
mfg:Product1 rdf:type ns:Paper_machine .
mfg:Product4 rdf:type ns:Feedback_line .
mfg:Product7 rdf:type ns:Monitor .
mfg:Product9 rdf:type ns:SafetyValve .
```

이는 테이블에서 정보를 가져올 때 나타나는 일반적인 상황이다. 유형 정보가 테이블에서 특정 열로 나타나는 것은 매우 일반적이다. 테이블을 가져올 때 단일 방법을 사용하면 모든 행이 동일한 유형의 개체가 된다. 그러나 소프트웨어 집약적인 솔루션을 사용하면 사용자가 유형으로 선언해야 하는 열을 지정할 수 있는 보다 정교한 가져오기 메커니즘을 작성할 수 있다. 모델 기반 솔루션은 OWL의 모델과 추론 엔진을 사용하여 동일한 문제를 해결한다.

도전과제 12-4 OWL에서 자동 분류하기

3장에 가져온 테이블의 트리플을 사용하여 'Product Line' 필드의 값에 기반한 OWL로 된 모델을 만들어 각 개체에 대한 유형 정보를 추론할 수 있도록 한다.

▶ **솔루션**

행이 원소가 될 클래스(예: 제품 라인)는 이미 알려져 있으므로 먼저 해당 클래스를 정의한다.

```
ns:Paper_Machine rdf:type owl:Class .
ns:Feedback_Line rdf:type owl:Class .
ns:Active_Sensor rdf:type owl:Class .
ns:Monitor rdf:type owl:Class .
ns:Safety_Valve rdf:type owl:Class .
```

각 클래스에는 mfg:Product_Product_Line 속성에 대한 적절한 값을 가진 개체만 포함되어야 한다. 이를 수행하는 클래스 생성자는 다음과 같이 owl:hasValue 제약조건을 사용한다.

```
ns:Paper_Machine owl:equivalentClass
   [ a owl:Restriction ;
     owl:onProperty mfg:Product_Product_Line ;
     owl:hasValue "Paper machine" ] .
ns:Feedback_Line owl:equivalentClass
   [ a owl:Restriction ;
     owl:onProperty mfg:Product_Product_Line ;
     owl:hasValue "Feedback line" ] .
ns:Active_Sensor owl:equivalentClass
   [ a owl:Restriction ;
     owl:onProperty mfg:Product_Product_Line ;
     owl:hasValue "Active sensor" ] .
ns:Monitor owl:equivalentClass
   [ a owl:Restriction ;
     owl:onProperty mfg:Product_Product_Line ;
     owl:hasValue "Monitor" ] .
ns:Safety_Valve owl:equivalentClass
   [ a owl:Restriction ;
     owl:onProperty mfg:Product_Product_Line ;
     owl:hasValue "Safety Valve" ] .
```

각각의 정의에 따라 원하는 추론이 도출된다.

```
mfg:Product1 mfg:Product_Product_Line "Paper machine".
```

테이블에서 가져온 트리플 mfg:Product1('ZX-3')의 첫 번째 트리플은 mfg:Product1이 Paper_Machine에 대한 제약조건을 충족하는지 확인한다.

```
mfg:Product1 rdf:type
   [ a owl:Restriction ;
     owl:onProperty mfg:Product_Product_Line ;
     owl:hasValue "Paper machine" ].
```

이 제약조건은 mfg:Paper_Machine에 대한 정의와 같기 때문에, 다음을 추론할 수 있다.

```
mfg:Product1 rdf:type mfg:Paper_Machine .
```

이 정의는 가져온 테이블이 아닌 정보원에서 가져온 경우에도 데이터의 일관성을 유지한다. 다음 RDF에 따라 새 제품이 정의되었다고 가정해보자.

```
os:ProductA rdf:type mfg:Paper_Machine .
```

owl:equivalentClass는 mfg:Paper_Machine의 모든 원소도 제약조건의 원소임을 의미한다. 특히, 다음 트리플을 살펴보자.

```
os:ProductA rdf:type [ a owl:Restriction ;
                       owl:onProperty mfg:Product_Product_Line ;
                       owl:hasValue "Paper Machine" ] .
```

이에 따라 제약조건의 의미론에 의해 다음을 추론할 수 있다.

```
os:ProductA mfg:Product_Product_Line "Paper Machine".
```

이 구성자의 최종 결과는 제품 정보를 시스템으로 가져오는 방법에 관계없이 rdf:type과 mfg:Product_Product_Line 측면에서 일관되게 표현된다는 것이다.

도전과제 12-5 클래스와 개체의 관계

OWL과 RDFS는 클래스에 대해 표현할 때 상당한 모델링 능력을 제공한다. RDFS에서는 한 클래스의 모든 원소가 다른 클래스의 원소가 된다. OWL에서는 클래스의 모든 원소를 표현할 수 있다. 예를 들어, 모두 Product_Product_Line 속성에 'Paper_Machine' 값이 있다. 이러한 강력한 방법을 사용하여 클래스를 서로 연결해서 개체를 기술할 수 있다. 클래스와 개체를 결합하면, 개체가 서로 어떻게 관련되는지에 대한 규칙을 표현할 수 있다.

소프트웨어 시스템 관리에 있어, 모든 데스크톱 애플리케이션이 특정 법률인 1990년 미국장애인법(ADA90)을 준수해야 한다는 정책이 있다고 가정하자. 이것을 RDFS와 OWL에서 어떻게 표현할 수 있을까?

[그림 12-10]은 이 모델을 시각화한 것이다. 먼저 데스크톱 애플리케이션 집합을 정의한다. 그림 상단에 표시되었듯이, 데스크톱 애플리케이션은 데스크톱에서 실행되는 것이므로 값이 Desktop인 runsOn 속성에 대한 제한을 사용하여 모델링한다. 이것은 일련의 사물을 개체와 연관시키는 전형적인 패턴이다. 단일 hasValue 제약조건을 사용하여 데스크톱에서 실행되는 항목 집합을 개별 데스크톱에 정의했다.

그림의 맨 아래에서 이 패턴을 다시 사용하지만 이번에는 hasValue 제약조건을 사용하여 ADA90을 준수하는 애플리케이션 집합을 ADA90 자체에 연결한다. 이런 방식으로 클래스를 구축함으로써 OWL과 RDFS의 모델링 기능을 사용하여 보다 복잡한 관계를 표현할 수 있다. 그림 중간에서 볼 수 있듯이, 모든 데스크톱 애플리케이션이 ADA90을 준수해야 된다는 사실은 하나의 제약조건을 다른 제약조건의 하위 집합으로 만들어 표현할 수 있다. 이 그림은 샘플 추론을 보여준다. 데스크톱은 MSExcel을 지원하고, 이 두 속성은 역이므로 MSExcel이 데스크톱에서 실행된다. 즉, MSExcel이 데스크톱 애플리케이션임을 의미한다.

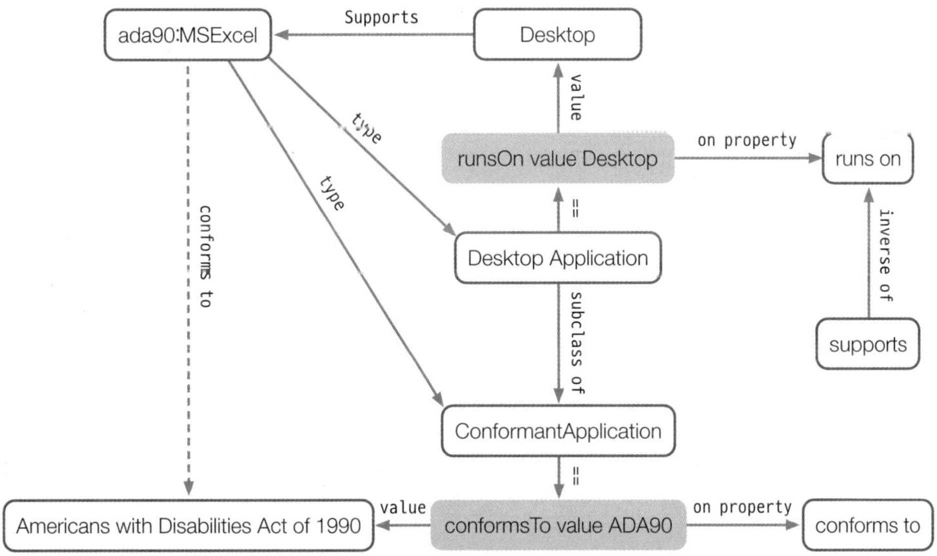

그림 12-10 RDFS와 OWL로 표현된 1990년 미국장애인법

다음 트리플을 살펴보자.

```
:DesktopApplication rdfs:subClassOf :ConformantApplication .
```

즉, MSExcel도 준수 애플리케이션이어야 한다. 그리고 준수 애플리케이션은 ADA90을 준수해야 한다. 이 클래스의 원소인 MSExcel도 ADA90을 준수해야 한다. 즉 다음을 추론할 수 있다.

```
:MSExcel :conformsTo :ADA90 .
```

이 같은 owl:hasValue 사용법은 매우 중요하므로 이를 디자인 패턴으로 보고 이름을 부여한다(Class-Individual Mirror 패턴). 패턴 구현은 간단하며, 일부 속성에 단일 hasValue 제약 사항을 설정하는 것이다. 이는 개체와 집합의 관계를 설명하는 것으로, 여기서 집합은 특정 방식으로 이 개체와 관련된 모든 것의 집합을 말한다. 15.2절에서 메타 모델링에 대한 이 패턴의 중요성을 살펴볼 것이다.

관계 전이(Relationship transfer)

한 모델에서 다른 모델로 매핑하거나 모델의 한 부분이 다른 부분과 어떻게 관련되는지를 지정할 때 '속성 p에 의해 A와 관련된 모든 것은 B와 관련되어야 하지만 속성 q에 의해 관련되어야 한다'와 같은 형식으로 진술하는 것은 드문 일이 아니다. 예를 들어 '올스타 팀에서 뛰는 모든 선수는 리그 계약의 지배를 받는다'와 '셰익스피어 문집의 모든 작품은 셰익스피어가 썼다'가 이에 해당한다. 이런 유형의 매핑은 한 개체와 관계 있는 개체를 다른 개체에 대한 다른 관계로 옮기는 것이므로 관계 전이라고 한다. 이런 상황은 그룹이 있는 FOAF[Friend of a Friend]에서 발생한다. FOAF는 그룹의 구성원을 설명하는 두 가지 방법을 제공한다. foaf:Group의 개별 구성원 G를 해당 그룹에 속한 개체와 연결하는 foaf:member 관계가 있고, foaf:membershipClass 속성과 관련 있는 owl:Class로 연결된 동일한 그룹 G가 있다. 이를 설명하기 위해 셰익스피어의 삶에서 예를 들어보겠다.

다음과 같이 Shakespeares_Children에 대한 foaf:Group을 정의한다고 가정한다.

```
lit:Shakespeares_Children a foaf:Group ;
   foaf:name "Shakespeare's Children" ;
   foaf:member lit:Susanna, lit:Judith, lit:Hamnet ;
   foaf:membershipClass b:ChildOfShakespeare .
lit:ChildOfShakespeare a owl:Class .
```

FOAF에서는 다음 규칙을 유지해야 한다.

```
IF
   lit:Shakespeares_Children foaf:member ?x
THEN
   ?x rdfs:type lit:ChildOfShakespeare
```

[그림 12-11]은 셰익스피어 가족 예에 대한 규칙의 결과를 시각화한 것이다. 실선은 단언된 트리플을 나타내고 3개의 점선은 추론할 트리플을 나타낸다.

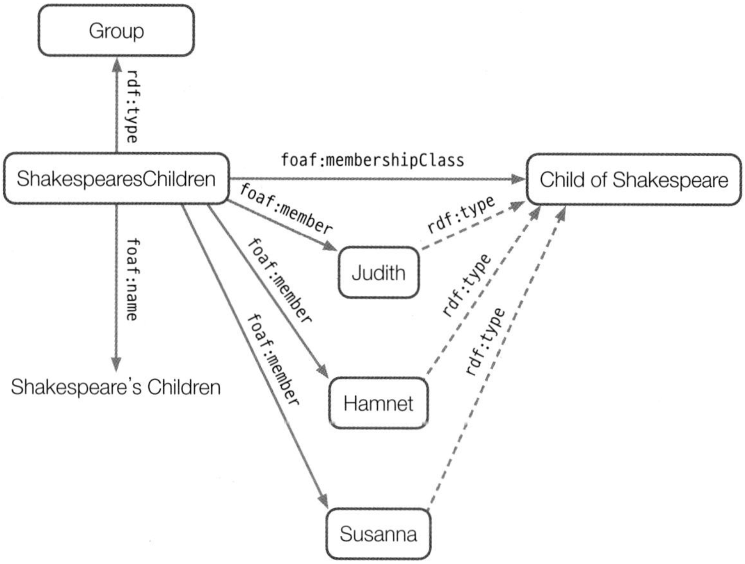

그림 12-11 FOAF의 membershipClass 기반 추론

도전과제 12-6 FOAF의 관계 전이

OWL의 구성자만 사용하여(즉, 특수 목적의 규칙 없이) [그림 12-11]에 표시된 추론을 어떻게 얻을 수 있을까?

▶ 솔루션

이 솔루션의 경우, 원소로부터 foaf:Group을 가리키는 속성에 대한 제약조건을 정의한다. 그러나 foaf:member는 Group에서 member에 이르는 잘못된 방법을 지적한다. 따라서 lit:memberOf 라고 부르는 foaf:member의 역을 참조할 수 있어야 한다.

```
lit:memberOf owl:inverseOf foaf:member .
```

이제 owl:hasValue를 사용하여 ChildOfShakespeare가 lit:memberOf lit:Shakespeares_Children인 모든 개체의 클래스(동등)가 되도록 정의할 수 있다.

```
lit:ChildOfShakespeare a owl:Class ;
  rdfs:label "Child of Shakespeare" ;
  owl:equivalentClass
      [ a owl:Restriction ;
        owl:hasValue lit:Shakespeares_Children ;
        owl:onProperty lit:memberOf .
      ] .
```

이 추론을 통해 셰익스피어의 자녀를 살펴보자. [그림 12-11]에서 3개의 트리플로 시작한다.

```
lit:Shakespeares_Children foaf:member lit:Hamnet .
lit:Shakespeares_Children foaf:member lit:Judith .
lit:Shakespeares_Children foaf:member lit:Susanna .
```

owl:inverseOf의 의미론에 따라 다음과 같이 추론할 수 있다.

```
* lit:Hamnet lit:memberOf lit:Shakespeares_Children .
* lit:Judith lit:memberOf lit:Shakespeares_Children .
* lit:Susanna lit:memberOf lit:Shakespeares_Children .
```

세 가지 모두 앞에서 정의된 제약조건의 원소이므로 다음과 같은 결론을 내릴 수 있다.

```
* lit:Hamnet rdf:type lit:ChildOfShakespeare .
* lit:Judith rdf:type lit:ChildOfShakespeare .
* lit:Susanna rdf:type lit:ChildOfShakespeare .
```

비슷한 추론에 따라, 이 추론을 반대 방향으로 진행할 수도 있다. 즉, 다음과 같이 기술한다고 하자.

```
lit:Hamnet rdf:type lit:ChildOfShakespeare .
lit:Judith rdf:type lit:ChildOfShakespeare .
lit:Susanna rdf:type lit:ChildOfShakespeare .
```

그러면 다음과 같이 추론할 수 있다.

```
* lit:Shakespeares_Children foaf:member lit:Hamnet .
* lit:Shakespeares_Children foaf:member lit:Judith .
* lit:Shakespeares_Children foaf:member lit:Susanna .
```

반복 설정에서 Class-Individual Mirror 패턴을 사용하여 트리 구조 데이터에 대한 추론을 설명할 수 있다. 유명인 자녀에 대한 클래스가 있는 패턴을 확장하여 [도전과제 9-6]에서 다룬 일시적인 슈퍼 속성의 예로 돌아가보자. 이 예에는 가족 가계도가 있다.

```
:WillemAlexander :hasParent :Beatrix .
:Beatrix :hasParent :Wilhelmina .
:hasParent rdfs:subPropertyOf :hasAncestor .
:hasAncestor a owl:TransitiveProperty .
```

이제 각 부모의 하위 항목을 설명하기 위해서 각 부모에 대해 클래스 인스턴스 미러 패턴Class-Instance Mirror pattern을 사용하겠다.

```
:DescendantOfWillemAlexander a owl.Class ;
   owl:equivalentClass [ a owl:Restriction ;
                         owl:onProperty anc:hasAncestor ;
                         owl:hasValue :WillemAlexander .
                       ] .

:DescendantOfBeatrix a owl:Class ;
   owl:equivalent Class [ a owl:Restriction ;
                         owl:onProperty anc:hasAncestor ;
                         owl:hasValue :Beatrix .
                       ] .

:DescendantOfWilhelmina a owl:Class ;
   owl:equivalentClass [ a owl:Restriction ;
                         owl:onProperty :hasAncestor ;
                         owl:hasValue :Wilhelmina .
                       ] .
```

이제 Willem Alexander가 그의 가족에 새로 추가되었음을 알게 되었다.

```
:Alexia a :DescendentOfWillemAlexander .
```

어떤 추론을 할 수 있을까? 분명히 Alexia는 Willem Alexander의 후손이다(Alexia는 Willem Alexander의 자손 클래스 구성원임).

```
* anc:Alexia :hasAncestor :WillemAlexander .
```

한편 anc:hasAncestor는 owl:TransitiveProperty이므로

```
* anc:Alexia :hasAncestor :Beatrix, :Wilhelmina .
```

Alexia가 하위 클래스의 원소도 된다는 것을 의미한다.

```
anc:Alexia a :DescendantOfBeatrix, :DescendantOfWilhelmina.
```

이 추론을 일반화하여 Willem Alexander의 후손 클래스에 있는 모든 구성원에게 적용할 수 있다. 그 구성원은 Willem Alexander를 조상으로 하며, 따라서 Beatrix와 Wilhelmina 즉 anc:DescendantOfBeatrix와 anc:DescendantOfWilhelmina의 구성원이 된다. 이것은 다음으로 증명할 수 있다.

```
* anc:DescendantOfWillem rdfs:subClassOf anc:DescendantOfBeatrix .
* anc:DescendantOfBeatrix rdfs:subClassOf anc:DescendantOfWilhelmina .
```

[그림 12-12]는 이 상황을 시각적으로 보여준다.

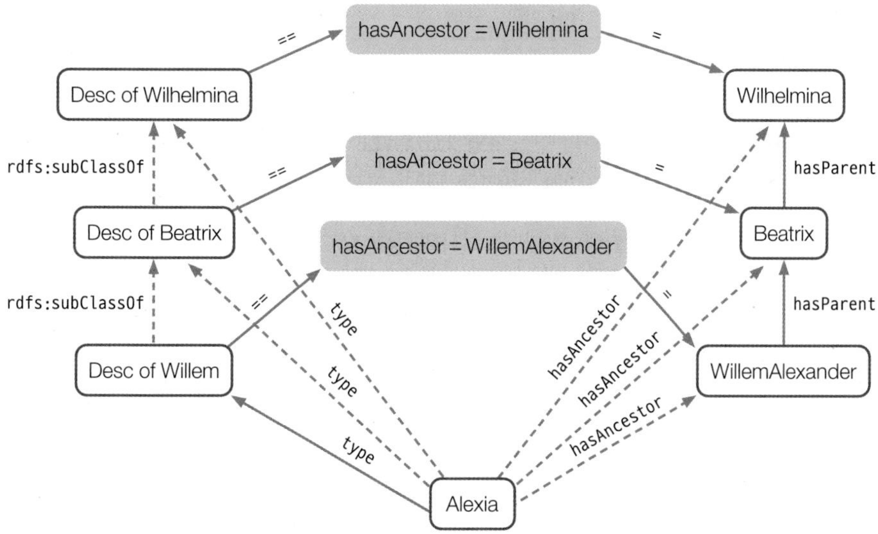

그림 12-12 Class-Individual Mirror 패턴의 재귀적 적용에 따른 추론

이러한 방식으로 Class-Individual Mirror 패턴을 사용하면 어떤 결과가 발생할까? 많은 모델링 상황에서 어떤 것을 클래스로 모델링해야 하는지 아니면 개체로 모델링해야 하는지에 대한 논란이 있다. 그것을 다른 개체들이 속한 집합으로 언급해야 할까, 아니면 그 자체로 언급해야 할까? 종은 표본 집합일까, 아니면 그 구성원을 표현형 또는 유전자형으로 설명해야 하는 걸까? 장르는 문학 작품의 집합일까, 아니면 글을 쓸 수 있는 주제일까? 듀이 십진 분류Dewey Decimal의 헤더는 도서 집합일까, 아니면 분류 시스템의 항목일까?

Class-Individual Mirror 패턴은 OWL을 사용하여 동기화 상태를 유지하는 방법을 지정해서 이러한 두 상황을 모델링하는 방법을 보여준다. 개체 측면에 대한 추가 사항(예: Willem의 가족에 Alexia 추가)은 클래스에 반영된다. 전체 주장은 반대로 작용한다. Willem의 후손도 Beatrix의 후손이라고 주장하면 Alexia도 Beatrix를 조상으로 갖게 된다. Class-Individual Mirror 패턴은 두 세계를 동기화 상태로 유지한다.

12.3 제약조건에 대한 대체 설명

이 책은 W3C World Wide Web Consortium OWL 문서에 정의된 대로 OWL을 RDF 트리플로 해석하는 것과 관련하여 OWL과 그 의미를 설명하고 있다. 다른 특징은 OWL의 초창기부터 있었고, 특정한 도구의 사용자 인터페이스에 나타나기도 한다. 각 특징들은 그 자체의 어휘와 정확하게 같은 것을 기술하는 데 사용된다. 이번 절에서는 OWL 제약조건과 클래스들을 다룰 때 접하게 될 가장 일반적인 언어 몇 가지를 검토하고, 권고되고 있는 모범 사례 용어도 제시한다.

rdfs:subClassOf와 owl:equivalentClass의 의미론은 유지되는 추론 측면에서 특성화하기가 매우 쉽다.

```
X rdfs:subClassOf Y.
```

간단한 IF/THEN 관계로 이해할 수 있다. 무언가가 X의 원소이면 Y의 원소이기도 하다.

```
X owl:equivalentClass Y.
```

IF와 유일한 IF 관계, 즉 2개의 IF/THEN 관계로 이해될 수 있다. 무언가가 X의 원소이면 Y의 원소이기도 하고 그 반대의 경우도 마찬가지다. 이러한 관계는 X 그리고/또는 Y가 제약조건인 경우에도 변경되지 않는다. 태양계의 예를 통해 이러한 관계를 살펴볼 수 있다. 2개의 클래스를 고려해보자. 하나는 명명된 SolarBody 클래스이며, 이 논의를 위해 클래스 A라고 부른다. 다른 하나는 속성 orbits에 대한 제약조건에 의해 정의된 명명되지 않은 클래스로, 클래스 B라고 부르는 값 TheSun을 가지고 있다. 모든 태양계 행성은 다음과 같은 단언에 의해 태양을 공전한다고 말할 수 있다.

```
A rdfs:subClassOf B.
```

다시 말해, 어떤 것이 태양계 행성이라면 태양을 공전한다.

이 상황에 대해 관련 문헌에서는 다른 용어가 사용된다. 예를 들어 "태양 궤도를 도는 것은 태양계 행성의 필수 조건"이라고 설명하기도 한다. 이 설명은 무언가가 SolarBody임을 안다면 반드시 태양을 공전하는 경우임을 나타낸다. SolarBody 클래스에 대한 설명은 클래스를 설명하지만 완전한 특성을 제공하지는 않는다. 즉, 이 설명에서 무언가가 SolarBody의 구성원임을 확인할 수 없기 때문에 이 상황은 때때로 "태양 궤도를 도는 것은 SolarBody 클래스에 대한 부분적인 정의"로 표기된다. 반면 태양계 행성들이 태양을 공전하는 일련의 물체와 같으면 OWL에서 다음과 같이 간결하게 표현할 수 있다.

```
A owl:equivalentClass B.
```

이제 양방향으로 추론할 수 있다. 무언가가 태양을 공전하면 SolarBody이고 SolarBody이면 태양을 공전한다. 이러한 상황을 "태양 궤도를 도는 것은 SolarBody에 대한 필요충분조건"이라고 말하기도 한다. 이 설명은 어떤 사물이 SolarBody임을 안다면 반드시 태양 궤도를 공전하는 경우임을 나타낸다. 더 나아가 어떤 사물이 SolarBody라고 확정하고 싶다면 태양 궤도를 공전한다는 설정으로 충분하다. 또한 SolarBody 클래스를 완전히 특성화해서 "태양 궤도를 도는 것이 SolarBody 클래스에 대한 완전한 정의"라고 표기하기도 한다.

마지막으로, 태양을 공전하는 모든 것이 태양계 행성이라고 하면 OWL에서 이를 다음과 같이 간결하게 표현할 수 있다.

```
B rdfs:subClassOf A.
```

즉, 무언가가 태양을 공전한다면 그것은 SolarBody다. '필요한', '충분한' 같은 단어를 사용해야 한다면 이 상황에서 "태양 궤도를 도는 것이 SolarBody를 위한 충분한 조건"이라고 말할 수 있다. 그러나 이런 식으로 '충분한'이라는 단어를 사용하는 것은 일반적이지 않다. 모델링 관점에서 이러한 진술의 명백한 유용성과 OWL 측면의 단순성에도 불구하고(부분적 정의 또는 완전한 정의보다 더 복잡하지는 않음) 이 상황을 부분적으로 또는 완전하게 표현하는 용어는 없다.

그동안 '부분적, 완전한, 충분한, 필요한'이라는 단어가 전통적으로 OWL을 설명하는 데 불완전하고 일관성 없는 방식으로 사용되어 왔다. 그 대신 더 간단하고 일관된 OWL 용어 rdfs:subClassOf, owl:equivalentClass를 사용하길 권한다.

12.4 이 장을 마치며

OWL의 주요 기능은 제약조건 클래스를 정의하는 것이다. 명명되지 않은 클래스는 클래스의 특정 속성 값에 대한 제약조건을 기반으로 정의된다. 이 메커니즘을 사용하면 OWL을 사용하여 특정 클래스의 원소가 특정 속성을 갖는 상황을 모델링할 수 있다. RDFS에서 정의역과 공역 제약조건을 통해 클래스의 모든 원소를 추론할 수 있다. 예를 들어, playFor 속성은 야구 선수를 야구 팀에 연결시킨다. OWL에서 제약조건 진술문을 사용하여 클래스의 모든 원소와 일부 원소에 적용되는 항목을 구분하고, 클래스에 있는 모든 원소의 특정 속성에 대해 특정 값을 단언할 수 있다.

제약조건이 rdfs:subPropertyOf와 rdfs:subClassOf 같은 RDFS 구성자와 함께 사용되고, 서로 계단식으로 연결되면(다른 제약조건을 참조하는 제약조건), 속성, 클래스, 개체 간의 복잡한 관계를 모델링할 수 있다. 비공식적인 어휘 명세와 비교했을 때 이러한 방식으로 관계를 모델링하는 것은 여러 어휘 명세의 상호작용을 이해하고 자동으로 처리할 수 있다는 장점이 있다.

또한 OWL은 onProperty 제약조건을 사용하여 클래스 원소에 적용할 수 있는 다른 유형의 제약조건을 제공한다. 다음 장에서 이에 대해 논의한다.

주요 개념

- owl:Restriction – 특정 속성에 허용되는 값을 제약하여 클래스를 설명하는 OWL의 요소다.
- owl:hasValue – 속성에 대한 단일 값을 참조하는 제약조건이다.
- owl:someValuesFrom – 속성의 일부 값이 있어야 하는 집합을 가리키는 제약조건이다.
- owl:allValuesFrom – 속성의 모든 값이 나와야 하는 집합을 가리키는 제약조건이다.
- owl:onProperty – 제약조건에서 제약하는 속성으로 연결해주는 요소다.

CHAPTER 13

OWL에서의 계산과 집합

제약조건restriction은 개체를 설명하는 속성으로 개체의 클래스를 기술하는 간결한 방법을 제공한다. 앞 장에서 살펴보았듯이, 이 구성자는 먹는 음식의 종류에 따라 누군가가 채식주의자라고 정의하고, 속성값에 따라 테이블에서 정보를 선별하거나, 사람이나 용어의 그룹을 관리할 수 있다. 12장에서 소개한 제약조건은 개체의 클래스를 정의하기 위한 강력한 방법이다.

이 장에서는 웹 온톨로지 언어OWL가 교집합intersection, 합집합union, 여집합complement을 포함하는 완전한 집합 이론 언어를 사용해 표현력을 극대화하는 방법을 소개한다. 예를 들어, 제약조건은 태양 주위를 공전하며 최소한 위성이 하나 있는 행성의 집합을 표현하거나 채식주의자는 육류가 아닌 음식을 먹는 사람이라는 클래스를 조합하는 데 사용할 수도 있다. 이 조합은 더욱 상세한 정보를 기술할 수 있는 강력한 방법을 제공한다. 한편 OWL은 출현 횟수cardinality라는 제약조건을 포함한다. 즉, 어떤 개체가 가지는 특정 속성에 고윳값의 출현 횟수를 참조하는 제한이 포함되어 있다. 따라서 "적어도 위성이 3개 있는 행성 집합" 또는 "한 명 이상의 올스타 선수를 포함하는 팀"과 같은 표현을 할 수 있다. OWL에서 출현 횟수를 이용한 추론은 놀라울 만큼 미묘하다. 하나의 사물에 하나 이상의 이름(즉, 하나 이상의 URI)이 있을 때 그것들이 얼마나 다양하게 존재하는지 파악하기 어렵고, 이전에 몰랐던 새로운 것에 대해 누군가가 언제 말해줄 수 있는지 알 수가 없다. 따라서 OWL에서 출현 횟수 추론이 도출할 수 있는 결론에 매우 신중할 필요가 있다.

13.1 합집합과 교집합

집합 이론에서 익숙한 기본 논리 조합으로 시작해보자. OWL은 새로운 클래스를 이전에 정의된 클래스의 합집합과 교집합으로 정의하는 기능을 제공한다. 모든 집합 연산은 명명된 클래스와 제약조건을 포함하여 OWL의 모든 클래스 정의에서 사용할 수 있다. 이를 통해 OWL은 클래스와 조건의 다양한 조합을 표현할 수 있다. 개별 구성자의 의미론은 동일한 이름의 집합 연산과 일치한다.

RDF[Resource Description Framework]의 리스트 구성자를 사용하여 표현한다.

```
U1 a owl:Class ;
   owl:unionOf (ns:A ns:B ...) .
I1 a owl:Class ;
   owl:intersectionOf (ns:A ns:B ...) .
```

2개 이상인 클래스의 합집합에는 결합된 모든 클래스의 원소가 포함된다. 교집합에는 모든 클래스에 속하는 원소가 포함된다. 2개(또는 그 이상) 클래스의 교집합은 새로운 클래스다. 따라서 방금 표시한 대로 해당 클래스의 이름을 지정하거나 익명 클래스(owl:Class 유형의 자원)를 정의하여 OWL/RDF에서 표시할 수 있다. 이 익명 클래스는 owl:intersectionOf 속성을 사용하여 다른 클래스의 교집합으로 정의된다(owl:unionOf도 비슷함). 이런 익명 클래스는 다음과 같이 owl:equivalentClass를 사용하여 이름을 지정해서 모델에서 다시 사용할 수 있다.

```
bb:MajorLeagueBaseballPlayer owl:equivalentClass
   [ a owl:Class ;
      owl:intersectionOf
         (bb:MajorLeagueMember bb:Player bb:BaseballEmployee )
   ] .
```

intersectionOf와 unionOf의 의미는 간단하지만 제약조건과 함께 사용하면 시맨틱 웹 모델링에 대한 특별한 응용 프로그램을 만들 수 있다. 제약조건에 대한 자연어 설명에 종종 교집합의 개념이 들어 있다. '태양 궤도를 공전하는 모든 행성'은 실제로 태양을 공전하는 것(hasValue 제약조건)과 모든 행성의 교집합이다. 메이저리그 야구 선수 집합은 메이저리그 팀에서 경기하는 대상(someValuesFrom 제약조건)과 야구 선수의 교집합이다. 교집합은 명명된 클래스에서와 마찬가지로 제약조건에서도 동작한다. 태양을 공전하는 모든 행성은 교집합을 사용하여 직접 정의할 수 있다.

```
:SolarPlanet a owl:Class ;
   owl:intersectionOf (
      :Planet
      [ a owl:Restriction ;
        owl:onProperty :orbits ;
        owl:hasValue :TheSun ]
   ) .
:MajorLeagueBaseballPlayer a owl:Class ;
   owl:intersectionOf (
      :BaseballPlayer
      [ a owl:Restriction ;
        owl:onProperty :playsFor ;
        owl:someValuesFrom :MajorLeagueTeam ]
   ) .
```

예제 13-1 우선순위가 높은 후보 질문

12장에서는 선택한 답변의 의존성을 기반으로 후보 질문 클래스를 정의하고, 질문 자체에 대한 우선순위를 정의했다. 이제 집합 구성자를 사용하여 이 두 가지를 결합해서 특정 우선순위의 후보 질문 클래스를 만들 것이다. 이 구성자를 이용하여 질문하고 답변을 기록하는 애플리케이션은 지금까지 제공된 답변들에 의해 주어질 수 있는 질문 중 우선순위가 높은 질문만 선택한다.

먼저, 종속 질문을 EnabledQuestion으로 분류하는 SelectedAnswer에 대한 기술을 다시 살펴보겠다.

```
q:SelectedAnswer rdfs:subClassOf
   [ a owl:Restriction ;
     owl:onProperty q:enablesCandidate ;
     owl:allValuesFrom q:EnabledQuestion ] .
```

이제 두 가지 기준에 따라 질문할 수 있는 질문 클래스를 정의한다. 첫 번째 기준은 위의 기술에 의해 질문이 활성화되었는지 여부, 두 번째 기준은 질문의 우선순위가 높은지 여부다. 이것은 intersectionOf 구성자로 표현할 수 있다.

```
q:CandidateQuestion owl:equivalentClass
   [ a owl:Class ;
     owl:intersectionOf
       (q:EnabledQuestion q:HighPriorityQuestion)
   ] .
```

q:CandidateQuestion에 대한 이 기술을 사용하면 q:hasPriority 속성에 대해 값이 q:High인 질문만 후보가 될 수 있다.

그 대안으로, 중간 우선순위 질문이 포함된 후보 질문에 대해 완화된 기술을 만들 수 있다.

```
q:CandidateQuestion owl:equivalentClass
   [ a owl:intersectionOf
      ( q:EnabledQuestion
         [ a owl:unionOf
            (q:HighPriorityQuestion q:MediumPriorityQuestion)
         ]
      )
   ] .
```

세계를 제한하기

OWL에서 집합 연산과 계산이 어떻게 작동하는지 이해하는 열쇠는 열린 세계 가정의 영향이다. 열린 세계 가정은 계산을 어렵게 만든다. 게다가 새로운 사실이 언제라도 발견될 수 있다고 가정하면, 여집합의 개념이 애매해진다. 어떤 것이 클래스의 구성원이 아니라고 말하려고 하는데 바로 다음 문장에서 그것이 사실은 클래스의 원소라고 주장한다면? 다행스럽게도 OWL에는 세계의 특정 부분을 제한적으로 기술하는 방법이 있다. 이러한 제한적 상황에서 여집합이나 계산과 관련된 추론이 더욱 명확해진다.

다음 대화를 보자.

랭보: 어젯밤에 제임스 딘 영화를 봤어.

록키: 자이언트Giant ?

랭보: 아니.

록키: 에덴의 동쪽East of Eden?

랭보: 아니.

록키: 제임스 딘은 세 편의 영화에 출연했어. 그럼 '이유 없는 반항Rebel Without a Cause'이겠네.

랭보: 맞아.

이런 종류의 추론은 제임스 딘이 단 세 편의 영화에 출연했다는 사실에 의존한다. 열린 세계 가정에 비추어 어떻게 그러한 주장을 할 수 있을까? 결국, 열린 세계에서 누군가가 언제든지 제임스 딘의 네 번째 영화에 대해 이야기할 수 있다. 이제, 제임스 딘 영화의 예를 사용하여 OWL이 세계의 닫힌 측면을 모델링하기 위한 제어 방법을 설명한다.

owl:oneOf로 집합 열거하기

제임스 딘 영화의 예에서 열린 세계 가정을 완전히 거부할 필요는 없었다. 특정 클래스(제임스 딘 영화)의 모든 원소가 알려져 있다는 사실만 알고 있으면 된다. 클래스의 원소를 열거할 수 있는 위치에 있을 때 많은 추론이 수행될 수 있다.

OWL을 사용하면 다음과 같이 owl:oneOf라는 구성자를 사용하여 클래스의 원소를 열거할 수 있다.

```
ss:SolarPlanet rdf:type owl:Class ;
   owl:oneOf (ss:Mercury
              ss:Venus
              ss:Earth
              ss:Mars
              ss:Jupiter
              ss:Saturn
              ss:Uranus
              ss:Neptune ).
```

SolarPlanet 클래스는 owl:oneOf 속성을 통해 클래스 구성원 목록에 연결된다. 일반적으로, SolarPlanet 클래스에는 8개의 개체만 포함되고 다른 개체는 포함되지 않는다. owl:oneOf는 AAA 슬로건에 제한을 두고 있다. 하나의 클래스가 정확히 이 구성자로 기술되어 있다면, 해당 클래스의 원소로 다른 별개의 항목이 있다고 말할 수 없다. 따라서 owl:oneOf는 클래스 정의가 변경되지 않거나 적어도 자주 변경되지 않는 상황에서만 주의해서 사용해야 한다. 태양계 행성은 50년 동안 변하지 않았다. 아마도 꽤 오랫동안 변하지 않을 것이라고 기대할 수 있다. 그렇다 해도 AAA 슬로건은 여전히 동의하지 않는 사람이 원하는 천체를 포함하는 경쟁 모델을 게시할 수 있도록 허용한다.

비록 owl:oneOf는 AAA 슬로건과 열린 세계 가정에 제한을 두지만, 고유하지 않은 명명 가정에 제한을 두지 않는다. 즉, owl:oneOf는 Mercury가 Venus와 동일한지 여부에 대해 어떤 주장도 하지 않는다. owl:someValuesFrom과 결합하면, owl:oneOf는 owl:hasValue의 일반화를 제공한다. owl:hasValue는 속성이 취할 수 있는 단일 값을 지정하지만, owl:some ValuesFrom과 owl:oneOf는 속성이 취할 수 있는 고유한 값의 집합을 명시한다.

도전과제 13-1 OWL의 담론 제한

랭보RIMBAUD와 록키ROCKY의 대화에서 록키는 랭보가 어떤 영화를 봤는지 판단하기 위해 제임스 딘이 세 편의 영화에만 출연했다는 사실을 사용했다. 이것을 OWL에서 어떻게 표현할 수 있을까?

▶ 솔루션

제임스 딘은 사망한 지 50년이 넘었기 때문에 더 이상 영화에 출연하지 않는다는 사실이 슬프지만 이것은 안전한 가정일 수 있다. 따라서 다음과 같이 owl:oneOf를 사용하여 제임스 딘 영화 클래스를 표현할 수 있다.

```
:JamesDeanMovie a owl:Class ;
  owl:oneOf (:Giant :EastOfEden :Rebel ) .
```

이 트리플은 JamesDeanMovie 클래스가 Giant, EastOfEden, Rebel로만 구성된 것을 나타낸다. owl:oneOf의 공식적인 의미는 무엇일까? 언제나 그렇듯이, 구성자로부터 도출할 수 있는 추론의 관점에서 구성자의 의미를 정의한다. owl:oneOf의 경우, 도출할 수 있는 많은 추론이 있다.

먼저 owl:oneOf에 나열된 각 인스턴스가 실제로 클래스의 구성원임을 추론할 수 있다. JamesDeanMovie에 대한 주장에서 개별 영화를 제임스 딘 영화라고 추론할 수 있다.

```
* :Giant rdf:type :JamesDeanMovie .
* :EastOfEden rdf:type :JamesDeanMovie .
* :Rebel rdf:type :JamesDeanMovie .
```

owl:oneOf는 단순히 클래스의 원소를 기술하는 것을 넘어 클래스의 유일한 원소를 의미한다. 추론적 관점에서 새로운 어떤 것을 클래스의 원소라고 기술하려면, owl:oneOf 목록에 나열된 원소 중 하나인 owl:sameAs여야 함을 의미한다. 제임스 딘 영화의 예에서 클래스의 새로운 원소를 소개한다고 가정해보자.

```
:RimbaudsMovie rdf:type :JamesDeanMovie .
```

그런 다음 RimbaudsMovie가 이미 언급된 다른 영화 중 하나와 owl:sameAs여야 한다고 추론할 수 있다.

이 추론은 지금까지 살펴본 추론과 다르다. 지금까지는 추론할 수 있는 새로운 트리플에 대한 추론을 표현했다. 이 경우, 추론을 통해 작은 집합의 일부 트리플이 유지되지만 어떤 것이 있는지 알지 못한다. 새로운 트리플을 명시하지 못하고 질의에 다르게 응답할 수도 없다.

이런 종류의 추론을 어떻게 트리플이라고 명시하는 것으로 바꿀 수 있을까? 록키와 랭보의 대화를 현재 위치와 비교하면 록키가 랭보에게서 제임스 딘 영화를 보았다는 소식을 들은 지점에 있다. 록키는 랭보가 본 영화가 무엇인지는 모르지만 배경지식으로 인해 세 편의 영화 중 하나라는 것을 알고 있다. 록키는 이 상황에서 어떻게 진행하는가? 그는 어떤 것이 랭보가 본 영화인지 결론을 내릴 때까지 후보를 제거한다. OWL에서 이를 수행하려면 일부 개체가 다른 개체와 동일하지 않다고 말할 수 있어야 한다.

owl:differentFrom으로 개체 구별하기

부동산 가격에 미치는 세 가지 주요 영향은 '위치, 위치, 위치'라는 오래된 농담이 있다. 물론 세 가지 영향을 알려주겠다고 약속했을 때 합리적인 청취자라면 세 가지의 다른 요인을 말할 것이라고 기대한다. 시맨틱 웹의 고유하지 않은 명명 가정Nonunique Naming Assuption 때문에, 다른 요인에 대해 명시적이어야 하고 실제로 서로 다른 것들의 이름을 지정해야 한다. OWL은 이를 위해 owl:differentFrom을 제공한다. 사용법은 매우 간단하며, 한 자원이 다른 자원과 다르다고 주장하려면 단일 트리플이 필요하다.

```
ss:Earth owl:differentFrom ss:Mars .
```

일반적으로 이 트리플은 ss:Earth와 ss:Mars가 계산이나 제거에 의해 어떤 문장을 만들 때, 다른 자원을 참조한다는 사실에 의존할 수 있다는 것을 의미한다. 앞으로 살펴보겠지만, 공식적으로 owl:differentFrom은 owl:cardinality와 owl:oneOf와 같은 다른 구성자와 결합해서 사용될 때 많은 추론을 지원한다 .

도전과제 13-2 제거 과정

OWL을 사용해 록키와 랭보 간의 대화를 모델링하여 록키가 한 것과 동일한 추론을 도출해보자. 즉, 랭보가 '이유 없는 반항Rebel Without a Cause'를 보았다는 추론을 도출한다.

▶ 솔루션

대화 시작 부분에서 록키는 랭보가 본 영화가 세 영화(EastOfEden, Giant, Rebel) 중 하나라는 것을 알고 있다. 이미 owl:oneOf를 사용하여 이것을 표현하는 방법을 보여주었다. 그러나 록키는 랭보가 어떤 영화를 봤는지는 모른다. 그래서 'Giant'라는 추측이 맞다면 다음과 같이 표현할 수 있다.

```
:RimbaudsMovie owl:sameAs :Giant .
```

그러나 (이미 알고 있다시피) 록키의 추측이 틀렸고 랭보가 'Giant'를 보지 못했다면 어떨까? 다음과 같이 owl:differentFrom을 사용하여 이를 OWL로 표현한다.

```
:RimbaudsMovie owl:differentFrom :Giant .
```

대상을 약간 좁히긴 했지만, 록키는 랭보가 'East of Eden'을 보았는지 'Rebel Without a Cause'를 보았는지 여전히 알지 못한다. 그래서 록키는 랭보가 본 영화가 'East of Eden'인지 다시 물어본다. 대답이 부정적이면 owl:differentFrom을 갖는다.

```
:RimbaudsMovie owl:differentFrom :EastOfEden .
```

이제 대화의 끝에서 록키가 있었던 지점에 있다. 제임스 딘 영화가 3개뿐이라는 것을 알고 있으며 랭보가 'Giant' 또는 'East of Eden'을 보지 못했다는 것을 알고 있다. 록키가 랭보는 'Rebel Without a Cause'를 보았다고 결론 내릴 수 있었던 것처럼 owl:oneOf와 owl:differentFrom의 의미를 통해 다음을 추론할 수 있다.

```
:RimbaudsMovie owl:sameAs :Rebel .
```

[그림 13-1]에서 이러한 주장과 추론을 볼 수 있다.

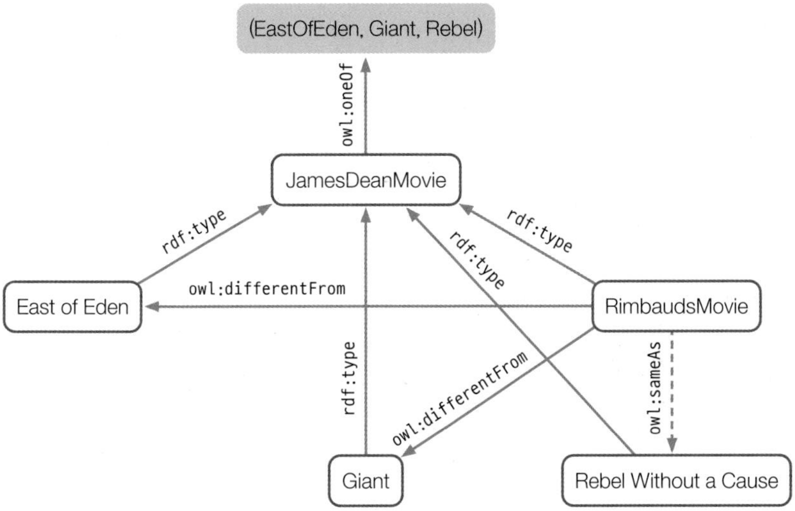

그림 13-1 랭보가 본 영화는 Giant도, East of Eden도 아니므로 Rebel Without a Cause라고 추론한다.

13.2 여러 개의 개체 구별하기

고유하지 않은 명명 가정Nonunique Naming Assumption을 사용하면 새로운 자원인 RimbaudsMovie를 사용하여 불확실한 영화를 명료하게 만들 수 있다. 모델링 구성자를 적절히 사용하여 실제 어떤 영화인지 추론할 수 있었고, owl:sameAs를 사용해서 답을 표시하였다. 고유하지 않은 명명 가정은 모든 자원에 적용된다. 예를 들어, ss:Earth와 ss:Mars가 같은 것을 참조하지 않는다는 것을 알고 있지만, 이를 모델에 명시해야 한다. owl:differentFrom을 사용하기 전에 이 작업을 진행했다. 또한 ss:Earth는 ss:Jupiter, ss:Venus와 다르고, ss:Venus는 ss:Mars와 다르다는 것도 표현하고 싶다.

서로 다른 사물이 갖는 목록을 단순화하기 위해 OWL은 owl:AllDifferent, owl:distinctMembers 구성자를 제공하여 서로 다른 개체들의 목록을 표현할 수 있다. 사물의 목록은 RDF의 리스트로 기술된다. 이 목록은 owl:distinctMembers를 술어로 사용하여 트리플에서 참조함으로써 서로 다른 개체의 집합으로 다루어져야 함을 명시한다. owl:distinctMembers의 정의역은 owl:AllDifferent다.

owl:distinctMembers 트리플의 주제는 bnode인 것이 관례이므로 8개의 행성이 모두 서로 다르다는 진술은 Turtle에서 다음과 같이 표현된다.

```
[ a owl:AllDifferent ;
  owl:distinctMembers (ss:Mercury
                       ss: Venus
                       ss:Earth
                       ss: Mars
                       ss:Jupiter
                       ss:Saturn
                       ss:Uranus
                       ss:Neptune)
] .
```

형식적인 측면에서 보면, 28개의 owl:differentFrom 트리플을 명시하는 것과 같다. 제임스 딘 영화의 경우, 세 영화가 이와 같은 방식으로 구별된다고 단언할 수 있다.

```
[ a owl:AllDifferent ;
  owl:distinctMembers (:EastOfEden
                       :Giant
                       :Rebel )
] .
```

트리플 관점에서 이 Turtle을 시각화하면 [그림 13-2]와 같다. 영화는 3.9절에서 살펴본 것처럼 rdf:first와 rdf:rest를 사용하여 RDF 목록에서 참조되어 개체를 함께 연결한다. 더 긴 목록(예: 행성)의 경우 목록의 각 개체에 대해 체인이 계속 이어진다.

앞서, 존재하는 유일한 제임스 딘 영화임을 나타내기 위해 owl:oneOf를 사용하여 JamesDeanMovie 클래스를 정의하였다. 이에 더해 이 세 영화가 구별된다고 말했다. 일반적으로 owl:oneOf와 owl:AllDifferent를 함께 사용하여 클래스가 고유한 요소의 열거된 목록으로 구성되어 있다고 표현할 수 있다.

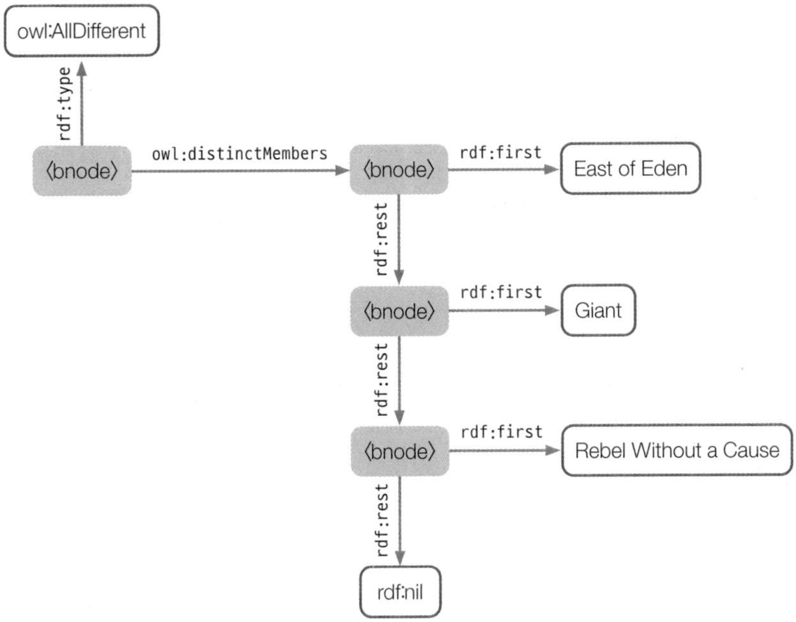

그림 13-2 owl:AllDifferent 및 owl:distinctMembers를 사용하여 3개의 제임스 딘 영화가 별개임을 나타낸다. 영화는 RDF 목록에서 참조된다.

13.3 출현 횟수

지금까지 주어진 속성에 대한 특정 값의 존재를 기반으로 클래스를 정의하는 제약조건을 살펴보았다. OWL은 속성이 취하는 고윳값의 수에 따라 클래스를 정의하는 훨씬 세밀한 방법을 허용한다. 이러한 제약조건을 출현 횟수 제약조건cardinality restriction이라고 한다. 이 아이디어는 단순해 보이지만 OWL에서 모델링할 때 아주 미묘한 차이를 나타낸다. 출현 횟수 제약조건을 통해 제약조건 클래스의 원소와 관련될 수 있는 개체 수에 대한 제한을 표현할 수 있다. 예를 들어, 야구 팀의 선발 라인업에는 정확히 9명의 선수가 있다. 사람은 두 명의 (생물학적) 부모가 있다. 출현 횟수 제약조건은 단막극 모음이나 두 권 이상으로 인쇄된 도서 세트와 같은 특정 관심 집합을 정의하는 데 사용할 수 있다.

출현 횟수 제약조건의 구문은 앞에서 본 다른 제약조건의 구문과 유사하다. 정확히 9명의 선수가 있는 사물의 클래스를 정의하는 제약조건은 다음과 같다.

```
[ a owl:Restriction ;
  owl:onProperty :hasPlayer ;
  owl:cardinality 9 ]
```

물론 9 대신 음이 아닌 정수를 가질 수 있다. 출현 횟수 제약조건을 사용하여 상한과 하한을 각각 다음과 같이 지정할 수도 있다.

```
[ a owl:Restriction ;
  owl:onProperty :hasPlayer ;
  owl:minCardinality 10 ]

[ a owl:Restriction ;
  owl:onProperty :hasPlayer ;
  owl:maxCardinality 2 ]
```

각각 최소 10명의 선수와 최대 2명의 선수가 있는 사물의 집합을 지정한다. owl:cardinality가 n으로 제한되도록 지정하는 것은 owl:minCardinality와 owl:maxCardinality가 모두 동일한 값 n으로 제한된다는 것과 같다. 출현 횟수는 속성에 있는 고유 값의 수를 나타낸다. 따라서 고유하지 않은 명명 가정과 owl:differentFrom과 밀접하게 상호작용한다.

출현 횟수 제약조건의 의미는 다른 제약조건의 의미와 유사하다. 개체가 속성 P에 대해 정확히(각각, 적어도, 최대한) n개의 고유한 값을 가지고 있음을 증명할 수 있다면 해당하는 owl:cardinality(각각 owl:minCardinality, owl:maxCardinality) 제약조건의 원소가 된다. 따라서 15명의 럭비 연합 팀과 11명의 축구 팀은 모두 최소 출현 횟수가 10인 제약조건 클래스의 원소가 된다. 두 명의 선수로 구성되는 브리지 팀은 이 제약조건 클래스가 아닌 최대 출현 횟수 2를 가진 제약조건 클래스의 원소가 된다.

마찬가지로 무언가가 owl:cardinality 제약조건의 원소라고 주장하다면, 속성 P에 대해 정확히 n개의 고유한 값이 있어야 한다. 따라서 야구 팀을 정확한 출현 횟수가 9인 제약조건 클래스의 하위 클래스로 정의하면 야구 팀이 9명의 (별개의) 선수를 갖는다고 결론 내릴 수 있다. 최소와 최대 출현 횟수에 대한 제약조건과 비슷한 결론이 나온다. 제임스 딘 예제를 기반으로 한 일련의 도전과제를 통해 출현 횟수 제약조건의 사용법을 설명한다.

도전과제 13-3 OWL에서 3까지 세기

록키와 랭보가 대화를 이어간다.

랭보: 다른 제임스 딘 영화도 갖고 있어?
록키: 내가 갖고 있는 건 그거뿐이야.
랭보: 그러면 영화를 많이 갖고 있지 않네. 3개 이상은 절대 아니야.

이러한 사실을 OWL에서 모델링하여 랭보의 결론이 OWL의 의미 체계를 따르게 한다.

▶ **솔루션**

먼저 제임스 딘 영화만 소유하고 있다는 록키의 진술을 모델링한다. 누군가 영화를 소유하고 있음을 나타내려면 ownsMovie라는 속성이 필요하다.

```
:ownsMovie a owl:ObjectProperty .
```

OWL에서 개체가 제약조건 클래스의 원소임을 명시하여 개체에 대한 일반적인 진술문을 만든다. 따라서 록키는 12장에 나온 owl:allValuesFrom 제약조건을 사용하여 제임스 딘 영화만 소유한다고 말할 수 있다.

```
:JamesDeanExclusive owl:equivalentClass
   [ a owl:Restriction ;
     owl:onProperty :ownsMovie ;
     owl:allValuesFrom :JamesDeanMovie ] .
:Rocky a :JamesDeanExclusive .
```

록키는 JamesDeanExclusive 클래스의 원소이며, 이 클래스는 ownsMovie의 모든 값이 JamesDeanMovie 클래스에서 오는 사물의 클래스다.

랭보의 결론을 어떻게 모델링할 수 있을까? 영화를 많이 소유하지 않은 사물의 클래스를 다음과 같이 정의한다('많지 않음'은 최대 3개를 의미함).

```
:FewMovieOwner owl:equivalentClass
[ a owl:Restriction ;
  owl:onProperty :ownsMovie ;
  owl:maxCardinality 3 ] .
```

이제 랭보의 결론을 트리플로 공식화할 수 있다.

```
* :Rocky a :FewMovieOwner .
```

이 트리플은 위의 모델에서 추론할 수 있다. 왜냐하면 록키에 대한 ownsMovie 속성의 모든 값을 JamesDeanMovie 클래스에서 가져왔는데, 그중 3개만 가지고 있으며, 모두 서로 다르기 때문이다. 따라서 록키는 최대 3개의 영화를 소유할 수 있다. 이 추론을 시각화하면 [그림 13-3]과 같다.

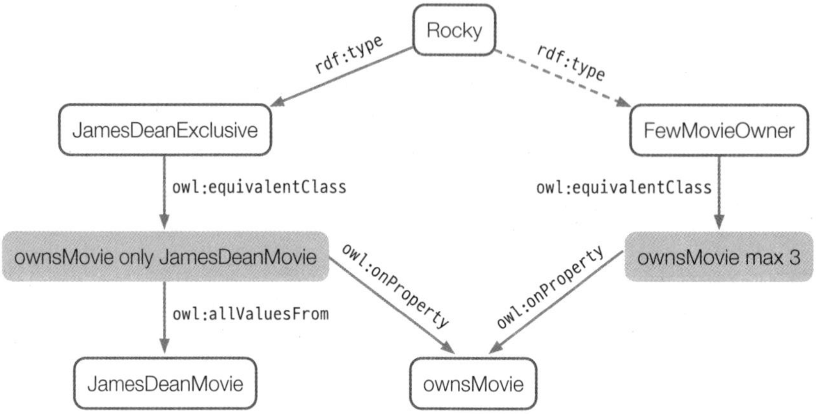

그림 13-3 록키가 JamesDeanExclusive라고 단언했다. 그가 몇 편의 영화만 소유하고 있다고 추론한다.

도전과제 13-4 제임스 딘 영화는 세 편만 볼 수 있다

이 상황과 결론을 OWL로 모델링해보자.

랭보: 그럼 영화를 얼마나 많이 갖고 있어?

록키: 3개.

랭보: 그게 전부구나. 그럼 분명히 내가 어제 저녁에 본 '이유 없는 반항'을 갖고 있겠네.

▶ **솔루션**

우리는 록키가 '정확히 3개의 영화를 갖고 있는 것'에 대해 owl:cardinality 제약조건 클래스의 원소라고 주장함으로써 그가 정확히 3개의 영화를 소유하고 있다고 명시한다.

```
:ThreeMovieOwner owl:equivalentClass
   [ a owl:Restriction ;
     owl:onProperty :ownsMovie ;
     owl:cardinality 3 ] .
   :Rocky a :ThreeMovieOwner .
```

록키는 정확히 서로 다른 영화 3개를 소유하고 있으며 그가 소유한 모든 영화는 JamesDeanMovie의 원소이고, 3개의 서로 다른 JamesDeanMovies가 있으므로 록키는 각각의 영화를 소유해야 한다. 특히, 다음의 관계를 추론할 수 있다.

```
:Rocky :ownsMovie :Rebel .
```

이러한 주장과 추론은 [그림 13-4]에 나타나 있다.

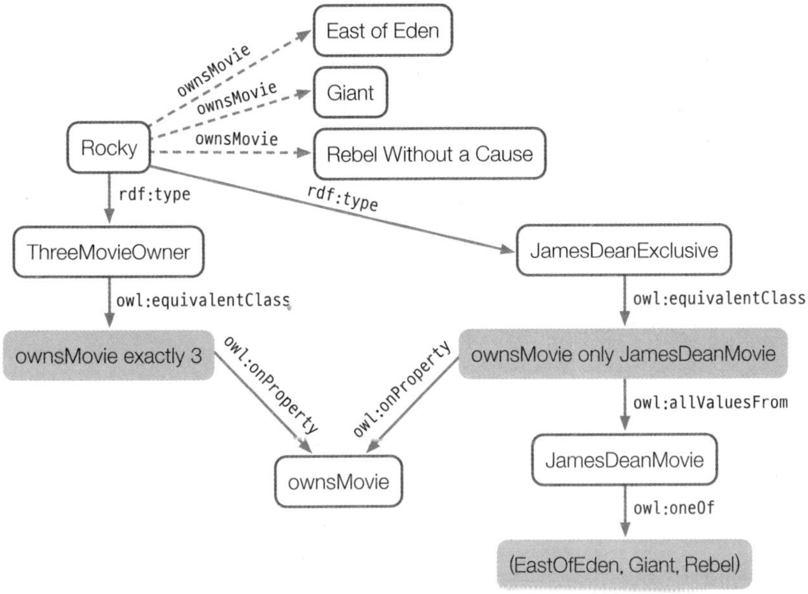

그림 13-4 록키는 3개의 영화를 소유하고 있고 제임스 딘 영화만 소유하므로 각각의 영화를 소유해야 한다.

검증된 출현 횟수(OWL 2.0)

OWL의 출현 횟수 제약조건을 통해 주어진 주제에 대해 속성이 가질 수 있는 고윳값의 수를 표현할 수 있다. 다른 제약조건은 해당 값이 원소가 될 수 있거나 반드시 되어야 하는 클래스에 대해 알려준다. 그러나 이러한 제약조건은 서로 독립적으로 작동한다. 특정 주제가 가질 수 있는 특정 클래스의 값 수를 말할 수는 없다. 조건이 붙은 출현 횟수의 간단한 예는 손 모델 a model of a hand이다. 손에는 5개의 손가락이 있으며 그중 하나는 엄지다.

조건이 붙은 출현 횟수는 불필요한 모델링 세부 사항처럼 보일 수 있으며 실제로 많은 모델이 이러한 요소 없이도 잘 처리된다. 그러나 상세한 출현 횟수 정보를 활용하려는 모델은 종종 이 기능이 필요하다. 이것은 특히 복잡한 개체의 구조를 모델링할 때 발생한다.

예를 들어, 자동차를 모델링할 때 적절하게 조립된 자동차에는 타이어가 5개 있으며, 그중 4개는 일반 도로에 적합한 타이어이고 나머지 하나(5번째)는 일반 타이어의 모든 속성을 갖고 있지 않는 스페어 타이어라고 말할 수 있다. 이러한 종류의 구조 모델은 종종 정규화된 출현 횟수를 광범위하게 사용한다. 금융 상품의 모델은 더 많은 예를 제공한다. 대출은 두 당사자 간 계약으로, 한 사람은 대출자이고 다른 한 사람은 차용자다.

제임스 딘의 예에서 조건이 붙은 출현 횟수를 사용하여, 영화는 얼마든지 스타를 가질 수 있지만 아카데미 상을 수상한 배우도 출연하는 영화라는 특정 사례에 관심이 있다고 말할 수 있다. 아카데미 상을 수상한 배우를 위한 클래스가 있다고 가정한다.

```
:BestActor a owl:Class .
:BestSupportingActor a owl:Class .
:OscarWinningActor owl:unionOf (:BestActor :BestSupportingActor) .
```

조건이 붙은 출현 횟수를 사용하여 아카데미 상 수상자들이 출연한 영화 집합을 정의할 수 있다. 스타가 많은 영화가 되려면 영화에 최소 두 명의 오스카 상 수상 배우가 있어야 한다고 가정해보겠다.

```
:StarstuddedMovie owl:intersectionOf (
   :Movie
   [ a owl:Restriction ;
     owl:onClass :OscarWinningActor ;
     owl:onProperty :stars ;
     owl:minQualifiedCardinality 2 ]
   )
```

조건이 붙은 출현 횟수 제약조건은 출현 횟수 제약조건과 비슷하지만 (owl:onClass를 통해) OscarWinningActor에 대한 참조를 포함한다. 고유하지 않은 명명 가정과 열린 세계 가정의 동일한 조건이 다른 출현 횟수와 마찬가지로 조건이 붙은 출현 횟수에 적용된다. 이 예에서 다음과 같이 추론할 수 있다.

```
:EastOfEden a :StarStuddedMovie .
```

벌 아이브스Burl Ives와 조 반 플리트Jo Van Fleet는 최우수 조연상을 수상했으며 '에덴의 동쪽East of Eden에 공동 출연했다. 그러나 고유하지 않은 명명 가정으로 인해 다음과 같음을 알아야 한다.

```
:BurlIves owl:differentFrom :JoVanFleet .
```

조건이 붙은 출현 횟수는 최대 2까지만 셀 수 있기 때문이다.

조건이 붙은 출현 횟수 제약조건에는 일반 출현 횟수 제약조건의 모든 변형, 즉 owl:maxQualifiedCardinality와 owl:minQualifiedCardinality가 포함된다.

작은 수의 출현 횟수 제한

OWL은 자연수를 출현 횟수로 사용할 수 있는 기능을 제공한다. 출현 횟수는 어떤 조건을 만족하는 개별 개체의 수를 세는 것이고, 클래스의 원소를 결정하는 데 필요한 정보를 추론 엔신에 제공한다. 작은 숫자인 0과 1에 대한 출현 횟수의 특정 제약조건은 모델링에 유용할 수 있다.

- **minCardinality 1**: minCardinality를 1로 제한하면 지정된 속성에 대한 일부 값이 필요한 개체 집합을 나타낸다. onProperty ownsMovie minCardinality 1 제한은 하나 이상의 영화를 소유한 개체 집합을 명시적으로 기술한다.
- **maxCardinality 1**: maxCardinalilty를 1로 제한하면 값이 고유하도록 지정한다(존재할 필요는 없음). onProperty ownsMovie maxCardinality 1 제한은 최대 하나의 영화를 소유한 개체 집합을 명시적으로 지정한다. 즉, 단일 영화로 제한된다.
- **minCardinality 0**: minCardinality를 0으로 제한하는 것은 onProperty에 대한 값의 존재가 선택 사항인 개체 집합을 설명한다. OWL의 의미론에서 (속성은 항상 선택 사항이기 때문에) 필요하지 않지만, 어떤 것이 선택 사항이라는 명시적인 주장은 모델 가독성에 유용할 수 있다. onProperty ownsMovie minCardinality 0 제한은 영화를 소유하는 것이 선택 사항인 개체 집합을 명시적으로 지정한다 .

- **maxCardinality 0**: maxCardinality를 0으로 제한하면 지정된 속성에 대한 값이 허용되지 않는 개체 집합을 나타낸다. onProperty ownsMovie maxCardinality 0 제한은 영화를 소유하지 않은 개체 집합을 명시적으로 지정한다.

이 네 가지 특별한 출현 횟수 사례는 밀접하게 관련되어 있다. minCardinality 1과 maxCardinality 0은 minCardinality 0의 파티션을 형성한다. 즉, minCardinality 1과 maxCardinality 0은 서로 분리되어 있고 둘 다 minCardinality 0의 하위 클래스이며 함께 (minCardinality 1 union maxCardinality 0) minCardinality 0을 모두 구성한다. 이것은 모든 개체의 클래스인 owl:Thing과 동일하다.

13.4 여집합

여집합은 그 집합에 없는 모든 것의 집합이다. OWL의 클래스에도 동일한 정의가 적용된다. 클래스의 여집합은 구성원이 여집합 클래스에 없는 모든 것인 또 다른 클래스다. 여집합은 단일 클래스에 적용되므로 단일 트리플을 사용하여 정의할 수 있다.

```
ex:ClassA owl:complementOf ex:ClassB .
```

여집합은 매우 간단해 보이지만 잘못 사용하기 쉽고, 다른 형식 시스템처럼 OWL은 이러한 상황을 용납하지 않는다. 예를 들어, 마이너리그 선수는 메이저리그 선수와 여집합 관계라고 한다. 단지 두 가지 유형의 선수들이 있을 뿐이고, 어느 누구도 두 유형에 함께 속할 수 없다고 기술한다.

```
bb:MinorLeaguePlayer owl:complementOf bb:MajorLeaguePlayer .
```

이 기술에서 bb:MajorLeaguePlayers가 아닌 모든 플레이어는 bb:MinorLeaguePlayer에 들어간다. 그러나 Complement 클래스에는 참조된 클래스에 없는 모든 것이 포함되므로 bb:MinorLeaguePlayer 클래스에는 기대되는 신인 선수도 들어가고 관리자, 팬을 비롯해 영화나 행성처럼 우주에 존재하는 다른 모든 것들이 포함된다.

이러한 상황을 피하기 위해 일반적으로 여집합 클래스를 직접 참조하지 않고, 교집합을 결합하는 것이 일반적이다.

```
bb:MinorLeaguePlayer owl:intersectionOf
   ( [ a owl:Class ;
       owl:complementOf bb:MajorLeaguePlayer ]
     bb:Player ) .
```

즉, MinorLeaguePlayer는 MajorLeaguePlayer가 아닌 Player다. 따라서 bb:MinorLeaguePlayer의 원소는 bb:Player 클래스의 구성원만 포함한다. bb:MajorLeaguePlayer에 있는 선수는 포함하지 말아야 한다. 이것은 이름에서 제시하는 자연스러운 의미에 훨씬 더 가깝다. 이 정의는 빈 노드를 사용하여 익명 클래스를 지정한다. bb:MajorLeaguePlayer의 여집합인 클래스를 명명할 필요가 없으므로 bnode 표기법 [a owl:Class…]를 사용하여 익명으로 지정한다.

도전과제 13-5 지금까지 알고 있는 것 이상의 계산

록키의 친구 폴[Paul]이 토론에 참여한다.

> **폴**: 제임스 딘에 대해 얘기하고 있어? 난 그 사람 좋아해! 제임스 딘이 출연한 영화를 다 가지고 있어.
> **랭보**: 하지만 너는 제임스 딘에만 집착하는 건 아니지? 다른 영화도 있지?
> **록키**: 난 집착하지 않아!
> **폴**: 물론 제임스 딘 영화가 아닌 영화도 가지고 있어.
> **록키**: 그럼 넌 적어도 4편의 영화를 가지고 있네!

이 상황과 결론을 OWL로 모델링해보자.

▶ **솔루션**

이 과제를 수행하려면 ownsMovie에 대한 역이 필요하다.

```
:ownedBy owl:inverseOf :ownsMovie .
```

폴이 소유한 모든 영화의 클래스를 다음과 같이 정의할 수 있다.

```
:PaulsMovie a owl:Class ;
   owl:intersectionOf
      ([ a owl:Restriction ;
         owl:onProperty :ownedBy ;
         owl:hasValue :Paul ]
      :Movie ) .
```

폴은 그가 모든 제임스 딘 영화를 소유하고 있다고 말한다. 즉, 모든 JamesDeanMovie는 Pauls Movie다(그 반대의 경우는 아님).

```
:JamesDeanMovie rdfs:subClassOf :PaulsMovie .
```

Paul은 다른 영화도 소유하고 있다고 주장한다. 다음과 같이 표현할 수 있다.

```
:Paul a [ a owl:Restriction ;
          owl:onProperty :ownsMovie ;
          owl:someValuesFrom [ owl:complementOf :JamesDeanMovie ]
        ] .
```

좀 더 자세히 살펴보자.

```
[ owl:complementOf :JamesDeanMovie ]
```

제임스 딘 영화가 아닌 모든 것을 포함하는 익명 클래스bnode다.

```
[ a owl:Restriction  ;
  owl:onProperty :ownsMovie ;
  owl:someValuesFrom [ owl:complementOf :JamesDeanMovie ]
]
```

제임스 딘 영화가 아닌 ownsMovie에 대한 값이 있는 모든 것의 익명 클래스bnode다. Paul이 여기에 해당한다고 주장한다.

마지막으로 owl:minCardinality를 사용하여 4개 이상의 영화를 소유한 사람들의 클래스를 정의한다 .

```
:ManyMovieOwner owl:equivalentClass
  [ a owl:Restriction ;
    owl:onProperty :ownsMovie ;
    owl:minCardinality 4 ] .
```

이제 폴은 제임스 딘의 모든 영화(3개 모두)와 제임스 딘 영화가 아닌 영화를 하나 이상 소유하고 있다. 갖고 있는 영화는 (적어도) 4개가 된다. 그래서 폴이 ManyMovieOwner의 원소로 자격이 있다고 추론할 수 있다.

```
:Paul rdf:type :ManyMovieOwner .
```

[그림 13-5]에서 이러한 주장과 결론을 시각화하였다.

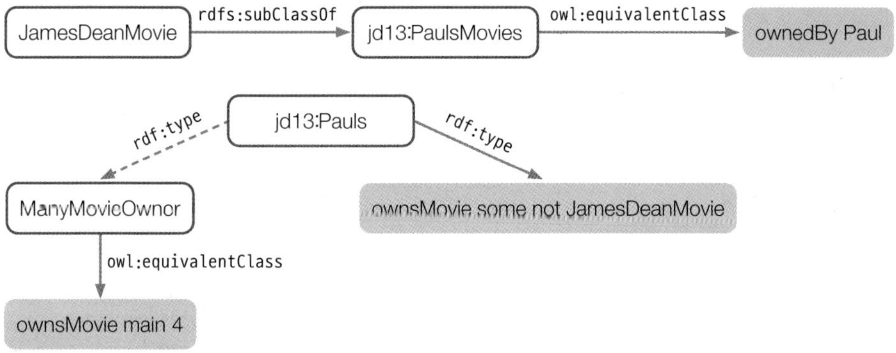

그림 13-5 폴은 모든 제임스 딘 영화를 소유하고 있으며 다른 영화도 소유하고 있으므로 최소 4개의 영화를 소유하고 있다.

13.5 서로소 집합

owl:complementOf를 사용하여 어떤 클래스에 있지 않은 모든 개체를 포함하는 클래스를 설명하는 방법을 살펴보았다. 여기에 해당하는 개념은 두 집합에 공통점이 없다는 것이다. 이 경우 집합이 분리되었다고 말하고 다음과 같이 owl:disjointWith를 사용하여 OWL에서 이 상황을 나타낸다.

```
:Reptile owl:disjointWith :Mammal .
:Meat owl:disjointWith :Fruit .
:Fish owl:disjointWith :Fowl .
```

서로소인 클래스의 모든 원소는 owl:differentFrom이라고 추론할 수 있다. 예를 들어, 다음과 같이 주장할 수 있다.

```
:Lassie a :Mammal .
:Godzilla a :Reptile .
```

다음을 추론할 수 있다.

```
:Lassie owl:differentFrom :Godzilla .
```

이 간단한 개념은 아래 도전과제에서 볼 수 있듯이 OWL의 다른 구성과 결합할 때 강력한 결과를 가져올 수 있다.

도전과제 13-6 서로소 집합에서 계산하기

영화에 관한 대화가 계속 이어진다.

폴: 난 영화 광팬이야. 제임스 딘 영화를 모두 가지고 있고 주디 갈랜드Judy Garland, 톰 크루즈Tom Cruise, 주디 덴치Dame Judi Dench, 안토니오 반데라스Antonio Banderas 영화도 갖고 있어!

록키: 넌 적어도 7개의 영화를 갖고 있겠다!

폴: 그걸 어떻게 알지?

록키: 그 사람들 중 누구도 함께 영화에 출연하지 않았기 때문이지!

이 상황과 결론을 OWL로 모델링해보자.

▶ **솔루션**

폴이 주디 갈랜드 영화를 소유하고 있다는 것을 OWL에서 어떻게 표현할까? 폴이 주디 갈랜드 영화를 소유한 사물의 클래스 원소라고 기술한다. 따라서 폴이 소유한 영화에 대해 작성한 진술은 각 영화에 대해 owl:someValuesFrom 제약조건을 사용하여 OWL에서 모델링할 수 있다 .

```
:Paul a [ a owl:Restriction ;
          owl:onProperty :ownsMovie ;
```

```
        owl:someValuesFrom :JudyGarlandMovie ] .
:Paul a [ a owl:Restriction ;
        owl:onProperty :ownsMovie ;
        owl:someValuesFrom :JudiDenchMovie ].
:Paul a [ a owl:Restriction ;
        owl:onProperty :ownsMovie ;
        owl:someValuesFrom :TomCruiseMovie ] .
:Paul a [ a owl:Restriction ;
        owl:onProperty :ownsMovie ;
        owl:someValuesFrom :AntonioBanderasMovie ] .
```

owl:minCardinality를 사용하여 7개 이상의 영화를 소유한 사람들을 정의할 수 있다.

```
:SevenMovieOwner a owl:Restriction ;
               owl:onProperty :ownsMovie ;
               owl:minCardinality 7 .
```

폴이 이 클래스의 원소라는 것을 어떻게 알 수 있을까? 록키가 대화에서 짚었듯이, 폴이 언급한 모든 영화 집합이 서로 분리되어 있다는 것을 알기 전까지는 폴이 이 클래스의 원소임을 알 수 없다. 다음과 같이 10쌍의 서로소disjoint 클래스 또는 owl:AllDisjointClasses의 단일 원소로 이를 표현할 수 있다.

```
: DisjointMovies
   rdf:type owl:AllDisjointClasses ;
   rdfs:label "Disjoint movies" ;
   owl:members (
      :AntonioBanderasMovie
      :JamesDeanMovie
      :JudiDenchMovie
      :JudyGarlandMovie
      :TomCruiseMovie
   ) ;
```

이제 폴이 3편의 제임스 딘 영화와 여기에 명명된 다른 배우들의 영화를 한 편 이상 가지고 있다는 것을 안다. 또한 모든 세트가 분리되어 있기 때문에 이 영화는 두 번 나타나지 않는다. 추론 엔진은 록키가 영화 7편을 계산한 것이 정당하다는 것을 확인해준다.

```
:Paul a :SevenMovieOwner .
```

[그림 13-6]은 이러한 주장과 추론을 시각화한 것이다.

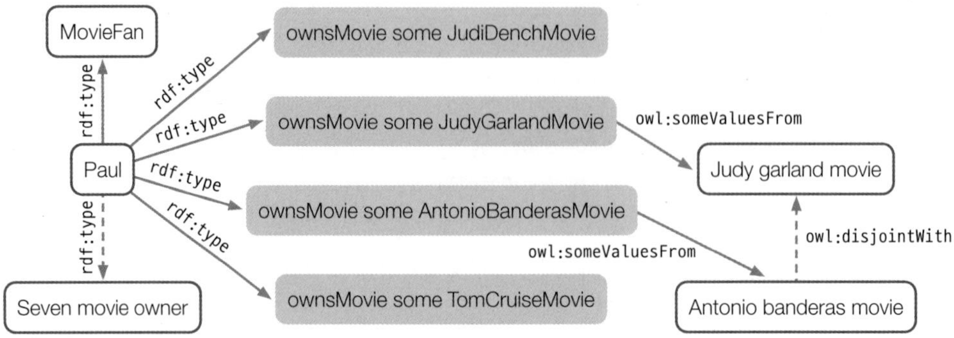

그림 13-6 폴은 제임스 딘 영화 3편을 소유하고 있다(그림 13-5). 서로 다른 배우들의 영화를 합하면 총 7편(또는 그 이상)의 영화가 된다. 논리적으로 결론을 내리는 데 모든 분리된 공리(disjoint axioms)가 필요하지만 이 그림에서는 단순하게 나타내기 위해 다 표시하지는 않았다.

owl:someValuesFrom이 어떻게 출현 횟수와 상호작용하는지 주목해야 한다. someValuesFrom의 각 제약조건은 지정된 속성에 대해 하나의 값이 존재함을 보장한다. 이러한 값이 서로 다른 것으로 알려지면, someValuesFrom 제약조건마다 적어도 하나의 값을 계산할 수 있다.

여러 개체가 서로 구별되도록 지정하는 방법으로 owl:AllDifferent를 사용했던 것처럼, 클래스 집합이 서로 분리되어 있음을 나타내는 owl:AllDisjointClasses가 있다.

13.6 전제조건의 재검토

owl:allValuesFrom을 사용하여 OWL에서 전제조건을 모델링하는 방법을 이미 살펴보았다. 만약 그 시점에서 새로운 전제조건을 누구든지 언제나 설정할 수 있다고 가정한다면, 모든 전제조건이 충족되었다고 할 수 없기 때문에 열린 세계 가정에 문제가 생긴다. 전제조건을 사용하여 세상을 제한할 수 있는 여러 가지 방법을 보여주고자 한다.

12장에서 모든 전제조건이 충족된(선택된) 무언가가 EnabledQuestion이라는 사실은 다음과 같이 모델링했다.

```
q:hasPrerequisite a owl:ObjectProperty .
[ a owl:Restriction ;
  owl:onProperty q:hasPrerequisite ;
  owl:allValuesFrom q:SelectedAnswer ]
rdfs:subClassOf q:EnabledQuestion .
```

제약조건은 명명된 클래스 EnabledQuestion의 하위 클래스다. 어떤 것이 제약조건을 충족하는 경우(모든 값이 SelectedAnswer의 원소), EnabledQuestion의 원소이기도 하다.

전제조건 없음

전제조건이 전혀 없다는 것을 알고 있는 간단한 상황부터 시작하겠다. 전제조건이 없는 경우 확인할 조건이 없으므로 EnabledQuestion되어야 한다. 어떤 것이 전제조건이 없다는 것을 어떻게 알 수 있을까?

출현 횟수 제약조건을 사용하여 개체가 일부 속성에 대해 갖는 고윳값의 수를 주장할 수 있다. 특히, 다음의 트리플을 가정해보자.

```
c:WhatProblem a [ a owl:Restriction ;
                  owl:onProperty q:hasPrerequisite ;
                  owl:cardinality 0] .
```

그러면 다음과 같은 형태의 트리플이 존재하지 않는다는 것을 알 수 있다.

```
c:WhatProblem q:hasPrerequisite ? .
```

즉, WhatProblem에는 전제조건이 없다. 따라서 제약조건을 충족한다.

```
c:WhatProblem a [ a owl:Restriction ;
                  owl:onProperty q:hasPrerequisite ;
                  owl:allValuesFrom q:SelectedAnswer ] .
```

따라서 다음을 알 수 있다.

```
c:WhatProblem a q:EnabledQuestion .
```

표시된 클래스의 값이 없음을 알 때(또는 값이 전혀 없음을 알 때), owl:allValuesFrom에 대한 해석은 약간 혼란스러울 수 있다. 값이 전혀 없으면 어떻게 모두 어떤 클래스의 원소가 될 수 있을까? owl:allValuesFrom에 대해 생각하는 올바른 방법은 제한된 속성의 이름에 관계없이 전제조건을 설정하는 것이다. 간단한 예를 들어보자. 어떤 사람에게 자녀가 없으면 모든 자녀는 소년이다.

먼저 allValuesFrom 제약조건을 사용하여 자녀가 모두 소년인 사람들 집합을 정의한다.

```
:ParentOfBoysOnly owl:equivalentClass
[ a owl:Restriction ;
  owl:onProperty :hasChild ;
  owl:allValuesFrom :Boy ] .
```

이 클래스의 포함관계는 어떻게 결정해야 할까? 술어가 hasChild인 각 트리플은 해당 주어가 이 클래스의 원소가 되도록 전제조건을 설정한다.

```
:ElizabethII :hasChild :Charles .
```

그래서 위의 트리플은 Elizabeth 2세가 ParentOfBoysOnly의 구성원이 되기 위한 전제조건, 즉 Charles는 Boy여야 한다는 전제조건을 설정한다. 이 경우 전제조건이 충족된다.

```
:Charles a :Boy .
```

그러나 이 전제조건이 충족되더라도 여전히 Elizabeth 2세가 ParentOfBoysOnly의 구성원이라고 추론할 수 없다. 이러한 추론을 수행하려면 모든 전제조건이 충족되어야 한다. 열린 세계 가정으로 인해, 모르고 있던 Elizabeth에 대한 사실이 더 많을 수 있다. 즉, 충족해야 하는 전제조건이 더 많을 수 있다. 특히 다음의 사실을 알고 있으면,

```
:ElizabethII :hasChild :Anne .
```

충족되지 않은 전제조건이 있으므로 Elizabeth 2세가 ParentOfBoysOnly의 원소라고 추론할 수 없다. 열린 세계 가정은 우리가 모르고 있는 또 다른 전제조건이 항상 있을 수 있음을 의미한다.

일반적으로 누군가가 allValuesFrom 제약조건으로 정의된 ParentOfBoysOnly와 같은 클래스의 원소라고 유추하기는 어렵다. 열린 세계 가정에서 모든 전제조건이 충족되었음을 어떻게 알 수 있을까? 한 가지 방법은 아무것도 없다고 주장하는 것이다. 예를 들어 Elizabeth의 조상인 Elizabeth 1세는 자녀 없이 죽은 것으로 잘 알려져 있다. 출현 횟수 0의 제약조건 클래스에서 그녀의 소속성을 기술함으로써 OWL에서 이를 표현할 수 있다.

```
:ElizabethI a [ a owl:Restriction ;
                owl:onProperty :hasChild ;
                owl:cardinality 0 ] .
```

이제 Elizabeth 1세에 전제조건이 없음을 알고 있으므로 추론할 수 있다.

```
* :ElizabethI a :ParentOfBoysOnly .
```

적어도 Elizabeth의 자녀는 출현 횟수 제한을 효과적으로 사용하여 세계를 제한할 수 있다.

많은 사람들은 이 결과, 즉 '자녀가 없는 사람은 모든 자녀가 소년이 될 것이다'가 직관적이지 않다고 생각할 것이다. 이 결론은 owl:allValuesFrom을 전제조건으로 정의하면 훨씬 더 직관적이다. 전제조건이 없는 것이 만족스럽다고 말하는 것은 직관적이고, OWL의 의미론에서 owl:allValuesFrom에 대한 적절한 해석이다.

전제조건 계산하기

무언가가 모든 전제조건을 충족했는지 확인하는 또 다른 방법은 해당 항목이 몇 개 있는지 세는 것이다. 제임스 딘 영화를 계산할 때와 마찬가지로 전제조건을 계산할 수 있다. 정확히 하나의 전제조건이 있음을 알고 있다고 가정해보자.

```
c:TVSymptom a [ a owl:Restriction ;
               owl:onProperty q:hasPrerequisite ;
               owl:cardinality 1 ] .
```

게다가 실제로 하나의 전제조건과 그 유형을 알고 있다.

```
c:TVSymptom q:hasPrerequisite d:STV .
d:STV a q:SelectedAnswer .
```

전제조건 중 하나가 q:SelectedAnswer 클래스의 원소임을 알고 있다. 출현 횟수가 1이기 때문에 다른 것이 없다는 것도 알고 있다. 따라서 모든 전제조건이 q:SelectedAnswer 클래스의 원소임을 알고 있다.

```
c: TVSymptom a [ a owl:Restriction ;
                owl:onProperty q:hasPrerequisite ;
                owl:allValuesFrom q:SelectedAnswer ] .
```

제임스 딘 예제와 같이 모든 개체가 다르다는 것을 안다면 더 많은 수에서 추론할 수 있다. 예를 들어 다음의 사실을 알고 있다면,

```
c:TVTurnedOn a [ a owl:Restriction ;
                owl:onProperty q:hasPrerequisite ;
                owl:cardinality 2 ] .
c:TVTurnedOn q:hasPrerequisite c:TVSnothing .
c:TVTurnedOn q:hasPrerequisite c:STVSnosound .
c:TVSnothing owl:differentFrom c:STVSnosound .
c:TVSnothing a q:SelectedAnswer .
c:STVSnosound a q:SelectedAnswer .
```

전제조건이 2개뿐이고 그 두 가지가 어떤 것인지 알고 있기 때문에, 다음을 추론할 수 있다.

```
c:TVTurnedOn a [ a owl:Restriction ;
                 owl:onProperty q:hasPrerequisite ;
                 owl:allValuesFrom q:SelectedAnswer ] .
```

존재 보장하기

전제조건의 문제는 owl:allValuesFrom의 해석에서 미묘함을 드러낸다. 즉, 속성 P에 대한 allValuesFrom 제약조건에 있는 개체 A의 원소가 해당 형식의 트리플을 보장하지 않는다는 점을 알 수 있다.

```
A P ?.
```

someValuesFrom의 경우 해당 상황은 어떤가? 즉, 개체 A가 [onProperty P someValues From another class C]에 대한 제약조건의 원소라면, 다음과 같은 형식의 트리플이 존재한다고 주장할 수 있을까?

```
A P ?.
```

someValuesFrom의 해석은 다음과 같은 형식의 트리플 쌍이 있음을 알고 있다는 것이다.

```
A P X.
X rdf:type C .
```

분명히 이 트리플을 모두 가지고 있다면, 확실히 원하는 형태의 트리플을 갖게 된다. 즉, allValuesFrom과 달리 someValuesFrom은 지정된 속성에 대해 일부 값이 제공되도록 보장한다. hasValue는 someValuesFrom의 경우보다 훨씬 더 명확하다. hasValue는 이러한 트리플이 있음을 보장할 뿐만 아니라 무엇인지 정확히 지정한다. 즉, A가 onProperty P hasValue X에 대한 제약조건의 원소면 다음 트리플을 추론할 수 있다.

```
A P X.
```

13.7 모순(Contradictions)

도전과제 13-7 분리된(disjoint) 클래스의 모순

이 상황과 결론을 OWL로 모델링해보자.

록키: 너는 주디 갈랜드 팬이지? 나도 그녀가 나온 영화를 몇 편 가지고 있어!

랭보: 잠깐, 그건 맞지 않는데? 너는 제임스 딘 영화만 가지고 있다고 했는데, 지금 주디 갈랜드 영화도 가지고 있다고? 두 배우는 같은 영화에 출현하지 않았잖아!

▶ 솔루션

이 솔루션을 사용하려면 OWL에서 추론의 새로운 기능을 도입해야 한다. 가장 단순한 형태의 추론은 기술된 것을 기반으로 새로운 트리플을 추론하는 것이다. RDFS RDF Schema Plus를 넘어선 고급 개념을 통해, 일부 추론이 트리플로 표현될 수는 없지만 다른 주장과 결합될 때 새로운 트리플이 생성될 수 있음을 확인했다. 그러나 이 예에서는 추론할 새로운 트리플이 전혀 없다.

랭보는 록키에 대해 새로운 주장을 하지 않는다. 대신 그는 록키가 주장한 것의 타당성에 의문을 제기한다. OWL 용어로 랭보는 록키가 말한 내용에서 모순contradictions을 발견했다고 말한다.

이 경우 록키가 다음과 같은 진술을 했기 때문에 모순이 발생했다.

```
:JamesDeanExclusive owl:equivalentClass
   [ a owl:Restriction ;
     owl:onProperty :ownsMovie ;
     owl:allValuesFrom :JamesDeanMovie ] .
:Rocky a JamesDeanExclusive .
:Rocky a [ a owl:Restriction ;
           owl:onProperty :ownsMovie ;
           owl:someValuesFrom :JudyGarlandMovie ] .
:JudyGarlandMovie owl:disjointWith :JamesDeanMovie .
```

owl:someValuesFrom 제약조건은 록키가 주디 갈랜드 영화 중 일부를 소유하고 있음을 보장하며, owl:allValuesFrom 제약조건은 이 영화도 제임스 딘 영화여야 함을 알려준다. 그러한 영화라면 의심할 여지 없이 매우 인기가 있었겠지만, 불행히도 owl:disjointWith 트리플에서 그러한 영화가 없다는 것을 알고 있다. 이 모델의 어딘가에 모순이 있다.

이러한 주장은 [그림 13-7]에 제시되어 있다. 모델에 모순이 포함되어 있으므로 추론이 표시되지 않는다.

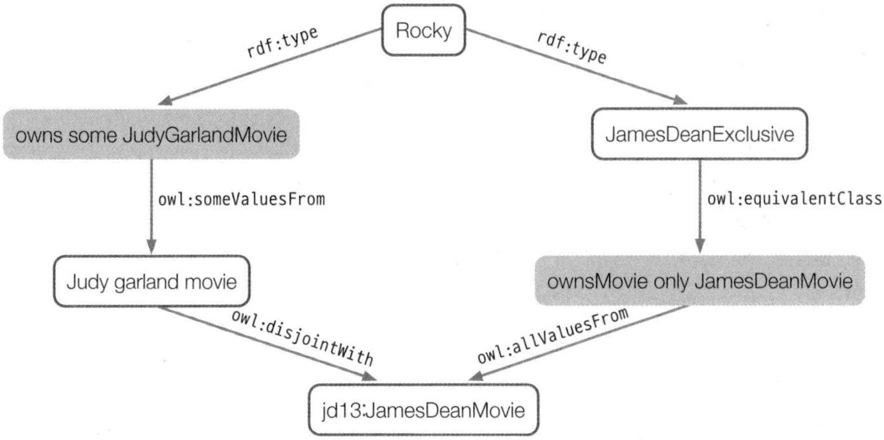

그림 13-7 록키가 소유한 모든 영화는 제임스 딘 영화이지만 일부는 주디 갈랜드 영화다.

OWL 의미론은 이 예에서 모순이 있음을 알려줄 수 있지만 어떤 주장이 잘못되었는지 알려줄 수는 없다. 단언(어설션: assertion)의 유효성은 OWL 표준 또는 그 의미와 관련이 없고, 모델링되는 도메인과 관련이 있다. 록키는 제임스 딘 영화만 갖고 있다고 거짓말을 한 걸까? 아니면 주디 갈랜드 영화의 소유와 관련해 거짓말을 하고 있는 걸까? 또는 착각한 것일 수도 있고 아무도 모르는 주디 갈랜드/제임스 딘 공동 작업이 있을 수 있다. 즉, 이 두 클래스가 서로 분리되었다는 것이 실수일 수 있다. 이러한 진술 중 어떤 것이 잘못된 것인지 알 수 있는 방법은 없다. 그러나 OWL은 그들의 조합이 모순을 초래한다고 말할 수 있다.

모순의 개념은 모델링이 의미하는 바의 핵심에 있다. 모델은 세계에 대한 설명이며 작각할 수 있다. 즉, 모델이 실제 상황과 실제로 일치하지 않을 수 있다. OWL 모델을 둘러싼 도구는 모델의 특성을 결정하는 데 도움이 된다. 논리적으로 일관성이 없는 경우, 모델에 결함이 있거나 모델이 세상과 어떻게 관련되는지에 대한 이해가 잘못되었음을 알 수 있다.

13.8 만족스럽지 못한 클래스

생성된 주장이 모두 사실일 수 없을 때 모순이 발생한다. 명시된 진술에는 근본적인 의견 차이가 있다. 일관성 없는 방식으로 클래스를 정의할 때 비슷한 상황이 발생할 수 있다. 앞에 나온 예제를 약간 변형하여 이런 모순이 어떻게 발생할 수 있는지 살펴보자. 먼저 록키가 원소라고 주장하는 주디 갈랜드 영화를 소유한 사람들의 클래스를 정의한다고 가정한다.

```
:JudyGarlandMovieOwner owl:equivalentClass
  [ a owl:Restriction ;
    owl:onProperty :ownsMovie ;
    owl:someValuesFrom ;JudyGarlandMovie .
  ] .
```

이제 록키가 이 클래스와 JamesDeanExclusive 모두의 원소라고 주장하는 대신 이러한 사람들의 클래스를 정의해보겠다.

```
:JDJG owl:intersectionOf
  (:JudyGarlandMovieOwner :JamesDeanExclusive) .
```

록키는 이 클래스의 원소라고 주장했다. 이 주장은 모순을 낳는다.

Rocky가 그 원소임을 주장하지 않고 이 클래스를 정의할 수 있다. 이것은 모순으로 이어지지는 않지만 록키가 이 클래스의 원소가 될 수 없다는 것을 (일관되게) 보여준 동일한 주장을 사용하여 이 클래스의 원소가 될 수 없거나 이 클래스가 비어 있음을 보여준다. 클래스가 비어 있음을 증명할 수 있을 때 클래스 자체가 만족스럽지 않다고 말한다. 모순은 모델의 일부 진술이 다른 진술과 충돌함을 나타내지만 만족할 수 없는 클래스는 단순히 해당 클래스의 원소인 개체가 있을 수 없음을 의미한다. 물론 (록키가 JDJG의 원소라고 주장했을 때 그랬던 것처럼) 어떤 개체가 만족할 수 없는 클래스의 원소라고 계속 주장한다면 모델에는 모순이 포함된다.

[그림 13-8]은 이러한 주장과 그에 따른 결론을 보여준다. JDJG는 JudyGarlandMovieOwner와 JamesDeanExclusive 모두의 하위 클래스다. 이 두 클래스의 교집합으로 정의되기 때문이다. 그러나 그것은 또한 owl:Nothing의 하위 클래스로 추론된다. 이것은 owl:Nothing이 빈 집합에 해당하는 클래스이기 때문에 OWL에서 원소를 가질 수 없음을 나타낸다.

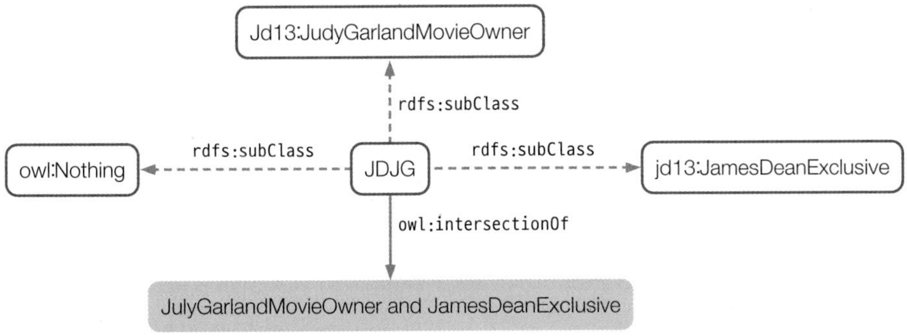

그림 13-8 JDJG는 제임스 딘 영화만 소유한 사람들과 주디 갈랜드 영화를 소유한 사람들의 교집합이다.

만족스럽지 못한 클래스의 전파

모델에 만족할 수 없는 클래스가 포함되면 다른 클래스 정의도 만족스럽지 않을 수 있다. 다음과 같은 상황에서 이러한 문제가 발생할 수 있다.

- **하위 클래스**: 만족할 수 없는 클래스의 하위 클래스 자체가 만족스럽지 않다. 하위 클래스가 (모순 없이) 개별 원소를 가질 수 있다면 슈퍼 클래스도 마찬가지다.
- **someValuesFrom**: owl:someValuesFrom을 사용한 (모든 속성에 대한) 제약조건은 만족할 수 없는 클래스 자체가 만족스럽지 않다. owl:someValuesFrom은 속성이 나타낼 수 있는 값이 있어야 하기 때문이다.
- **정의역과 공역**: 속성에 만족할 수 없는 정의역 또는 공역이 있는 경우, 속성은 기본적으로 사용할 수 없게 된다. 해당 속성에 대한 someValuesFrom 제약조건은 만족스럽지 않다. 해당 속성을 술어로 사용하여 트리플이 기술되면 모델은 모순을 만든다.
- **분리된 교집합**: 2개의 분리된 클래스에 대한 owl:intersectionOf는 만족스럽지 않다. 어떤 클래스와 만족할 수 없는 클래스의 교집합은 만족스럽지 않다.

일부 작업은 만족할 수 없는 클래스를 전파하지 않는다. 만족할 수 없는 클래스와 다른 클래스가 결합되면 만족할 수 있다. 만족스럽지 않은 클래스의 제약조건인 owl:allValuesFrom은 여전히 만족할 수 있다. 그러나 제약조건에서 owl:onProperty에 의해 지정된 속성에 대한 값을 가질 수 있는 원소는 없다.

이러한 규칙은 개별적으로도 충분히 직관적으로 보인다. 모델링의 유용성은 추론 엔진의 결과를 분석하는 동안 나타난다. 많은 추론 엔진이 만족스럽지 않은 클래스에 대해 보고하지만 이러한 클래스가 여러 개 있는 상황에서 무슨 일이 일어나고 있는지 파악하기 어려울 수 있다. 일부 추론 엔진에는 모델러가 이를 추적하는 데 도움이 되는 도구가 있지만 이러한 도구를 사용하려면 만족할 수 없는 클래스가 어떻게 발생할 수 있는지에 대한 이해가 필요하다. 이 짧은 목록은 완전하진 않지만 대부분의 일반적인 경우를 다룬다.

13.9 클래스 관계의 추론

지금까지 도출한 대부분의 추론은 개체에 대한 것이었다. '벵거Wenger는 분석가', '목성Jupiter는 태양계 행성Solar Planet', '가네다Kaneda는 유명 선수Star Player'라거나 '셰익스피어Shakespeare는 앤 해서웨이Anne Hathaway와 결혼했다'와 같은 것들이었다. 그리고 이 장에서는 클래스에 대한 결론을 내리기 시작했다. 예를 들어 JDJG는 만족스럽지 않다. OWL을 사용하면 클래스에 대한 광범위한 결론을 도출할수 있다. 어떤 상황에서는 한 클래스가 다른 클래스의 하위 클래스이거나 클래스가 속성의 정의역 또는 공역이라고 추론할 수 있다. 어떻게 이런 일이 일어날 수 있는지에 대한 수많은 가능성이 있지만, 언급할 가치가 있는 몇 가지 일반적인 패턴이 있다. 야구 팀에 대한 설명으로 돌아가 예를 들어보자.

- **교집합과 하위 클래스:** 2개 이상인 클래스의 교집합은 교차된 각 클래스의 하위 클래스다. AllStarBaseballTeam이 AllStarTeam과 BaseballTeam의 교집합인 경우 각 클래스도 rdfs:subClassOf다.
- **합집합과 하위 클래스:** 2개 이상인 클래스의 합집합은 각 통합 클래스의 슈퍼 클래스다. JBallTeam이 PacificLeagueTeam과 CentralLeagueTeam의 합집합인 경우 PacificLeagueTeam과 CentralLeagueTeam은 모두 rdfs:subClassOf JballTeam이다.
- **여집합과 하위 클래스:** 여집합은 하위 클래스의 순서를 뒤집는다. 예를 들어, AllStarBaseballTeam이 BaseballTeam의 하위 클래스인 경우 BasefballTeam의 여집합은 AllStarBaseballTeam의 여집합의 하위 클래스다.

- **제약조건을 통한 하위 클래스 전파**: 하위 클래스 관계는 제약조건을 통해 전파된다. AllStarBaseballTeam이 BaseballTeam의 하위 클래스인 경우 (모든 속성 playsFor에 대한) 제약조건 owl:allValuesFrom AllStarBaseballTeam은 (동일한 속성 playsFor에 대한) 제약조건 owl:allValuesFrom BaseballTeam의 하위 클래스다. 첫 번째 제약조건을 AllStarBaseballPlayer라 하고 두 번째 제약조건을 BaseballPlayer라고 하면(둘 다 이러한 제약조건에 대한 합리적인 이름임), 이 패턴은 AllStarBaseballPlayer가 BaseballPlayer의 하위 클래스임을 나타낸다. 동일한 전파 원칙이 모든 속성과 owl:someValuesFrom에 적용된다. AllStarBaseballTeam이 BaseballTeam의 하위 클래스인 경우, 속성 playsFor 일부 값의 AllStarBaseballTeam에 대한 제약조건은 BaseballTeam의 일부 값에 대한 속성 playsFor 제약조건의 하위 클래스다.
- **hasValue, someValuesFrom, subClassOf**: owl:hasValue에 대한 전파는 owl:allValuesFrom 또는 owl:someValuesFrom에 대해 작동하는 방식과 약간 다르게 작동한다. owl:hasValue는 클래스가 아닌 개체를 참조하기 때문이다. 개별 TokyoGiants가 BaseballTeam 클래스의 원소라고 가정한다. playFor owl:hasValue TokyoGiants 속성은 playsFor owl:someValuesFrom BaseballTeam 속성에 대한 제약조건의 하위 클래스다.
- **상내 출현 횟수**: 출현 횟수 제한 간의 하위 클래스 관계는 정수에 대한 일반적인 산술 규칙에서 발생한다. 예를 들어, ViableBaseballTeam의 명단에 최소 9명의 선수가 있어야 하고 (owl:minCardinality 9) FullBaseballTeam의 명단에 정확히 10 명의 선수가 있는 경우 (owl:cardinality 10) FullfBaseballTeam은 ViableBaseballTeam의 하위 클래스다.
- **owl:someValuesFrom과 owl:minCardinality**: 어떤 것이 특정 클래스의 가치를 가지고 있다고 말하면, 그것이 적어도 그런 가치를 하나 가지고 있다고 추론할 수 있다. 따라서 BaseballTeam에 일부 투수가 있는 경우(즉, BaseballTeam이 제약조건 owl:onProperty hasPlayer owl:someValuesFrom Pitcher의 하위 클래스), 적어도 한 명의 투수가 있다고 추론할 수 있다(즉, BaseballTeam은 제약조건 owl:onProperty hasPlayer owl:minCardinality 1의 하위 클래스). owl:allValuesFrom에 대해서는 동일한 결론이 적용되지 않는다. 간단히 말해 someValuesFrom은 어떤 가치가 있음을 보장한다. allValuesFrom은 그러한 보장을 하지 않는다.

Note

클래스 관계를 추론하는 OWL의 기능은 객체 지향(OO) 모델링으로부터 출발했다. OO 모델링에서 클래스 구조는 모델 조직의 중추를 형성한다. 모든 인스턴스는 일부 클래스의 구성원으로 생성되며 해당 동작은 클래스 구조에 의해 지정된다. 클래스 구조의 변경은 시스템 동작에 광범위한 영향을 미친다. OWL에서는 클래스나 개체에 대해 더 많은 정보가 학습됨에 따라 클래스 구조가 변경될 수 있다.

OWL의 이러한 측면은 OWL 설계자가 변덕을 부려 결정한 결과가 아니다. 이는 웹에 대한 기본 가정인 AAA 슬로건, 즉 웹의 열린 세계의 특성과 웹상의 이름이 고유하지 않다는 사실에 기인한 직접적인 결과다. 객체 모델과 같은 엄격한 데이터 모델은 (소프트웨어 시스템을 구축할 때와 마찬가지로) 시스템의 하향식 거버넌스가 있을 때 유용하지만, 웹과 같은 개방형 무료 시스템에서는 작동하지 않는다. 지식 구조에 대한 우리의 이해는 더 많은 것을 발견함에 따라 변할 것이다. 우리는 그러한 변화를 피할 수 없다! OWL은 최소한 이러한 변경 사항을 이해하는 일관되고 체계적인 방법을 제공한다.

OWL의 기본 논리는 이러한 전파 규칙을 넘어서서 출현 횟수와 관련된 하위 클래스에 대한 추론을 포함한다. 논리학의 기술적 세부 사항을 다루는 것은 이 책의 범위를 벗어난다. 간단히 말해 제약조건, 합집합, 교집합 등의 의미를 기반으로 유지된다고 입증될 수 있는 모든 클래스 관계가 유추된다. 여기에 제시된 전파 패턴은 가능한 모든 클래스 관계 추론을 포함하지는 않지만 시맨틱 모델에 나타나는 가장 일반적인 패턴이다.

OWL의 클래스 관계를 추론하는 기능은 하위 클래스 관계가 거의 직접적으로 주장되지 않는 모델링 스타일을 가능하게 한다. 대신 클래스 간의 관계는 합집합, 교집합, 여집합과 제약조건의 관점에서 설명되며 추론 엔진이 클래스 구조를 결정한다. 특정 클래스 또는 개체에 대해 더 많은 정보를 학습하면 더 많은 클래스 구조를 추론할 수 있다. 하위 클래스 관계는 한 클래스의 원소가 다른 클래스에 포함되는 경우에만 주장된다.

야구 모델은 이러한 원칙을 잘 보여준다. [표 13-1]은 야구 선수와 그 팀에 대한 진술을 요약하고 있다.

표 13-1 야구 모델의 개체

AllStarBaseballPlayer	≡ playsFor some AllStarBaseballTeam
AllStarBaseballTeam	≡ BaseballTeam ∩ AllStarTeam
AllStarPlayer	≡ playsFor some AllStarTeam
AllStarTeam	⊆ Employs only AllStarPlayer
BaseballPlayer	≡ playsFor some BaseballTeam

BaseballTeam	⊆ Employs some BaseballPlayer
JBallTeam	≡ PacificLeagueTeam ∪ CentralLeagueTeam ⊆ BaseballTeam
CarpPlayer	≡ playsFor hasValue Carp (the Carp is the name of the baseball team from Hiroshima)
CentralLeagueTeam	≡ oneOf Carp, Giants, BayStars, Tigers, Dragons, Swallows
PacificLeagueTeam	≡ oneOf Lions, Hawks, Fighters,BlueWave, Buffaloes, Marines
Player	Domain of playsFor
Team	Range of playsFor
playsFor	Inverse of Employs

[표 13-1]에서 왼쪽 열의 클래스가 오른쪽 열의 표현식과 동일하게 정의된 경우 ≡ , 클래스가 표현식의 하위 클래스인 경우 ⊆를 사용했다. 유일하면서도 직접적인 하위 클래스 주장(즉, 한 클래스가 다른 클래스의 하위 클래스임)은 BaseballTeam의 하위 클래스로 주장되는 JBallTeam에 대한 것이다. 모델에 있는 다른 모든 단언은 논리적 조합(교집합 또는 합집합) 또는 제약조건을 참조한다. 단언된 클래스 트리는 [그림 13-9]에 나타나 있다. [표 13-1]의 모델에 대한 정의와 하위 클래스 추론 패턴에서 다음과 같이 여러 하위 클래스 관계를 추론할 수 있다.

1 AllStarBaseballTeam은 BaseballTeam과 AllStarTeam의 교집합이므로 AllStarBaseballTeam은 BaseballTeam과 AllStarTeam의 하위 클래스다.

2 AllStarBaseballPlayer와 AllStarPlayer는 모두 동일한 속성인 playsFor에 대한 someValuesFrom 제약조건이며, 각각 AllStarBaseballTeam과 AllStarTeam을 참조한다. AllStarBaseballTeam이 AllStarTeam의 하위 클래스라는 사실을 전파할 수 있으므로 AllStarBaseballPlayer가 AllStarPlayer의 하위 클래스라고 추론할 수 있다. 비슷한 추론을 통해 AllfStarBaseballPlayer가 BaseballPlayer의 하위 클래스라고 추론할 수 있다.

3 JBallTeam은 PacificLeagueTeam과 CentralLeagueTeam의 조합이므로 PacificLeagueTeam과 CentralLeagueTeam은 JBallTeam의 하위 클래스라고 결론을 내릴 수 있다.

4 Hiroshima Carp는 CentralLeague 팀이자 JBallTeam이므로 BaseballTeam이기도 하다. CarpPlayer는 Carp에 대한 hasValue 제약조건의 원소다. 따라서 CarpPlayer가 BaseballPlayer의 하위 클래스라고 추론할 수 있다.

5 playsFor의 정의역은 클래스 추론에도 사용된다. AllStarPlayer는 속성 playsFor에 대한 someValuesFrom 제약조건과 동일하므로 AllStarPlayer의 모든 개별 원소는 일부 팀에서 플레이한다. 그러나 playsFor의 도메인은 Player이므로 개체도 Player여야 한다. 우리는 AllStarPlayer가 반드시 Player여야 한다는 것을 보여주었다. 따라서 AllStarPlayer는 Player의 하위 클래스다.

6 심지어 공역 정보도 작동한다. AllStarTeam은 AllStarPlayer를 일부 고용Employs하고, employs는 playsFor의 역이기 때문에 어떤 사람이 각 AllStarTeam에서 플레이한다playsFor는 것을 의미한다. 그러나 playFor의 범위는 Team이므로 AllStarTeam도 Team이어야 한다.

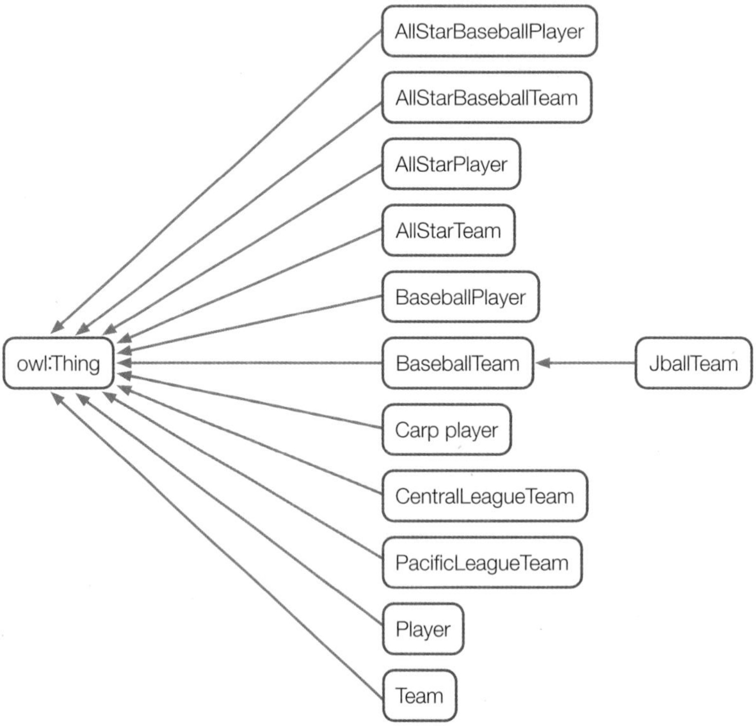

그림 13-9 명시된 야구 온톨로지의 클래스 트리

위에서 나열한 관계 중 2번 관계는 특히 주목할 가치가 있다. 이름에서 보면 AllStarBaseball Player는 AllStarPlayer이기도 하다. 하지만 이것을 증명할 수 있을까? AllStarBaseball Player는 AllStarTeam인 AllStarBaseballTeam에서 뛰기 때문에 실제로 AllStarPlayer다. 이 결론은 아주 간단해 보인다. 그러나 주목할 점은 단 한 명의 선수 기록도 보지 않고 이 결론에 도달했다는 점이다. 이것은 많은 데이터를 조사하여 나온 결과가 아니라 데이터를 전혀 조사하지 않고 용어의 정확하고 논리적인 정의만 조사한 결과다. 이것은 OWL 모델의 고유한 능력이므로 클래스 설명에서 정교한 결론을 도출할 수 있다.

[그림 13-10]에서 추론된 클래스 구조를 볼 수 있다. 모든 클래스는 어떤 클래스 추론 패턴에 관련되어 있으므로 명시된 모델과 달리 추론된 모델은 클래스 트리에 상당한 깊이를 갖는다.

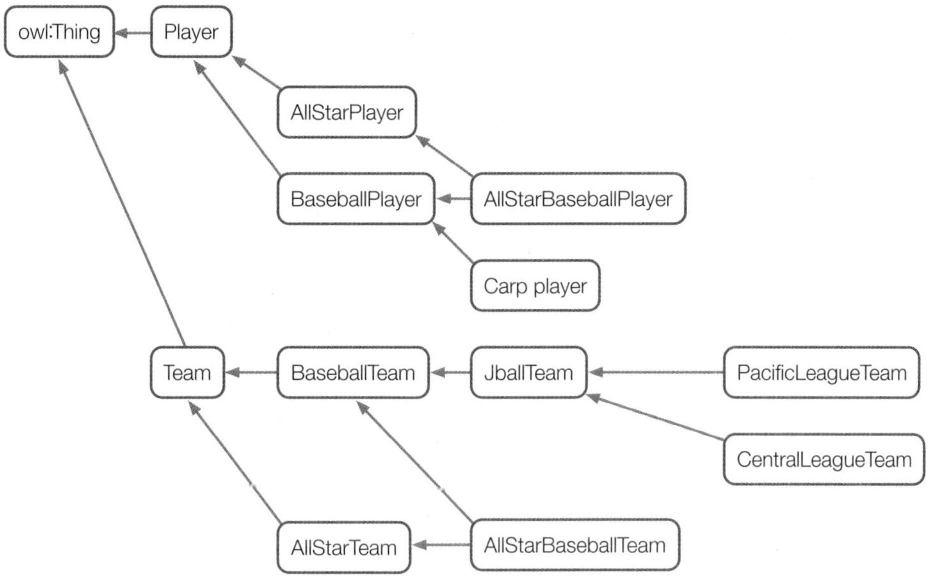

그림 13-10 야구 모델의 추론된 구조

13.10 개체와 클래스를 통한 추론

RDF 관점에서 개체에 대한 추론과 클래스에 대한 추론은 매우 유사하다. 두 경우 모두 단언된 트리플을 기반으로 새로운 트리플이 모델에 추가된다. 모델링 관점에서 두 종류의 추론은 매우 다르다. 하나는 데이터 스트림에서 개체에 대한 구체적인 결론을 도출하고 다른 하나는 개체 클래스에 대한 일반적인 결론을 도출한다. 이 두 종류의 추론을 각각 A-box 추론(개체용)과 T-box 추론(클래스 용)이라고 부르기도 한다. '단언assertion 상자'를 가리키는 호기심 가득한 이름인 A-box와 '용어 상자'를 가리키는 T-box는 학문적으로 긴 역사를 갖고 있지만 더 이상 어떤 관련성도 없다.

시맨틱 웹 맥락에서 개체에 대한 추론의 유용성은 분명하며 이 책 전체에서 이에 대한 많은 예를 살펴보았다. 셰익스피어의 아내가 누구인지, 어떤 영화가 어떤 사람의 소유인지, 어떤 용어가 다른 것들보다 더 넓은 개념인지에 대해 추론했다. 이 모든 것들은 개체에 대한 추론의 예다. 한 정보원에 지정된 정보는 다른 맥락에서 사용할 수 있도록 모델에 따라 변환된다. 한 맥락에서 다음 맥락으로 매핑하는 작업은 rdfs:subClassOf, rdfs:subPropertyOf와 다양한 owl:Restrictions 같은 구성자를 사용하여 지정된다. 그런 다음 이러한 모델에 대한 각각의 RDFS와 OWL 표준에 지정된 추론에 따라 데이터를 변환하고 처리할 수 있다.

클래스에 대한 추론의 유용성은 더 미묘하다. 데이터가 전혀 없는 곳에서도 클래스 추론이 발생할 수 있다! 클래스 추론은 개체의 클래스들 간 관계를 결정한다. 데이터가 일반적으로 관련되는 방식을 결정한다. 퍼시픽 리그에 대한 데이터를 보기 전에 해당 리그의 모든 팀이 야구 팀인지 확인할 수 있다. 모든 특정 팀을 처리할 필요가 없으며 실제로 그들 중 하나를 처리할 필요 없이 사실임을 보장할 수 있다. 새로운 팀이 리그에 합류하더라도 여전히 사실임을 알고 있다. 이런 의미에서 클래스 추론은 모델 컴파일과 유사하다. 개체 추론은 특정 데이터 항목을 입력으로 처리하는 반면, 클래스 추론은 데이터 간의 일반적인 관계를 결정하고 rdfs:subClassOf, rdfs:subPropertyOf, rdfs:domain, rdfs:range를 사용하여 관계를 기록한다. 이러한 일반적인 관계를 추론하면 개별 데이터 처리를 훨씬 더 쉽게 수행할 수 있다.

개체와 클래스 추론을 단일 시스템에서 함께 사용하면 일반 추론과 특정 데이터 변환을 원활하게 통합하는 강력한 시스템을 갖게 된다. 이를 통해 일반적인 정보 또는 특정 정보를 기반으로 정보를 원활하게 관리할 수 있다.

13.11 이 장을 마치며

RDF에서 RDFS, 다양한 수준의 OWL에 이르기까지 시맨틱 웹 언어를 설명하는 각 레벨에서 모델을 이해하는 방법에 대한 새로운 개념을 소개했다. RDF의 경우 모델의 기본 관점은 데이터 공유, 연합과 관련이 있다. RDF는 "한 곳에서 내가 아는 모든 정보를 어떻게 얻을 수 있을까?"라는 질문에 대답한다. RDFS는 추론이라는 개념을 도입해 "내 데이터에 대해 특정 사항을 알고 있다면 그 밖에 무엇을 더 알아낼 수 있을까?"라는 질문에 답한다. RDFS-Plus와 OWL

의 기본 사용은 이전 정보에서 새로운 정보를 추론할 수 있는 보다 포괄적인 기능을 제공했다. OWL의 고급 기능으로 넘어감에 따라, 모델에 의미를 부여하는 원천인 추론의 패러다임 내에서 여전히 작업하고 있지만 데이터뿐만 아니라 모델 자체에 대한 추론을 포함하기 위해 추론의 종류를 확장한다.

여기까지는 대부분 시맨틱 웹의 열린 세계 가정의 결과를 무시할 수 있었다. 그러나 열거enumeration와 제거elimination 인수(RDFS 및 RDFS-Plus에서 했던 것처럼 속성과 유형에 기반한 인수)를 기반으로 결론을 도출할 수 있는 OWL의 고급 구성자를 사용하면 열린 세계의 영향이 더욱 분명해진다.

이 장에서 나온 OWL의 개념과 구조로 무장하여 이제는 좀 더 포괄적인 OWL 모델을 검토할 수 있는 위치에 있다. 모델러가 OWL의 구조를 사용하여 다른 정보원의 데이터가 시맨틱 웹에서 어떻게 연합되는지 설명하는 방법을 살펴볼 수 있다. RDFS-Plus에서 살펴본 것처럼 모델은 아직 조사되지 않은 정보원의 정보를 중재할 수 있다. Advanced OWL은 이를 가능하게 하는 더 강력하고 완전한 방법을 제공한다.

주요 개념

- owl:unionOf, owl:intersectionOf, owl:complementOf – 클래스에 적용되는 기본 집합 연산. 이들 각각은 하나 이상의 정의된 클래스에 적용된 지정 집합 작업을 기반으로 새 클래스를 만드는 데 사용된다.
- **열린 세계 가정** – 이 개념은 1장에서 소개했다. 여기서는 특정 목적으로 세계를 제한하기 위한 전략으로 소개했다.
- owl:oneOf – 클래스가 나열된 구성원으로만 구성되도록 지정한다.
- owl:differentFrom – 한 개체가 다른 개체와 owl:sameAs가 아님을 지정한다. 이것은 계수 인수를 할 때 특히 유용하다.
- owl:disjointWith – 두 클래스가 동일한 구성원(instance)을 공유할 수 없음을 지정한다. 종종 owl:differentFrom을 클래스 수준에서 일괄적으로 적용한 것과 같은 의미로 사용된다.
- owl:AllDisjointClasses – 클래스 집합의 각 쌍이 분리되도록 지정한다.

- owl:cardinality, owl:minCardinality, owl:maxCardinality – 출현 횟수cardinality는 일부 속성에 대한 고윳값의 수에 대한 정보를 제공한다. owl:oneOf, owl:differentFrom, owl:disjointWith 등과 결합하면 속성 값 수를 계산하는 것을 기반으로 한 추론의 기초가 될 수 있다.
- **모순** – OWL의 고급 구성을 사용하면 모델이 모순을 표현할 수 있다. 즉, 모델이 논리적으로 일관성이 없음을 표현할 수 있다.
- **만족도(불만족도)** – OWL의 고급 구성을 사용하면 클래스에 원소가 없을 수 있으므로 이러한 클래스가 만족스럽지 않다고 추론할 수 있다.

CHAPTER 14

웹에 있는 온톨로지: 모든 것을 하나로 통합하기

모든 웹 페이지에 대한 완전한 목록을 나열하는 것이 불가능하듯 실무에서 사용하는 온톨로지를 모두 나열하는 것도 불가능하다. 시맨틱 웹 분야에 새로운 온톨로지와 공개된 데이터 세트가 매일 나타나고 있다. 10장에서는 data.gov 프로젝트를 구성하는 데이터 세트를 살펴보고 FOAFFriend of a Friend, Schema.org, OGPOpen Graph Protocol를 기반으로 한 데이터가 웹에 어떻게 분산되어 있는지 살펴보았다. 이번 장에서는 온톨로지를 선택할 때 가장 좋아할 만한 프로젝트를 다루려 한다.

RDFSResource Description Framework Schema–Plus를 넘는 모델링의 고급 기능과 광범위한 영향을 선택 기준으로 하여 세 가지 예를 소개한다.

첫 번째 온톨로지는 Quantities/Units/Dimensions/Types인데, 줄여서 QUDT라고 한다 [Hodgson et al. 2020]. QUDT는 정량적 데이터를 정렬하는 과정에서 발생하는 다양한 문제를 해결한다. 실제, 여러 정보원의 측정 데이터는 다른 단위로 표현될 수 있다. 데이터를 통합하려면 두 수량이 적절한지(차원이 들어오는 위치) 판단해야 하고, 적절하다면 한 시스템에서 다른 시스템으로 변환하는 방법(단위가 들어오는 위치)을 확인할 수 있어야 한다.

두 번째 온톨로지는 OBOOpen Biological and Biomedical Ontologies로 통칭되는 온톨로지의 전체 모음이다. 이름에서 알 수 있듯이 생물학과 생물 의학 정보에 대한 온톨로지 집합이다. OBO에는 게놈 정보, 알려진 암 유전자 카탈로그, 생화학 데이터를 포함하여 생의학과 생물학에 대한 방대한 양의 데이터가 포함된다.

세 번째 온톨로지는 금융 산업 비즈니스 온톨로지FIBO다. FIBO는 금융 상품에 대한 정보를 교환할 목적을 갖고 있고, EDMCEnterprise Data Management Council가 지속적으로 참조 온톨로지를 구축하기 위해 노력하고 있다. 이 프로젝트는 2008년 금융 위기의 근본 원인을 설명하는 바젤 은행 감독위원회BaselCommittee on Banking Supervision의 백서인 'The Basel Committee on Banking Supervision'[2013]에서 영감을 얻었다. FIBO는 여러 목적에 사용될 수 있도록 금융 상품에 대한 자세하고 논리적인 정의를 제공한다. FIBO의 설계 원칙은 매우 광범위한 이해 관계자를 위한 모델링의 좋은 사례다. FIBO는 MIT 오픈 소스 라이선스 https://opensource.org/licenses/MIT에 따라 EDMC에서 제공된다.

14.1 온톨로지 아키텍처

웹 온톨로지 언어OWL의 특정 온톨로지에 대해 이야기하기 전에, 온톨로지와 이를 저장하는 파일을 관리하는 데 도움이 되는 OWL의 일부 기능을 간략히 설명하겠다. 대부분의 소프트웨어 언어에는 모듈성을 관리하는 기능이 있고, OWL도 예외는 아니다. 언어의 모듈성은 모델에 대한 의미 체계가 없지만(즉, 새로운 트리플을 추론할 수 없음) 사람이 모듈 방식으로 모델을 구성하는 데 도움이 된다.

온톨로지를 모듈화하는 이유로는 여러 가지가 있는데 일부는 거버넌스와 관련이 있다. 서로 다른 사람이 온톨로지의 다른 영역을 각각 변경하거나 변경에 대한 책임이 있다면, 2개의 온톨로지로 분할하여 개별적으로 관리하며 다른 부분을 조정하지 않고 파일을 변경하는 것이 합리적이다. 한편, 변화가 발생하는 속도도 관련이 있다. 온톨로지에서 일부가 빠르게 변경되고 다른 부분이 매우 느리게 변경되면, 파일을 분할하는 것이 바람직하다. 이 장의 각 예제는 모듈화 방법에 대해 서로 다른 선택을 했지만, 모두 OWL의 동일한 기능을 사용하여 수행한다.

owl:Ontology

OWL은 의미 모델의 모듈식 부분에 해당하는 원소를 가진 내장 클래스를 제공한다. 온톨로지의 URIUniform Resource Identifier는 온톨로지가 저장된 웹상의 파일 URLUniform Resource Locator에 해당하는 것이 일반적이다. 다만, Turtle에서 지금까지 사용한 것과 약간 다르게 꺾쇠 괄호로 묶어 URI를 표현한다.

```
<http://www.workingontologist.com/Examples/ch14/shakespeare.owl> a owl:Ontology .
```

OWL의 다른 구성자와 다르게 owl:Ontology에서 포함의 의미는 추론에 의해 제공되지 않으며, 공식적인 의미가 전혀 없다. 일반적으로 owl:Ontology의 원소는 RDF 트리플 세트와 일치한다. owl:Ontology에 해당하는 트리플 세트는 URI(URL)를 역참조하여 찾을 수 있고, 일반적으로 RDF 데이터 세트(예: RDF 파일)로 해석된다. 공식적으로 owl:Ontology의 인스턴스와 이에 해당하는 트리플 사이에는 연결되는 모델이 없다.

이러한 개체는 모델 의미론의 관점에서 의미가 없지만 의미 모델의 모듈성을 지정할 때 매우 유용할 수 있다. 모듈성을 지정하는 기본 방법은 owl:imports 속성을 사용하는 것이다.

owl:imports

owl:imports는 owl:Ontology 클래스의 두 인스턴스를 연결하는 속성이다. owl:Ontology와 마찬가지로 owl:imports를 기반으로 하는 추론은 없다. 그러나 모델의 모듈성 측면에서 의미는 명확하다. 어떤 시스템이 owl:Ontology의 인스턴스에 해당하는 파일에서 트리플을 적재할 때, 그 안에 있는 온톨로지 파일을 찾아 다시 불러올 수 있다. 이런 방식은 차례로 온톨로지 파일을 가져오는 방법이다. FIBO가 OGP를 읽고, OGP가 FOAF를 읽고, FOAF가 FIBO를 불어오는 순환 관계에 대해 걱정할 필요는 없다. 어떤 파일을 두 번 가져올 때 아무 조치도 취하는 않는 간단한 정책은 불완전한 반복이 발생하지 않도록 보장한다. 가져온 결과 트리플 세트는 모든 파일에 있는 모든 트리플의 합집합이다.

14.2 수량, 단위, 차원, 유형

컨스텔레이션 계획Constellation Program[1]의 일환으로 NASA는 측정 단위를 처리하기 위해 온톨로지(실제로는 여러 온톨로지)를 개발했다. 과학과 공학에서 단위에 대한 제어 참조의 유

1 역자주: Constellation Program(약칭 CxP)은 2005년부터 2009년까지 미국 우주국인 NASA에서 개발한 유인 우주선 프로그램으로 국제 우주 정거장 완공과 귀환이 주요 목표였다.

용성은 수세기에 걸쳐 수용되어 왔다. 여러 표준 단위 시스템이 있으며, 그중에서는 미터, 킬로그램, 켈빈을 포함하는 국제 시스템SI인 미국 관습 단위 집합(마일, 피트, 화씨 등)이 있다. NASA는 관련 정보를 수집하고 관리하기 위해 QUDT[2]의 온톨로지를 구축했다[Hodgson et al. 2020]. QUDT(qudt.org)는 CC-BY-4.0 https://creativecommons.org/licenses/by/4.0/에 따라 라이선스가 부여된다.

QUDT 온톨로지의 목적은 무엇일까? 웹 페이지 개발자가 페이지를 마크업하는 데 도움이 되는 어휘를 제공하는 OGP나 Schema.org와 달리 QUDT는 여러 도메인을 대상으로 한다. 과학과 공학용으로 설계되었지만 정보를 다른 단위로 표현할 수 있는 모든 환경에 적용할 수 있다. 이미 Schema.org에서 단위에 대한 애플리케이션을 살펴보았듯이([예제 10-1]), 서비스 측정 방법을 시간, 분 또는 작업별로 다루는 것이 중요하다.

QUDT는 시맨틱 웹에서 세 가지 주요 목적을 제공한다. 첫째, 단위에 대한 전역 참조를 제공한다. 한 정보 출처에서 일부 제품이 파운드 단위로 측정되는 반면, 다른 출처에서는 서비스가 파운드 단위로 제공된다고 하면 두 출처에서 파운드를 동일한 개념으로 언급하고 있다는 것을 어떻게 알 수 있을까? QUDT는 파운드 개념에 대한 URI(동일한 이름을 가진 다른 단위와 구별하기 위한 정보 포함)를 제공하므로 이러한 참조가 모호하지 않게 만들 수 있다. QUDT만 이 서비스를 제공하는 것은 아니다. UN은 UN/CEFACTCentre for Trade Facilitation and Electronic Business라는 표준을 통해 단위를 명확하게 식별하기 위한 표준 코드 세트를 제공한다. QUDT는 qudt:uneceCommonCode 속성을 사용하여 UN/CEFACT 코드에 연결한다.

QUDT의 두 번째 목적은 변환 서비스를 제공하는 것이다. 2개의 정보 출처가 파운드 단위로 정보를 제공하고 UN/CEFACT 또는 QUDT 등을 사용하여 동일한 파운드 개념임을 확인하면 제공물offering을 비교할 수 있다. 그러나 서로 다른 서비스에서 각각 파운드와 킬로그램으로 측정되는 제품을 제공한다면 어떻게 될까? 제공물을 비교하기 전에 몇 가지 해야 할 일이 있다. 첫째, 파운드와 킬로그램을 비교하는 것이 가능한지 이해해야 한다('동일한' 값인가?). 그렇다면 한 단위에서 다른 단위로 값을 변환해야 한다. QUDT는 이러한 서비스를 모두 제공한다. 이러한 서비스는 과학과 공학 기술 환경에서 유용할 뿐만 아니라 Schema.org의 상용 애플리케이션과 같은 보다 일반적인 환경에서도 유용하다.

2 저자주: QUDT에는 유형에 대한 정보도 포함되어 있다. 관련 내용은 이 책의 범위를 벗어난다.

QUDT가 제공하는 세 번째 목적은 주로 특정 수량의 차원을 확인하는 것이 중요한 엔지니어링 설정에 중점을 두고 있다. 수식에서 오류를 확인하는 한 가지 방법은 수식 구성 요소의 차원을 확인하는 것이다. 동일한 차원의 수량만 서로 추가하여 비교할 수 있다. 예를 들어, 킬로그램을 센티미터에 더하거나 초를 피트와 비교하는 것은 의미가 없다. 정확한 차원을 확인하기만 하면 매우 복잡한 공식에서도 오류를 막을 수 있다. QUDT에는 차원 기반 계산을 가능하게 하는 단위와 상호 참조되는 포괄적인 차원 모델이 포함되어 있다. 이 기능을 가장 간단히 응용한 것이 단위 변환이다. 단위의 차원이 같지 않다면 한 단위에서 다른 단위로 변환하는 것은 의미가 없다. 미터에서 피트로 변환하는 공식(1m = 3.28ft)은 차원 정확성이 확인된다. 미터와 피트의 차원은 길이의 측정값이라서 동일하다.

이 세 가지 기능을 어떻게 지원하는지 알 수 있도록 QUDT 온톨로지를 구체적으로 소개하려고 한다. QUDT 온톨로지는 수량, 단위, 차원을 신중하게 분리하여 이 기능들을 지원한다. 어떤 의미에서 보면, 이러한 분리 기능에 새로운 것은 없다. 이를 처리하는 방법은 수세기 동안 과학과 공학 분야에서 진행되어 왔다. QUDT를 사용하면 단위 변환을 웹에서 참조하고 실행할 수 있다. QUDT에 대한 자세한 정보는 웹 사이트 QUDT.org에서 찾을 수 있다.

수량Quantity은 측정 가능한 속성이다. 수량 종류Quantity Kind는 적절하게 측정할 수 있는 사물의 유형이다. 익숙한 수량 종류에는 길이, 시간, 질량, 힘 등이 있다. 단위Unit는 특정한 수량 종류에 대한 측정 표준이다. 풋foot은 길이를 측정하는 단위이고, 초는 시간을 측정하는 단위다. 한 종류에 대해 여러 단위가 있는 것이 일반적이다. 피트, 인치, 킬로미터, 옹스트롬, 광년, 펄롱은 모두 길이를 측정한다.

QUDT는 12.2절에 설명된, 범위에 대한 로컬 제한Local Restriction of Range 패턴을 사용한다. 즉, owl:allValuesFrom을 사용하여 속성에 대한 가능한 값을 제한한다. qudt:Unit과 qudt:QuantityKind 간의 관계는 qudt:hasQuantityKind라고 한다. 이때 이름 지정 규칙에 주의해야 한다. qudt:hasQuantityKind는 소문자로 시작하므로 속성이다. qudt:QuantityKind는 대문자로 시작하므로 클래스다. 이 관계에 대한 제약조건은 다음과 같이 정의된다.

```
qudt:Unit a owl:Class ;
   rdfs:subClassOf [
      rdf:type owl:Restriction  ;
      owl:allValuesFrom qudt:QuantityKind ;
```

```
        owl:onProperty qudt:hasQuantityKind ;
    ] ;
qudt:hasQuantityKind a owl:ObjectProperty .
qudt:QuantityKind a owl:Class .
```

단위와 수량의 예로서 피트와 길이를 살펴보자.

```
unit:FT a qudt:Unit ;
qudt:hasQuantityKind quantitykind:Length .
```

12.2절에 제시한 이 패턴의 예와 같이 이 트리플에서 다음을 추론할 수 있다.

```
quantitykind:Length a qudt:QuantityKind .
```

QUDT는 역학, 열역학, 화학, 정보학, 생물학을 비롯한 여러 과학 분야의 포괄적인 단위와 수량 종류의 목록을 포함하며, 모듈 방식으로 네임스페이스를 구성한다. 이 예에서 살펴본 것처럼 단위 작동 방식을 설명하는 자원(예: qudt:QuantityKind와 qudt:Unit 자원)은 qudt: 네임스페이스에 있는 반면 특정 수량과 단위(예: quantitykind:Length와 unit:FT)는 각각 수량 종류와 단위에 대한 특정 네임스페이스에 있다. 이러한 자원은 QUDT 어휘의 첫 번째 기능을 해결한다. 즉, QUDT의 모든 단위와 수량 종류에 대한 명확한 참조 URI를 제공한다.

QUDT로 단위 변환하기

QUDT에는 측정 값을 한 단위에서 다른 단위로 변환하는 데 사용할 수 있는 정보가 포함되어 있어, 시맨틱 웹에서 정량적 정보를 병합하는 데 중요한 역할을 한다. 변환은 동일한 단위 시스템(미터에서 킬로미터, 초에서 시간, 피트에서 마일) 또는 시스템 간 교차(마일에서 킬로미터, 화씨에서 섭씨)가 될 수 있다. 이러한 변환이 의미가 있으려면 단위가 동등해야 한다. 즉, 동일한 종류의 것을 측정해야 한다. 마일과 킬로미터는 모두 길이의 측정치이므로 두 단위 간의 변환을 고려하는 것이 좋다. 초와 화씨 온도는 같은 종류를 측정하지 않기 때문에 두 단위 사이의 변환은 의미가 없다.

QUDT에서 두 단위가 같은 종류의 수량을 측정한다면 그에 상응하는지 여부를 QuantityKind로 QUDT에 표시할 수 있다. 즉, 피트와 미터라는 두 단위가 다음 SPARQL 질의와 일치하는지 여부를 질의할 수 있다.

질의 14-1 적절한 단위 찾기

```
ASK WHERE {
   unit:M qudt:hasQuantityKind ?kind .
   unit:FT qudt:hasQuantityKind ?kind .
}
```

두 단위가 동등하다고 판단되면 한 단위의 측정값을 다른 단위로 변환하도록 설정할 수 있다. 각 단위에는 qudt:conversionMultiplier와 qudt:conversionOffset의 두 가지 속성이 있다. 이름에서 알 수 있듯이 각 단위에 대한 변환 배율과 오프셋을 제공한다. 각 차원에 대해 승수가 1이고 오프셋이 0인 기본 단위가 있다. 한 단위에서 다른 단위로 변환하기 위해 기본 단위가 무엇인지 아는 것은 중요하지 않다. 예를 들어 10킬로미터를 마일로 변환하려면 다음 질의를 사용할 수 있다

질의 14-2 10km를 마일로 변환하기

```
SELECT (((((?val * ?M1) + ?O1) - ?O2) / ?M2) AS ?converted)
WHERE {
   BIND (10.0 AS ?val)
   unit:KM qudt:conversionMultiplier ?M1 ;
      qudt:conversionOffset ?O1 .

   unit:MI qudt:conversionMultiplier ?M2 ;
      qudt:conversionOffset ?O2 .
}
```

답 : 6.2137119223733395

QUDT에는 500개 이상의 변환 요소가 포함되어 있어 수천 번의 변환이 가능하다.

QUDT 변환 사용하기

이러한 변환을 SPARQL 질의로 표현할 수 있지만 추론으로 사용할 수 없다. 즉, 마일 단위로 지정된 수량이 있는 경우 해당 값을 킬로미터 단위로 표현하기 위해 항상 추론 엔진에 의존할 수 없다. 이런 종류를 계산할 땐 보통 응용 프로그램에 넣어서 계산한다. SHACL Shapes Constraint Language- Rules(7.1절)는 이러한 변환을 추론으로 만드는 방법의 예다. 이미 SHACL-Rules를 사용해 온톨로지에 질의를 첨부하는 방법을 살펴보았다. 여기서 SHACL-Rules를 다른 방식으로 적용해보자. 킬로미터를 마일로 변환하는 데 사용한 질의에서는 변환에 대한 정보(변환할 숫자(10.0), 소스 단위(킬로미터), 목표 단위(마일))를 질의에 입력해야 했다. 다른 변환을 수행하려면 형식은 매우 비슷하지만 측정 단위와 단위 지정이 다른 질의가 필요하다. 훨씬 더 편리한 방법은 질의를 매개변수화하여 효과적으로 함수 정의로 만드는 것이다. 함수 인수에 대해 변수 ?arg1, ?arg2 등을 사용하는 일반화된 질의는 다음과 같다.

질의 14-3 매개변수화된 변환

```
SELECT (((((?arg1 * ?M1) + ?O1) - ?O2) / ?M2) AS ?value)
WHERE {
   ?arg2 qudt:conversionMultiplier ?M1 ;
         qudt:conversionOffset ?O1 .
   ?arg3 qudt:conversionMultiplier ?M2 ;
         qudt:conversionOffset ?O2 .
}
```

SHACL 확장[Steyskal et al. 2017]은 이러한 질의에 RDF의 자원인 이름을 지정할 수 있다. 이 작업을 수행할 때 명명된 질의를 함수라고 한다. 이 질의에 qudtsh:convert라는 이름을 지정하면 앞에 나온 10km에 대한 질의를 간단히 다음과 같이 작성할 수 있다.

질의 14-4 킬로미터를 마일로 변환

```
SELECT (qudtsh:convert (10.0, unit:KM, unit:MI) AS ?value)
WHERE {}
```

답 : 6.21

함수 qudtsh:convert를 호출하면 모든 작업을 수행한다. WHERE 절에는 일치하는 항목이 전혀 없다!

화씨 32도를 섭씨로 변환하는 작업도 매우 비슷하다.

질의 14-5 화씨를 섭씨로 변환

```
SELECT (qudtsh:convert (32.0 unit:DEG_F, unit:DEG_ C) AS ?value )
WHERE {}
```

답 : 0.0

도전과제 14-1 good relations로 비교 쇼핑

이제 QUDT를 사용하여 한 단위에서 다른 단위로 값을 변환할 수 있으므로 이를 Schema.org 데이터에 적용하여 비교 쇼핑을 할 수 있다. [예제 10-1]에는 1시간 반 동안 80.00달러의 가격이 책정된 마사지 서비스의 예가 있다([그림 10-2] 참조). Plush에서 내려가는 길에 위치한 Style Cafe는 바쁜 사람을 위해 15분 의자 마사지를 제공한다.

```
style:StyleCafe a schema:DaySpa ;
   schema:makesOffer style:Offer10 .
style:Offer10 rdf:type schema:Offer ;
   schema:priceSpecification style:PriceSpec10 ;
   schema:includesObject style:ChairMassage ;
   rdfs:label "Chairmassage" .
style:PriceSpec10 rdf:type schema:UnitPriceSpecification ;
   schema:price "15.0" ;
   schema:priceCurrency "USD" .
style:ChairMassage a schema:TypeAndQuantityNode ;
   schema:amountOfThisGood "15" ;
   schema:unitCode unit:MIN ;
   schema:typeOfGood style:Massage .
```

분당 가격을 기준으로 두 서비스을 비교한다고 가정해보자. 하나는 15분에 15달러이고 다른 하나는 1시간 30분에 80달러다. 그러나 비교하려면 금액을 동일한 단위로 변환해야 한다.

Schema.org와 QUDT를 결합하여 이 변환을 수행할 수 있다. 먼저 Schema.org 데이터를 질의하여 비교에 필요한 모든 사항을 찾아야 한다. 일반 데이터 양식을 질의로 일반화하여 간단히 이 작업을 수행할 수 있다.

질의 14-6 비교를 위한 서비스 결합

```
SELECT *
WHERE {
?spa a schema:DaySpa ;
   schema:makesOffer ?offer .
?offer a schema:Offer ;
   schema:priceSpecification ?pricespec ;
   schema:includesObject ?tqn ;
   rdfs:label ?offering .
?pricespec a schema:UnitPriceSpecification ;
   schema:price ?price ;
   schema:priceCurrency ?currency .
?tqn a schema:TypeAndQuantityNode ;
   schema:amountOfThisGood ?duration ;
   schema:unitCode ?qunit ;
   schema:typeOfGood plush:Massage .
}
```

그래프 패턴(키워드 WHERE의 뒷부분)은 데이터에 대한 해당 행에 해당하며, 두 예제가 공통으로 가지고 있지 않은 모든 값이 변수로 변경된다. 그래프에서 역할을 나타내는 변수의 이름을 선택했다. 예를 들어, ?pricespec은 UnitPriceSpecification이다. ?qunit은 QUDT 단위를 나타낸다.

이제 QUDT를 사용하여 분당 가격에서 비슷한 비용을 계산할 수 있다. 여기에서 '분'을 선택하는 것은 다소 임의적이다. 초 또는 시간과 같은 다른 시간 단위를 쉽게 선택할 수 있다. 이제 양(?amt)의 단위(?qudtunit)를 알았으므로 qudtsh:convert를 사용하여 '분'으로 변환할 수 있다.

```
qudtsh:convert (?amt, ?qudtunit, unit:MIN )
```

?price를 이것으로 나누어 분당 비용을 계산할 수 있다. 최종 질의는 다음과 같다.

질의 14-7 두 서비스의 가격 비교

```
SELECT ?offering ?currency ?cost_ per_ min
WHERE {
?spa a schema:DaySpa ;
   schema:makesOffer ?offer .
?offer a schema:Offer ;
   schema:priceSpecification ?pricespec ;
   schema:includesObject ?tqn ;
   rdfs:label ?offering .
?pricespec a schema:UnitPriceSpecification ;
   schema:price ?price ;
   schema:priceCurrency ?currency .
?tqn a schema:TypeAndQuantityNode ;
   schema:amountOfThisGood ?duration ;
   schema:unitCode ?qunit ;
   schema:typeOfGood plush:Massage .
BIND ((?price/qudtsh:convert(?duration, ?qunit, unit:MIN ))
      AS ?cost_per_min )
}
ORDER BY ( ?cost_per_min )
```

답 :

offering	currency	cost_per_min
Hour and a half massage	USD	0.8889
Chair massage	USD	1

분당 가격 부분에 ?cost_per_min이라는 이름을 지정하고 가장 낮은 비용에서 가장 높은 비용으로 정렬했다. 결과는 Relaxing Massage가 분당 더 나은 가치가 있음을 보여준다.

이 예는 모델이 데이터 정보원을 연결할 때 수행하는 역할의 여러 기능을 보여준다. Schema.org의 구조는 경쟁하는 비즈니스에서 제안, 가격, 금액, 단위를 나타내는 일관된 방법을 제공했다. QUDT는 이러한 데이터를 계산할 때 유용한 서비스(단위 변환)를 제공한다. Schema.org에서는 설명에서 외부 출처(이 경우 QUDT)를 참조하여 세부 정보를 정의할 수 있으므로 두 제품을 쉽게 연결할 수 있다.

QUDT에서 차원 검사하기

엔지니어나 과학자가 단위 시스템에 대해 요청할 수 있는 서비스가 많이 있다. 이러한 서비스들 중 다수는 '차원 분석'이라는 이름으로 사용된다. 이 주제 하나만으로 책 한 권 분량이므로 여기서는 이 주제를 수박 겉핥기 식으로 훑을 수밖에 없다(따라서 이 책의 끝 부분에 있는 참고 문헌 섹션을 참조하기 바란다). 차원 분석에서 특정 기본 작업을 지원할 수 있는 방법을 보여주기 위해 QUDT 온톨로지를 충분히 설명할 것이다.

차원 분석의 기본 개념은 수량 종류가 길이, 시간, 질량과 같은 기본 차원과 어떻게 관련되는지를 알려주는 서명이 있다는 것이다. QUDT는 이러한 종류의 8가지 기본 차원을 정의하지만, 여기서는 이 세 가지에 초점을 맞추어 설명한다. 복합 수량 종류에는 이러한 기본 차원에 서명이 있다. 예를 들어, 복합 수량 종류인 속도는 거리와 시간 사이의 비율로 정의되고, 길이, 시간, 질량 측면에서 서명이 길이/시간임을 의미한다. 서명은 각 기본 단위에 대해 하나의 벡터 구성 요소를 사용하여 벡터로 작성할 수 있으며 해당 구성 요소의 벡터 크기는 복합 수량에 대한 공식에서 기본 수량의 지수가 된다. 벡터를 [길이, 질량, 시간] 순서로 작성하면 속도 벡터는 [1,0,−1]이 된다. 모든 기본 수량에 대해 벡터는 정확히 한 위치에서 크기 1을 갖는다. 따라서 질량에 대한 벡터는 [0,1,0]이다. 가속도는 시간에 따른 속도의 몫으로 주어진다. 따라서 벡터는 [1,0,−2]다.

이 벡터를 복합 단위의 차원dimensionality이라고 한다 . 벡터는 과학 또는 공학 공식의 유효성을 확인하는 데 사용할 수 있다. 예를 들어, 운동의 기본 법칙 중 하나는 공식 $F = ma$ (힘 = 질량 × 가속도)다. 차원이 동일한 양만 의미 있게 비교할 수 있으므로 이 공식은 힘의 차원이 질량과 가속도의 곱의 차원과 동일한 경우에만 의미가 있다. 힘의 차원은 식 ml/t^2로 주어진다. 즉, 질량 곱하기 길이를 시간으로 두 번 나눈 것이다. 가속도의 차원은 l/t^2, 즉 길이를 시간으로 두 번 나눈 값이며, 질량은 단순히 m으로 주어진다. 따라서 각 항을 해당 차원, 즉 $ml/t^2 = m(l/t^2)$로 대체하여 $F = ma$의 차원을 확인할 수 있다. 양쪽의 차원이 동일하기 때문에 공식은 차원 테스트를 통과하는 것으로 확인되었다. 이러한 종류의 단순한 차원 분석은 잘못된 특정 공식을 발견할 수 있다는 점에 유의하는 것이 중요하다. 정확한 차원 분석은 공식에 다른 문제가 없음을 보장하지 않는다.

차원 벡터의 경우 벡터를 사용하여 동일한 계산을 수행할 수 있다. 힘에 대한 차원 벡터는 [1,1,−2]다. 질량에 대한 벡터는 [0,1,0]이고 가속에 대한 벡터는 [1,0,−2]다. 벡터가 합산되면 공식이 확인된다. 즉, 질량에 대한 벡터와 가속도에 대한 벡터가 힘에 대한 벡터와 같은지 확인한다. 요소별로 벡터를 추가하고 실제로 [0,1,0] + [1,0,−2] = [1,1,−2]인지 확인하여 공식의 차원이 동일한지 확인한다.

QUDT는 해당하는 수량 종류와 상호 참조된 200개 이상의 차원 벡터를 표현하여 차원 분석을 지원하며, 각각은 [그림 14−1]에 표시된 것과 유사한 형태로 구성된다.

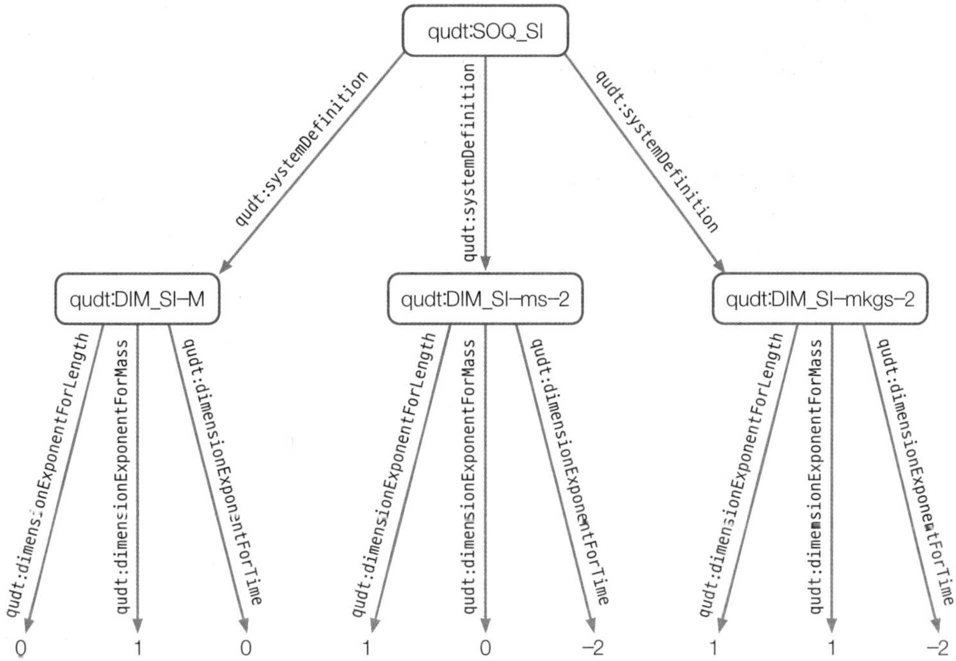

그림 14−1 F = ma(시간 차원)의 분석을 지원하기 위한 QUDT의 차원 구조

우선, 수량 시스템System of Quantities 또는 더 정확하게 말해 수량 종류 시스템System of Quantity kinds이 있다. QUDT에는 표준 국제("미터법") 시스템(그림에 표시된 SI), CGS(센티미터−그램−초), 야드, 마일, 파운드 등 미국 관습 시스템의 여러 변형을 포함하여 8가지 다른 수량 시스템이 들어 있다. 수량 종류 시스템은 해당 시스템에서 측정할 수 있는 차원을 정의한다. 각 시스템에는 일반적으로 연결된 수십 개의 차원 벡터가 있다. 그림에서 수량의 SI 시스템과 관련된 3차원 벡터를 볼 수 있다. 하나는 질량(DIM_SI−M), 하나는 시간 경과에 따른 길이(DIM_SI−ms−2), 다른 하나는 시간에 따른 길이 곱하기 질량(DIM_SI−mkgs−2)이다. 이러한 차원 벡터의 명명 규칙은 시스템 이름(SI)과 그 뒤에 길이, 질량, 시간 순으로 된 차원이 포함되며, 그 뒤에 각각 해당 차원의 지수를 나타내는 숫자가 온다. 이러한 이름은 질의 메커니즘에서 사용되지 않으며 사람이 차원 이름을 읽는 데만 사용된다.

이름은 사람만 읽을 수 있기 때문에 차원 벡터를 질의하려는 경우 차원 벡터를 트리플로 표현해야 한다. QUDT는 다양한 사용 사례에 대해 여러 가지 방법으로 이를 나타내지만 이 예는 [그림 14-1]에 표시된 것처럼 가장 간단한 것을 사용한다. 각 기본 차원(길이, 질량, 시간)에는 계수를 나타내는 특정 특성이 연관되어 있다. 이러한 속성의 이름은 매우 구체적이고 설명적이다. 예를 들어, 특정 차원에서 질량에 대한 지수를 나타내는 속성을 qudt:dimensionExponentForMass라고 한다. 다른 차원의 지수를 나타낼 때도 유사한 속성이 사용된다.

[그림 14-1]의 정보에서 각 기본 차원인 질량, 길이, 시간에 주목하여 차원 관점에서 공식 F = ma가 올바른지 확인해야 할 시점이다. 공식에서 수량 벡터에 대한 계수를 합산한다. 질량(0)의 계수에 선형 가속도(−2)의 계수를 더하면 힘의 계수(−2)와 같다. 0 + (−2) = −2.

이 계산을 확인하기 위해 SPARQL 질의를 어떻게 작성할 수 있을까? 시간이라는 한 차원만 살펴보자. 시간 차원의 공식에서 각 항에 대한 계수를 가져와야 한다.

질의 14-8 각 용어에 대한 시간 차원

```
SELECT ?term ?val
WHERE {
   VALUES ?term {qudt:DIM_SI-M
                 qudt:DIM_SI-ms-2
                 qudt:DIM_SI-mkgs-2
                 }
        ?term qudt:dimensionExponentForTime ?val .
   }
```

수식에 있는 용어를 나열하기 위해 6.8절의 VALUES 구성을 사용했다.

지금까지 등호의 어느 쪽에 있는지 표시하지 않았으므로 제대로 합산할 수 없다. 방정식의 한쪽에 있는 모든 값을 더하고 다른 쪽에서 값을 빼고 싶다면, 두 가지를 수행해야 한다. 먼저 각 항이 어느 쪽에 있는지 표시한 다음, 0과 비교하기 위해 더하기 전에 한쪽 값에 −1을 곱한다.

더 확장된 형태의 VALUES를 사용하여 수식의 어느 쪽에 있는지 표시하고 BIND 문(IF 함수 포함)을 사용하여 한 세트에만 −1을 곱할 수 있다. 그런 다음 총 지수가 무엇인지 확인하기 위해 그것들을 더해야 한다.

질의 14-9 시간 지수의 균형 잡힌 합계

```
SELECT (SUM(?val) AS ?formtotal)
WHERE {
   VALUES (?term ?side) {(qudt:DIM_SI-M :left )
                         (qudt:DIM_SI-ms-2 :left)
                         (qudt:DIM_SI-mkgs-2 :right)
            }
          ?term qudt:dimensionExponentForTime ?exp .
          BIND (IF (?side=:right, -1*?exp, ?exp) AS ?val)
   }
```

이제 모든 차원에서 이 작업을 수행하려고 한다. 시맨틱 웹에서 속성은 클래스만큼 중요하다. 작업 중인 3차원에 대한 지수를 나타내는 세 가지 속성으로 분석의 차원을 나타낼 수 있다.

첫 번째와 별도로 VALUES를 다시 사용할 수 있으므로 차원과 용어의 모든 조합을 얻을 수 있다. 차원별로 GROUP BY해야 하므로 단일 차원에서만 지수를 더할 수 있다.

질의 14-10 각 차원의 총 지수

```
SELECT ?dim (SUM (?exp) AS ?formtotal)
WHERE {VALUES ?dim {qudt:dimensionExponentForLength
                    qudt:dimensionExponentForTime
                    qudt:dimensionExponentForMass }
      VALUES (?term1 ?side) {(qudt:DIM_SI-M :left)
                             (qudt:DIM_SI-ms-2 :left)
                             (qudt:DIM_SI-mkgs-2 :right)
                            }
      ?term1 ?dim ?val .
      BIND (IF (?side=:right, -1*?val, ?val) AS ?exp)
} GROUP BY ?dim
```

출력 결과는 각 차원에 대해 0이다.

Dim	formtotal
qudt:dimensionExponentForMass	0
qudt:dimensionExponentForLength	0
qudt:dimensionExponentForTime	0

수식이 균형을 이루면 TRUE를 반환하고 그렇지 않으면 FALSE를 반환하는 ASK 질의가 필요하다. 그렇게 하려면 이 질의를 어떻게 완료해야 할까?

먼저 질의 끝에 "HAVING"을 추가하여 모든 '올바른' 차원(지수 균형 합계가 0인 경우)을 찾을 수 있다. HAVING (?formtotal = 0)을 넣는다는 것은 작동하는 항목을 선택하는 것이다. 그러나 좋은 공식은 모든 차원이 균형을 이루는 공식이다. 단일 불균형 차원이 있으면 공식이 망가진다. 따라서 불균형 차원을 찾고 SELECT를 ASK로 변경한다.

질의 14-11 불균형 차원이 있는가?

```
ASK
WHERE {
  SELECT ?dim (SUM (?exp) AS ?formtotal)
    WHERE
         {VALUES ?dim {qudt:dimensionExponentForLength
                  qudt:dimensionExponentForTime
                  qudt:dimensionExponentForMass}
         VALUES (?term1 ?side) {(qudt:DIM_S-M:left )
                         (qudt:DIM_SI-ms-2:left )
                         (qudt:DIM_SI-mkgs-2:right )
                         }
                  ?term1 ?dim ?val .
            BIND (IF (?side=:right, -1*?val, ?val) AS ?exp)
  } GROUP BY ?dim HAVING (?formtotal !=0) }
```

불균형 차원이 없으면 FALSE를 반환하고 불균형 차원이 하나 있으면 TRUE를 반환한다. 이것은 원하는 것과 정반대다. 6.3절에서 살펴본 것처럼 FILTER NOT EXISTS를 사용하여 이를 부정할 수 있다.

질의 14-12 차원 분석을 사용하여 수식 확인하기

```
ASK
WHERE { FILTER NOT EXISTS {
   SELECT ?dim (SUM (?exp) AS ?formtotal)
      WHERE
         ?dim rdfs:subPropertyOf qudt:dimensionExponent .
         VALUES (?term ?side)  {(qudt:DIM_SI-M:left )
                                (qudt:DIM_SI-ms-2:left )
                                (qudt:DIM_SI-mkgs-2:right )
                               }
                  ?term ?dim ?val .
             BIND (IF (?side =:right, -1*?val, ?val) AS ?exp)
      } GROUP BY ?dim HAVING (?formtotal !=0)}}
```

이와 같은 질의에 대한 실제 테스트는 체크 아웃하지 않는 수식에 대해 테스트해보는 것이다. 실제로 DIM_SI-ms-2를 DIM_SI-ms-1로 바꾸면 해당 차원이 합산되지 않으므로 결과는 FALSE가 된다.

이 질의는 왼쪽과 오른쪽의 용어(?term과 ?side에 대한 바인딩)를 변경하여 다른 수식으로 일반화할 수 있으며, ?dim에 대한 값을 추가하여 더 많은 차원을 사용하도록 만들 수 있다.

요약

QUDT는 정교한 온톨로지이지만 어휘의 규모가 크지 않다. QUDT에는 수십 개의 클래스와 수백 개의 단위, 수량, 종류, 벡터가 있다. 그러나 단위로 서비스를 제공하는 데 중요한 역할을 하는 미묘한 차이를 표현한다. QUDT는 이 절의 시작 부분에서 제시한 세 가지 주요 목표를 달성한다. 포괄적인 단위 시스템에 대한 글로벌 참조(URI)를 제공하고, 모든 단위에서 그에 상응하는 단위로 변환할 수 있는 수단을 제공하며, 200개 이상의 단위와 850개 이상의 수량 종류에 대해 차원 분석을 수행할 수 있는 충분한 정보를 제공한다. 이는 수량 종류, 단위, 차원과 같은 개체를 신중하게 나누고 오랜 세월 전 세계에서 사용된 기존 단위에 대한 포괄적인 정보 카탈로그를 활용함으로써 수행된다.

14.3 생물학적 온톨로지

어떤 형태로든 온톨로지는 수십 년 또는 수세기 동안 생물학과 생명과학의 중심에 있었다. 최근 몇 년 동안 생물학적 정보가 폭발적으로 증가했고 정보를 구성하는 데 도움이 되는 온톨로지에 대한 관심이 증가했다. 이번 절에서 생물학적 온톨로지에 대한 포괄적인 목록을 제공하지는 않는다. 생물 의학 온톨로지의 모델링 측면과 시맨틱 웹에서의 사용 예를 집중적으로 소개한다.

QUDT의 경우와 마찬가지로 생물학적 온톨로지는 시맨틱 웹에서 다양한 목적으로 사용된다. 첫째, 생물학적 개념에 대한 명확한 참조를 제공한다. 생물학적 온톨로지는 유전자, 질병, 화학물질, 유기체 등에 대한 정보를 포함하여 수만 개의 관련 개념이 있을 때 중요하다. 관련 개념에 대한 명확한 이름은 여러 실험실에서 생성된 정보를 구성하고, 출판물을 찾는 데 필수적이다. 연구자가 특정 유전자에 대해 흥미로운 점을 발견하고, 적절한 자료에 대해 광범위한 생물학적 출판물을 색인화할 때 명확한 이름은 색인 작업을 효율적으로 만든다.

전 세계 많은 사람들이 이미 관련 개념에 대한 명명 체계를 마련하고 있다. 단백질, 화학물질, 기타 생물학적 개체에 대한 여러 명명 체계가 있다. 많은 생물학적 온톨로지의 핵심 역할은 이러한 어휘를 함께 연결하는 일종의 로제타 스톤Rosetta Stone(중요한 열쇠)를 제공하는 것이다. 시맨틱 웹은 이런 종류의 어휘 상호 운용에 특히 적합한 인프라다.

생물학적 온톨로지를 좀 더 복잡하게 사용하는 방식은 정교한 검색 문제를 해결하는 것이다. 여기서 검색은 기술 영역(예: 화학, 유전체학, 단백질 유전 정보학)에 대한 방대한 양의 세부 지식에 의존하고, 온톨로지에 훨씬 더 엄격한 요구 사항을 부여한다. 현재 게시된 많은 온톨로지에는 이러한 요구 사항을 충족하기에 충분한 세부 사항들이 들어 있다.

여기서는 생물학적 관심의 화학적 개체CHEBI라는 온톨로지를 사용할 것이다. CHEBI[Hastings et al. 2016](http://obofoundry.org/ontology/chebi.html)[3]는 EBIEuropean Bioinformatics Institute[4]에서 개발과 유지 관리를 맡고 있으며 20,000개 이상의 화합물에 대한 정보를 포함하고 있다. 과학 기반 온톨로지를 수집하기 위한 일종의 위키 공간인 OBO Foundry의 일부

---

3 저자주: CHEBI는 CC BY 4.0 https://creativecommons.org/licenses/by/4.0/에 따라 라이선스가 부여된다.

4 역자주: 영국 힝스톤(Hinxton에 위치하고 있으며 EMBL(European Molecular Biology Laboratory, 유럽분자생물실험실)의 산하 기관으로 생물정보학(Bioinformatics)에 관한 연구를 수행하고 있다. EBI는 생물학 데이터베이스와 이를 검색하고 분석하기 위한 도구를 웹 서비스로 제공하고 있다.

로 게시된다. OBO Foundry는 OWL을 포함한 다양한 형태의 온톨로지를 게시한다. OBO Foundry OWL 온톨로지는 자세히 살펴보게 될 특정 온톨로지 디자인 패턴을 사용한다.

명확한 참조로서의 CHEBI

CHEBI는 정의하는 모든 화학물질에 대한 URI를 제공하므로 해당 화학물질에 대한 글로벌 참조 역할을 한다. 그러나 CHEBI는 화학물질을 식별하는 유일한 자원이 아니며, 다른 많은 자원에서도 같은 역할을 수행한다. 서로 다른 자원은 생물학적 관심의 화학물질에 대한 CHEBI의 초점을 반드시 공유하지는 않지만 상당 부분 중복된다. 이러한 이유로 CHEBI는 정의하는 각 화학물질에 대한 여러 상호 참조를 포함하고 있다. 예를 들어, 제초제 글리포세이트(상품명 Roundup으로 더 잘 알려져 있음)에 대한 CHEMI 표현을 발췌하면 다음과 같다.

```
obo:CHEBI_27744
   rdfs:label "glyphosate" .
   oboInOwl:hasDbXref "KEGG:C01705" ;
   oboInOwl:hasDbXref "CAS:1071-83-6" ;
   oboInOwl:hasDbXref "Beilstein:2045054" ;
   oboInOwl:hasDbXref "DrugBank:DB04539" ;
   oboInOwl:hasDbXref "Gmelin:279222" ;
   chebi:formula "C3H8NO5P" ;
   chebi:mass "169.07310" ;
   chebi:smiles "OC(=O)CNCP(O)(O)=O" .
```

글리포세이트는 CHEBI에서 식별 번호 27744이며 URI Chebi:CHEBI_27744로 표시된다. CHEBI의 모든 개체에는 URI에 사용되는 번호가 할당된다. 15.2절에서 이러한 종류의 명명 정책에 어떤 장단점이 있는지 검토한다. CHEBI가 제공하는 중요한 서비스는 다른 식별 시스템을 상호 참조하는 것이다. 이 예에서 참조에 이름이 지정된 여러 다른 기관에 대한 참조(CAS, DrugBank, Kegg 등)를 살펴볼 수 있다. 이 구조를 통해 CHEBI는 설명하는 화학물질에 대해 서로 다른 자원 사이의 일종의 번역 서비스 역할을 할 수 있다.

복잡한 검색을 위한 CHEBI

CHEBI 온톨로지의 복잡성 중 상당 부분은 화학물질 간의 연결에 있다. OBO 온톨로지에서 정의하는 개체 간의 복잡한 상호 관계를 포함하는 것이 일반적이다. CHEBI는 상대적으로 크기가 작고(10만 개 정도의 개념) 기록하는 화학물질 간의 관계 수가 적기 때문에 특별히 OBO 스타일의 좋은 교육적 예를 만든다.

화학물질 글리포세이트 예제를 사용하여, 이 물질이 제초제herbicide라는 사실은 CHEBI에서 다음과 같이 표현된다.

```
obo:CHEBI_24527
   a owl:Class ;
   rdfs:label "herbicide"@en .
obo:CHEBI_27744
   a owl:Class ;
   rdfs:label "glyphosate"@en ;
   rdfs:subClassOf
   [a owl:Restriction ;
    owl:onProperty obo:has_role ;
    owl:someValuesFrom chebi:CHEBI_24527
   ] ;
```

모델링 스타일에서 가장 먼저 주목해야 할 것은 모든 개념이 OWL의 owl:Class로 표현된다는 점이다. 화학물질 "glyphosate"(Chebi:CHEBI_27744)와 "herbicide" 역할(Chebi:CHEBI_24527)은 둘 다 클래스다. 이 두 클래스는 표시된 대로 서로 관련되어 있다. 글리포세이트는 (11장에 정의된 대로) owl:Restriction의 하위 클래스다. 해당 제약조건에는 obo:has_role 속성이 있고, 제초제 클래스(owl:someValuesFrom)에서 적어도 하나의 값을 취하도록 규정한다. obo:has_role 속성은 OBO 네임스페이스에서 가져온다. OBO Foundry는 생물학적 개체를 설명하는 데 유용한 수십 가지 속성을 정의한다. CHEBI는 생화학 영역과 관련이 있는 12개 미만의 제품을 사용한다. 이 예에서 볼 수 있는 obo:has_role 외에도 CHEBI는 obo:has_part(구성 화학물질용)와 obo:is_conjugate_acid_of, obo:is_conjugate_base_of, obo:has_parent_hydride 같은 몇 가지 화학 특정 속성을 사용한다. 여기서 볼 수 있는 has_role과 제초제 패턴은 CHEBI에서 약 12,000회 반복되어 다양한 화학물질을 구성 요소, 결합산 및 염기, 모체 수소화물 등과 관련시킨다. 이 패턴은 OBO 온톨로지의 전형적인 패턴이며 OBO Foundry에서 매우 빈번하게 사용된다.

이 패턴은 글리포세이트가 제초제 역할을 한다는 사실을 반영하는 데 사용되기 때문에 단순히 다음과 같은 단일 트리플로 표현되지 않은 이유가 궁금할 것이다.

```
chebi:CHEBI_27733 obo:has_role chebi:CHEBI_24527 .
```

늘 그렇듯이 이와 같은 질문에 대한 답은 추론에 있다. 이 패턴에서 어떤 추론을 이끌어낼 수 있을까?

이에 대한 답을 알려면 더 큰 맥락에서 글리포세이트를 볼 필요가 있다. [그림 14-2]는 CHEBI에서 글리포세이트의 일부 컨텍스트를 보여준다.

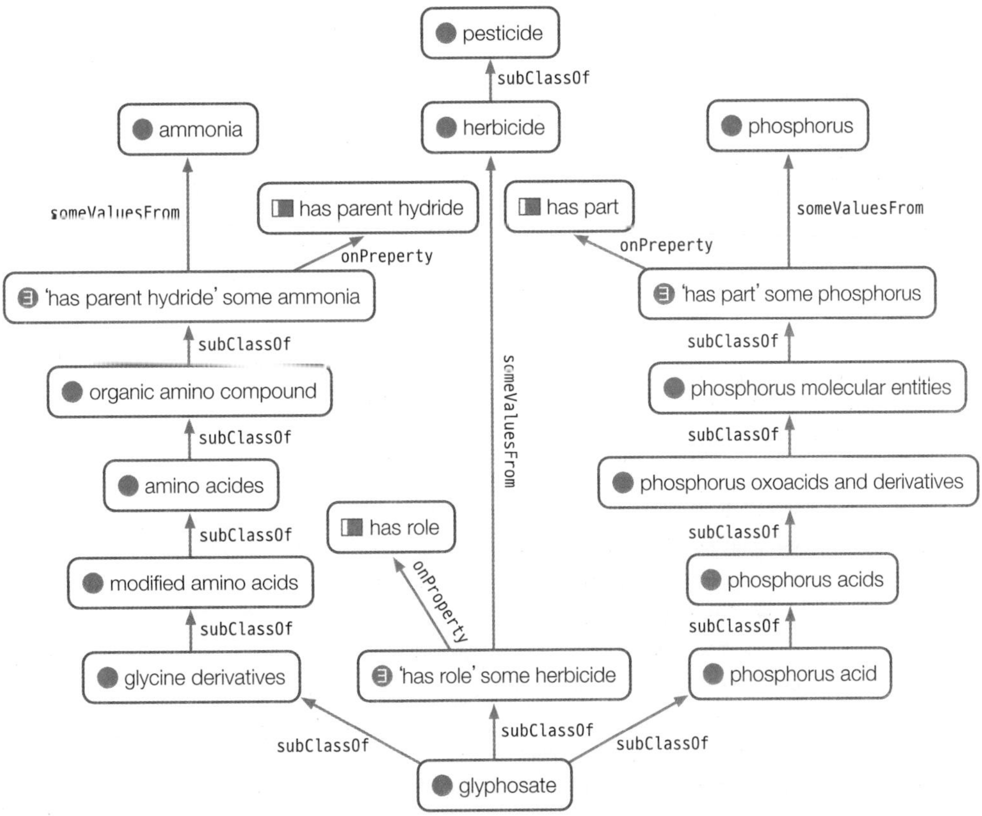

그림 14-2 글리포세이트에 대한 정보를 보여주는 CHEBI에서 발췌: 모든 개념은 CHEBI URI(예: Chebi:CHEBI_27744) 대신 레이블(예: "glyphosate")로 표시된다.

CHEBI는 화학물질의 분류에 대해 상당히 자세히 설명한다. 이 그림에서 제초제인 글리포세이트의 역할에 관한 정보를 볼 수 있다(중앙). 글리포세이트glyphosate는 속성에 대한 제약조건의 하위 클래스이며 제초제herbicide 클래스에서 일부 값을 취하는 역할을 한다. 제초제에 대한 추가 맥락도 있는데, 특히 제초제는 살충제pesticide의 하위 분류라는 점이다. 또한 글리포세이트가 긴 중개자 사슬을 통해 두 가지 추가 제약조건을 갖는 하위 클래스라는 것을 알 수 있다. 이는 부분적으로has part 인phosphorus에서 일부 값을 취하고 모체 수소화물has parent hydride이 있으면 암모니아ammonia에서 일부 값을 취한다는 것을 규정한다.

이러한 사실을 감안할 때 OWL의 추론 메커니즘을 사용하여 몇 가지 유용한 질문에 답할 수 있다. 모체 수소화물parent hydride인 암모니아와 인을 함유한 살충제에 관심이 있다고 가정해보겠다. [그림 14-2]는 모델링 단어 rdfs:subClassOf, owl:someValuesFrom, owl:onProperty의 의미에 대한 이해와 함께 글리포세이트가 그에 해당하는 화학물질임을 알려준다. 그러나 이 모델을 기반으로 구체적으로 어떻게 이 화학물질을 찾을 수 있을까?

첫째, (OWL에서) 찾고 있는 것들의 종류를 정의한다. 즉, 살충제 역할role을 하고, 부분part 적으로 인을 포함하고, 모체 수소화물parent hydride 암모니아를 가진 것들의 교집합이다. 즉, 세 가지 제약조건의 교집합으로 수행된다. RDF에서 개념을 참조하기 위해 CHEBI URI를 사용해야 한다. 참조를 위해 각 행의 해시(#)로 표시된 주석에 살충제, 암모니아, 인이라는 개념의 해당 이름을 포함했다. 트리플은 다음과 같다.

```
:MyChemical a owl:Class ;
   rdfs:label "My chemical" ;
   owl:intersectionOf
      (
         [ a owl:Restriction ;
           owl:onProperty obo:has_role ;
           owl:someValuesFrom chebi:CHEBI_25944 ] # pesticide
         [ a owl:Restriction ;
           owl:onProperty obo:has_parent_hydride ;
           owl:someValuesFrom chebi:CHEBI_16134 ] # ammonia
         [ a owl:Restriction ;
           owl:onProperty obo:has_part ;
           owl:someValuesFrom chebi:CHEBI_28659 ] # phosphorus
) .
```

이제 OWL 추론을 실행하면 다음과 같다.

```
chebi:CHEBI_27733 rdfs:subClassOf :MyChemical .
```

즉, 글리포세이트는 주어진 사양과 일치한다. OWL 의미론은 글리포세이트가 하위 클래스인 명명된 클래스 체인뿐만 아니라 명시된 제초제 역할과 필요한 살충제 역할 사이의 하위 클래스 체인을 포함하여 [그림 14-2]의 모든 복잡성을 처리했다. 요구 사항의 정의에 CHEBI 모델과 OWL 의미론에 포함된 사항에 대한 참조가 들어 있지 않았다.

한편, [그림 14-2]에서 볼 수 있듯이 CHEBI 모델에서 얻을 수 없는 추론에 주목할 가치가 있다 . 예를 들어, 실험실에 샘플 화학물질이 있고, 실험에서 이 화학물질이 인을 일부 포함하며 모체 수소화물인 인을 포함하는 것으로 확인되면, [그림 14-2] 상단에 있는 2개의 해당 제약조건에서 해당 원소를 추론할 수 있다. 그러나 이 정보만으로 샘플과 글리포세이트의 관계에 대해 어떤 것도 추론할 수 없다. CHEBI는 샘플을 식별하는 것이 아니라 그 안에 분류된 화학물질을 검색하는 데 유용하다.

이러한 예는 CHEBI의 저자가 단순히 단일 트리플에서 명시적인 사실로 언급하는 대신 someValuesFrom을 사용하여 클래스 간의 관계로 글리포세이드의 제초제 역할을 정의한 이유에 대한 동기를 제공한다.

```
chebi:CHEBI_27733 obo:has_role chebi:CHEBI_24527 .
```

클래스와 someValuesFrom으로 이 관계를 모델링하여, 살충제와 제초제 간의 관계에 대한 사실과 같은 관련 사실을 포함하는 보다 포괄적인 모델에 글리포세이트 클래스를 포함시켰다. 이를 통해 (OWL 의미론과 함께) 모델이 모델의 개체에 대한(특정 질문에 대한) 답변 작업을 많이 수행할 수 있다. 이 모델은 질문자가 이해할 필요가 없는 방식으로 정보를 인코딩한다.

도전과제 14-2 SKOS에서 CHEBI 표현하기

CHEBI와 같은 모델이 이와 같은 질의에 유연하게 응답하려면 모델 자체가 복잡해진다. 예를 들어, 글리포세이트와 제초제 간의 관계는 특정 종류의 제약조건을 포함하는 패턴으로 주어진다. 앞서 왜 이것이 단일 트리플로 표현될 수 없었는지 물었다.

```
chebi:CHEBI_27733 obo:has_rolechebi :CHEBI_24527 .
```

이 도전과제에서 SKOS에서 CHEBI를 표현하는 방법과 그 표현을 사용하여 위에서 설명한 것과 동일한 정보 추출 요구를 충족시킬 수 있는 방법을 조사할 것이다.

CHEBI의 경우, 이러한 추론 라인을 따라 하위 클래스와 제약조건에 대한 모든 정보를 SKOS로 변환하는 일은 간단한 문제다. CHEBI의 각 클래스는 SKOS 개념이 되고 각 rdfs:subClassOf 관계는 skos:broader가 되고 각 owl:someValuesFrom 제약조건은 직접 참조가 된다. [그림 14-3]은 [그림 14-2]와 동일한 정보를 보여주지만 이 방식을 써서 SKOS로 변환한 것이다.

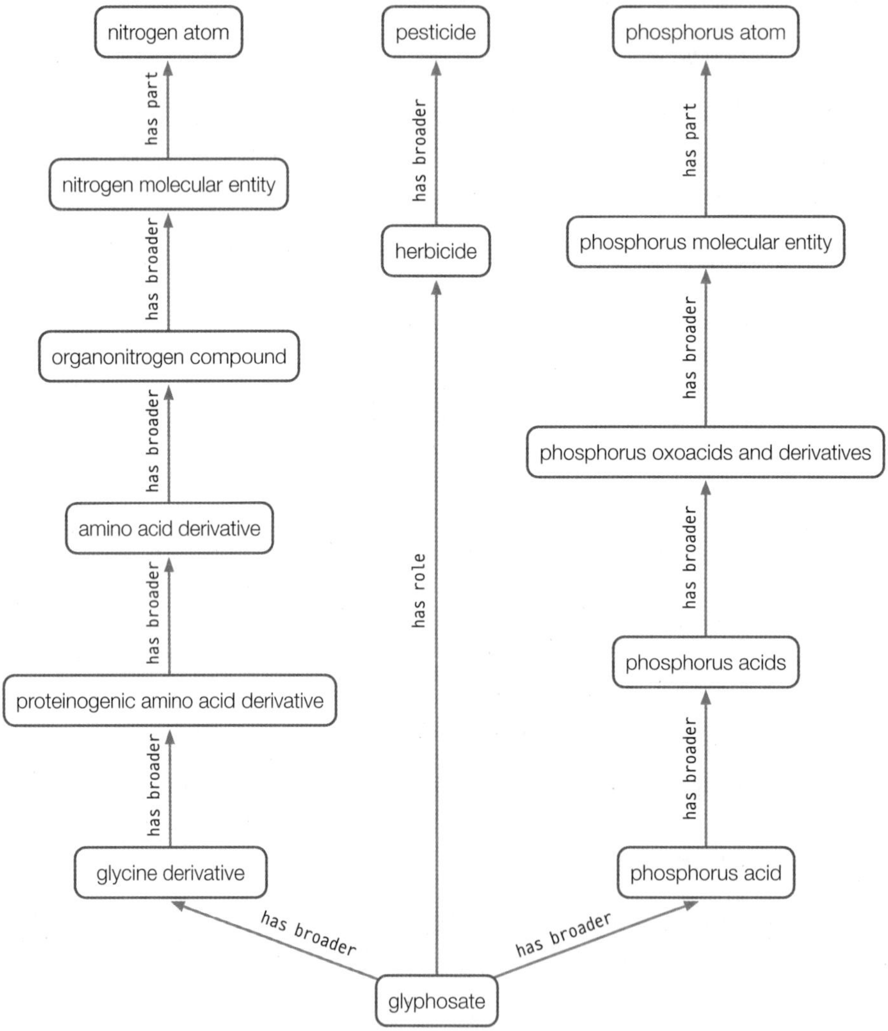

그림 14-3 SKOS에 표시된 [그림 14-2]의 CHEBI 개념: 표준 SKOS 속성 skos:broader는 여기서 "has broader"로 표시된다.

여러 면에서 [그림 14-3]은 [그림 14-2]보다 간단하다. 글리포세이트가 제초제 역할을 한다는 사실은 유기 단백질 화합물에 모체 수소화물 암모니아가 있다는 사실과 마찬가지로 단일 트리플로 표시된다. subClassOf로 표현된 포함 관계는 이제 더 광범위하게broader 표현된다. 그러나 앞에서 한 질문인 "모체 수소화물인 암모니아와 인을 포함하는 살충제 찾기"에 대한 답을 찾기 위해 이 구조를 어떻게 질의해야 할까? SPARQL을 사용하여 다음과 같이 찾을 수 있다.

```
SELECT ?result
WHERE {
   ?result skos:broader* ?concept1 .
   ?concept1 obo:has_parent_hydride ?concept2 .
   ?concept2 skos:broader* chebi:CHEBI_16134 . # ammonia
   ?result skos:broader* ?concept3 .
   ?concept3 obo:has_part ?concept4 .
   ?concept4 skos:broader* chebi:CHEBI_28659 . # phosphorus
   ?result skos:broader* ?concept5 .
   ?concept5 obo:has_role ?concept6 .
   ?concept6 skos:broader* chebi:CHEBI_25944 . # pesticide
}
```

이것은 OWL 추론과 동일한 결과를 제공한다. 즉, 글리포세이트가 이러한 기준을 모두 충족한다. 표현은 더 간단하지만 질의는 더 복잡하다. 특히 질의 작성자는 각 지점에서 skos:broader*를 사용하고 질의의 모든 지점에서 확인하여 모든 전이적 관계를 검증해야 한다. 이것은 다음과 같은 표현에서 일반적인 절충점을 찾는다. 모델이 보다 복잡한 표현으로 더 많은 작업을 수행하는가, 아니면 질의가 올바른 정보와 일치하는 더 많은 작업을 수행하는가? CHEBI의 OWL 버전과 SKOS 버전 간 대조는, OWL에서 특정 질의를 매우 쉽게 수행할 수 있으므로 모델의 구조가 그 질의에 대한 모든 작업을 수행하는 데 적합하다는 것을 보여준다. 그러나 이 모델 구조는 다른 질의("샘플 식별")에 적합하지 않다. 이 모델은 설계된 질의에 대해 더 많은 작업을 수행하지만 복잡성이 증가하면 다른 응용 프로그램이 더 복잡해질 수 있다.

CHEBI는 하나의 개념을 다른 개념과 연관시키기 위해 단일 패턴(owl:someValuesFrom)을 사용하기 때문에 OWL에서 SKOS로 변환하는 작업은 간단했다. 일부 모델은 OWL에서 더 복잡한 패턴을 사용하여 개념을 연결한다. 예를 들어, OBO Foundry 온톨로지 중 하나는 NCINational Cancer Institute에서 유지 관리하는 암 개체의 시소러스다. NCI 시소러스에는 질병에 대한 설명(여기서 다루기에는 너무 많은 기술적 세부 사항을 포함함)이 포함되어 있다. 이 질병들은 여러 가지 증후군을 특정하고 있고, 특정 질병은 특정 증상 세트 또는 다른 증상 세트 등으로 표시된다. 합집합과 교집합의 복잡한 조합은 표준 방식으로 OWL에서 수행되는데 이런 것들을 SKOS로 변환하는 일은 간단하지 않다. OWL 추론 엔진은 이러한 모든 정의를 일관되고 올바른 방식으로 처리한다.

BridgeDb

9장에서 살펴본 것처럼 RDFS-Plus는 다양한 데이터 세트에서 ID를 관리하는 데 사용할 수 있다. 데이터 세트 내에서 또는 데이터 세트들 간에 동일성을 추론할 수 있도록 키 식별자를 지정하는 방법으로 owl:InverseFunctionalProperty를 사용했었다. 그러나 owl:InverseFunctionalProperty 같은 단순한 구조는 데이터 광야에서 대부분의 ID 개념에 충분하지 않다. 두 개체가 동일한지 여부를 결정하기 위해 종종 휴리스틱heuristics, 새로운 속성 조합 또는 기계 학습 기술에 의존해야 한다.

많은 경우에 '동일하다'는 것이 무엇을 의미하는지에 대한 명확한 개념조차 없다. 분자생물학에서 어떤 두 가지 화학물질은 여러 면에서 유사할 수 있다. 이러한 유사성에 따라 많은 화학 반응에서 작용 양상이 결정된다. 동일한 공식을 가진 화학물질은 분자 구조에 따라 특정 대사 경로에서 다르게 작용할 수 있다. 이것은 결국 약리학적으로 매우 다른 작용 양상을 초래할 수 있다. 이에 대한 대표적인 예는 동일한 화학식의 두 가지 형태로 나타나는 탈리도마이드thalidomide다. 한 형태의 분자는 다른 형태인 분자의 거울상mirror-image이다. 이러한 이미지 사례 중 하나(입체 이성질체stereoisomers)가 치료 효과가 있다(입덧 증상). 다른 하나는 심각한 선천적 결함을 유발한다. 화학적 관점에서 보면 두 화학물질은 동일하지만 약리학적 관점에서 보면 서로 다르다.

두 화학물질이 어떤 면에서 동일하다는 결정은 단지 데이터 레코드의 몇 가지 필드를 일치시키는 문제가 아니다. 어떤 경우에는 화학물질이 취할 수 있는 모든 형태를 결정하는 것이 실제로 연구 프로젝트가 될 수 있다.

시맨틱 웹은 이러한 종류의 연구를 수행하는 특정 방법을 제공하지 않지만, 1장에서 보았듯이 이 연구를 수행한 사람이 결과를 게시할 수 있는 표준화된 방법을 제공한다. 이것이 BridgeDb[van Iersel et al. 2010]에 대한 구체적인 아이디어다.

화학, 특히 분자생물학, 유전학, 대사체학의 기초가 되는 화학 부분에 이미 화학, 유전자, 대사에 대한 정보를 포함하는 CHEBI와 같은 많은 데이터베이스가 있다. 약물 발견과 기타 생물학적 연구에 필요한 포괄적인 생물학적 연구를 수행하려면 이러한 데이터베이스에 있는 많은 정보를 정확하고 정확한 방식으로 상호 참조해야 한다. 데이터 세트 간의 대응은 잘 알려져 있지만 최근까지 하나의 자원 안에서 사용할 수 없었다. 이것이 바로 BridgeDb를 만든 동기가 되었다.

BridgeDb를 뒷받침하는 데이터의 핵심은 링크 세트link sets다. 링크 세트는 한 데이터베이스의 특정 개체를 다른 데이터베이스의 개체에 연결하는 정보를 제공한다. 링크 세트는 링크하는 원본 데이터 세트와 링크하는 개체 유형을 기반으로 구성된다. 링크 세트는 APIApplication Program Interface, 데이터 다운로드, 사용자가 일치하는 개체를 질의할 수 있는 웹 페이지를 통해 사용할 수 있다. 유전자, 화합물, 단백질, 기타 생물학적 관심 개체가 서로 일치하는 방식에 대해 사용할 수 있는 수십 개의 일치 관계가 있다. [그림 14-4]는 BridgeDb에서 사용하는 하위 속성 트리에서 발췌한 내용이다.

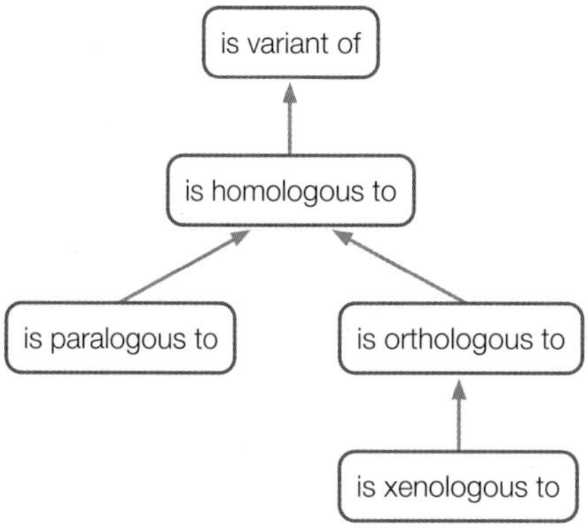

그림 14-4 생물학적 개체가 BridgeDb에서 관련될 수 있는 몇 가지 방법

BridgeDb는 매우 유용한 자원이다. 누구나 소스 데이터베이스 중 하나를 사용하려고 할 때마다 다른 데이터베이스 중 하나의 데이터를 사용할 수 있는 기회가 있기 때문이다. 이러한 데이터 세트를 매핑하기 위한 독립형 자원을 사용하면 일치 여부를 결정하는 모든 연구를 각 데이터베이스의 모든 사용자가 사용할 수 있다.

데이터 세트 간의 링크는 데이터 세트 자체보다 유용하거나 경우에 따라 훨씬 더 유용하다.

14.4 FIBO: 금융 산업 비즈니스 온톨로지

FIBO는 금융 상품을 설명하기 위한 온톨로지를 만드는 대규모 사업이다. 여기서 FIBO의 모든 측면을 다룰 수는 없다. 보다 포괄적인 세부 사항은 FIBO Primer[EDM Council 2018]에서 확인하기 바란다. FIBO의 산업적 동기는 금융 상품에 대한 정보를 모든 수준에서 보다 투명하게 만드는 데 있다. 특히 FIBO는 다음과 같은 방식으로 지원한다.

1 금융 기관이 상호 운용이 가능한 방식으로 정보를 보고할 수 있는 수단을 제공하여 규제 기관이 여러 공급자의 데이터를 사용하고 집계를 이해할 수 있도록 한다.

2 금융 기관 내부와 금융 기관 간에 의사소통의 일관성을 높이다.

3 금융 기관이 참여하는 수단을 기반으로 자체 내부 노출에 대한 가시성을 높일 수 있게 자체 데이터 관리의 품질을 개선하도록 장려한다.

4 전사적 지식 그래프로 회사의 모든 정보를 관리하고자 하는 기관을 위한 출발점을 제공한다.

FIBO의 모듈성

Schema.org와 마찬가지로 FIBO는 금융 업계 구성원들이 새롭게 인식한 요구에 부응하여 지속적으로 개발되고 있다. 이 글을 쓰는 시점에서 FIBO에는 4,000개 이상의 클래스와 거의 2,500개의 속성이 포함되어 있다. FIBO 개발이 계속됨에 따라 이 숫자들도 변경된다. 숫자가 항상 증가하지는 않는다. FIBO를 개발하는 과정에서 클래스 또는 속성이 병합되어 FIBO가 성숙해질수록 숫자는 감소할 수 있다.

FIBO에서 클래스는 200개가 넘는 온톨로지로 구성되어 있으며, 온톨로지 모듈화의 개념을 매우 적극적으로 받아들인다. 이 때문에 FIBO는 11개의 도메인으로 구성되어 있다.[5] 도메인은 Foundations^FND^, Business Entities^BE^, Financial Business and Commerce^FBC^, Loans^LOAN^, Securities^SEC^, Indices and Indicators^IND^, Derivatives^DER^, Collective Invesment Vehicles^CIV^, Business Processes^BP^, Corporate Actions and events^CAE^, Market Data^MD^다. 각 도메인에는 2~4자 정도의 짧은 니모닉mnemonic(연상 기호)이 있다. 여러 산업에 유용한 개념을 제공하는 FND를 제외하고 각 도메인은 금융 산업의 특정 측면을 다룬다.

너무 많은 온톨로지를 명명하는 것은 어려울 수 있다. FIBO는 각 도메인을 하위 도메인과 모듈로 구성하여 이러한 문제를 해결한다. 5장에서 살펴보았듯이, HTTP URI는 이름에서 임의의 양의 구조를 나타낼 만큼 표현력이 좋다. FIBO는 각 온톨로지의 URI에 도메인을 반영하

5 저자주: FIBO 도메인을 rdfs:domain과 혼동하면 안 된다.

여 이를 활용한다(필요에 따라 도메인, 모듈, 하위 도메인의 밑에 반영함). 예를 들어 도메인 Business Entities에는 Legal Entities라는 모듈이 있다. 이 모듈 안에 여러 온톨로지가 있고, 그중 하나는 LegalPersons이다. 이 온톨로지의 HTTP URI는 FIBO의 설계 원칙을 기준으로 구성되어 있다.

```
https://spec.edmcouncil.org/fibo/ontology/BE/LegalEntities/LegalPersons/
```

FIBO는 Follow-Your-Nose 패턴(5.1절)을 구현하므로 이 HTTP URI는 온톨로지를 설명하는 웹 자원으로 확인된다(웹 브라우저에서 시도해보기 바란다!).

FIBO에서 자원의 정의는 여러 온톨로지에 분산될 수 있다. 각 자원(클래스, 속성, 온톨로지, 개인)에 이를 정의하는 온톨로지로 간주되는 단일 온톨로지가 있다. 자원의 HTTP URI는 정의하는 온톨로지의 HTTP URI를 반영한다. 예를 들어 LegalPersons 온톨로지는 HTTP URI가 다음과 같은 BusinessEntity라는 클래스를 정의한다.

```
https://spec.edmcouncil.org/fibo/ontology/BE/LegalEntities/LegalPersons/Business
Entity
```

FIBO에는 도메인, 하위 도메인, 모듈, 온톨로지가 너무 많아 여기에 모두 나열할 수 없지만, EDMC에 의해 모두 색인이 유지되고 있다.

FIBO에는 수백 개의 온톨로지가 있기 때문에 수백 개의 네임스페이스 접두사도 있으며, HTTP URI 자체의 체계적인 구조에 해당하는 체계적인 방식으로 관리된다. 각 FIBO 도메인에는 짧은 니모닉이 있고, 각 하위 도메인과 모듈에서도 마찬가지다. 도메인에는 하이픈으로 연결되어 네임스페이스 접두사를 형성한다. 예를 들어, LegalPersons 온톨로지의 접두사는 fibo-be-le-lp:다. 따라서 BusinessEntity의 CURIE^Compact URI^는 fibo-be-le-lp:BusinessEntity가 된다. 여기서 보여줄 예는 공식 FIBO CURIE만 사용하고 각 접두사에 대해 한 번만 확장한다.

FIBO와 데이터 매핑

FIBO의 주요 사용 사례는 데이터 상호 운용성에 관한 것이다. 금융 기관은 이미 참조 데이터, 상품, 포지션, 등급 등에 대한 구조화된 데이터를 관리하고 있다. FIBO의 임무는 이 구조화된 데이터의 교환과 비교를 용이하게 하는 것이다. 문제는 각 데이터 소스가 서로 다른 조직에서 관리되므로 데이터 구조 방식에 대해 서로 다른 결정을 내릴 수 있다는 점이다. 이 문제에 대한 FIBO의 접근 방식은 데이터 소스의 세부 사항을 확인하기 전에 각 데이터 소스를 매핑할 수 있는 모델을 만드는 것이다. 처음에는 불가능해 보일 수 있다. 조직의 다른 부서뿐만 아니라 다른 조직(예: 은행, 규제 기관, 투자자, 신용카드 회사, 세무 기관)의 각 데이터 정보원은 다른 방식으로 구성되고 설계되어 있기 때문이다. 다른 조직에서는 다른 사용 사례와 애플리케이션 또는 다른 사용자 그룹을 강조할 수 있다. 어떻게 하나의 모델이 이 모든 것에 매핑될 수 있을까?

FIBO가 이 문제를 어떻게 해결하는지 확인하려면 다양한 정보원의 데이터 세트가 어떻게 다른지 이해해야 한다. 우선, 단순한 이름 변경이 있다. 9.3절에서 이에 대한 몇 가지 예를 살펴보았다. 한 데이터 세트는 분석가Analyst를 참조하고 다른 데이터 세트는 연구자Researcher와 동일한 것을 참조한다. 한 도서관에서는 고객이 책을 대출하고check out 다른 데이터 세트에서는 책을 빌린다borrow.

또 다른 하나는 좀 미묘한데, 이를 팩토링factoring이라고 한다. 설명하는 개체의 모든 속성에 동일한 이름을 사용하더라도 다르게 구성할 수 있다. 예를 들어, 신용카드에 주소가 있다고 말할 수 있다. 개인 또는 회사가 신용카드를 소유하고 이 신용카드에 주소가 있다고 말할 수도 있다. 신용 카드에 청구지 우편번호가 있다고도 말할 수 있다. 또는 카드 소지자가 우편번호가 있는 청구지 주소를 가지고 있을 수 있다. FIBO와 같은 온톨로지는 많은 마스터에게 서비스를 제공해야 하며 다양한 데이터 세트에 대한 매핑을 수용할 수 있어야 한다.

도전과제 14-3 기간

시작과 끝이 있는 기간을 설명하는 모델이 있다고 가정하자. 다음과 같이 모델링할 수 있다.

```
:Period rdf:type owl:Class ;
:hasStart rdf:type owl:DatatypeProperty ;
  rdfs:domain :eriod ;
```

```
    rdfs:range xsd:dateTime .

:hasEnd rdf:type owl:DatatypeProperty ;
    rdfs:domain :Period ;
    rdfs:range xsd:dateTime .
```

이 모델은 날짜/시간의 간격을 나타내는 간단한 방법을 제공한다. 이것을 FIBO에 어떻게 매핑할 수 있을까?

▶ **솔루션**

FIBO는 다음과 같이 정의된 fibo-fnd-dt-fd:DatePeriod라는 클래스를 정의한다.

```
fibo-fnd-dt-fd:DatePeriod rdf:type owl:Class ;
   rdfs:subClassOf [
      rdf:type owl:Restriction ;
      owl:maxQualifiedCardinality 1 ;
      owl:onClass fibo-fnd-dt-fd:Date ;
      owl:onProperty fibo-fnd-dt-fd:hasEndDate ] ;
   rdfs:subClassOf [
      rdf:type owl:Restriction ;
      owl:maxQualifiedCardinality 1 ;
      owl:onClass fibo-fnd-dt-fd:Date ;
      owl:onProperty fibo-fnd-dt-fd:hasStartDate ] .
```

도전과제에서 Period 클래스와 hasStart와 hasEnd 속성 간의 관계는 RDFS에서 제공되는 반면 FIBO에서는 OWL에서 제공된다. 그러나 관련성은 직접적이다. hasStart의 의미는 fibo-fnd-dt-fd:hasStartDate의 의미와 동일하다. OWL에서 이 관계를 다음과 같이 표현할 수 있다.

```
fibo-fnd-dt-fd:hasStartDate owl:equivalentProperty :hasStart .
fibo-fnd-dt-fd:hasEndDate owl:equivalentProperty :hasEnd .
```

도전과제 14-4 법인 식별자

금융 상품 규제에 나타나는 일반적인 문제는 법인 식별이다. 간단한 예로, 증권 중개 회사가 다른 많은 회사에 대한 지분을 소유하고 있다고 가정해보자. 정부 규정에 따르면 자신이 상당한 지분을 소유한 회사의 주식 거래가 금지되어 있는데 사실 여부를 어떻게 확인할 수 있을까? 증권 중개 회사는 거래하는 주식을 발행한 회사를 식별할 수 있어야 하고, 그 증권 중개 회사가 주식을 발행한 회사의 지분을 어느 정도 소유하고 있는지 조회할 수 있어야 한다.

▶ 솔루션

금융 업계는 전 세계 기업의 법인 식별 기호LEI를 바탕으로 이 문제에 접근한다. 이 식별자는 문자와 숫자로 된 고유한 시퀀스이며 매우 길다. 이 예에서는 LEI가 짧은 것으로 가정한다.

[그림 14-5]와 같이 모델링된, 회사와 LEI를 나열하는 간단한 데이터 세트로 가정한다. 이것은 스프레드시트나 Schema.org 마크업에서 기대할 수 있는 일종의 간단한 데이터 표현이다. LEI로 법인을 조회할 수 있다.

```
:Company a owl:Class .
:hasLET a owl:DatatypeProperty ;
        rdfs:domain :Company ;
        rdfs:range xsd:string .

plush:BeautyBar :hasLET "1234ABC" .
```

그림 14-5 모든 회사가 LEI를 보유한 단순 모델과 Plush Beauty Bar의 예([예 10-1] 참조)

이제 LEI를 등록하고 투자자에게 알리고자 하는 소규모 회사가 아니라, 전 세계의 모든 LEI가 포함된 데이터 세트를 보고 있다고 가정하자. LEI는 글로벌 LEI 재단GLEIF에서 관리한다. [그림 14-6]에 나와 있는 것처럼 LEI보다 더 정교하게 표현하였다[Rivett et al. 2019][6].

```
gleif-L1:LegalEntityIdentifier a owl:Class ;
    rdfs:subClassOf
        [ a owl:Restriction ;
          owl:onProperty gleif-base:identifies ;
          owl:onClass gleif-L1:RegisteredEntity ;
          owl:qualifiedCardinality 1 ] .

gleif-base:Identifier a owl:Class ;
    rdfs:subclassOf
        [ a owl:Restriction ;
          owl:onProperty gleif-base:hasTag ;
          owl:onDataRange xsd:string ;
          owl:qulifiedCardinality 1 ] ,
        [ a owl:Restriction ;
          owl:onProperty gleif-base:identifies ;
          owl:cardinality 1 ] .
```

```
gleif-L1:RegisteredEntity a owl:Class .

plush:BeautyBar a gleif-L1:RegisteredEntity .
lei:L1234ABC a gleif-L1:LegalEntiyIdentifier ;
          gleif-base:hasTag "1234ABC" ;
          gleif-base:identifies plush:BeautyBar .
```

그림 14-6 GLEIF에서 사용하는 LEI 구조와 Plush Beauty Bar의 예

훨씬 더 단순한 모델이 되어야 할 것 같은데 GLEIF가 식별자에 대해 복잡한 모델을 가지고 있는 이유는 GLEIF가 식별된 개체와 번호보다 식별자에 대해 더 많이 알아야 하기 때문이다. GLEIF가 숫자를 관리하기 때문에 GLEIF가 사용하는 모델은 숫자 자체에 대한 정보를 나타낼 수 있어야 한다. GLEIF는 LEI를 발급할 권한이 있는 법인인 여러 LOU 또는 지역 운영 단위와 협력한다. GLEIF의 관점에서 LEI 모델은 LEI에 관한 사항, 특히 등록된 LOU에 대한 사항을 나타낼 수 있어야 한다. LOU는 등록 비용 지불 같은 기타 정보를 기록한다(LEI를 등록하고 매년 갱신하는 데 약간의 비용이 든다). 간단히 말해 GLEIF 관점에서 LEI 자체는 비즈니스에서 중심적인 역할을 하며 식별하는 법인과는 별도로 모델링되어야 한다.

FIBO는 여기서 어디로 들어갈까? FIBO는 GLEIF 모델에 상당히 직접적으로 매핑할 수 있다. FIBO와 관련된 부분은 [그림 14-7]에 제시되어 있다.

```
fibo-be-le-lei:LegalEntityIdentifier
  a owl:Class ;
  rdfs:subClassOf fibo-fnd-arr-id:Identifier .
  rdfs:subClassOf [
        rdf:type owl:Restriction ;
        owl:onClass fibo-be-le-lp:LegalPerson ;
        owl:onProperty fibo-fnd-aap-agt:identifies ;
        owl:qualifiedCardinality 1 ] .

fibo-be-le-lei:LEIRegisteredEntity
  rdfs:subClassOf fibo-be-le-lp:LegalPerson ;
  owl:equivalentClass [
        rdf:type owl:Restriction ;
        owl:onProperty fibo-fnd-aap-agt:isIdentifiedBy ;
        owl:someValuesFrom fibo-be-le-lei:LegalEntityIdentifier ;
  ] .
```

6 저자주: GLEIF는 www.gleif.org에 게시된 대로 OWL을 사용하여 LEI 등록을 나타낸다.

```
fibo-fnd-arr-id:Identifier
  rdf:type owl:Class ;
  rdfs:subClassOf [
        rdf:type owl:Restriction ;
        owl:onDataRange xsd:string ;
        owl:onProperty fibo-fnd-rel-rel:hasTag ]

plush:BeautyBar a fibo-be-lei:LEIRegisteredEntity .
plush:L1234ABC a fibo-be-le-lei:LegalEntityIdentifier ;
               fibo-fnd-rel-rel:hasTag "1234ABC" ;
               fibo-fnd-aap-agt:identifies plush:BeautyBAR .
```

그림 14-7 법인 식별자의 FIBO 표현(예: Plush Beauty Bar)

FIBO는 이미 GLEIF에서 사용하는 모델과 밀접하게 연관되어 있지만 몇 가지 차이점이 있다. 이 예는 그러한 차이점 중 하나를 보여준다. FIBO와 GLEIF의 관련 부분은 이 예의 목적을 위해 단순화되었지만 GLEIF 모델의 전체 모델에서도 결론이 유지된다. Beauty Bar는 등록된 법인이며 그 사실에서 더 이상 추론을 이끌어낼 수 없다(gleif-L1:RegisteredEntity는 하위 클래스가 아니기 때문임). 그러나 FIBO에서 Beauty Bar는 fibo-be-le-lei:LEIRegisteredEntity이며, 결국 fibo-be-le-lp:LegalPerson가 된다. 특히 FIBO에서 법인은 법적 책임이 있다. 즉, 피소될 수 있다. GLEIF 모델은 이에 동의하지 않는다. 법인이 아니므로 반드시 피소되지는 않는 일부 등록된 단체(특히 지점 및 기금)가 있기 때문이다.

이 간단한 예는 FIBO가 직면한 아슬아슬한 줄타기를 보여준다. 한편으로 "Plush에 LEI가 있는가? 그게 무엇인가?"와 같은 질문에 답해야 한다. 누군가 "Plush Beauty Bar가 피소될 수 있는가?"라고 물었을 때 규제 기관을 만족시키는 데 필요한 변형을 관리하는 동안 더 간단한 모델은 이러한 질문에 답할 수 있으며 실제로 더 간단한 모델이 이를 위해 정기적으로 배포된다. 그러나 이러한 단순한 모델을 사용하여 시스템을 통합하려면 두 모델의 모든 변형을 포함하는 모델이 필요하다. 이것이 FIBO의 주된 추진 설계 근거다.

FIBO 요약

FIBO는 금융 산업의 데이터 세트를 위한 일종의 온톨로지 인터링구아interlingua(보편어)로 설계되었다. 법인 식별의 예는 온톨로지가 직면한 설계 문제를 설명하면서 가능한 한 단순화하였다. FIBO와 같은 온톨로지를 피상적으로 검토하면 독자는 왜 그렇게 많은 조각이 있는지 궁금해할 수 있다. 예를 들면 다음과 같은 궁금증이 있을 수 있다. LEIRegisteredEntity와 LegalEntity은 왜 구별되어야 할까? 그 구분의 세부 사항은 무엇이며 언제 둘 중 하나를 사용해야 할까?

유스케이스의 관점에서 FIBO와 같은 온톨로지의 디자인을 이해하는 것은 어렵다. FIBO의 주요 사용 사례는 데이터 세트 간의 상호 운용성, 특히 아직 접하지 않은 데이터 세트 간의 상호 운용성에 관한 것이다. 이는 FIBO가 금융 산업에서 데이터 세트의 구조를 예상하고 모든 데이터에 자연스러운 것과 일치하는 추상화를 제공해야 함을 의미한다. 여기서 제시한 간단한 예에서 한 데이터 세트(법적 책임과 관련 있음)는 조직의 법적 책임에 관심이 있는 반면, 다른 데이터 세트(GLEIF 자체 관리)는 자금 조달 모델 또는 상태에 관심을 기울이지 않고 기업을 식별하는 방법에 관심이 있다. FIBO는 이러한 모드 중 하나를 선택할 여유가 없다. FIBO의 역할은 두 가지를 모두 예상하고 이를 통합하는 일관된 모델을 구축하는 것이다.

14.5 이 장을 마치며

이 장에서 논의된 세 가지 온톨로지인 FIBO, QUDT, OBO Foundry 온톨로지는 매우 적은 데이터(FIBO)를 포함하는 온톨로지부터 매우 많은 양의 상호 연결된 데이터(OBO)를 포함하는 온톨로지까지 스펙트럼이 넓다. 동시에 데이터 구조에 대해 많은 것을 말하는 온톨로지(FIBO)부터 상대적으로 거의 말하는 것이 없는 온톨로지(OBO)까지 다양하다. 소개한 온톨로지는 모두 여러 시스템에서 일관된 방식으로 정보를 공유하는 시맨틱 웹의 기본 기능을 다양한 범위로 제공한다.

FIBO의 역할은 재무 데이터를 해석하고 이해할 수 있는 방법을 설명하는 것이다. 대출 또는 금융 상품의 세부 사항, 특정 날짜의 증권 가격, 일부 계정의 상태가 될 수 있는 데이터 자체는 온톨로지의 일부가 아니며 상당히 휘발성이 있고 기밀이 될 것으로 예상된다. 반면에 구조는 매우 복잡하고 많은 경우에 고도로 규제된다.

반대로 OBO Foundry 온톨로지는 특정 화학물질을 설명하는 자세한 데이터를 포함한다. 글리포세이트에 인산염이 있다는 사실은 CHEBI로 표현된다. FIBO에는 그렇게 구체적인 표현이 없다. 일부 OBO 온톨로지는 실제로 매우 크고 생물학, 의학, 생명과학 등에 대한 방대한 양의 데이터를 포함한다. OBO를 데이터 자원으로 사용하여 답할 수 있는 복잡한 질문이 있다.

QUDT는 OBO와 FIBO 사이에 있다. QUDT는 많은 양의 데이터(변환 인자, 차원과 단위 간의 관계 등)를 포함하지만 주요 목적은 다른 데이터 세트 간의 연결을 제공하는 것이다. FIBO를 사용하는 두 데이터 정보원은 장치 불일치로 인해 상호 운용성에서 실패할 수 있다. 이러한 경우에 QUDT는 향상된 상호 운용성을 제공한다.

이 세 가지 온톨로지는 모두 표준 개체에 대해 전역적으로 명확한 이름을 제공하는 시맨틱 웹에서 기본 역할을 한다. 이러한 관계를 사용할 수 있는 방법에 대한 세부 사항만 차이가 있다.

주요 개념

- owl:imports – 한 온톨로지가 다른 온톨로지를 명시적으로 참조할 수 있도록 한다. 가져온 온톨로지의 트리플은 가져올 온톨로지에서 추론할 수 있다.
- **온톨로지 디자인 패턴** – 대형 모델에 일관성과 통일성을 제공하는 반복적인 모델링 관용구다.
- Good Relations – 웹에서 상거래에 대한 정보를 표현하고 공유하기 위한 온톨로지다.
- QUDT – 수량Quantities, 단위Units, 차원Dimensions, 유형Types을 뜻하는 공학 단위의 온톨로지다.
- OBO – 개방형 생물학 및 생물의학 온톨로지Open Biological and Biomedical Ontologies. 생명과학과 관련된 온톨로지 모음이다.
- CHEBI – 생물학적 관심에 기반한 화학Chemical of Biological Interests. 생화학과 관련된 OBO의 온톨로지 예제다.

CHAPTER 15

좋은 모델링과 나쁜 모델링 사례

지금까지 좋은 모델에 들어가는 RDF Resource Description Framework, RDFS RDF Schema, OWL Web Ontology Language의 구성자를 검토하고, 다양한 환경에서 성공적인 모델의 예를 설명했다. 하지만 여전히 처음부터 새 모델을 만드는 것은 어려울 수 있다. 어디서부터 시작해야 할까? 좋은 모델과 나쁜 모델을 어떻게 구별할까?

이 장에서는 모델 구성에 대해 설명하고, 시맨틱 웹에서 관행적으로 사용하지 않는 모델과 데이터 세트도 함께 소개한다. 즉 규칙이 아닌 모범 사례를 제안하고자 한다. 서로 다른 표준(예: 관계형 데이터 모델, XML 스키마)을 준수하는 여러 모델을 중재하는 경우 상황에 맞게 모델을 조정해야 한다. 이 장에서 좋은 모델을 구축하는 방법에 대한 조언과 이유를 제공하기 때문에, 조언을 무시해야 할 상황에서 무엇을 포기해야 할지 알 수 있을 것이다.

지금까지와 달리 이 장에서 제시하는 많은 예는 고유한 모델을 구축할 때 템플릿이나 모범 사례로 사용해서는 안 된다. 모델에 에뮬레이션하면 안 되는 패턴을 나타내기 위해 이러한 예에 '안티 패턴' 레이블을 붙여 표시한다.

15.1 시작하기

보통 여정의 첫 번째 단계가 가장 어렵다. 유용한 시맨틱 모델을 구축하려면 어떻게 시작해야 할까? 일반적으로 세 가지 방법이 있다. 첫 번째 방법은 웹의 특성에서 직접 비롯된다. 이미 웹에서 사용할 수 있는 모델이 있다면 새로 구축할 필요가 있을까? 모델링 프로젝트를 시작하는 가장 쉬운 방법 중 하나는 웹에서 원하는 모델을 찾는 것이다. 두 번째 방법은 조직의 가치 있는 정보 자산을 활용하는 것이다. 조직이 시맨틱 모델을 검증하기 위해 스키마, 통제된 어휘, 시소러스, 기타 정보 조직 관련 자료 등 훌륭한 소스를 제공할 수 있다. 세 번째 방법은 모델을 처음부터 설계하는 것이다. 이 경우, 요구 사항 정의와 테스트 사례 개발을 포함하여 특정 표준 엔지니어링 관행이 적용된다.

모델을 어떤 방식으로 얻었든 다음 질문에 답해야 한다. 이 모델 또는 모델의 일부가 내 목적에 유용할까? 이 질문은 모델러에게 다음 두 가지 문제를 제기한다. 의도하는 목적을 모델에서 어떻게 표현할까? 모델이 어떤 목적을 충족하는지 어떻게 확인할까?

원하는 것을 알기

의도한 바를 모델에 어떻게 표현할 수 있을까? 모델은 다른 소프트웨어 결과물과 유사하기 때문에(기계로 읽을 수 있고 정보 시스템에 대한 경험을 주도함), 소프트웨어 엔지니어링의 일반적인 지혜에서 일부 통찰력을 빌릴 수 있다. 그러나 시맨틱 웹의 모델은 많은 소프트웨어 결과물과 다르기 때문에 기존 소프트웨어 엔지니어링 관행을 적용하려면 부족한 부분을 먼저 이해해야 한다.

구축하려는 시스템의 요구 사항을 정의하는 것은 소프트웨어 엔지니어링에서 일반적으로 진행하는 작업이다. 시스템이 수행해야 하는 세계의 상태를 고려할 때 시스템은 무엇을 해야 할까? 소프트웨어 요구 사항에서 시작하여, 요구 사항을 충족하는 시스템 구성에서 소프트웨어 엔지니어를 안내하는 여러 방법론이 있다.

시맨틱 웹의 모델은 시스템 요구 사항이 있는 엔지니어링된 결과물의 일반적인 역할을 뛰어넘는다. 시맨틱 웹에서 모델은 종종 예상하지 않은 출처의 다른 정보와 통합될 수 있다. 따라서 시맨틱 모델을 설계할 때 알려진 요구 사항에 응답하고, 모델이 통합될 수 있는 정보의 구성을 어느 정도 예상하여 다양한 변형을 표현할 필요가 있다.

이런 특징은 불가능한 작업처럼 보이지만 일반적으로 상당히 관리하기 쉽다. 물론 전체적으로 모델이 적용될 수 있는 모든 용도를 예상하는 것은 불가능하다. ShakespeareanWork를 예로 들어보자. 알려진 요구 사항 중에서 누군가 셰익스피어의 작품을 분류하고 어떤 결과가 셰익스피어 작품인지 묻는 방식으로 다른 질문을 필터링하고 싶다. 먼저, ShakespeareanWork는 셰익스피어의 작품 클래스의 원소로 모델링할 수 있다. 알려진 요구 사항만 작업하면 모델링은 완료될 것이다. 그러나 사람들은 웹을 통해 셰익스피어에 대해 더 많은 것을 알고 싶어 한다. 누군가가 엘리자베스 시대의 모든 작품ElizabethanWork에 관심이 있다면, ElizabethanWork뿐만 아니라 온톨로지 모델링 관점에서 ElizabethanWork와 ShakespeareanWork의 관계를 모델링하고 싶을 것이다. 사실 모든 ShakespeareanWork가 ElizabethanWork이므로 전자를 후자의 subClassOf로 모델링할 수 있다.

이 개념은 시맨틱 웹의 모델링이 다른 엔지니어링 분야의 모델링 관행과 차이를 보여주는 핵심이다. 특정한 엔지니어링 설정과 더불어 예상할 수 있는 다양한 설정에 대해 모델링해야 한다. 이런 상황을 고려한 모델이 실제 세계에서 동작하는 사례를 이미 살펴보았다.

이 간단한 예는 많은 문제를 제기한다. 모델이 향후 어떻게 적용될지 어떻게 알 수 있을까? 이러한 모델에 대한 요구 사항을 어떻게 기록하고 관리할까? 이러한 질문은 동기부여 시나리오와 역량 질문을 사용하여 어느 정도 해결할 수 있다[Uschold and Gruninger 1996 및 Kendall and McGuinness 2019].

소프트웨어 엔지니어링의 시나리오는 시스템 설계에 대한 문제와 희망 사항을 다루는 정보를 풍부하게 담고 있고, 소프트웨어 개발 프로젝트의 시작점으로 사용된다. 소프트웨어의 경우와 마찬가지로 온톨로지 설계는 상호작용할 수 있는 이해 관계자의 인식을 포함하여 목적과 범위에 대한 명확한 명세가 필요하다. 시나리오는 온톨로지가 구축되는 이유, 의도하는 활용 목적와 이해 관계자가 누구인지 명확하게 설명함으로써 개발의 목표와 한계를 식별하는 데 도움이 된다.

시나리오는 인간에게 친숙한 단편소설이므로, 관련 어휘로 상황, 컨텍스트, 이해 관계자, 문제, 솔루션을 표현하면서 자연어로 의사 소통을 촉진한다. 클래식 소프트웨어 엔지니어링의 시나리오는 설계할 시스템의 두 가지 중요한 측면을 보여준다.

- 요구 사항을 표현하기 위한 어휘와 함께 기존 솔루션에서 다루지 않은 요구 사항
- 새로운 시스템을 도입함으로써 지원되는, 문제에 대한 가능한 해결책

두 가지 모두 온톨로지 기반 솔루션 개발에 중요하다. 또한 시나리오는 컨텍스트와 이해 관계자를 제공하여 개발할 온톨로지의 재사용 범위에 대한 아이디어를 가질 수 있도록 한다.

시나리오는 온톨로지가 충족해야 하는 요구 사항을 어떻게 지정할 수 있을까? 동기부여 시나리오의 텍스트는 비공식적인 역량 질문Competency questions을 소개한다. 즉, 시나리오를 지원하기 위해 온톨로지에서 답변해야 하는 질문이다. 이러한 질문은 시나리오에서 포함된 결과와 요구 사항을 모두 표현하기 위해 온톨로지에 요구 사항을 반영한다. 동기부여 시나리오와 역량 질문은 완전성Completeness(시나리오를 다루는 범위), 구체성Specificity(시나리오의 특정 용어가 캡처되는 범위), 세분성granularity(용어 범위), 형식성formality(정의가 형식화된 정도), 재사용성reusability(온톨로지가 유용한 답변을 계속 생성할 상황의 범위)의 관점에서 온톨로지의 범위를 지정하는 데 도움이 된다. 동기부여 시나리오와 역량 질문은 온톨로지 설계에 대해 방향, 도메인, 시드 용어, 경계를 동시에 포착하는 소스, 가이드, 제약조건의 역할을 한다.

시나리오 분석의 유용성은 온톨로지 디자인으로 끝나지 않는다. 시나리오는 온톨로지의 지속적인 개발을 통해 테스트, 정제, 재사용되는 동안 계속해서 입력을 제공한다. 온톨로지가 어떻게 사용 또는 재사용되는지 안다면 새로운 시나리오를 발견하고 기존 시나리오를 개선하여 온톨로지 유지 관리의 진화 과정을 관리할 수 있다.

의미를 말해보고, 말하는 것의 의미를 이해하기

《이상한 나라의 앨리스》에서 3월 토끼는 앨리스에게 그녀가 의미하는 것를 말하고 그녀가 말하는 것이 무엇을 의미하는지 말해달라고 요청한다. 이것은 모델을 구축하는 모든 사람에게도 좋은 조언이 된다. 모델은 뒷받침해야 할 일련의 진술이며, 모델링 언어는 이러한 진술을 만드는 방법을 제공한다. 어떤 진술을 할 때 그 진술을 의미해야 한다. 할 말이 있다면 모델링 언어로 표현할 방법을 찾아야 한다. 모델링 언어의 문장이 의미하는 바를 알 수 있는 방법이 있는 경우에만 이를 수행할 수 있다. 시나리오, 이해 관계자, 변형, 역량 질문에 대해 이야기하는 것은 좋다. 그런데 모델의 의도에 대한 구체적인 이해가 있더라도 구성된 모델이 해당 의도를 충족하는지 여부를 어떻게 결정할 수 있을까?

클래스와 속성의 이름 뒤에 있는 직관에 호소할 수 있지만 이 방법은 여러 가지 이유로 문제가 있다. 첫 번째는 '희망적인 이름 지정'이라는 문제다. 누군가가 ElizabethanWork라는 클래스를 명명했다고 해서 그 이름에 걸맞은 모든 저작물을 포함한다는 의미는 아니다. 두 번째는 정확성 문제다. 모델러가 ElizabethanWork에서 의미하는 것은 무엇인가? 엘리자베스 여왕이 만든 작품인가? 그녀의 통치 기간에 만든 작품인가? 아니면 이름을 한 번에 나열할 수 있는 저명한 문학가ElizabethanAuthors 중 한 명이 만든 작품일 수도 있다. 모델이 어떤 의도를 충족하는지 확인하려면 모델이 의미하는 바를 알 수 있는 객관적인 방법이 필요하며, 역량 질문의 경우 모델이 질문에 답할 수 있는 방법이 필요하다.

시맨틱 웹 모델이 질문에 답하는 방법은 두 가지가 있다. 첫 번째, 데이터베이스가 질문에 답하는 방식과 비슷하다. 즉, 질문에 답하기 위해 직접 액세스할 수 있는 방식으로 적절한 데이터를 색인화하는 것이다. "엘리자베스 시대의 문학 작품은 무엇인가?"라는 질문에 답하면 이런 식으로 ElizabethanWork라는 클래스를 만들고 그 클래스의 원소로 작품 목록을 유지하는 것이다.

이처럼 질문에 답하는 방법은 데이터 관리의 기본이다. 어느 시점에서 정확하거나 적어도 목적에 충분히 맞는 데이터가 있다는 것을 신뢰해야 한다. 시맨틱 모델링의 특별함은 가변성을 모델링해야 할 때 발생한다. "셰익스피어 작품은 무엇인가?"라는 질문에 대한 답을 어떻게 확인할 수 있을까? "엘리자베스 시대의 작품은 무엇인가?"에 대한 답변과 일치한다. 그리고 "엘리자베스 시대의 작가는 누구인가?"라는 질문에 대한 대답과 어떤 관련이 있을까? 이것은 시맨틱 모델이 질문에 답할 수 있는 두 번째 방법, 즉 추론을 사용하는 방법으로 이끈다.

추론 분석을 통해 특정 질문(또는 질의)에 대한 모델의 답을 결정할 수 있다. 이미 단언된 트리플을 기반으로 어떤 트리플을 추론할 수 있을까? 추론은 의미하는 것을 표현하는 더 많은 기능을 제공한다. ShakespeareanWork를 언급하는 것은 무엇을 의미할까? 만약 모든 ShakespeareanWork가 ElizabethanWork임을 의미한다면, ShakespeareanWork는 ElizabethanWork의 하위 클래스라고 말해야 한다. 더 나아가 ElizabethanWork가 ElizabethanAuthor에 의해 만들어지거나 쓰여진 것이고, Shakespeare가 저자 중 한 명이라면, 해당하는 추론을 수반하는 모델을 구축할 수 있다(예: 12.1절에서 소개한 owl:someValuesFrom을 사용하여 설명함). 추론은 표현한 사실이 의도한 것인지 확인할 수 있는 방법이다. 모델이 수반하는 추론은 표현하려는 개념 간의 관계를 반영할까?

15.2 좋은 이름 지정 관행

5장에서 (수십 년 동안 하이퍼텍스트 웹에서 HTTP URI를 사용해왔듯이) 데이터 웹상의 개체를 참조하기 위해 HTTP URIUniform Resource Identifier를 사용하는 것이 중요함을 확인했다.

웹과 같은 분산 시스템에서 이름 지정이 미묘한 영향을 미칠 수 있다는 것은 놀랍지 않다.

5장에서 HTTP URI에 대한 도메인 이름 선택의 영향에 대해 자세히 설명했다. 또한 슬래시와 해시 URI의 차이에 대해서도 논의했다(5.3절). 그러나 세부 사항을 모두 파악한 후에도 URI에 대한 로컬 이름을 선택하는 방법에 대한 질문이 여전히 남아 있다.

URI의 로컬 이름은 마지막 슬래시 뒤(슬래시 URI의 경우) 또는 해시 뒤(해시 URI의 경우)에 있는 이름의 일부이며, URI의 CURIE[Compact URI]에 나타나는 이름이다. 예를 들어 skos:broader(11.2절)의 로컬 이름은 broader다. wikidata:Q41176(5.4절)의 로컬 이름은 Q41176이다.

의미 있는/의미 없는 URI?

생각해봐야 할 첫 번째 질문은 로컬 이름이 사람이 읽을 때 의미가 있어야 하는지 여부다. 이 질문에 대한 두 가지 기본 접근 방식이 있다.

1. **불명확한 로컬 이름**: URI의 로컬 이름은 해당 네임스페이스 내에서 고유함이 보장되는 의미 없는 문자열(일반적으로 숫자)이다. wikidata:Q41176("건물"), agrovoc:c_4397("축산") 등이 그 예다.
2. **읽을 수 있는 로컬 이름**: URI의 로컬 이름은 사람이 읽을 수 있는 의미 있는 이름이 있다. skos:broader, owl:someValuesFrom, fibo-be-le-lp:LegalPerson 등이 그 예다.

보다시피 두 가지 접근 방식은 나름대로 긴 시간 동안 많은 성공 사례를 갖고 있다. 장단점은 무엇이며 어떻게 선택해야 할까?

불명확한 로컬 이름의 장점

위키데이터의 자원 이름과 AGROVOC의 유엔[UN]/식량농업기구[FAO](11.1절)에서는 불명확한 로컬 이름을 사용하고 있는데, 장점은 무엇일까?

첫째, 두 경우 모두 도메인에 대해 더 많이 알면 개체의 선호 이름이 변경될 수 있다. '건물building'이라는 단어는 충분히 안정적으로 보이지만 영어에 동의어들이 있다. 이 자원이 어떻게 사용되는지 살펴보면 다른 단어들(structure, construction, erection, edifice 등) 중 하나가 더 적절하다는 것을 알 수도 있다. 불명확한 로컬 이름을 사용하면 유지 관리가 간단해진다. 먼저 다음 트리플을 제거한다.

```
wikidata:Q41176 rdfs:label "building"
```

그리고 다음 트리플로 대체한다.

```
wikidata:Q41176 rdfs:label "structure" .
```

FAO의 경우, UN이 6개의 공식 언어를 인정하고 모든 UN 문서를 6개 언어로 동시에 게시해야 한다는 또 다른 고려 사항(위키데이터에 대한 고려 사항일 수도 있음)이 있었다. UN이 c_4397에 대해 사람이 읽을 수 있는 로컬 이름을 선택했다고 가정해보자. 어떤 이름이어야 할까? agrovoc:Livestock이어야 할까, 아니면 agrovoc:Bétail이어야 할까? 두 옵션 모두 UN 언어 지침을 위반한다고 주장할 수 있다. 불명확한 이름을 쓰면 더 이상의 논의 없이 문제가 해결된다.

불명확한 이름을 사용하는 또 다른 이유는 15.1절에서 설명한 대로 원하는 이름 지정의 오류를 피하려는 것이다. URI에 읽을 수 있는 이름을 지정하지 않으면 모델이 표현하지 못하는 무언가를 의미한다고 생각하지는 않을 것이다. 웹 인프라에서 URI는 실제로 의미가 없다. 아무도 의미가 있는 척하려고 서비스를 제공하지는 않는다.

불명확한 이름의 단점

위에 나열된 장점에도 불구하고 불명확한 이름은 학생들과 개발자들 사이에서 인기가 없다. 그 이유는 매우 분명하다. 이 책을 읽고 agrovoc:c_4397을 참조할 때, 텍스트에 "가축"을 가리키는 어딘가에 주석을 달아야 한다.

이 문제는 엔지니어링 설정으로 이어진다. 온톨로지 또는 어휘를 관리하기 위한 도구에서 agrovoc:c_4397과 같은 자원이 있는 모델 또는 어휘를 보면 의미 없는 참조로 가득찬 구조를 볼 수 있다. 개념을 읽을 수 없는 경우 모델을 검토하기란 매우 어렵다.

이 단점은 물론 이 문제를 인식하는 도구를 사용하여 처리할 수 있다. 대부분의 어휘 도구에는 레이블에 따라 자원이 표시되는 모드가 있다. 예를 들어 AGROVOC에는 다음과 같은 트리플이 포함되어 있다.

```
agrovoc:c_4397 skos:prefLabel "Live stock"@en, "Bétail"@fr.
```

따라서 어휘 도구는 그 이름을 사용하여 표시할 수 있다. 도구가 프랑스어를 사용하도록 국제화되면 Bétail을 사용하도록 전환할 수도 있다 .

그러나 이 솔루션에도 문제가 있다. 미국의 NAL National Agriculture Library에는 AGROVOC과 상당한 공통 범위를 갖는 시소러스가 있으며 그 어휘에 "Livestock"이라는 자원이 있다. 어휘를 비교하고 대조하고 선호하는 레이블과 다양한 언어를 다룰 수 있는 정교한 도구를 사용하는 경우, 한 자원이 가축의 AGROVOC 버전이고 다른 하나가 가축의 NAL 버전이라는 사실을 어떻게 표시해야 할까? 의미 있는 로컬 이름이 있었다면 이 문제는 CURIE에 의해 이미 해결되었을 것이다(agrovoc:Livestock vs. NAL:Livestoc). 레이블만 사용한다면 "가축"과 "가축"의 관계에 대해 확인해야 한다. 즉, (AGROVOC 의미에서) "가축"과 (NAL 의미에서) "가축" 사이의 관계로 확장하는 경우에만 의미가 있다. CURIE는 이를 수행하는 훨씬 더 정확하고 간결한 방법이지만 의미 있는 URI의 컨텍스트에서만 의미가 있다.

의미 있는 이름의 단점

사람이 읽을 수 있는 로컬 이름의 문제는 합법적인 HTTP URI를 구성하는 것을 고려할 때 발생한다. 이러한 URI는 웹에서 자원을 식별하는 데 사용되며 URI 자체가 웹을 통해 식별자로 전송되기 때문에 웹 전송 프로토콜은 형식에 대해 많은 정보를 제공한다. 특히 HTTP URI의 로컬 부분에는 괄호, 앰퍼샌드(&), 공백을 포함하는 특수 문자 집합이 허용되지 않는다.

많은 개체의 가장 자연스러운 이름에 문자가 포함된다. 예를 들어 agrovoc:c_2018은 '젖소dairy cattle'다. 읽을 수 있는 URI를 만들려고 하면 HTTP URI 프로토콜에서 허용하지 않는 공백이 포함된다. 이 문제를 해결하는 방법이 있지만 모두 URI와 선호하는 이름 간의 연결을 끊어야 한다. 가장 중요한 문제는 전송 프로토콜(HTTP)이 인간 커뮤니케이션 형식(어휘의 개념 이름)에 영향을 미치도록 한다는 것이다.

금융 산업 비즈니스 온톨로지FIBO에서는 역사적 이유로 URI 이름이 모두 사람이 읽을 수 있는 이름으로 사용되었다. 또한 FIBO의 개발 과정에서 일부 이름이 변경되었다. 예를 들어, 기술 용어인 Juridical Person은 실제 인간이 아닌 법인을 의미한다. 이는 법적 허구다. 많은 출처에서 이 사용법이 혼란스러워서(어떤 종류의 사람이 사람이 아니라는 정의는 혼란스러울 가능성이 있음) FIBO는 혼란을 없애기 위해 이 개념의 선호하는 이름을 법인Legal Entity으로 변경했다. 이로 인해 FIBO는 약간 혼란스러운 상황에 빠졌다. 자원의 레이블을 변경하여 다음과 같은 트리플을 만들어야 할까?

```
fib-be-le-lp:JuridicalPerson rdfs:label "LegalEntity" .
```

혼란을 피하기 위해서라면 이 방법은 도움이 되지 않을 것이다. URI를 변경하면 다음과 같은 트리플이 생성된다.

```
fibo-be-le-lp:LegalEntity rdfs:label "LegalEntity" .
```

더 정상적이긴 하지만 또 다른 문제가 있다. fibo-be-le-lp:JuridicalPerson을 참조한 웹 애플리케이션에 대해 무엇을 할까? 이제 참조는 FIBO가 정의하는 자원을 참조하지 않으며 해당 응용 프로그램은 기대하는 데이터를 찾지 못한다. FIBO와 같은 국제 표준에서는 받아들일 수 없는 상황이다.

FIBO는 두 가지 받아들일 수 없는 선택 사이에 놓여 있다. 즉, 읽을 수 있는 URI에 URI 로컬 이름과 일치하지 않는 레이블이 있는 레이블 지정 방법이 혼란스럽다. 또한 이전 이름을 참조하는 데이터 세트나 응용 프로그램이 손상될 위험이 있다.

이 문제에 대한 FIBO의 솔루션은 두 가지 선택 사이에서 절충안을 만든 것이다. 다른 데이터 세트에서 참조할 수 있기 때문에 이전 URI를 유지하지만 "사용되지 않음deprecated"으로 표시한다. 또한 owl:equivalentClass를 사용하여 더 이상 사용되지 않는 URI에서 새 URI로 연결을 설정한다. 마지막으로 추가 정보(정의, 제약조건, 역 등)가 새 URI로 이동된다. 즉, 다음과 같은 트리플이 생성된다.

```
fibo-be-le-lp:JuridicalPerson rdfs:label "juridical person";
   owl:deprecated true ;
   owl:equivalentClass fibo-be-le-lp:LegalEntity .
fibo-be-le-lp:LegalEntity a owl:Class ;
   rdfs:label "legalentity" ;
   rdfs:subClassOf fibo-be-le-lp:LegalPerson ;
   owl:disjointWith fibo-be-le-lp:LegallyCompetentNaturalPerson ;
...
```

이는 일관된 레이블을 유지하고 레거시 사용자를 만족시키며 필요한 경우 FIBO가 주요 개념의 이름을 변경할 수 있다는 점에서, 의미 있는 URI의 ID 변경과 관련된 많은 문제를 완화한다.

이러한 관습의 장단점에 따라 어느 쪽도 확실한 승리를 거두지 못하기 때문에 오늘날 성공적인 개방형 온톨로지에서 불명확한 이름과 의미 있는 이름에 대한 사용 사례를 모두 볼 수 있다. 이름 지정에 대한 분석은 특정 프로젝트에 대한 결정을 내릴 때 고려해야 할 대부분의 문제를 다루었다.

명명 규칙

일반적으로 의미 있는 URI가 사용되는 경우에 허용 가능한 이름에 몇 가지 제한이 있다. 이 같은 여러 고려 사항으로 인해 RDFS와 OWL에서 모델의 로컬 이름을 빌드하는 방법에 대한 사실상의 규칙 세트가 만들어졌다. 이러한 규칙은 XML과 기타 웹 모델링 언어의 명명 규칙에 어느 정도 매핑되며 W3C World Wide Web Consortium와 이 책 전체에서 따르고 있다.

- **CamelCase의 이름 자원**: CamelCase는 여러 단어로 된 이름을 공백 없이 작성하되 각 단어를 대문자로 작성하는 명명 스타일에 부여된 이름이다. rdfs:subClassOf, owl:InverseFunctionalProperty 같은 W3C 이름에서 이 규칙이 작동하는 것을 볼 수 있다.
- **대문자로 클래스 이름 시작**: W3C 클래스 이름 owl:Restriction과 owl:Class에서 이 규칙을 볼 수 있다.

- **소문자로 속성 이름 시작**: W3C 속성 이름 rdfs:subClassOf와 owl:inverseOf에서 이 규칙을 볼 수 있다. 첫 글자를 제외하고 이러한 이름은 CamelCase로 작성된다.
- **개별 이름을 대문자로 시작**: 이 책에 나온 lit:Shakespeare와 ship:Berengaria 예제에서 이 규칙이 작동하는 것을 볼 수 있다.
- **단수 명사가 있는 이름 클래스**: W3C 클래스 이름 owl:DatatypeProperty와 owl:SymmetricProperty 및 이 책의 예제들에서 이 규칙이 작동하는 것을 볼 수 있다. 예를 들어 lit:Playwrights 대신 lit:Playwright라고 쓴다.

클래스와 개체의 추적

시맨틱 모델을 설계할 때 가장 큰 과제 중 하나는 어떤 사물 또는 개념을 클래스나 개체로 모델링해야 하는 시기를 결정하는 것이다. 이 문제는 특히 시맨틱 모델의 분산된 특성 때문에 재사용을 위한 모델을 고려할 때 발생한다. 시맨틱 모델은 다양한 이해 당사자의 역량 질문에 응답해야 하기 때문에 관행에 따라 클래스로 간주하기도 하고 때로는 인스턴스로 모델링할 수 있다.

멸종 위기에 처한 종을 예로 들어 생각해보자. 전 세계에서 번식 쌍의 수를 추적하는 야생 동물학자의 경우(수가 아주 적다면 모든 이름을 지정함), 종은 추석 중인 개별 동물을 원소로 갖는 클래스다. 멸종 위기에 처한 종을 정리하는 관리자 입장에서 종은 목록에 넣거나(즉, 멸종 위기에 처한 종의 일원으로 판단함) 목록에서 제거해야 하는 인스턴스다. 단일 모델 설계자는 이러한 두 가지 이해 당사자 커뮤니티의 역량 질분에 답해야 하는 문세에 직면해 있다. 이러한 상황은 12장의 Class-Individual Mirror 패턴을 사용하여 효과적으로 모델링할 수 있다.

또 다른 어려움의 원인은 클래스와 인스턴스에 대해 말할 때 인간 언어의 유연성에서 비롯된다. "셰익스피어는 엘리자베스 시대의 작가Shakespeare is an Elizabethan author"라고 말하거나 "시는 문학 작품a poem is a literary work"이라고 말할 수 있다. 전자의 경우, 아마도 셰익스피어라는 개체와 특정 저자 클래스의 원소에 대한 이야기일 것이다. 후자의 경우, 아마도 한 종류의 사물(시)이 다른 종류(문학 작품)와 어떻게 관련되는지에 대한 이야기일 것이다. 두 문장 모두 "is a(n)"이라는 단어를 사용하여 매우 다른 종류의 관계를 설명한다. 자연어에서는 의미하는 관계에 대해 구체적으로 말할 필요가 없다. 이것은 자연어에서 역량 질문을 사용할 때 발생하는 문제점이다. "문학 작품의 유형은 무엇인가?"라는 질문은 LiteraryWork 클래스의 원소인 개체에 대한 요청으로 해석되거나 LiteraryWork 클래스의 하위 클래스(유형)를 요청하는 것으로 해석될 수 있다. 이를 어느 쪽으로 모델링하든 질문에 대한 응답으로 간주될 수 있다.

어떤 것을 인스턴스로 모델링해야 하는지 아니면 클래스로 모델링해야 하는지 결정하기 위한 정확하고 빠른 규칙은 없지만 몇 가지 일반적인 지침은 있다. 이 지침들은 프로세스를 구성하는 데 도움이 될 수 있다. 첫 번째 지침은 클래스를 인스턴스 집합으로 볼 수 있다는 간단한 관찰에 기반한다. 무언가가 클래스로 모델링된다면, 적어도 그 클래스에 인스턴스가 있을 가능성이 있어야 한다. 어떤 인스턴스가 제안된 클래스의 원소가 될지 상상할 수 없다면, 클래스로 모델링해서는 안 된다는 강력한 표시다. 예를 들어, 이 지침에 따르면 셰익스피어로 알려진 문학적 인물을 참조하기 위해 클래스를 사용해야 한다고 하면 안 될 것 같다. 결국, 어떤 고유한 문학적 인물에 대해 이야기하고 있음을 일반적으로 이해하다고 할 때 셰익스피어 클래스에 어떤 인스턴스가 있을 수 있을까? 있을 수 없다면 셰익스피어를 인스턴스로 적절하게 모델링해야 한다.

클래스에 대한 인스턴스를 상상할 수 있다면 해당 인스턴스의 특성이 명확하도록 클래스 이름을 지정하는 것이 좋다. 셰익스피어와 관련하여 정의하고 싶은 클래스가 있다. 예를 들어, 희곡 38개, 소네트 254개, 긴 시 5개 등을 포함하는 음유 시인의 작품이 일부 이해 관계자의 관심 클래스가 될 수 있다. 이 경우 클래스 이름을 단순히 Shakespeare가 아닌 ShakespeareanWork와 같은 이름으로 지어야 한다. 디자인 단계에서 먼저 모델링할 항목(음유 시인 자신, 그의 작품, 가족 등)을 결정하고, 각 항목이 클래스인지 인스턴스인지 결정한 다음 마지막에 이 결정을 반영하는 이름을 선택한다.

두 번째 지침은 모델링할 대상을 설명하는 속성과 관련 있다. 해당 속성에 대한 특정 값을 알고 있거나 알 수 있을까? 아니면 어떤 일반적인 값이 있다는 것을 알고 있을까? 예를 들어, 일반적으로 연극에 작가, 첫 공연 날짜, 한 명 이상의 주인공이 있다는 것을 알고 있지만 윌리엄 셰익스피어가 썼고 1611년에 공연되었으며 주인공이 Prospero인 '템페스트The Tempest'에 대해서도 구체적으로 알고 있다. 이 경우 템페스트는 인스턴스로 모델링하고 연극은 클래스로 모델링해야 한다. 또한 템페스트는 해당 클래스의 원소가 된다.

모델 테스트

디자인된 구성 요소, 재사용된 구성 요소 또는 다른 정보원에서 번역된 구성 요소에서 모델을 조립한 후 어떻게 테스트할 수 있을까? 역량 질문이 있는 경우, 모델의 어휘를 사용하여 이러한 질문을 공식화할 수 있는지, 즉 대답할 수 있는지 확인할 수 있다. 더 중요한 것은 시맨틱 웹의 분산된 설정에서 모델이 여러 정보원으로부터 나온 가능한 역량 질문에 대해 일관된 답변을 유지하는지 여부를 (모델에 수반되는 추론 분석을 통해) 결정할 수 있어야 한다는 점이다. 또한 모델이 발전할 때마다 다시 실행할 수 있는 단위 테스트의 기반과 모델에 대한 테스트 케이스를 결정할 수 있는데, 이는 모델을 재사용할 때 특히 중요하다. 모델이 설계 범위에 명시적으로 포함되지 않은 정보에 직면했을 때 모델은 어떻게 수행할까?(즉, 어떤 추론을 도출할 수 있을까?)이어지는 분석에서 일반적으로 모델 테스트를 참조하여 모델이 의도를 충족하는지 확인할 수 있다.

15.3 일반적인 모델링 오류

AAA 슬로건에 비추어 볼 때, 사실상 어떤 것도 모델링 오류라고 말할 수 없다. 과학자, 엔지니어, 콘텐츠 관리자와 프로젝트 관리자에게 모델링을 가르친 경험을 통해 시맨틱 모델의 재사용 목표에 역효과를 줄 수 있는 몇 가지 모델링 사례를 발견했다. 모델이 엄격하게 잘못되었다고 말할 수 없지만 구조화된 도메인에 대한 정보를 다른 이해 관계자와 공유하려는 목표를 달성하지 못한다고 말할 수 있다.

여러 모델에서 지금부터 설명할 각 안티 패턴을 볼 것이다. 이제 각각에 대해 차례로 설명하고 조금 전에 제시한 모델링 지침과 관련하여 단점을 설명한다. 안티 패턴(초보 모델러가 빠질 수 있는 일반적인 함정)임을 상기시키기 위해 각각에 경멸적이고 다소 공상적인 이름을 붙였다. 가능하면 모델에 대해 원하는 다양한 의도에 따라 안티 패턴을 대체할 수 있는 모범 사례도 표시할 것이다.

계급주의(안티 패턴)

클래스와 인스턴스를 구분하는 것이 어려울 때 일반적인 반응은 단순히 모든 것을 클래스로 정의하는 것이다. 클래스 생성이 일반적으로 사용자가 학습하는 첫 번째 기본 작업이기 때문에 이 솔루션은 대부분의 모델링 도구에서 권장되고 있다. 이때 중요한 중심 개념의 이름으로 클래스를 만든 다음 원본과 관련된 개념을 나타내는 이름을 가진 클래스를 더 만들어 확장하고 싶은 유혹을 받는다. 이 관행은 시소러스와 같은 다른 지식 조직 소스에서 자동 수단으로 모델을 만든 경우에도 일반적으로 일어나는 일이다. 시소러스는 클래스 간 또는 클래스와 개체 간의 시맨틱 모델보다 용어 간의 관계에 대해 훨씬 덜 개입한다.

예를 들어 셰익스피어와 그의 작품을 모델링하는 사람이 셰익스피어라는 클래스와 Plays, Poems, Poets, Playwrights, TheTempest라는 클래스를 정의하는 것으로 시작할 수 있다. 그런 다음 wrote라는 속성(owl:ObjectProperty)을 작성하고 다음과 같이 트리플을 주장하여 셰익스피어가 그 모든 것을 작성했다고 명시한다.

```
:Playwrights :wrote :Plays .
:Poets :wrote :Poems .
:Shakespeare :wrote :Plays .
:ModernPlays rdfs:subClassOf :Plays .
:ElizabethanPlays rdfs:subClassOf :Plays .
:Shakespeare :wrote :TheTempest .
:Shakespeare :wrote :Poems .
```

심지어 다음 트리플도 추가할 수 있다.

```
:TheTempest rdfs:subClassOf :Plays .
```

결국 TheTempest는 온톨로지 디스플레이 도구에서 Plays 옆에 표시되기 때문에 위와 같은 트리플이 이치에 맞는 것처럼 보인다. 결과 모델은 [그림 15-1]에 제시되어 있다.

AAA 슬로건 관점에서 이 트리플 세트에 있는 어떤 것도 '잘못'이라고 말할 수 없다. 누구나 이 트리플을 단언할 수 있다. 그러나 클래스 이름을 복수형으로 지정하여, 간단한 구문 규칙을 따르지 않는다는 사실부터 지적할 수 있다.

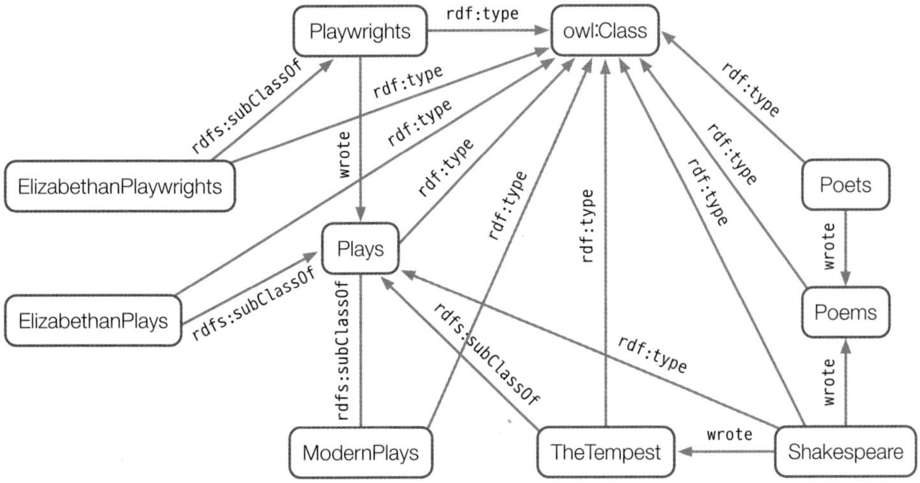

그림 15-1 계급주의를 보여주는 샘플 모델: 이 모델의 모든 노드에는 rdf:type owl:Class가 있다.

이 모델은 초보 모델러의 전형적인 스타일을 반영한다. 트리플은 영어로 "Shakespeare wrote poems"나 "Shake speare wrote The Tempest" 같은 의미 있는 문장으로 번역될 수 있다. rdfs:subClassOf를 a로 렌더링하면 "The Tempest is a plays"가 된다. 끝에 있는 복수형을 제외하면 영어로 합리적인 문장이 된다. 이 모델이 모델러 또는 이 모델을 재사용하려는 사람의 의도를 충족하는지 어떻게 평가할 수 있을까? 이 모델이 어떤 용도로 유용할 수 있는지 알려줄 수 있는 몇 가지 테스트를 해보자.

몇 가지 간단한 역량 질문부터 시작하겠다. 이 모델은 "Who wrote The Tempest?(누가 템페스트를 썼는가?)"라는 형식의 질문에 확실히 답할 수 있다. 대답은 모델에서 직접 확인할 수 있다. 또한 "What type of thing writes plays?(어떤 유형의 희곡을 쓰는가?)", "What type of thing writes poems?(어떤 종류의 시를 쓰는가?)"와 같은 질문에 답할 수 있다. 다시 말하지만, 이러한 답변은 모델에 직접 표시된다.

단순한 질문을 넘어서 모델이 서로 다른 관점을 구성하는 방법을 평가한다고 가정하자. 이 같은 모델은 "What type of thing wrote Elizabethan plays?(엘리자베스 시대에 어떤 유형의 희곡을 썼는가?)"와 같은 질문에 확실히 답할 수 있어야 한다. 극작가는 희곡을 쓰는 사람이고 엘리자베스 시대의 희곡은 희곡이기 때문에 최소한 극작가의 클래스를 포함할 것이다. 이 모델이 이 조건을 지원할 수 있을까 ? 관련 트리플을 살펴보고 어떤 추론을 그릴 수 있는지 살펴보겠다.

```
:Playwrights a owl:Class ;
            :wrote :Plays .
:ElizabethanPlays rdfs:subClassOf :Plays .
```

OWL 또는 RDFS에 대해 배운 추론 패턴은 여기에 적용되지 않는다. 특히 형식에 대한 추론이 없다.

```
:Playwrights :wrote :ElizabethanPlays .
```

이 모델이 통과할 것으로 예상되는 또 다른 테스트 기준은 희곡과 희곡 유형을 구별할 수 있는지 여부다. 이 모델에는 몇 가지 희곡과 희곡 유형이 있다. The Tempest는 희곡이고 엘리자베스 시대의 희곡Elizabethan play과 현대 희곡modern play은 희곡 유형이다. 모델은 두 경우를 구분할 수 없다. The Tempest를 (희곡으로) 반환하는 모든 질의는 modern play도 반환한다. Elizabethan play를 반환하는 질의(희곡 유형)도 The Tempest를 반환한다. 모델은 이 기준에 반응할 만큼 충분한 구별을 하지 않았다.

클래스를 집합으로 해석하는 관점으로 보면 이러한 결과 중 어떤 것도 놀랍지 않다. 이 모델에서 극작가와 희곡은 집합이다. "Playwrights wrote plays(극작가가 희곡을 썼다)"라는 말은 개별 극작가나 희곡에 대해 진술하지 않는다. 이것은 집합에 대해 진술한다.

그러나 집합은 아무것도 쓰지 않는 반면 극작가와 시인은 쓴다. 집합에 대한 이 진술은 말도 안 된다. OWL 추론 의미론은 진술문에 의미가 없으므로 추론을 얻을 수 없다는 것을 입증한다. TheTempest는 여기서 클래스로 모델링되었지만 인스턴스가 무엇이 될지 생각하기 어렵다. TheTempest는 어떤 집합이 아니라 희곡이다. 희곡은 사람이 쓰지만 집합은 그렇지 않다.

"Poets wrote poems(시인이 시를 썼다)"와 같은 진술에 대해서도 비슷한 의견을 작성할 수 있다. 다음 트리플은 의미가 없다.

```
:Poets :wrote :Poems .
```

"Poets wrote poems"라는 문장에 반영된 직감을 어떻게 표현해야 할까? 이러한 고려 사항은 역량 질문에서 얻을 수 있는 단순한 종류의 명세를 뛰어넘는다. 두 클래스(Poets와 Poems)

를 포함하는 모델을 사용하여 "Which people are poets?(어떤 사람들이 시인인가?)" 또는 "Which things are poems?(어떤 것이 시인가?)"와 같은 질문에 응답할 수 있다. 이 두 질문에 대한 답이 그것들 간에 일종의 일관성을 갖기를 원한다면 시와 시인 간에 어떤 관계를 표현하고 싶은지 결정해야 한다.

"누군가가 시인이고 그가 무언가를 썼다면 그것은 시다"라는 조건을 강제할 수 있다. 이 형식의 진술을 고려할 때, 복수형poets, poems이 아닌 단수 명사a poet, a poem로 클래스를 명명하는 규칙을 따르는 것이 더 합리적이고 더 읽기 쉬운 모델이다.

이미 이 형식의 진술을 표현하는 방법과 관련한 예를 살펴보았다. 어떤 것이 AllStarTeam이라면 모든 플레이어는 StarPlayer의 원소다. 이 예에 따라 시인과 시에 대해 다음과 같이 동일한 것을 나타낼 수 있다.

```
:Poet rdfs:subClassOf [ a owl:Restriction ;
                        owl:onProperty :wrote ;
                        owl:allValuesFrom :Poem ] .
```

시인의 사례(예: Homer)와 그가 쓴 것(예: The Iliad)을 지정하면 The Iliad가 시라고 추론할 수 있다.

```
:Homer :wrote :TheIliad .
:Homer a :Poet .
:TheIliad a :Poem .
```

이 정의는 호머Homer에게는 잘 작동할 수 있다. 하지만 모델의 경계를 약간 풀어서 셰익스피어와 같은 사람에 대해 어떤 추론을 할 수 있는지 확인한다면 어떻게 될까?

```
:Shakespeare :wrote :TheTempest .
:Shakespeare a :Poet .
:TheTempest a :Poem .
```

The Tempest가 시라는 결론은 예상치 못한 일이다. 시인들은 일반적으로 시가 아닌 것도 쓰기 때문에 아마도 "시인이 시를 썼다"라는 의미가 아닐 것이다. 이것은 모델의 적용 범위를 결정하는 강력한 방법의 예가 된다. 모델의 일부 가정(이 경우에는 아무도 시인이자 극작가가 될 수 없다는 가정)에 도전할 수 있는 테스트를 고안할 수 있다면 그 경계에 대해 무언가를 결정할 수 있다.

"시인이 시를 썼다"라는 말에서 어떤 다른 결과를 기대할 수 있을까? 누군가가 시인이라면 적어도 한 편의 시를 썼을 것이다. 이미 owl:someValuesFrom을 사용하여 이에 대한 많은 예를 살펴보았다. 이 경우 이 정의는 다음과 같다.

```
:Poet rdfs:subClassOf [ a owl:Restriction ;
                        owl:onProperty :wrote ;
                        owl:someValuesFrom :Poem ].
```

이 진술에서 도출할 수 있는 추론은 조금 미묘하다. 예를 들어 호머에 대한 다음 사실에서,

```
:Homer a :Poet .
```

그가 시인 어떤 것을 썼다고 추론할 수 있지만 그것이 무엇인지 꼭 식별할 수 있는 건 아니다.

"시인이 시를 썼다"라고 말할 때, 더 강력한 의미를 기대할 수 있다. 즉, 시를 쓴다는 것은 시인이 된다는 의미다. 시인이 된다는 것은 시를 써왔다는 의미이며 시를 써왔다면 시인이라는 의미다. 다음과 같이 owl:equivalentClass를 사용하여 이런 종류의 추론을 할 수 있다 .

```
:Poet owl:equivalentClass [ a owl:Restriction ;
                            owl:onProperty :wrote ;
                            owl:someValuesFrom :Poem ] .
```

이제 호머는 그가 쓴 시에서 시인이라고 추론할 수 있다.

```
:Homer :wrote :TheIliad .
:TheIliad a :Poem .
:Homer a :Poet .
```

일반적으로 목적어 속성을 사용하여 한 클래스를 다른 클래스로 연결하는 것(이 예제에서 시인이 시를 쓴 것처럼)은 어떠한 추론도 지원하지 않는다. 클래스와 관련된 속성을 인스턴스, 하위 클래스, 슈퍼 클래스로 전달하는 추론은 없다. (rdfs:domain과 rdfs:range에 관련된 추론 또는 owl:Restriction의 추론과 같이) 목적어 속성에 적용하는 유일한 추론은 주어와 목적어(이 경우 셰익스피어와 시)가 클래스가 아닌 인스턴스라고 가정하는 것이다.

이것은 모델링 언어로서 OWL의 강력한 기능을 보여준다. OWL의 구성자는 추론 표준을 기반으로 모델이 의미하는 바를 매우 구체적으로 설명한다. "시인이 시를 썼다"와 같은 문장은 자연어에서 다소 모호할 수 있지만 OWL에서 표현할 때는 훨씬 더 구체적이다. 모델러는 "시인이 시를 썼다"와 같은 진술로 그들이 의미하는 바를 결정해야 하지만 OWL은 이러한 구별을 명확하게 표현할 수 있도록 한다.

클래스 말장난(안티 패턴)

OWL 2.0 버전이 도입되면서 punning이라는 언어로 새로운 옵션이 허용되었다 . OWL 2.0 설계에서 클래스와 개체 모두에 동일한 식별자를 사용하는 것이 논리적 오류가 아니라고 판단하여 말장난punning으로 명명했다. 비록 OWL 2.0에서 허용되긴 하지만, 여전히 엔지니어링 관행에 좋지 않아 사용하지 않는 편이 좋다. Class-Individual Mirror 패턴([도전과제 12-5])은 동일한 목표를 달성하는 훨씬 더 정확한 방법이다.

멸종 위기에 처한 독수리 종과 그 종의 알려진 개체에 대한 간단한 예를 들어보겠다. 종을 epa:Eagle이라 부르고 야생에 존재하는 세 가지 표본을 알고 있다고 가정한다. 공원 관리인이 이 세 가지 표본의 이름을 다음과 같이 지었다.

```
epa:Eddie a epa:Eagle .
epa:Edna a epa:Eagle .
epa:Elmo a epa:Eagle .
```

독수리에 대해 더 많이 말하고 싶다고 가정해보자. 예를 들어, 독수리에게 날개가 있다는 것을 알고 있으며 환경 보호국EPA에서 독수리를 멸종 위기에 처한 종으로 분류했다는 소식을 들었다. punning으로 이러한 내용들을 모델링해보자.

```
epa:Eagle epa:hasPart epa:Wing ;
    a epa:EndangeredSpecies .
```

이 트리플은 punning을 통해 OWL에서 허용된다. 이것이 왜 나쁜 습관일까?

이 두 문장은 꽤 비슷해 보인다. 독수리에게 날개가 있고(정확히 2개의 날개가 있다고 말할 수 있음) 독수리는 멸종 위기에 처한 종이다. 그러나 이 두 진술은 매우 다르다. 독수리에게 날개가 있다는 것은 각각의 독수리에게 날개가 있다는 것을 의미한다. 따라서 Eddie에게는 날개가 있다. 그러나 OWL 추론 모델은 이에 대해 뭐라고 말할까? Eddie가 hasPart Wings 클래스의 구성원이라는 점을 고려할 때 Eddie에 대해 어떤 결론을 내릴 수 있을까? 전혀 없다. Eddie에 대해 알려주는 추론 규칙은 없다.

이 예제를 통해 정말로 표현하고 싶었던 것은 다음과 같다.

```
epa:Eagle
   rdfs:subClassOf [ a owl:Restriction ;
                     owl:onProperty epa:hasPart ;
                     owl:someValuesFrom epa:Wings ]
```

즉, 어떤 것이 독수리라면 날개가 되는 부분이 있다.

EndangeredSpecies의 하위 클래스에 대한 진술은 어떨까? 추론 모델은 이것에 대해 아무것도 말하지 않으며 이것이 우리가 원하는 바다. 결국, 종이 멸종 위기에 처했다고 했기 때문에 특정 독수리에 대해서는 아무 의미가 없다.

hasPart에 대한 이 진술들 중 하나는 오류(사실, 15.3절의 계급주의Classism 안티 패턴의 더 고약한 버전임)이고, 다른 하나는 EndangeredSpecies에 대해 기술적으로 올바르게 punning을 사용한 예다. 잘못된 사용을 올바른 패턴으로 바꾸고 싶다면 어떻게 해야 할까?

먼저 EndangeredSpecies 클래스로 시작하고 Eagle이 그 원소가 되어야 한다. 다만 "Eagle"로 불리는 다른 것들과 구별하기 위해 EagleSpecies라고 하겠다.

```
epa:EagleSpecies a epa:EndangeredSpecies .
```

이제 Eddie와 EagleSpecies의 관계는 매우 구체적일 수 있으며 그 관계를 epa:hasSpecies라고 부를 수 있다.

```
epa:Eddie epa:hasSpecies epa:EagleSpecies .
epa:Edna epa:hasSpecies epa:EagleSpecies .
epa:Elmo epa:hasSpecies epa:EagleSpecies .
```

그러나 여전히 punning 모델이 할 수 있는 모든 것을 할 수는 없다. 결국, EagleSpecies를 종으로 갖는 모든 것의 클래스를 참조하는 것이 편리할 수 있다. 예를 들어, 다른 것의 하위 클래스 또는 슈퍼 클래스라고 말할 수 있게 하거나 12.2절에서 설명한 대로 관계 전달 패턴에서 사용할 수 있다. 그러나 Class-Individual Mirror 패턴을 간단히 적용하여 이 목적을 달성할 수 있다. 독수리 종을 가진 사물의 클래스는 간단히 OWL에서 다음과 같이 정의할 수 있다.

```
epa:Eagle a owl:Class ;
          owl:equivalentClass [ a owl:Restriction ;
                                owl:onPropery epa:hasSpecies ;
                                owl:hasValue epa:EagleSpecies ]
```

이제는 분명하게 다음과 같이 추론할 수 있다.

```
* epa:Eddie a epa:Eagle .
* epa:Edna a epa:Eagle .
* epa:Elmo a epa:Eagle .
```

독수리가 새라는 사실을 지적하고 싶다면 그렇게 할 수 있다. Eddie와 Eddie의 가족은 새라고 추론할 수 있다.

```
epa:Eagle rdfs:subClassOf epa:Bird .
*  epa:Eddie a epa:Bird .
*  epa:Edna a epa:Bird .
*  epa:Elmo a epa:Bird .
```

여전히 모든 독수리의 클래스를 가지고 있고, 독수리가 멸종 위기에 처했다고 말할 수 있다. 그리고 범주 오류를 범할 필요 없이 특정 독수리(예: Eddie)와 해당 종의 관계를 아주 구체적으로 알고 있다. Class-Individual Mirror 패턴은 이러한 관계를 표현하는 훨씬 더 명확한 방법이다.

독점성(안티 패턴)

RDFS 추론 규칙에 따르면 하위 클래스의 원소는 반드시 슈퍼 클래스의 원소가 된다. 독점성의 오류는 하위 클래스의 원소가 될 수 있는 후보는 이미 슈퍼 클래스의 원소로 알려진 것들뿐이라고 가정하는 것이다.

간단한 예를 들어보겠다. 특정 종류의 도시를 나타내는 City라는 클래스와 OceanPort라는 하위 클래스가 있다고 가정하자.

```
:OceanPort rdfs:subClassOf :City .
```

예를 들어 다음과 같이 City 클래스에 여러 원소가 있을 수 있다.

```
:Paris a :City .
:Zurich a :City .
:SanDiego a :City .
```

AAA 가정에 따르면 이러한 개체는 OceanPort가 될 수 있으며, 아직 모르는 다른 개체, 즉 뉴욕이나 리우데자네이루와 같은 도시가 될 수도 있다. 사실 누구나 모든 주제에 대해 무엇이든 말할 수 있기 때문에 누군가는 프랑스나 달이 OceanPort라고 주장할 수 있다. RDFS의 의미론을 기반으로 프랑스나 달이 도시라고 추론할 수 있다.

독점성의 오류를 범하는 모델에서 OceanPort는 City의 하위 클래스이기 때문에 OceanPort의 유일한 후보는 우리가 도시라고 알고 있는 것들이며 지금까지는 파리paris, 취리히Zurich, 샌디에고San Diego뿐이라고 가정한다. 독점성 오류로 인해 모델링 문제가 발생하는 방식을 확인하기 위해 "바다와 연결되는 도시는 무엇인가?"라는 질문에 관심이 있다고 가정해보겠다. 이 역량 질문에 다음과 같이 응답하는 모델을 제안할 수 있다.

```
:OceanPort rdfs:subClassof :City .
:OceanPort owl:equivalentClass
   [ a owl:Restriction ;
     owl:onProperty :connectsTo ;
     owl:someValuesFrom :Ocean ] .
```

이 트리플을 시각적으로 표현하면 [그림 15-2]와 같다.

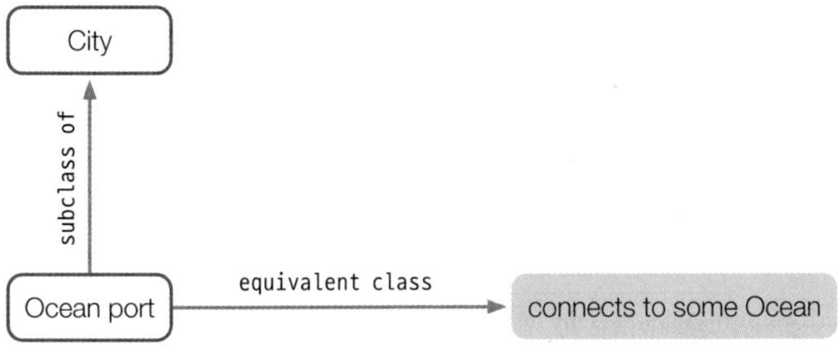

그림 15-2 OceanPort를 바다와 연결된 도시로 잘못 정의한 모델

이 모델은 독점성의 오류를 범한다. 도시만 항구OceanPort가 될 수 있다고 가정하면 OceanPort 클래스의 원소를 질의하여 질문에 답할 수 있다. 하지만 이 모델의 경계를 넓혀보자. 모델의 일부 가정을 위반할 수 있는 일부 경계 인스턴스에서 어떤 추론을 도출할까? 특히 도시는 아니지만 바다와 연결되는 것을 고려한다면 어떨까? 데이터 세트에 다음과 같은 사실이 있다고 가정한다.

```
:Paris :connectsTo :La Seine .
:Paris :locatedIn :France .
:France :connectsTo :Mediterranean .
:France :connectsTo :AtlanticOcean .
:SanDiego :connectsTo :PacificOcean .
:AtlanticOcean a :Ocean .
:PacificOcean a :Ocean .
...
```

SanDiego와 PacificOcean에 대해 알고 있는 내용에서 예상대로 SanDiego가 OceanPort 라는 결론을 내릴 수 있다.

```
:SanDiego :connectsTo :PacificOcean .
:PacificOcean a :Ocean .
:SanDiego a :OceanPort .
```

또한 다음 트리플을 통해,

```
:OceanPort rdfs:subClassOf :City .
```

다음 결론을 내릴 수 있다.

```
* :SanDiego a :City .
```

지금까지는 훌륭하다. 하지만 프랑스의 경우 어떤 일이 일어나는지 보자.

```
:France :connectsTo :AtlanticOcean .
:AtlanticOcean a :Ocean .
```

따라서 다음을 추론할 수 있다.

```
* :France a :OceanPort .
* :France a :City .
```

이 추론은 이 모델에서 의도한 것이 아니며 질문에 대한 올바른 응답이 아니다. 이 추론의 결점은 도시로 알려진 것만 항구일 수 있다는 가정에서 비롯된 것이다. 하지만 AAA 가정에 따르면 달리 말하지 않는 한 무엇이든 항구가 될 수 있다.

이 오류는 하위 분류 자체를 고려하는 것 이상으로 AAA 슬로건을 더 많이 위반하는 것이다. 이 오류는 다른 모델링 패러다임에 유효한 가정에서 비롯된다. 많은 모델링 시스템(객체 지향OO 프로그래밍 시스템, 라이브러리 카탈로그, 제품 분류 등)의 경우 모델링 프로세스의 대부분은 항목을 클래스에 배치하는 방식이다. 이 프로세스는 보통 수작업으로 이루어지며 분류categorization 또는 카탈로그화cataloging라고 한다. 그러한 시스템에 대해 일반적으로 생각하는 방법은 누군가가 그 시스템에 속한다고 결정했기 때문에 무언가를 의도적으로 클래스에 배치하는 것이다.

이 상황에서 하위 클래스에 대한 해석은 클래스를 개선한 것이다. 누군가가 어떤 항목에 대해 좀 더 구체적인 특성화를 원하면 클래스 대신 하위 클래스로 분류할 수 있다.

이 구성이 이 역량 질문에 올바르게 답하지 않으면 어떤 모델이 될까? 하나의 도시가 바다와 연결된다면 OceanPort의 원소라고 할 수 있다. [그림 15-3]과 같이 교집합을 사용하여 이 작업을 수행한다.

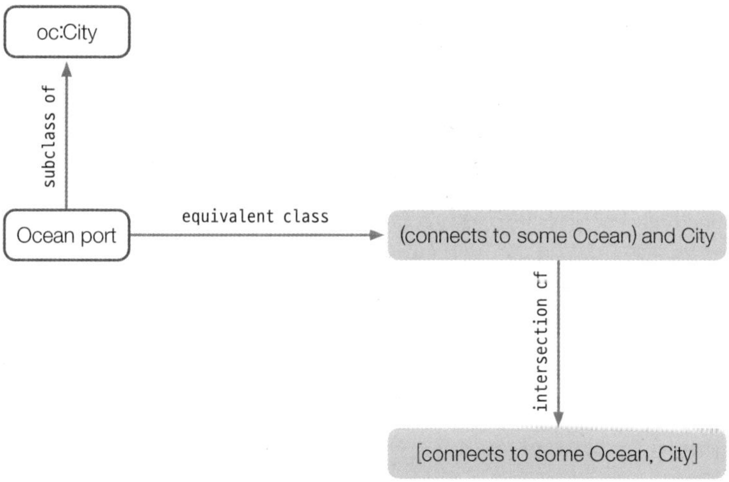

그림 15-3 OceanPort를 바다와 연결된 도시로 올바르게 정의한 모델

이제 OceanPort를 City와 제약조건의 교집합으로 정의했으므로 OceanPort가 City의 하위 클래스임을 추론할 수 있다. 또한 도시로 알려진 개체만 OceanPort의 구성원 자격을 얻을 수 있기 때문에 앞서 프랑스를 도시로 추론하는 것과 같은 이상 현상은 발생할 수 없다.

클래스 독점성 오류는 다양한 모델링 패러다임에 대한 경험이 있는 사람들이 일반적으로 범할 수 있는 오류다. 시맨틱 웹 모델링은 다른 일반적인 모델링 시스템보다 AAA 가정을 더 진지하게 받아들인다. 다행히도 [그림 15-3]에 표시된 교차 패턴을 사용하면 오류를 쉽게 해결할 수 있다 .

객관화(안티 패턴)

모델링 오류는 객체 시스템과 동일한 의미와 동작을 갖는 시맨틱 웹 모델을 구축하려고 하기 때문에 생기기도 한다. 객체 시스템은 AAA, 열린 세계, 고유하지 않은 명명이라는 세 가지 시맨틱 웹 가정의 맥락에서 작동하도록 의도되지 않았다. 대부분의 경우 모델링 컨텍스트에 대한 이러한 가정의 차이로 인해 모델링 해석의 기본적인 충돌이 발생한다.

이런 종류의 충돌에 대한 기본적인 예는 모델에서 클래스의 역할을 검토할 때 찾을 수 있다. 객체 모델링에서 클래스는 기본적으로 인스턴스가 스탬프되는 템플릿이다. 여러 클래스(2개의 템플릿에 스탬프된 클래스?)에 대해 말하거나 클래스에 없는 속성(템플릿에 슬롯이 없다면 템플릿을 어디에 둘까?)에 대해 말하는 것은 거의 또는 전혀 의미가 없다.

시맨틱 웹 모델에서 AAA와 열린 세계 가정은 클래스 개념과 호환되지 않는다. 시맨틱 웹 모델의 속성은 어떤 클래스에 대해서도 독립적으로 존재하며 AAA 슬로건으로 인해 어떤 클래스에 속해 있든 관계없이 모든 개인을 설명하는 데 사용할 수 있다. 클래스는 세트로 간주되기에 여러 클래스의 구성원 자격을 갖는 게 일반적이다.

객체 모델의 의도가 시맨틱 웹의 모델링과 호환될 수 없는 이유를 간단하지만 분명하게 보여주는 예를 살펴보겠다. 객체 모델이 사람인 부모가 정확히 두 명이라는 개념을 반영하기 위한 것이라고 가정해보겠다. 다음은 객체 모델이 충족해야 하는 요구 사항이다.

1 hasParent 속성 값은 Person 클래스의 구성원에 대해서만 지정할 수 있다.

2 주어진 사람에 대해 1개의 hasParent 값만 지정된 상황을 실수로 인식한다.

3 주어진 사람에 대해 2개 이상의 hasParent 값이 지정된 상황을 실수로 인식한다.

이러한 조건을 충족시키려는 OWL 모델을 살펴보기 전에 요구 사항 자체에 대해 몇 가지 관찰을 할 수 있다. 특히 이러한 요구 사항 중 많은 부분은 AAA, 열린 세계, 고유하지 않은 명명 가정으로 설명되는 시맨틱 웹 모델링의 기본 가정과 상충된다. 차례로 요구 사항을 살펴보자.

요구 사항 1은 AAA 슬로건과 상충된다. AAA 슬로건은 어느 누구도 어떤 것의 속성을 주장하는 것을 막을 수 없다고 말한다. 따라서 hasParent가 특정 개인에 대해서만 지정될 수 있다는 조건을 강제할 수 없다. 열린 세계 가정은 상황을 더욱 복잡하게 만든다. 자원에 대해 배울 때 그 유형이 사람(Person)일 수 있기 때문에 어떤 것이 실제로 사람인지조차 알 수 없다.

요구 사항 2는 시맨틱 웹 가정과 상충된다. 이 경우 열린 세계 가정이 다시 문제를 일으킨다. 어떤 개인에 대해 두 번째 부모를 주장하지 않았다고 해서 부모가 존재하지 않는다는 의미는 아니다. 따라서 OWL에서 이것을 어떻게 모델링하든, 너무 적은 수의 부모가 지정된 경우 반박할 수가 없다.

요구 사항 3은 시맨틱 웹 가정과 직접적으로 상충되지 않지만, 고유하지 않은 명명 가정으로 인해 문제가 된다. 부모는 두 명만 있어야 한다고 말할 수 있으므로 2개 이상의 부모가 지정되면 모순이 감지될 수 있다. 이것은 owl:differentFrom, owl:allDifferent, owl:disjointWith와 같은 구조를 사용하여 모든(3개 이상의) 부모가 구별된다는 것을 알고 있는 경우에만 발생한다.

이러한 요구 사항과 OWL 모델 간의 불일치는 특정 모델의 세부 사항이 아닌 OWL 언어 자체의 가정에 달려 있다. 객체 모델은 OWL 모델과 매우 다른 목적으로 설계되며 이러한 요구 사항에서 그 차이는 여러 방식으로 나타난다.

이 같은 불일치에도 불구하고 OWL에서 이러한 요구 사항을 모델링하는 것은 매우 일반적인 관행이다. 여기에서 그러한 시도 중 하나를 간략히 설명하고 모델이 수반하는 추론 결과를 평가하겠다. 이러한 요구 사항을 충족하는 OO 모델을 OWL로 변환한 다음 모델을 생각해보자.

```
:Person a owl:Class .
:hasParent rdfs:domain :Person .
:hasParent rdfs:range :Person .
[ a owl:Restriction ;
  owl:onProperty :hasParent ;
  owl:Cardinality 2 ]
```

이 모델은 객체 모델의 일부를 OWL로 직접 변환하여 다음과 같이 작성되었다.

1 OO 모델의 클래스에 대한 속성이 정의되면 해당 클래스는 OWL의 속성 도메인으로 나열된다. OO 모델의 속성 유형은 OWL의 범위로 지정된다.

2 객체 모델의 출현 횟수 제약조건은 OWL에서 제한 클래스를 정의하여 표현된다.

이미 모델이 명시된 요구 사항을 충족할 수 없음을 확인했다. 얼마나 떨어져 있을까? 이 모델은 어떤 추론을 지원하고 어떤 추론을 지원하지 않을까?

이 모델의 명시된 의도에 따라 다음과 같은 사실만 주장한다면,

```
:Willem :hasParent :Beatrix .
```

Person만 부모를 가질 수 있는데 Willem이 Person이라고 주장하지 않았기 때문에 모델은 오류 신호를 보내야 한다. 만약 다음과 같이 주장하여 이 문제를 해결하면,

```
:Willem a :Person .
```

그래도 모델은 여전히 오류를 표시해야 한다. 왜냐하면 Willem의 부모는 한 명이 아니라 두 명이어야 하기 때문이다. Willem에 대해 다음과 같이 더 많은 부모를 주장한다면,

```
:Willem :hasParent :Claus .
:Willem :hasParent :TheDowager .
```

그래도 모델은 다시 오류 신호를 보내야 한다. 이제 Willem은 두 명이 아닌 세 명의 부모를 가지고 있기 때문이다.

이제 OWL의 추론 패턴에 따라 이러한 주장에서 실제로 어떤 추론을 할 수 있는지 살펴보겠다. 첫 번째 진술인 다음 트리플에서,

```
:Willem :hasParent :Beatrix .
```

rdfs:domain 정보와 함께 다음을 추론할 수 있다.

```
* :Willem a :Person .
```

즉, Willem의 부모가 누구인지를 주장하기 전에 Willem이 Person이라고 주장할 필요가 없다. 이 동작은 첫 번째 의도와 상충된다. 즉, Willem이 사람이라는 것을 몰랐음에도 불구하고 Willem이 부모를 가질 수 있도록 허용했다.

출현 횟수 제약조건은 어떨까? 그것으로부터 무엇을 추론할 수 있을까? 여기에는 세 가지 문제가 있다. 첫 번째는 열린 세계 가정이다. Willem이 아직 명시되지 않은 다른 부모를 가질 수 있는지 여부를 알 수 없으므로 제약조건에서 Willem의 구성원 자격에 대한 추론을 얻을 수 없다. 사실, Willem에 대해 다음과 같이 부모를 한 명만 더 주장하더라도(Beatrix와 함께 주장된 부모의 합계를 정확히 두 명으로 가져옴),

```
:Willem :hasParent :laus .
```

우리는 여전히 Willem이 정확히 두 명의 부모를 가지고 있다는 것을 모른다. 들어보지 못한 Willem의 세 번째 부모가 아직 있을 수 있다. 이것이 열린 세계 가정이다.

두 번째 문제는 고유한 이름 지정과 관련이 있다. 다음과 같이 주장한다고 가정하자.

```
:Willem :hasParent :TheDowager .
```

확실히 세 명의 부모를 알고 있기 때문에 Willem이 제약조건을 충족시킬 수 없다고 추론할 수 있다. 더군다나 (열린 세계 가정에 따라) 더 많은 부모가 숨어 있다면, 결코 두 명으로 돌아갈 수 없다.

고유하지 않은 명명 가정은 다르다고 알 때까지 2개의 다른 이름이 다른 개인을 지칭한다고 가정할 수 없다고 말한다. TheDowager와 Beatrix라는 두 이름은 동일한 개인을 가리킬 수 있다. 따라서 Willem의 부모 세 명을 지명했지만 여전히 제약조건의 원소 자격을 박탈하지 않았다. 우리는 Willem에 대해 세 명의 다른 부모를 지명하지 않았다.

세 번째 문제는 Willem이 출현 횟수 제약조건을 충족하는지 여부에 대한 모든 논쟁을 초월한다. 제약조건의 정의를 자세히 살펴보기 바란다. 평소와 같이 bnode로 정의된다. 이것은 hasParent 속성에 출현 횟수 2가 있다고 말하는 것 같다. 그러나 bnode는 어떤 식으로든 다른 명명된 클래스에 연결되어 있지 않는다. 즉, 제약조건은 다른 클래스에 대한 owl:equivalentClass가 아니며 다른 클래스의 rdfs:subClassOf도 아니다(또는 그 반대의 경우도 마찬가지임).

이 제약조건과 관련된 추론은 무엇을 의미할까? 심지어 Willem이 제약조건을 충족한다고 확인하더라도 더 이상의 추론을 할 수 없다. 추가 추론은 제약조건과 다른 클래스의 연결을 기반으로 해야 하지만 그러한 연결은 없다. 반면에 Willem이 제약조건의 원소임을 독립적으로 확인할 수 있다면 이를 기반으로 몇 가지 결론을 도출할 수 있다. 제약조건이 다른 클래스와 연결되어 있지 않기 때문에 제약조건 클래스에서 Willem의 소속성을 설정할 수 있는 독립적인 방법이 없다. 어느 쪽이든 이 제약조건에서 새로운 추론을 이끌어낼 수 없다. AAA 슬로건은 이 모델이 "틀렸다"고 말하는 것을 막지만 모델러가 의도한 추론을 지원하지 않는다고 안전하게 말할 수 있다. 다른 안티 패턴의 경우와 달리 이 모델은 '고칠' 수 없다. 모델의 요구 사항은 단순히 시맨틱 웹의 모델링 가정과 상충된다.

크리핑 개념화(안티 패턴)

대부분의 엔지니어링 시스템에서 재사용을 위한 설계는 단순성을 유지함으로써 향상된다. 예를 들어 소프트웨어 코딩에서 최고의 APIapplication programming interfaces는 제공하는 호출 수를 최소화하려고 한다. 물리적 시스템에서는 연결 수를 최소화하고, 대부분의 일반적인 건축에서는 자재 결합 방법을 최대화하기 위해 최소한의 구속 설계를 목표로 한다. 시맨틱 웹에서도 동일한 아이디어가 적용되어야 하지만 '재사용을 위한 설계'라는 개념이 "할 수 있는 모든 것을 말해라"와 혼동되는 경우가 너무 많다.

예를 들어 모델에 ShakespeareanWork와 ElizabethanWork를 포함할 때 ElizabethanWork가 IntangibleEntity의 하위 클래스인 Work의 하위 클래스라고 추가로 주장하고 싶은 유혹을 받는다.

물론 IntangibleEntity를 포함했으면 TangibleEntity와 일부 예제와 해당 예제의 일부 속성 등을 무한대로 포함하고 싶을 것이다. 결국, 재사용을 위한 모델링은 누군가가 모델을 사용하고 싶어 할 수 있는 모든 것을 예상함으로써 가장 잘 수행될 수 있으므로 더 많이 포함할수록 더 좋다. 더 많이 입력할수록 모델을 그대로 사용하는 대신 다른 사람이 모델을 확장할 수 있는 능력을 더 많이 제한하기 때문에 이것은 실수다. 재사용은 다른 시스템과 마찬가지로 다른 것들과의 향후 결합을 제한하지 않고 극대화하도록 설계함으로써 가장 잘 수행된다.

이런 종류의 크리핑 개념화는 근심만 쌓는 이상한 일처럼 보일 수 있다. 결국 더 많은 클래스를 만드는 일은 추가 작업을 더 많이 해야 한다는 것 아닌가? 경제학자들은 사람들이 보상받지 못하는 일의 양을 최소화한다고 말한다. 그러나 실제로는 모델링을 중지해야 하는 시점을 아는 것이 시작 위치를 결정하는 것보다 더 어렵다는 것이 밝혀지곤 한다. 인간은 개념을 거대한 네트워크로 연결하는 경향이 있으며, 한 클래스를 정의할 때 '자연스럽게' 연결하고 싶은 다른 클래스를 즉시 생각하는 경우가 많다. 이것은 매우 자연스러운 경향이며 최고의 모델러조차 언제 끝내야 할지 아는 것이 매우 어렵지만, 이런 방식을 따라가면 광기로 이어진다.

개념을 만들기 위해 너무 멀리 가고 있는지 알 수 있는 비교적 쉬운 방법은 클래스에 연결된 속성이 있는지, 특히 제한된 속성이 있는지 클래스를 확인하는 것이다. 만약 그렇다면, 해당 속성에 필요한 정보를 표현할 수 있을 것이다. 모델에 데이터(인스턴스)를 포함하는 경우 인스턴스가 있는 모든 클래스가 좋은 클래스가 될 수 있다. 반면, 특히 하위 클래스 계층 구조로 배열된 많은 빈 클래스를 볼 때, 누군가가 미래에 뭔가를 하고 싶어 할 수 있는 경우를 대비하여 클래스를 생성하고 있을 수 있으며 이는 대개 실수다. 유명한 약어인 KISSKeep It Simple, Stupid는 웹 온톨로지를 설계할 때 명심해야 할 가치다.

15.4 이 장을 마치며

5장에서 설명한 대로 전 세계 웹 규모에서 연결된 데이터를 지원할 때 시맨틱 웹의 기본 가정(특히 AAA, 열린 세계, 고유하지 않은 명명 가정)은 바람직할 뿐만 아니라 연결을 위해 필요하다. 이는 원하든 원하지 않든 연결된 데이터 시스템이 갖는 속성이다. 따라서 이러한 가정과 호환되는 모델을 정의해야 하고, 모델링 언어와 관행에 매우 구체적인 제약조건을 만들어야 한다. RDF의 구조는 주어, 술어, 목적어와 같은 익숙한 문법 구조를 가진 문장의 형태다. OWL의 구조는 class, subClassOf, property와 같은 친숙한 개념을 포함한다. 그러나 모델의 의미는 시맨틱 웹의 가정을 포함하는 OWL의 추론 규칙에 의해 제공된다. 이러한 가정을 준수하는 유용한 모델을 구축했는지 어떻게 알 수 있을까? 대답은 그것이 지원하는 추론이 유용하고 의미가 있는지 확인하는 것이다.

AAA 슬로건에 따르면, 누구든지 어떤 주제라도 말할 수 있기 때문에 이 장에서 다룬 어떤 관행도 '오류'라고 말할 수 없다. 이러한 모델은 모두 RDF/OWL에서 유효한 표현식이지만 모델러가 생성하여 의도한 바를 달성하지 못한다는 점에서 오류가 있다. 각각의 경우 모델이 수반하는 추론을 주의 깊게 조사하여 불일치를 드러낼 수 있다. (객관화 오류와 같은) 일부 경우는 요구 사항 자체가 시맨틱 웹 가정과 일치하지 않는다. (배타성 오류와 같은) 다른 경우의 요구 사항은 시맨틱 웹 가정과 매우 일치하며 간단한 패턴으로 쉽게 모델링할 수 있다.

주요 개념

- **시맨틱 웹 가정** – AAA(모든 주제에 대해 누구나 말할 수 있음), 열린 세계, 고유하지 않은 이름을 지정하는 것이다.
- **추론** – OWL에서 추론은 시맨틱 웹 가정을 준수하도록 조정된다. 이로 인해 초보 모델러가 오해할 수 있는 미묘함이 생긴다.
- **역량 질문** – 모델의 요구 사항을 다루는 질문이다.
- **완전성** – 모델이 시나리오를 다루는 정도다.
- **특이성** – 시나리오의 특정 용어가 모델에서 캡처되는 범위다.
- **세분성** – 모델의 용어가 정확하게 정의되는 범위다.
- **형식성** – 정의가 형식화되는 정도다.
- **재사용성** – 온톨로지가 유용한 답변을 계속 생성하는 상황의 범위다.
- **가변성을 위한 모델링** – 모델이 공통성과 변형을 설명하는 요구 사항(시맨틱 웹 모델링의 특성)이다.
- **재사용을 위한 모델링** – 완전히 예상할 수 없는 용도로 모델을 설계하는 기술이다.
- **희망적인 이름 지정** – 자원이 순전히 자원의 이름을 기반으로 하여 모델이 보장하는 형식적 의미 이상을 의미한다고 모델러가 믿는 경향을 의미한다 .
- **모델 테스트** – 모델이 수반할 수 있는 추론 경계의 특성을 결정하기 위해 모델의 경계를 강조하는 프로세스다.

CHAPTER 16

OWL의 전문가 모델링

10장과 14장에서는 시맨틱 웹의 응용 프로그램에서 모델이 수행하는 역할을 사례로 설명했다. OGP Open Graph Protocol는 매우 간단한 모델을 사용하여 대량의 데이터를 중재했다. 수량/단위/차원/유형 QUDT, 생물학적 관심의 화학적 물질 CHEBI 모델은 매우 복잡했으며, 많은 가치가 모델 자체의 복잡성에서 비롯되었다. 시맨틱 웹에서 응용 프로그램의 많은 부분을 지금까지 책에서 제시한 모델링 기능을 사용하여 구현할 수 있다.

그러나 소개한 모델링 구성자만으로는 불충분하고 더 고급 기능이 필요한 경우가 있다. 고급 기능 중 다수가 OWL 2 권고안에 포함되어 있다. 13장에서 이미 웹 온톨로지 언어 OWL 2의 고급 계산 기능 중 일부를 살펴보았고, 조금 더 근본적인 새로운 기능에 대해 간략히 설명했다. 그러나 OWL 2 권고안에는 이 책의 범위를 벗어나는 모델링 구성자가 포함되어 있다. OWL 2 권고안에 대한 자세한 내용은 [Parsia et al. 2012]를 참고하기 바란다. 우선, OWL 명세서를 직접 검색하여 풍부한 환경을 탐색하는 데 필요한 배경 정보를 제공하려고 한다.

OWL 2는 버전 1.0과 완전히 역호환되도록 설계되었다. OWL 1.0 모델에서 유효한 모델은 OWL 2에서도 유효하다. 한편, OWL 1.0에 대해 배운 모든 모델링 스타일이 OWL 2에서도 여전히 유효하다. OWL 2의 새로운 구성자는 지금까지 이 책에서 본 모든 모델과 결합하여 사용할 수 있다.

9장에서 RDFS Resource Description Framework Schema-Plus라고 하는 OWL의 하위 집합을 소개했다. OWL과 같은 언어의 하위 집합을 정의하는 이유는 여러가지다. RDFS-Plus는 의미 모델링에 상당히 유용하지만, 모델러나 모델을 이해하려는 사람이 큰 부담 없이 언어의 하위 집합을 사용하는 데 관심이 있다. OWL 2에는 종종 다른 기술과 관련되어 실용적이고 기술적인 다양한 이유로 식별된 OWL의 네 가지 하위 집합에 대한 정확한 설명이 포함되어 있다. 4개의 하위 집합은 EL, OWL 2 QL, OWL 2 RL, OWL 2 DL이라고 하며, 하위 집합 각각은 RDFS-Plus보다 더 풍부한 표현력을 갖는다.

이제 각 부분집합과 부분집합을 구분하고 명명한 이유에 대해 설명한다. 각 하위 집합의 세부 정보는 OWL 명세서에 자세히 기술되어 있다.

16.1 OWL 부분집합과 모델링 철학

일반적으로 언어의 다른 하위 집합을 참조할 때 다른 하위 집합에 없는 언어 구조를 하나의 하위 집합에 나열할 수 있다. 예를 들어 RDFS에는 rdfs:domain, rdfs:range, rdfs:subPropertyOf 속성이 있는 반면, RDFS-Plus에는 RDFS의 모든 기능과 owl:inverseOf, owl:TransitiveProperty 속성을 포함해 몇 가지 새로운 언어 기능이 추가되어 있다. 각 언어에서 사용할 수 있는 용어에 따라 두 언어의 유사점 또는 차이점을 정의할 수 있다.

OWL 2 하위 집합은 상황이 더 미묘하다. 각 하위 집합은 동일한 모델링 구성자 집합을 사용한다. 즉, OWL EL을 구성하는 모든 속성과 클래스를 나열하고, OWL의 모든 구성자를 컴파일하면 목록은 정확히 같다. 지금까지 배운 모든 것은 각 OWL 하위 집합에 동일하게 적용된다.

그렇다면 차이점은 무엇일까? 동일한 구문과 동일한 의미를 지닌 언어의 하위 집합을 식별하는 것이 중요한 이유는 무엇일까? OWL 하위 집합의 구분은 부분적으로 시맨틱 웹을 위한 모델을 만드는 기본 철학의 차이에 있다. 기본 철학은 검증 가능한 모델과 실행 가능한 모델로 구분할 수 있다. 각각의 모델에 동기를 부여하는 직관을 짚어가면서 차례로 살펴보자.

검증 가능한 모델

형식 모델링(비공식 모델링과 반대)에 대한 중요한 동기는 모델이 의미하는 바를 정확하게 파악하는 것이다. 이는 시맨틱 웹의 맥락에서 2개의 다른 출처의 개념이 동일한 것을 참조할 때 정확하고 의심할 여지가 없음을 알려준다. 제임스 딘 영화에 대한 내 생각이 다른 사람의 생각과 일치할까? 형식적 설명은 사실 여부를 결정하는 데 도움이 될 수 있다. '제임스 딘 영화'에 대한 내 정의는 제임스 딘이 출연한 영화이지만 '제임스 딘 영화'에 대한 다른 사람의 정의는 제임스 딘에 관한 영화이거나 제목에 제임스 딘이라는 단어가 있는 영화일 수 있다. '제임스 딘 영화'라는 이름이 유일한 정의를 표시하는지 어떻게 알 수 있을까? 형식 모델은 유일한 정의를 더 명확하게 구분한다. 형식 모델에서 두 클래스가 동일한지, 하나가 다른 클래스를 포함하는지 또는 관련이 없는지 여부를 결정하는 것은 자동화의 간단한 문제가 된다.

OWL의 논리적 정의에 동기를 부여하는 것은 모델링의 이 같은 측면이다. OWL의 각 구성자는 형식 논리의 진술문이다. OWL DL의 특정 논리 시스템을 기술 논리Description Logic라고 한다. 이름에서 알 수 있듯이 기술 논리는 클래스, 개체와 이들 간의 관계에 대한 공식적인 설명을 작성할 수 있는 논리 시스템이다. 이 책에서 대부분의 기초가 된 OWL의 추론은 기술 논리에 기반한 모델 이론에 의해 공식적으로 정의된다.

논리를 모델링 언어의 기초로 사용함으로써 논리적 형식주의에서 수십 년 또는 수세기에 걸쳐 개발한 노력의 결과를 활용할 수 있다. 다양한 논리 구조의 속성은 잘 이해된다. 논리Logic는 모델링 언어에 필요한 모든 추론을 정의하기 위한 프레임워크를 제공한다. 그러나 옥에 티가 존재한다. 계산 환경에서 논리가 컴퓨터에 의해 자동으로 처리되기를 원하고, 특히 컴퓨터가 주어진 모델이 수반하는 모든 추론을 결정할 수 있길 바란다. 따라서 제임스 딘 영화에 대한 나의 개념이 다른 사람의 개념과 동일한지 자동으로 판단하려면, 한 영화에서 사실인 모든 사실 집합이 다른 영화에서도 사실이고, 사실이 아닌 모든 것은 다른 영화에서도 사실이 아님을 보여주어야 한다.

이 시점에서 논리의 세부 사항이 중요해진다. 원칙적으로 이런 종류의 자동화가 존재할 수 없는 논리에 기반한다면 모델링 형식주의에 어떤 의미가 있을까? 즉, 제임스 딘 영화에 대한 내 생각이 다른 사람과 같은지 정확히 판단할 수 없다면 어떻게 될까? 이런 종류의 검증 가능한 연결이 모델링의 본질에 필수적인 것으로 간주한다면, 자동화는 실패할 것이다. 따라서 이런 종류의 질문에 대해 한정된 시간에 자동화된 수단으로 답할 수 없는 논리를 허용할 수 없다.

형식 논리 연구에서 이 질문을 결정 가능성decidability이라고 한다. 공식적으로 시스템은 시스템의 모든 공식에 대해 해당 공식이 시스템에서 유효한지(정리에 해당하는지) 여부를 결정할 수 있는 효과적인 방법의 존재 여부를 결정할 수 있고, 그렇지 않은 경우 시스템을 결정할 수 없다. 이 책에서 결정 가능성의 수학적 개념에 대해 자세히 설명하려는 것은 아니지만 모델링과의 관련성에 대해서 몇 가지 설명을 해야 한다.

결정 가능성에 대해 가장 먼저 이해해야 할 부분은 형식 시스템이 결정 불가능하기가 매우 쉽다는 점이다. 논리의 형식적 특성을 감안할 때 충분한 인내와 엔지니어링을 통해 형식 논리를 정확하고 완전하게 처리할 수 있는 프로그램을 개발할 수 있을 것처럼 생각할 수 있다. 그러나 결정 가능성 개념의 중요성을 확립한 가장 영향력 있는 정리 중 하나는 매우 단순한 논리 시스템(기본적으로 일반 정수 산술을 수행할 수 있는 시스템)조차도 결정할 수 없음을 보여준다. 사실, 결정 가능하고 유용한 모든 것을 나타낼 수 있는 논리 시스템을 찾는 것은 실제로 매우 어렵다.

이 줄타기 곡예는 OWL DL 하위 집합의 원동력이다. OWL DL은 특정하고 결정 가능한 설명 논리를 기반으로 한다. 즉, OWL DL에 표현된 모델을 입력으로 받아 어떤 클래스가 다른 클래스와 동등한지, 어떤 클래스가 다른 클래스의 하위 클래스인지, 어떤 개체가 어떤 클래스의 원소인지를 결정할 수 있는 알고리즘을 설계할 수 있음을 의미한다.

이 문제에 가장 일반적으로 사용되는 알고리즘은 Tableau 알고리즘이다. 이 알고리즘은 기본적으로 클래스 간의 가능한 모든 관계를 추적하고 모델에서 작성된 논리적 진술문과 일치하지 않는 관계를 배제한다. Tableau 알고리즘은 유한한 (하지만 꽤 오래!) 시간 내에 OWL DL에서 모델의 모든 함의를 찾을 수 있다. 또한 모델이 실제로 OWL DL에 있는지 여부를 자동으로 결정하여 보증을 충족할 수 없는 경우에도 프로그램이 신호를 보낼 수 있다.

OWL DL의 모델링은 모델이 명확하고 모호하지 않고 기계 처리 가능해야 한다는 직관을 지원한다. Tableau 알고리즘은 컴퓨터 시스템이 클래스의 동등성에 대해 결정할 수 있는 장치를 제공한다.

실행 가능한 모델

시맨틱 웹에서 모델링의 다른 동기는 여러 출처에서 나온 정보를 병합하여 일종의 도메인과 같은 통합된 그림을 만드는 것이다. 한 출처가 호텔 체인에 호텔이 있는 장소 정보를 제공하고 다른 출처가 특정 장소에 나타나는 호텔을 설명한다면, 형식 모델은 두 출처를 서로 역으로 취급하여 병합할 수 있다. 이 모델은 불완전한 정보에 새 정보를 추가하는 방법을 제공하므로 다른 출처와 연합할 수 있다.

이 관점에서 보면 모델은 프로그램과 유사하다. 다른 상황에서 사용할 수 있도록 데이터를 변환하는 방법에 대한 간결한 설명을 제공한다. 이런 상황에서 결정 가능성은 어떤 영향을 줄까? FORTRAN, Java와 같은 표준 프로그래밍 언어는 결정할 수 없다. 이러한 언어의 결정 불가능성은 종종 정지 문제Halting Problem[1]로 입증된다. 원칙적으로 다른 임의의 컴퓨터 프로그램을 해당 프로그램에 대한 입력과 함께 입력으로 사용할 수 있는 컴퓨터 프로그램을 작성하고 해당 프로그램이 해당 입력에서 중단되는지 여부를 결정하는 것은 불가능하다. 이러한 언어들은 결정할 수 없지만 유용한 엔지니어링 언어로 입증되었다. 프로그램의 정확성이나 의미를 자동으로 결정할 수 없다면 어떻게 이러한 언어로 프로그램을 작성할 수 있을까? 이 질문은 "프로그래밍이란 무엇인가"에 대한 답과 관련된다. 일반적으로 어떤 프로그램이 종료되는지 여부를 결정할 수 없지만 특정 프로그램이 종료되는지, 실제로 어떤 응답으로 종료되는지는 결정할 수 있다. 좋은 컴퓨터 프로그램을 엔지니어링하는 기술은 모든 입력에서 종료될 뿐만 아니라 특히 흥미로운 입력에서 실제로 잘 수행되는 프로그램을 작성하는 것이다.

이러한 관점에서 볼 때 결정 가능성은 주요 관심사가 아니다. 모델은 프로그램과 거의 동일한 방식으로 설계된다. 모델이 어떤 상황에서 제대로 작동하지 않으면 엔지니어는 올바르게 수행될 때까지 모델의 오류나 비정상적인 연산을 찾아 수정한다. 결정 가능성에 관심이 없기 때문에 모든 알고리즘이 가능한 모든 추론을 찾을 것이라는 보장이 필요하지 않다. 이를 통해 OWL용 프로세서를 규칙 시스템, 데이터 로그 엔진, 데이터베이스, 심지어 SPARQL을 포함한 훨씬 더 광범위한 기술에 적용할 수 있다.

한편 많은 웹 애플리케이션에서 분석하려는 데이터 세트의 크기가 매우 크거나 동적이거나 잘 구성되지 않은 경우도 있다. 완벽하지 않은 휴리스틱 프로그램으로 웹에서 자체적으로 수집한 데이터를 분석하기 위해 100% 정확한 모델이 필요한지에 대한 질문을 할 수 있다. 사람들은 구글에서 항상 완벽한 답변을 찾지 못하더라도 좋은 답변을 자주 찾을 수 있기 때문에 구글을 사용한다. 일부 시맨틱 웹 시스템은 이러한 거친 웹 애플리케이션 공간을 대상으로 하므로 효율적인 계산과는 반대로 입증 가능한 정확성이 핵심 목표가 아닐 수 있다.

---

1 역자주: 계산 복잡도 이론에서 정지 문제는 하나의 알고리즘과 초기 인수들이 주어졌을 때, 주어진 인수로서 수행되는 알고리즘이 정지되는지, 정지하지 않고 영원히 수행되는지를 결정하는 판정 문제다. 앨런 튜링은 1936년에 모든 가능한 입력에 대해 정지 문제를 해결할 수 있는 일반적인 방법이나 알고리즘은 없다는 것을 증명했다.

이 실행 가능한 모델링 스타일은 일부 OWL 하위 집합 뒤에 있는 기본 동기가 된다.

이러한 하위 집합 중 하나에서 모델링 구성자의 의미는 프로그래밍 언어의 구성자 의미와 거의 동일한 방식으로 제공된다. 절차적 프로그래밍 언어에서 명령문의 의미가 해당 명령문을 실행할 때 기계가 수행할 작업에 의해 제공되는 것처럼 실행 가능한 모델의 의미는 모델을 처리할 때 프로그램(즉, 추론 엔진)이 수행하는 작업에 의해 제공된다. 정보 연합은 모델이 정보를 균일한 구조로 변환하는 방법을 설명하기 때문에 수행된다.

16.2 OWL 2 모델링 기능

OWL 2에서 지원하는 고급 모델링 기능의 포괄적인 목록은 이 책의 범위를 벗어나기 때문에 가장 중요한 몇 가지 기능만 설명한다.

메타모델링

메타모델링은 모델을 사용하여 다른 모델을 인스턴스로 설명하는 관행을 일반적으로 부르는 이름이다. 메타모델링의 기능 중 하나는 모델의 클래스에 속성을 할당하는 것이다. OWL 1.0은 이러한 방식으로 클래스를 개체처럼 취급하는 것을 허용하지 않았기 때문에 OWL 1.0에서 이 방식을 사용하면 문제가 된다. 메타모델링은 15.3절에서 설명한 (안티 패턴인) Punning의 원인 중 하나다.

메타모델링의 동기는 모델이 종종 애플리케이션에서 두 가지 이상의 역할을 수행해야 한다는 것이다. 특정 개념을 한 역할에서 클래스로 보고, 다른 역할에서 인스턴스로 간주할 수 있다. 동물을 모델링하는 경우, 흰머리독수리BaldEagle는 멸종 위기에 처한 종이라고 말할 수 있으므로 개체로 참조할 수 있다. 다른 응용 프로그램에서는 흰머리독수리를 동물원의 특정 독수리가 원소인 클래스로 볼 수 있다. 마찬가지로 와인 감정가는 개별 와인을 빈티지vintage[2] 측면에서 표현하고, 이때 빈티지는 개체가 된다. 그러나 판매한 와인 병의 수를 계산하는 와인 상인에게

2 역자주: 와인의 빈티지는 포도의 수확 연도를 뜻한다. 와인이 포도로 만들어지기 때문에 포도의 작황 연도는 와인의 품질을 유추하는 데 중요한 단서가 되는 것으로 알려져 있다.

는 병 자체가 빈티지로 표시되는 클래스의 개별 원소다.

이미 책에서 이런 종류의 메타모델링에 대한 몇 가지 예를 살펴보았다. 10장에서 foaf:Group이 어떻게 그룹에 있는 모든 원소의 클래스에 해당하는 개체가 되는지 살펴보았고, 12장에서 Class-Individual Mirror 패턴으로 적용했다.

메타모델링의 또 다른 목적은 클래스의 모든 원소에 대해 한 번에 일부 속성 값을 지정할 수 있는 다른 모델링 시스템(예: 객체 지향 모델링)의 기능을 모방하는 것이다. 개체(BaldEagle 종)와 클래스(BaldEagle 집합)를 모두 참조하기 위한 자원의 과부하는 punning이라는 프로세스를 통해 OWL 2에서 허용된다.

OWL 2 권고안은 punning을 허용하지만 메타모델링에는 사용하지 않는 것이 좋다.

실제로 종과 그 종의 동물 집합 간에 차이가 있다. 데스크톱과 데스크톱에서 실행되는 응용 프로그램 간에는 차이가 있다. 와인 한 병과 빈티지의 관계는 독수리와 그 종의 관계와 다르며 이러한 차이는 모델을 재사용하려는 사람에게 중요할 수 있다. 처음부터 이러한 차이를 구별한다면 종종 모델의 유용성을 향상시킬 수 있다.

특히 메타모델링에는 12장에서 다룬 Class-Individual Mirror 패턴을 사용하는 것이 좋다. 관련 예에서 1990년 미국 장애인 법ADA90과 애플리케이션conformsTo 간의 관계와 미친 가지로 데스크톱과 애플리케이션 간의 관계가 명확했다runsOn. BaldEagle과 같은 클래스를 모델링할 때 특정 독수리와 클래스hasSpecies 또는 특정 병과 빈티지hasVintage 간의 관계를 결정하는 것이 좋다. ADA90을 준수하는 데스크톱 애플리케이션의 예에서와 같이 모델은 이러한 속성을 다른 속성과 연결할 수 있다. 예를 들어, hasSpecies를 모델링하면 모델이 이를 hasGenus 또는 hasPhylum과 같은 다른 속성에 명시적으로 연결할 수 있다. 또 hasVintage를 모델링하면 모델이 madeInYear와 같은 다른 속성에 대한 관계를 명시적으로 표현할 수 있다.

멀티 파트 속성

RDFS에서 rdfs:subPropertyOf를 사용하여 속성의 관계를 정의할 수 있고, 이를 통해 속성 계층을 만들 수 있다. 계층 구조에서 낮게 유지되는 모든 관계가 계층에서 높게 유지된다. 속성이 서로 관련될 수 있는 다른 방법도 있다. 일반적인 예는 삼촌의 개념이다. A가 B의 부모인 사람의 형제인 경우에만 A는 B의 삼촌이다. 이를 멀티 파트 속성multipart property이라고 한다. 즉, 삼촌 속성은 부모와 형제라는 두 부분으로 순서대로 구성된다. 이미 5장에서 SPARQL을 사용하여 이런 종류의 관계를 정의하는 방법에 대해 살펴보았다.

멀티 파트 속성을 다른 RDFS와 OWL 구성자와 함께 사용하면 강력한 모델링 기능을 얻을 수 있다. 예를 들어, hasParent와 hasSpecies(:hasParent + :hasSpecies로 표시)로 구성된 멀티 파트 술어가 rdfs:subPropertyOf hasSpecies라고 명시하여 "자식은 동일한 종을 부모로 가져야 한다"라는 제약조건을 모델링할 수 있다. 동작 방식을 이해하기 위해 다음과 같은 트리플이 있다고 가정하자.

```
:Elsie :hasParent :Lulu .
:Lulu :hasSpecies :Cow .
```

이제 다음을 추론할 수 있다.

```
:Elsie :hasParent + :hasSpecies :Cow .
```

그러나 멀티 파트 술어 :hasParent + :hasSpecies는 rdfs:subPropertyOf:hasSpecies이기 때문에, 다음을 추론할 수 있다.

```
:Elsie :hasSpecies :Cow .
```

멀티 파트 술어가 OWL 1.0에 포함되지 않은 한 가지 이유는 결정 불가능성을 유발한다고 보았기 때문이다. 그러나 최근 특정 조건하에서 결정 가능성을 위태롭게 하지 않는 방식으로 OWL에서 멀티 파트 속성을 표현할 수 있다는 것이 밝혀졌다. OWL 2의 멀티 파트 술어 기능은 결정 가능성을 보장하도록 설계되었다.

여러 역기능 속성

역기능적 속성을 사용하여 개체를 설명하는 속성 값을 기반으로 개체의 정체성을 결정할 수 있다. 두 사람이 같은 사회보장 번호를 공유한다면 실제로 같은 사람이라고 추론할 수 있다. 이러한 종류의 고유 식별자는 여러 출처의 정보를 병합할 때 반드시 필요하다.

불행히도, 이 같은 통합을 많이 해본 사람은 이러한 종류의 병합이 수행해야 할 작업에서 그 표면만 긁어 모은다는 것을 알고 있다. 훨씬 더 일반적인 것은 속성의 일부 조합이 둘 이상인 개인의 정체성을 암시하는 상황이다. 예를 들어, 같은 거주지에 살고 이름과 성이 같은 두 사람은 같은 사람으로 간주되어야 한다. 같은 날 같은 병원에서 같은 시간에 태어난 두 사람은 같은 사람으로 간주되어야 한다. 이러한 종류의 다중 식별자 예는 InverseFunctionalProperty에 필요한 단일 식별자보다 훨씬 쉽게 얻을 수 있다.

OWL 2는 이러한 상황에 대해 owl:hasKey 개념을 도입했다. 관계형 데이터베이스가 테이블에 대해 여러 기본 키를 선언하는 방법과 유사하게 속성 집합을 owl:hasKey를 통해 클래스와 연결할 수 있다. 클래스의 두 원소는 식별된 모든 키에 대해 동일한 값이 있는 경우 동일한 것으로 간주된다(owl:sameAs). Person 클래스에 대해 :firstName, :lastName, :address 키를 정의한다면, 이 모든 속성이 일치할 때마다 두 사람이 동일한 사람으로 간주된다.

더 복잡한 문제가 있는데, 많은 정보 연합 상황에서 이러한 속성 조합조차도 개인의 신원을 보장할 수 없는 경우가 많다는 것이다. 이름이 같고 주소가 같은 두 사람은 같은 사람일 가능성이 매우 높다(그러나 확실하지는 않다. 아버지는 같은 이름의 아들과 함께 살 수 있다). OWL에 불확실성을 추가하기 위한 몇 가지 계획이 제안되었지만 현재까지 표준화된 것이 없으므로 이러한 종류의 정보를 표현할 방법이 없다.

OWL 2 프로필

OWL 2에는 언어의 여러 프로필을 도입한 OWL 1.0의 주요 인프라 변경 사항이 포함되어 있다. 프로필은 특정 기술이 OWL의 특정 하위 집합을 편리하게 처리할 수 있다는 관찰에 의해 동기가 부여되었다. 이미 그러한 기술에 대해 약속한 경우 해당 기술이 지원하는 하위 집합이 무엇인지 묻는 것은 당연하다.

명명되고 식별된 OWL의 네 가지 하위 집합은 다음과 같다.

■ OWL 2 DL

결정 가능성이 모델 개발의 핵심 동기로, 가능한 한 표현력인 높은 언어를 가지면서 여전히 결정 가능한 것이 바람직하다. OWL 2 DL은 이 기능을 유지하는 OWL의 가장 큰 하위 집합이다. 여기에는 모든 RDFS 형식과 결합된 모든 형식의 제약조건이 포함된다. OWL 2 DL은 다음 세 프로필의 상위 집합이다. Tableau 알고리즘으로 충실하게 처리할 수 있다.

■ OWL 2 QL

많은 시맨틱 애플리케이션은 관계형 데이터베이스의 정보를 활용하며, 이러한 시스템 위에 구축되어야 한다. 이 같은 애플리케이션은 일반적인 데이터베이스 응용 프로그램의 프로필에 적합하다. 이때 상당히 간단한 스키마가 방대한 양의 데이터 구조를 설명하고 해당 데이터 집합에 대한 질의에 빠르게 응답해야 한다. OWL 2 QL은 이 작업이 가능한 OWL의 하위 집합이다. OWL 2 QL 온톨로지와 해당 데이터에 대한 질의는 관계형 데이터베이스의 쿼리 언어인 SQL에 충실하게 재작성될 수 있다.

■ OWL 2 EL

생명과학과 관련된 수많은 온톨로지는 14장에서 설명한 OBO[Open Biological and Biomedical Ontologies] Foundry 온톨로지의 패턴을 따른다. 여기에는 주로 someValuesFrom 제약조건을 사용하여 정의된 많은 수의 클래스가 포함된다. 제약이 없는 Tableau 알고리즘을 사용하여 많은 수의 온톨로지를 처리하는 것은 어렵다. OWL 2 EL 프로필은 이러한 경우에 맞게 설계되었다. OWL 2 EL은 이 구조를 질의하기 위해 표현력과 알려진 최적화 사이를 오간다. OWL 2 EL은 someValuesFrom 제약조건을 사용할 수 있도록 허용하므로, OBO Foundry 온톨로지는 그 제약조건에 맞는다. 그러나 OBO Foundry 온톨로지 규모를 넘는 대용량 온톨로지를 처리하기 위해 알려진 빠른 알고리즘은 흔치 않다.

■ OWL 2 RL

수많은 OWL 프로세서는 규칙 기반 기술을 사용하여 OWL 처리를 정의한다. 책에서 OWL과 RDFS에서 특정 구조를 정의하는 추론 규칙을 설명하기 위해 SPARQL을 자주 사용했다. 이러한 방식으로 사용되는 SPARQL은 그 같은 규칙 프로세서의 예가 된다. 규칙 프로세서는 프롤로그와 비즈니스 규칙 엔진과 같은 시스템의 형태로, 관계형 데이터베이스만큼 오래되었다. OWL 2 RL은 이러한 규칙 시스템에서 충실하게 처리할 수 있는 OWL의 하위 집합을 정의한다. 이 하위 집합을 식별하면 각 규칙 시스템에서 OWL 2 RL에 대한 규칙을 인코딩할 수 있다. 이 훈련은 W3C[World Wide Web Consortium] 규칙 교환 형식[RIF][Kifer and Boley 2013]과 여러 독점 규칙 프로세서를 대상으로 이미 실시되었다. OWL 2 RL을 SPARQL로 인코딩하는 다양한 변형도 수행되었다.

모든 OWL 하위 집합은 해당 모델에서 동일한 출처를 사용한다는 점을 명심해야 한다. 모든 프로필에 대해 별도의 네임 스페이스가 없다. 즉, 모든 프로필의 모든 모델은 해당 프로필의 제약조건에 따라 다른 프로필의 모델로 해석될 수 있다. 이러한 방식으로 모든 프로필은 RDF 수준에서 상호 운용이 가능하다.

규칙

OWL 2에 추가된 기능이 있지만 OWL의 표현력에는 여전히 몇 가지 제한이 있다. 이러한 제한 사항 중 일부는 데이터 관리 목적으로 규칙을 사용했을 때 가장 잘 해결되므로 웹용 규칙 언어가 RIF 형식으로 개발되었다.

규칙 기반 시스템은 전문가 시스템Expert Systems 시대부터 유서 깊은 전통을 가지고 있으며 오늘날까지 비즈니스 로직 애플리케이션에서 일반적으로 사용되고 있다. 규칙을 사용하여 데이터를 처리하는 데 유용한 여러 알고리즘이 많이 알려져 있으며 그중 많은 알고리즘이 매우 효율적으로 만들어졌다.

이 장에 제시된 OWL의 다양한 문제는 규칙으로 해결할 수 있다. 삼촌의 정의와 같은 멀티 파트 속성은 규칙으로 쉽게 표현된다. 여러 역기능 속성도 규칙으로 표현할 수 있다. 규칙이 불확실한 추론에 대한 접근 방식도 다양하다. 이러한 접근 방식 중 상당수는 폭넓은 연구와 실제 사례를 가지고 있으며, 규칙의 불확실성을 비교적 잘 이해하는 문제로 만든다.

규칙과 규칙 기반 시스템이 지닌 모든 미덕을 감안할 때 시맨틱 웹 모델링에서 더 큰 역할을 수행해야 하지 않을까? 실제로, 이미 존재하는 성숙하고 잘 수용된 규칙 기술이 있는데도 OWL과 같은 모델링 언어가 왜 필요한지 물어볼 수도 있다. 이 질문을 더 일반화할 수도 있다. 일반적으로 더 많은 소프트웨어 시스템이 규칙을 사용해 작성되지 않는 이유는 무엇일까?

이 책에서 이 문제를 자세히 다룰 수는 없지만 OWL과 시맨틱 웹과 관련하여 답변을 요약할 수 있다. 규칙 기반 시스템의 역사에서 배운 교훈 중 하나는 이러한 시스템의 소프트웨어 엔지니어링이 모듈식 절차 언어보다 더 어렵다는 것이다. 이것이 규칙 기반 시스템의 필수 기능인지 여부는 불분명하지만 규칙 기반 프로그래머가 기존에 비해 생산성 수준을 달성하지 못했다는 것은 부인할 수 없다. 이는 시맨틱 웹에 특별한 영향을 미친다. OWL 2 DL 이외의 OWL 하위 집합을 사용하는 것에 대한 한 가지 방어는 소프트웨어 엔지니어링 원칙이 결정 가능성의 개념을 기본적으로 모델 설계와 관련이 없게 만든다는 것이다. 규칙 기반 시스템의 경우 소프트웨어 엔지니어링은 이와 동일한 지원을 제공할 수 없다. 제약이 없는 규칙 기반 시스템은 FORTRAN 및 Java와 같은 범용 언어만큼이나 결정 불가능성을 나타낸다.

두 세계를 최대한 활용할 수 있는 방법이 있을까? 웹 지향 규칙 언어가 OWL과 잘 통합될 수 있을까? OWL과 규칙은 실제로 통합될 수 있고 OWL 2 RL과 RIF와 같은 방식에서 소개한 것과 정확히 일치한다. 이와 함께 OWL 2 RL과 RIF은 OWL과 일치하는 프레임워크를 제공하고 보다 광범위한 규칙 기반 기술을 제공한다.

16.3 이 장을 마치며

OWL은 웹과 상거래에서 사용되는 방식의 맥락에서 성장하는, 살아 있는 언어로 간주되어야 한다. 언어의 단점이 확인되면 이를 수용할 수 있도록 시스템이 확장된다. 때로 이러한 성장은 언어의 추가 구성(예: 멀티 파트 속성) 형태를 취하고, 때로 다른 시스템(규칙)과의 연결로 나타나며, 언어의 진행이 언어의 하위 집합을 지정하는 형태로도 나타난다.

주요 개념

- OWL – 웹 온톨로지 언어이다(이 책에 있는 모든 구성을 포함함).
- OWL 2 DL – 결정 가능성을 보장하기 위해 제한된 OWL의 하위 집합. 모든 구성이 허용되지만 사용에 대한 특정 제약조건이 있다.
- OWL 2 EL – 계산 복잡성을 개선하기 위해 제한된 OWL의 하위 집합이다.
- OWL 2 RL – 규칙 프로세서와 호환되도록 제한되는 OWL의 하위 집합이다.
- OWL 2 QL – 데이터베이스 쿼리와 호환되도록 제한되는 OWL의 하위 집합이다.
- RIF – 규칙 기반 시스템의 상호 운용성을 위한 시맨틱 웹의 표준 형식인 규칙 교환 형식이다.
- **메타모델링** – 모델을 설명하는 모델로, 일반적으로 클래스를 개체로 취급해야 한다.
- **멀티 파트 속성** – 속성에 대한 데이지 체인 구성이다.
- **다중 역기능 속성** – 여러 속성에 대해 일치하는 값을 기준으로 개체를 고유하게 식별한다.

CHAPTER 17

결론과 향후 작업

다양한 종류의 지식 모델링에 익숙한 독자들에게 시맨틱 웹은 익숙해 보일 수 있다. 클래스, 하위 클래스, 속성, 인스턴스의 개념은 수십 년 동안 지식과 객체 시스템 모델링의 중심이었다. 이러한 기술에 대해 어떤 전문가들은 시맨틱 웹의 모든 것이 전혀 새롭지 않고 이미 다른 곳에서 다른 이름으로 사용되어 왔다고 힐난할 수 있다.

"태양 아래 새로운 것은 없다"라는 옛 속담이 있듯이 시맨틱 웹도 마찬가지다. 이 책에서 살펴본 모델링 구조는 지식 모델링 언어의 유산과 밀접하게 관련되어 있다. 그러나 전문가 시스템과 객체 지향 프로그래밍의 초창기 이후 새롭게 등장한 것이 있는데, 이는 전문가 시스템의 설계자가 꿈꾸던 것보다 문화, 비즈니스, 상업, 교육, 사회에 훨씬 더 혁명적인 영향을 미쳤다. 문화적 측면에서 인쇄기의 발명과 비교될 정도로 혁명적인 것은 바로 월드와이드웹WWW이다.

시맨틱 웹은 정보의 웹이라는 맥락 아래 인공 지능, 전문가 시스템, 비즈니스 규칙 실행의 맥락에서 사용된 여러 고급 기술을 적용할 수 있다. 시맨틱 웹은 단순히 웹 어딘가에서 실행되는 애플리케이션이 아니라 웹 인프라의 일부다. 즉, 웹의 어딘가에 있는 게 아니라 시맨틱 웹 자체가 웹이다.

이 특징은 왜 중요할까? 웹에서 시맨틱 웹의 특별한 점은 무엇일까? 왜 이전의 컴퓨터 시스템보다 더 성공적이었을까?

비즈니스 웹의 초창기에 텔레비전에서 검색 엔진을 광고한 적이 있었다. 광고에서 교통경찰은 멋진 스포츠카를 운전하는 여성을 속도 위반으로 멈춰 세운다. 교통경찰이 그 여성에게 과

태료를 부과하려 하자 그녀는 과속 감지를 위해 사용하는 다양한 기계들의 오류율에 대한 통계를 개략적으로 설명한다. 그러자 교통경찰은 그녀에게 과태료를 부과해도 될지 확신하지 못한다. 그녀는 정자가 교통 레이더 기계에 장기간 노출될 때 정자 수에 미치는 영향에 관한 통계까지 인용하여 교통경찰을 무안하게 한다. 이때 "지식이 힘이다Knowledge is Power"라는 슬로건이 검색 엔진의 이름과 함께 화면에 올라간다.

이 광고에서 어떤 교훈을 얻을 수 있을까? 이런 종류의 광고는 이전에 보았던 텔레비전 광고와 다르다. 지식은 따분하거나 학구적인 것이 아니라 일상생활에 유용하고 심지어 섹시해 보인다. 적시에 올바른 지식을 사용한다면 그렇다고 볼 수 있다. 웹은 많은 출처(실제로는 전 세계의 출처)에서 나온 정보를 손끝으로 가져온다는 점에서 이전의 정보 시스템과 달랐다. 수십 년 동안 사용되어 온 하이퍼카드HyperCard 스택과 비교할 때 웹은 개방형 시스템이었다. 전 세계의 누구나 기여할 수 있고 모든 사람이 그 기여로부터 혜택을 받을 수 있다. 적은 양의 정보를 얼마나 잘 구성했는지보다 모든 정보를 사용할 수 있는 것이 더 중요했다.

시맨틱 웹은 초기 지식 기반 시스템과 거의 동일한 방식이지만 차이가 있다. "작은 의미론은 아주 오래 간다"라고 했다[Hendler]. 즉, 의미semantic의 장점을 얻기 위해 복잡하고 정교한 시맨틱 시스템과 거대한 지식 기반이 필요하지 않다. 단순한 시맨틱 언어와 작은 규모의 초기 모델은 대규모 지식 웹 관리에 적용할 때 큰 이점을 제공할 수 있다.

웹 이전에 나온 일부 지식 표현 시스템과 비교할 때 웹 온톨로지 언어OWL는 매우 원시적이며 RDFSResource Description Framework Schema는 훨씬 더 그렇다. 그러나 이런 언어는 웹에 적합하다. 시맨틱 웹의 힘은 웹에서 비롯된다. 원시 지식 모델링 언어조차도 전 세계 소스의 정보를 사용할 때 인상적인 결과를 얻을 수 있다. 전문가 시스템 측면에서 볼 때 시맨틱 웹의 목표는 대단해 보이지 않는다. 전문가 시스템의 개념은 문제 해결 환경에서 인간이 문제를 해결하기 위해 전문가 수준에 해당하는 성능으로 이 시스템을 작동할 수 있다는 것이었다. WWW(그리고 과속 위반에 걸린 여성의 이야기)에서 배운 것은 일반적으로 사람들이 기계가 전문가처럼 행동하는 것을 원하지 않는다는 것이다. 사람들은 정보에 접근하여 적절한 시기에 전문적인 성과를 볼 수 있길 원한다. 광고에서 보았듯이 WWW는 누군가가 관련 웹 페이지를 읽고, 정보를 소화하고, 필요한 것을 걸러내려고 하면 이런 일이 성공적으로 진행되도록 만들었다.

시맨틱 웹은 이 아이디어를 한 단계 더 발전시킨다. 웹은 웹 사용자에게 단일 자원을 제공하는 데 효과적이지만 사용자에게 필요한 정보가 한곳에 표시되지 않으면 통합 작업은 사용자 손에 맡겨진다. 시맨틱 웹은 전문가의 행동을 복제하기 위해 전문가 시스템 기술을 사용하지 않는다. 시맨틱 웹은 개인이 정보 웹에 통합적으로 접근할 수 있도록 정보를 수집하기 위한 목적으로 전문가 시스템 기술을 사용한다. 시맨틱 웹은 개인이 정보 웹에 통합적으로 접근할 수 있도록 웹 인프라의 일부가 되는 것은 단순한 문제가 아니다. 웹에서 모든 참조는 글로벌 참조다. 우리가 이야기하는 모든 대상에 대한 글로벌 이름 관리 문제는 단순한 시맨틱 웹 문제가 아니라 웹의 근본적인 웹 문제다. 시맨틱 웹은 웹 인프라를 활용하는 방법으로서 IRI[Internationalized Resource Identifier] 개념을 자원에 대해 전역적으로 확인 가능한 참조로 사용한다. 대부분의 프로그래밍과 모델링 언어에는 이름을 공백으로 구성할 수 있는 메커니즘이 있다. 따라서 사용자들이 서로 다른 방식으로 동일한 이름을 사용할 수 있지만 시스템이 인터페이스해야 할 때 그 메커니즘이 그대로 유지된다.

WWW는 이 개념을 세계적 규모로 확장한다. 네임스페이스의 이름 개념은 전체 웹에서 고유해야 한다. IRI는 이를 위한 웹 표준 메커니즘이다. 따라서 시맨틱 웹은 글로벌 네임스페이스 식별을 위해 IRI를 사용한다. 이 접근 방식을 사용하면 시맨틱 웹이 WWW의 모듈성을 차용할 수 있다.

독립적으로 개발된 두 모델은 동일한 명령문에서 두 모델의 자원을 참조하여 병합할 수 있다. 이름은 항상 전역 식별자로 유지되기 때문에 매번 시별자를 통합할 필요가 없다. 글로빌 아이덴티티를 위한 시스템은 웹 인프라의 일부다.

WWW의 성공에 기여한 중요한 요소는 개방성이다. 어떤 이유로든 다른 사람이 오해할 만한 소지가 있거나, 불쾌하거나 부정확하다고 생각할 수 있는 정보를 게시할 수 있는 사람들도 포함해 누구나 정보를 생산하고 공유 할 수 있다. 처음에는 이런 종류의 무질서한 상태가 너무 혼란스러워 보인다. 그러나 웹(특히 위키피디아와 같은 정보 보관 사이트)은 매우 성공하였고, 이러한 성공은 웹에 전체 웹을 유용하고 필수적인 구조로 만들기 위해 양질의 데이터를 게시할 충분한 인센티브가 있음을 보여준다.

이 책에서 다룬 시맨틱 웹 표준은 하이퍼텍스트 웹의 구조를 기반으로 구축되었으며 데이터 세트가 IRI를 사용하여 서로를 참조할 수 있도록 하여 링크된 데이터의 웹을 형성한다. 이 인프라는 2개 이상의 데이터 세트가 동일한 식별자를 참조하여 데이터 세트를 함께 연결할 수 있는 기능을 지원한다. RDF 표준은 분산 데이터 시스템에서 가능한 가장 간단한 연결 메커니즘을 기반으로 한다. 즉, 하나의 전역 참조를 다른 이름으로 명명된 링크(그 이름이 전역 참조이기도 함)로 연결하는 기능이다. 이 글로벌 링크드 데이터 웹은 우리 모두에게 익숙한 하이퍼텍스트 웹의 자연스러운 확장이다.

이러한 개방성은 시맨틱 웹 인프라를 개발하는 데 중대한 영향을 미치며, 수많은 오래된 지식 기술에서 중요했던 고려 사항들을 뛰어넘는다. 웹이 하이퍼카드보다 성공한 이유 중 하나는 웹 인프라가 누락되거나 끊어진 링크(404 오류)에 대해 탄력적이기 때문이다. 시맨틱 웹도 유사한 방식으로 탄력적이어야 한다. 따라서 시맨틱 웹에서 추론은 열린 세계 가정에 따라 매우 보수적으로 수행되어야 한다. 언제든지 이미 만들어진 결론을 약화시킬 수 있는 새로운 정보가 제공될 수 있으며, 이러한 상황에서 추론 정책은 강력해야 한다.

WWW에서 시스템의 개방성은 잠재적인 문제를 제시한다. 검색 엔진 광고의 여자 주인공은 레이더 기반 속도 감지 장치에 대해 찾은 정보가 정확하다는 것을 어떻게 알 수 있을까? 그녀는 신뢰할 수 있는 출처(예: 이러한 장치에 대한 정부 연구)에서 그 정보를 알았거나 확신할 수 있는 충분한 증거를 얻을 때까지 다른 출처와 정보를 상호 참조했을 수 있다. 아니면 그녀는 그 정보가 옳은지 신경 쓰지 않고 단지 교통경찰을 설득하기 위해 정보를 사용했을 수 있다. 웹상의 정보에 대한 신뢰는 건전한 의심을 바탕으로 이루어지며 이는 신문, 책, 잡지 기사와 같은 다른 매체를 신뢰하는 방식과 같다.

책에서 우리는 시맨틱 웹의 모델링 측면을 검토했다. 웹 환경에 반응하는 방식으로 정보를 어떻게 표현하는가? 시맨틱 웹의 기본 원칙인 AAAthe Anyone can say Anything about Any topic 슬로건, 고유하지 않은 명명 가정, 열린 세계 가정은 WWW 정보의 기초로 기능할 때 표현 시스템에 적용되는 제약조건이다. 이러한 제약조건으로 인해 링크드 데이터와 RDF, RDFS, OWL의 시맨틱 웹 언어에 대한 주요 설계 결정이 이루어졌다.

웹에는 정보와 정보가 모델링되는 방식보다 더 많은 것이 있다. 어느 시점에서 이 정보는 컴퓨터에 저장되고 최종 사용자가 액세스하고 정보 네트워크를 통해 전송되어야 한다. 게다가 트리플 스토어나 추론 엔진도 전 세계적인 시맨틱 웹의 크기로 확장할 수는 없다. 웹 자체가 지속적으로 성장하기 때문에 이것은 분명히 불가능한 일이다. 이러한 관찰에 비추어 볼 때, 전 세계적인 시맨틱 웹은 어떻게 실현될 수 있을까?

이 책에서 논의한 응용 프로그램은 새로운 방식으로 병합할 수 있도록 유연하게 표현된 적당한 양의 정보가 정보 배포와 공유에 새로운 역학을 제공하는 방법을 보여준다. SKOSSimple Knowledge Organization System를 사용하면 전 세계의 시소러스 관리자가 용어를 공유, 연결, 비교할 수 있다. 수량/단위/치수/유형QUDT은 측정 가능한 수량을 결합하고 비교할 수 있도록 여러 애플리케이션을 조정한다. OBOOpen Biological and Biomedical Ontologies는 전 세계 생명과학 연구자들의 활동을 조율한다.

전체 네트워크를 저장, 추론, 질의할 수 있는 강력한 시스템이 없는 경우 글로벌 데이터 네트워크의 이점을 어떻게 얻을 수 있을까? 지금까지 살펴본 것처럼, 시맨틱 웹 애플리케이션이 웹의 모든 데이터에 한 번에 액세스하고 병합할 수 있어야 하는 것은 아니다. 시맨틱 웹은 애플리케이션이 필요한 모든 데이터에 액세스하고 병합할 수 있는 한 유용하다. 모든 시맨틱 웹 페이지를 한 번에 한 저장소에 보관할 수 없기 때문에 한 지점에서 액세스할 수 없는 더 많은 정보가 항상 있을 수 있다는 점을 이해해야 한다. 즉, 열린 세계 가정이 시맨틱 웹 인프라의 중심이 되는 이유다.

이 책은 시맨틱 웹의 맥락에서 모델링에 대해 설명한다. 큰 비전에서 모델은 어떤 역할을 하는가? 매일 보는 WWW은 주로 웹을 검색하는 사람들이 읽고 소화하는 하이퍼텍스트 웹 페이지로 구성된다. 그러나 많은 웹 페이지 뒤에는 실제로 페이지에 표시되는 것보다 훨씬 더 많은 정보가 담겨 있는 데이터베이스가 있다. 가치 있는 정보량을 글로벌 차원에서 통합된 전체로 사용할 수 있도록 하려면 한 곳의 정보가 다른 곳의 정보와 어떻게 관련되는지를 지정하는 방법이 필요하다. 시맨틱 웹 모델은 다양한 출처에서 나온 정보 간 관계를 설명하는 중개자 역할을 한다.

RDF, RDFS, OWL의 표준 언어는 온톨로지 과학자가 동적 행위로 모델을 구축하는 데 사용할 수 있는 조각들의 프레임워크를 제공한다. subClassOf, subPropertyOf와 같은 구성자는 정보가 모델을 통해 흐르는 방식을 지정하기 위한 메커니즘을 제공한다. owl:Restriction과 같은 고급 구성자는 모델에 있는 다른 조각 간의 복잡한 관계를 지정하는 방법을 제공한다. 10장에서 온톨로지 과학자가 이러한 조각들을 특정 목표를 달성하는 복잡한 동적 모델로 어떻게 조합하는지 소개하고 있다. 이런 것이 시맨틱 웹의 모델링 기술이다. 시맨틱 웹의 데이터가 흐를 수 있는 동적 시스템을 만들기 위해 유용한 방식으로 빌딩 블록을 결합해야 한다.

우리는 시맨틱 웹의 표준이 방대한 소스의 데이터를 연결하고 다양한 애플리케이션에 데이터를 통합하는 데 어떻게 사용되고 있는지 확인했다. 시맨틱 웹 인프라는 많은 산업분야에서 운영하는 장기 정보 시스템long term information system의 중추로 분산 그래프 데이터 시스템을 사용할 정도로 성숙한 수준에 도달하게 했다. 주요한 검색 엔진은 사용자에게 제공할 수 있는 서비스를 향상하기 위해 주제에 대해 알고 있는 모든 정보를 통합하는 '지식 그래프'를 채택했다.

다른 강력한 기술과 마찬가지로 웹과 웹의 다양한 구성 기능은 이해하고 피하고 극복하고 용인해야 하는 도전 과제와 함께 새로운 잠재력도 허용한다. 시맨틱 웹은 전례 없는 양의 정보 공유와 투명성을 허용했다. 전 세계 정부는 말 그대로 수백만 개의 데이터 세트를 풀었으며, 그중 상당수는 재사용과 링크가 가능하도록 RDF로 변환되었다. 디비피디아와 성장하는 위키데이터 인프라를 통해 도서관, 박물관과 기타 컬렉션 관리자는 엄청난 양의 지식을 공유할 수 있다.

그러나 웹에 데이터가 쌓일수록 정부 또는 산업 소스에서 선별한 고가치 데이터 세트로만 구성되지 않은 데이터가 많아지고 있다. 소셜 네트워크의 출현으로 데이터 생성과 소비는 전 세계적 규모의 개인 차원에서 수행된다. 시맨틱 웹 표준 역시 전 세계 수백만 명의 참가자들이 매일 매분마다 작은 데이터 기여를 생성하는 상황에 똑같이 적용된다.

현재 웹에서 이러한 기여는 데이터를 수집하여 다른 사용자에게 재배포하는 대규모 소셜 네트워크 사이트에서 관리한다. 또한 이들 사이트는 데이터를 통합하여 제품 배치와 광고 같은 다양한 빅 데이터 애플리케이션에 사용한다. 이 시스템에서 데이터를 제공하는 사용자는 해당 데이터의 개인 정보와 소유권에 대한 권리를 포기한다. 2016년 미국 대통령 선거와 같은 해 영국에서 진행한 '브렉시트' 투표에 소셜 데이터가 널리 사용되면서 중앙 집중식 데이터 제어의 위험성에 대한 대중의 인식이 크게 높아졌다[Meredith 2018].

시맨틱 웹을 소셜 데이터에 적용하는 것은 Solid SOcial LInked Data[Berners-Lee 2018]와 같은 노력의 기반이 된다. 여기서 개별 데이터 공급자, 즉 소셜 네트워킹 플랫폼 사용자가 자신의 데이터를 관리할 수 있다. 하지만 여전히 분산 사용을 위해 다른 데이터와 통합할 수 있다. 데이터를 비공개로 유지하는 것과 공유를 허용하는 것 사이에서 미묘한 균형이 이루어지고 있으며, 데이터 작성자는 여전히 그에 대한 통제권을 갖는다.

이러한 종류의 균형 조정은 모순된 것이 아니라 방대한 분산 데이터 웹에서 우리가 기대하는 것이다. 각 데이터 세트는 소유자 또는 작성자가 제어하는 개체인 동시에 각 데이터 세트가 상호 운용될 수 있는 전체 글로벌 데이터 네트워크의 일부다. 그러나 이러한 상호 운용은 웹 인프라의 일부 마스터 소유자가 아닌 데이터 소유자가 제어한다. 이것은 웹에서 새로운 개념은 아니다. 웹이 등장하면서 설계된 방법이며, 시맨틱 웹이 향후 웹의 방대한 정보 요구 사항을 관리할 수 있는 방법이다.

물론, 웹 자체와 마찬가지로 시맨틱 웹은 계속해서 성장하고 새로운 기술이 등장함에 따라 변화할 것이다. 우리는 이미 시맨틱 웹 시스템을 인공 지능의 딥 러닝, '속성 그래프'(링크가 RDF과 OWL 모델보다 더 많은 정보를 포함할 수 있음)와 금융 모델account modal, 의무 논리학deontic 또는 강력한 논리 등 이 책의 범위를 넘어서는 새로운 추론 모델과 결합하려는 시도를 보고 있다.

사물 인터넷이 등장하면서 사용 가능한 데이터는 기하 급수적으로 증가하였다. 또한 지속적으로 변화하는 정보가 대량으로 통합되는 정보의 이질성은 링크드 데이터와 시맨틱 웹의 지속적인 진화에 새로운 도전을 제공한다.

참고문헌

01 A. Abele, J. P. McCrae, P. Buitelaar, A. Jentzsch, and R. Cyganiak. 2017. *The Linked Open Data Cloud*. http://lod-cloud.net/.

02 S. Auer, C. Bizer, G. Kobilarov, J. Lehmann, R. Cyganiak, and Z. Ives. 2007. DBpedia: A nucleus for a web of open data. In *Proceedings of the 6th International The Semantic Web and 2nd Asian Conference on Asian Semantic Web Conference, ISWC'07/ASWC'07*. Springer-Verlag, Berlin, 722–735. ISBN: 978-3-540-76297-3. http://dl.acm.org/citation.cfm? id=1785162.1785216.

03 T. Berners-Lee. 2006. Linked Data Design Issues. https://www.w3.org/DesignIssues/LinkedData.html.

04 T. Berners-Lee. 2018. *One Small Step for the Web…*. https://medium.com/@timberners_lee/ one-small-step-for-the-web-87f92217d085.

05 A. Bertails, E. Prud'hommeaux, M. Arenas, and J. Sequeda. Sept. 2012. *A Direct Mapping of Relational Data to RDF*. W3C Recommendation, W3C. http://www.w3.org/TR/2012/RECrdb-direct-mapping-20120927/.

06 T. Bray, E. Maler, F. Yergeau, M. Sperberg-McQueen, and J. Paoli. Nov. 2008. *Extensible Markup Language (XML) 1.0 (5th ed.)*. W3C Recommendation, W3C. http://www.w3.org/ TR/2008/REC-xml-20081126/.

07 V. Bush and J. Wang. 1945. As we may think. *Atlantic Monthly* 176 (1945), 101–108. DOI: https://dl.acm.org/doi/10.1145/227181.227186.

08 C. Caracciolo, A. Stellato, A. Morshed, G. Johannsen, S. Rajbhandari, Y. Jaques, and J. Keizer. 2013. The AGROVOC Linked Dataset. *Semantic Web* 4, 3 (2013), 341–348. DOI: https://dx.doi.org/10.3233/SW-130106.

09 G. Carothers and E. Prud'hommeaux. Feb. 2014. *RDF 1.1 Turtle*. W3C Recommendation, W3C. http://www.w3.org/TR/2014/REC-turtle-20140225/.

10 R. Cyganiak and L. Sauermann. Dec. 2008. *Cool URIs for the Semantic Web*. W3C Note, W3C. http://www.w3.org/TR/2008/NOTE-cooluris-20081203/.

11 L. Dodds and I. Davis. May 2012. *Linked Data Patterns: A pattern catalogue for modelling, publishing, and consuming Linked Data*. http://patterns.dataincubator.org/book/.

12 EDM Council. 2018. *FIBO Primer*.

13 FHE. 2014. FHEO filed cases. https://catalog.data.gov/dataset/fheo-filed-cases.

14 R. V. Guha, D. Brickley, and S. Macbeth. 2016. Schema.org: Evolution of structured data on the web. *Commun. ACM 59*, 2 (2016), 44–51. DOI: https://doi.acm.org/10.1145/2844544.

15 S. Harris and A. Seaborne. Mar. 2013. SPARQL 1.1 *Query Language*. W3C Recommendation, W3C. http://www.w3.org/TR/2013/REC-sparql11-query-20130321/.

16 O. Hassanzadeh and M. P. Consens. 2009. Linked movie data base. In *Proceedings of the WWW2009 Workshop on Linked Data on the Web (LDOW2009)*, Madrid, Spain, April 20, 2009.

17 J. Hastings, G. Owen, A. Dekker, M. Ennis, N. Kale, V. Muthukrishnan, S. Turner, N. Swainston, P. Mendes, and C. Steinbeck. January 2016. ChEBI in 2016: Improved services and an expanding collection of metabolites. *Nucleic Acids Res*. 44, D1 (2016), D1214–D1219. ISSN 0305-1048. https://europepmc.org/articles/PMC4702775. DOI: https://doi.org/10.1093/nar/gkv1031.

18 T. Heath and C. Bizer. 2011. Linked data: Evolving the web into a global data space. *Synthesis Lectures on the Semantic Web: Theory and Technology 1*, 1 (2011), 1–136. DOI: https://doi.org/10.2200/S00334ED1V01Y201102WBE001.

19 J. Hendler. *A Little Semantics Goes A Long Way*. https://www.cs.rpi.edu/~hendler/LittleSemanticsWeb.html.

20 R. Hodgson, D. Mekonnen, D. Price, J. Hodges, J. E. Masters, and S. Ray. 2020. *Quantities, Units, Dimensions and Types (QUDT) Schema—Version 2.0*. http://www.qudt.org/doc/2016/ DOC SCHEMA-QUDT-v2.0.html.

21 ISO Central Secretary. 2016. *ISO 639 Language Codes. Standard 639*. International Organization for Standardization, Geneva, CH. https://www.iso.org/iso-639-language-codes.html.

22 I. Jacobs and N. Walsh. Dec. 2004. *Architecture of the World Wide Web, Volume One*. W3C Recommendation, W3C. http://www.w3.org/TR/2004/REC-webarch-20041215/.

23 G. Kellogg, M. Lanthaler, and M. Sporny. Jan. 2014. *JSON-LD 1.0*. W3C Recommendation, W3C. http://www.w3.org/TR/2014/REC-json-ld-20140116/.

24 E. F. Kendall and D. L. McGuinness. 2019. Ontology engineering. *Synthesis Lectures on the Semantic Web: Theory and Technology 9*, 1 (2019), i–102. DOI: https://doi.org/10.2200/ S00834ED1V01Y201802WBE018.

25 M. Kifer and H. Boley. Feb. 2013. *RIF Overview* (2nd ed.). W3C Note, W3C. http://www.w3. org/TR/2013/NOTE-rif-overview-20130205/.

26 J. Klensin, T. Hansen, and N. Freed. 2013. *Media Type Specifications and Registration Procedures*. https://tools.ietf.org/html/rfc6838.

27 P. J. Leach, T. Berners-Lee, J. C. Mogul, L. Masinter, R. T. Fielding, and J. Gettys. 1999. *Hypertext Transfer Protocol —http/1.1*.

28 M. Ley. 2002. The DBLP computer science bibliography: Evolution, research issues, perspectives. In *Proceedings of the 9th International Symposium on String Processing and Information Retrieval, SPIRE 2002, Lisbon, Portugal, September 11–13*, 2002, 1–10. DOI: https://doi.org/10.1007/3-540-45735-6_1.

29 L. Masinter, T. Berners-Lee, and R. T. Fielding. 2005. *Uniform Resource Identifier (URI): Generic Syntax*. https://tools.ietf.org/html/rfc3986.

30 S. Meredith. 2018. *Facebook-Cambridge Analytica: A timeline of the data hijacking scandal. CNBC.* https://www.cnbc.com/2018/04/10/facebook-cambridge-analytica-a-timeline-ofthe-data-hijacking-scandal.html.

31 A. Miles and S. Bechhofer. August 2009. *SKOS Simple Knowledge Organization System Reference*. W3C Recommendation, W3C. http://www.w3.org/TR/2009/REC-skosreference-20090818/.

32 B. Parsia, S. Rudolph, P. Patel-Schneider, P. Hitzler, and M. Krötzsch. Dec. 2012. *OWL 2 Web Ontology Language Primer (Second Edition). Technical Report*, W3C. http://www.w3.org/TR/ 2012/REC-owl2-primer-20121211/.

33 P. F. Patel-Schneider. 2014. Analyzing Schema.org. In *International Semantic Web Conference. The Semantic Web – ISWC 2014*. Springer International Publishing, Cham, 261–276. DOI: https://doi.org/10.1007/978-3-319-11964-9_17.

34 P. Rivett, B. Jacob, and D. Allemang. 2019. *Global Legal Entity Identifier Foundation Level 1 Ontology—Who Is Who*. https://www.gleif.org/ontology/Base/GLEIF.

35 G. Schreiber and F. Gandon. Feb. 2014. *RDF 1.1 XML Syntax*. W3C Recommendation, W3C. http://www.w3.org/TR/2014/REC-rdf-syntax-grammar-20140225/.

36 S. Speicher, J. Arwe, and A. Malhotra. Feb. 2015. *Linked Data Platform 1.0*. W3C Recommendation, W3C. http://www.w3.org/TR/2015/REC-ldp-20150226/.

37 S. Steyskal, D. Allemang, and H. Knublauch. Jun. 2017. *SHACL Advanced Features*. W3C Note, W3C. https://www.w3.org/TR/2017/NOTE-shacl-af-20170608/.

38 S. Sundara, S. Das, and R. Cyganiak. Sep. 2012. *R2RML: RDB to RDF Mapping Language*. W3C Recommendation, W3C. http://www.w3.org/TR/2012/REC-r2rml-20120927/.

39 The Basel Committee on Banking Supervision. Jan. 2013. *Principles for Effective Risk Data Aggregation and Risk Reporting*. https://www.bis.org/publ/bcbs239.pdf.

40 The UniProt Consortium. Nov. 2018. UniProt: A worldwide hub of protein knowledge. *Nucl. Acids Res.* 47, D1 (2018), D506–D515. ISSN: 0305-1048. DOI: https://doi.org/10.1093/nar/ gky1049.

41 M. Uschold. 2018. Demystifying OWL for the enterprise. *Synthesis Lectures on the Semantic Web: Theory and Technology 8*, 1 (2018), i–237. DOI: https://doi.org/10.2200/ S00824ED1V01Y201801WBE017.

42 M. Uschold and M. Gruninger. 1996. Ontologies: Principles, methods and applications. *Knowl. Eng. Rev. 11*, 2 (1996), 93–136. DOI: https://doi.org/10.1017/ S0269888900007797.

43 M. P. van Iersel, A. R. Pico, T. Kelder, J. Gao, I. Ho, K. Hanspers, B. R. Conklin, and C. T. Evelo. 2010. The BridgeDb framework: Standardized access to gene, protein and metabolite identifier mapping services. *BMC Bioinformatics 11*, 1 (2020), 5. DOI: https://doi.org/10.1186/1471-2105-11-5.

44 P.-Y. Vandenbussche, G. A. Atemezing, M. Poveda-Villalón, and B. Vatant. 2017. Linked Open Vocabularies (LOV): A gateway to reusable semantic vocabularies on the web. *Semantic Web 8*, 3 (2017), 437–452. DOI: https://doi.org/10.3233/SW-160213.

45 W3C. 2008. *Cool URIs Don't Change*. https://www.w3.org/Provider/Style/URI.

46 W3C. 2012. *Providing and Discovering URI Documentation*. http://www.w3.org/2001/ tag/ awwsw/issue57/latest/.

47 W3C. 2017. *Tools*. https://www.w3.org/2001/sw/wiki/Tools.

48 *J. M. Woolfolk. 2012. The Only Astrology Book You'll Ever Need: Now with an Interactive PC-and Mac-Compatible CD*. Taylor Trade Publications, Lanham, MD.

49 S. Zielinski and M. Kumar. 2006. Pluto loses its status as a planet. *EOS Trans. Am. Geophys. Union 87*, 35 (2006), 350–360. DOI: https://doi.org/10.1029/ 2006EO350002.

찾아보기